Informatik

Carsten Vogt

Informatik

Eine Einführung in Theorie und Praxis

Spektrum Akademischer Verlag Heidelberg · Berlin

Zuschriften und Kritik an:
Elsevier GmbH, Spektrum Akademischer Verlag, Dr. Andreas Rüdinger, Slevogtstr. 3-5, 69126 Heidelberg
Prof. Dr. Carsten Vogt, Fachhochschule Köln, e-mail: carsten.vogt@fh-koeln.de

Bibliografische Information Der Deutschen Bibliothek
Die Deutsche Bibliothek verzeichnet diese Publikation in der Deutschen Nationalbibliografie; detaillierte bibliografische Daten sind im Internet über http://dnb.ddb.de abrufbar.

04 05 06 5 4 3 2 1

Planung und Lektorat: Dr. Andreas Rüdinger / Barbara Lühker
Druck und Bindung: Ebner & Spiegel GmbH, Ulm
Umschlaggestaltung: SpieszDesign, Neu-Ulm
Gedruckt auf 90 g/qm Offset, chlorfei gebleicht

Printed in Germany
ISBN 3-8274-1392-3

Aktuelle Informationen finden Sie im Internet unter www.elsevier.com und www.spektrum-verlag.de

Vorwort

Der Begriff „Informatik“ ist zwar mittlerweile ein fester Bestandteil des deutschen Wortschatzes, wird aber in der Allgemeinheit oft recht unspezifisch gebraucht. So versteht man unter Informatikkenntnissen häufig Fertigkeiten in der Bedienung eines Computers, wie sie beispielsweise durch einen „Computer-Führerschein“ bescheinigt werden. Jedoch ist jemand, die oder der einen Computer bedienen kann, nicht unbedingt schon eine Informatikerin oder ein Informatiker - genauso wenig wie der Inhaber eines PKW-Führerscheins automatisch ein Experte für Kraftfahrzeugtechnik wäre. Eine tiefere Einsicht in die Dinge, die „unter der Motorhaube“ von Computern stecken, bekommt man daher oft erst durch ein Informatik-Studium an einer Universität oder Fachhochschule: Hier werden grundlegende Prinzipien, Modelle und Methoden der systematischen Verarbeitung von Informationen vermittelt und ihre konkrete Anwendung in der Praxis gelehrt.

Dieses Buch will Haupt- und Nebenfachstudierenden die Anfangsphase ihres Studiums erleichtern, indem es eine (hoffentlich) leicht verständliche, aber nicht oberflächliche Einführung in die Grundlagen der Informatik gibt, die für die heutige Praxis relevant sind. Damit ist das Buch natürlich auch für Laien interessant, die einen entsprechenden Einblick in die Informatik bekommen möchten. Das Buch kann benutzt werden

- als *Orientierungshilfe* („Ist ein Informatikstudium überhaupt etwas für mich?“),
- zum *Einstieg* in das Gebiet („Was bietet die Informatik so alles?“) und auch
- für das spätere *Nachschlagen* („Wie war denn das doch gleich?“).

Ein Buch mit der genannten Zielsetzung sollte idealerweise drei Eigenschaften haben:

- Es sollte *breit* angelegt sein, also möglichst alle Themen ansprechen, die in der modernen Informatik von Bedeutung sind.
- Es sollte *tiefgängig* sein, also seine Themenbereiche möglichst detailliert behandeln und dabei keine Fragen offen lassen.
- Es sollte *überschaubar* sein, also die Themen übersichtlich strukturieren und auf möglichst begrenztem Platz darstellen, damit man es ohne Ermüdung durchlesen kann.

Ein Einführungsbuch in die Informatik bewegt sich damit in einem Spannungsfeld, denn es kann offensichtlich nicht alle diese Forderungen gleich gut erfüllen. So gibt es beispielsweise Werke, die in die Breite *und* Tiefe gehen, dafür aber sehr umfangreich und für die vollständige Lektüre fast zu dick sind. Andere, weniger umfangreiche Bücher konzentrieren sich auf die Behandlung einiger ausgewählter Themen und lassen dafür andere Dinge unbeachtet.

Dieses Buch versucht, eine möglichst gute *Balance zwischen Breite und Tiefe* zu finden: Leserinnen und Leser sollen einen fundierten Überblick über die wichtigsten Gebiete der Informatik bekommen. Dabei werden nicht nur die klassischen Themen wie zum Beispiel Zahlencodierung, Maschinen- und Sprachmodelle sowie Algorithmen behandelt, sondern auch moderne Bereiche angesprochen, wie beispielsweise objektorientierte Softwareentwicklung, Rechnernetze und verteilte Systeme sowie Multimedia. Das Buch bemüht sich jeweils um eine möglichst detaillierte Diskussion der relevanten Punkte. Manche Dinge können aus Platzgründen nur relativ knapp dargestellt werden, was aber ausgeglichen wird durch kom-

mentierte Hinweise auf weiterführende Literatur sowie durch Exkurse in gesonderten Textkästen, die ebenfalls Anregungen für eine Vertiefung geben.
Besonderen Wert legt das Buch auf *Überschaubarkeit*: So wird jedes Kapitel und Unterkapitel durch eine Übersicht eingeleitet, die einen ersten Eindruck von der behandelten Thematik gibt. Zudem endet jedes Kapitel mit einer Zusammenfassung, die die eingeführten Begriffe kompakt wiederholt. Mit Hilfe dieser Übersichten und Zusammenfassungen kann man sich rasch orientieren und an interessanten Stellen tiefer einsteigen, wobei Querverweise Verbindungen zwischen den einzelnen Themengebieten aufzeigen. Zahlreiche Beispiele (unter anderem in den Programmiersprachen *C* und *Java*), Abbildungen und Übungsaufgaben runden die Darstellung ab.
Trotz vielfacher Versuche bietet die deutsche Sprache leider immer noch keine elegante Möglichkeit, die weibliche und männliche Form eines Worts durch einen gemeinsamen Oberbegriff abzudecken. Aus Gründen der Lesbarkeit wird daher ab dieser Stelle jeweils nur die männliche Form verwendet. Selbstverständlich sind aber auch immer die Benutzerinnen, Programmiererinnen und so weiter gemeint.
Über Bemerkungen zum Buch, Fehlermeldungen und Verbesserungsvorschläge würde ich mich freuen – bitte per Mail an *carsten.vogt@fh-koeln.de*! Weitere Informationen, wie ein Verzeichnis der im Literaturteil genannten WWW-Adressen, eine Sammlung von Beispielprogrammen sowie eine Liste der nach Drucklegung entdeckten Fehler findet man unter *www.nt.fh-koeln.de/vogt/buecher.html*.

Köln / Bergisch Gladbach, im Juli 2003 Carsten Vogt

Inhalt

Verzeichnis der Textkästen

1 | Einführung

Aller Anfang ist schwer – dieser alte Spruch gilt zwar für viele Dinge, sollte aber für das Lesen eines Lehrbuchs nicht unbedingt auch noch zutreffen. Dieses Einführungskapitel soll daher den Einstieg in das Buch und damit in die Informatik erleichtern: Es befasst sich zunächst mit der Frage, was „Informatik" überhaupt ist und wo die Wurzeln der Informatik liegen. Danach erläutert es den systematischen Aufbau des Buchs, wobei es eine Kurzübersicht über die Inhalte der einzelnen Kapitel sowie Hinweise für die weitere Lektüre gibt.

1.1 Was ist Informatik?

Informationen haben für das Leben seit jeher eine entscheidende Bedeutung. Für unsere frühen Vorfahren war es beispielsweise lebenswichtig zu wissen, welche Pflanzen man besser nicht isst, wo gute Unterschlupfmöglichkeiten für den Winter zu finden sind und wie man ein Mammut erlegt. Für den Umgang mit derartigen Informationen reicht das menschliche Gehirn (selbst in der seinerzeit existierenden Version) aus. Die Informationen, die man im modernen Alltag benötigt, sind dagegen so umfangreich und komplex, dass man sie nur noch mit massiver maschineller Unterstützung handhaben kann.
Seitdem es Möglichkeiten gibt, Informationen formalisiert und später dann auch maschinell zu bearbeiten, muss man zwischen den Begriffen *Informationen* und *Daten* unterscheiden:

> Eine **Information** hat stets eine *Bedeutung* für einen Nutzer, denn sie vermehrt sein Wissen und kann damit sein Verhalten beeinflussen. Beispielsweise hat die Mitteilung, dass das Girokonto überzogen wurde, einen unmittelbaren Effekt für künftige Einkäufe (oder sollte es zumindest).

> Mit **Daten** lässt sich eine Information formal darstellen, also *repräsentieren* oder *codieren* – beispielsweise durch eine vorzeichenbehaftete Ziffernfolge auf dem Kontoauszug. (Einschränkend ist anzumerken, dass der Begriff der Information in der Literatur nicht immer ganz einheitlich und manchmal etwas verschwommen benutzt wird. Konkreter fassbar ist der Datenbegriff, der sich stets auf Werte in einer formalen Darstellung bezieht.)

Die **Informatik** beschäftigt sich mit der systematischen **Speicherung, Verarbeitung und Übertragung von Informationen** in Form von Daten. Hierfür

> stellt sie grundlegende **Prinzipien und Modelle** bereit,

> setzt sie mit Hilfe von **Methoden und Geräten** praktisch-technisch um und

> ermöglicht ihre **Anwendung** in einer Vielzahl von Bereichen.

Das zentrale Werkzeug der Informatik ist der **Digitalrechner (Computer)**, denn erst mit ihm können Daten in wirklich großem Stil verarbeitet werden. Der Computer ist so prägend für die Informatik, dass sie (vornehmlich im amerikanischen Sprachgebrauch) auch als „Computerwissenschaft“ (*Computer Science*) bezeichnet wird. Wie sich im Folgenden zeigen wird, greift diese Bezeichnung jedoch deutlich zu kurz, so dass beispielsweise „Comput*ing* Science“ oder eben „Informatik“ in der hier besprochenen Bedeutung der treffendere Ausdruck ist.
Die Informatik ist aus zwei Wurzeln hervorgegangen, nämlich aus der *Elektrotechnik* und aus der *Mathematik*. Dementsprechend versteht sich die Informatik

> einerseits als **Ingenieurwissenschaft**, die sich mit technischen Geräten und Vorgehensweisen zur Handhabung von Daten und Informationen beschäftigt, und

> andererseits als **Strukturwissenschaft**, die sich mit Systematiken zum Umgang mit Daten und Informationen befasst.

Beide Aspekte stehen in einem engen Zusammenhang und lassen sich daher in der Praxis kaum voneinander trennen. Um jedoch einen ersten Eindruck von den verschiedenen Facetten der Informatik zu geben, soll sie zunächst aus dem einen und dann aus dem anderen Blickwinkel heraus betrachtet werden.

Die Informatik als Ingenieurwissenschaft

Bei einer **Ingenieurwissenschaft** stehen technisch-konstruktive Aspekte im Vordergrund. Teilbereiche der Informatik befassen sich entsprechend damit, *technische Geräte und Systeme* zu *entwerfen*, zu *realisieren*, zu *steuern* und praktisch *einzusetzen*. Bei diesen Geräten und Systemen handelt es sich klassischerweise um *Computer* zur lokalen Datenspeicherung und -verarbeitung, zunehmend aber auch um *Kommunikationssysteme* zur Datenübertragung:

> **Computer** sind in ihrer heutigen Form vornehmlich **Digitalrechner**, die mit *binär codierten Daten* arbeiten, also mit Daten, die durch Nullen und Einsen dargestellt werden. Personal Computer (PCs), Personal Digital Assistants (PDAs), Spielkonsolen, Prozessoren zur Gerätesteuerung usw. beruhen alle auf diesem Prinzip. Technisch lassen sich Nullen und Einsen beispielsweise durch die elektrischen Zustände „Keine Spannung“ bzw. „Spannung“ repräsentieren. Die Informatik kann somit bei der Konstruktion der **Computerhardware** (also der technisch-realen Komponenten eines Computers) auf Ingenieurkonzepte der *Elektrotechnik* zurückgreifen, speziell auf Konzepte der *Mikroelektronik*. Alternative moderne Ansätze basieren auf Techniken der *Optik*, der *Quantenphysik*, der *Genetik* und der *Neurologie*.
> Auch die Steuerung der Computerhardware durch Programme, also durch **Software**, wird zunehmend ingenieurmäßig realisiert. Dies wird besonders deutlich im Begriff des *Software Engineerings*, bei dem es um die Erstellung großer Softwaresysteme geht. Hier werden auf der Basis anerkannter Prinzipien festgelegte Methoden sowie entsprechende Werkzeuge eingesetzt, um ein bedarfsgerechtes Produkt zu liefern.

> **Kommunikationssysteme** dienen in ihrer klassischen Form dazu, gesprochene oder geschriebene Sprache zwischen menschlichen Kommunikationspartnern zu übertragen. Seit geraumer Zeit werden solche Systeme aber auch zur Übertragung binärer Daten zwischen Computern genutzt – beispielsweise das Telefonnetz für den Zugriff vom heimischen Computer auf das Internet. Bei der **Vernetzung** von Computern stützt sich die Informatik also auf Methoden und Werkzeuge der *Nachrichtentechnik*.
> Umgekehrt benutzt die moderne Nachrichtentechnik Methoden der Informatik zur Steuerung ihrer Übertragungswege und -geräte – insbesondere deshalb, weil die Übertragung vielfach nicht mehr analog, sondern *digital*, also in Binärdarstellung erfolgt. Ein allgemein bekanntes Beispiel hierfür ist ISDN, das Sprache und andere Arten von Daten digital über das Telefonnetz überträgt. Informatik und Nachrichtentechnik wachsen hier also immer stärker zusammen.

Die Informatik als Strukturwissenschaft

Eine **Strukturwissenschaft** hat zum Ziel, eine bestimmte Thematik formal zu durchdringen, dabei grundlegende *Ordnungsprinzipien* zu finden und auf dieser Basis *Modelle und Methoden* anzubieten, mit denen Sachverhalte dargestellt und bearbeitet werden können. Die Informatik befasst sich dementsprechend damit, Regeln und Verfahren zur Datenspeicherung, -verarbeitung und -übertragung zu entwickeln und zu untersuchen, wobei dies nicht nur in einer fallspezifischen, sondern auch in einer allgemeingültigen Art und Weise geschieht. Sie stützt sich dabei auf Ansätze aus der *Mathematik* (einschließlich der *Logik*), aber auch aus anderen Wissenschaften, wie insbesondere der *Linguistik*. **Strukturen** spielen im Zusammenhang mit allen *Grundbegriffen und -ideen der Informatik* eine zentrale Rolle, wie die folgende Auswahl zeigt:

- Informationen können nur dann systematisch verarbeitet werden, wenn sie geordnet, also in Form strukturierter **Daten** vorliegen. Eine *Datenstrukturierung im Kleinen* ist beispielsweise bei der Binärcodierung einzelner Werte gegeben: Werte werden durch Ziffernfolgen aus Nullen und Einsen dargestellt, in denen jede Ziffer eine festgelegte Bedeutung hat. Eine *Strukturierung im Großen* findet man zum Beispiel in Dateisystemen, die Sammlungen von Dokumenten speichern, oder in Datenbanken, deren geordneter Aufbau einen gezielten Datenzugriff ermöglicht.
- Daten werden durch **Algorithmen** verarbeitet – präzise formulierten Vorschriften zur Berechnung von Ausgabedaten aus Eingabedaten. Algorithmen besitzen oft eine *Grobstruktur*, die ihren Aufbau aus Unteralgorithmen zur Lösung von Teilproblemen festlegt, und stets eine *Feinstruktur*, die die genaue Abfolge der auszuführenden Schritte definiert. Ein einfaches Beispiel für einen Algorithmus ist das Verfahren zur schriftlichen Multiplikation: Es bestimmt bekanntlich die Reihenfolge, in der einfache arithmetische Operationen auszuführen sind, und greift auf einen Unteralgorithmus zur schriftlichen Addition zurück.
- Daten und Algorithmen sind meist in **Systeme** eingebettet, beispielsweise in ein größeres Softwarepaket oder in eine Rechnerplattform mit Hardware und Betriebssystem. Ein System zeigt nach außen, also gegenüber seiner *Umwelt* ein wohldefiniertes Verhalten: Es bietet an seiner äußeren *Schnittstelle* (zum Beispiel an seiner Bedienoberfläche) eine Sammlung von *Diensten* an und reagiert auf Eingaben in einer festgelegten Weise. Intern ist ein System aus *Komponenten* aufgebaut, besitzt also eine innere Struktur. Die Komponenten können beispielsweise hierarchisch angeordnet, also einander über- bzw. untergeordnet sein. Auch ist eine *Modularisierung* möglich, bei der die Komponenten ihrerseits jeweils eine Schnittstelle sowie einen internen Aufbau besitzen und über ihre Schnittstellen zusammenarbeiten.
- Datenstrukturen, Algorithmen und Systeme werden nicht nur **implementiert**, also zur Benutzung realisiert, sondern auch **modelliert**. Ein strukturiertes Modell erleichtert die Untersuchung allgemeiner Fragestellungen, denn es **abstrahiert** von realen Details und erfasst nur die Eigenschaften, die für den jeweiligen Untersuchungszweck wichtig sind. Modelle werden auch bei der Systementwicklung eingesetzt: Beispielsweise beginnt die Realisierung eines Softwaresystems meist damit, dass man seinen Aufbau durch ein übersichtliches grafisches Modell beschreibt. Man konzentriert sich also zunächst auf den Entwurf der Systemstruktur und abstrahiert von konkreten Implementierungsdetails. Erst in einem zweiten Schritt setzt man die erarbeitete Struktur in ein ausführbares Programm um.
- Daten-, Ablauf-, System- und Modellstrukturen werden in der Informatik nicht umgangssprachlich, sondern *formal* beschrieben. Hierzu dienen unter anderem *Dokumentenbeschreibungssprachen* wie zum Beispiel HTML oder XML sowie *Programmiersprachen* wie zum Beispiel C oder Java. Solche Sprachen sind **formale Sprachen**: Ihre Struktur wird durch ein formales Regelwerk (eine **Grammatik**) definiert, so dass entsprechende Darstellungen maschinell verarbeitet werden können. Beispielsweise kann ein Compiler ein C-Programm nur deshalb korrekt in ein hardwarenahes Maschinenprogramm übersetzen, weil er die C-Grammatik, die den Aufbau solcher Programme eindeutig festlegt, zur Analyse des Programmtexts heranzieht.

Vier Teilgebiete der Informatik

Die Informatik befasst sich mit einer Vielzahl von Themenbereichen, die sich oft überlappen und gegenseitig beeinflussen. Eine trennscharfe Gliederung in Teilgebiete ist daher kaum möglich. Zur groben Orientierung kann jedoch eine Unterteilung in die folgenden vier Bereiche dienen:

> Die **Theoretische Informatik** ist der Bereich, der am stärksten von der Mathematik geprägt ist. Sie macht mit Hilfe formaler Modelle und Methoden grundlegende Aussagen über die Verarbeitung von Daten durch Algorithmen. Anhand von *Maschinen- und Berechnungsmodellen* wird untersucht, welche Probleme überhaupt *berechenbar*, also maschinell lösbar sind, und wie groß ihre *Komplexität* ist, also welcher Aufwand zur Lösung getrieben werden muss. Die Theorie der *formalen Sprachen* definiert eine Hierarchie von *Grammatiken*, mit denen Sprachen unterschiedlicher Komplexität beschrieben werden können. In solchen Sprachen lassen sich, wie bereits gesagt, Dokumente oder Programme formulieren. Zugehörige *Automaten*, die ebenfalls unterschiedlich leistungsfähig sind, können diese Dokumente oder Programme dann analysieren. Die *Semantik* von Programmiersprachen befasst sich mit der formalen Beschreibung der Auswirkungen, die die Ausführung programmiersprachlicher Anweisungen hat. Durch eine *Verifikation* wird die semantische Korrektheit von Programmen geprüft.

> Die **Technische Informatik** hat ihre Wurzeln in der Elektrotechnik. Sie befasst sich mit dem logischen Entwurf von Computern und Rechnernetzen sowie mit deren technischer Realisierung. Im Zentrum steht hier also die *Hardware* von Rechen- und Kommunikationssystemen. Grundlegend sind dabei *digitale Schaltnetze und -werke*, die Binärdaten (also „Nullen und Einsen") verarbeiten und speichern. Auf dieser Basis werden die Bausteine eines Digitalrechners realisiert, wie *Prozessoren*, *Speicher* und *Peripheriegeräte* sowie *Verbindungen* zwischen ihnen. Die *Rechnerarchitektur* regelt das Zusammenspiel dieser Komponenten und integriert sie somit zu einem System. Wichtig ist hier die Definition der *Daten- und Befehlsstruktur* sowie des *Operationsprinzips* von Computern, also der Art und Weise, wie ihre Hardware Programme ausführt.

> Das Hauptthema der **Praktischen Informatik** ist die Programmierung von Computern, also die Erstellung von *Software*. Ausgehend von grundlegenden Prinzipien zur *Strukturierung von Daten und Algorithmen* werden *Programmiersprachen und -verfahren* entwickelt. *Übersetzer* und *Interpretierer* ermöglichen die Ausführung von Programmen auf einer realen Hardware, und die Methoden des *Software Engineerings* geben Leitlinien für die Realisierung großer Softwaresysteme. Eine zentrale Rolle spielt die *Systemsoftware*, wie beispielsweise das *Betriebssystem* oder *Softwareentwicklungsumgebungen*: Die Systemsoftware verwaltet das Computersystem und/oder bietet Programmierern und Benutzern an einer *Bedienoberfläche* Dienste an. Weitere Teilbereiche der Praktischen Informatik sind *Datenbank- und Informationssysteme*, die große Datenbestände verwalten, *verteilte Systeme*, die sich über mehrere vernetzte Computer erstrecken, sowie *Echtzeitsysteme*, die die Einhaltung bestimmter Reaktionszeiten garantieren.

> Die **Angewandte Informatik** wendet die Methoden der **Kerninformatik** (also der drei zuvor genannten Bereiche) zur Lösung spezifischer Benutzerprobleme an. Es gibt hier *allgemeine Anwendungen*, wie Büroautomatisierung, Computergrafik, Multimediadienste und Simulationen, sowie *Anwendungen für spezielle Bereiche*, wie in der Wirtschafts-

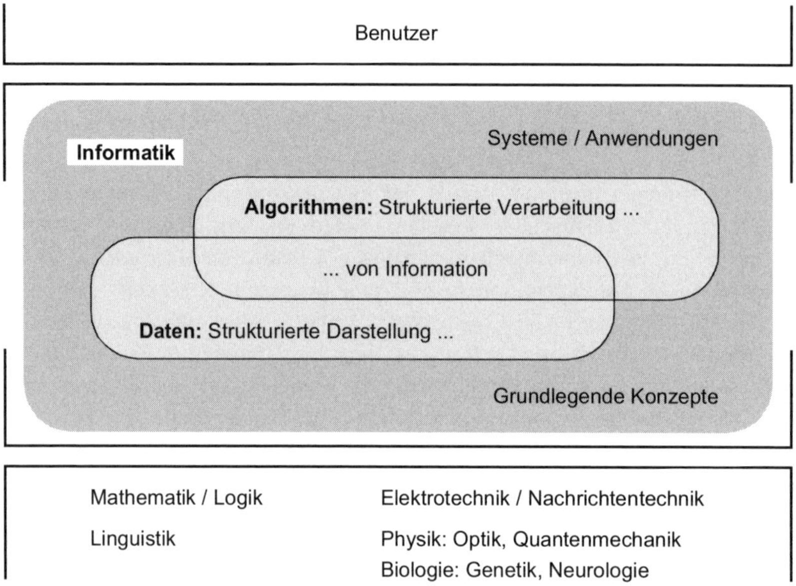

Abb. 1-1 *Daten und Algorithmen als Kernbegriffe der Informatik*

informatik, der Medizinischen Informatik, der Bauinformatik oder der Rechtsinformatik, um nur einige Beispiele zu nennen.

Wie anfangs gesagt, sind die Grenzen zwischen diesen vier Bereichen recht unscharf. Beispielsweise werden Datenbanksysteme manchmal der Praktischen Informatik und manchmal der Angewandten Informatik zugeordnet, und in Rechnernetzen sind Konzepte der Technischen Informatik und der Praktischen Informatik eng miteinander verwoben. Die Klassifikation ist also als allgemeine Orientierungshilfe recht brauchbar, man sollte sie aber ansonsten nicht allzu dogmatisch sehen.

Daten und Algorithmen als Kernbegriffe der Informatik

In allen Bereichen der Informatik spielen – so zeigen es die vorangehenden Abschnitte – Daten und Algorithmen eine zentrale Rolle:

> **Daten** dienen zur strukturierten *Darstellung von Informationen* zum Zweck der Speicherung, Verarbeitung und Übertragung. Sie treten beispielsweise als Binärdaten in Speicherzellen, als Werte in Programmvariablen, als Einträge von Datenbanken oder als Dokumente in Dateien auf.

> **Algorithmen** dienen zur strukturierten *Verarbeitung von Informationen* in Gestalt von Daten. Sie werden beispielsweise durch Computerprogramme zur konkreten maschinellen Ausführung oder in etwas abstrakteren Beschreibungsformen für allgemeinere Betrachtungen dargestellt.

Daten und Algorithmen sind damit die beiden *Kernbegriffe der Informatik*. Wie in Abbildung 1-1 skizziert, stellt die Informatik *grundlegende Konzepte zur Darstellung und Verarbeitung von Informationen* bereit. Sie stützt sich dabei auch auf Erkenntnisse anderer Wissenschaf-

ten: Strukturwissenschaften wie die Mathematik (einschließlich der Logik) und die Linguistik bieten Ansätze für die Organisation von Daten und Algorithmen; Ingenieur- und Naturwissenschaften wie die Elektrotechnik / Nachrichtentechnik, die Physik und die Biologie liefern die Grundlagen für technische Systeme zur Speicherung, Verarbeitung und Übertragung von Informationen. Darüber hinaus gibt es Berührungspunkte zu zahlreichen weiteren Bereichen, so beispielsweise zur Psychologie und Ergonomie bei der Gestaltung benutzerfreundlicher Systeme oder zu den Gebieten, die weiter oben unter dem Stichwort „Angewandte Informatik" genannt wurden.
Die Grundlagenkonzepte der Informatik dienen wiederum als Basis für die *Realisierung konkreter Systeme und Anwendungsprogramme*, mit denen Benutzer arbeiten können. Dies umfasst die gesamte große Palette von Geräten und Anwendungen, die heute zur Verfügung stehen, wie die Hardware der Personal Computer, mobilen Computer, Großrechner und Kommunikationssysteme mit der zugehörigen Software wie Betriebssysteme, Datenbanken, Office-Pakete, Internetdienste, Spielprogramme und vieles mehr.

1.2 Historisches

Die strukturierte Darstellung von Informationen und ihre systematische Verarbeitung hat eine sehr lange Tradition. Ein auch nur annähernd vollständiger historischer Rückblick auf die Informatik und verwandte Wissenschaften würde den Rahmen dieses Buchs bei weitem sprengen. Dieser Abschnitt enthält daher nur eine Auswahl von Meilensteinen bei der Entwicklung von Rechenmaschinen und Computerhardware sowie von Algorithmen und Computersoftware. Querverweise führen dabei zu Abschnitten des Buchs, in denen einige der angesprochenen Themen vertieft werden.

Klassische Rechenmaschinen

Menschen benutzen schon seit Jahrtausenden Hilfsmittel zur Durchführung von Berechnungen. Eines der ältesten Werkzeuge ist der *Abakus*, auf dem man mit Hilfe beweglicher Kugeln Zahlen darstellen und verarbeiten kann und der in manchen Weltgegenden auch heute noch benutzt wird. Vor etwa 400 Jahren begann man verstärkt, sich mit mechanischen Rechenmaschinen zu befassen, die zumindest in der Lage sein sollten, die vier Grundrechenarten auf ganzen Zahlen durchzuführen. Entsprechende Geräte stammen von *Wilhelm Schickard* (1592-1635), *Blaise Pascal* (1623-1662), *Gottfried Wilhelm Leibniz* (1646-1716) und *Philipp Matthäus Hahn* (1739-1790). Charakteristisch für diese Maschinen ist, dass (ebenso wie bei heutigen einfachen Taschen- und Tischrechnern) der Berechnungsvorgang per Hand ausgeführt werden muss.
Seit ungefähr 200 Jahren beschäftigt man sich mit der *programmierten automatischen Steuerung* von Vorgängen auf Maschinen, insbesondere von arithmetischen Berechnungen. Einer der Wegbereiter war hier der Seidenweber *Joseph-Marie Jacquard* (1752-1834), der in Lyon Webstühle konstruierte, die von Lochkarten gesteuert wurden und dadurch selbsttätig unterschiedliche Muster weben konnten. Der Cambridge-Professor *Charles Babbage* (1792-1871) arbeitete dann auf dem Gebiet der automatischen Rechenmaschinen: Er entwarf zunächst die *Difference Engine* - ein mechanisches Gerät zur Berechnung der Funktionswerte eines Polynoms. Später konzipierte Babbage die *Analytical Engine* – eine ebenfalls mecha-

nische Anlage zur Durchführung aller vier Grundrechenarten. Die Analytical Engine bestand aus Komponenten, die man auch in heutigen Computern findet, nämlich einem *Speicher* zur Ablage von Werten, einem *Rechenwerk* zur Durchführung von Berechnungen und einem *Leitwerk* zur Steuerung von Abläufen (→2.1.1). Das *Programm* der Maschine, das die Ablaufschritte bestimmte, wurde über Lochkarten eingelesen. Wie bei einem heutigen Computer konnte also dieselbe Hardware durch das Aufspielen verschiedener Software für unterschiedliche Berechnungen eingesetzt werden.
Charles Babbage wurde wissenschaftlich-technisch und auch materiell von *Ada Byron, Lady Lovelace* (1815-1852) unterstützt, die insbesondere einige Programme für die Analytical Engine schrieb und damit als die erste Programmiererin der Computergeschichte gelten kann. Wie die Erfinder der frühen Rechenmaschinen hatten auch Babbage und Lovelace mit den Unzulänglichkeiten der damaligen Mechanik zu kämpfen, die seinerzeit die umfassende Realisierung ihrer Ideen verhinderten. Erst 1992, zu Ehren von Babbage's zweihundertstem Geburtstag, bauten Londoner Ingenieure anhand seiner Pläne eine funktionsfähige Maschine, die *Difference Engine No. 2*.

Moderne Computer

Der erste Pionier auf dem Gebiet der modernen Computer war der Bauingenieur *Konrad Zuse* (1910-1996). Er entwarf eine Reihe programmierbarer Rechenanlagen und realisierte sie größtenteils auch – die ersten im Wohnzimmer der elterlichen Wohnung in Berlin, weitere dann in einer eigenen Firma in Bad Hersfeld. Die erste Maschine dieser Serie war 1935 die *Z1*, ein mechanischer Rechenautomat. Während frühere Maschinen das Dezimalsystem zur Zahlendarstellung benutzten, verwendete Zuse das *Binärsystem*, in dem Zahlen nur mit den Ziffern 0 und 1 codiert werden (→2.3) und das auch heutigen Computern als Grundlage dient. Der Vorteil des Binärsystems ist, dass man es technisch leicht realisieren kann, denn zur Darstellung der beiden möglichen Ziffern werden nur zwei Zustände benötigt – zum Beispiel „offen“ oder „geschlossen“, „an“ oder „aus“, „Spannung“ oder „keine Spannung“.
Die *Z3*, die 1941 folgte, war die erste arbeitsfähige *vollautomatische und frei programmierbare Rechenanlage* der Welt. Sie arbeitete elektromechanisch und umfasste rund 1400 Relais für die Speicherung von 64 Zahlen mit je 22 Binärziffern sowie einige hundert weitere Relais für das Rechenwerk, das die Berechnungen durchführte. Das Programm wurde über einen Lochstreifen (einen Zelluloidstreifen aus der Filmindustrie) zugeführt, Daten wurden über die Tastatur eingegeben. Die Struktur der Z3 ähnelte damit der der Analytical Engine, von der Zuse aber dem Vernehmen nach nichts gewusst hat.
Auf englischer und US-amerikanischer Seite war der zweite Weltkrieg eine große Triebfeder für den Bau und die Nutzung automatischer Rechenanlagen. Ein Zentrum solcher Arbeiten war die britische *Government Code and Cypher School*. Dort entzifferte ein Team, dem auch *Alan M. Turing* (1912-1954, →Kasten auf Seite 36) angehörte, verschlüsselte deutsche Nachrichten mit Hilfe programmierbarer Rechner, insbesondere ab 1943 mit dem *Colossus*. Andere Computer wurden in den USA entwickelt, so 1943 *MARK 1* von *Howard H. Aiken* (1900-1973) und 1945 *ENIAC* (Electronic Numerical Integrator And Computer) von *John P. Eckert* (geb. 1919) und *John W. Mauchly* (1907-1980). MARK 1 wurde über Lochkarten und -streifen programmiert, ENIAC durch das Einstecken von Drähten in Schalttafeln.
Während die frühen Computer Daten und Programme getrennt voneinander speicherten, legen heutige Computer ihre Daten und Programme in einem *gemeinsamen Speicher* ab, auf

dessen „Zellen" (also Speichereinheiten) die Maschine frei und in beliebiger Reihenfolge zugreifen kann. Dieser Ansatz geht auf den ungarisch-amerikanischen Professor *John von Neumann* (1903-1957) und seine Mitarbeiter zurück, die 1945 ein Konzept für die „Architektur", also für den logischen Aufbau eines universellen Rechenautomaten formulierten (→2.1.1). Die Ablage des Programms in einem frei zugreifbaren Speicher (einem „Random Access Memory", RAM) ermöglicht es unter anderem, beliebige Sprünge von einer Stelle der Bearbeitungsvorschrift zu einer anderen auszuführen sowie das Programm während seiner Ausführung zu ändern.
Seit Anfang der fünfziger Jahre des zwanzigsten Jahrhunderts werden Computer serienmäßig produziert. Seit Beginn der achtziger Jahre sind sie als *Personal Computer* allgemein verfügbar und seit einigen Jahren auch als *eingebettete Systeme* zur Gerätesteuerung sowie als mobile *persönliche digitale Assistenten (PDAs)* weit verbreitet.

Leistungssteigerungen

Die Leistungsfähigkeit elektronischer Computer stieg im Laufe der letzten Jahrzehnte enorm an, während ihre Preise rapide sanken. *Bill Gates*, der Gründer von *Microsoft*, soll diesbezüglich einmal sinngemäß gesagt haben: „Wenn General Motors mit der Technologie so mitgehalten hätte wie die Computerindustrie, dann würden wir heute alle 25-Dollar-Autos fahren, die 1000 Meilen pro Gallone Sprit fahren würden". Übrigens soll (so wird in Informatikerkreisen gern erzählt) *General Motors* darauf mit einer Reihe von Vergleichen reagiert haben, die für die Softwareindustrie weniger schmeichelhaft waren – so zum Beispiel, dass das durchschnittliche Auto dann wohl auch zweimal am Tag ohne Grund stehen bliebe und neu gestartet werden müsse.
Die Leistungssteigerung von Computern ist zum weitaus größten Teil auf Verbesserungen der Hardwaretechnik zurückzuführen. So ersetzte man die *Elektronenröhren* der frühen Computer durch *Transistoren* und später durch *integrierte Schaltkreise*, bei denen mehrere Transistoren einschließlich ihrer Verdrahtungen in einem *Chip* zusammengefasst wurden. Durch eine immer stärkere Miniaturisierung konnten Chips mit immer mehr Schaltelementen realisiert werden (Stichwort: „4/16/64/...-Megabit-Chip"), wodurch erstens die Anzahl der Funktionen, die ein Chip berechnen, und die Anzahl der Daten, die er speichern kann, erheblich gesteigert und zweitens die Schaltzeiten deutlich gesenkt wurden. Parallel zu dieser Entwicklung wurden auch die Speichergeräte für Daten verbessert – von frühen *Lochkarten, Magnetbändern und -trommeln* bis hin zu den heutigen *Magnetplatten* und *optischen Speichermedien* wie CD-ROMs und DVDs.
Eine weitere Steigerung der Leistung ergab und ergibt sich durch die zunehmende *Vernetzung* von Computern, die die Kommunikation zwischen Benutzern, den Zugriff auf entfernte Daten und Dienste sowie den Einsatz eines Computerverbunds zur Lösung rechenintensiver Probleme erlauben. Im →Kasten auf Seite 366 findet man einen Überblick über die historische Entwicklung des *Internets*, auf dessen Basis Computer heute weltweit miteinander kommunizieren.
Die meisten heutigen Computer basieren nach wie vor auf der klassischen *von-Neumann-Architektur* (→2.1.1), bei der ein Prozessor die Anweisungen eines „Maschinenprogramms", das im „Hauptspeicher" liegt, Schritt für Schritt ausführt und dabei Daten verarbeitet, die ebenfalls im Hauptspeicher liegen. Allerdings hat man durch Modifikationen dieser Architektur, beispielsweise durch den verstärkten Einsatz *nebenläufig* arbeitender Komponen-

ten, den Datendurchsatz und damit die Arbeitsgeschwindigkeit steigern können (→Kasten auf Seite 204). Alternative Architekturansätze, wie beispielsweise *Neuronale Netze*, *Bio-* oder *Quantencomputer* stehen dagegen erst am Anfang ihres praktischen Einsatzes oder befinden sich noch im Forschungsstadium (→Kästen auf den Seiten 195 und 204).
Museen, die sich mit der Geschichte der frühen Rechenmaschinen und der modernen Computer befassen, sind beispielsweise das *Arithmeum* in Bonn, das *Deutsche Museum* in München sowie das *Heinz-Nixdorf-Forum* in Paderborn.

Zahlendarstellungen

Damit Rechenmaschinen und Computer Zahlenwerte speichern und verarbeiten können, muss es eine allgemein gültige Vereinbarung zur Darstellung dieser Werte geben. Im Laufe der Geschichte wurden verschiedene *Zahlendarstellungen* „ausprobiert“ und wieder verworfen, wie zum Beispiel das Zahlensystem der Sumerer, das auf den Basen 6 und 12 beruhte, oder das römische System mit seinen Buchstabenziffern. Unser heutiges *Dezimalsystem* mit den Ziffern 0 bis 9 und einer *Stellenwertdarstellung* geht auf die Inder zurück, die es einige Jahrhunderte nach Christus erfanden. Durch die Einführung der 0 war es ihnen möglich, mit ein und derselben Ziffer durch unterschiedliche Positionierungen unterschiedliche Werte darzustellen: So codieren beispielsweise die Zahlen 10, 100 und 1000 verschiedene Werte, obwohl sie aus denselben Ziffern aufgebaut sind. Das indische Zahlensystem gelangte über Arabien nach Europa und verbreitete sich anschließend in der ganzen Welt.
Während Menschen mit ihren zehn Fingern bevorzugt mit dem Dezimalsystem arbeiten, benutzen heutige Computer (wie oben bereits geschildert) das *Binärsystem*, bei der Zahlen zur Basis 2 mit den Ziffern 0 und 1 dargestellt werden (→2.3). In Europa beschäftigte sich erstmals *Gottfried Wilhelm Leibniz* (1646-1716) mit diesem Zahlensystem. Seine Arbeiten wurden später von *George Boole* (1815-1864) fortgesetzt, der die *binäre Logik* (oder *Aussagenlogik*) begründete – ein Gedankengebäude, das sich auf formale Weise mit Funktionen befasst, die auf der Wertemenge {0, 1} arbeiten (→2.2).

Algorithmen

Zahlenwerte sollen nicht nur dargestellt, sondern auch verarbeitet werden. Zur systematischen Verarbeitung von Werten dienen *Algorithmen*, die eindeutig die Schritte festlegen, mit denen man aus Eingabewerten Ausgabewerte berechnen kann (→4). Einer der frühesten Algorithmen stammt von *Euklid* (um 300 v. Chr.), nämlich ein Verfahren zur Berechnung des größten gemeinsamen Teilers zweier natürlicher Zahlen. Mit der Verbreitung des Dezimalsystems in der indischen Stellenwertdarstellung wurden später Verfahren interessant, mit denen man in diesem System rechnen kann. *Mohammed Al-Chwarismi* (780 - um 850, →Kasten auf Seite 166) veröffentlichte ein erstes Lehrbuch mit entsprechenden Rechenregeln; es folgten Werke von *Leonardo von Pisa* (genannt *Fibonacci*, um 1180-1240) und von *Adam Riese* (1492-1559).
Frühe Algorithmen waren dazu gedacht, per Hand abgearbeitet zu werden, und beschränkten sich daher auf die Lösung einfacher Aufgaben, wie beispielsweise die Berechnung einer Summe oder eines Produkts. Mit dem Aufkommen der Rechenmaschinen und später der modernen Computer wurde es jedoch möglich, Algorithmen auch maschinell auszuführen und damit Probleme zu bearbeiten, die vorher aufgrund ihrer Größe nicht praktisch gelöst

werden konnten. So wurden beispielsweise Verfahren zur effizienten *Lösung großer Gleichungssysteme* entwickelt, die unter anderem zur Wettervorhersage eingesetzt werden können. Ein anderes Beispiel sind Verfahren zur *Datenkompression*, die bei der Speicherung und Übertragung von Multimediadaten benutzt werden (→Kasten auf Seite 68). Der Computer verschaffte also der *Algorithmik*, die in der klassischen Mathematik eine untergeordnete Rolle gespielt hatte, einen großen Aufschwung.

Die Mathematik und später die Informatik befassten und befassen sich nicht nur mit der Entwicklung konkreter Algorithmen für spezifische Problemstellungen, sondern sie untersuchen Probleme allgemein darauf, welcher Aufwand zu ihrer Lösung getrieben werden muss und ob sie überhaupt algorithmisch gelöst werden können (→4.3). Dies geschieht auf der Basis von *Berechnungs-* oder *Maschinenmodellen*, die von den Eigenschaften einer realen Maschine abstrahieren und nur die grundlegenden Charakteristika eines Berechnungsvorgangs modellieren (→2.1.3, →2.1.4). Ein solches Modell, die *Turing-Maschine*, wurde von *Alan M. Turing* (1912-1954, →Kasten auf Seite 36) bereits 1937 vorgeschlagen, also noch vor dem Aufkommen der heutigen Computer. Beeinflusst wurde Turing unter anderem von den Arbeiten *Kurt Gödels* (1906-1978), der durch seinen *Unvollständigkeitssatz* nachgewiesen hatte, dass Mathematik und Logik nicht in der Lage sind, alle formal darstellbaren, wahren Aussagen auch formal zu beweisen, und dass es damit Probleme gibt, die zwar beschreibbar, aber nicht maschinell lösbar sind.

Programmierung

Ein Computer kann einen Algorithmus nur dann ausführen, wenn dieser in Form eines *Programms* dargestellt ist, das der Computer „versteht". Computerprogramme müssen daher in einer standardisierten *Programmiersprache* geschrieben werden. Anfang der fünfziger Jahre wurden Computer unmittelbar in einer *Maschinensprache* programmiert, also durch die Eingabe von Zahlencodes in den Speicher, die vom Computerprozessor von dort ausgelesen und als Anweisungen interpretiert werden (→2.1.1). Da eine solche Programmierung sehr mühsam und fehleranfällig ist, entwickelte man einige Jahre später *Assemblersprachen* (→5.1.1), in denen sich Befehle und Speicheradressen symbolisch (also durch Namen) darstellen und automatisch in eine maschinensprachliche Repräsentation umsetzen lassen.

Der nächste große Schritt war um 1960 der Übergang zu *höheren Programmiersprachen* wie *Fortran*, *Algol-60* oder *Cobol*. Ihre *Kontrollstrukturen* wie Verzweigungen und Schleifen (→5.2.1) erlauben eine einfache programmiersprachliche Formulierung von Algorithmen, wobei *Variablen* mit symbolischen Namen (→3.1) zur Speicherung von Werten dienen. Höhersprachliche Programme werden durch *Compiler* in Maschinenprogramme übersetzt (→5.3) und durch ein *Laufzeitsystem* ausgeführt. *Betriebssysteme* (→2.1.2) ermöglichen dabei einen *Mehrprogrammbetrieb*, bei dem der Prozessor zwischen mehreren Programmen hin- und hergeschaltet wird (→4.4.1, →5.4) und somit mehrere Benutzer auf derselben Hardware gleichzeitig aktiv sein können.

Seit den sechziger Jahren wurden neben den klassischen algorithmenorientierten Sprachen weitere Programmiersprachen entwickelt, die *alternativen Denkmodellen* folgen. Zu diesen neueren Sprachen gehören *deklarative Sprachen* (→5.1.3), die keine Algorithmen mit einzelnen Lösungsschritten mehr formulieren, sondern nur die Eigenschaften der gewünschten Lösung spezifizieren und es dem System überlassen, eine solche Lösung zu finden. Während diese Sprachen vornehmlich in speziellen Anwendungsgebieten genutzt werden (beispielsweise in Datenbanksystemen, →3.5, oder in Systemen mit „Künstlicher Intelligenz"), haben sich *objektorientierte Programmiersprachen* wie C++ oder Java (→6.1) in vielen Bereichen durchgesetzt. Der →Kasten auf Seite 289 gibt einen detaillierteren Überblick über ihre Geschichte.

1.3 Systematik dieses Buchs

Ziele und Voraussetzungen

Dieses Einführungsbuch soll *grundlegende Prinzipien, Modelle und Methoden der Informatik* beschreiben sowie *konkrete Techniken* darstellen, die in heutigen Systemen zur Informationsspeicherung, -verarbeitung und -übertragung eingesetzt werden. Eine umfassend breite *und* tiefe Darstellung aller Bereiche der Informatik ist jedoch auf beschränktem Raum bei weitem nicht möglich. Vor diesem Hintergrund strebt das Buch an, zumindest alle wichtigen *Grundbegriffe der Informatik* so detailliert einzuführen, dass der Leser diese Begriffe anschließend sicher einordnen und benutzen kann. An einigen Stellen kann aber aus Platzgründen die jeweilige Thematik nur überblicksartig präsentiert werden. Die Knappheit der Darstellung wird dann ausgeglichen durch kommentierte Hinweise auf *weiterführende Literatur*, mit der offene Fragen geklärt werden können. Zudem wird der Haupttext durch eine Reihe von *Textkästen* ergänzt, die Exkurse zu weiteren Themen enthalten und so Anregungen für eine vertiefende Lektüre geben.
Das Buch ist zwar kein Lehrbuch der Programmierung, benutzt aber durchgängig *C und Java* als Beispielsprachen, um allgemein eingeführte Konzepte an konkreten programmiersprachlichen Konstrukten zu illustrieren. Weitergehende *Formalismen* werden nur so viel wie unbedingt nötig eingesetzt; wo immer es möglich ist, werden *verbale Darstellungen* bevorzugt.
Vom Leser werden nur *wenige Vorkenntnisse* erwartet. Er sollte aber zumindest die Erfahrungen eines *„normalen" Computerbenutzers* mitbringen, also beispielsweise die Basisdienste der Benutzeroberfläche eines Betriebssystems kennen, schon einmal Textdokumente in Dateien erstellt und auf Angebote des Internets, wie beispielsweise das World Wide Web, zugegriffen haben. Darüber hinaus sollte er mit *grundlegenden mathematischen Begriffen* umgehen können, wie beispielsweise Funktionen, Relationen oder Mengen; er kann sie bei Bedarf aber auch in der Literatur nachschlagen (zum Beispiel [Bril01]).

Strukturierung und Kapitelinhalte

Die Strukturierung des Buchs orientiert sich an dem allgemeinen Schaubild aus Abbildung 1-1: Ausgehend von grundlegenden Ansätzen zur Darstellung und Verarbeitung von Informationen werden aufeinander aufbauende Konzepte besprochen, mit denen komplexere Systeme und Anwendungen realisiert werden können (siehe Abbildung 1-2). Die einzelnen Kapitel des Buchs und ihre Unterkapitel befassen sich dabei mit den folgenden Themen:

> **Kapitel 2** führt in verschiedene *grundlegende Modelle und Methoden* der Informatik ein, die zur Lösung vieler praktischer und theoretischer Fragestellungen genutzt werden:
  - *Maschinen und Maschinenmodelle* dienen zur automatischen Verarbeitung von Informationen. Interessant sind hier sowohl konkrete, technisch realisierbare Compu-

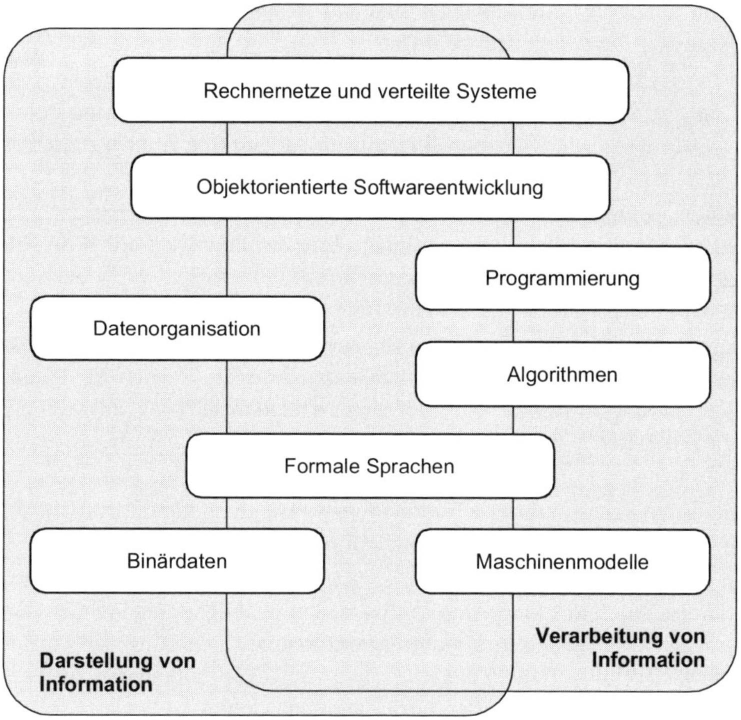

Abb. 1-2 *Struktur des Buchs – von unten nach oben zu lesen*

terarchitekturen (wie die von-Neumann-Architektur) als auch abstrakte Maschinen (wie die Turing-Maschine und andere Automaten) für theoretische Untersuchungen. Eine wichtige Grundlage konkreter Architekturen ist die *Aussagenlogik*, denn Digitalrechner arbeiten auf der Basis der Wertemenge {0,1} bzw. {falsch, wahr}.

- Elementare Daten müssen in Digitalrechnern binär, das heißt durch Nullen und Einsen codiert werden. Zur Darstellung und Verarbeitung solcher *Elementardaten in binären Systemen* gibt es eine Reihe standardisierter Techniken. Sie betreffen Zahlen verschiedener Typen, Textzeichen sowie Multimediadaten.
- Aus elementaren Datenbausteinen und Ausführungsanweisungen werden komplexere Strukturen zusammengesetzt, wie Textdokumente oder Programme. Der Aufbau solcher Strukturen wird durch *formale Sprachen* mit maschinell nachvollziehbaren Bildungsregeln beschrieben. So kann beispielsweise ein C-Programm von einem Übersetzungssystem automatisch analysiert werden.

> **Kapitel 3** befasst sich mit verschiedenen Formen der *Datenorganisation*, also der strukturierten Darstellung und Speicherung von Informationen:

- In vielen höheren Programmiersprachen, so zum Beispiel in C, werden Daten in getypten *Variablen* gehalten. Dabei können skalare Variablen einzelne Werte wie Zahlen oder Textzeichen aufnehmen; strukturierte Variablen können ganze Gruppen von Werten speichern.
- Daten stehen häufig in Beziehungen zueinander. Solche Beziehungen können flexibel und anschaulich durch *Graphen* dargestellt werden. Wichtige spezielle Graph-

strukturen sind Listen für Warteschlangen und andere eindimensionale Verkettungen sowie Bäume für Verzweigungsstrukturen.

- *Dateien und Dateisysteme* dienen dazu, Daten und Programme in einem Rechensystem längerfristig zu speichern. Das Betriebssystem realisiert die bekannten Dateibäume und bietet Dienste an, mit denen ein Benutzer auf einzelne Dateien zugreifen kann.
- In Dateien können unter anderem *Dokumente* abgelegt werden, wie beispielsweise WWW-Seiten oder multimediale Präsentationen. Ihre Struktur wird mit Hilfe von Markierungssprachen wie HTML oder XML beschrieben, die sowohl von Menschen als auch von Maschinen leicht gehandhabt werden können.
- Auf große Datensammlungen muss effizient zugegriffen werden können. *Datenbanksysteme* organisieren Daten systematisch und bieten Anfragesprachen für Datenzugriffe. In der heutigen Praxis werden insbesondere relationale Datenbanksysteme eingesetzt, die ihre Daten in Form von Tabellen organisieren und die Anfragesprache SQL unterstützen.

> In **Kapitel 4** geht es um die strukturierte Informationsverarbeitung durch *Algorithmen*, also durch präzise festgelegte Verfahren zur Bearbeitung von Daten:
- Algorithmen können in unterschiedlichen *Beschreibungsformen* dargestellt werden, wie beispielsweise durch Struktogramm-Grafiken oder als Programme in einer Programmiersprache. Wichtig sind hier *Kontrollstrukturen* zur Steuerung der Ablaufreihenfolge sowie Techniken zur *Modularisierung* von Algorithmen, also zu ihrer Strukturierung in ein System kooperierender Unteralgorithmen.
- Zur Lösung häufig auftretender Probleme gibt es ein Reihe von *Standardalgorithmen*. Dazu gehören Verfahren zur Suche in geordneten und ungeordneten Datenstrukturen, zum Sortieren von Wertemengen sowie zum Durchlaufen von Bäumen und allgemeineren Graphen.
- Theoretische Fragestellungen betreffen die *Komplexität* und *Entscheidbarkeit* von Algorithmen und Problemen – also die Untersuchung des Aufwands, der zur Lösung einer bestimmten Aufgabe getrieben werden muss, bzw. der grundlegenden Eigenschaft, ob ein Problem überhaupt durch einen Algorithmus gelöst werden kann. Viele Probleme, die für die Praxis relevant sind, haben eine hohe Komplexität; manche sind sogar überhaupt nicht entscheidbar.
- *Nebenläufige Algorithmen* sind Verfahren, in denen mehrere Schritte „nebenläufig", also gleichzeitig bearbeitet werden können. Nebenläufige Vorgänge können für allgemeinere Untersuchungen durch Petri-Netze dargestellt werden; real ausgeführt werden sie in Form von Prozessen oder Threads eines Betriebssystems oder einer Programmiersprache.

> **Kapitel 5** behandelt die *Programmierung* von Computern, also die Implementierung von Algorithmen und Datenstrukturen auf konkreten Systemen:
- *Programmiersprachen* definieren die Konstrukte, aus denen Programme aufgebaut werden können. Man unterscheidet zwischen hardwarenahen Sprachen und höheren Sprachen, wobei die höheren Sprachen in mehrere Untergruppen eingeteilt werden – beispielsweise die klassischen rein prozeduralen Sprachen oder die moderneren objektorientierten Sprachen.

  - Eine wichtige Klasse der höheren Sprachen sind die *prozeduralen Sprachen*, zu denen auch C gehört. Sie enthalten Kontrollstrukturen wie Verzweigungen und Schleifen und bieten Möglichkeiten zur Definition von Unterprogrammen, die jeweils Teilaufgaben erfüllen.
  - Da ein Hardwareprozessor ein höhersprachliches Programm nicht direkt ausführen kann, müssen die Konstrukte des Programms in Maschinenanweisungen umgesetzt werden – entweder vor der Ausführung durch *Übersetzung* (beispielsweise bei C-Programmen) oder während der Ausführung durch *Interpretation* (beispielsweise beim Java-Bytecode).
  - Moderne Programmiersprachen und Betriebssysteme, wie Java bzw. UNIX, bieten Sprachkonstrukte und Dienste zur Realisierung der *Nebenläufigkeit*. Dazu gehören insbesondere ein Prozess- und/oder Threadkonzept zur Definition nebenläufiger Aktivitäten, Mechanismen zur Synchronisation von Prozessen und Threads, also zur zeitlichen Steuerung ihres Ablaufs, und zur Kommunikation zwischen Prozessen, also zum Datenaustausch.

> **Kapitel 6** befasst sich mit der *objektorientierten Softwareentwicklung*, bei der Datenstrukturen mit ihren Werten und den darauf ausführbaren Algorithmen als Einheiten modelliert werden:

  - Namensgebend für die objektorientierte Programmierung ist der Begriff des *Objekts* – einer Einheit aus Daten und Operationen darauf. Objekte sind typisiert, wobei der Objekttyp als *Klasse* des Objekts bezeichnet wird. Klassen können in baumartig strukturierten *Klassenhierarchien* angeordnet werden und dabei Eigenschaften voneinander „erben". Eine heute weit verbreitetete objektorientierte Sprache ist Java.
  - Klassen und Objekte können unter anderem *dynamische Datenstrukturen* definieren, die je nach Bedarf wachsen und schrumpfen können. Häufig verwendet werden beispielsweise ungeordnete Mengen, geordnete „First-In-First-Out"-Listen oder „Last-In-First-Out"-Keller.
  - Viele Softwaresysteme benötigen Mechanismen zur *ereignisgesteuerten Programmausführung*. Sie können damit auf Ereignisse reagieren, die zu unvorhersehbaren Zeitpunkten auftreten – beispielsweise auf Fehler bei der Programmausführung oder auf Eingaben von einer grafischen Benutzeroberfläche. *Nebenläufige Aktivitäten* können in solchen Systemen durch Threads realisiert werden. Entsprechende Sprachkonstrukte bietet beispielsweise Java.
  - Je größer ein zu erstellendes Softwaresystem ist, desto wichtiger ist eine geordnete Vorgehensweise bei seiner Entwicklung. Die *Softwaretechnik* definiert entsprechende Vorgehensmodelle, die die auszuführenden Schritte und die dabei zu realisierenden Teilprodukte festlegen. Heute spielen objektorientierte Ansätze eine große Rolle; als Beschreibungssprache solcher Systeme wird vornehmlich UML benutzt.

> **Kapitel 7** gibt eine Übersicht über *Rechnernetze* und *verteilte Systeme*, also Systeme, in denen mehrere Computer über ein Netz gekoppelt sind und somit im Verbund eingesetzt werden können:

  - Die Datenübertragung in einem Rechnernetz wird durch *Protokolle* gesteuert, die den zeitlichen Ablauf der Kommunikation und das Format der übertragenen Daten festlegen. Protokolle können *geschichtet* werden, wobei eine niedrigere Protokollschicht Dienste realisiert, auf denen eine höhere Schicht aufsetzt. Einen Rahmen zur Einordnung geschichteter Protokolle bietet das OSI-Referenzmodell.

- *Das* Beispiel für ein weltumspannendes Rechnernetz ist das *Internet* mit seinen Kernprotokollen IP, TCP und UDP sowie mit seinen Diensten, wie beispielsweise Mailversand und World Wide Web. Das Internet unterstützt zunehmend auch multimediale Anwendungen, wie Internet-Telefonie oder Media Streaming.
- In einem *verteilten System* wird, im Gegensatz zum reinen Rechnernetz, dem Benutzer nicht bewusst, dass Daten und Dienste geografisch verteilt sind. So kann er beispielsweise Dateien auf eine einheitliche Weise ansprechen – gleichgültig, wo im Netz sie sich befinden. Die Dienste eines verteilten Systems beruhen oft auf einem Betriebssystem und einer ergänzenden Middleware, wie zum Beispiel CORBA.
- Ein verteiltes System kann mit Hilfe unterschiedlicher *Kooperationsmechanismen* realisiert werden. Neben relativ einfachen Mechanismen, wie Sockets oder RPC, gibt es mittlerweile eine Reihe objektorientierter und/oder WWW-basierter Techniken, wie Java RMI, CGI-Skripte oder Java Applets.

Querschnittsthemen: Betriebssysteme, Rechnerhardware und -architektur

Konkrete informationsverarbeitende Systeme basieren auf einer *Rechnerhardware und -architektur* sowie auf einem *Betriebssystem und sonstiger Systemsoftware*: Die **Rechnerarchitektur** definiert den Aufbau der technisch-realen Hardwarekomponenten des Systems und ihr Zusammenspiel, wobei die Daten- und Befehlsstruktur der Hardware eine grundlegende Rolle spielen. Das **Betriebssystem** verwaltet die Systemkomponenten und bietet, zusammen mit weiterer Systemsoftware, Dienste für Programmierer und Benutzer an. Die beiden Begriffe bezeichnen also Querschnittsthemen, die für eine ganze Reihe der im vorigen Abschnitt genannten Bereiche eine Bedeutung haben. Das Buch diskutiert daher Betriebssysteme, Rechnerhardware und Rechnerarchitektur nicht in gesonderten Kapiteln, sondern jeweils im Zusammenhang mit anderen Themengebieten (siehe auch Abbildung 1-3):

> Informationen zu *Betriebssystemen* findet man an den folgenden Stellen:
  - Die *Aufgabe* und die grundlegende *Struktur eines Betriebssystems* wird im Zusammenhang mit der Virtualisierung von Systemen (Abschnitt 2.1.2) und der Architektur eines verteilten Systems (Abschnitt 7.3.1) besprochen.
  - *Dateien und Dateisysteme* zur langfristigen Speicherung großer Datenbestände werden in Unterkapitel 3.3 behandelt.
  - Um *Prozesse und Threads* zur Darstellung nebenläufiger Aktivitäten geht es in den Unterkapiteln 4.4 und 5.4.
  - *Speicherverwaltung und -adressierung* sind ein Thema von Abschnitt 5.3.2.
  - Betriebssystemdienste in geografisch *verteilten Systemen* werden in den Abschnitten 7.3.2 und 7.4.1 dargestellt.
  - Mit der *Kommandosprache* eines Betriebssystems befasst sich der Kasten auf Seite 236 und mit der Behandlung von *Unterbrechungsereignissen* der Kasten auf Seite 311.
  - Ergänzend zu diesen Betriebssystemthemen werden *Datenbanksysteme* (3.5), *Compiler* und *Interpretierer* (2.4.3, 5.3) sowie *Internetdienste* (7.2.2) behandelt.

Betriebssysteme:

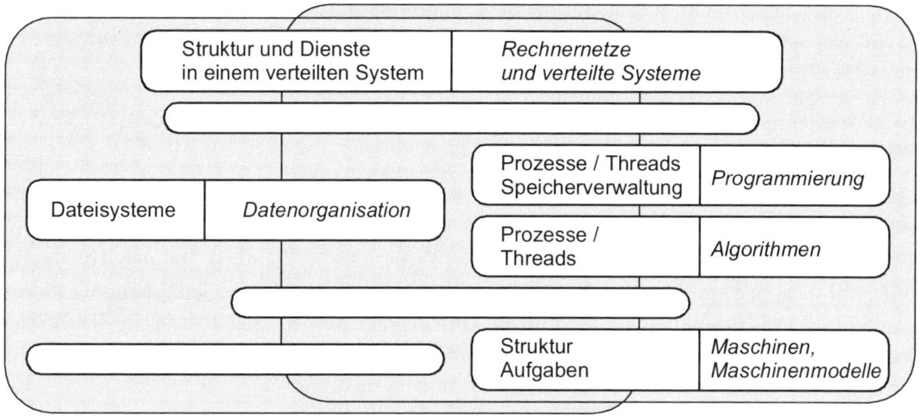

Rechnerhardware und -architektur:

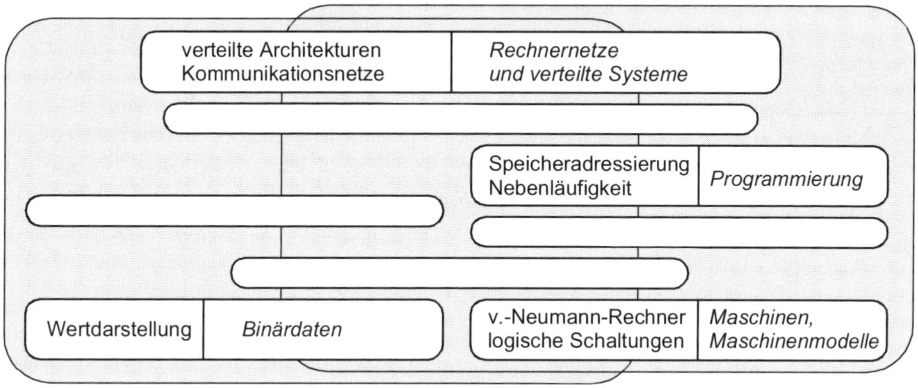

Abb. 1-3 *Querschnittsthemen: Betriebssysteme, Rechnerhardware und -architektur*

> Themen der *Rechnerhardware und -architektur* werden an den folgenden Stellen angesprochen:
  - Die Komponenten und das Operationsprinzip der *von-Neumann-Rechnerarchitektur* beschreibt Abschnitt 2.1.1.
  - Mit der *Aussagenlogik* und darauf basierenden *logischen Schaltungen* beschäftigt sich Unterkapitel 2.2.
  - Die Darstellung von *elementaren Daten* in binären Systemen wird in Unterkapitel 2.3 behandelt.
  - Auf *hardwarenahe Programmiersprachen* gehen die Abschnitte 2.1.1 und 5.1.1 ein. Mit der entsprechenden *Speicheradressierung* auf Hardwareebene befasst sich Abschnitt 5.3.2.
  - Um *nebenläufige* und auch *geografisch verteilte Hardwarearchitekturen* geht es in den Abschnitten 5.4.1 und 7.3.1.
  - Die Steuerung von *Kommunikationsnetzen* behandelt Unterkapitel 7.1.

- Informationen zur Realisierung von Systemen aus *mehreren Plattenspeichern* gibt der Kasten auf Seite 124, zur *Beschleunigung von Programmausführungen* der Kasten auf Seite 204 und zur Behandlung von *Unterbrechungsereignissen* der Kasten auf Seite 311.

Lesereihenfolge

Um dieses Buch zu lesen, kann man zwischen *zwei Ansätzen* wählen: Hat man viel Zeit, so arbeitet man den Text *von vorn bis hinten* durch, löst die Übungsaufgaben und schickt dem Autor dann eine Liste aller gefundenen Fehler (Adresse siehe Vorwort). Hat man nur wenig Zeit (und das wird wohl bei der Mehrzahl der Leser der Fall sein), so liest man von jedem Kapitel und Unterkapitel zunächst nur die *einleitenden Absätze* und zusätzlich die *Zusammenfassungen* am Kapitelende. Man erhält dadurch rasch eine umfassende Übersicht über die angesprochenen Themenbereiche und deren wichtigste Begriffe. An den Stellen, die besonders interessant erscheinen, kann man dann in die Details einsteigen und dabei auch den *Querverweisen* zu verwandten Gebieten folgen. Unter den vielen Auswahlmöglichkeiten bieten sich beispielsweise die beiden folgenden an:

> Hat man bislang *nur Nutzererfahrung* und möchte Näheres über die *Techniken der Praxis* wissen, ohne sich zunächst mit formalen und theoretischen Hintergründen belasten zu wollen, so sollte man bevorzugt die folgenden Teile lesen: 2.1.1 (Von-Neumann-Rechnerarchitektur), 2.1.2 (Virtuelle Maschinen und Betriebssysteme), 2.3 (Elementardaten in binären Systemen), 3.1 (Variablen in Programmen), 3.3 (Dateien und Dateisysteme), 3.4 (Dokumente), 3.5.2 (Relationale Datenbanken und SQL), 5 (Programmierung), 6.1 (Objektorientierte Programmierung), 6.3 (Steuerung des Programmablaufs), 7.2 (Internet), 7.4 (Kooperationsmechanismen in verteilten Systemen).

> Hat man zusätzlich *praktische Programmiererfahrungen* und möchte etwas über die *theoretischen Grundlagen* der Informatik sowie ihre *formalen Modellierungs- und Darstellungsmöglichkeiten* wissen, so ist die folgende Auswahl sinnvoll: 2.1.3 (Turing-Maschinen), 2.1.4 (Einfachere Automaten), 2.2 (Aussagenlogik und logische Schaltungen), 2.3 (Elementardaten in binären Systemen), 2.4 (Formale Sprachen), 3.2 (Graphen), 3.5 (Datenbanken), 4.1.1 (Der Algorithmusbegriff), 4.1.2 (Beschreibungsformen von Algorithmen), 4.3 (Komplexität und Entscheidbarkeit), 4.4 (Nebenläufigkeit), 6.1.1 (Objekte und Klassen), 6.4 (Softwaretechnik), 7.1.2 (Protokollhierarchien), 7.3 (Grundkonzepte verteilter Systeme).

Wie bei jedem Buch ist es natürlich auch möglich, von einem Stichwort im *Index* auszugehen und damit eine bestimmte Stelle gezielt anzuspringen. Um dies zu unterstützen, nennt der Index nicht alle Stellen, an denen ein bestimmter Begriff vorkommt, sondern nur die jeweils wichtigsten. Querverweise im Text führen dann zu weiteren relevanten Textteilen. Damit die Stichworte leicht gefunden werden können, sind sie im Text jeweils **fett** gedruckt.

Literatur

In jeder Kapitelzusammenfassung wird eine Reihe von Büchern und WWW-Seiten genannt, die die besprochenen (und in manchen Fällen nur übersichtsartig dargestellten) Themenbereiche vertiefen. Es handelt sich dabei jeweils nicht um eine Gesamtübersicht über die entsprechende Literatur, sondern bewusst um eine beschränkte Auswahl besonders empfehlenswerter Quellen, die zudem (im Fall der Bücher) in jeder gut sortierten Hochschulbibliothek vorhanden sein sollten. An dieser Stelle sollen vier Bücher hervorgehoben werden, die sich mit der Informatik als Ganzes befassen:

> Das Buch *Was ist Informatik?* von *Rechenberg* [Rech00] ist eine locker geschriebene, aber dennoch präzise Einführung in die Informatik. Sein Ziel ist, eine Übersicht über ihre grundlegenden Gedanken und Teilgebiete zu geben, ohne dabei eine Vollständigkeit im Detail anzustreben.

> Das *Informatik-Handbuch* [RePo02], herausgegeben von *Rechenberg* und *Pomberger*, ist ein Gemeinschaftswerk vieler Autoren, die sich sehr detailliert mit den einzelnen Teilbereichen der Informatik befassen. Das Buch eignet sich wegen seines Umfangs weniger für die vollständige Lektüre, als vielmehr zum gezielten Nachlesen einzelner Sachverhalte.

> Deutlich knapper im Stil, von der Thematik aber ähnlich breit angelegt wie das Informatik-Handbuch ist das *Taschenbuch der Informatik*, herausgegeben von *Schneider und Werner* [SnWe01]. Auch dieses Buch ist vorwiegend als Nachschlagewerk geeignet.

> Auf die Praxis der Informatik konzentriert sich das Werk *Wirtschaftsinformatik* von *Hansen und Neumann* [HaNe01]. Hier wird man insbesondere dann fündig, wenn man Näheres über konkrete Geräte und Standards der Informationstechnik sowie über bestimmte Anwendungssysteme wissen möchte.

Darüber hinaus gibt es weitere Einführungen in die Informatik, die ihre Schwerpunkte etwas anders als dieses Buch setzen und somit ergänzende Informationen liefern können. Dazu gehören das Werk von *Balzert* [Balz99a], das sich mit Algorithmik, Programmierung und Softwaretechnik befasst, die Bücher von *Gumm und Sommer* [GuSo02] und von *Rembold und Levy* [ReLe03], die mehr Details zur Hardwaretechnik bringen, sowie das sehr umfangreiche Buch von *Ernst* [Erns03].
Kann man den Themenbereich, zu dem man Informationen benötigt, durch ein Stichwort oder eine Abkürzung charakterisieren, so bietet es sich an, eine Suchmaschine des World Wide Web (WWW) zu befragen. Gute Ergebnisse liefern hier beispielsweise *Google* [GoogWeb] oder *Vivisimo* [ViviWeb]. Auch Informatikorganisationen bieten im WWW Informationen an, so die *Gesellschaft für Informatik (GI)* [GIWeb], die *Association for Computing Machinery (ACM)* [ACMWeb] und das *Institute of Electrical and Electronics Engineers (IEEE)* [IEEEWeb].

Sprachliches

Die internationale Arbeitssprache der Informatik ist, wie bei jeder modernen Wissenschaft, das Englische. Das führt im deutschen Sprachraum bisweilen zu einem wunderlichen deutsch-englischen Kauderwelsch oder auch zu verkrampften deutschen Übersetzungen eleganter englischer Fachbegriffe. Das Buch versucht, hier einen undogmatischen Mittelweg zu gehen: Gibt es einen deutschen Begriff, der Informatikern in ihrem Arbeitsalltag geläufig ist, so wird dieser Begriff auch hier verwendet. Es wird dabei jeweils auch der zugehörige englische Begriff genannt – handelt es sich allerdings nur um eine wortwörtliche Übersetzung, so wird manchmal darauf verzichtet, um den Text lesbar zu halten. Ist dagegen der englische Begriff in die deutsche Arbeitssprache eingegangen und kann er ohne stilistische Probleme eingesetzt werden, so wird er auch hier benutzt.

Der Literaturteil dieses Buchs gibt zu englischsprachiger Literatur jeweils auch die deutsche Übersetzung an (so vorhanden). Es wird jedoch dringend empfohlen, nach Möglichkeit jeweils auf das Original zurückzugreifen, und zwar aus den folgenden Gründen:

- Erstens ist es sinnvoll, sich so früh und so oft wie möglich mit englischsprachiger Literatur zu befassen, denn ein Informatiker ist in seiner Arbeitspraxis auf gute englische Sprachkenntnisse angewiesen.
- Zweitens ist das Original oft schon in einer aktualisierten Auflage erschienen, während sich die Übersetzung noch auf eine frühere Ausgabe stützt und somit möglicherweise etwas veraltet ist.
- Drittens ist der englische Text fast immer sprachlich eleganter als die Übersetzung, bei der die englische Wortwahl und der Satzbau oft direkt übernommen wurden, obwohl sie nicht so recht ins Deutsche passen.

2 | Grundlegende Modelle und Methoden

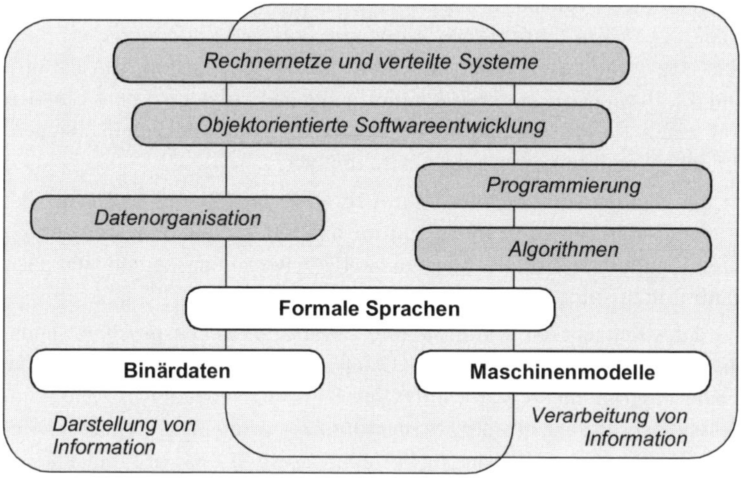

In der Informatik gibt es eine Reihe grundlegender Modelle und Methoden, die zur Lösung vieler praktischer und theoretischer Fragestellungen genutzt werden können. Dieses Kapitel soll eine Einführung in entsprechende Ansätze geben.

Die Informatik beschäftigt sich mit der automatischen Verarbeitung von Informationen. Sie benötigt dazu Maschinen oder, allgemeiner, *Maschinenmodelle.* Interessant sind hier sowohl konkrete, technisch realisierbare Computerarchitekturen als auch abstrakte Maschinen für theoretische Untersuchungen.

Heutige elektronische Rechenmaschinen sind meist *Digitalrechner,* die auf Basis der zweielementigen Wertemenge {„Keine Spannung“, „Spannung“} bzw. {falsch, wahr} oder {0, 1} arbeiten. Schaltungen in Digitalrechnern realisieren also Funktionen der *Aussagenlogik.*

Ein Digitalrechner soll mit Zeichen, Zahlen und sonstigen elementaren Daten umgehen können. Daher müssen solche Daten in binärer Form, das heißt mit Nullen und Einsen, codiert werden. Zur Darstellung und Verarbeitung von *Elementardaten in binären Systemen* gibt es eine Reihe von Standards.

Aus elementaren Datenbausteinen und Ausführungsanweisungen werden komplexere Strukturen zusammengesetzt. Der Aufbau solcher Strukturen muss sich an formalisierten Regeln orientieren, damit er von einer Maschine nachvollzogen werden kann. Grundlegend hierfür sind *formale Sprachen.*

2.1 Maschinen und Maschinenmodelle

Rechenmaschinen („Computer") spielen in der Informatik eine zentrale Rolle: Die *Technische Informatik* beschäftigt sich mit ihrer Realisierung, die *Praktische Informatik* mit ihrer Programmierung, die *Angewandte Informatik* mit ihrem Einsatz zur Lösung von Anwendungsproblemen und die *Theoretische Informatik* mit prinzipiellen Fragen zur maschinellen Bearbeitung von Problemen. Dieses Unterkapitel beschäftigt sich mit Modellen für Rechenmaschinen und geht dabei vom Konkreten zum Abstrakten vor:

> Als Erstes wird die *von-Neumann-Architektur* mit ihren Komponenten und ihrer Befehlsarchitektur vorgestellt. Sie ist grundlegend für das Verständnis eines modernen programmierbaren Computers, denn die meisten heutigen Rechenmaschinen sind nach dem von-Neumann-Prinzip organisiert.

> Anschließend wird das Konzept der *Virtualisierung* und *Abstraktion* besprochen: Dienste, die von der technisch-realen Hardware eines Computers angeboten werden, sind für einen Benutzer oder Programmierer zu primitiv. Durch Einsatz von Software (insbesondere eines *Betriebssystems* und ergänzender *Systemsoftware*) werden dem Benutzer komfortablere, hardwareunabhängige Dienste zur Verfügung gestellt – es wird ihm also die Existenz einer *virtuellen Maschine* vorgespiegelt.

> Nach diesen praktischen Betrachtungen folgt eine Diskussion der *Turing-Maschine*, eines abstrakten Computermodells. Auf ihrer Grundlage können theoretische Untersuchungen durchgeführt werden – beispielsweise, welche Probleme überhaupt maschinell lösbar sind und welcher Aufwand dabei zu treiben ist.

> Thema des letzten Abschnitts sind *endliche Automaten* und *Kellerautomaten* – einfachere Maschinenmodelle, die insbesondere zur Darstellung ereignisgesteuerter Geräte und zur Analyse von Zeichenfolgen eingesetzt werden können.

2.1.1 Von-Neumann-Rechnerarchitektur

Moderne Computer treten in verschiedenen *Größen und Anwendungsbereichen* auf:

> *Personal Computer* (*PCs*) dienen einzelnen Benutzern als Arbeitsplatzrechner.

> *Workstations* werden ebenfalls als Arbeitsplatzrechner eingesetzt, können aber auch mehrere Benutzer mit Daten und Rechenkapazität versorgen.

> *Großrechner* und *Supercomputer* bieten Leistung für rechenintensive Anwendungen.

> *Mobile Systeme*, wie *Persönliche Digitale Assistenten (PDAs)* oder *Mobiltelefone*, versorgen einen nicht ortsfesten Benutzer mit Computerdiensten.

> *Eingebettete Systeme* übernehmen Steuerungsfunktionen in Geräten, wie beispielsweise in Fahrzeugen oder Haushaltsgeräten.

Trotz ihrer unterschiedlichen Ausrichtungen haben die meisten dieser Computer eines gemeinsam – nämlich ihre **Architektur**, also das Organisationsprinzip, nach dem ihre Komponenten aufgebaut sind und zusammenarbeiten. Kern dieser Architektur ist das *von-Neumann-Prinzip*, um das es in diesem Abschnitt geht. Weitere Details zu Computerarchitekturen folgen in späteren Abschnitten dieses Buchs (siehe →1.3 für ein Verzeichnis der betreffenden Stellen).

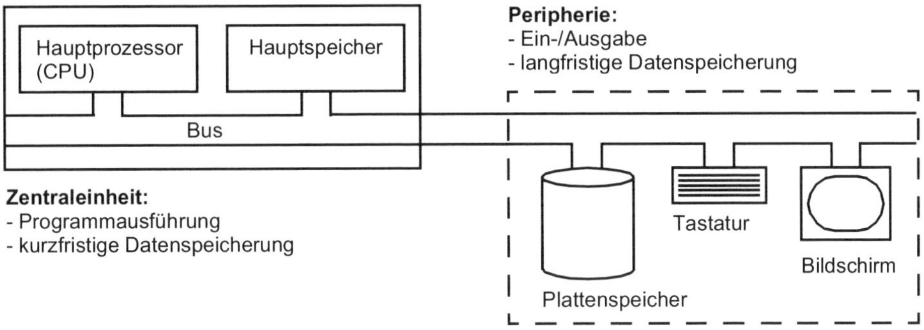

***Abb. 2-1** (Hardware-)Struktur eines heutigen Computers*

Technischer Aufbau von Computern

Abbildung 2-1 zeigt als Blockbild den technischen Aufbau eines heutigen Computers, wie er insbesondere einem PC-Benutzer zumindest teilweise bekannt sein dürfte:

> Die **Zentraleinheit** ist das Herzstück des Computers: Der **Hauptprozessor** (engl. **Central Processing Unit, CPU**) führt Operationen auf Daten aus. Da er selbst nur wenige Daten speichern kann, verwendet er den **Hauptspeicher** (engl. *main memory*), um von dort Eingabedaten für seine Operationen zu holen und dorthin Ergebnisse zurückzuspeichern. Der Prozessor kann auf den Hauptspeicher rasch und direkt zugreifen. Hauptprozessor und Hauptspeicher werden vielfach durch **Coprozessoren** zur Erledigung von Spezialaufgaben bzw. durch sehr schnell zugreifbare **Cachespeicher** unterstützt.

> Die **Peripherie** ergänzt die Zentraleinheit. Hier befinden sich Geräte für die längerfristige Speicherung von Daten, wie zum Beispiel ein oder mehrere **Plattenspeicher** (*Platte, Festplatte, Magnetplatte*, engl. *hard disk*), sowie Ein- und Ausgabegeräte, wie beispielsweise die Tastatur bzw. der Bildschirm.

> Alle Komponenten sind meist durch einen oder mehrere **Busse** miteinander verbunden. Es handelt sich dabei um Bündel von Leitungen mit zugehöriger Steuerungselektronik, die für die Übertragung von Daten und Signalen genutzt werden.

Universalrechner

Computer wie PCs, Workstations und Großrechner sind **Universalrechner**. Dieser Begriff besagt, dass der Computer nicht auf ein spezifisches Anwendungsproblem ausgerichtet ist, sondern flexibel für unterschiedliche Aufgaben eingesetzt werden kann. Die Flexibilität von Universalrechnern wird durch **Programmierung** erreicht, also durch die Steuerung der *Hardware* durch *Software* (siehe auch →5):

> Die **Hardware** eines Rechners umfasst alle technisch-realen Komponenten des Systems, wie z.B. Prozessorchips, Speicherbausteine oder Ein-/Ausgabegeräte (→Abbildung 2-1). Sie kann nur durch Austausch der Komponenten, also nur mit relativ großem Aufwand geändert werden.

> Die **Software** eines Rechners enthält Arbeitsanweisungen an die Hardware, steuert diese also. Man spricht hier auch von einer **Verarbeitungsvorschrift** oder einem **Programm**, das auf der Hardware *ausgeführt* wird und dabei *Daten verarbeitet.* Durch einen

Wechsel der Software, der leicht durch Aufspielen und Starten eines anderen Programms möglich ist, kann der Rechner an eine neue Problemstellung angepasst werden.

Der Aufbau der meisten heutigen programmierbaren Computer orientiert sich an der **von-Neumann-Architektur**. Sie wurde 1946 von *John von Neumann* (1903-1957) und anderen als Konzept für einen programmgesteuerten Universalrechner vorgeschlagen. Im von-Neumann-Modell sind insbesondere der Aufbau und die Funktionsweise der Zentraleinheit, also von Hauptspeicher und Hauptprozessor, festgelegt. Im Folgenden sollen diese beiden Komponenten – Hauptspeicher und Hauptprozessor – zunächst allgemein erläutert und dann im →letzten Teilabschnitt durch ein Beispiel illustriert werden. Beim Lesen kann man schon jeweils zu diesem Beispiel vorblättern.

Hauptspeicher

Der **Hauptspeicher** (Arbeitsspeicher) eines von-Neumann-Rechners enthält **Werte in binärer Form**, also in einer Darstellung aus Nullen und Einsen (siehe Abbildung 2-2, rechte Seite). Die kleinste Einheit ist dabei ein **Bit**, das entweder den Wert 0 oder den Wert 1 annehmen kann. Bits werden zu größeren Gruppen zusammengefasst, so zum Beispiel acht Bits zu einem **Byte** oder mehrere Bytes zu einem **Wort**. Weitere Größeneinheiten in diesem Zusammenhang sind

> ein **Kilobyte** = 1 KByte = 2^{10} Bytes = 1024 Bytes,
> ein **Megabyte** = 1 MByte = 2^{20} Bytes = 1048576 Bytes,
> ein **Gigabyte** = 1 GByte = 2^{30} Bytes $\approx 10^9$ Bytes und
> ein **Terabyte** = 1 TByte = 2^{40} Bytes $\approx 10^{12}$ Bytes.

Werte jeglicher Art (wie Zahlen ohne oder mit Nachkommastellen, Zeichen, multimediale Daten) werden durch Bytes oder Wörter in Binärdarstellung codiert. Wir werden hierauf in →2.3 detailliert zurückkommen.

Der Hauptspeicher ist ein Feld von **Speicherzellen** einheitlicher Größe, von denen jede ein Wort, also mehrere Bytes, aufnehmen kann. Die Zellen sind, von 0 beginnend, durchnummeriert, so dass jede Zelle eine eindeutige ganze Zahl als *Adresse* hat (siehe Abbildung 2-2). Über diese Adressen kann der Hauptprozessor auf die einzelnen Zellen *direkt* zugreifen, wobei sowohl Lese- als auch Schreiboperationen möglich sind. Der Hauptspeicher wird daher auch als **Random Access Memory (RAM)** bezeichnet, dessen Einträge ausgelesen und verändert werden können. Daneben gibt es noch so genannte **ROM-Speicher** (ROM = **Read-Only Memory**), deren Inhalte nur gelesen, aber nicht überschrieben werden können.

In einem von-Neumann-Rechner stehen im Hauptspeicher nicht nur die zu verarbeitenden **Daten**, sondern auch die auszuführenden **Programme**. Der Prozessor liest also sowohl die Verarbeitungsvorschrift mit der Folge der auszuführenden Operationen als auch die Eingabewerte für diese Operationen aus dem Hauptspeicher. Diese gemeinsame Speicherung von Daten und Programmanweisungen führt zu Kostenersparnis und größerer Flexibilität, da Daten und Anweisungen auf dieselbe Weise verwaltet werden und derselbe Speicherplatz je nach Bedarf als Daten- oder als Programmbereich verwendet werden kann.

Nachteilig ist jedoch, dass einem Speichereintrag in seiner Bitdarstellung nicht angesehen werden kann, ob er eine Dateneinheit oder eine Operation in einem Programm codiert. *Fehlinterpretationen* werden also durch den Speicher selbst nicht ausgeschlossen, sondern müs-

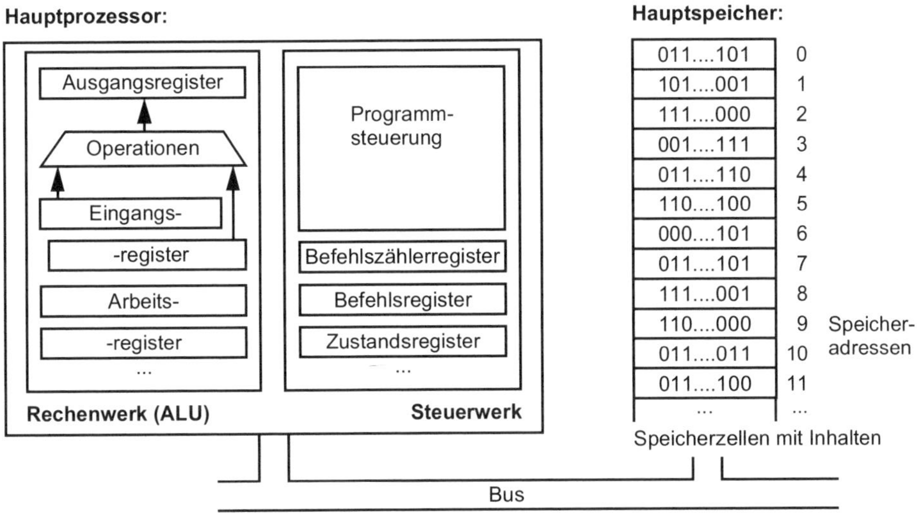

Abb. 2-2 *Von-Neumann-Architektur*

sen aktiv durch geeignete Steuerung des Prozessors (→nächster Teilabschnitt) vermieden werden. Ein weiterer Nachteil ist, dass Daten und Anweisungen über denselben Bus zwischen Hauptspeicher und Prozessor transportiert werden müssen, der so als von-Neumann-Flaschenhals zu Leistungseinbußen führt.

Hauptprozessor

Der **Hauptprozessor** (engl. **Central Processing Unit, CPU**) eines von-Neumann-Rechners führt Operationen aus, wozu er Daten und Anweisungen aus dem Hauptspeicher liest. Die auf einem Prozessor ausführbaren Anweisungen werden auch als **Maschinenbefehle**, die verarbeiteten Daten als **Operanden** der Befehle und eine abgeschlossene Folge von Anweisungen als **Maschinenprogramm** bezeichnet. Maschinenbefehle sind relativ primitiv. Typische Beispiele sind der Transport des Inhalts einer Speicherzelle in eine andere Zelle, die Addition zweier Zahlen oder der Test, ob eine Zahl gleich null ist (siehe auch das Programmbeispiel im →übernächsten Teilabschnitt).

Der Prozessor arbeitet als **Digitalprozessor**, operiert also auf den Daten in ihrer diskreten (= wohlunterscheidbaren) binären Codierung. In realen Elektronenrechnern werden dabei die Bitwerte 1 und 0 durch die Zustände „Spannung“ bzw. „keine Spannung“ oder „Ladung“ bzw. „keine Ladung“ dargestellt und verarbeitet. Der Digitalprozessor realisiert also Funktionen einer „zweiwertigen Logik“, auf die wir in →2.2 zurückkommen werden.

Wie die linke Seite von Abbildung 2-2 zeigt, besteht der Hauptprozessor aus zwei Komponenten, nämlich dem *Steuerwerk* und dem *Rechenwerk*:

> Das **Steuerwerk** (**Leitwerk**, engl. *Control Unit*) steuert die Ausführung der Verarbeitungsschritte: Es ermittelt, in welcher Reihenfolge die Befehle des Maschinenprogramms auszuführen sind, liest jeweils den nächsten Maschinenbefehl aus dem Hauptspeicher, stellt fest, was getan werden soll, und startet die entsprechenden Aktionen. Dazu verfügt es über eine Reihe von **Registern** – kleinen Speichern innerhalb des Prozessors, zu denen die folgenden gehören:

  - Das **Befehlszählerregister** (auch **Programmzähler** genannt, engl. *Program Counter*) zeigt auf die Stelle des Maschinenprogramms, an der sich die Programmausführung gerade befindet. Präzise ausgedrückt steht hier also die Adresse der Hauptspeicherzelle, die den Befehl enthält, der als nächster ausgeführt werden soll.
    Nach Ausführung eines Befehls wird im Normalfall der Inhalt des Befehlszählers „inkrementiert", das heißt um eins erhöht. Die Anweisungen eines Programms werden also normalerweise in der Reihenfolge ausgeführt, in der sie im Hauptspeicher stehen. Bei **Sprungbefehlen** (engl. *jumps*) wird hiervon jedoch abgewichen - dann wird das Register mit einer neuen Adresse geladen, die sich aus dem Befehl ergibt.
  - Das **Befehlsregister** (engl. *Instruction Register*) speichert jeweils den aktuell auszuführenden **Maschinenbefehl** (engl. *machine instruction*). Ein solcher Befehl besteht typischerweise aus einem *Operationsteil*, der besagt, was getan werden soll, und einem *Operandenteil*, der angibt, auf welchen Daten die Operation ausgeführt werden soll. Der Operandenteil enthält Wertkonstanten, Namen von Registern (also Speicherstellen im Prozessor) und/oder Hauptspeicheradressen. Anhand der Angaben im Befehlsregister kann das Steuerwerk die benötigten Daten beschaffen und die durchzuführenden Aktionen starten.
  - Das **Zustandsregister** (engl. *Program Status Word*) schließlich speichert in seinen einzelnen Bits Informationen über das Ergebnis der zuletzt ausgeführten Operation - zum Beispiel, ob es null oder negativ war. Diese Information kann ausgenutzt werden, um „bedingte Sprünge" durchzuführen, das heißt das Programm in Abhängigkeit des Ergebnisses an eine bestimmte Stelle verzweigen zu lassen.

> Das **Rechenwerk** (engl. **Arithmetic Logic Unit, ALU**) führt einfache Operationen auf Daten aus. Es handelt sich dabei typischerweise um
  - *arithmetische Operationen* wie Addition, Subtraktion, Multiplikation und Division (→2.3.1),
  - *logische Operationen* wie UND, ODER und NICHT (→2.2),
  - *Shift-Operationen*, d.h. das Verschieben einer Bitgruppe nach links oder rechts, sowie
  - *Registeroperationen* wie das Inkrementieren und das Dekrementieren, also das Erhöhen bzw. Senken eines Registerinhalts um 1.

  Die *Eingangsregister* des Rechenwerks speichern kurzfristig die Operanden einer Operation und das *Ausgangsregister* kurzfristig das Ergebnis. Daneben gibt es zusätzliche *Arbeitsregister*, die Daten länger als die Ein- und Ausgaberegister halten können.

Befehlsausführungszyklus

Unter der Leitung des Steuerwerks wird ein Maschinenprogramm als eine Folge von **Befehlszyklen** ausgeführt. In jedem dieser Zyklen wird *ein* Befehl des Programms in zwei Phasen bearbeitet:

> Die **Steuerungsphase** stellt fest, welcher Befehl auszuführen ist:
  - Aus dem Befehlszählerregister wird der Wert `XXnn` ausgelesen. `XXnn` ist die Adresse der Hauptspeicherzelle, in der der nächste auszuführende Maschinenbefehl steht.
  - Aus der Hauptspeicherzelle mit der Adresse `XXnn` wird der Maschinenbefehl `MBmm` ausgelesen und im Befehlsregister gespeichert. `MBmm` ist also der auszuführende Befehl; er besteht aus einem Operationsteil mit einer Funktionsbezeichnung („Was ist

zu tun?") und einem Operandenteil mit Operandenwerten oder Operandenadressen („Womit ist es zu tun?").

- Der Inhalt des Befehlszählerregisters wird um 1 erhöht – es sei denn, `MBmm` ist ein Sprungbefehl; dann wird der Inhalt des Befehlszählerregisters in Abhängigkeit von `MBmm` neu gesetzt. Das Befehlszählerregister wird also für den nächsten Befehlszyklus vorbereitet.

> Die **Ausführungsphase** führt den Befehl aus:
- Die Operanden werden aus dem Operandenteil, dem Hauptspeicher oder einem Arbeitsregister in die Eingangsregister des Rechenwerks geladen, wobei sich Speicheradressen aus dem Operandenteil von `MBmm` oder implizit aus dem Operationsteil ergeben.
- Die Rechenwerksfunktion, die im Operationsteil von `MBmm` angegeben ist, wird ausgeführt und ihr Ergebnis im Ausgangsregister des Rechenwerks abgelegt.
- Das Ergebnis wird aus dem Ausgangsregister in eine Hauptspeicherzelle oder in eines der Arbeitsregister gebracht. Das Ziel dieses Transports ergibt sich aus dem Operandenteil von `MBmm` oder implizit aus dem Operationsteil.

Der klassische von-Neumann-Rechner geht bei der Ausführung eines Maschinenprogramms streng sequentiell vor, arbeitet also die Befehle eines Maschinenprogramms einen nach dem anderen ab. In manchen Fällen wäre jedoch prinzipiell eine gleichzeitige (*nebenläufige*) Bearbeitung mehrerer Anweisungen möglich, wodurch die Programmausführung beschleunigt würde. Architekturen und Programmiersprachen, die eine solche Nebenläufigkeit unterstützen, werden in späteren Kapiteln besprochen (→4.4, →5.4, →7.4).

Beispiel: Maschinenprogramm zur Addition zweier Zahlen

Als abschließendes Beispiel wird ein kleines Maschinenprogramm gezeigt, das typisch für einen von-Neumann-Rechner ist. Dieses Programm addiert die Inhalte zweier Hauptspeicherzellen (die hier als ganze Zahlen interpretiert werden) und speichert das Ergebnis in einer dritten Hauptspeicherzelle. Abbildung 2-3 zeigt den Zustand des Rechners nach Ausführung der Addition, aber noch vor der Rückspeicherung des Ergebnisses in den Hauptspeicher (vergleiche auch →Abbildung 2-2):

> Der *Hauptspeicher* enthält sowohl die Daten als auch das Maschinenprogramm (in der Abbildung zur besseren Lesbarkeit dargestellt in *symbolischer* Form, also nicht durch die real gespeicherten Zahlencodes, →5.1.1):
- In den Zellen 0 und 1 stehen die beiden Summanden. Die Zelle 2 soll das Ergebnis der Addition aufnehmen, enthält zur Zeit aber noch keinen definierten Wert.
- Die Zellen 3 bis 6 speichern das Maschinenprogramm. Bis auf den `STP`(=Stopp)-Befehl in Zelle 6, der das Programm anhält, werden hier so genannte Ein-Adressbefehle benutzt: Ihr Operandenteil benennt jeweils eine Speicherzelle, deren Inhalt verarbeitet werden soll. Zur besseren Unterscheidung zu den Daten setzen wir hier vor eine Hauptspeicheradresse jeweils ein `XX`.
  Die Maschinenbefehle greifen, zusätzlich zu der adressierten Speicherzelle, auf ein spezielles Arbeitsregister des Rechenwerks zu, den so genannten **Akkumulator** (in der Abbildung: *AC*). Der Akkumulator ist somit an der Ausführung fast aller Maschinenoperationen beteiligt. Im Einzelnen kopiert der Befehl `LDA XX0000` den Inhalt

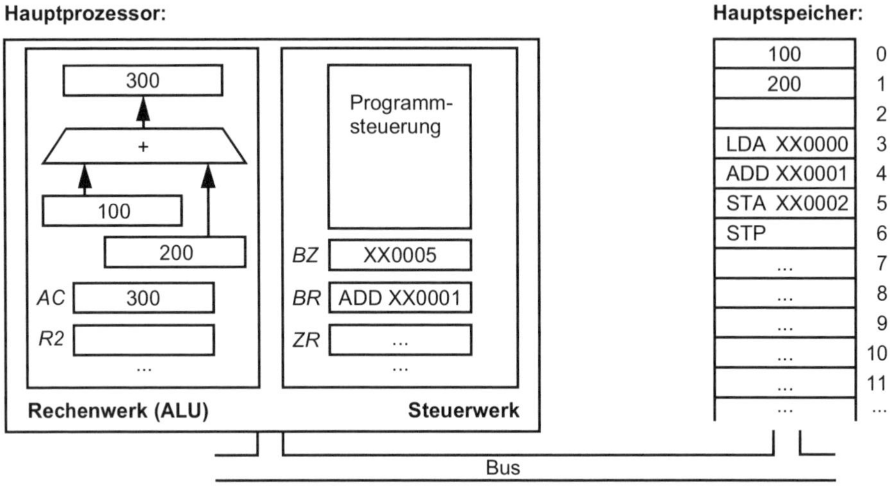

Abb. 2-3 *Von-Neumann-Rechner bei der Ausführung eines Maschinenprogramms*

der Speicherzelle 0 in den Akkumulator (`LDA` = „Load Accumulator"), `ADD XX0001` addiert den Inhalt der Speicherzelle 1 zum Akkumulatorinhalt und `STA XX0002` kopiert den Akkumulatorinhalt in die Speicherzelle 2 (`STA` = „Store Accumulator").

> Der *Hauptprozessor* hat gerade den Additionsbefehl ausgeführt:
   - Die Eingangsregister des Rechenwerks enthalten noch die beiden Summanden und das Ausgangsregister das Ergebnis der Addition, das zudem bereits in den Akkumulator zurückgespeichert wurde.
   - Im Befehlsregister *BR* steht der Befehl, der gerade ausgeführt wird.
   - Der Inhalt des Befehlszählerregister *BZ* wurde bereits um 1 erhöht und verweist auf den Befehl, der als nächstes ausgeführt werden soll: Es ist der `STA`-Befehl in Zelle 5.

2.1.2 Virtuelle Maschinen und Betriebssysteme

Das Beispiel im vorigen Teilabschnitt zeigte, wie ein von-Neumann-Rechner benutzt werden kann: Programme mit Maschinenbefehlen können auf die Hardware geladen und dort ausgeführt werden. Die Hardware bietet dem Programmierer oder Benutzer damit einen **Dienst** an – nämlich den Dienst, Maschinenprogramme bearbeiten zu lassen. Weitere Dienste auf der Hardwareebene sind beispielsweise das Einlesen und Ausgeben von Zeichen auf Ein-/Ausgabegeräten oder der Transport von Bitfolgen vom oder zum Plattenspeicher.

Schnittstellen und virtuelle Maschinen

Ein Dienstangebot wird auch als **Schnittstelle** (engl. **interface**) bezeichnet, im Fall der Computerhardware also als „Hardwareschnittstelle". Die **reale Hardwareschnittstelle** ist das Einzige, was die technisch-realen Komponenten eines Computers dem Benutzer und Programmierer zur Verfügung stellen können. Dies bringt zwei Probleme mit sich:

> Erstens gibt es *keinen einheitlichen Standard* für Hardwareschnittstellen. Insbesondere haben die verschiedenen marktgängigen Prozessorfamilien unterschiedliche Maschi-

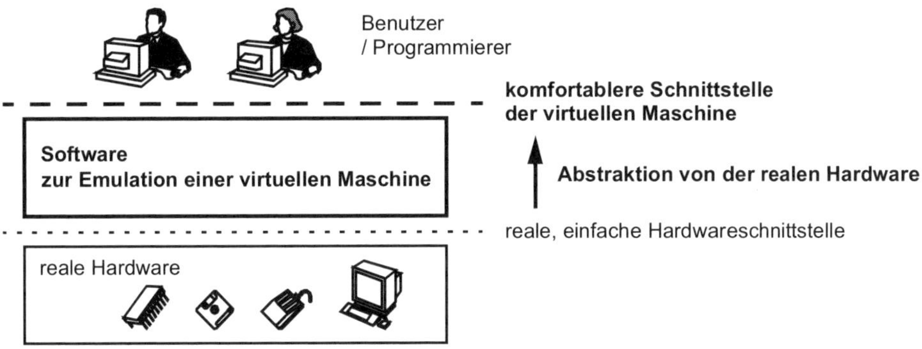

Abb. 2-4 *Virtualisierung durch Abstraktion von der realen Hardware*

nenbefehlssätze – also kann ein Maschinenprogramm, das auf einem Prozessor lauffähig ist, auf einem anderen Prozessor nicht unbedingt unmittelbar ausgeführt werden.

> Zweitens sind die Dienste der Hardwareschnittstelle *sehr primitiv* – zumindest wenn man sie dem vergleicht, was von einem Computer erwartet wird: Ein Programmierer möchte seine Programme nicht mühsam aus Maschinenbefehlen aufbauen, sondern lieber komfortablere Anweisungen benutzen, und ein Benutzer möchte nicht Bitfolgen an den Plattenspeicher schicken, sondern lieber mit Dateien arbeiten.

Über die Hardwareschnittstelle allein kann also ein Computer in den meisten Fällen nicht vernünftig bedient werden. Es müssen weitere, umfassendere Schnittstellen bereitgestellt werden, die besser nutzbare Dienste anbieten. Wie in Abbildung 2-4 skizziert, wird *Software* zur Schaffung von Schnittstellen eingesetzt, die leichter nutzbar sind: Diese **Softwareschnittstellen** bietet dem Benutzer und/oder Programmierer eine *Sammlung komfortabler Dienste* – zum Beispiel die Möglichkeit, Dateien zu erzeugen, zu löschen und zu editieren. Entsprechende Aufträge werden durch die Software in einen oder mehrere Aufträge an die Hardware umgesetzt, die die erforderlichen Operationen dann tatsächlich ausführt – beispielsweise eine Bitfolge auf den Plattenspeicher schreibt.
Durch diese Vorgehensweise wird also die reale Hardware, wie man sagt, **virtualisiert**: Benutzer und Programmierer kommen nicht mehr mit der Hardwareschnittstelle in Berührung, sondern nur noch mit der leichter nutzbaren oberen Schnittstelle. Sie haben also das Gefühl, nicht auf der primitiven Hardwaremaschine, sondern auf einer deutlich komfortableren Maschine zu arbeiten, die von der realen Hardware **abstrahiert**. Technisch-real ist diese Maschine jedoch nicht vorhanden; ihre Existenz wird dem Benutzer durch Software lediglich „vorgespiegelt". Es handelt sich also nicht um eine reale, sondern um eine **virtuelle Maschine** (engl. *virtual machine*). Man spricht in diesem Zusammenhang auch von der **Emulation** einer Maschine oberhalb der realen Hardware.

Beispiele für Virtualisierung

In modernen Computern findet man Konzepte der Virtualisierung und Abstraktion in vielfältiger Form:

> Die *Systemsoftware*, und damit insbesondere das *Betriebssystem*, setzt auf der Hardware auf und zeigt dem Benutzer gegenüber die bekannten zeichenorientierten und grafi-

schen Bedienoberfläche(n). Der Benutzer arbeitet also nicht unmittelbar auf der realen Hardwaremaschine, sondern auf einer leichter zugänglichen virtuellen Benutzermaschine. Wir werden hierauf im →nächsten Teilabschnitt näher eingehen.

> Anweisungen in *höheren Programmiersprachen* wie C oder Java sind komfortabler einzusetzen als die einfachen Maschinenbefehle. *Compiler* (*Übersetzer*) und *Interpretierer* ordnen solchen Anweisungen automatisch entsprechende Maschinenbefehlsfolgen zu. Dem Programmierer bietet sich also das Bild einer virtuellen Maschine mit einer besser nutzbaren Programmierschnittstelle. Nähere Informationen zu ihrer Realisierung finden sich in →5.

> *Netzprotokolle und -anwendungsprogramme*, wie sie beispielsweise für das Internet weit verbreitet sind, erlauben eine deutlich komfortablere Nutzung des Netzes als die reine Netzhardware mit ihren elektrischen oder optischen Signalen. Auch hier arbeiten also Benutzer und Programmierer auf einem leichter zu bedienenden virtuellen Kommunikationsnetz. Dieses Thema wird in →7 eingehender diskutiert.

> Die drei bisher genannten Beispiele sollen Schnittstellen schaffen, die für Benutzer und Programmierer besser nutzbar sind. Das vierte Beispiel, die *virtuelle Hardware*, zielt dagegen auf die Vereinheitlichung der Hardwareschnittstelle. Wie im →übernächsten Teilabschnitt gezeigt wird, werden damit hardwarenahe Programme auf unterschiedlichen realen Hardwareplattformen ausführbar.

Systemsoftware und Betriebssystem

Die **Systemsoftware** umfasst alle Programme, die dem Benutzer einen komfortablen Gebrauch des Computers ermöglichen – also beispielsweise *Programmierumgebungen* zur Erstellung von Programmen (→5.3), *Browser* zum Zugriff auf das World Wide Web (→7.2.2) und insbesondere *Betriebssysteme* mit ihren Basisdiensten zur Speicherung, Verarbeitung und Übertragung von Daten. Die Systemsoftware setzt (wie in →Abbildung 2-4 skizziert) oft unmittelbar auf der Hardware auf und bietet „nach oben" Schnittstellen, die den Bedürfnissen von Benutzern und Programmierern entsprechen. Sie ist zudem Grundlage für die **Anwendungssoftware** – Programme, die spezielle Anwendungsprobleme lösen, wie zum Beispiel Textverarbeitung oder Tabellenkalkulation. System- und Anwendungssoftware realisieren für den Benutzer und Programmierer virtuelle Maschinen, so dass er nicht direkt auf der realen Hardware arbeiten muss.

Der zentrale Bestandteil der Systemsoftware ist das **Betriebssystem** (engl. *operating system*). Es erfüllt zwei Hauptaufgaben:

> Das Betriebssystem ist erstens für die *Verwaltung* aller Hard- und Softwarekomponenten (**Betriebsmittel**) des Computers zuständig – also beispielsweise des Prozessors und des Hauptspeichers mit den dort laufenden Programmen sowie des Plattenspeichers mit seinen Programm- und Dokumentdateien. Dabei muss es auf die Anforderungen an die Maschine so geschickt reagieren, dass eine möglichst gute Systemleistung erzielt wird.

> Das Betriebssystem realisiert zweitens *Schnittstellen* zur Bedienung und Programmierung des Computers, die die reale Hardware verbergen (siehe Abbildung 2-5). Zu diesen Schnittstellen gehört die allgemein bekannte **Benutzerschnittstelle** (engl. *user interface*) oder **Bedienoberfläche**. Über sie arbeitet der „Normalbenutzer" mit seinem Computer, indem er beispielsweise seine Dateien in einem Dateisystem organisiert (→3.3,

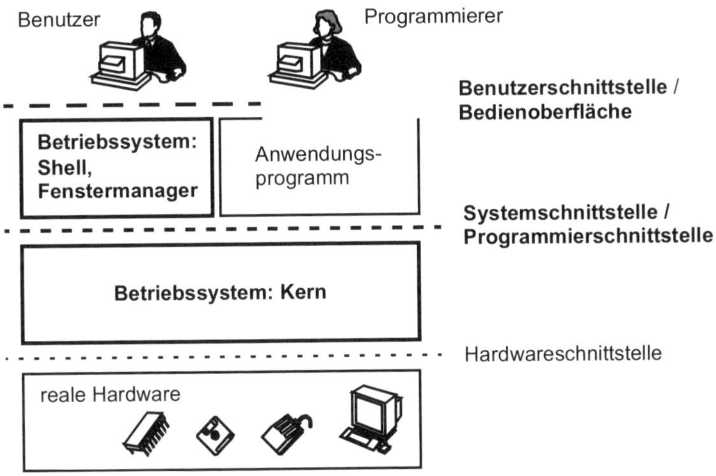

Abb. 2-5 *Grobstruktur und Schnittstellen eines Betriebssystems*

siehe auch →Kasten auf Seite 236). Weniger bekannt, aber mindestens ebenso wichtig, ist die darunter liegende **System-** oder **Programmierschnittstelle** (engl. **Application Programming Interface, API**). Sie bietet Dienste an, die aus Programmen heraus aufgerufen werden können (→5.2.2). Anwendungsprogramme nutzen diese Möglichkeit, um Aufträge an das Betriebssystem zu übergeben - beispielsweise um Daten auf den Plattenspeicher zu schreiben (→3.3.1).

Betriebssysteme, die diese Aufgaben erfüllen, sind beispielsweise die **Windows**-Systeme der Firma *Microsoft* sowie die verschiedenen **UNIX**-Versionen, wie insbesondere **Linux**. Abbildung 2-5 zeigt (grob) einen typischen *geschichteten Aufbau* eines Betriebssystems: Der **Betriebssystemkern** (engl. *kernel*) setzt unmittelbar auf der Hardware auf und zeigt nach oben die Systemschnittstelle. Auf der Systemschnittstelle basieren wiederum die **Shell** und der **Fenstermanager**, die eine zeichen- bzw. grafikorientierte Bedienoberfläche bieten. Durch diese Schichtung werden zwei virtuelle Maschinen realisiert, die auf unterschiedlichen Abstraktionsstufen stehen: Der Kern bietet eine virtuelle Maschine, deren Dienstaufrufe sich in ihrer Schreibweise an höheren Programmiersprachen (→5.1) orientieren und somit leicht in Programme integriert werden können. Shell und Fenstermanager stellen eine virtuelle Maschine bereit, die an den Erfordernissen der Benutzer ausgerichtet ist und dem Menschen eine möglichst leichte Bedienung des Computers ermöglichen soll.
Die *wichtigsten Bestandteile* eines Betriebssystems sind das Datei- und das Prozesssystem:

> Das **Dateisystem** bietet die Möglichkeit, eine Menge von Daten strukturiert auf einem Speichergerät abzulegen. Das Betriebssystem muss insbesondere Speicherbereiche zur physischen Ablage der Daten bereitstellen, und es muss einen strukturierten Namensraum (konkret: einen Dateibaum) realisieren, über den geordnet auf die Daten zugegriffen werden kann.

> Ein **Prozesssystem** dient zur Organisation der Aktivitäten, die auf der Maschine ablaufen: Jede der Aktivitäten wird durch einen gesonderten „Prozess“ repräsentiert, dem das Betriebssystem Prozessorzeit, Speicherplatz und weitere Betriebsmittel zur Verfügung stellt und den es mit anderen Prozessen koordiniert.

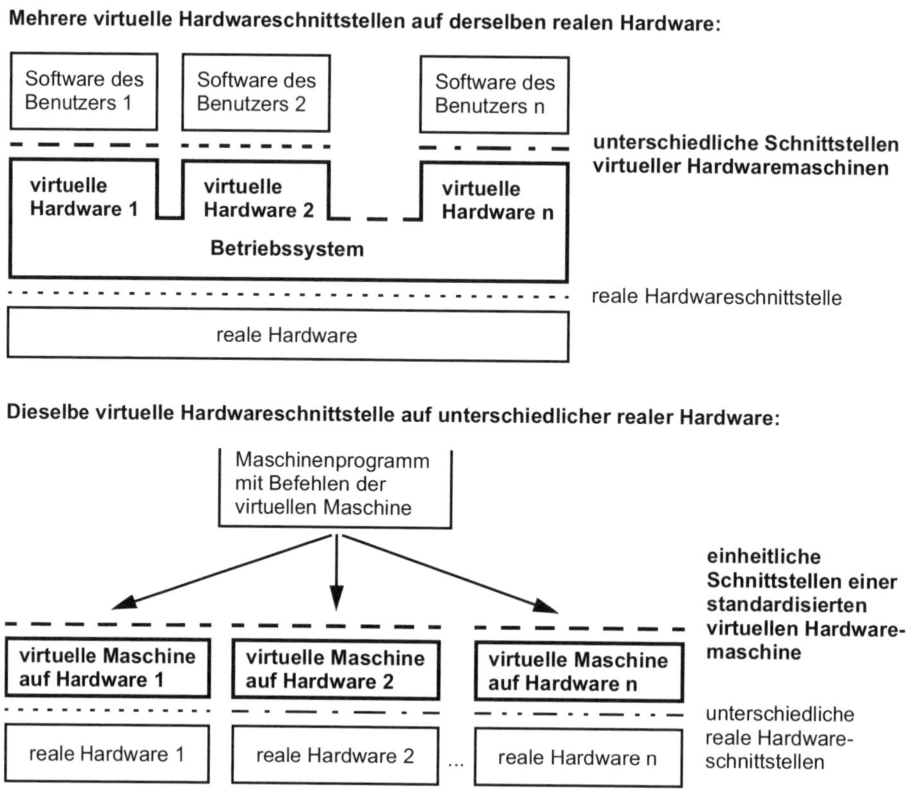

Abb. 2-6 *Virtuelle Hardware – zwei mögliche Konfigurationen*

Nährere Informationen zu Datei- und Prozesssystemen liefern die folgenden Kapitel, die die strukturierte Speicherung von Daten in Dateien (→3.3) sowie ihre Verarbeitung durch nebenläufige Algorithmen und Programme (→4.4, →5.4) behandeln. Betriebssystemkonzepte für geografisch verteilte Systeme werden im letzten Kapitel dieses Buchs besprochen (→7.3.2, →7.4.1). Im Einführungskapitel (→1.3) findet man eine Übersicht über alle Stellen des Buchs, an denen Betriebssysteme und sonstige Systemsoftware angesprochen werden.

Virtuelle Hardware

System- und Anwendungssoftware realisieren virtuelle Maschinen, deren Schnittstellen sich in Art und Umfang deutlich von der Schnittstelle der realen Hardware abheben. Ziel ist hier also die „Veredelung" der primitiven Hardwaredienste. In manchen Zusammenhängen macht es jedoch Sinn, virtuelle Maschinen einzusetzen, deren Schnittstelle ähnlich aussieht wie die einer realen Hardware. Solche **virtuellen Hardwaremaschinen emulieren** also in Software die Funktionalität einer Hardware. Auf ihren Schnittstellen setzen dann die eigentlichen Programme auf. Abbildung 2-6 zeigt zwei hierfür typische Konfigurationen:

> Ein Betriebssystem kann so aufgebaut sein, dass es auf Grundlage *derselben realen Hardware mehrere virtuelle Hardwareschnittstellen* bietet. Jeder Benutzer erhält damit seine eigene Schnittstelle, auf der er seine Maschinenprogramme ablaufen lassen kann. Ihm

wird dabei vorgespiegelt, dass er die Maschine ganz für sich allein besitzt. Um die Koordination mit anderen Benutzern (insbesondere beim Zugriff auf Speicher und Prozessor) muss er sich selbst nicht kümmern, da dies das Betriebssystem für ihn regelt. Die emulierten Hardwareschnittstellen können übrigens verschieden sein. Damit werden auf derselben realen Hardwareplattform unterschiedliche Maschinenprogramme ausführbar, die für verschiedene Prozessoren programmiert wurden.

> Die Schnittstelle der virtuellen Hardwaremaschine kann standardisiert werden, so dass auf *unterschiedlichen realen Hardwareplattformen dieselbe virtuelle Hardwareschnittstelle* realisiert wird. Maschinenprogramme, die Befehle dieser Schnittstelle benutzen, können damit unverändert auf unterschiedlicher realer Hardware ausgeführt werden. Voraussetzung ist lediglich, dass auf der jeweiligen Hardware eine virtuelle Maschine installiert ist, die die standardisierte Schnittstelle unterstützt.

Das Prinzip der einheitlichen virtuellen Hardwareschnittstelle wird insbesondere zur Ausführung so genannter **Java-Applets** benutzt. Applets sind Anwendungsprogramme, die aus dem *World Wide Web* (*WWW*, →7.2.2) heruntergeladen und auf dem eigenen Computer ausgeführt werden können. Auf dem Computer muss dazu lediglich eine so genannte **Java Virtual Machine (JVM)** vorhanden sein, die eine standardisierte virtuelle Hardwareschnittstelle im oben besprochenen Sinne anbietet. Da es JVM-Implementationen für alle gängigen Rechnerplattformen gibt, sind Java-Applets also im Prinzip überall ausführbar, ohne zuvor an den jeweiligen konkreten Rechner angepasst werden zu müssen (→Kasten auf Seite 34, →5.3.1, Abbildung 5-12).

2.1.3 Turing-Maschinen

Bei von-Neumann-Rechnern und bei virtuellen Maschinen steht die praktische Anwendung im Vordergrund: Sie bieten Konzepte zur Konstruktion realer Computer, die Programme zur Lösung von Problemen ausführen können. In der Informatik geht es jedoch nicht nur um den Bau und die Programmierung konkreter Maschinen, sondern auch um grundsätzliche *theoretische Fragestellungen*, die die maschinelle Lösbarkeit von Problemen betreffen. Für theoretische Untersuchungen benötigt man ein *Maschinenmodell*. Dieses Modell sollte einerseits einfach genug sein, um es leicht untersuchen zu können, aber andererseits ähnlich leistungsfähig wie reale Computer sein, damit die Ergebnisse der Betrachtungen einen praktischen Wert haben. Diese Forderungen werden insbesondere durch **Turing-Maschinen** erfüllt.

Turing-Maschinen wurden 1936 von *Alan Turing* (1912-1954, →Kasten auf Seite 36) als formales Modell für die Durchführung von Berechnungen vorgeschlagen. Obwohl es damals noch gar keine Computer im heutigen Sinne gab, sind Turing-Maschinen dennoch ein gutes Modell für deren Leistungsfähigkeit: Mit ihnen lässt sich feststellen, welche Probleme überhaupt einer maschinellen Lösung zugänglich sind und wie aufwendig die jeweiligen Lösungsverfahren sind (→4.3). Dabei geht man davon aus, dass die Aussage der **Churchschen These** (nach *Alonzo Church*, 1903-1995) gilt. Sie besagt, dass die „Klasse der Turing-berechenbaren Funktionen gleich der Klasse der intuitiv berechenbaren Funktionen" ist. Mit anderen Worten: Alle Probleme, die sich auf systematischem Wege (also insbesondere durch Computereinsatz) lösen lassen, können auch durch eine Turing-Maschine gelöst werden und umgekehrt.

Wie führt die Java Virtual Machine Java-Applets aus?

Java ist eine höhere objektorientierte Programmiersprache (→6), die insbesondere auch im World Wide Web (WWW, →7.2.2) von Bedeutung ist. Java-Programme laufen auf einer **Java Virtual Machine (JVM)**, die dafür die Schnittstelle einer virtuellen Hardware anbietet. Eine JVM kann unter anderem Programme ausführen, die aus dem World Wide Web geladen wurden. Solche Programme heißen **Applets** (= small applications = kleine Anwendungsprogramme).

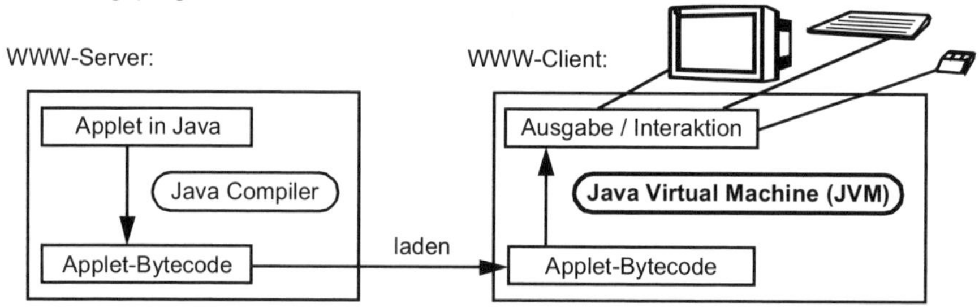

Die Abbildung zeigt den Umgang mit Applets: Auf *Server*-Seite, also bei einem Anbieter von WWW-Seiten, wird ein Applet in der höheren Sprache Java programmiert und durch einen Java-Compiler in so genannten **Bytecode** übersetzt. Bytecodeanweisungen ähneln Maschinenbefehlen, sind aber „plattformunabhängig", das heißt es handelt sich nicht um die Maschinensprache des Prozessors irgendeines Hardwareherstellers.
Auf Anforderung wird das Bytecode-Applet vom Server auf einen *Client* geladen, also auf einen Computer, dessen Benutzer eine WWW-Seite betrachten möchte. In den dortigen *Browser* (→3.4.2) ist eine **Java Virtual Machine** integriert, die die Bytecodebefehle des Applets „interpretieren" kann. Sie führt also das Applet Schritt für Schritt aus. Damit wird „Bewegung" in die WWW-Seite gebracht: Der Benutzer erhält eine dynamisch sich ändernde Ausgabe und kann mit der WWW-Seite interagieren (siehe auch →5.3.1).
Der Vorteil dieser Technik ist, dass auf dem Server pro Applet nur ein „Maschinen"programm (= Bytecodeprogramm) bereitgehalten werden muss und nicht für jeden denkbaren Clientprozessor ein eigenes. Nachteilig ist, dass durch das „Dazwischenschieben" der JVM zwischen Applet und realer Hardware die Ausführung langsamer abläuft als bei einem tatsächlichen Maschinenprogramm.
Zur Ausführung eines Programms emuliert die JVM einen von-Neumann-Rechner mit Hauptspeicher und Prozessor: Der Hauptspeicher besteht aus 2^{32} Zellen à 1 Byte, die einzeln adressiert werden können. Im Hauptspeicher werden Bereiche zur Ablage des Bytecodeprogramms (genauer der „Methoden" des Javaprogramms, →6.1) und der Daten angelegt. Die Daten sind in einem *Keller* (*Stack*, →6.2) organisiert; dazu kommt noch ein „Heap", also ein unstrukturierter Speicherbereich für die Java-*Objekte* (→6.1).
Der Prozessor kann **Bytecode**-Befehle ausführen, die Maschinenbefehlen realer Prozessoren ähneln. Der Operationsteil eines solchen Befehls ist ein Byte lang (daher der Name „Bytecode") und gibt die auszuführende Operation an. Ihm können ein oder mehrere Operandenteile folgen, die die Operanden spezifizieren. Der Befehl `iinc 7 3` erhöht beispielsweise den Eintrag an der Speicherstelle Nummer 7 um den Wert 3.
Der Prozessor operiert hauptsächlich auf Stack und Heap, das heißt auf dem „Hauptspeicher" der JVM. Er besitzt daher nur wenige Register – einen Befehlszähler, der die Speicheradresse des nächsten auszuführenden Befehls enthält, und drei Adressregister, die auf relevante Teile des Datenbereichs verweisen.

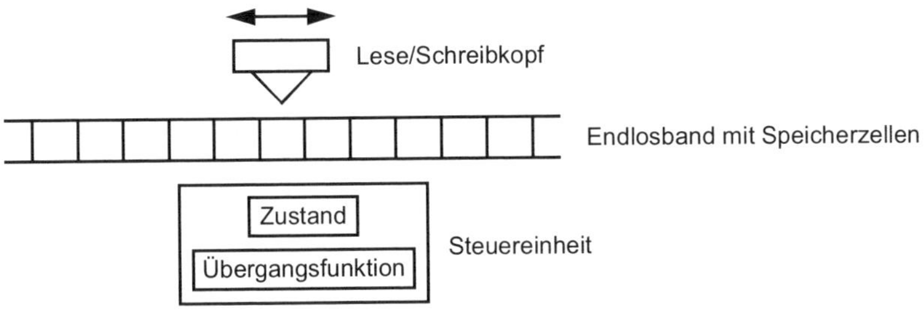

***Abb. 2-7** Komponenten einer Turing-Maschine*

Turing-Maschinen spielen zudem bei der so genannten *Erkennung formaler Sprachen* eine wichtige Rolle: Eine Turing-Maschine kann feststellen, ob eine Zeichenkette zu einer bestimmten *Sprache* gehört, also bestimmte geforderte Eigenschaften hat (→2.4). Solche Fragestellungen sind beispielsweise bei der Konstruktion von Compilern wichtig, die erkennen sollen, ob ein *Programmtext syntaktisch korrekt* ist (→2.4.3, →5.3). Zudem können *Entscheidungsprobleme* als Spracherkennungsprobleme formuliert und mit Turing-Maschinen gelöst werden (→4.3.3).

Struktur einer Turing-Maschine

Eine Turing-Maschine besteht aus den folgenden *Komponenten* (siehe Abbildung 2-7):

> Ein *zweiseitig unendliches Band*, das in Zellen unterteilt ist, dient zur Speicherung von Werten. Jede Zelle kann einen Wert aus einer endlichen Wertemenge (einem *Bandalphabet*) aufnehmen.

> Ein *Lese/Schreibkopf* steht jeweils über einer der Zellen des Bandes. Er kann den Wert dieser Zelle auslesen und gegebenenfalls mit einem neuen Wert überschreiben. Der Lese/Schreibkopf kann jeweils um eine Zelle nach links oder nach rechts bewegt werden.

> Eine *Steuereinheit* führt ein Programm (eine *Übergangsfunktion*) zur Bearbeitung der Werte aus. Sie befindet sich jeweils in einem bestimmten *Zustand* aus einer endlichen *Zustandsmenge*. Pro Programmschritt sind die folgenden Aktionen möglich:
  - Lesen eines Zeichens vom Band an der Position des Kopfs
  - Schreiben eines Zeichens auf das Band an der Position des Kopfs
  - Bewegung des Kopfs um eine Zelle nach links oder rechts
  - Änderung des Zustands

  Der zweite, dritte und vierte Schritt finden in Abhängigkeit vom bisherigen Zustand und vom gelesenen Zeichen statt. Es ist dabei durchaus möglich, das Bandzeichen, die Kopfposition und/oder den Zustand beizubehalten. Die Programmausführung endet, wenn ein *Endzustand* erreicht ist.

Formal lässt sich eine Turing-Maschine wie folgt definieren:

Definition „Turing-Maschine“: Eine Turing-Maschine ist ein 6-Tupel $(\Sigma, Z, \delta, \varepsilon, z_0, E)$ mit

> einem endlichen *Bandalphabet* Σ,

> einer endlichen *Zustandsmenge* Z,

Wer war Alan Turing?

Alan Turing (1912-1954) war ein britischer Mathematiker und Logiker, der für die Theoretische Informatik und die praktische Kryptanalyse Herausragendes geleistet hat. Turing studierte ab 1931 am angesehenen *King's College* in Cambridge und wurde dort bereits 1935 zum *Fellow* gewählt. Der Beginn seines Studiums fiel zeitlich zusammen mit der Publikation des **Gödelschen Unvollständigkeitssatzes**. Aus diesem Satz von *Kurt Gödel* (1906-1978) folgt, dass Mathematik und Logik nicht in der Lage sind, alle formal darstellbaren, wahren Aussagen auch formal zu beweisen, und dass es damit Probleme gibt, die zwar definierbar, aber nicht lösbar sind. Diese Erkenntnis machte es also nötig zu untersuchen, *welche* Probleme überhaupt lösbar und welche prinzipiell unlösbar sind.

In diesem Zusammenhang veröffentlichte Turing 1937 seine Arbeit „On Computable Numbers". Insbesondere entwickelte er dort die Idee einer programmierbaren Maschine – der **Universellen Turing-Maschine** als Modell eines Automaten zu Bearbeitung aller formal lösbaren Probleme. Wie im Haupttext geschildert, ist sie in der modernen Informatik *das* Maschinenmodell zur Untersuchung der Lösbarkeit von Problemen und des damit verbundenen Aufwands.

Mit Kriegsausbruch 1939 wechselte Turing zur *Government Code and Cypher School* in *Bletchley Park*, dem damaligen Zentrum der britischen Kryptanalyse. Hauptarbeitsziel war das Knacken der **ENIGMA**, des Standardverschlüsselungsgeräts der deutschen Wehrmacht. Die elektromechanische ENIGMA wandelte Klartexte buchstabenweise in Kryptotexte (= verschlüsselte Texte) um und umgekehrt. Täglich wechselnde Voreinstellungen der Maschinen führten zu jeweils anderen Klartext-Kryptotext-Zuordnungen. Diese Voreinstellungen waren damit der Schlüssel zur Ver- und Entschlüsselung von Texten.

Die Briten kannten zwar die allgemeine Funktionsweise der ENIGMA, nicht jedoch die jeweils verwendeten Schlüssel. Sie mussten also täglich die Schlüssel herausfinden, mit denen die Gegenseite arbeitete, um deren Nachrichten entziffern zu können. Anhand bestimmter Anhaltspunkte gelang es, einzelne Wörter in den Kryptotexten zu identifizieren, so dass damit kleinere Klartext-Kryptotext-Paare vorlagen. Ein möglicher, allerdings aufwendiger Ansatz zum Auffinden des Schlüssels war nun, den Klartext mit allen möglichen Schlüsseln zu verschüsseln. Ergab sich dabei für einen der Schlüssel der vorliegende Kryptotext, so war der benutzte Schlüssel gefunden und der Code geknackt.

Turing leistete zu diesen Arbeiten entscheidende Beiträge: Durch theoretische Untersuchungen konnte er die Menge der zu prüfenden Schlüssel deutlich reduzieren. Zudem entwickelte er Maschinen zum automatischen Ausprobieren aller potentiellen Schlüssel. Hierdurch gelang es kontinuierlich bis zum Kriegsende, Nachrichten zu dechiffrieren. Zudem wurde so ein Grundstein für die moderne Computertechnik gelegt.

Mit Turings Namen ist auch der von ihm vorgeschlagene **Turing-Test** verbunden, mit dem die „Intelligenz" eines Computers beurteilt werden soll: Ein Tester befragt über je eine Tastatur-Bildschirm-Kombination eine andere Person und einen Computer, weiß aber a priori nicht, wer sich wo verbirgt. Kann er dies auch anhand des Dialogs nicht erkennen, so ist es gelungen, einen „intelligenten" Computer zu bauen.

Trotz seiner Verdienste hat man Turing nach Kriegsende übel mitgespielt. Er wurde wegen seiner Homosexualität einer Zwangs„behandlung" unterzogen und beging 1954 als Folge davon Selbstmord. Turings hohes Ansehen in der Informatik bleibt jedoch bestehen. Dies drückt sich unter anderem darin aus, dass die amerikanische Informatikgesellschaft *Association for Computing Machinery (ACM)* ihren höchsten Preis nach Alan Turing benannt hat – nämlich den **Turing Award**, der als der „Nobelpreis der Informatik" gilt.

> einer *Übergangsfunktion* $\delta: Z \times \Sigma \rightarrow Z \times \Sigma \times \{L,R,N\}$,
> einem *Leerzeichen* $\varepsilon \in \Sigma$,
> einem *Anfangszustand* $z_0 \in Z$ und
> einer Menge von *Endzuständen* $E \subseteq Z$.

Die **Übergangsfunktion** δ definiert das „Programm" der Turing-Maschine. Ihre Parameter sind der aktuelle Zustand der Steuereinheit und das Bandzeichen, das sich gerade unter dem Lese/Schreibkopf befindet. Ihr Resultat ist ein Tripel (besteht also aus drei Werten) und legt den Programmschritt fest, der ausgeführt werden soll: Angegeben sind der Folgezustand, in den die Steuereinheit übergehen soll, das Zeichen, das in die aktuelle Zelle des Bands geschrieben werden soll, und die Bewegung, die der Lese/Schreibkopf dann ausführen soll (L = eine Zelle nach links, R = eine Zelle nach rechts, N = keine Bewegung). Ein Beispiel für eine Übergangsfunktion wird im →übernächsten Teilabschnitt betrachtet.
Durch eine Übergangsfunktion in der hier definierten Form ist der auszuführende Schritt jeweils eindeutig bestimmt: Man sagt, die Turing-Maschine ist **deterministisch**. Daneben gibt es aber auch **nichtdeterministische Turing-Maschinen**, bei denen in einer bestimmten Situation auch mehrere Schritte zulässig sein können. Wir werden hierauf am Ende von →2.1.4 näher eingehen.

Berechnungen mit Turing-Maschinen

Durch wiederholte Anwendung der Übergangsfunktion δ kann eine Turing-Maschine eine **Berechnung** durchführen. Zu Beginn der Berechnung steht auf dem Band eine Zeichenkette w, also eine Folge von Zeichen aus dem Bandalphabet Σ (wobei gefordert werden kann, dass w nur aus Zeichen eines *Eingabealphabets* besteht – einer Teilmenge des Bandalphabets, die insbesondere ε nicht enthält). w ist das *Eingabewort* der Berechnung. Rechts und links von w befinden sich nur Leerzeichen ε, und der Lese/Schreibkopf steht über dem ersten Zeichen von w. Die Steuereinheit ist im Anfangszustand z_0. Zustand, Bandinschrift und Position des Kopfes bilden zusammen die *Anfangskonfiguration* der Maschine.
Die *Folgekonfiguration* ergibt sich durch die Anwendung von δ auf den aktuellen Zustand (zu Beginn z_0) und das Zeichen X unter dem Lese/Schreibkopf, wie im vorigen Teilabschnitt angegeben. Aus dieser Folgekonfiguration geht die Maschine durch erneute Anwendung von δ in die nächste Konfiguration über und so weiter.
Die Berechnung endet, wenn ein *Endzustand* aus der Menge E erreicht wird, oder, alternativ, wenn δ als partielle Funktion für den aktuellen Zustand und das Zeichen unter dem Lese/Schreibkopf nicht definiert ist. Das *Ergebnis* der Berechnung steht dann auf dem Band als die Zeichenkette v, über deren erstem (oder alternativ letztem) Zeichen sich der Lese/Schreibkopf befindet. Die Turing-Maschine berechnet damit also eine Funktion f mit $f(w)=v$.
Außer zur Berechnung von Werten können Turing-Maschinen auch dazu eingesetzt werden, **Sprachen zu erkennen** oder, genauer formuliert, **Wörter einer Sprache zu akzeptieren**. Wie in →2.4.1 im Detail besprochen wird, ist eine Sprache eine Menge von Zeichenketten, die beispielsweise alle nach einer bestimmten Bildungsregel aufgebaut sind. Eine Turing-Maschine akzeptiert ein Wort w, wenn sie bei anfänglichem Bandinhalt w nach endlich vielen Schritten in einem Endzustand anhält. In diesem Fall wurde w als Wort der Sprache „erkannt". Zeichenketten, für die die Turing-Maschine gar nicht oder nicht in einem akzeptierenden Endzustand anhält, sind nicht Wörter der Sprache.

Tabelle zur Definition der Übergangsfunktion δ:

	0	1	ε
Gerade	(Gerade,0,R)	(Ungerade,1,R)	(Ende,0,N)
Ungerade	(Ungerade,0,R)	(Gerade,1,R)	(Ende,1,N)

Beispielberechnung für das Eingabewort „1010":

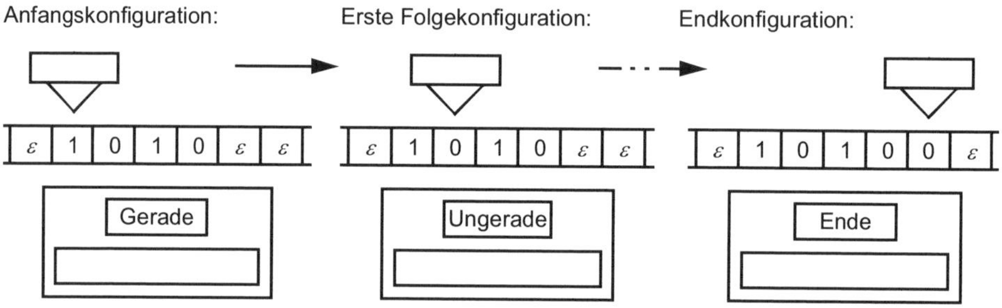

Abb. 2-8 *Beispiel für eine Turing-Maschine: Berechnung des Parity-Bits*

Beispiel: Turing-Maschine zur Berechnung des Paritätsbits

Die Turing-Maschine in Abbildung 2-8 durchläuft eine Zeichenkette aus Nullen und Einsen und stellt dabei fest, ob die Anzahl der vorhandenen Einsen gerade ist. Ist das der Fall, so wird hinter die Zeichenkette eine Null geschrieben, ansonsten eine Eins. Die Maschine berechnet also das so genannte **Paritätsbit** (engl. *parity bit*) einer gegebenen Bitfolge.

Das *Bandalphabet* der Turing-Maschine enthält offensichtlich drei Zeichen, nämlich 0, 1 und ε. Zudem gibt drei *Zustände*: Im Zustand „Gerade" ist die Anzahl der bisher gelesenen Einsen gerade, im Zustand „Ungerade" ist sie ungerade. Der dritte Zustand „Ende" ist der Endzustand. Als Anfangszustand dient der Zustand „Gerade", denn zum Startzeitpunkt wurde noch gar kein Zeichen gelesen - die Anzahl der bislang gelesenen Einsen ist damit null, also gerade.

Die *Übergangsfunktion* wird durch eine Tabelle dargestellt, deren Zeilen den möglichen Zuständen der Steuereinheit und deren Spalten den Zeichen des Bandalphabets entsprechen. Der Tabelleneintrag in einer bestimmten Zeile und Spalte gibt den zugehörigen Funktionswert an, also den Folgezustand, das zu schreibende Zeichen und die Bewegung des Kopfes. Im Einzelnen ist die Übergangsfunktion wie folgt definiert:

> Erste Spalte: Befindet sich die Steuereinheit im Zustand „Gerade" oder „Ungerade" und wird eine 0 gelesen, so bleibt sie im bisherigen Zustand. Wurde nämlich bislang eine gerade bzw. ungerade Anzahl von Einsen gelesen, so ändert sich dies durch Lesen einer weiteren 0 nicht. Das Zeichen auf dem Band wird nicht verändert, bleibt also 0. Der Kopf wird um eine Position nach rechts bewegt, um das nächste Zeichen zu lesen.

> Zweite Spalte: Befindet sich die Steuereinheit im Zustand „Gerade" und wird eine 1 gelesen, so geht sie in den Zustand „Ungerade" über. Wurde nämlich bislang eine gerade Anzahl von Einsen gelesen, so wird daraus durch die neu gelesene 1 eine ungerade Anzahl. Analog führt das Lesen einer 1 im Zustand „Ungerade" zum Übergang in den Zustand „Gerade". Auch hier wird das Zeichen auf dem Band nicht verändert und der Kopf um eine Position nach rechts bewegt.

> Dritte Spalte: Wird ein Leerzeichen ε gelesen, so ist das Wort vollständig durchlaufen. Je nach Zustand (das heißt je nachdem, ob eine gerade oder ungerade Anzahl von Einsen gelesen wurde) wird eine 0 oder eine 1 auf das Band geschrieben. Die Maschine geht in den Zustand „Ende" über, hält also an. Man beachte, dass für den Endzustand keine Funktionswerte definiert sind, da aus diesem Zustand heraus keine weiteren Schritte ausgeführt werden sollen.

Abbildung 2-8 zeigt unten für ein Eingabewort drei Konfigurationen, die in der Schrittfolge der Berechnung auftreten – die Anfangskonfiguration, die erste Folgekonfiguration und die Endkonfiguration.
Das Beispiel hat übrigens eine hohe praktische Relevanz, denn Paritätsbits spielen für die **Fehlererkennung in Hardware** eine wichtige Rolle. Ein Paritätsbit wird zusammen mit einer Gruppe von „Nutzdatenbits" gespeichert und ist so gesetzt, dass die Anzahl der Einsen in Nutzdaten und Paritätsbit zusammen eine gerade Zahl ergibt. Ändert nun ein Bit aufgrund eines Speicherfehlers seinen Wert, so wird dies erkannt, da dann die Anzahl der Einsen nicht mehr gerade ist (siehe auch →Kasten auf Seite 124).

Die universelle Turing-Maschine

Bei den bisher betrachteten Turing-Maschinen wurde das auszuführende „Anwendungsprogramm" durch die Übergangsfunktion δ in der Steuereinheit festgelegt. Man kann solche Maschinen mit Computern vergleichen, deren Programme in Hardware festgeschrieben sind und die somit nur zur Lösung jeweils eines bestimmten Problems eingesetzt werden können. Wie jedoch bereits diskutiert wurde, ist die *Programmierbarkeit* ein hervorragendes Merkmal eines Computers: Ein Universalrechner (→2.1.1) kann durch Aufspielen von Software verschiedenen Problemstellungen angepasst werden.
Eine Programmierung ist auch bei Turing-Maschinen möglich. Man kann ein Turing-Band nicht nur dazu nutzen, ein Eingabewort w abzuspeichern, sondern auch dazu, die Beschreibung einer beliebigen Turing-Maschine TM aufzunehmen, die auf die Eingabe w angesetzt werden soll. Diese Technik entspricht der Verwendung des Hauptspeichers in einem von-Neumann-Rechner, der ja nicht nur Daten, sondern auch Programme aufnehmen kann. Es lässt sich nun eine Turing-Maschine UTM konstruieren, die eine solche Beschreibung verarbeiten kann. Ihre Steuerungsfunktion δ_{UTM} ist so definiert, dass sie die Beschreibung von TM vom Band liest und dann auf w die Schritte ausführt, die auch TM ausführen würde. Dies entspricht der Vorgehensweise eines von-Neumann-Prozessors, der die Befehle eines Programms aus dem Hauptspeicher ausliest und dann auf seinen Daten ausführt.
Eine solche UTM-Maschine wird **universelle Turing-Maschine** genannt. Sie ist in der Lage, jede beliebige Turing-Maschine zu simulieren, kann also alle Berechnungen durchführen, die von irgendeiner Turing-Maschine ausführbar sind. Durch die UTM werden Turing-Maschinen also, wie oben behauptet, programmierbar.

2.1.4 Einfachere Automaten

Turing-Maschinen und von-Neumann-Rechner werden als **Automaten** (engl. *automata*) bezeichnet, da sie Probleme selbstständig lösen. Mehr noch: Sie sind *universelle* Automaten, da sie auf alle Probleme angesetzt werden können, die überhaupt maschinell lösbar sind. In vielen Einsatzgebieten wird jedoch eine solch mächtige Maschine gar nicht benötigt, da die

dortigen Problemstellungen auch von einfacheren Maschinen bewältigt werden können. **Endliche Automaten** und **Kellerautomaten**, die im Folgenden betrachtet werden sollen, sind solche Maschinen.
Endliche Automaten dienen beispielsweise zur Modellierung einfacher *digitaler Systeme*. Das sind *Schaltnetze* und *Schaltwerke* – binär arbeitende elektronische Schaltungen, die auf Eingangssignale reagieren und daraus Ausgangssignale erzeugen können (→2.2.1). Endliche Automaten werden, neben Kellerautomaten, auch zur *Erkennung einfacher Sprachen* eingesetzt: Sie entscheiden, ob ein Eingabewort (also eine Zeichenkette) einer bestimmten Bildungsregel gehorcht und damit einer bestimmten „Sprache" angehört. Eine solche Entscheidung muss beispielsweise von einem Compiler getroffen werden, der prüft, ob ein Programmtext syntaktisch korrekt ist (→2.4).

Eigenschaften und Vorgehensweise von Automaten

Die genannten Automatentypen haben *unterschiedliche Speichermöglichkeiten*: Eine Turing-Maschine kann auf ihrem Band unendlich viele Daten ablegen und sie in beliebiger Reihenfolge lesen und ändern. Ein Kellerautomat hat zwar auch einen unendlich großen Speicher, kann aber jeweils nur das zuletzt gespeicherte Datum lesen und muss dieses aus dem Speicher entfernen, um an ältere Daten heranzukommen. Ein endlicher Automat schließlich kann nur eine endliche Menge von Daten speichern.
Allen drei Automatentypen liegt aber ein *gemeinsames Arbeitsprinzip* zugrunde, das teilweise schon von der Turing-Maschine her bekannt ist: Ein Automat führt eine Folge von Schritten aus. Bei jedem Schritt befindet er sich in einem bestimmten Zustand und liest ein Zeichen aus seinem Speicher und/oder aus einem externen Eingabewort. In Abhängigkeit von diesen Werten wechselt er in einen Folgezustand und schreibt eventuell ein Zeichen in seinen Speicher. Man sagt, der Automat geht von einer *Konfiguration* in eine *Folgekonfiguration* über, wobei sich die Konfiguration aus dem Zustand, dem Speicherinhalt und gegebenenfalls dem noch zu lesenden restlichen Eingabewort zusammensetzt. Bei oder nach diesem Übergang gibt der Automat möglicherweise ein oder mehrere Zeichen aus.
Als *Beispiel* führe man sich einen realen Fahrkartenautomaten vor Augen: In einem Arbeitsschritt

> erhält er einen Tastendruck oder Münzeinwurf als „Eingabe",
> merkt sich Informationen über diese Eingabe und die vorherigen in seinem „Zustand" (z.B. die gewünschte Fahrkarte und den bereits gezahlten Betrag)
> und erzeugt (abhängig von Eingabe und Zustand) eine „Ausgabe" in Gestalt einer Informationsanzeige und/oder einer Fahrkarte.

Formaler gesprochen, wird ein Automat durch eine *Übergangsfunktion* δ gesteuert, die allen möglichen Konfigurationen Folgekonfigurationen zuordnet. Zudem kann es eine *Ausgabefunktion* λ geben, die entsprechend festlegt, welche Zeichen auszugeben sind. Zur Verarbeitung eines ganzen Eingabeworts beginnt ein Automat in einer Anfangskonfiguration und liest die Zeichen des Worts eins nach dem anderen ein. Dabei ändert in jedem Schritt anhand von δ seinen Zustand und eventuell seinen Speicherinhalt. Ein *erkennender Automat* erreicht nach Einlesen des Worts einen Zustand, der angibt, ob das Wort akzeptiert (= „erkannt") wurde oder nicht – der also anzeigt, ob es zu einer bestimmten Sprache gehört. Ein *Automat mit Ausgabe* besitzt neben der Übergangsfunktion δ die oben erwähnte Ausgabefunktion λ, die Schritt für Schritt die Zeichen eines Ausgabeworts erzeugt.

Zustandsdiagramm:

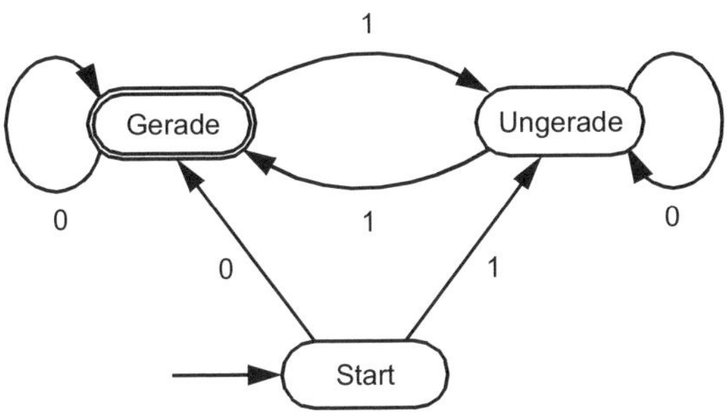

Dazu äquivalente Zustandstabelle:

	0	1
Start	Gerade	Ungerade
Gerade	Gerade	Ungerade
Ungerade	Ungerade	Gerade

Abb. 2-9 *Endlicher Automat, der Bitfolgen mit einer geraden Anzahl von Einsen akzeptiert*

Erkennende endliche Automaten

Erkennende (akzeptierende) endliche Automaten dienen zur Erkennung von Wörtern einer Sprache (→2.4): Sie prüfen, ob eine eingegebene Zeichenkette einer bestimmten Bildungsregel gehorcht. Beispielsweise kann ein endlicher Automat feststellen, ob eine Folge von Bits eine gerade Anzahl von Einsen enthält (→Beispiel unten).

Definition „erkennender endlicher Automat": Ein erkennender *endlicher Automat* (engl. *finite automaton*) ist ein 5-Tupel (Σ, Z, δ, z_0, E) mit

> einem endlichen *Eingabealphabet* Σ, der Menge der zulässigen Eingabezeichen,

> einer endlichen *Zustandsmenge* Z,

> einer *Übergangsfunktion* δ: $Z \times \Sigma \rightarrow Z$, die in Abhängigkeit vom aktuellen Zustand und eingelesenen Zeichen den Folgezustand bestimmt,

> einem *Anfangszustand* $z_0 \in Z$, in dem der Automat seine Arbeit beginnt, und

> einer Menge von *Endzuständen* $E \subseteq Z$, bei deren Erreichen ein Wort als *erkannt* gilt.

Der Automat heißt „endlich" (engl. *finite*), weil seine Zustandsmenge endlich viele Elemente enthält und der Automat keinen weiteren Speicher hat, in dem er Daten ablegen könnte.

Ein erkennender endlicher Automat *untersucht ein Eingabewort w* wie folgt: Der Automat beginnt im Anfangszustand z_0, liest w Zeichen für Zeichen ein und führt dabei gemäß der Funktion δ Zustandsübergänge durch. w wird genau dann **akzeptiert**, also als Wort einer bestimmten Sprache **erkannt**, wenn sich der Automat nach dem Lesen des letzten Zeichens von w in einem Zustand aus E befindet. Eine Ausgabe wird nicht erzeugt.

Ein endlicher Automat kann sehr anschaulich durch ein **Zustandsdiagramm** (engl. *state transition diagram*) dargestellt werden. Abbildung 2-9 (linke Seite) zeigt dies am Beispiel eines Automaten, der alle nichtleeren Bitfolgen akzeptiert, die eine gerade Anzahl von Einsen enthalten – der also das **Paritätsbit** (→2.1.3) prüft. Das Diagramm repräsentiert die Zustände durch Ovale oder Kreise und die Übergänge zwischen ihnen durch Pfeile. Ein Pfeil ist mit dem Zeichen beschriftet, dessen Eingabe zu diesem Übergang führt. Der Anfangszustand ist durch einen von außen hereinkommenden Pfeil markiert, und ein akzeptierender Endzustand ist durch einen doppelten Rand gekennzeichnet.

Alternativ lässt sich die Übergangsfunktion durch eine **Zustandstabelle** (engl. *state table*) angeben (siehe Abbildung 2-9 rechts): Zeilen und Spalten der Tabelle entsprechen den Pa-

rametern der Funktion (also Kombinationen aus aktuellem Zustand und gelesenem Zeichen), die Tabelleneinträge geben die entsprechenden Funktionswerte (also Folgezustände) an.
Wie bei Turing-Maschinen gibt es auch bei endlichen Automaten, neben der hier angegebenen **deterministischen Form**, eine **nichtdeterministische Version**, bei der mehrere Folgezustände zulässig sind. Wir kommen hierauf am Ende dieses Abschnitts zurück.

Endliche Automaten mit Ausgabe

Erkennende endliche Automaten liefern während der Verarbeitung des Eingabeworts keine Ausgabe; das Ergebnis ihrer Arbeit wird allein durch den Zustand angezeigt, den der Automat nach dem Lesen des Worts erreicht hat. *Automaten mit Ausgabe* erzeugen dagegen beim Lesen des Eingabeworts schrittweise ein Ausgabewort, „übersetzen" also gewissermaßen eine Folge von Eingabezeichen in eine Folge von Ausgabezeichen. Sie werden daher manchmal auch als *übersetzende Automaten* bezeichnet.

Definition „endlicher Automat mit Ausgabe": Ein endlicher Automat mit Ausgabe ist ein 6-Tupel $(\Sigma_E, \Sigma_A, Z, z_0, \delta, \lambda)$ mit

> einem endlichen *Eingabealphabet* Σ_E, wie von erkennenden Automaten her bekannt,
> einem endlichen *Ausgabealphabet* Σ_A, das heißt einer Menge von Zeichen, aus denen Ausgabewörter des Automaten aufgebaut sein können,
> einer endlichen *Zustandsmenge* Z, wie von erkennenden Automaten her bekannt,
> einer *Übergangsfunktion* δ: $Z \times \Sigma_E \rightarrow Z$, wie von erkennenden Automaten her bekannt, und
> einer *Ausgabefunktion* λ: $Z \times \Sigma_E \rightarrow \Sigma_A$.

Endliche Automaten mit Ausgabe entsprechen *aussagenlogischen Schaltwerken*, wie sie in →2.2.1 besprochen werden.
Automaten mit Ausgabe können wiederum durch **Zustandsdiagramme** dargestellt werden. Wie beim erkennenden Automaten sind die Übergangspfeile mit den Eingabezeichen beschriftet, die den jeweiligen Zustandsübergang auslösen. Dazu kommen hier noch das oder die Zeichen, die beim Übergang ausgegeben werden. Als *Beispiel* zeigt Abbildung 2-10 das Zustandsdiagramm eines einfachen Fahrkartenautomaten. Der Automat verkauft Fahrkarten zu vier Euro. Er akzeptiert in beliebiger Reihenfolge Ein- oder Zwei-Euro-Münzen, zeigt den noch zu zahlenden Restbetrag an und gibt schließlich eine Fahrkarte und gegebenenfalls Restgeld aus. Anschließend ist er bereit, eine neue Fahrkarte zu verkaufen. Um die Darstellung übersichtlich zu halten, wird dies durch einen *ε-Übergang* zurück in den Anfangszustand dargestellt, der spontan, also ohne Eingabe erfolgt. Die obige Definition berücksichtigt zwar solche Übergänge nicht explizit, kann aber leicht entsprechend erweitert werden. Statt eines Diagramms könnte auch hier wieder eine Tabelle verwendet werden.
Ein Automat in der hier betrachteten Form, bei dem die Ausgaben den Zustandsübergängen zugeordnet sind, wird auch als **Mealy-Automat** bezeichnet. Alternativ können Ausgaben auch *Zuständen* zugeordnet werden – sie finden also nicht während eines Übergangs, sondern erst beim Erreichen des Folgezustands statt. Der Automat heißt dann **Moore-Automat**. Moore- und Mealy-Darstellung sind gleichwertig („äquivalent"), denn jeder endliche Automat lässt auf beide Arten formulieren.

Zustandsdiagramm:

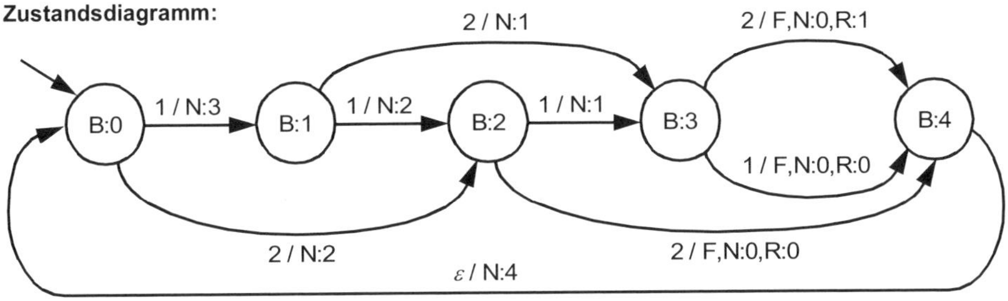

Zustände:	Eingaben:	Ausgaben:
(B:n) = bereits n Euro gezahlt	1 = Ein-Euro-Stück	F = Fahrkarte
	2 = Zwei-Euro-Stück	N:n = noch n Euro zu zahlen
	ε = keine	R:n = n Euro Rückgeld

***Abb. 2-10** Beispiel für einen Automaten mit Ausgabe: einfacher Fahrkartenautomat*

Kellerautomaten

Ein **Kellerautomat** (engl. **push down automaton, PDA**) ist eine Erweiterung eines erkennenden endlichen Automaten. Bei ihm dient nicht nur der Zustand als Informationsspeicher, sondern auch ein unendlich großer **Kellerspeicher** (engl. **stack**). Das Verhalten des Automaten wird nicht nur von Eingabezeichen und Zustand, sondern auch vom Inhalt des Kellerspeichers bestimmt.
Einen *Kellerspeicher* kann man sich bildlich als einen tiefen, schmalen Schacht vorstellen, in dem die gespeicherten Werte übereinander angeordnet sind. Es kann jeweils nur auf seinen obersten Wert (die *Kellerspitze*) direkt zugegriffen werden. Um an einen tiefer gespeicherten Wert zu kommen, müssen zunächst alle darüberliegenden Werte durch **Pop-Operationen** entfernt werden. Ein neuer Wert kann nur durch eine **Push-Operation** in den Keller gebracht werden, die den Wert oben auf den Stapel der bereits gespeicherten Werte ablegt. Wir werden in →6.2 noch etwas ausführlicher auf Keller eingehen.

Definition „Kellerautomat“: Ein Kellerautomat ist ein 7-Tupel $(\Sigma, Z, K, \delta, z_0, k_0, E)$ mit

> einem endlichen *Eingabealphabet* Σ,
> einer endlichen *Zustandsmenge* Z,
> einer endlichen Menge von *Kellerzeichen* K,
> einer *Übergangsfunktion* δ, die ein Tripel aus $Z \times (\Sigma \cup \{\varepsilon\}) \times K$ auf eine endliche Teilmenge von $Z \times K^*$ abbildet, wobei K^* für eine Folge aus keinem, einem oder mehreren Zeichen aus der Menge K steht (nähere Erläuterung siehe unten),
> einem *Anfangszustand* $z_0 \in Z$,
> einem *Kelleranfangszeichen* $k_0 \in K$, das zu Beginn als Einziges im Keller steht, und
> einer Menge von *Endzuständen* $E \subseteq Z$, den „akzeptierenden Zuständen“.

Die *Übergangsfunktion* δ eines Kellerautomaten hängt ab vom aktuellen Zustand, vom aktuellen Eingabezeichen und vom Symbol, das aktuell an der Kellerspitze steht. Der Parameter für das Eingabezeichen kann auch den Wert ε haben, das heißt in einem entsprechenden Schritt wird kein Zeichen eingelesen. Ein *Funktionswert* von δ ist eine *Menge von Paaren*, die die möglichen Folgekonfigurationen bestimmen. Ein solches Paar besteht aus jeweils einem

Tabelle der Übergangsfunktion:

	S	(	)
(	(	((	-
)	-	ε	-

Spalte: Zeichen an der Kellerspitze

Zeile: eingelesenes Zeichen

Tabelleneintrag: Zeichen, das oder die das Zeichen an der Kellerspitze ersetzen

ε = Zeichen an der Kellerspitze wird entfernt

\- = Funktion ist nicht definiert ⇒ Automat hält an

Bearbeitung des Eingabeworts „((( ) ( )) ( ))“:

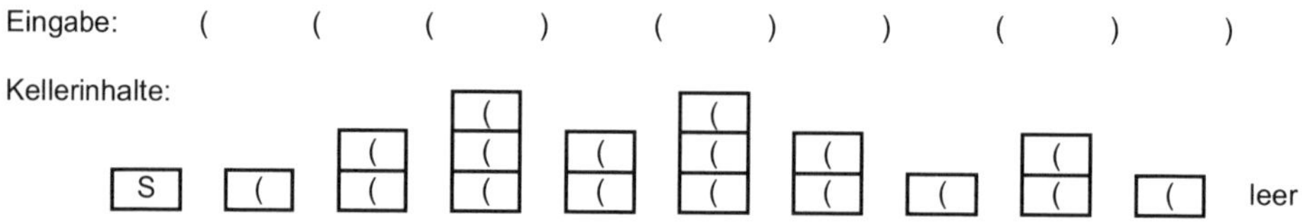

Abb. 2-11 *Beispiel für einen Kellerautomaten: Erkennung von geschachtelten Klammerungen*

Folgezustand und einer Zeichenfolge, die anstelle des bisherigen obersten Kellerzeichens auf die Kellerspitze gelegt werden soll. Die Ausführung eines dieser Paare bedeutet, dass der Automat in den angegebenen Folgezustand übergeht und dabei das oberste Kellerelement gegen ein oder mehrere neue Zeichen austauscht oder auch nur entfernt.

Ein Kellerautomat, bei dem in manchen oder allen Fällen mehrere Ausführungsschritte zulässig sind, heißt **nichtdeterministisch**. Man kann aber durchaus konkrete Automaten konstruieren, deren Funktion δ jeweils *einelementige* Mengen liefert und damit den auszuführenden Schritt stets eindeutig festlegt. Solche Kellerautomaten sind dann **deterministisch**. Wir werden auf diese Unterscheidung im →nächsten Teilabschnitt noch näher zu sprechen kommen. Dort wird sich auch zeigen, warum hier bei den Kellerautomaten (im Unterschied zu endlichen Automaten und Turing-Maschinen) die nichtdeterministische Version in den Vordergrund gestellt wird.

Ein Kellerautomat **akzeptiert ein Wort**, wenn er sich nach Einlesen des letzten Zeichens des Worts und eventuell folgenden ε-Übergängen (bei denen keine Eingabezeichen mehr eingelesen werden) in einem Endzustand befindet. Alternativ kann man festlegen, dass ein Kellerautomat das Wort akzeptiert, wenn nach dem Einlesen und eventuellen ε-Übergängen der Keller leer ist. Man kann dann auf die Definition von Endzuständen verzichten.

Als *Beispiel* betrachten wir einen Kellerautomaten, der eine Struktur aus geschachtelten Klammern auf Korrektheit überprüft (siehe Abbildung 2-11). Er prüft bei Wörtern, die nur aus den Zeichen '(' und ')' bestehen, ob es zu jeder öffnenden Klammer genau ein folgende schließende Klammer gibt. Dieser Kellerautomat hat nur einen Zustand, das heißt er speichert alle Daten in seinem Kellerspeicher. Beim Einlesen einer öffnenden Klammer wird diese auf der Kellerspitze abgelegt – der Automat merkt sich damit, dass hierfür noch eine schließende Klammer gesucht werden muss. Beim Lesen einer schließenden Klammer wird geprüft, ob auf der Kellerspitze einen öffnende Klammer steht: Wenn ja, wird diese Klammer entfernt, da beide Klammern zusammengehören; wenn nein, ist kein weiterer Schritt definiert, und der Automat bleibt stehen. Ein Wort wird akzeptiert, wenn nach Lesen des letzten Zeichens der Keller leer ist. Aus diesen Erläuterungen folgt übrigens, dass in jeder Situation eindeutig festliegt, welchen Schritt der Kellerautomat auszuführen hat. Der Automat ist damit *deterministisch.*

Die Tabelle in Abbildung 2-11 oben definiert entsprechend die Übergangsfunktion des Automaten. Da der Automat nur einen einzigen Zustand besitzt, kann bei den Funktionsparametern und -werten die Zustandskomponente weggelassen werden; bei einem Automaten mit mehreren Zuständen müssten diese aber in der Tabelle berücksichtigt werden. Im Einzelnen wird das Folgende festgelegt (siehe Spalten der Tabelle von links nach rechts):

> Wird in der Anfangskonfiguration, in der der Keller nur das Anfangszeichen *S* enthält, eine schließende Klammer gelesen, so hält der Automat sofort an und akzeptiert das Wort nicht, da es offensichtlich nicht korrekt ist. Eine öffnende Klammer wird anstelle von *S* auf dem Keller abgelegt.

> Steht an der Kellerspitze eine öffnende Klammer und wird eine zweite solche Klammer eingelesen, so wird diese zusätzlich im Keller gespeichert. Wird eine schließende Klammer gelesen, so ist damit ein zusammengehöriges Klammerpaar gefunden, und die öffnende Klammer wird von der Kellerspitze entfernt.

> Der Fall, dass eine schließende Klammer an der Kellerspitze steht, muss nicht berücksichtigt werden, da er nicht auftreten kann: Die Übergangsfunktion speichert nach ihrer Definition niemals eine schließende Klammer im Keller.

Der untere Teil von Abbildung 2-11 zeigt die Folge der Kellerinhalte bei der Verarbeitung einer (korrekten) Klammerstruktur.

Determinismus versus Nichtdeterminismus

In den vorangehenden Teilabschnitten wurden jeweils deterministische und nichtdeterministische Versionen der einzelnen Automaten einander gegenübergestellt: Bei einem **deterministischen Automaten** legt die Übergangsfunktion in jeder Situation den auszuführenden Schritt *eindeutig* fest, während bei einem **nichtdeterministischen Automaten** manchmal oder sogar immer *mehrere Schritte* möglich sind. Die *konkrete Vorgehensweise* eines nichtdeterministischen Automaten in einem solchen Schritt kann man sich auf zwei äquivalente Arten vorstellen:

> Der Automat spaltet sich in *mehrere Automaten* auf, von denen jeder eine der zulässigen Folgekonfigurationen annimmt und die dann nebenläufig weiterarbeiten. Ein Eingabewort wird **akzeptiert**, wenn einer dieser Automaten einen Endzustand erreicht.

> Der Automat wählt einen der zulässigen Schritte aus (*rät* also, was er tun soll) und führt ihn aus. Ein Eingabewort wird **akzeptiert**, wenn mindestens eine der Schrittfolgen, die auf diese Weise entstehen können, in einen Endzustand führt (wenn also der Automat die prinzipielle Möglichkeit hat, durch richtiges Raten zum Erfolg zu kommen).

Automaten, die technisch realisiert werden, sollten deterministisch sein, denn im Normalfall erwartet man von einem Computer, dass seine Schrittfolge eindeutig bestimmt ist (Einschränkend ist zu sagen, dass es bestimmte Verfahren und Anwendungen gibt, bei denen das nicht so ist, →4.1.1). Für theoretische Untersuchungen, wie insbesondere bezüglich der Erkennung von Sprachen (→2.4), spielen jedoch nichtdetermistische Automaten eine wichtige Rolle. Hinsichtlich der *drei Automatentypen* gelten die folgenden Aussagen:

> Die Klasse der deterministischen und die der nichtdeterministischen **Turing-Maschinen** sind *äquivalent*: Jede nichtdeterministische Turing-Maschine kann in eine deterministische Turing-Maschine umgewandelt werden, die dasselbe leistet. Der Nichtdetermi-

nismus führt also zu keiner „Leistungssteigerung“ in dem Sinne, dass eine nichtdeterministische Turing-Maschine Probleme lösen könnte, die für eine deterministische Maschine unlösbar wären.

> Dasselbe gilt für **endliche Automaten**: Die Klasse der determistischen endlichen Automaten (*DEAs*, engl. *deterministic finite automata, DFAs*) und die der nichtdeterministischen endlichen Automaten (*NEAs*, engl. *nondeterministic finite automata*, *NFAs*) sind ebenfalls *äquivalent*.

> Für **Kellerautomaten** gilt leider *keine Äquivalenzaussage*: Nichtdeterministische Kellerautomaten sind „mächtiger“ als deterministische – sie können für eine größere Klasse von Sprachen entscheiden, ob ein Wort zu der jeweiligen Sprache gehört. In der Praxis ist diese Eigenschaft insbesondere im Zusammenhang mit höheren Programmiersprachen wichtig (→2.4.3).

2.2 Aussagenlogik und logische Schaltungen

Heutige Computer sind zumeist **Digitalrechner**, deren Hardwarekomponenten nur die beiden Zustände „Keine Spannung“ und „Spannung“ (oder „Keine Ladung“ / „Ladung“) unterscheiden. Datencodierung und -verarbeitung geschehen hier also auf der Grundlage einer *binären*, das heißt zweielementigen, Wertemenge. Auch die *Aussagenlogik* arbeitet mit einer binären Wertemenge, nämlich mit der Menge {„falsch“, „wahr“}. Die Aussagenlogik ist damit fundamental für den Entwurf und Betrieb von Digitalrechnerhardware, da sich deren Verarbeitungsfunktionen unmittelbar durch *aussagenlogische Funktionen* darstellen lassen. Dieses Unterkapitel

> führt zunächst die grundlegenden Begriffe *Aussage* und *aussagenlogische Funktion* ein und zeigt, wie aussagenlogische Funktionen durch *Wahrheitstafeln*, *aussagenlogische Formeln* und *logische Schaltungen* definiert bzw. realisiert werden können, und

> befasst sich dann mit *aussagenlogischen Gesetzen* sowie *Normalform-Darstellungen* aussagenlogischer Funktionen.

2.2.1 Aussagen und aussagenlogische Funktionen

Grundlegend für die Aussagenlogik ist der Begriff der **Aussage**. Eine Aussage ist ein Satz, von dem man sinnvoll sagen kann, dass er *wahr* bzw. dass er *falsch* ist. Beispiele für Aussagen sind:

> „Der Tag hat 24 Stunden.“ (eine wahre Aussage)

> „Der Mond ist aus gelbem Käse.“ (eine falsche Aussage)

Aussagen werden also **Wahrheitswerte** zugeordnet, die mit „falsch“ und „wahr“ (engl. „false“/„true“), F und W (engl. F/T) oder 0 und 1 bezeichnet werden. Die Aussagenlogik ist damit eine **zweiwertige** oder **binäre Logik**.

Aussagenlogische Funktionen

Einzelne Aussagen können zu einer „größeren“ zusammengesetzten Aussage verknüpft werden. Die Aussagenlogik kann dann von den Wahrheitswerten der Teilaussagen auf den

Wahrheitswert der zusammengesetzten Aussage schließen. Haben beispielsweise die Aussagen „Herr A ist klein" und „Frau B ist dick" beide den Wahrheitswert W, so hat die zusammengesetzte Aussage „Herr A ist klein und Frau B ist dick" ebenfalls den Wahrheitswert W. Hat mindestens eine der Teilaussagen den Wahrheitswert F, so hat auch die zusammengesetzte Aussage den Wahrheitswert F.
Formal wird für die Darstellung eines solchen Zusammenhangs eine **aussagenlogische Funktion $f(x_1,...,x_n)$** verwendet. Die Parameter der Funktion (die so genannten **Aussagenvariablen x_i**) und auch der Funktionswert sind Wahrheitswerte aus der Menge { F, W }. Die Aussagenvariablen stehen also für die Wahrheitswerte von Teilaussagen, aus denen dann die Funktion den Wahrheitswert einer zusammengesetzten Aussage berechnet.

Wahrheitstafeln

Eine konkrete aussagenlogische Funktion kann durch eine Tabelle, eine so genannte **Wahrheitstafel**, eindeutig beschrieben werden. Sie gibt für alle möglichen Parameterwerte die zugehörigen Funktionswerte an. Für das obige Beispiel sieht die Wahrheitstafel so aus:

x_1	x_2	$f_{BSP}(x_1,x_2)$
F	F	F
F	W	F
W	F	F
W	W	W

x_1 steht dabei für den Wahrheitswert der Aussage „Herr A ist klein", x_2 für den Wahrheitswert der Aussage „Frau B ist dick" und $f_{BSP}(x_1,x_2)$ für den Wahrheitswert der zusammengesetzten Aussage „Herr A ist klein und Frau B ist dick".
Die Wahrheitstafel einer Funktion $f(x_1,...,x_n)$ hat also $n+1$ Spalten. In den n Spalten links sind alle möglichen **Wahrheitswertbelegungen** der Aussagenvariablen aufgeführt – also alle Kombinationen von Parameterwerten, die auftreten können. Bei n Aussagenvariablen, von denen jede den Wert F oder W annehmen kann, ergeben sich 2^n mögliche Kombinationen, so dass die Tabelle unterhalb der Überschriftszeile 2^n Zeilen enthält (zur Berechnung dieser Anzahl siehe →2.3.1). Das Feld in der $n+1$. Spalte ganz rechts zeigt dann jeweils den zugehörigen Funktionswert an.

Aussagenlogische Formeln

Wahrheitstafeln haben das Problem, dass ihre Größe exponentiell mit der Anzahl der Aussagenvariablen wächst und sie damit rasch zu unhandlich werden. Als Alternative zur Definition aussagenlogischer Funktionen bieten sich **aussagenlogische Formeln** an. Formeln in der Aussagenlogik haben dieselbe Aufgabe und Struktur wie Ausdrücke in der Arithmetik: Arithmetische Ausdrücke werden benutzt, um arithmetische Funktionen zu definieren – zum Beispiel $f(x,y) = x+y$. In arithmetischen Ausdrücken werden also Variablen durch arithmetische Operatoren wie + oder - miteinander verknüpft. Analog bildet man in der Aussagenlogik Ausdrücke, indem man Aussagenvariablen durch **aussagenlogische Operatoren** miteinander verbindet. Diese Ausdrücke definieren dann aussagenlogische Funktio-

nen. Die aussagenlogischen Operatoren werden als **Junktoren** bezeichnet, die Ausdrücke selbst als **aussagenlogische Formeln** oder auch als **Boolesche Ausdrücke** (nach *George Boole*, 1815-1864, dem Begründer der formalen Logik).
Die Junktoren entsprechen *Basisfunktionen der Aussagenlogik* und werden durch Wahrheitstafeln definiert. Im Einzelnen gibt es die folgenden Junktoren:

> Einstelliger Junktor (also Junktor mit einem Operanden):

x	$\neg x$
F	W
W	F

Der Operator $\neg$ („NOT“) ist also die **Negation** oder Verneinung. Statt $\neg x$ schreibt man abkürzend auch oft $\bar{x}$ (sprich: „x quer“).

> Zweistellige Junktoren (also Junktoren mit zwei Operanden):

x_1	x_2	$x_1 \wedge x_2$	$x_1 \vee x_2$	$x_1 \oplus x_2$	$x_1 \Rightarrow x_2$	$x_1 \Leftrightarrow x_2$	$x_1 \mid x_2$	$x_1 \downarrow x_2$
F	F	F	F	F	W	W	W	W
F	W	F	W	W	W	F	W	F
W	F	F	W	W	F	F	W	F
W	W	W	W	F	W	W	F	F

Die zweistelligen Junktoren werden wie folgt bezeichnet:

$\wedge$ **Konjunktion**, „Und“, „AND“ (statt $x_1 \wedge x_2$ schreibt man abkürzend auch oft x_1x_2)

$\vee$ **Disjunktion**, „Oder“, „OR“

$\oplus$ **exklusive Disjunktion**, „Exklusives Oder“, „XOR“

$\Rightarrow$ **Implikation**, Folgerung

$\Leftrightarrow$ **Äquivalenz**, Gleichwertigkeit

$\mid$ **negierte Konjunktion**, *Sheffer*-Operator, „NAND“

$\downarrow$ **negierte Disjunktion**, *Peirce*-Operator, „NOR“

Aus diesen Junktoren lassen sich beliebig umfangreiche aussagenlogische Formeln aufbauen, wie beispielsweise $\neg x_1 \vee x_2$, $(x_1 \wedge \neg x_2) \Rightarrow x_3$, $\neg (x_1 \vee x_2) \wedge (x_3 \Leftrightarrow x_1)$ und so weiter. Zur Festlegung der Auswertungsreihenfolge können Klammern gesetzt werden. Werden die Klammern weggelassen, so gilt die folgende Rangfolge der **Bindungsstärken** (von stark nach schwach): $\neg$, $\wedge$, $\vee$, $\Rightarrow$, $\Leftrightarrow$.

Logische Schaltungen

Aussagenlogische Funktionen können durch **logische Schaltungen** realisiert werden. Solche Schaltungen werden dargestellt als Kombinationen von Schaltelementen (**Gattern**), die Junktoren entsprechen. Die in Abbildung 2-12 gezeigten standardisierten Gatter besitzen jeweils zwei Eingangsleitungen, die die Werte 0 oder 1 (entsprechend F und W) annehmen können, und eine Ausgabeleitung, die den Funktionswert liefert (wieder als 0 oder 1).

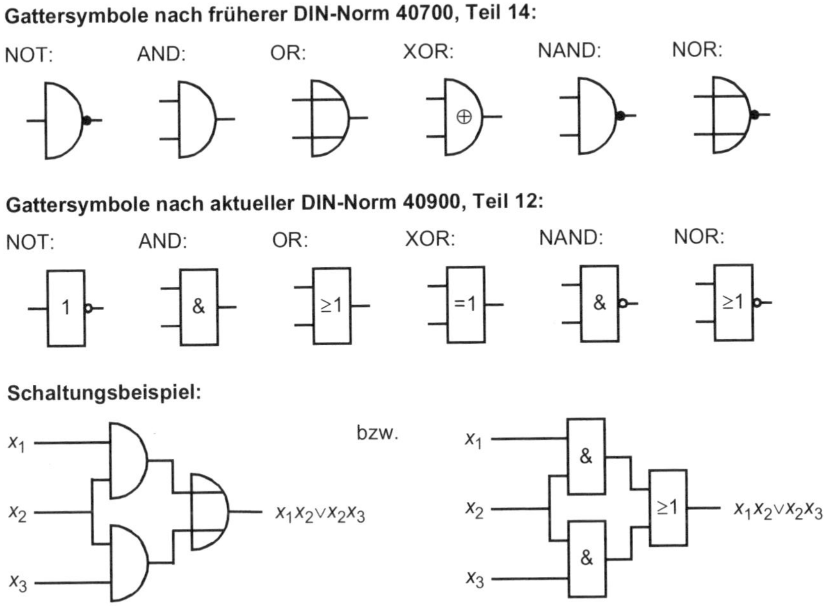

***Abb. 2-12** Gattersymbole für aussagenlogische Operationen mit Schaltungsbeispiel*

In verallgemeinerter Form sind die Gatter *n*-stellig, besitzen also *n* Eingangsleitungen. Zudem ist es möglich, eine Eingangsleitung direkt in negierter Form in ein Gatter zu führen, was (analog zur Ausgangsleitung des NOT-Gatters) durch einen Punkt auf der Leitung symbolisiert wird. Ein gesondertes NOT-Gatter ist dann nicht erforderlich.
Aus den Gattern können *größere Schaltungen* aufgebaut werden (siehe Abbildung 2-12 unten). Bezüglich solcher Schaltungen unterscheidet man die folgenden Typen:

> Eine **Schaltfunktion** hat nur *eine* Ausgangsleitung und realisiert damit eine aussagenlogische Funktion.

> Ein **Schaltnetz** oder **Schaltkreis** hat *m* Ausgangsleitungen und realisiert damit *m* aussagenlogische Funktionen, die alle auf denselben Eingabewerten arbeiten.

> Ein **Schaltwerk** realisiert ebenfalls eine oder mehrere aussagenlogische Funktionen. Zusätzlich besitzt es einen Speicher, in dem Ergebnisse der Funktionen abgelegt werden können. Neben den Eingaben von außen werden auch die Speicherinhalte als Eingabewerte der Funktionen verwendet.

Ein Schaltwerk entspricht offensichtlich einem endlichen Automaten mit Ausgabe nach Mealy (→2.1.4). Wie das Blockschaltbild in Abbildung 2-13 zeigt, realisieren einige seiner Schaltfunktionen die Ausgabefunktion λ und andere die Zustandsübergangsfunktion δ des Automaten. Im Speicher des Schaltwerks wird der Zustand des Automaten abgelegt und für die nächste Berechnung wieder mit herangezogen.
Schaltwerke sind im Allgemeinen **getaktet**. Das bedeutet, dass eine Folge von Eingabesignalen Signal für Signal hintereinander zu jeweils festgelegten Zeitpunkten verarbeitet wird. Dies entspricht der Arbeitsweise eines Automaten, der eine Eingabefolge Zeichen für Zeichen abarbeitet.

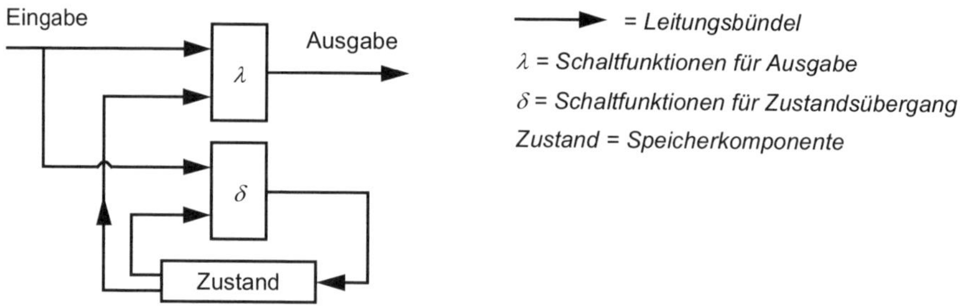

Abb. 2-13 *Schema eines Schaltwerks zur Realisierung eines Mealy-Automaten*

2.2.2 Gesetze und Normalformen

Eine aussagenlogische Funktion kann im Prinzip durch unendlich viele verschiedene aussagenlogische Formeln beschrieben werden. Aus Gründen der Übersichtlichkeit und Effizienz ist es jedoch wichtig, eine möglichst *einfache* Formel zu finden. Hierzu könnte man mit „irgendeiner" der möglichen Formeln beginnen und sie mit Hilfe von *aussagenlogischen Gesetzen* in eine einfachere Form umwandeln. Systematischer ist jedoch der Ansatz, eine *Normalform*-Beschreibung der Funktion zu konstruieren: Normalformen legen eine einheitliche Struktur für aussagenlogische Formeln fest, sind übersichtlich, kommen mit einem sehr kleinen Satz von Junktoren aus und können effizient realisiert werden.

Aussagenlogische Äquivalenzen

Grundlegend für die Umformung aussagenlogischer Formeln ist der Begriff der *Äquivalenz*, also der Gleichwertigkeit von Formeln: Zwei aussagenlogische Formeln A und B heißen **(semantisch) äquivalent** (in Zeichen: $A \equiv B$), wenn sie dieselbe aussagenlogische Funktion definieren. Man kann die semantische Äquivalenz zweier Formeln nachweisen, indem man zeigt, dass ihre Werte in allen Zeilen der Wahrheitstafel übereinstimmen. Abbildung 2-14 zeigt zwei Beispiele dafür.

Die wichtigsten Äquivalenzen werden durch eine Reihe von **Gesetzen der Aussagenlogik** beschrieben. Sie bieten „Rechenregeln" zur Umformung von aussagenlogischen Formeln und können zu deren Vereinfachung genutzt werden:

- **Kommutativität**: $A \vee B \equiv B \vee A$
  $A \wedge B \equiv B \wedge A$
- **Assoziativität**: $A \vee (B \vee C) \equiv (A \vee B) \vee C$
  $A \wedge (B \wedge C) \equiv (A \wedge B) \wedge C$
- **Distributivität**: $A \vee (B \wedge C) \equiv (A \vee B) \wedge (A \vee C)$
  $A \wedge (B \vee C) \equiv (A \wedge B) \vee (A \wedge C)$
- **Idempotenz**: $A \vee A \equiv A$
  $A \wedge A \equiv A$
- **Neutrale Elemente**: $A \vee \mathrm{F} \equiv A$
  $A \wedge \mathrm{W} \equiv A$
- **Komplement**: $A \vee \neg A \equiv \mathrm{W}$
  $A \wedge \neg A \equiv \mathrm{F}$

1.) $x_1 \Rightarrow x_2$ ist äquivalent zu $\neg x_1 \vee x_2$, denn

x_1	x_2	$x_1 \Rightarrow x_2$	$\neg x_1$	$\neg x_1 \vee x_2$
F	F	W	W	W
F	W	W	W	W
W	F	F	F	F
W	W	W	F	W

2.) $x_1 \oplus x_2$ ist äquivalent zu $(\neg x_1 \wedge x_2) \vee (x_1 \wedge \neg x_2)$, denn

x_1	x_2	$x_1 \oplus x_2$	$\neg x_1 \wedge x_2$	$x_1 \wedge \neg x_2$	$(\neg x_1 \wedge x_2) \vee (x_1 \wedge \neg x_2)$
F	F	F	F	F	F
F	W	W	W	F	W
W	F	W	F	W	W
W	W	F	F	F	F

***Abb. 2-14** Zwei Äquivalenzbeweise durch Wahrheitstafeln*

> **Absorption**: $A \vee (A \wedge B) \equiv A$
> $A \wedge (A \vee B) \equiv A$
> **de Morgansche Regeln**: $\neg (A \vee B) \equiv \neg A \wedge \neg B$
> $\neg (A \wedge B) \equiv \neg A \vee \neg B$
> **Äquivalenz**: $A \Leftrightarrow B \equiv (A \Rightarrow B) \wedge (B \Rightarrow A)$
> **Kontraposition**: $A \Rightarrow B \equiv \neg B \Rightarrow \neg A$

Die Äquivalenz wird jeweils durch Wahrheitstafeln nachgewiesen. Eine aussagenlogische Formel wie $A \vee \neg A$, die zu W äquivalent (also immer wahr) ist, bezeichnet man als **Tautologie**.

Normalformen

Für die Definition aussagenlogischer Funktionen sind insbesondere Ausdrücke in einer **Normalform** interessant. Eine solche Normalform gibt eine *standardisierte Struktur* für aussagenlogische Ausdrücke vor und macht sie damit übersichtlicher. Zudem führt eine Normalformbeschreibung zu einer effizienten Realisierung durch Schaltfunktionen, die insbesondere mit einer kleinen Anzahl unterschiedlicher Junktoren / Schaltelementtypen auskommt. Die folgende Aussage und ihr Nachweis geben ein „Rezept“ dafür, wie man eine solche *Normalform konstruieren* kann:

Satz „Darstellung aussagenlogischer Funktionen“: Jede aussagenlogische Funktion lässt sich durch eine aussagenlogische Formel darstellen, die allein die Operatoren $\neg$, $\wedge$ und $\vee$ enthält.

Ausgangspunkt: Umgangssprachliche Definition der Funktion

„$f(x_1,x_2,x_3)$ liefert W genau dann, wenn mindestens zwei der x_i den Wert W haben."

Schritt 1: Wahrheitstafel aufstellen

x_1	x_2	x_3	$f(x_1,x_2,x_3)$
F	F	F	F
F	F	W	F
F	W	F	F
F	W	W	W
W	F	F	F
W	F	W	W
W	W	F	W
W	W	W	W

Schritt 2: Minterme bilden

$\bar{x}_1x_2x_3$

$x_1\bar{x}_2x_3$

$x_1x_2\bar{x}_3$

$x_1x_2x_3$

Schritt 3: Minterme durch ∨ verknüpfen

$$f(x_1,x_2,x_3) = \bar{x}_1x_2x_3 \vee x_1\bar{x}_2x_3 \vee x_1x_2\bar{x}_3 \vee x_1x_2x_3$$

DNF

Abb. 2-15 *Konstruktion einer Darstellung in Disjunktiver Normalform (DNF)*

Man zeigt die Gültigkeit der Aussage wie folgt: Sei $f(x_1,...,x_n)$ eine aussagenlogische Funktion. Dann lässt sich eine aussagenlogische Formel mit den gewünschten Eigenschaften wie folgt konstruieren (siehe auch das Beispiel in Abbildung 2-15):

> Schritt 1: Stelle die Wahrheitstafel für die Funktion *f* auf (sofern die Funktion nicht bereits durch eine Wahrheitstafel definiert ist).

> Schritt 2: Betrachte in der Wahrheitstafel alle Zeilen, in die Funktion den Wert W hat. Bilde für jede dieser Zeilen den **Minterm** $m_1m_2...m_n$, wobei $m_i = x_i$ ist, falls x_i in dieser Zeile die Wahrheitswertbelegung W hat, und $m_i = \neg x_i$ sonst. Die m_i sind die so genannten **Literale**. Der Minterm beschreibt die aussagenlogische Funktion, die für genau die Wahrheitswertbelegung der x_i dieser Zeile ein W liefert und für sämtliche anderen Belegungen ein F.

> Schritt 3: Verknüpfe alle so gefundenen Minterme durch ∨. Die so gebildete aussagenlogische Formel enthält offensichtlich für jede Zeile der Wahrheitstafel, die ein W liefert, einen Minterm. Dieser hat für die entsprechende Wahrheitswertbelegung der Aussagenvariablen ebenfalls den Wert W. Durch die Oder-Verknüpfung liefert damit auch der ganze Ausdruck ein W. Für sämtliche anderen Zeilen der Wahrheitstafel, die ein F liefern, haben *alle* Minterme im Ausdruck den Wert F und damit auch der gesamte Ausdruck.

Die im Beweis des Satzes konstruierte Darstellung heißt **Disjunktive Normalform (DNF)**. Aus ihr lässt sich eine *zweistufige Schaltfunktion* realisieren: Die erste Stufe enthält für jeden Minterm ein *n*-stelliges Und-Gatter, möglicherweise mit negierten Eingängen. Dabei können die Gatter aller Minterme gleichzeitig arbeiten. In der zweiten Stufe werden dann ihre Ergebnisse in einem mehrstelligen Oder-Gatter miteinander verknüpft.

Auf dieselbe Weise lässt sich zeigen, dass es für jede aussagenlogische Funktion auch eine **Konjunktive Normalform (KNF)** gibt. Eine KNF enthält **Klauseln**, in denen Literale durch

Vorgehensweise bei der Minimierung eines aussagenlogischen Ausdrucks:

Schritt 1:	Rechteckiges Schema aufstellen, das für jeden möglichen Minterm ein Feld enthält.
Schritt 2:	Alle Felder mit X markieren, deren Minterm in der DNF enthalten ist.
Schritt 3:	Benachbarte markierte Felder in möglichst wenigen Gruppen zusammenfassen. (Gruppen dürfen sich überlappen; Bedingung aber: Gruppe muss Rechteck bilden)
Schritt 4:	Für jede Gruppe einen entsprechenden reduzierten Minterm aufstellen. (Variablen, die die Gruppe sowohl negiert als auch nicht negiert enthält, entfallen)
Schritt 5:	Reduzierte Minterme durch $\vee$ verknüpfen.

Beispiel: Minimierung des Ausdrucks $\bar{x}_1x_2x_3 \vee x_1\bar{x}_2x_3 \vee x_1x_2\bar{x}_3 \vee x_1x_2x_3$

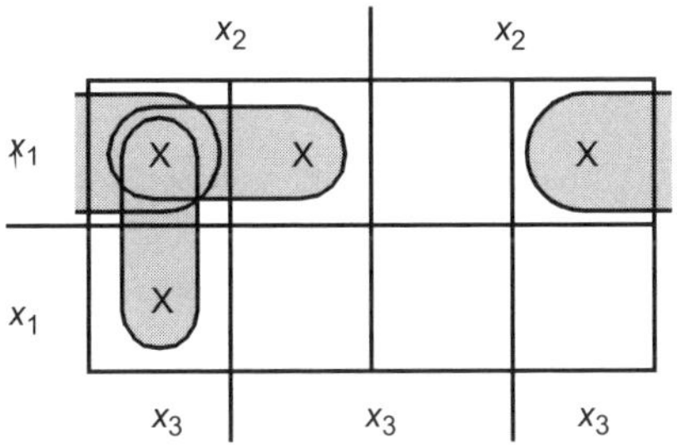

$\Rightarrow$ reduzierte Minterme:
x_1x_2, x_1x_3, x_2x_3

$\Rightarrow$ Ausdruck in minimierter Form:
$x_1x_2 \vee x_1x_3 \vee x_2x_3$

Abb. 2-16 *Minimierung durch Anwendung eines KV-Diagramms*

eine Disjunktion (also durch $\vee$) miteinander verknüpft sind. Die Klauseln werden dann konjunktiv (also durch $\wedge$) miteinander verbunden.

Minimierung von Formeln und weitere Reduktion der Junktorentypen

Eine DNF-Darstellung kann in vielen Fällen weiter vereinfacht werden: Enthält die Formel einen Teilausdruck der Form $x_iA \vee \bar{x}_iA$, so kann dieser durch den einfacheren Ausdruck A ersetzt werden (durch Anwendung der Regeln „Distributivität", „Komplement" und „Neutrales Element"). Um *alle* möglichen Ersetzungen leicht erkennen zu können, bietet sich eine grafische Darstellung durch ein **Karnaugh-Veitch-Diagramm** (kurz **KV-Diagramm**) an. Abbildung 2-16 demonstriert die Vorgehensweise dabei. Man sagt, die aussagenlogische Formel wird **minimiert**.

Neben der Größe des Ausdrucks kann auch die Anzahl verschiedener benötigter Junktoren weiter verringert werden. Man kann nachweisen, dass sich jede aussagenlogische Funktion darstellen lässt allein mit

> den Operatoren $\neg$ und $\wedge$
> den Operatoren $\neg$ und $\vee$
> dem Operator $|$.

Die Aussage bezüglich des NAND-Operators ist insbesondere wichtig für die Konstruktion von Hardwareschaltungen: Er besagt, dass man bei der Realisierung beliebiger Schaltfunktionen *mit einem einzigen Gattertyp* auskommt.

2.3 Elementardaten in binären Systemen

Digitalrechner sollen mit verschiedenartigen Daten umgehen können, also Daten unterschiedlicher „Typen" speichern und verarbeiten können. Von Interesse sind dabei zunächst elementare Daten wie *Zahlen, Zeichen, Töne* und *Bildpunkte*. Da die Hardware eines Digitalrechners Daten nur in Bitdarstellung (**Binärdarstellung**) handhaben kann, müssen Daten anderer Typen entsprechend *codiert* werden. Eine solche **Codierung** ordnet jedem Wert eines bestimmten Typs „eineindeutig" eine Bitkombination zu – das heißt sie legt fest, wie der Wert eindeutig in ein Bitmuster umgewandelt wird und umgekehrt. Dieses Unterkapitel befasst sich im Einzelnen mit

- der Darstellung von nichtnegativen *ganzen Zahlen* in verschiedenen *Zahlensystemen*, wobei insbesondere das *Binärsystem* mit den Ziffern 0 und 1 von Interesse ist,
- der binären Codierung von ganzen Zahlen mit *negativem Vorzeichen* sowie von Zahlen mit *Nachkommastellen*,
- der Codierung von *Zeichen* aus dem lateinischen Alphabet sowie sonstigen Zeichensätzen durch ganze Zahlen und
- der Codierung von Daten anderer Typen, insbesondere *multimedialer Daten* wie Bildpunkten und Tönen.

Die Darstellung ist an dieser Stelle noch programmiersprachen-unabhängig; in →3.1 geht es dann um typische elementare Datentypen in heutigen Programmiersprachen.

2.3.1 Ganze Zahlen ohne Vorzeichen

Wie sich im Lauf dieses Unterkapitels zeigen wird, können Daten aller Typen durch *Zahlenwerte* beschrieben werden. Standards zur Codierung von Zahlen sind also fundamental für die Speicherung und Verarbeitung von Daten in Digitalrechnern. Die Grundlage hierfür bieten *Zahlensysteme*. Wir betrachten zunächst die Codierung nichtnegativer ganzer Zahlen, also von Zahlen „ohne Vorzeichen".

Zahlensysteme

Zahlen werden in einem *Zahlensystem* dargestellt, das auf einer bestimmten *Basis* beruht. Es gibt dort ein *Ziffernalphabet*, also eine Menge von Zeichen, aus denen eine Zahl aufgebaut wird, und eine Formel zur *Berechnung des Werts* einer Zahl. Im täglichen Leben werden Zahlen im **Dezimalsystem** (= **Zehnersystem**) repräsentiert, also zur Basis 10 mit dem Ziffernalphabet { 0,1,...,9 }. Der Wert einer Zahl in Dezimaldarstellung ergibt sich bekanntlich, indem man die einzelnen Ziffern mit den Wertigkeiten ihrer Stellen multipliziert und dann aufaddiert. Beispielsweise resultiert der Wert von 1961_{10} zu $1 \cdot 10^3 + 9 \cdot 10^2 + 6 \cdot 10^1 + 1 \cdot 10^0$ (wobei der Index 10 an der Ziffernfolge die Basis der Darstellung angibt). Allgemein gilt das Folgende:

Definition „Darstellung einer ganzen Zahl ohne Vorzeichen zur Basis B": Sei $B \geq 2$ eine ganze Zahl, die **Basis** eines **Zahlensystems**. Sei Z_B eine Menge von B verschiedenen Zeichen, das **Ziffernalphabet** des Zahlensystems. Den Ziffern aus B seien eineindeutig die Werte 0 bis B-1 zugeordnet; $w(z)$ bezeichne dabei den Wert einer Ziffer z. Eine Ziffernfolge $z_{n-1}\, z_{n-2} \ldots z_1\, z_0$ mit $z_i \in Z_B$ für alle $0 \leq i < n$ heißt **Darstellung einer ganzen Zahl ohne Vorzei-**

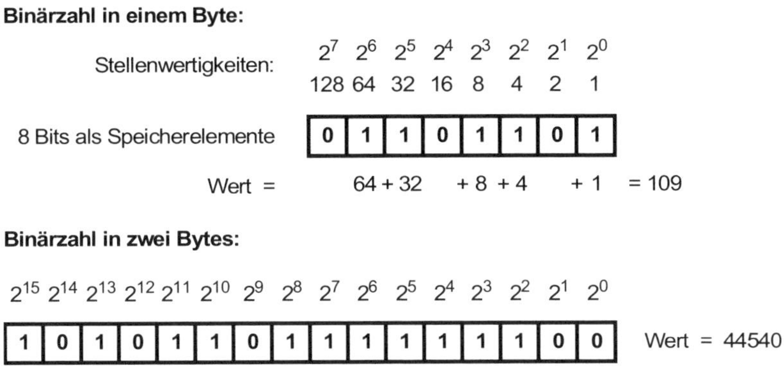

Abb. 2-17 *Binärzahlen in Digitalrechnern (hier: ohne Vorzeichen)*

chen zur Basis B. Die Basis B kann der Ziffernfolge als Index hinzugefügt werden. Der entsprechende **Zahlenwert** ergibt sich als:

$$\sum_{i=0}^{n-1} w(z_i) \cdot B^i = w(z_{n-1}) \cdot B^{n-1} + \ldots + w(z_1) \cdot B^1 + w(z_0) \cdot B^0$$

Binärsystem

Digitalrechner legen Werte in Gruppen von Speicherzellen ab, von denen jede ein Bit, also den Wert 0 oder den Wert 1 aufnehmen kann (→2.1.1). Eine ganze Zahl wird also im Speicher zur Basis B=2 mit dem Ziffernalphabet $Z_2 = \{ 0, 1 \}$ dargestellt. Das entsprechende Zahlensystem heißt **Binär-** oder **Dualsystem**, die Zahl selbst **Binär-** oder **Dualzahl**. Abbildung 2-17 oben zeigt als *Beispiel* ein Byte, das in seinen acht Bits eine achtstellige Binärzahl speichert. Den Bits sind (von rechts nach links) die Stellenwertigkeiten 2^0, 2^1, 2^2 usw. zugeordnet, und der Wert der Zahl ergibt sich aus der oben angegebenen Summenformel mit B=2 und n=8. Das Beispiel darunter stellt eine Zahl in zwei Bytes dar; hier ist also n=16.

Im Allgemeinen wird in Rechnerhard- und -software für die Speicherung von Zahlen eine *feste Anzahl von Bytes* vorgegeben (→3.1.2). Der **Wertebereich der nichtnegativen ganzen Zahlen**, die dargestellt werden können, ist hier also beschränkt: Bei Benutzung von n Bits ist seine untere Grenze 0 (entsprechend $00...00_2$) und seine obere Grenze 2^n-1 (entsprechend $11...11_2$ mit n Einsen). Mit n Bits lassen sich also alle 2^n ganzen Zahlen zwischen 0 und 2^n-1 darstellen. Für die Anzahlen von Bytes, die heute zur Speicherung einer ganzen Zahl ohne Vorzeichen gebräuchlich sind, gilt damit:

Anzahl Bytes	Anzahl Bits	Minimalwert	Maximalwert
1	8	0	2^8-1 = 255
2	16	0	2^{16}-1 = 65 535
4	32	0	2^{32}-1 = 4 294 967 295
8	64	0	$2^{64}-1 \approx 1{,}845 \cdot 10^{19}$

Aus diesen Beobachtungen folgt übrigens auch, dass (wie in →2.2.1 behauptet) die Wahrheitstafel einer n-stelligen aussagenlogischen Funktion 2^n Zeilen enthält.

Hexadezimalschreibweise:

6	D
0110	1101

A	D	F	C
1010	1101	1111	1100

Oktalschreibweise:

1	5	5
01	101	101

1	2	6	7	7	4
1	010	110	111	111	100

Abb. 2-18 *Hexadezimal- und Oktalzahlen in Digitalrechnern (vgl. Abb. 2-17)*

Hexadezimal- und Oktalsystem

Für den menschlichen Betrachter ist die Binärdarstellung zu unübersichtlich, denn selbst kleine Zahlenwerte werden durch recht lange Bitfolgen codiert. Um die Lesbarkeit zu verbessern, kann man ein Zahlensystem mit größerer Basis wählen und so den Inhalt mehrerer benachbarter Bits durch eine einzige Ziffer repräsentieren. Will man dabei den Wert von jeweils m Bits durch eine Ziffer darstellen, so benötigt man das Zahlensystem zur Basis 2^m. Wie besprochen, können nämlich in m Bits 2^m unterschiedliche Null-Eins-Kombinationen auftreten, zu deren Unterscheidung 2^m verschiedene Ziffern gebraucht werden.
Besonders häufig wird die **Hexadezimaldarstellung** zur Basis $2^4 = 16$ eingesetzt. Das Ziffernalphabet ist hier die Menge $Z_{16} = \{ 0, 1, ..., 9, A, B, C, D, E, F \}$ mit den Ziffernwerten w(A)=10, w(B)=11 und so weiter. Wie Abbildung 2-17 oben zeigt, lässt sich im Hexadezimalsystem der Inhalt eines Bytes durch zwei Ziffern und der Inhalt von zwei Bytes durch vier Ziffern kompakt darstellen. Damit bleiben auch größere Speicherauszüge übersichtlich.
Bisweilen verwendet man auch die **Oktaldarstellung**, die in Abbildung 2-17 unten demonstriert wird. Sie hat die Basis $2^3 = 8$ und das Ziffernalphabet $Z_8 = \{ 0, 1, ..., 7 \}$. Eine Oktalziffer stellt damit den Inhalt von drei benachbarten Bits dar.

Umwandlungen

Werden verschiedene Zahlensysteme benutzt, so benötigt man Verfahren, die eine Zahlendarstellung des einen Systems in die Darstellungsform des anderen Systems umwandeln. Beispielsweise muss ein Digitalrechner eine Benutzereingabe, die in Dezimaldarstellung erfolgt, in eine Binärdarstellung umwandeln, um die Zahl intern verarbeiten zu können. Umgekehrt muss das Resultat einer Berechnung, das intern in Binärdarstellung vorliegt, in Dezimaldarstellung umgerechnet werden, bevor es an den Benutzer ausgegeben werden kann.
Die **Umwandlung vom Binärsystem in das Dezimalsystem** ist einfach: Sie verwendet (wie auch Abbildung 2-17 zeigt) die Summenformel:

$$\sum_{i=0}^{n-1} z_i \cdot 2^i = 2^{n-1} \cdot z_{n-1} + \ldots + 8 \cdot z_3 + 4 \cdot z_2 + 2 \cdot z_1 + z_0$$

Die **Umwandlung vom Dezimalsystem in das Binärsystem** kann beispielsweise nach dem **Hornerschema** geschehen. Dieses Schema beruht auf der folgenden Idee: Gegeben ist eine nichtnegative ganze Zahl g in Dezimaldarstellung, die umgewandelt werden soll. Gesucht wird also eine Ziffernfolge $z_{n-1}z_{n-2} \ldots z_1z_0$ mit $z_i \in \{0,1\}$ und

$$g = z_{n-1} \cdot 2^{n-1} + z_{n-2} \cdot 2^{n-2} + \ldots z_1 \cdot 2^1 + z_0 \cdot 2^0.$$

Die Summe kann durch Ausklammern umgeschrieben werden in

$$g = ((..(z_{n-1} \cdot 2 + z_{n-2}) \cdot 2 + z_{n-3}) \cdot 2 + ... + z_1) \cdot 2 + z_0.$$

Aus dieser Schreibweise wird ersichtlich, dass die Ziffern z_i durch wiederholte Division durch 2 mit Rest ermittelt werden können: Im ersten Schritt liefert die Division von *g* durch 2 offensichtlich den

ganzzahligen Quotienten $g_1 = (..(z_{n-1} \cdot 2 + z_{n-2}) \cdot 2 + z_{n-3}) \cdot 2 + ... + z_1$

und als

Rest z_0 – die letzte Ziffer der Binärzahl.

Im nächsten Schritt wird g_1 durch 2 dividiert, wobei sich als Rest die vorletzte Ziffer z_1 ergibt. Das Verfahren wird mit den jeweils resultierenden ganzzahligen Quotienten $g_2, g_3, ...$ fortgesetzt. Es endet, wenn der Quotient zu 0 wird.
Die folgende Tabelle zeigt als *Beispiel* die Quotienten und die Reste (also die Binärziffern), die sich bei der Umwandlung von $g=44_{10}$ ergeben:

i	g_{i+1}	z_i	Kommentar
0	22	0	44 / 2 = 22, Rest 0
1	11	0	22 / 2 = 11, Rest 0
2	5	1	11 / 2 = 5, Rest 1
3	2	1	5 / 2 = 2, Rest 1
4	1	0	2 / 2 = 1, Rest 0
5	0	1	1 / 2 = 0, Rest 1
			Ende, da g_6=0

Es ist zu beachten, dass die Binärziffern aus der Tabelle *von unten nach oben* ausgelesen werden müssen. Damit ist also $44_{10} = 101100_2$.
Die **Umwandlung zwischen anderen Zahlensystemen und dem Dezimalsystem** verläuft analog. In die Summenformel muss dabei die Basis *B* des jeweiligen Zahlensystems eingesetzt werden, und im Hornerschema muss jeweils durch *B* dividiert werden. Besonders einfach gestaltet sich die **Umwandlung zwischen dem Binärsystem und dem Hexadezimal- oder Oktalsystem**: Wie Abbildung 2-18 zeigt, müssen dazu lediglich jeweils vier bzw. drei Bits durch die entsprechende Hexadezimal- oder Oktalziffer ersetzt werden oder umgekehrt.

Binärarithmetik

Computer sollen mit Binärzahlen rechnen, also beispielsweise zwei Binärzahlen addieren können. Wie Abbildung 2-19 links zeigt, kann der Rechner hierfür analog zur „schriftlichen Addition" im Zehnersystem vorgehen, das heißt die Zahlen stellenweise von rechts nach links addieren und dabei einen Übertrag mitführen. Zu beachten ist dabei natürlich, dass im Binärsystem $1_2+1_2=10_2$ gilt, so dass die Addition zweier Einsen den Stellenwert 0 und den Übertrag 1 liefert.

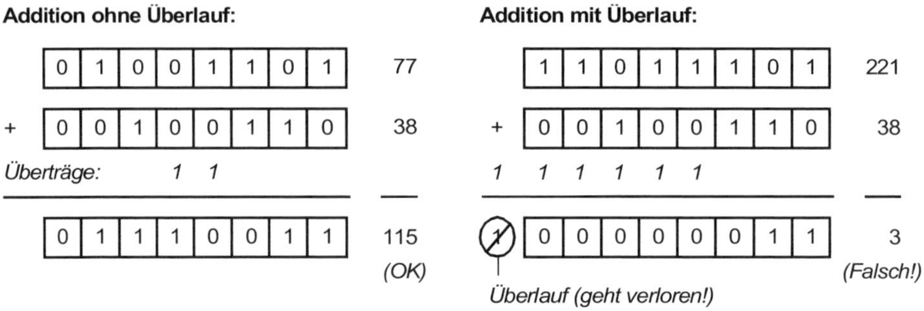

***Abb. 2-19** Addition im Binärsystem ohne und mit Überlauf*

Die Anzahl der Bits, die für die Speicherung einer ganzen Zahl zur Verfügung stehen, ist in einem Rechner begrenzt. Es kann vorkommen, dass die Addition einen Wert liefert, der nicht mit dieser Bitanzahl dargestellt werden kann (siehe Abbildung 2-19 rechts). In diesem Fall ist ein **Überlauf** (engl. **overflow**) eingetreten, bei dem der zur Verfügung stehende Wertebereich überschritten wurde. In einem realen Computer geht bei einem Überlauf zumeist das höchstwertige Bit der Zahlendarstellung verloren, so dass das Ergebnis deutlich verfälscht wird. Auf Prozessor-Ebene (→2.1.1) wird ein Überlauf in der Regel durch ein auf 1 gesetztes Overflow-Bit im Zustandsregister angezeigt.
Operationen wie das geschilderte Additionsverfahren werden in dieser oder in effizienterer Form durch das **Rechenwerk** (die **ALU**) eines von-Neumann-Prozessors ausgeführt (→2.1.1). Sie können dort beispielsweise durch ein Schaltnetz (→2.2.1) implementiert werden, das damit den Additionsvorgang durch eine aussagenlogische Funktion realisiert, die auf den Bits der Zahlendarstellung arbeitet. Wie der nächste Abschnitt zeigen wird, kann die Implementation der Addition auch dazu genutzt werden, *Subtraktionen* auszuführen. Für die Realisierung weiterer Operationen, wie beispielsweise *Multiplikation* oder *Division*, verweisen wir auf die weiterführende Literatur (→2.5).

2.3.2 Zahlen mit Vorzeichen und/oder Nachkommastellen

Im vorigen Abschnitt wurden nur ganze Zahlen betrachtet, die zudem nichtnegativ waren. Es soll nun der Bereich der darstellbaren Zahlen erweitert werden, und zwar auf ganze Zahlen mit positivem und negativem Vorzeichen sowie auf Zahlen mit Nachkommastellen. Wir beschränken uns hier im Wesentlichen auf das Binärsystem; die Überlegungen lassen sich aber auf andere Zahlensysteme übertragen.

Ganze Zahlen mit Vorzeichen

Bei der Diskussion von **ganzen Zahlen mit Vorzeichen** gehen wir davon aus, dass eine Zahl im Binärsystem durch n Bits dargestellt werden soll, dass also die Anzahl der zur Verfügung stehenden Bits fest vorgegeben und beschränkt ist. Es gibt somit 2^n Bitkombinationen, denen jeweils eine positive oder eine negative ganze Zahl eineindeutig zugeordnet werden muss.
Eine solche Zuordnung wird durch das so genannte **Zweierkomplement** festgelegt, das in Abbildung 2-20 links am Beispiel einer Ein-Byte-Darstellung illustriert wird: Die Menge der

Zuordnung Bitkombinationen → Dezimalwerte:

0000 0000	0	
0000 0001	1	
...	...	≥0
0111 1110	126	
0111 1111	127	
1000 0000	-128	
1000 0001	-127	
...	...	<0
1111 1110	-2	
1111 1111	-1	

Addition einer positiven und einer negativen Zahl:

0000 1111	←	15
1111 0011	←	-13
1 1111 111	←	*Überträge*
~~1~~ 0000 0010	→	2 *(OK)*

| *Überlauf fällt weg*

Abb. 2-20 *Zahlendarstellung im Zweierkomplement und Addition (am Beispiel einer Ein-Byte-Darstellung)*

2^n möglichen Bitkombinationen wird in zwei Hälften unterteilt. Die erste Hälfte enthält alle Kombinationen, in denen das erste Bit den Wert 0 trägt; sie werden zur Darstellung nichtnegativer Zahlen (einschließlich der 0) benutzt. In der zweiten Hälfte stehen alle Kombinationen, in denen das erste Bit den Wert 1 hat; sie codieren negative ganze Zahlen. Das erste Bit übernimmt also in gewissem Sinne die Aufgabe eines Vorzeichens.

Der Bereich der dargestellten Zahlen sollte zudem möglichst symmetrisch um den Nullpunkt liegen. Mit den 2^{n-1} Bitkombinationen, die das Vorzeichenbit 0 haben, werden daher die Werte 0 bis 2^{n-1}-1 dargestellt, mit den 2^{n-1} Kombinationen, deren Vorzeichenbit 1 ist, die Werte -1 bis -2^{n-1}. Man beachte die leichte *Asymmetrie*, die sich aus der Einordnung der 0 bei den nichtnegativen Zahlen ergibt: Die Zahl -2^{n-1} gehört noch zum dargestellten Wertebereich, die Zahl $+2^{n-1}$ nicht mehr.

Es bleibt nun noch die genaue Zuordnung der einzelnen Werte zu klären: Im Bereich der nichtnegativen Zahlen sieht sie wie bei den Zahlen ohne Vorzeichen aus - die Bitfolge $00...000_2$ entspricht also dem Wert 0, die Bitfolge $00...01_2$ dem Wert 1 und so weiter. Im Bereich der negativen Zahlen werden die Werte dagegen in *umgekehrter* numerischer Reihenfolge angeordnet - $10...000_2$ entspricht also dem Wert -2^{n-1}, $10...01_2$ dem Wert $-2^{n-1}+1$ und so weiter, bis schließlich $11...11_2$ dem Wert -1 zugeordnet ist. Daraus folgt allgemein:

Definition „Darstellung einer ganzen Zahl mit Vorzeichen im Zweierkomplement": Der Wert einer Ziffernfolge $z_{n-1}\, z_{n-2} \ldots z_1\, z_0$ (mit $z_i \in \{0,1\}$ für alle $0 \le i < n$) im Zweierkomplement berechnet sich zu:

$$\sum_{i=0}^{n-2} z_i \cdot 2^i \quad \text{, wenn } z_{n-1}=0 \text{ und}$$

$$-2^{n-1} + \sum_{i=0}^{n-2} z_i \cdot 2^i \quad \text{, wenn } z_{n-1}=1$$

Die Anordnung der Zahlen im Zweierkomplement sieht vielleicht etwas ungewöhnlich aus, hat aber einen entscheidenden *Vorteil*: Die Addition zweier Zahlen kann hier genau so durchgeführt werden wie bei vorzeichenlosen Binärzahlen - egal, ob beide Zahlen positiv, beide negativ oder eine positiv und eine negativ ist. Es muss also keine aufwendige Unter-

scheidung dieser Fälle vorgenommen werden. Abbildung 2-20 rechts zeigt ein entsprechendes Rechenbeispiel.
Eine Differenz *a-b* lässt sich damit leicht als Summe *a*+(-*b*) berechnen: Es muss also kein gesondertes Subtraktionsverfahren implementiert werden, sondern es kann (nach Berechnung von -*b* aus *b*) das Additionsverfahren verwendet werden. Die *Darstellung von -b* kann aus der Darstellung von *b* folgendermaßen ermittelt werden: Zunächst *invertiert* man alle Bits der Darstellung (ersetzt also die Nullen durch Einsen und umgekehrt) und addiert dann den Wert 1 auf. Beispielsweise ergibt sich aus $126_{10} = 01111110_2$ die Darstellung $-126_{10} = 10000010_2$ und umgekehrt.
In heutigen Rechnern werden für die Binärdarstellung eine vorzeichenbehafteten ganzen Zahl typischerweise ein bis acht Bytes benutzt. Daraus ergeben sich die folgenden **Wertebereiche der ganzen Zahlen mit Vorzeichen**:

Anzahl Bytes	Anzahl Bits	Minimalwert	Maximalwert
1	8	$-2^7 = -128$	$2^7-1 = 127$
2	16	$-2^{15} = -32\,768$	$2^{15}-1 = 32\,767$
4	32	$-2^{31} = -2\,147\,483\,648$	$2^{31}-1 = 2\,147\,483\,647$
8	64	$-2^{63} \approx -9{,}223 \cdot 10^{18}$	$2^{63}-1 \approx 9{,}223 \cdot 10^{18}$

Zahlen mit Nachkommastellen

Neben ganzen Zahlen müssen auch *rationale Zahlen* (also Zahlen mit Nachkommastellen) in einem Zahlensystem codiert werden. Hierzu lässt sich die Summenformel, die oben für ganze Zahlen angegeben wurde, auf natürliche Weise erweitern:

Definition „Darstellung einer rationalen Zahl ohne Vorzeichen zur Basis B“: Sei $B \geq 2$ wie in →2.3.1 die Basis eines Zahlensystems, Z_B das zugehörige Ziffernalphabet und $w(z)$ der Wert einer Ziffer z. Eine Ziffernfolge $z_{n-1}\, z_{n-2} \,..\, z_1\, z_0 \,.\, z_{-1}\, z_{-2} \,...\, z_{-m}$ mit $z_i \in Z_B$ für alle i mit $-m \leq i < n$ heißt **Darstellung einer rationalen Zahl zur Basis** B mit n Vor- und m Nachkommastellen. (Wie in der Informatik üblich, verwenden wir in der Zahlendarstellung statt eines Kommas einen *Punkt*, sprechen aber von Nach*komma*stellen, da dies dem allgemeinen deutschen Sprachgebrauch entspricht.)
Die Zahl hat den Wert

$$\sum_{i=-m}^{n-1} w(z_i) \cdot B^i = w(z_{n-1}) \cdot B^{n-1} + \ldots + w(z_0) \cdot B^0 + w(z_{-1}) \cdot B^{-1} + \ldots + w(z_{-m}) \cdot B^{-m}$$

B^{-k} ist bekanntlich der Kehrwert von B^k.

Die **Umwandlung** zwischen dem hier interessierenden Binärsystem und dem Dezimalsystem geschieht ähnlich wie bei ganzen Zahlen:

- *Vom Binär- ins Dezimalsystem* wird mit Hilfe der *Summenformel* umgewandelt. Beispielsweise hat die binär dargestellte Zahl 1001.101_2 den Wert 8 + 1 + 1/2 + 1/8 = 9.625.
- *Vom Dezimal- ins Binärsystem* wird anhand der folgenden Erweiterung des **Hornerschemas** umgewandelt: Man geht aus von einer positiven Zahl z in Dezimaldarstellung mit Nachkommastellen. Die Zahl z wird zunächst aufgespalten in $z = g + r$, wobei g ihr ganzzahliger Anteil ist und r ihr Nachkommaanteil mit $0 \leq r < 1$.

- Der *Vorkommaanteil g* wird mit der in →2.3.1 beschriebenen Variante des Hornerschemas für ganze Zahlen umgewandelt.
- Die *Transformation des Nachkommaanteils r* geschieht durch schrittweises Teilen durch 0.5: Im ersten Schritt wird der ganzzahlige Quotient von r und 0.5 berechnet, der entweder 0 oder 1 ist. Dieser Quotient ist gleich der ersten Ziffer nach dem Komma z_{-1}, denn es ist offensichtlich $z_{-1}=1$ genau dann, wenn $r \geq 0.5$ ist, also wenn der Quotient $r/0.5$ den Ganzzahlanteil 1 hat.
  Der Rest r_{-1} der Division wird verdoppelt, um anschließend durch erneutes Teilen durch 0.5 die zweite Nachkommastelle z_{-2} ermitteln zu können. Durch fortgesetzte Anwendung dieser Vorgehensweise ergibt sich somit die gesamte Folge der Nachkommaziffern. Das Verfahren endet, wenn der Quotient zu 0 wird oder sich eine Periode einstellt.

Zur Illustration betrachten wir zwei *Beispiele* zur Umwandlung eines Nachkommaanteil:

> $0.6875_{10} = 0.1011_2$, denn:

i	z_i	$2 \cdot r_i$	Kommentar
-1	1	0.375	0.6875/0.5 = 1 Rest 0.1875
-2	0	0.75	0.375/0.5 = 0 Rest 0.375
-3	1	0.5	0.75/0.5 = 1 Rest 0.25
-4	1	0	0.5/0.5 = 1 Rest 0
			Ende, da $r_{-4} = 0$

> $0.8_{10} = 0.110011001100..._2 = 0.\overline{1100}_2$, denn:

i	z_i	$2 \cdot r_i$	Kommentar
-1	1	0.6	0.8/0.5 = 1 Rest 0.3
-2	1	0.2	0.6/0.5 = 1 Rest 0.1
-3	0	0.4	0.2/0.5 = 0 Rest 0.2
-4	0	0.8	0.4/0.5 = 0 Rest 0.4
-5	1	0.6	0.8/0.5 = 1 Rest 0.3
-6	...	...	usw.: Periode

Man beachte, dass Zahlen mit einer nichtperiodischen *Dezimal*darstellung eine periodische *Binär*darstellung, also unendlich viele Ziffern haben können. Dies führt, wie im nächsten Teilabschnitt gezeigt wird, bei Berechnungen zu Rundungsfehlern.

Gleitkommadarstellung

In einem Digitalrechner werden rationale Zahlen in einer **Gleitkommadarstellung** (oder Gleit*punkt*darstellung) gespeichert und verarbeitet. Diese Darstellung basiert auf der Beob-

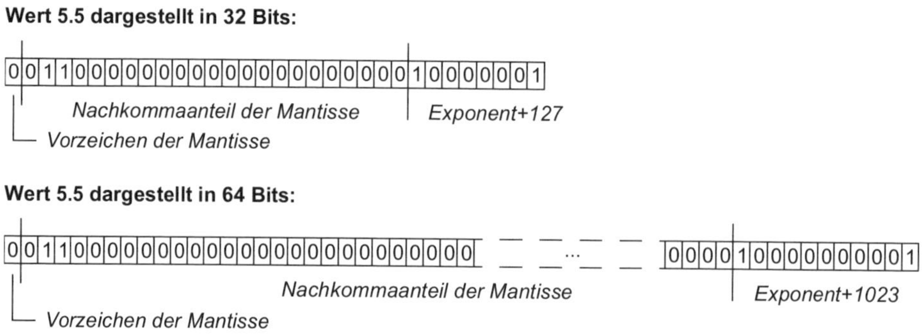

Abb. 2-21 *Gleitkommadarstellung gemäß ANSI/IEEE 754*

achtung, dass sich eine rationale Zahl z in der Form $z = m \cdot 2^e$ schreiben lässt, wobei m als **Mantisse** und e als **Exponent** bezeichnet wird. Gilt $1 \leq m < 2$, so heißt die Darstellung **normalisiert**.

Als *Beispiel* betrachten wie die Darstellung des Werts 5.5: Da $5.5 = 0.6875 \cdot 2^3 = 1.375 \cdot 2^2$ gilt, kann 5.5 durch die Mantisse-Exponent-Paare $(m,e) = (0.6875_{10}, 3_{10}) = (0.1011_2, 11_2)$ und $(m',e') = (1.375_{10}, 2_{10}) = (1.011_2, 10_2)$ repräsentiert werden. Die zweite Darstellung ist dabei die normalisierte Form.

Der *Vorteil* dieses Ansatzes ist, dass sowohl sehr kleine als auch sehr große Werte auf einheitliche Weise kompakt dargestellt werden können. Beispielsweise müssen sowohl für 2^{-40} (≈ 0.000000000001) als auch für 2^{40} (≈ 1000000000000) nur relativ wenige Speicherbits zur Verfügung gestellt werden: In einer Minimaldarstellung bräuchte man je ein Bit für die Vorzeichen von Exponent und Mantisse, ein weiteres Bit für den Absolutwert der Mantisse (1_2) und sechs Bits für den Absolutbetrag des Exponenten (101000_2).

Nachteile ergeben sich daraus, dass Gleitkommadarstellungen in Rechnern meist auf eine feste Anzahl von Bits beschränkt sind: Erstens führt dies zu **Rundungsfehlern** im Nachkommabereich, da hintere Stellen der Mantisse nicht gespeichert werden können und somit „abgeschnitten" werden. Das betrifft insbesondere periodische Binärzahlen (siehe das Beispiel im vorigen Teilabschnitt). Zweitens ist die Darstellung sehr großer Zahlen nicht „trennscharf", das heißt für große n werden die benachbarten Zahlen n und n-1 durch dasselbe Bitmuster codiert und können somit nicht voneinander unterschieden werden.

Datenformate für die Gleitkommadarstellung in Computern werden durch den **ANSI/IEEE-Standard 754** festgelegt (ANSI = *American National Standards Institute*, IEEE = *Institute of Electrical and Electronics Engineers*). Er gibt an, wie Vorzeichen, Mantisse und Exponent in verschiedenen Bereichen eines Bitfelds codiert werden. Der Standard spezifiziert Darstellungen mit verschiedenen Anzahlen von Bytes, wovon Abbildung 2-21 die 32- und 64-Bit-Formate zeigt:

> Im ersten Bit wird das *Vorzeichen der Mantisse* angegeben (0 für +, 1 für -).

> In den folgenden 23 bzw. 52 Bits steht der *Nachkommaanteil f der Mantisse m* (also m=1.f): In einer normalisierten Darstellung, wie sie vom Standard vorausgesetzt wird, ist der Vorkommaanteil immer 1 und muss daher nicht gesondert abgespeichert werden.

> In den restlichen 8 bzw. 11 Bits ist der *Exponent e* codiert. Um hier negative Werte zu vermeiden, wird auf *e* die Konstante K_e=127 bzw. K_e=1023 aufaddiert. Es ergibt sich ein nichtnegativer *Signifikant s* (also $s=e+K_e$), der in diesen Bits abgelegt wird.

Arithmetische Operationen auf IEEE-754-Gleitkommadarstellungen sind in den **Rechenwerken (ALUs**, →2.1.1) heutiger Prozessoren implementiert. Bei der Benutzung dieser Operationen ist unbedingt zu beachten, dass sie in den meisten Fällen zu den oben angesprochenen **Rundungsfehlern** führen. Diese Fehler betreffen zwar „nur" die hintersten Bits der Darstellung und werden daher an der Benutzeroberfläche zunächst meist nicht sichtbar. Sie können aber bei falscher Programmierung unvorhergesehene Auswirkungen haben. Kritisch ist hier insbesondere die Überprüfung zweier Gleitkommazahlen *a* und *b* auf Gleichheit. Um durch Rundungsfehler nicht aus der Bahn geworfen zu werden, sollte ein Programm nicht auf exakte Gleichheit testen, sondern lieber prüfen, ob *a* und *b* hinreichend nahe beeinanderliegen, das heißt ob $|a-b| < \varepsilon$ mit einer kleinen Konstante ε gilt.

2.3.3 Zeichen

In →2.3.1 wurde diskutiert, wie nichtnegative ganze Zahlen in einem Digitalrechner codiert und gespeichert werden. Standards zur Darstellung von *Zeichen*, wie Buchstaben, Ziffern, Interpunktionszeichen und so weiter, greifen hierauf zurück: Sie ordnen jedem dieser Zeichen eineindeutig eine Zahl zu, deren Binärdarstellung dann als Codierung dieses Zeichens im Rechner abgelegt und verarbeitet wird. Die am weitesten verbreiteten Standards zur Zeichencodierung sind *ASCII* und *Unicode*.

ASCII

Der **American Standard Code for Information Interchange (ASCII)** ist als ISO-Standard 646 weltweit gültig (ISO = *International Organization for Standardization*). Er codiert einen Satz von 128 grundlegenden Zeichen durch 7-Bit-Muster, also durch ganze Zahlen zwischen 0 und 127. Die obere Tabelle in Abbildung 2-22 zeigt diese Zeichen mit ihren Zahlencodes. Der Zeichensatz kann in die folgenden Gruppen unterteilt werden:

> *Kleine und große Buchstaben* des lateinischen Alphabets.

> *Dezimalziffern.*

> *Sonderzeichen*, wie z.B. Satzzeichen und arithmetische Operatoren.

> *Steuerzeichen* zur Ansprache von Geräten wie Bildschirme und Drucker. Hierzu gehören
- *BS* = Backspace = Rückwärtsschritt
- *LF* = Line Feed = Zeilenvorschub
- *FF* = Form Feed = Seitenvorschub
- *CR* = Carriage Return = Ende der Eingabe
- *DEL* = Delete = Löschen eines Zeichens

Viele der übrigen Steuerzeichen waren zum Zeitpunkt der Festlegung des Codes für die Datenübertragung wichtig, haben aber heute ihre Bedeutung verloren und werden nicht mehr benutzt.

ASCII (ISO 646):

	+0	+1	+2	+3	+4	+5	+6	+7	+8	+9
0	*NUL*	*SOH*	*STX*	*ETX*	*EOT*	*ENQ*	*ACK*	*BEL*	*BS*	*HT*
10	*LF*	*VT*	*FF*	*CR*	*SO*	*SI*	*DLE*	*DC1*	*DC2*	*DC3*
20	*DC4*	*NAK*	*SYN*	*ETB*	*CAN*	*EM*	*SUB*	*ESC*	*FS*	*GS*
30	*RS*	*US*		!	"	#	$	%	&	'
40	(	)	*	+	,	-	.	/	0	1
50	2	3	4	5	6	7	8	9	:	;
60	<	=	>	?	@	A	B	C	D	E
70	F	G	H	I	J	K	L	M	N	O
80	P	Q	R	S	T	U	V	W	X	Y
90	Z	[	\	]	^	_	`	a	b	c
100	d	e	f	g	h	i	j	k	l	m
110	n	o	p	q	r	s	t	u	v	w
120	x	y	z	{	|	}	~	*DEL*		

Ausschnitt aus Latin-1 (ISO 8859-1):

	+0	+1	+2	+3	+4	+5	+6	+7	+8	+9
	…									
160		¡	¢	£	¤	¥	¦	§	¨	©
170	ª	«	¬	–	®	¯	°	±	²	³
180	´	µ	¶	·	¸	¹	º	»	¼	½
190	¾	¿	À	Á	Â	Ã	Ä	Å	Æ	Ç
200	È	É	Ê	Ë	Ì	Í	Î	Ï	Ð	Ñ
210	Ò	Ó	Ô	Õ	Ö	×	Ø	Ù	Ú	Û
220	Ü	Ý	Þ	ß	à	á	â	ã	ä	å
230	æ	ç	è	é	ê	ë	ì	í	î	ï
240	ð	ñ	ò	ó	ô	ð	ö	÷	ø	ù
250	ú	û	ü	ý	þ	ÿ				

(Zeilenindex: Hunderter- und Zehnerstelle des Codes; Spaltenindex: Einerstelle des Codes)

Abb. 2-22 *Zeichensatz gemäß ASCII und Latin-1*

Die Bereiche für Kleinbuchstaben, Großbuchstaben und Ziffern sind jeweils zusammenhängend. Das erleichtert das **„Rechnen" mit Zeichen** – man kann beispielsweise einen ASCII-Wert um 1 erhöhen oder senken und damit zum vorherigen oder nächsten Buchstaben oder

ASCII / Latin-1:

Zeichen 'a':	0	1	1	0	0	0	0	1	$= 61_{16} = 97_{10}$
Zeichen 'á':	1	1	1	0	0	0	0	1	$= E1_{16} = 225_{10}$

Unicode:

Zeichen 'a':	0	0	0	0	0	0	0	0	0	1	1	0	0	0	0	1	$= 0061_{16} = 97_{10}$
Zeichen 'á':	0	0	0	0	0	0	0	0	1	1	1	0	0	0	0	1	$= 00E1_{16} = 225_{10}$
Zeichen 'α':	0	0	0	0	0	0	1	1	1	0	1	1	0	0	0	1	$= 03B1_{16} = 945_{10}$

***Abb. 2-23** Unicode-Zeichendarstellung im Vergleich zu ASCII bzw. Latin-1*

Ziffernzeichen übergehen. Außerdem lässt sich so leicht feststellen, ob ein Zeichencode einem Buchstaben oder einer Ziffer entspricht – man muss nur die Zugehörigkeit zum entsprechenden Zahlenintervall prüfen.
ASCII umfasst nur 128 verschiedene Zeichen. Da der Code eines ASCII-Zeichens jedoch in einem Byte gespeichert wird, dessen Zahlenwertebereich von 0 bis 255 reicht, sind *Erweiterungen* möglich, die den Zahlencodes 128 bis 255 weitere Zeichen zuordnen. Der *ISO-Standard 8859* definiert eine ganze Reihe solcher Erweiterungen. Am wichtigsten für den deutschsprachigen Raum ist *ISO 8859-1* („**Latin-1**"), das eine Reihe spezieller Zeichen westeuropäischer Sprachen umfasst, wie Umlaute und Buchstaben mit Akzent. Ein Großteil der Codes ist in der unteren Tabelle von Abbildung 2-22 aufgeführt.

Unicode

Der ASCII-Zeichensatz ist selbst mit seinen Ergänzungen nicht universell einsetzbar, da er nicht alle Schriftsprachen der Erde berücksichtigt. Beispielsweise existiert keine ASCII-Erweiterung für das Chinesische – und es kann sie auch nicht geben, da die chinesische Schrift viele Tausend Zeichen umfasst, die somit nicht durch 8-Bit-Kombinationen dargestellt werden können.
Unicode, der *Nachfolgestandard zu ASCII*, codiert daher ein Zeichen durch eine Zahl zwischen 0 und 65535 ($=2^{16}-1$) – also durch ein 16-Bit-Muster, das in zwei Bytes gespeichert werden kann (siehe Abbildung 2-23). Im Bereich 0 bis 255 stimmt Unicode mit ASCII bzw. Latin-1 überein und ist damit zu den wichtigsten Vorgängerstandards kompatibel. Im Bereich oberhalb von 255 liegen die Zeichensätze zahlreicher nicht lateinischer Schriftsprachen, wie Arabisch, Chinesisch, Griechisch, Japanisch, Russisch, um nur einige zu nennen. Unicode ist durch den *ISO-Standard 10646* festgelegt.

2.3.4 Multimediadaten

Digitalrechner werden heute nicht nur zur Verarbeitung von Zahlen und Zeichen, sondern auch zur Arbeit mit anderen Medien, wie Bildern, Tönen und Videofilmen eingesetzt. Solche

multimedialen Daten werden ebenfalls durch ganze Zahlen (und damit durch Bitmuster) codiert. Man sagt, die Daten werden **digitalisiert**.

Bilder und Videos

Ein **Bild** wird für seine Speicherung und Darstellung **gerastert**, also in eine Matrix aus Bildpunkten umgesetzt. Diese Technik ist insbesondere von Computerbildschirmen her bekannt, die beispielsweise 1024 Zeilen mit je 1280 Bildpunkten anzeigen. Die Bildpunkte werden hier als **Pixel** (= „Picture Elements“) bezeichnet.
Jedem Pixel ist ein Wert zugeordnet, der seine Helligkeit und gegebenenfalls Farbe bestimmt. Bei einem **Graustufenbild** ist dies eine ganze Zahl zwischen 0 und (beispielsweise) 255. Dabei stehen 0 für Schwarz, 255 für Weiß und die übrigen Werte für die dazwischenliegenden Grautöne. Für **Farbbilder** ist heute die **Truecolor-Darstellung** weit verbreitet, die den Farbwert eines Pixels in drei Bytes codiert. Dies erlaubt die Darstellung von 2^{24} (also über 16 Millionen) verschiedenen Farben und somit von Farbverläufen, die vom menschlichen Auge als kontinuierlich wahrgenommen werden. Für die Codierung eines Farbwerts mit drei Bytes gibt es verschiedene Ansätze. Zu ihnen gehören die Folgenden:

> Im **RGB-Modell** wird eine Farbe durch Angabe ihres Rot-, Grün- und Blauanteils codiert – drei reelle Zahlen aus dem Intervall [0.0, 1.0]. Das Tripel (1.0, 0.0, 0.0) steht beispielsweise für ein reines Rot maximaler Intensität, (0.0, 0.0, 0.0) für Schwarz, (1.0, 1.0, 1.0) für Weiß und (0.5, 0.5, 0.5) für einen mittleren Grauwert. Durch Multiplikation mit 255 und Rundung ergeben sich daraus drei ganze Zahlen aus dem Bereich [0,255], die dann jeweils in einem Byte abgelegt werden können.
> Das RGB-Modell wird insbesondere für Bildschirme benutzt, die ihre Anzeigen „aktiv“ erzeugen: Jedes Pixel wird hier durch drei sehr dicht beieinander liegende Bildpunkte realisiert, die mit unterschiedlicher Intensität rot, grün bzw. blau leuchten können. Das menschliche Auge kann die drei Punkte nicht voneinander trennen, sondern „mischt“ ihre Anzeigen zu einem Farbeindruck. Die Farbdarstellung ist hier also *additiv*.

> Im **YUV-Modell** wird ein Farbwert durch einen Helligkeitswert $Y \in [0.0, 1.0]$ und zwei Farbdifferenzwerte $U, V \in [-0.5, 0.5]$ dargestellt. Schwarz wird hier durch (0.0, 0.0, 0.0) codiert, Weiß durch (1.0, 0.0, 0.0), ein mittlerer Grauton durch (0.5, 0, 0) und ein reines Rot maximaler Intensität durch (0.299, -0.1687, 0.5). Ähnlich wie beim RGB-Modell werden die angegebenen Wertebereiche auf das Ganzzahlintervall [0, 255] abgebildet, so dass die Y-, U- und V-Werte von je einem Byte aufgenommen werden können.
> Das YUV-Modell wird insbesondere für die Fernsehübertragung benutzt, da man so Farb- und Schwarzweißfernseher mit demselben Signal versorgen kann: Farbgeräte benutzen für ihre Anzeige alle drei Teilwerte, Schwarzweißgeräte nur den Helligkeitswert. Mit dem YUV-Modell kann zudem eine spezielle Eigenschaft des menschlichen Auges berücksichtigt werden: Es ist gegenüber Helligkeitsunterschieden empfindlicher als gegenüber Farbunterschieden. Demzufolge werden Helligkeitswerte, also Y-Werte, häufig mit einer höheren Auflösung gespeichert und übertragen als Farbwerte. Bei der *4:1:1-Codierung* beispielsweise haben vier quadratisch angeordnete benachbarte Pixel zwar unterschiedliche Y-Werte, teilen sich aber dieselben U- und V-Werte.

Digitalisierte Bilder können in *Dateien* (→3.3.1) abgelegt werden, die in ihrer einfachsten Form die Pixelwerte des Bilds zeilenweise hintereinander speichern. Solche Dateien haben

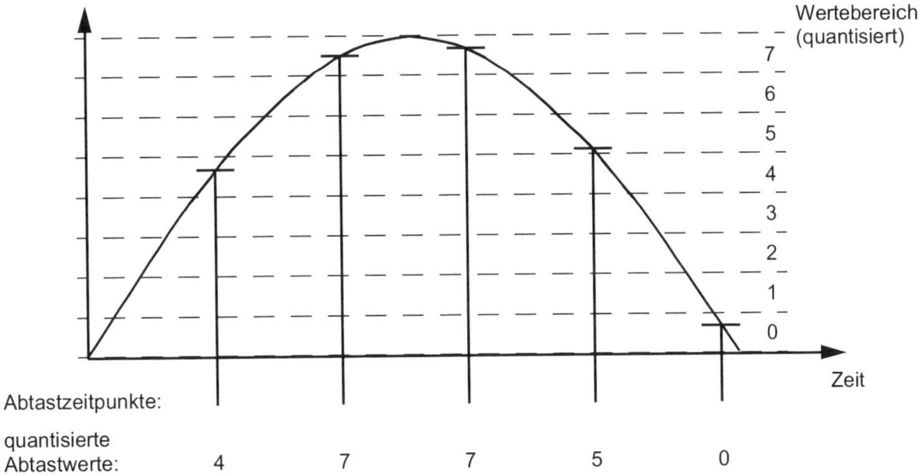

Abb. 2-24 *Abtastung einer zeitabhängigen Funktion und Quantisierung der Abtastwerte*

im Allgemeinen einen recht hohen Speicherbedarf: Bei einer typischen Auflösung von 768 mal 1024 Pixeln und drei Bytes pro Pixel benötigt ein Bild 2.25 MByte Speicher. Bei einem Videofilm multipliziert sich dieser Wert mit der Anzahl der Einzelbilder pro Sekunde und der zeitlichen Länge des Films. Ein **Video** mit 25 Bildern pro Sekunde und 90 Minuten Länge würde in der oben beschriebenen Darstellungsform ca. 297 GByte Speicherplatz benötigen! Da zumindest der Normalbenutzer keinen Speicher dieser Größenordnung besitzt, muss die Datenmenge reduziert werden: Man sagt, es ist eine **Kompression** der Daten erforderlich. Kompressionstechniken werden im →Kasten auf Seite 68 besprochen.

Audio

Multimediacomputer sollen neben Bildern auch Töne verarbeiten können. Ein **Ton** ist aus physikalischer Sicht eine Schwingung, die als zeitabhängige periodische (= „sinusförmige") Kurve dargestellt werden kann. Die Schwingung besitzt eine Frequenz, die die Höhe des Tons, und eine Amplitude, die seine Lautstärke bestimmt. **Audiosignale**, wie Geräusche, Sprache, Musik und so weiter, entstehen durch Überlagerung von Tönen. Dies kann dargestellt werden durch eine **Wellenform** – eine zeitabhängige Funktion, die sich als Summe der Schwingungen der einzelnen Töne ergibt. Die Funktion ist eine **Analogdarstellung** des Audiosignals, da sowohl ihr Definitions- als auch ihr Bildbereich die reellen Zahlen sind.

Um ein zeitabhängiges Audiosignal speichern, verarbeiten und wiedergeben zu können, müssen Informationen über die zugehörige Wellenform gesammelt und abgespeichert werden. Dies geschieht durch eine **Abtastung**, bei der die Funktionswerte in gleichmäßigen Zeitabständen gemessen werden (siehe Abbildung 2-24). Die sich dabei ergebenden Zahlen werden jeweils **quantisiert**: Der Bildbereich der Funktion ist unterteilt in eine Menge von Intervallen, die jeweils durch eine ganze Zahl charakterisiert werden. Statt der gemessenen reellen Zahl wird die ganze Zahl, die deren Intervall kennzeichnet, im Speicher abgelegt oder weiterverarbeitet.

Durch Abtastung und Quantisierung findet also eine „Diskretisierung" sowohl des Definitions- als auch des Bildbereichs statt: Es ergibt sich eine Folge von ganzen Zahlen, die die

Wie werden Multimediadaten komprimiert?

Multimediale Daten werden in Dateien (→3.3.1) abgelegt, die auf Plattenspeichern, CD-ROMs oder DVDs gespeichert und über Kommunikationsnetze (→7.1, 7.2) übertragen werden können. Da die Kapazitäten der Speicher und Netze beschränkt sind, werden die Daten zumeist komprimiert. Dabei wird das Datenvolumen dadurch reduziert, dass die vorhandene Information durch eine möglichst kleine Anzahl von Bits codiert und/oder unwichtige Information weggelassen wird. Weit verbreitet sind heute die folgenden Kompressionsverfahren und Datenformate:

Eine **Bitmap-Datei** (Endung „.bmp") enthält die Daten eines *Bilds*. Diese Daten sind oft unkomprimiert, so dass eine Bitmap-Datei meist recht groß ist. Allerdings ist eine **Lauflängencodierung** möglich. Bei ihr werden Zahlenfolgen, in denen ein Wert *W* *n*-mal hintereinander auftritt, durch ein Paar (*W*,*n*) ersetzt. So wird beispielsweise die Ziffernfolge 00000000111111111 auf die Kurzform (0,8)(1,9) reduziert.

Eine **GIF-Datei** („Graphics Interchange Format", Endung „.gif") kann ein Bild mit einer begrenzten Anzahl verschiedener Farben darstellen. Eine Tabelle definiert die Truecolor-Darstellungen dieser Farben. Für die einzelnen Pixel werden dann Verweise auf Tabellenpositionen gespeichert, wobei ein solcher Verweis nur wenige Bits benötigt. Die Gesamtheit dieser Verweise wird dann noch durch das **LZW(Lempel-Ziv-Welch)-Verfahren** komprimiert, das häufig auftretende Wertfolgen durch kurze Bitmuster codiert.

JPEG ist das heute gebräuchlichste Verfahren zur Kompression von Bildern (Dateiendung „.jpg" oder „.jpeg"). Es wurde nach der *Joint Photographic Experts Group* benannt, von der es entworfen wurde. Die Basisform von JPEG komprimiert die Daten in mehreren Schritten: Ein Bild wird zunächst in Blöcke zu je 8 mal 8 Pixeln unterteilt, von denen dann jeder in eine *Frequenzdarstellung* umgewandelt wird. Sehr vereinfachend gesprochen bedeutet das, dass der Mittelwert aller Farbwerte im Block sowie die Abweichungen der einzelnen Pixelfarben davon codiert werden. Die resultierenden Werte werden durch Quantisierung auf ganze Zahlen abgebildet und dann durch Huffman- und Lauflängencodierung weiter komprimiert. Die **Huffman-Codierung** stellt, ähnlich dem Morsealphabet, häufig auftretende Werte mit wenigen Bits und weniger häufige mit mehr Bits dar. Im Gegensatz zu GIF und Bitmap treten bei JPEG Informationsverluste auf – je gröber bei der Quantisierung gerundet wird, desto mehr Verluste gibt es. Sie werden im Bild durch deutlich hervortretende Grenzen zwischen den einzelnen Blöcken sichtbar.

Die *Kompression von Videos* verwendet Techniken wie bei Bildern. Zudem nutzt sie Ähnlichkeiten zwischen aufeinander folgenden Einzelbildern eines Bildstroms aus: Es werden nur einige der Einzelbilder wie bei JPEG vollständig codiert. Für die übrigen Bilder wird lediglich angegeben, an welchen Stellen sie sich von ihren Vorgängern und/oder Nachfolgern unterscheiden. Beispiele für Verfahren zur Videokompression sind **MPEG** („Moving Picture Experts Group", Dateien mit Endung „.mpg" oder „.mpeg"), das als MPEG-2 unter anderem beim **digitalen Fernsehen** verwendet wird, und **H.261** für **Bildtelefonie**.

Audiodateien sind, wie die Inhalte von Audio-CDs, oft unkomprimiert. Ein Beispiel hierfür sind **Waveform-Dateien** (Endung „.wav"). Hier ist allerdings auch eine **DPCM („Differential PCM")** möglich, bei der nicht die vollen Einzelwerte, sondern beispielsweise nur die Unterschiede zu ihren jeweiligen Vorgängern abgelegt werden.

Besonders interessant ist das **MP3-Verfahren** (Dateiendung „.mp3"). Mit einem *psychoakustischen Modell* wird hier festgestellt, welche Töne andere, leisere Töne überlagern, so dass diese nicht hörbar sind und somit nicht codiert werden müssen. Hierdurch ist eine Datenreduktion circa um den Faktor 12-14 ohne Qualitätsverluste möglich.

ursprüngliche analoge Funktion zu diskreten (= wohlunterschiedenen) Zeitpunkten durch eine Annäherung des jeweiligen Funktionswerts beschreiben. Die zuvor analoge Audiodarstellung wurde also *digitalisiert*, wobei die Werte der Zahlenfolge einzeln und voneinander unabhängig codiert werden. In technischer Sprechweise sagt man, dass sich die Wertfolge durch eine **Pulse Code Modulation (PCM)** ergeben hat.
Bei der Aufzeichnung einer **Audio-CD** beispielsweise beträgt die Abtastfrequenz 44100 Hz (Hertz), das heißt es werden 44100 Werte pro Sekunde gemessen. Jeder dieser Werte wird als ganze Zahl zwischen 0 und 65535 (= 2^{16}-1) codiert und somit in zwei Bytes gespeichert. Bei zwei Stereokanälen ergibt sich also eine Datenrate von ca. 1.4 Megabit pro Sekunde. Obwohl bei Audio eine deutlich geringere Datenmenge anfällt als bei Video, ist auch hier eine Kompression sinnvoll (→Kasten auf Seite 68).

Kombination von Daten verschiedener Medien

Multimediale Dokumente zeichnen sich dadurch aus, dass sie *Daten verschiedener Medien* (Texte, Töne, Bilder, ...) kombinieren. Da alle diese Daten in binärer Form codiert sind, können sie problemlos in einem gemeinsamen Bereich des Hauptspeichers (→2.1.1) oder in einer Datei (→3.3.1) auf dem Plattenspeicher abgelegt werden. Die eigentlichen Multimediadaten müssen allerdings durch Zusatzinformationen ergänzt werden, die angeben, in welchem Teilbereich des Speichers welches Medium und in welcher Form dargestellt ist. Nur so können die Binärdaten korrekt interpretiert werden.
Ein spezieller Anwendungsbereich ist **elektronische Post („E-Mail")** mit multimedialen Inhalten. Binäre Daten werden in einer Multimediamail durch ASCII-Zeichen codiert (→Kasten auf Seite 131), die dann problemlos über den zeichenorientierten Maildienst des Internets übertragen werden können. Eine solche Mail zerfällt in mehrere Teile, die jeweils mit Angaben über das codierte Medium und den dabei benutzten Codierungsstandard eingeleitet werden. Wir werden hierauf in →7.2.2 noch genauer eingehen.

2.4 Formale Sprachen

Im vorigen Unterkapitel ging es hauptsächlich um die Codierung einzelner Werte. An einigen Stellen klang aber bereits an, dass aus solchen Einzelwerten größere Strukturen zusammengesetzt werden können, deren Aufbau bestimmten Mustern folgt. Beispielsweise müssen bei Gleitkommadarstellungen Mantisse und Exponent in festgelegten Bereichen eines Bitfelds stehen, und bei Multimediamails müssen die Teilbereiche, die die verschiedenen Medien enthalten, durch eine bestimmte Folge von Angaben eingeleitet werden. Generell findet man solche Strukturierungen sowohl bei der Organisation von Daten als auch bei der Beschreibung von Verarbeitungsvorschriften:

- Viele Datensammlungen, die von Computern bearbeitet und zwischen Computern übertragen werden, sind anhand von Regeln für *Dokumentstrukturen* aufgebaut. Ein weit verbreitetes Beispiel sind HTML-Dateien, die WWW-Seiten beschreiben (→3.4.2).
- Verarbeitungsvorschriften mit ihren Ablaufanweisungen und Rechenausdrücken werden durch Programme realisiert. Ihre Schreibweise, die so genannte *Syntax von Programmen*, wird durch höhere Programmiersprachen wie C, C++ oder Java festgelegt (→5).

Um solche Strukturen maschinell bearbeiten zu können, müssen die Regeln für ihren Aufbau *formal* und *unzweideutig* festgelegt werden: Erstens muss ein Autor oder Programmierer genau wissen, wie er ein Dokument bzw. ein Programm zu schreiben hat, damit der Computer ihn „versteht". Zweitens muss ein Computer eindeutig feststellen können, ob ein Dokument oder Programm korrekt gebildet wurde, um dann aus dessen Inhalt und Struktur zweifelsfrei die Absicht des Autors bzw. Programmierers zu erkennen. Thema dieses Unterkapitels sind also Möglichkeiten, Regeln für den Aufbau und die Analyse von Daten- und Programmstrukturen formal zu beschreiben:

> Zunächst werden die grundlegende Begriffe *Sprache* (= Menge von *Zeichenketten / Wörtern*) und *Syntax* (= Regeln zur Bildung von Wörtern) definiert. Zudem wird gezeigt, wie Wörter einer Sprache mit einer *Grammatik* erzeugt und mit einem *Automaten* analysiert werden können.

> Anschließend wird die *Chomsky-Sprachhierarchie* eingeführt: Sie klassifiziert Sprachen anhand der Frage, wie kompliziert eine Grammatik zu sein hat, die die Sprache erzeugt, und wie kompliziert ein Automat sein muss, der Wörter der Sprache akzeptiert.

> Schließlich wird gezeigt, wie *formale Sprachen in der Praxis* eingesetzt werden, um Programm- und Dokumentstrukturen zu beschreiben und zu prüfen. Es werden *Notationen zur Sprachdefinition* besprochen und Ansätze zur effizienten *Sprachanalyse* skizziert.

2.4.1 Erzeugung und Erkennung von Sprachen

Sprache und Syntax

Ein Satz in einer *natürlichen Sprache*, wie Deutsch oder Englisch, ist eine Aneinanderreihung von Zeichen aus dem lateinischen Alphabet. Es sind jedoch nicht alle Folgen lateinischer Buchstaben gültige deutsche oder englische Sätze, sondern nur die, die anhand bestimmter Regeln aufgebaut sind. Man sagt, die Zeichenketten müssen „der Syntax der Sprache gehorchen". Beispielsweise besteht die Zeichenfolge „heitschi bum beitschi" zwar aus lateinischen Buchstaben, ist aber offensichtlich kein syntaktisch korrekter deutscher Satz. Zur Strukturbeschreibung von Dokumenten und Programmen werden in der Informatik *künstliche Sprachen* benutzt, die vom Ansatz her wie natürliche Sprachen, nämlich als Mengen von Zeichenketten definiert werden:

> Die grundlegenden Bausteine einer Sprache werden durch ein **Grundalphabet T** festgelegt. T ist eine endliche, nichtleere Menge von **Zeichen**.
> Ein einfaches Beispiel für ein Grundalphabet ist die Menge der Binärziffern $T_{bin} = \{ 0, 1 \}$.

> $T^* = \{ z_1 z_2 ... z_n \mid n \geq 0 \wedge z_i \in T \text{ für alle } i, 1 \leq i \leq n \}$ ist die Menge aller **Zeichenketten** endlicher Länge über dem Grundalphabet T. T^* schließt die **leere Zeichenkette** (das **leere Wort**) ε mit der Länge 0 ein.
> Für das Beispielalphabet T_{bin} umfasst die Menge T^*_{bin} alle Bitkombinationen beliebiger Länge.

> Eine **Sprache** über dem Grundalphabet T ist eine Menge L mit $L \subseteq T^*$. Die Elemente von L heißen **Wörter** der Sprache.
> Eine Beispielsprache über T_{bin} ist die Menge L_{bin8} aller Bitkombinationen, die in einem Byte gespeichert werden können.

Der einfachste Ansatz zur Definition einer Sprache ist, alle ihre Wörter aufzuzählen – z.B. durch die Angabe der Menge L_{bin8} = { 00000000, 00000001, ..., 11111111 }. Diese Methode führt aber nicht weit, da die meisten interessanten Sprachen unendlich viele Wörter enthalten. Besser sollte eine *endliche Menge von Regeln* formuliert werden, die die Struktur von Wörtern der Sprache charakterisieren. Eine solche Regelmenge heißt **Syntax** der Sprache. Die Sprache $\mathrm{L}_{\mathrm{bin8}}$ wird beispielsweise durch die Festlegung: „Ketten aus genau acht Zeichen, von denen jedes eine 0 oder eine 1 ist" eindeutig beschrieben.
Syntaxregeln können so formuliert werden, dass sie ein *konstruktives Verfahren* angeben, nach dem Wörter der Sprache erzeugt werden können. Für L_{bin8} könnte eine entsprechende Bildungsregel beispielsweise lauten: „Schreibe genau acht Zeichen hintereinander, von denen jedes eine 0 oder eine 1 ist." Eine solche Formulierung gibt einem Autor ein „Rezept" an die Hand, das er beim Aufbau von Wörtern der Sprache (also insbesondere von Datenstrukturen oder Programmen) nutzen kann.

Grammatiken

Umgangssprachlich formulierte Syntaxregeln sind für eine maschinelle Verarbeitung ungeeignet. Hierfür wird vielmehr eine *formale Darstellung* benötigt. Für die Beispielsprache L_{bin8} könnte eine solche Darstellung der Bildungsregeln folgendermaßen aussehen:

Startsymbol = BYTE
BYTE → BIT BIT BIT BIT BIT BIT BIT BIT
BIT → 0
BIT → 1

Man liest dieses Regelsystem wie folgt:

Zeile 1: Zur Konstruktion eines Worts beginnt man mit dem „Symbol" BYTE.

Zeile 2: Das „Symbol" BYTE kann durch acht aufeinander folgende Symbole BIT ersetzt werden.

Zeilen 3/4: Ein „Symbol" BIT kann durch das Zeichen 0 oder das Zeichen 1 ersetzt werden.

In der Fachsprache wird ein „Symbol" **Nichtterminal(zeichen)** genannt (hier: BIT, BYTE) und ein Zeichen aus dem Grundalphabet der Sprache **Terminal(zeichen)** (hier: 0, 1). Anhand der Regeln kann nun, ausgehend vom Startsymbol, eine Folge von Ersetzungsschritten zur Bildung eines Worts durchgeführt werden – beispielsweise:

BYTE
⇒ BIT BIT BIT BIT BIT BIT BIT BIT
⇒ 1 BIT BIT BIT BIT BIT BIT BIT
⇒ 10 BIT BIT BIT BIT BIT BIT
⇒ ...
⇒ 10110010

Eine solche Folge von Ersetzungsschritten zur Bildung eines Worts heißt **Ableitung des Worts**. In den Zwischenschritten einer Ableitung ergeben sich so genannte **Satzformen** – Zeichenketten, die aus Terminalen und Nichtterminalen bestehen. Die Nichtterminale in einer Satzform sind „Platzhalter" oder „Variable", die in weiteren Schritten ersetzt werden müssen. Die Folge der Ersetzungen endet, wenn die Zeichenkette nur noch aus Terminalen

besteht (daher auch der Name „Terminal", denn „terminieren" = „enden"). Die so gebildete Zeichenkette ist damit ein Wort der durch die Regeln beschriebenen Sprache.
Man beachte, dass manche Ersetzungen eindeutig festgelegt sind und dass bei anderen eine gewisse Wahlfreiheit besteht: Ein BYTE muss stets durch eine Kette von acht BIT ersetzt werden, während ein BIT wahlweise durch 0 oder 1 ersetzt werden kann. Die Sprache L_{bin8} enthält offensichtlich genau die Zeichenketten, die sich auf diese Weise bilden lassen. Durch die angegebenen Regeln wird also L_{bin8} eindeutig bestimmt.
Formal wird ein System von Bildungsregeln durch eine *Grammatik* definiert:

Definition „Grammatik": Eine Grammatik $G = (T, N, S, R)$ besteht aus den folgenden Komponenten:

- Einer endlichen Menge T, der Menge der **Terminale**.
- Einer endlichen Menge N mit $N \cap T = \varnothing$, der Menge der **Nichtterminale** oder **Variablen**.
- Einem **Startsymbol** $S \in N$.
- Einer endlichen Menge R von **Regeln** oder **Produktionen** der Form $\lambda \rightarrow \rho$ mit $\lambda \in (N \cup T)^* N (N \cup T)^*$ und $\rho \in (N \cup T)^*$.
  - $(N \cup T)^*$ ist die Menge aller Zeichenketten, die aus Elementen von N und T aufgebaut sind – einschließlich der leeren Zeichenkette ε.
  - $(N \cup T)^* N (N \cup T)^*$ ist die Menge aller Zeichenketten, die ein Element aus N enthalten, an das sich links und rechts je eine Zeichenkette aus $(N \cup T)^*$ anschließt – oder, anders formuliert, alle Zeichenketten aus Elementen von N und T mit mindestens einem Element aus N.

Die Bestandteile der Grammatik haben die folgende Bedeutung:

- Die Menge der Terminale T ist das *Grundalphabet* der Sprache, die von der Grammatik beschrieben wird – also die Menge der Zeichen, aus denen die Wörter der Sprache aufgebaut sind. Für die Beispielsprache L_{bin8} ist $T_{bin8} = \{ 0, 1 \}$.
- Die Nichtterminale aus der Menge N dienen, wie im Beispiel geschildert, als Platzhalter in Zwischenschritten eines Ersetzungsvorgangs. Im Beispiel ist $N_{bin8} = \{ \text{BYTE}, \text{BIT} \}$.
- Das Startsymbol S ist der Ausgangspunkt einer Folge von Ersetzungsschritten. Für das Beispiel ist $S_{bin8} = \text{BYTE}$.
- Eine Regel $\lambda \rightarrow \rho$ beschreibt eine zulässige Ersetzung. Sie besagt, dass in einer Zeichenkette (oder *Satzform*) α eine Teilkette λ durch die Teilkette ρ ersetzt werden kann. λ kann dabei aus beliebig vielen Terminalen und Nichtterminalen in beliebiger Durchmischung bestehen, muss aber mindestens ein Nichtterminal enthalten. Für ρ gilt keine solche Einschränkung; ρ kann sogar leer sein, so dass bei der Ersetzung die Zeichenkette λ einfach „verschwindet".
  Die Regeln im Beispiel haben eine relativ einfache Form, denn auf ihren linken Seiten tritt jeweils nur genau ein Nichtterminal auf:
  $$\text{R}_{\text{bin8}} = \{\text{BYTE} \rightarrow \text{BIT BIT BIT BIT BIT BIT BIT BIT},\ \ \text{BIT} \rightarrow 0,\ \ \text{BIT} \rightarrow 1\}.$$
  Es sind aber auch kompliziertere Regeln zulässig. Eine Regel a$X \rightarrow$ aa besagt beispielsweise, dass das Nichtterminal X nur dann durch das Terminal a ersetzt werden, wenn es rechts neben einem bereits vorhandenen a steht.

Aus einer Grammatik ergibt sich unmittelbar eine **Ableitungsrelation** $\Rightarrow_G$. Durch sie wird der Begriff des Ersetzungsschritts, der oben informell eingeführt wurde, formalisiert: Sind

α und β zwei Zeichenketten mit $\alpha, \beta \in (N \cup T)^*$, so gilt $\alpha \Rightarrow_G \beta$ (in Worten: „α geht unmittelbar in β über") genau dann, wenn sich α und β zerlegen lassen in $\alpha = \alpha_1\lambda\alpha_2$ und $\beta = \alpha_1\rho\alpha_2$ mit $\alpha_1, \alpha_2 \in (N \cup T)^*$ und $\lambda \rightarrow \rho \in R$. Die Festlegung besagt, dass bei einem Ersetzungsschritt in einer Satzform α die Zeichenkette λ durch die Zeichenkette ρ ersetzt werden darf, wenn die Grammatik eine Regel $\lambda \rightarrow \rho$ enthält. Für die Grammatik G_{bin8} der Beispielsprache gilt also beispielsweise 0000111BIT $\Rightarrow_{Gbin8}$ 00001111.
Anhand der Ableitungsrelation kann nun formal definiert werden, welche *Sprache durch eine Grammatik G erzeugt* wird: Sie ist die Menge $L(G) = \{ \alpha \in T^* \mid S \Rightarrow_G^* \alpha \}$. „$S \Rightarrow_G^* \alpha$" bedeutet dabei, dass entweder $S \Rightarrow_G \alpha$ gilt, oder dass Satzformen $\alpha_1, \alpha_2, ..., \alpha_n$ existieren mit $S \Rightarrow_G \alpha_1 \Rightarrow_G \alpha_2 \Rightarrow_G ... \Rightarrow_G \alpha_n \Rightarrow_G \alpha$. Auch diese Definition ist lediglich eine Formalisierung dessen, was weiter oben schon informell gesagt wurde: Die von einer Grammatik gebildete Sprache umfasst alle Wörter, die nur aus Terminalzeichen bestehen und die sich bilden lassen, indem man vom Startsymbol ausgeht und schrittweise Ersetzungen anhand der Regeln vornimmt. Wie schon gesagt, ist eine solche Folge von Ersetzungen die **Ableitung** eines Worts. Eine Sprache, die durch eine Grammatik beschrieben wird, wird auch als **formale Sprache** bezeichnet.

Erkennende Automaten

Bei Grammatiken steht der *konstruktive Aspekt* im Vordergrund: Ihre Regeln geben an, wie man vorgehen muss, um ein syntaktisch korrektes Wort einer Sprache zu erzeugen. Grammatiken können beispielsweise von einem Programmierer oder vom Autor eines Dokuments herangezogen werden, um einen syntaktisch korrekten Programm- bzw. Dokumenttext zu schreiben.
Ebenso wichtig ist jedoch der *analytische Aspekt*: Eine Zeichenkette muss überprüft werden können, ob sie syntaktisch korrekt ist. Dies sollte möglichst nicht nur eine reine Ja-Nein-Entscheidung sein, sondern für eine syntaktisch korrekte Zeichenkette sollte ihre genaue Struktur ermittelt werden können. Dies ist wichtig für die automatische Verarbeitung von Wörtern einer formalen Sprache und hat damit eine große *praktische Bedeutung*:

> *Browser* und andere Programme analysieren den syntaktischen Aufbau von HTML- und XML-Dokumenten, um sie strukturiert weiterverarbeiten zu können (→3.4.2, →3.4.3).

> *Compiler* ermitteln die syntaktische Struktur von höhersprachlichen Programmen, um sie dann in entsprechende Maschinenprogramme zu übersetzen (→5.3).

Wie schon in →2.1 ausführlich diskutiert wurde, werden zur Analyse von Zeichenketten **erkennende Automaten** (Turing-Maschinen, Kellerautomaten, endliche Automaten), eingesetzt: Ein konkreter erkennender Automat A ist einer bestimmten Sprache L_A zugeordnet. Er erhält eine Zeichenkette als Eingabe und führt auf ihr eine Folge von Rechenschritten aus. Ist die Zeichenkette ein Wort von L_A, so erreicht der Automat nach dem Einlesen eine **akzeptierende Konfiguration**, zeigt also an, dass die Zeichenkette als Wort von L_A *erkannt* wurde. Ist die Zeichenkette *kein* Wort von L_A, so befindet sich der Automat zum Abschluss in einer nichtakzeptierenden Konfiguration, lehnt die Zeichenkette also ab (in bestimmten Fällen [→2.4.2] kann es vorkommen, dass der Automat nie anhält, sondern eine Endlosberechnung durchführt).
Allgemein gilt die Aussage, dass *zu jeder Grammatik ein entsprechender erkennender Automat* konstruiert werden kann und umgekehrt. Abbildung 2-25 zeigt als Beispiel einen end-

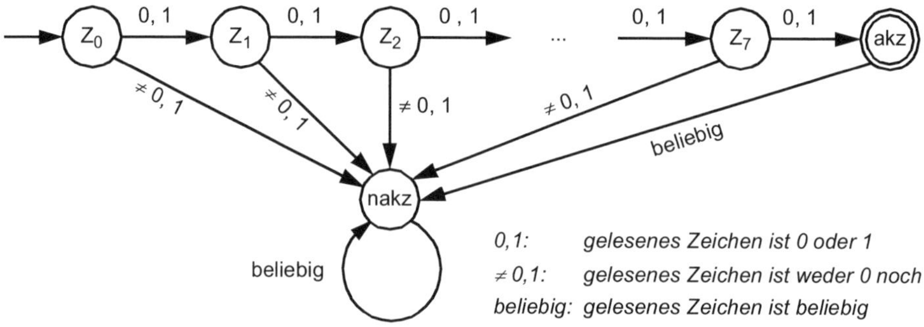

***Abb. 2-25** Endlicher Automat, der alle Bitkombinationen der Länge 8 erkennt*

lichen Automaten, der der Sprache L_{bin8} und damit der Grammatik G_{bin8} entspricht. Er erkennt also Zeichenketten mit genau acht Nullen und Einsen (zur Darstellungsform siehe auch →2.1.4, Abbildung 2-9).

Automaten können Wörter nicht nur erkennen, sondern auch *analysieren*, also Informationen über ihren Aufbau liefern. Ein Beispiel hierfür ist der Kellerautomat aus →2.1.4 (Abbildung 2-11), der Klammerstrukturen analysiert und dabei feststellt, welche öffnenden und schließenden Klammern jeweils zusammengehören. Wir werden hierauf im Zusammenhang mit der Analyse von Programmtexten (→2.4.3) noch zurückkommen.

2.4.2 Chomsky-Sprachhierarchie

Im vorigen Abschnitt wurden Grammatiken zur konstruktiven Beschreibung von Sprachen eingeführt, und es wurde die Rolle von Automaten bei der Erkennung von Wörtern einer Sprache besprochen. Dabei fiel Folgendes auf:

> Die Regeln einer Grammatik können recht kompliziert aussehen, da auf ihren linken und rechten Seiten Terminale und Nichtterminale in beliebiger Anzahl und Kombination auftreten dürfen. Für manche Sprachen braucht man aber derart komplexe Regeln gar nicht: Für sie reichen Regeln aus, die wesentlich einfacher aufgebaut sind – also beispielsweise auf ihren linken Seiten jeweils nur ein einzelnes Nichtterminal haben.

> Zur Erkennung von Sprachen werden verschiedene Typen von Automaten eingesetzt, nämlich Turing-Maschinen, Kellerautomaten und endliche Automaten. Von ihrem Arbeitsprinzip her sind diese Maschinen unterschiedlich leistungsfähig. Es ist also zu vermuten, dass es auch Unterschiede bei ihren Fähigkeiten zur Spracherkennung gibt – dass also Turing-Maschinen wesentlich komplexer strukturierte Sprachen erkennen können als endliche Automaten.

Diese Beobachtungen legen es nahe, Sprachen anhand ihrer „Schwierigkeit" zu klassifizieren – also danach, wie komplex Regeln zu ihrer Erzeugung oder Automaten zu ihrer Erkennung sein müssen.

Klassifikation von Sprachen

Eine Klassifikation von Sprachen wird durch die **Chomsky-Sprachhierarchie** gegeben, die 1959 vom Sprachwissenschaftler *Noam Chomsky* (geb. 1928) vorgeschlagen wurde. Die

Chomsky-Hierarchie charakterisiert vier Typen von Sprachen, und zwar *sowohl anhand der Grammatiken* zur Erzeugung *als auch anhand der Automaten* zur Erkennung der Sprachen:

Name der Sprachklasse	Art der Grammatik = Regelaufbau $\lambda \to \rho$	erkennende Automaten	Beispielsprache
„Typ 0“: allgemeine Sprachen	unbeschränkt: $\lambda \in (N \cup T)^* N (N \cup T)^*$ $\rho \in (N \cup T)^*$	allgemeine Turing-Maschinen	siehe unten (2.4.2, „allgemeine Sprachen“)
„Typ 1“: kontextsensitive Sprachen	kontextsensitiv: $\lambda \in (N \cup T)^* N (N \cup T)^*$ $\rho \in (N \cup T)^*$ $\lvert\lambda\rvert \leq \lvert\rho\rvert$ oder $\lambda = S$ und $\rho = \varepsilon$	linear beschränkte nichtdetermistische Turing-Maschinen	$\{0^n1^n2^n \mid n \geq 0\}$
„Typ 2“: kontextfreie Sprachen	kontextfrei: $\lambda \in N$ $\rho \in (N \cup T)^*$	nichtdeterministische Kellerautomaten	$\{0^n1^n \mid n \geq 0\}$
„Typ 3“: reguläre Sprachen	links-/rechtslinear: $\lambda \in N$ $\rho \in T^* \cup N T^*$ bzw. $\rho \in T^* \cup T^* N$	endliche Automaten	$\{z_1z_2...z_n \mid n>0, z_i=0 \vee z_i=1,$ $z_1z_2...z_n$ hat eine gerade Anzahl von Einsen $\}$

Erläuterungen zur Tabelle:

> A^* ist die Menge aller Zeichenketten beliebiger Länge (auch Länge 0), die aus Zeichen aus einer Menge A bestehen. A^*B ist die Menge aller Zeichenketten, die mit beliebig vielen Zeichen aus einer Menge A beginnen (auch 0 möglich) und durch ein Zeichen aus der Menge B abgeschlossen werden. AB^* ist analog definiert.

> $|\alpha|$ ist die Länge der Zeichenkette α, also die Anzahl ihrer Zeichen.

> S ist das Startsymbol der Grammatik und ε das leere Wort mit der Länge 0.

> a^n ist die Zeichenkette, die aus n aneinandergereihten Zeichen a besteht. a^nb^n ist eine Zeichenkette aus n Zeichen a gefolgt von n Zeichen b. $a^nb^nc^n$ ist analog definiert.

> Eine **linear beschränkte Turing-Maschine** ist eine Turing-Maschine, die nie den Bereich ihres Bands verlässt, der das Eingabewort enthält.

Zwischen den Chomsky-Klassen besteht eine *Teilmengenbeziehung*: Es ist $LCH_3 \subset LCH_2 \subset LCH_1 \subset LCH_0$, wobei LCH_i die Menge aller Sprachen des Chomsky-Typs i bezeichnet. Die Teilmengenbeziehung ist sogar „echt“, denn die in der Tabelle angegebenen Beispielsprachen sind zwar jeweils Elemente ihrer Sprachklasse LCH_i, nicht jedoch der „nächsteinfacheren“ Klasse LCH_{i+1}. Wir werden hierauf in den folgenden Teilabschnitten näher eingehen.
Wie in →2.4.1 bereits angedeutet, kann nicht für alle Sprachen L und alle Wörter w entschieden werden, ob $w \in L$ gilt: Für jede Typ-0-Sprache L hält die entsprechende Turing-Maschine zwar an und akzeptiert, wenn $w \in L$ ist; für ein $w \notin L$ kann es aber vorkommen, dass die Maschine eine endlose Schrittfolge ausführt und damit nie zu einer Entscheidung kommt. Man sagt, dass das **Wortproblem** für eine solche Sprache L *nicht entscheidbar* ist. Für Sprachen aus den Sprachklassen 1 bis 3 ist das Wortproblem jedoch immer entscheidbar (siehe auch →4.3.3).

Reguläre Sprachen

Eine **reguläre Sprache** kann auf zwei verschiedene Arten charakterisiert werden:

> Eine Sprache ist regulär, wenn sie durch eine **linkslineare** oder eine **rechtslineare Grammatik** erzeugt wird. Die Regeln einer linkslinearen Grammatik sind von der Form $N \rightarrow T^* \cup N\,T^*$: Auf ihrer linken Seite befindet sich also ein einzelnes Nichtterminal und auf ihrer rechten Seite eine Folge von Terminalen (eventuell auch keines), vor denen ein einzelnes Nichtterminal stehen darf (aber nicht muss). Bei einer rechtslinearen Grammatik darf das Nichtterminal auf der rechten Seite nur ganz rechts stehen.

> Eine Sprache ist regulär, wenn sie durch einen **endlichen Automaten** (→2.1.4) erkannt wird. Dies kann wahlweise ein deterministischer oder nichtdeterministischer Automat sein, da beide Automatentypen äquivalent sind.

Ein *Beispiel* für eine reguläre Sprache ist $L_3 = \{ z_1 z_2 ... z_n \mid n>0, z_i=0 \vee z_i=1$ für alle $1 \leq i \leq n$, $z_1 z_2 ... z_n$ hat eine gerade Anzahl von Einsen $\}$, also die Menge aller Bitmuster mit korrekt gesetztem **Paritätsbit** (→2.1.3). Eine rechtslineare Regelmenge zur Erzeugung von L_3 sieht wie folgt aus:

Startsymbol = G

G → 0	G → 0G	G → 1U
U → 1	U → 0U	U → 1G

Die Grundidee dieses Regelsystems ist die Folgende: Die Nichtterminale G und U stehen für eine Bitkombination mit einer geraden bzw. ungeraden Anzahl von Einsen (im Folgenden kurz „G-Wort" und „U-Wort" genannt). G ist das Startsymbol, denn nach Definition von L_3 soll ja genau die Menge der G-Wörter erzeugt werden. Ein G-Wort besteht entweder nur aus einer 0, oder es beginnt mit einer 0, gefolgt von einem weiteren G-Wort, oder es beginnt mit einer 1, gefolgt von einem U-Wort. Der Aufbau eines U-Worts erklärt sich auf dieselbe Weise. Mit den aufgeführten Regeln lassen sich somit genau alle Wörter von L_3 aufbauen, wobei die Konstruktion schrittweise von links nach rechts vorgeht. Ein erkennender endlicher Automat für L_3 wurde in →Abbildung 2-9 gezeigt.

Reguläre Sprachen haben eine große *praktische Bedeutung*:

> Grundbausteine von Programmen (→5.1, 5.2), wie einfache Namen oder Zahlenkonstanten, können meist als reguläre Sprache definiert werden. Sie werden dann bei der Analyse des Programms durch einen entsprechenden endlichen Automaten, einen so genannten **Scanner**, erkannt (→5.3.2).

> Ein Textmuster, nach dem in einer Dokumentensammlung gesucht werden soll, kann durch einen so genannten *regulären Ausdruck* beschrieben werden, der eine reguläre Sprache definiert (→2.4.3). Bei der Suche überprüft dann ein endlicher Automat, welche Zeichenketten in den Dokumenten zu dieser Sprache gehören, also dem gesuchten Muster entsprechen (siehe auch →Kasten auf Seite 236).

Der folgende Satz gibt eine wichtige *notwendige Eigenschaft* für reguläre Sprachen an:

Satz „Pumping-Lemma für reguläre Sprachen": Sei L eine reguläre Sprache. Dann gibt es eine natürliche Zahl n, für die gilt: Jedes $\alpha \in L$ mit $|\alpha| \geq n$ (also mit mindestens n Zeichen) lässt sich zerlegen in $\alpha = \alpha_1 \beta \alpha_2$ mit $|\beta| \geq 1$ und $|\alpha_1 \beta| \leq n$, so dass $\alpha_1 \beta^i \alpha_2 \in L$ für alle $i \geq 0$ gilt (wobei β^i die Zeichenkette ist, die sich durch n-maliges Aneinandersetzen von β ergibt).

Anschaulich (und etwas vereinfachend ausgedrückt) besagt der Satz, dass sich in jedem Wort α der Sprache, das eine bestimmte Mindestlänge hat, ein Mittelstück finden lässt, das beliebig oft hintereinander geschrieben (also „aufgepumpt") werden kann, ohne dass dabei die Sprache verlassen wird. Man beachte, dass das Pumping-Lemma eine *notwendige*, aber keine *hinreichende* Eigenschaft einer regulären Sprache ist. Es lässt sich damit nicht nachweisen, dass eine Sprache regulär ist. Umgekehrt gilt aber: Wenn eine Sprache die dort angegebene Eigenschaft *nicht* hat, dann kann sie keinesfalls regulär sein. Wir werden dies im nächsten Teilabschnitt ausnutzen.

Kontextfreie Sprachen

Eine **kontextfreie Sprache** („ktf-Sprache") kann auf zwei verschiedene Arten charakterisiert werden:

> Eine Sprache ist kontextfrei, wenn sie durch eine **kontextfreie Grammatik** erzeugt wird. Die Regeln einer kontextfreien Grammatik sind von der Form $N \rightarrow (N \cup T)^*$: Auf ihrer linken Seite steht genau ein Nichtterminal und auf ihrer rechten Seite eine beliebige Folge von Terminalen und Nichtterminalen, die auch leer sein kann.
Der Name „kontextfrei" erklärt sich dadurch, dass in einer Satzform das Nichtterminal der linken Seite immer durch die Zeichenfolge der rechten Seite ersetzt werden kann – unabhängig davon, wie seine Nachbarschaft (sein „Kontext") in der zu bearbeitenden Satzform aussieht. Dies unterscheidet kontextfreie von kontextsensitiven Grammatiken, wie sich im folgenden Teilabschnitt zeigen wird.

> Eine Sprache ist kontextfrei, wenn sie durch einen **nichtdeterministischen Kellerautomaten** erkannt wird (→2.1.4). Nichtdeterministische und deterministische Kellerautomaten sind *nicht* äquivalent: Die Menge der ktf-Sprachen, die durch einen *deterministischen* Kellerautomaten erkannt werden kann, ist daher eine echte Teilmenge der Menge aller ktf-Sprachen. Man nennt solche Sprachen auch **deterministische kontextfreie Sprachen** und die zugehörigen Grammatiken **deterministische kontextfreie Grammatiken**.

Ein *Beispiel* für eine kontextfreie Sprache ist $L_2 = \{ 0^n1^n \mid n \geq 0 \}$, also die Menge aller Bitmuster, in denen auf eine Anzahl von Nullen dieselbe Anzahl von Einsen folgt. Eine kontextfreie Regelmenge zur Erzeugung von L_2 sieht wie folgt aus:

Startsymbol = S

S → 0S1

S → ε

Durch wiederholte Anwendung der ersten Regel wird ein Bitmuster „von innen heraus" schrittweise aufgebaut. Interessant an dieser Regel ist, dass auf der linken und der rechten Seite dasselbe Nichtterminal S auftritt. Man sagt, die Regel ist **rekursiv**, also selbstbezüglich. Erst solche rekursiven Regeln machen die Erzeugung beliebig großer Strukturen, wie sie in L_2 auftreten, möglich. Wichtig ist natürlich, dass der Ersetzungsvorgang irgendwann einmal enden kann. Dies wird durch die zweite Regel des Beispiels sichergestellt.
Ein deterministischer Kellerautomat, der L_2 erkennen soll, kann leicht als Vereinfachung des Kellerautomaten aus →Abbildung 2-11 konstruiert werden – Vereinfachung deshalb, weil der dortige Automat in der Lage ist, beliebig geschachtelte Klammerstrukturen zu erkennen, während hier nur eine ganz spezielle Klammerungsstruktur betrachtet wird. L_2 ist

damit insbesondere eine *deterministische* ktf-Sprache. Wir werden hierauf in →2.4.3 noch zurückkommen, siehe insbesondere auch →Abbildung 2-29.

L_2 ist keine reguläre Sprache. Dies ergibt sich unmittelbar aus dem Pumping-Lemma für reguläre Sprachen, da L_2 nicht die dort angegebene notwendige Eigenschaft besitzt: In einem Wort der Form 0^n1^n kann offensichtlich kein Mittelstück so „aufgepumpt" (d.h. mehrfach hintereinander geschrieben) werden, dass das resultierende Wort immer noch Element von L_2 ist. Hieraus folgt insbesondere auch, dass geschachtelte Klammerstrukturen nicht durch reguläre Sprachen darstellbar sind.

Wie reguläre Sprachen, so sind auch kontextfreie Sprachen für die Praxis sehr wichtig:

> Die *Syntax höherer Programmiersprachen* (→5) wird durch deterministische kontextfreie Grammatiken definiert. Ein deterministischer Kellerautomat kann also prüfen, ob ein Programmtext syntaktisch korrekt ist, und zudem seine Struktur analysieren. Die Analyse liefert einen *Ableitungsbaum* oder *Syntaxbaum*, der den Aufbau des Programms darstellt und somit als Grundlage für seine Übersetzung in ein Maschinenprogramm dient. Wir werden hierauf in →2.4.3 (→Abbildung 2-26) und in →5.3.2 näher eingehen.

> Die *Struktur elektronischer Dokumente* kann ebenfalls durch deterministische kontextfreie Grammatiken definiert werden – wie beispielsweise der Aufbau eines XML-Dokuments (→3.4). Zur Generierung eines geeigneten Layouts oder zur Suche nach bestimmten Informationen wird dann der Aufbau des Dokuments mit Hilfe eines Kellerautomaten analysiert.

Wie bei regulären Sprachen, gibt auch für kontextfreie Sprachen ein Pumping-Lemma:

Satz „Pumping-Lemma für kontextfreie Sprachen": Sei L eine kontextfreie Sprache. Dann gibt es eine natürliche Zahl n, für die gilt: Jedes $\alpha \in L$ mit $|\alpha| \geq n$ (also mit mindestens n Zeichen) lässt sich zerlegen in $\alpha = \alpha_1 \beta \alpha_2 \gamma \alpha_3$ mit $|\beta\gamma| \geq 1$ und $|\beta\alpha_2\gamma| \leq n$, so dass $\alpha_1 \beta^i \alpha_2 \gamma^i \alpha_3 \in L$ für alle $i \geq 0$ gilt (wobei β^i und γ^i die Zeichenketten sind, die sich durch n-maliges Aneinandersetzen von β bzw. γ ergeben).

Anschaulich besagt das Pumping-Lemma, dass sich in jedem Wort α der Sprache mit einer bestimmten Mindestlänge zwei Teilzeichenketten finden lassen, die beliebig oft (aber jeweils mit gleicher Anzahl) hintereinander geschrieben werden können, ohne dass dabei die Sprache verlassen wird. Mit Hilfe des Pumping-Lemmas kann man nachweisen, dass eine Sprache *nicht* kontextfrei ist, wenn sie nämlich die im Lemma genannte Eigenschaft nicht hat. Es kann jedoch nicht benutzt werden, um die Kontextfreiheit zu beweisen.

Kontextsensitive Sprachen

Eine **kontextsensitive Sprache** („kts-Sprache") kann auf zwei verschiedene Arten charakterisiert werden:

> Eine Sprache ist kontextsensitiv, wenn sie durch eine **kontextsensitive Grammatik** erzeugt wird. Die Regeln einer kontextsensitiven Grammatik haben die allgemeine Form $(N \cup T)^* \, N \, (N \cup T)^* \rightarrow (N \cup T)^*$: Auf ihrer linken Seite steht also mindestens ein Nichtterminal, das von beliebig vielen Terminalen und Nichtterminalen „eingerahmt" sein kann, und auf ihrer rechten Seite eine beliebige Folge von Terminalen und Nichtterminalen. Als *Zusatzbedingung* wird gefordert, dass die rechte Seite nicht kürzer ist als die linke. Da diese Zusatzbedingung ausschließt, dass das leere Wort ε erzeugt werden

kann, gibt es eine Sonderregelung: Eine kontextsensitive Grammatik darf eine Regel der Form $S \to \varepsilon$ enthalten, wobei S das Startsymbol ist. S darf dann aber in keiner Regel auf der rechten Seite auftreten.
Der Name „kontextsensitiv" erklärt sich aus einer *Normalform-Darstellung*, in die eine jede solche Grammatik umgewandelt werden kann. In dieser Darstellung haben alle Regeln die Form $\alpha_1 X \alpha_2 \to \alpha_1 \beta \alpha_2$ mit einem Nichtterminal X und einer nichtleeren Kette β aus Terminalen und Nichtterminalen. X darf also nur dann durch β ersetzt werden, wenn es zwischen α_1 und α_2 auftritt. Die Ersetzung ist damit abhängig von der Umgebung (dem „Kontext") von X.

> Eine Sprache ist kontextsensitiv, wenn sie durch eine **linear beschränkte nichtdeterministische Turing-Maschine** erkannt wird – also eine Turing-Maschine, die nie den Bereich ihres Bands verlässt, der das Eingabewort enthält. Man bezeichnet eine solche Maschinen auch mit dem englischen Begriff **linear bounded automaton (LBA)**. Ob es für jede kontextsensitive Sprache auch einen *deterministischen* LBA gibt, ist eine bislang ungelöste Frage.

Ein *Beispiel* für eine kontextsensitive Sprache ist $L_1 = \{ 0^n 1^n 2^n \mid n \geq 0 \}$, also die Menge aller Bitmuster, in denen auf eine Anzahl von Nullen dieselbe Anzahl von Einsen und darauf dieselbe Anzahl von Zweien folgt. Eine Regelmenge zur Erzeugung von L_1 sieht wie folgt aus:

Startsymbol = S

$S \to \varepsilon$	$S \to 012$	$S \to 0X12$
$X1 \to 1X$	$X2 \to Y122$	
$1Y \to Y1$	$0Y \to 00X$	$0Y \to 00$

Mit den Regeln der ersten Zeile werden die beiden Spezialfälle ε und 012 abgedeckt. Zudem kann die Satzform 0X12 erzeugt werden. Die Regeln der zweiten Zeile lassen das Nichtterminal X über die in der Satzform vorhandenen 1-Zeichen nach rechts „wandern", bis es eine 2 erreicht. Dort wird das X durch Y12 ersetzt – es wird also insbesondere an der Schnittstelle zwischen den 1- und 2-Zeichen eine neue 1 und eine neue 2 erzeugt. Mit den Regeln in der dritten Zeile wandert das Y über die 1-Folge zurück nach links, erzeugt dort die zugehörige 0 und möglicherweise ein X, mit dem das Verfahren wie zuvor beschrieben fortgesetzt werden kann.
Ein LBA zur Erkennung von L_1 könnte folgendermaßen vorgehen: Er durchläuft das zu prüfende Wort zunächst von links nach rechts und stellt fest, ob es die allgemeine Form $0^r 1^s 2^t$ hat. Ist das der Fall, so wird anschließend festgestellt, ob $r=s=t$ ist. Das geschieht, indem das Wort mehrfach hintereinander durchlaufen wird und bei jedem Durchlauf je eine 0, 1 und 2 „durchgestrichen" wird. Sind alle Zeichen einer Sorte gestrichen, so wird abschließend geprüft, ob dies auch für die beiden anderen Zeichensorten gilt.
L_1 ist keine kontextfreie Sprache. Dies ergibt sich unmittelbar aus dem Pumping-Lemma für kontextfreie Sprachen, da L_1 nicht die dort angegebene notwendige Eigenschaft besitzt: In einem Wort der Form $0^n 1^n 2^n$ können offensichtlich keine zwei Teilstücke gleichmäßig so „aufgepumpt" werden, dass das resultierende Wort immer noch Element von L_1 ist.

Allgemeine Sprachen

Allgemeine Sprachen werden von einer **unbeschränkten Grammatik** (→2.4.1) erzeugt und von einer **Turing-Maschine** erkannt. Eine Turing-Maschine, die einer Sprache L zugeordnet ist, hält also in einem akzeptierenden Zustand, wenn das Eingabewort Element von L ist. Bei einer Zeichenkette, die *nicht* zu L gehört, ist jedoch nicht immer sichergestellt, dass die Maschine anhält. Es kann vorkommen, dass sie hier eine endlose Schrittfolge ausführt, also bezüglich der Zeichenkette nie „eine Entscheidung mitteilt". Generell gilt, dass das allgemeine **Wortproblem** „Gehört ein Wort w zu einer Sprache L?" **nicht entscheidbar** ist (siehe auch →4.3.3). Das bedeutet, dass es kein allgemeines Verfahren gibt, das diese Frage für beliebige w und L beantworten könnte – das also w und L als Eingabe erhält und nach endlich vielen Schritten ein „Ja" oder ein „Nein" liefert.

Die Eigenschaft der Unentscheidbarkeit zeigt sich insbesondere bei der **universellen Sprache** $L_u = \{ (M,w) \mid M$ ist die Darstellung einer Turing-Maschine, w ist eine Zeichenkette, und M akzeptiert $w \}$. L_u enthält also alle Paare aus Turing-Maschinen M und Zeichenketten w, die zu der von M erkannten Sprache gehören. Die **universelle Turing-Maschine UTM** (→2.1.3), angesetzt auf M und w hält zwar in einem akzeptierenden Zustand, wenn w Element der von M erkannten Sprache ist. Ist w jedoch nicht Element dieser Sprache, kann es vorkommen, dass die *UTM* eine endlose Schrittfolge ausführt.

In der Fachterminologie ist L_u eine **Turing-erkennbare** (oder **rekursiv aufzählbare**), aber *keine* **Turing-entscheidbare** (oder **rekursive**) Sprache: Für eine Turing-*entscheidbare* Sprache hält nämlich die zugehörige Turing-Maschine *in jedem Fall* nach endlich vielen Schritten an – entweder in einem akzeptierenden oder in einem nichtakzeptierenden Zustand. Bei Turing-erkennbaren Sprachen ist dagegen, wie gesagt, das Anhalten nur bei Akzeptanz sichergestellt. Die Klasse der Turing-entscheidbaren Sprachen ist damit eine echte Teilmenge der Klasse der Turing-erkennbaren Sprachen.

Die Klasse der kontextsensitiven Sprachen wiederum ist eine echte Teilmenge der Klasse der Turing-entscheidbaren Sprachen. Fast alle Sprachen, die praktisch eingesetzt werden, sind kontextsensitiv, kontextfrei oder regulär. Nicht-kontextsensitive Sprachen, wie beispielsweise L_u, sind vornehmlich für theoretische Untersuchungen wichtig.

2.4.3 Syntaxdefinition und -analyse in der Praxis

Ein Computer wird heute zumeist in einer höheren *Programmiersprache* programmiert, wie C, C++ oder Java (→5.1). Eine solche Programmiersprache hat eine *Syntax* – also eine Menge von Regeln, die festlegt, wie Programme in dieser Sprache aufgebaut sein müssen. Die Syntax ist dabei in zweierlei Hinsicht wichtig: Erstens sagt sie dem Programmierer, wie er ein Programm zu formulieren hat. Zweitens ermöglicht sie einem Compiler, die Struktur eines Programms zu analysieren und es damit in ein gleichwertiges Maschinenprogramm zu übersetzen (→5.3), das dann auf der realen Hardware ausgeführt werden kann (→2.1.1). Ähnlich sieht es bei *elektronischen Dokumenten* aus, wie beispielsweise XML-Dateien (→3.4.3) oder Multimediamails (→7.2.2): Ihre Struktur muss sich an einer Syntax orientieren, damit eine maschinelle Verarbeitung möglich ist.

Programmiersprachen sind **deterministische kontextfreie Sprachen**. Sprachen zur Beschreibung der **Struktur von Dokumenten** sind ebenfalls *kontextfrei* oder auch *regulär*. Für die entsprechenden kontextfreien Grammatiken haben sich im Laufe der Zeit spezielle Schreibweisen eingebürgert – nämlich die *Backus-Naur-Form* und *Syntaxdiagramme*. Zur Erkennung und Analyse werden *deterministische Kellerautomaten* verwendet.

Programmiersprachen sind *keine regulären Sprachen*: In Programmen treten öfters geschachtelte Klammerstrukturen auf, wie beispielsweise bei arithmetischen Ausdrücken oder zur Gruppierung zusammengehöriger Anweisungen. Solche Klammerungen lassen sich gemäß →2.4.2 nicht durch eine rechts- oder linkslineare Grammatik darstellen. Reguläre Sprachen können allerdings bestimmte Bestandteile eines Programms beschreiben – wie beispielsweise Zahlenkonstanten oder Variablennamen (→3.1). Sie werden durch *reguläre Ausdrücke* definiert. Reguläre Ausdrücke können auch zur Beschreibung von Mustern benutzt werden, nach denen in Dokumenten gesucht werden soll (siehe auch →Kasten auf Seite 236).

Backus-Naur-Form

Die **Backus-Naur-Form (BNF)** lehnt sich in ihrer Schreibweise an die Grammatiken aus →2.4.1 an, hat aber Besonderheiten, durch die sich die Bildungsregeln kompakter formulieren lassen. Sie wurde in den fünfziger Jahren des zwanzigsten Jahrhunderts von *John Backus* (geb. 1924) und *Peter Naur* (geb. 1928) entwickelt, um damit die Syntax der Programmiersprache *Algol* zu definieren. Die folgende Darstellung orientiert sich an der klassischen BNF mit einigen heute üblichen Erweiterungen und Modifikationen. Als *Beispiel* betrachten wir dabei die Syntaxdefinition für **arithmetische Ausdrücke** über ganzen Zahlen, also von Gebilden wie 4+2, 3·4-6, (2+3)·10 oder ((3-7)·5+(4+8)/3)·12.

Eine BNF-Sprachdefinition besteht aus denselben vier Komponenten wie eine Grammatik.

> Die *Terminale T* bilden das Grundalphabet der Sprache – also die Menge der Zeichen, aus denen die Wörter der Sprache aufgebaut sind.
Für unsere Beispielsprache ist T_{BSP} = {0, 1, 2, 3, 4, 5, 6, 7, 8, 9, +, -, ·, /, (,) }

> Die *Nichtterminale NT* spielen in den Zwischenschritten der Konstruktion eines Worts eine Rolle, sind also Platzhalter für Teile des zu bildenden Worts. Zur Unterscheidung von Terminalzeichen werden Nichtterminale in spitze Klammern gesetzt.
Für unsere Beispielsprache ist die Menge der Nichtterminale NT_{BSP} = { <Ausdruck>, <Term>, <Faktor>, <Strichoperator>, <Punktoperator>, <Zahl_größer_gleich_0>, <Zahl_größer_0> <Ziffer_ungleich_0>, <Ziffer> }. Die Bedeutung dieser Nichtterminale ergibt sich aus den Ersetzungsregeln, die weiter unten angegeben werden.

> Das *Startsymbol* $S \in NT$ ist der Anfangspunkt für die Ersetzungen. In unserem Beispiel ist S_{BSP} = <Ausdruck>.

> Eine Menge von *Regeln* gibt Ersetzungsmöglichkeiten an. Eine Regel hat die Form
<Nichtterminal> ::= Symbolfolge aus Terminalen, Nichtterminalen und Sonderzeichen
und besagt damit, dass das Nichtterminal auf der linken Seite durch die Symbolfolge auf der rechten Seite ersetzt werden kann. *Sonderzeichen* auf der rechten Regelseite erhöhen die Flexibilität:
  - Eine Klammerung mit [] gibt eine *Option* an: Der Teil innerhalb der Klammern kann bei der Ersetzung weggelassen werden – er ist „optional".
  - Eine Trennung mehrerer Teilsymbolfolgen durch | legt eine *Auswahlmöglichkeit* fest: Bei der Ersetzung muss genau eine der Teilfolgen ausgewählt werden.
  - Eine Klammerung mit {} definiert eine *Wiederholung*: Der Teil innerhalb der Klammern kann beliebig oft hintereinander geschrieben werden; er darf aber auch ganz weggelassen werden.

Eine mögliche Regelmenge für unsere Beispielsprache lautet:

- <Ausdruck> ::= [<Strichoperator>] <Term> { <Strichoperator> <Term> }

- <Strichoperator> ::= + | -
- <Term> ::= <Faktor> { <Punktoperator> <Faktor> }
- <Punktoperator> ::= · | /
- <Faktor> ::= <Zahl_größer_gleich_0> | (<Ausdruck>)
- <Zahl_größer_gleich_0> ::= 0 | <Zahl_größer_0>
- <Zahl_größer_0> ::= <Ziffer_ungleich_0> { <Ziffer>}
- <Ziffer_ungleich_0> ::= 1 | 2 | 3 | 4 | 5 | 6 | 7 | 8 | 9
- <Ziffer> ::= 0 | <Ziffer_ungleich_0>

Wie die Grammatik für das L_2-Sprachbeispiel in →2.4.2 enthält auch diese Grammatik eine rekursive Definition. Die **Rekursion** ist hier allerdings **indirekt**: <Ausdruck> bezieht sich auf <Term>, <Term> auf <Faktor> und <Faktor> wiederum auf <Ausdruck>. Auch hier ermöglicht diese Rekursion die Bildung beliebig geschachtelter arithmetischer Ausdrücke. Der Ausdruck „(2+3)·10" beispielsweise wird anhand der Regeln wie folgt gebildet (um das Beispiel übersichtlich zu halten, werden in jedem Schritt *alle* vorhandenen Nichtterminale ersetzt und damit mehrere Einzelschritte zusammengefasst):

<Ausdruck>
→ <Term>
→ <Faktor> <Punktoperator> <Faktor>
→ (<Ausdruck>) · <Zahl_größer_gleich_0>
→ (<Term> <Strichoperator> <Term>) · <Zahl_größer_0>
→ (<Faktor> + <Faktor>) · <Ziffer_ungleich_0> <Ziffer>
→ (<Zahl_größer_gleich_0> + <Zahl_größer_gleich_0>) · 10
→ (<Zahl_größer_0> + <Zahl_größer_0>) · 10
→ (<Ziffer_ungleich_0> + <Ziffer_ungleich_0>) · 10
→ (2+3) · 10

Eine solche Folge von Bildungsschritten, eine *Ableitung* (→2.4.1), lässt sich graphisch durch einen **Ableitungsbaum** (**Syntaxbaum**, **Parse-Baum**) darstellen (siehe Abbildung 2-26 oben; zum Begriff des Baums siehe →3.2.2): Oben im Baum steht das Startsymbol, bei dem die Ableitung beginnt. Die jeweiligen Ersetzungsschritte werden durch Linienbündel symbolisiert, die von den einzelnen Feldern nach unten ausstrahlen. Der Baum endet in Feldern, die mit Terminalsymbolen beschriftet sind und gemeinsam das abgeleitete Wort bilden. Alternativ lässt sich ein **Strukturbaum** (**abstrakter Syntaxbaum**) angeben, der nur aus Terminalsymbolen besteht und den Aufbau des Worts darstellt. Der Strukturbaum in Abbildung 2-26 unten zeigt, dass der Ausdruck (2+3)·10 aus zwei Teilen besteht, die durch ein Multiplikationszeichen miteinander verbunden sind. Der linke Teil zerfällt seinerseits in zwei weitere Komponenten, die über ein Additionszeichen zusammenhängen. Der Strukturbaum illustriert also die hierarchische (= gestufte) Struktur des Ausdrucks, die sich aus der Reihenfolge der Anwendung der Ableitungsregeln (vergleiche den Ableitungsbaum) ergibt.

Syntaxdiagramme

Eine Backus-Naur-Form ist für den ungeübten Betrachter etwas mühsam zu lesen. Daher werden zur Definition von Programmiersprachen häufig **Syntaxdiagramme** verwendet, die aus einer oder mehreren Grafiken bestehen. Die Grafiken enthalten beschriftete *Felder*, zwi-

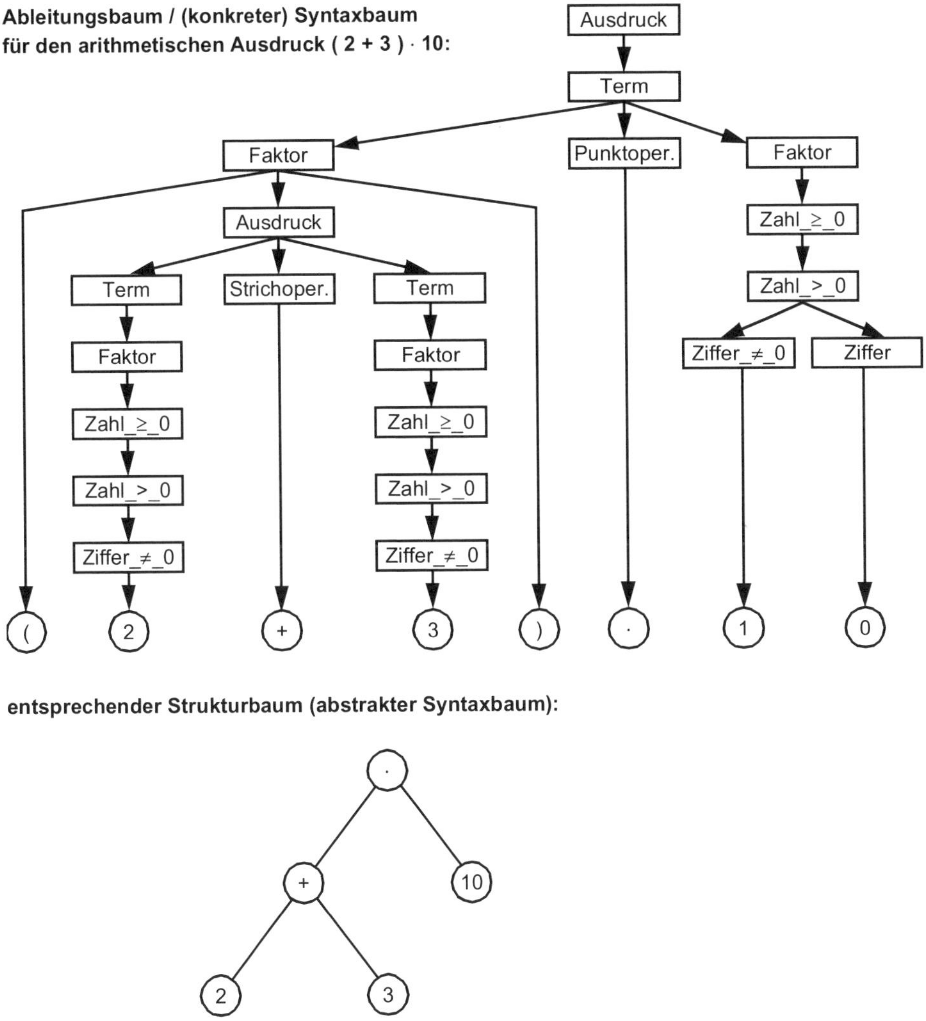

Abb. 2-26 *Ableitungsbaum und Strukturbaum*

schen denen *Pfeillinien* verlaufen. Die dadurch definierte Sprache umfasst genau die Wörter, die man beim Durchlaufen der Linien und Felder unter „Aufsammeln" der Feldbeschriftungen bilden kann.

Als einführendes *Beispiel* betrachten wir ein System von Syntaxdiagrammen, das wie oben den Aufbau von arithmetischen Ausdrücken über ganzen Zahlen definiert. Dieses System, das in Abbildung 2-27 dargestellt ist, umfasst sechs Teildiagramme. Ihre Namen stehen jeweils in rechteckigen Kästchen links oben, worunter sich dann die zugehörigen Definitionen befinden.

> Das oberste Teildiagramm namens „Ausdruck" ist das Hauptdiagramm, bei dem der Gesamtdurchlauf beginnt. Es legt fest, dass ein arithmetischer Ausdruck möglicherweise mit einem „+" oder „-" als Vorzeichen beginnt. Darauf folgen ein oder mehrere „Terme", die durch „+" oder „-" miteinander verknüpft sind.

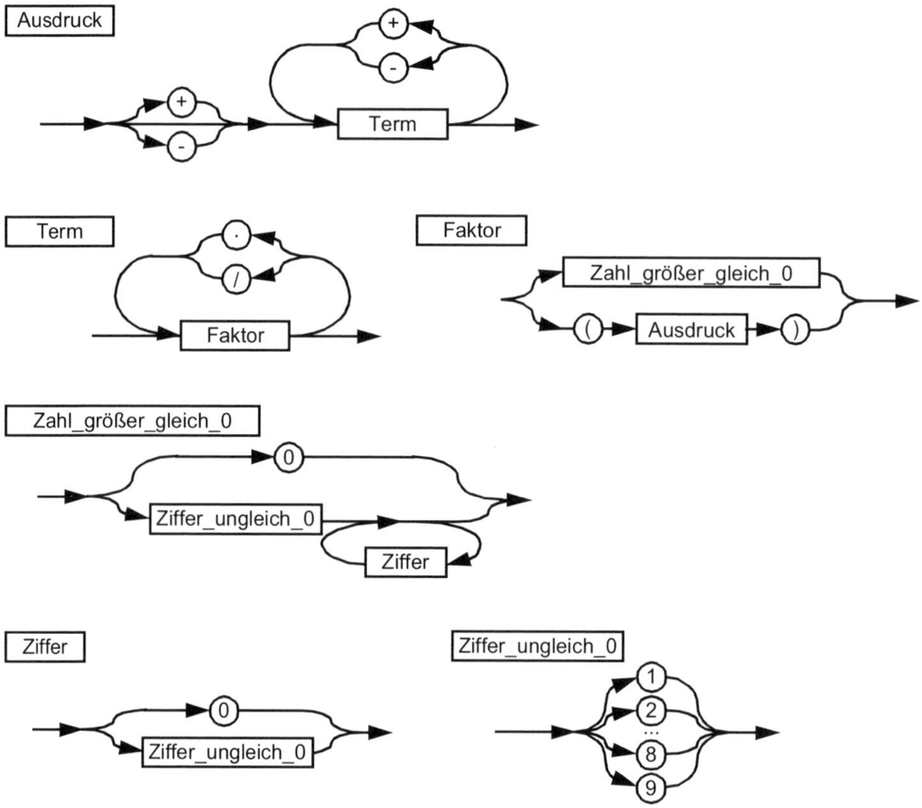

Abb. 2-27 *Syntaxdiagramme zur Definition arithmetischer Ausdrücke über ganzen Zahlen*

> Der Aufbau eines Terms wird durch das Teildiagramm „Term“ definiert: Ein Term besteht aus einem oder mehreren „Faktoren“, zwischen denen ein „·“ oder „/“ steht.

> Ein Faktor schließlich, so legt es das Teildiagramm „Faktor“ fest, ist entweder eine Zahl, die größer oder gleich 0 ist, oder ein Ausdruck in Klammern.

> Weitere Teildiagramme beschreiben den Aufbau nichtnegativer ganzer Zahlen, also der Grundbausteine der Ausdrücke: Eine nichtnegative ganze Zahl ist entweder eine 0 oder sie besteht aus einer oder mehreren Ziffern, von denen die erste ungleich 0 sein muss.

Aus Abbildung 2-27 wird deutlich, dass Syntaxdiagramme aus verschiedenen *Typen von Komponenten* aufgebaut sind:

> Der *Name des Diagramms* steht in einem Rechteck links oben. Dieser Name kann in Diagrammen als „Variable“ (siehe unten) verwendet werden.

> Eine *Festvorgabe* ist ein rundes oder ovales Feld, das mit einem Text beschriftet ist. Der Text ist eine Zeichenkette aus dem Grundalphabet der zu definierenden Sprache. Beim Durchlaufen eines solchen Felds wird der Text unverändert in das zu bildende Wort übernommen. Festvorgaben entsprechen also einzelnen *Terminalsymbolen* oder Ketten daraus.

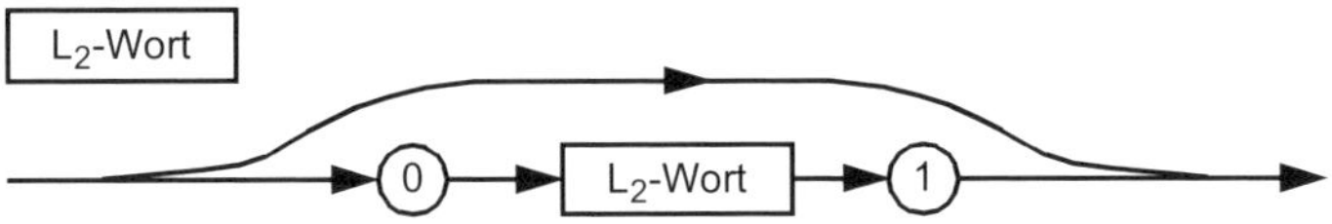

Abb. 2-28 *Rekursives Syntaxdiagramm für die Sprache* $L_2 = \{ 0^n 1^n \mid n \geq 0 \}$

> Eine *Variable* ist ein rechteckiges Feld, das mit dem Namen eines Diagramms beschriftet ist. Beim Durchlaufen eines solchen Felds wird eine Zeichenkette, die sich aus dem angegebenen Diagramm ergibt, in das zu bildende Wort übernommen. Variablen entsprechen also *Nichtterminalsymbolen*. Mit Hilfe von Variablen kann ein Syntaxdiagramm stufenweise aus einfacheren Teildiagrammen aufgebaut und damit übersichtlich gestaltet werden. Zudem können Variablen in größeren Diagrammen mehrfach wiederverwendet werden, wodurch der Arbeitsaufwand bei großen Sprachdefinitionen sinkt.

> *Ablauflinien* sind Pfeile, die jeweils zwischen zwei Feldern verlaufen. Ausnahmen sind die *Eingangslinie*, die von keinem Feld ausgeht, und die *Ausgangslinien*, die zu keinem Feld hinführen. Die Linien geben Möglichkeiten an, den Durchlauf durch das Diagramm zu beginnen, von einem Feld zum nächsten überzugehen bzw. den Durchlauf zu beenden. Wie eingangs gesagt, ist die durch das Syntaxdiagramm definierte Sprache gleich der Menge aller Wörter, die sich in einem solchen Durchlauf bilden lassen.

Felder (oder umfangreichere Teile eines Diagramms) und Ablauflinien können auf verschiedene Arten angeordnet werden (siehe wieder Abbildung 2-27):

> Durch eine *Folge* werden mehrere Teilwörter zu einem größeren (Teil-)Wort aneinandergefügt – siehe z.B. der untere Zweig von „Faktor".

> Eine *Auswahl* bietet die Möglichkeit, genau eines von mehreren (Teil-)Wörtern in das zu bildende Wort zu übernehmen – siehe z.B. „Ziffer_ungleich_0".

> Mit einer *Option* besteht die Wahlfreiheit, ein (Teil-)Wort in das zu bildende Wort zu übernehmen oder es wegzulassen – siehe z.B. der linke Teil von „Ausdruck".

> Eine *Wiederholung* ermöglicht, ein (Teil-)Wort beliebig oft hintereinander zu setzen – siehe z.B. die Wiederholung von „Ziffer" in „Zahl_größer_gleich_0".

Wie eine Backus-Naur-Form können auch Syntaxdiagramme **rekursive Definitionen** enthalten: Bei ihnen treten in einem Diagramm Variablen auf, die wiederum den Namen dieses Diagramms tragen. Abbildung 2-28 zeigt hierfür als Beispiel die Definition der Sprache $L_2 = \{ 0^n 1^n \mid n \geq 0 \}$. Bei der Definition der arithmetischen Ausdrücke (→Abbildung 2-27) ist die Rekursion, wie im BNF-Beispiel, indirekt.

Analyse

Ein Programm in einer höheren Programmiersprache muss automatisch *analysiert* werden können: Ein Compiler (genauer: ein Parser, →5.3.2) muss eindeutig entscheiden können, ob das Programm syntaktisch korrekt gebildet wurde und, wenn ja, wie seine genaue Struktur aussieht. Ähnliches gilt für elektronische Dokumente. Weil Programmiersprachen kontextfreie Sprachen sind, kann diese Aufgabe durch einen **Kellerautomaten** übernommen werden, der korrekte Programme **akzeptiert**. Der Automat sollte *deterministisch* arbeiten.

Programmiersprachen sollten also durch *deterministische kontextfreie Grammatiken* (→2.4.2) beschrieben werden. Solche Grammatiken sind so formuliert, dass ein Kellerautomat bei der Analyse eines Worts stets eindeutig „weiß“, was sein nächster Schritt zu sein hat. Abbildung 2-11 zeigte beispielsweise einen deterministischen Kellerautomaten, der geschachtelte Klammerungen analysiert: Er durchläuft ein Wort von links nach rechts und führt bei jedem gelesenen Zeichen eine eindeutig festgelegte Aktion aus. Ein Nichtdeterminismus, bei dem es manchmal mehrere Schritte zur Auswahl gibt, wird also vermieden. Erst dies ermöglicht eine rasche Analyse. Nichtdeterministische Kellerautomaten wären zwar realisierbar (beispielsweise durch entsprechende Turing-Maschinen), bräuchten aber für ihre Aufgabe unverhältnismäßig viel Zeit.
Grundlage für die **deterministische Analyse** ist eine kontextfreie Grammatik mit einer bestimmten Regelmenge. Der zugehörige Automat versucht bei der Analyse eines Worts w, die Folge der Ableitungsschritte zu ermitteln, die unter Anwendung der Regeln zur Bildung von w geführt haben. Hierfür gibt es zwei Ansätze:

> Die **Top-Down-Analyse** geht, wie der eigentliche Bildungsvorgang, vom Startsymbol aus und versucht, eine Folge von Ersetzungen durchzuführen, bis sich das Wort w ergibt. Die Ersetzungen werden dabei „ganz normal“ anhand der Regeln vorgenommen – der Ableitungsvorgang wird also *direkt* nachgebildet.

> Die **Bottom-Up-Analyse** geht in umgekehrter Richtung vor. Sie beginnt beim Wort w und versucht schrittweise, Teile des Worts zusammenzufassen, bis sich schließlich das Startsymbol ergibt. Konkret bedeutet das: Gibt es im Wort (oder in einer Satzform) eine Teilzeichenkette α und gibt es in der Grammatik eine Regel der Form $A \rightarrow \alpha$, so wird im Wort oder in der Satzform α durch A ersetzt. Hier wird also der Ableitungsvorgang in *umgekehrter Reihenfolge* nachgebildet.

Bei der Konstruktion von Wörtern lässt eine Grammatik vielfache Wahlmöglichkeiten, das heißt der „Konstrukteur“ eines Worts kann jeweils entscheiden, welche von mehreren Regeln er anwendet. Das *muss* so sein, denn wäre das nicht der Fall, so enthielte die entsprechende Sprache nur ein einziges Wort. Bei der Analyse eines Worts w muss daher der Automat unter mehreren Regeln diejenige herausfinden, die tatsächlich benutzt wurde. Er tut dies, indem er die rechten Seiten der Regeln betrachtet und feststellt, welche davon mit w (oder einem Teilstück davon) „zusammenpasst“.
Für die Sprache $L_2 = \{ 0^n1^n \mid n \geq 0 \}$ (mit den Grammatikregeln S→0S1 und S→ε) und das Wort w = 0011 beispielsweise sieht die Analyse wie folgt aus:

> **Top-Down-Analyse:**
Begonnen wird mit dem Startsymbol S. Da das erste Zeichen von w eine 0 ist, muss zur Bildung von w als Erstes die Regel S→0S1 angewandt worden sein. Das zweite Zeichen ist ebenfalls eine 0, so dass im zweiten Ableitungsschritt nochmals die Regel S→0S1 benutzt worden sein muss. Das dritte Zeichen ist eine 1 – die Regel S→0S1 „passt“ hier nicht mehr, sondern es muss im dritten Ableitungsschritt die Regel S→ε verwendet worden sein.
Abbildung 2-29 illustriert oben die Vorgehensweise des entsprechenden Kellerautomaten. Allgemein sieht dieses Vorgehen wie folgt aus: Der Automat beginnt mit einem Keller, der nur das Startsymbol S enthält, und liest dann das Wort w von links nach rechts. Steht an der Kellerspitze ein Nichtterminal A (hier: S), so wird eine Regel $A \rightarrow \alpha_1 \alpha_2$ gesucht, deren rechte Seite in einem Anfangsstück α_1 mit den nunmehr gelesenen Zei-

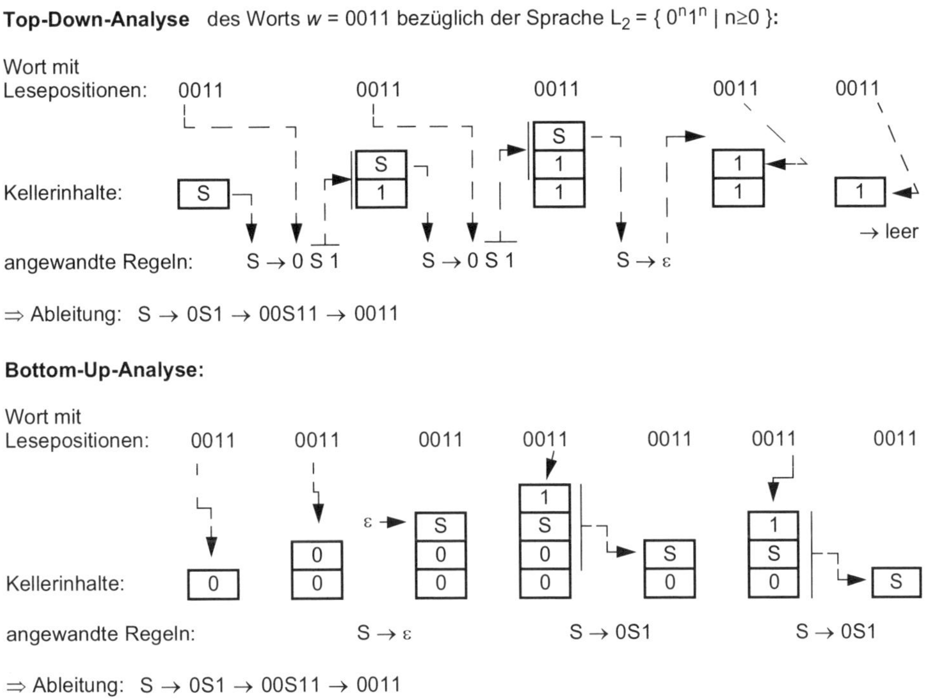

Abb. 2-29 *Top-Down- und Bottom-Up-Analyse*

chen aus *w* übereinstimmt (hier: S→0S1, übereinstimmend mit 0). Der Rest der rechten Seite α_2 wird anstelle von *A* im Keller abgelegt (hier: S1). Der Lesevorgang wird in *w* hinter α_2 fortgesetzt.

Steht an der Kellerspitze ein Terminal *a* (hier: 1), so prüft der Automat, ob es mit dem ersten noch nicht gelesenen Zeichen aus *w* übereinstimmt. Ist das der Fall, so wird *a* aus dem Keller entfernt und in *w* eine Position weiter nach rechts gegangen. Das Wort *w* wird akzeptiert, wenn der Keller nach dem Lesen von *w* leer ist.

> **Bottom-Up-Analyse:**
Begonnen wird mit dem Wort *w* = 0011. An der Schnittstelle zwischen den Nullen und Einsen wird nun ein ε eingefügt, da die vorletzte Satzform der Ableitung nur so ausgesehen haben kann. Das ε wird dann in ein S umgewandelt, da es nur durch Anwendung der Regel S→ε entstanden sein kann. Anschließend wird das Mittelstück 0S1 durch S ersetzt, denn es muss offensichtlich anhand der Regel S→0S1 entstanden sein. Diese Ersetzung wird nochmals durchgeführt, und es bleibt das Startsymbol S übrig.
Der Kellerautomat (Abbildung 2-29 unten) geht entsprechend vor. Er liest das Wort *w* von links nach rechts und schreibt seine Zeichen Stück für Stück in den Keller. Hat sich dabei an der Kellerspitze die rechte Seite α einer Regel $A \rightarrow \alpha$ gebildet (zum Beispiel 0S1 mit der Regel S→0S1), so wird dort α durch *A* ersetzt. Das Wort *w* wird akzeptiert, wenn der Keller nach dem Lesen von *w* nur noch das Startsymbol S enthält.

Ein Wort wird bei seiner Analyse von links nach rechts gelesen, und es wird anhand der jeweils nächsten Zeichen des Worts festgestellt, welche Regel als Nächste angewandt werden

muss. Werden dazu jeweils *k* Zeichen herangezogen, so spricht man von einem **Lookahead** der Länge *k*. Im Beispiel und bei den meisten praktischen Anwendungen ist k=1.
Damit in jedem Analyseschritt die anzuwendende Regel eindeutig bestimmt werden kann, müssen die Regeln einer kontextfreien Grammatik bestimmte Bedingungen erfüllen. Wir gehen hierauf nicht näher ein, sondern nennen nur kurz die Bezeichnungen, die für entsprechende Grammatiken verwendet werden:

> **LL(k)-Grammatiken** ermöglichen eine deterministische *Top-Down-Analyse* mit einem *Lookahead der Größe k*. Das erste L steht dabei für das Lesen von *links* nach rechts, das zweite L für die Bildung einer *links*kanonischen Ableitung, bei der stets das am weitesten links stehende Nichtterminal abgeleitet wird.

> **LR(k)-Grammatiken** ermöglichen eine deterministische *Bottom-Up-Analyse* mit einem *Lookahead der Größe k*. Das R steht dabei für die Bildung einer *rechts*kanonischen Ableitung, bei der stets das am weitesten rechts stehende Nichtterminal abgeleitet wird.

Die Grammatik aus dem Beispiel ist offensichtlich sowohl LR(1) als auch LL(1). Generell kommt man bei der Analyse der meisten Sprachen, die in der Praxis zur Programmierung und zur Beschreibung von Dokumenten benutzt werden, mit einem Lookahead der Größe 1 aus. Zudem geht die Analyse recht rasch vonstatten, da ein Programmtext oder ein Dokument nur *einmal* durchlaufen werden muss.

Reguläre Ausdrücke

Bestimmte Konstrukte in Programmiersprachen – so genannte **lexikalische Symbole** (→5.3.2) wie Zahlenkonstanten oder Namen – sind so einfach strukturiert, dass sie durch **reguläre Sprachen** beschrieben werden können. Auch die Struktur von Dokumententeilen oder sogar ganzer Dokumente kann oft durch reguläre Sprachen definiert werden, ebenso Suchmuster zum Auffinden bestimmter Informationen in Dokumenten (→Kasten auf Seite 236). Reguläre Sprachen werden in der Praxis durch **reguläre Ausdrücke** dargestellt, deren Aufbau folgendermaßen definiert ist:

> ε ist ein regulärer Ausdruck. Er beschreibt die Sprache $\{ \varepsilon \}$, die nur das leere Wort enthält. Ebenso ist $\varnothing$ ein regulärer Ausdruck, der die Sprache $\{ \}$, also die leere Menge beschreibt.

> Jedes Zeichen a des Grundalphabets ist ein regulärer Ausdruck. Er beschreibt die Sprache $\{ a \}$, die nur das Wort enthält, das aus diesem einen Zeichen besteht.

> Sind r und s reguläre Ausdrücke mit den zugehörigen Sprachen R und S, so sind auch die folgenden Konstrukte reguläre Ausdrücke:

- $r+s$ mit der Sprache $R \cup S$.
- $r \cdot s$ mit der Sprache RS,
  wobei RS die Menge aller Zeichenketten ist, die sich durch Aneinanderhängen eines Worts aus R und eines Worts aus S bilden lassen. Das Verbindungszeichen $\cdot$ wird meist weggelassen.
- r^* mit der Sprache R^*,
  wobei R^* die Menge aller Zeichenketten ist, die sich durch Aneinanderhängen von n Worten aus R (mit beliebigem $n \geq 0$) bilden lassen. R^* enthält also insbesondere auch das leere Wort ε.

In einem regulären Ausdruck bindet * stärker als ·, und · bindet stärker als +. Von diesen Bindungsstärken kann durch Klammerungen abgewichen werden. Beispielsweise wird die Sprache der nichtnegativen ganzen Zahlen durch den regulären Ausdruck

$$0+(1+2+...+9)(0+1+...+9)^*$$

definiert (vergleiche Abbildung 2-27).

2.5 Zusammenfassung und weiterführende Literatur

Das zweite Kapitel dieses Buchs befasste sich mit Modellen und Konzepten, die zur Lösung vieler praktischer und theoretischer Fragestellungen genutzt werden können. Das Ziel war dabei, ein grundlegendes Verständnis dieser Ansätze zu vermitteln und zu zeigen, wie sie in der Praxis eingesetzt werden. Als ergänzende Übersichtslektüre sind wiederum das *Informatik-Handbuch* [RePo02] und das *Taschenbuch der Informatik* [SnWe01] zu empfehlen, die viele weitere Details bezüglich der hier diskutierten Themenbereiche enthalten.

Maschinen und Maschinenmodelle

Maschinenmodelle sind die Grundlage für das Kerngeschäft der Informatik, nämlich die Verarbeitung von Daten. Als Basis vieler realer Rechnerarchitekturen dient das programmierbare von-Neumann-Rechnermodell, dessen Hardware durch Software gesteuert wird. Für theoretische Untersuchungen werden Turing-Maschinen, Kellerautomaten und endliche Automaten benutzt. Diese Automaten können sowohl Berechnungen durchführen, als auch erkennen, ob eine eingegebene Zeichenkette bestimmte Eigenschaften hat. Letzteres ist insbesondere bei der Analyse von Programmtexten und Dokumenten wichtig. Zu diesen Themenbereichen gibt es ein reichhaltiges Angebot von Büchern und WWW-Seiten:

- Informationen über den technischen Aufbau realer Computer und die Maschinensprachen ihrer Prozessoren findet man in Werken zum Thema *Rechnerarchitektur*, wie beispielsweise den Büchern von *Stallings* [Stal03a] und *Tanenbaum* [Tane99] oder auch von *Märtin* [Märt01].
- Turing-Maschinen und andere Automaten werden in der Literatur zur Theoretischen Informatik behandelt, so unter anderem in den Büchern von *Erk und Priese* [ErPr02] und *Schöning* [Schö01] sowie im Klassiker von *Hopcroft, Motwani und Ullman* [HoMU01]. Dort findet man auch Beweise der Äquivalenzaussagen, die bezüglich deterministischer und nichtdeterministischer Maschinen gemacht wurden. Eine kompakte Übersicht über formale Beschreibungsverfahren bietet das Buch von *Eirund und anderen* [EiMS00].
- Simulationsprogramme, die die Funktionsweise der Automaten visualisieren, findet man im World Wide Web. Da sich das Angebot ständig ändert, sollte man jeweils bei Bedarf eine Suchmaschine befragen.
- Informationen über Alan Turing finden sich auf der *Turing-Homepage* [HodgWeb].

Maschinen können besser nutzbar gemacht werden, indem man sie virtualisiert. Man abstrahiert dabei von der realen Hardware und stellt dem Benutzer und/oder Programmierer zusätzliche, leichter zugängliche Dienste zur Verfügung. Eine solche Virtualisierung bieten beispielsweise das Betriebssystem und die Java Virtual Machine.

- Zu *Betriebssystemen* gibt es eine Vielzahl von Büchern, von denen dem Autor sein eigenes Buch zum Thema [Vogt01] am nächsten liegt ;-). Man findet dort eine Anzahl kommentierter Literaturhinweise, die hier nicht wiederholt werden sollen.
- Die *Java Virtual Machine* wird ausführlich in [LiYe99] beschrieben.

Die Programmierung von von-Neumann-Rechnern ist ein zentrales Aufgabengebiet der Praktischen Informatik. Wir werden daher auf dieses Thema in späteren Kapiteln ausführlich eingehen, insbesondere in →4, →5 und →6.

Aussagenlogik und logische Schaltungen

Heutige elektronische Rechenmaschinen sind zumeist Digitalrechner, die auf einer zweielementigen Wertemenge arbeiten. Ihre Schaltungen realisieren damit Funktionen der Aussagenlogik. Aussagenlogische Funktionen werden durch Wahrheitstafeln oder durch aussagenlogische Formeln definiert, wobei letztere aus Aussagenvariablen und Junktoren aufgebaut sind. Formeln können anhand von allgemeingültigen Gesetzen umgeformt und vereinfacht werden. Normalformdarstellungen wie die Disjunktive Normalform bieten die Möglichkeit, aussagenlogische Funktionen in einer einheitlichen Form zu beschreiben.
Zur Aussagenlogik gibt es ein vielfältiges Literaturangebot. Beispielsweise bietet das Lehrbuch von *Bauer und Wirsing* [BaWi91] eine ausführliche Einführung in das Thema. Die Bücher von *Heinemann und Weihrauch* [HeWe92] sowie von *Schöning* [Schö00] befassen sich, neben der Aussagenlogik, mit der **Prädikatenlogik**, in der man Aussagen der Art „Es gibt ein *x*, für das gilt ...“ und „Für alle *x* gilt ...“ formulieren kann.

Elementardaten

Damit ein Digitalrechner mit Zahlen, Zeichen und sonstigen elementaren Daten umgehen kann, müssen diese durch Nullen und Einsen codiert werden. Ganze Zahlen ohne Vorzeichen werden hierfür im Binärsystem dargestellt; zur Umwandlung aus dem und in das Dezimalsystem wird das Hornerschema bzw. eine einfache Summenformel benutzt. Neben dem Binärsystem können zur Darstellung von Daten auch das Hexadezimal- und das Oktalsystem benutzt werden, die eine kompaktere Schreibweise ermöglichen. Zur Codierung ganzer Zahlen mit Vorzeichen dient das Zweierkomplement, und für Zahlen mit Nachkommastellen wird eine Gleitkommadarstellung mit Mantisse und Exponent verwendet. Zeichen werden durch ganze Zahlen codiert, deren Binärdarstellung dann in einem Rechner gespeichert werden kann. Der heutige Standard für die Zeichencodierung ist der Unicode, der den älteren ASCII-Standard als Teilmenge enthält. Multimediadaten werden ebenfalls auf ganze Zahlen zurückgeführt.
Weitere Informationen zur Datencodierung gibt es beispielsweise an den folgenden Stellen:

- Bücher zur Rechnerarchitektur, wie die schon genannten Werke von *Stallings* [Stal03a] und *Tanenbaum* [Tane99], zeigen detailliert, wie Binärdaten in Rechnern gespeichert und verarbeitet werden.
- Eine Auflistung der Unicode-Zeichen (einschließlich ASCII) ist über die *Unicode-Homepage* [UnicWeb] zugreifbar.
- Einzelheiten zur Informationsdarstellung in Multimediasystemen findet man im *Taschenbuch Multimedia* [Henn03], im Lehrbuch *Multimedia-Technologie* [Stei00] sowie in Nachschlagebüchern zu *Dateiformaten* ([Born97], [Born00]).

Wie höhere Programmiersprachen solche Daten strukturiert speichern und verarbeiten, wird Schwerpunktthema der nachfolgenden Kapitel sein.

Formale Sprachen

Damit Programme und Dokumente maschinell verarbeitet werden können, muss ihr struktureller Aufbau bekannt sein. Dieser Aufbau ergibt sich aus einer Grammatik, die die Syntax einer Sprache festlegt. Eine Grammatik definiert insbesondere Bildungsregeln, mit denen Wörter der Sprache erzeugt werden können. Umgekehrt können Automaten feststellen, ob eine Zeichenkette zu einer gegebenen Sprache gehört – sie können also Wörter der Sprache „erkennen“.

Die Chomsky-Hierarchie klassifiziert Sprachen anhand der Frage, wie komplex eine erzeugende Grammatik und ein erkennender Automat jeweils sein müssen. Sie unterscheidet zwischen regulären, kontextfreien, kontextsensitiven und allgemeinen Sprachen, die von endlichen Automaten, nichtdeterministischen Kellerautomaten, linear beschränkten Turing-Maschinen bzw. allgemeinen Turing-Maschinen erkannt werden.

Programmiersprachen sind kontextfreie Sprachen, die durch eine Grammatik in Backus-Naur-Form oder durch Syntaxdiagramme beschrieben werden können. Zur Überprüfung der syntaktischen Korrektheit eines Programmtexts und zur Analyse seines Aufbaus werden deterministische Automaten eingesetzt, die ihre Aufgabe in einem Durchlauf durch den Programmtext erledigen. Entsprechendes gilt für Dokumentenbeschreibungssprachen. Reguläre Ausdrücke sind einfacher aufgebaut und werden unter anderem zur Beschreibung von Namen, Konstanten oder Suchmustern eingesetzt.

Auch zu formalen Sprachen gibt es eine reichhaltige Literatur:

- Lehrbücher zur Theoretischen Informatik (beispielsweise wie oben genannt: [ErPr02], [HoMU01], [Schö01]) behandeln dieses Thema meist sehr ausführlich und enthalten insbesondere auch Beweise für die hier nicht nachgewiesenen Sätze und sonstigen Behauptungen. Entsprechende formale Beschreibungsverfahren werden auch in [EiMS00] besprochen.
- Mit dem Einsatz formaler Sprachen und Automaten bei der Analyse und Übersetzung von Programmen beschäftigt sich speziell das klassische Compilerbau-Lehrbuch von *Aho, Sethi und Ullman* [AhSU86].

Die Frage, bei welchen Sprachen überhaupt entschieden werden kann, ob eine Zeichenkette ein Element der Sprache ist oder nicht, wird in →4.3.3 besprochen. Auf die maschinelle Analyse und Weiterbearbeitung von Programmtexten werden wir in →5.3 näher eingehen.

2.6 Übungsaufgaben

1. Turing-Maschinen

a.) Konstruieren Sie eine Turing-Maschine, die auf ein Eingabewort angesetzt werden kann, das aus mehreren „X“ besteht. Die Maschine soll feststellen, ob die Anzahl der X ungerade ist. Ist das der Fall, so soll an das Wort ein weiteres X angehängt werden; ansonsten soll das Wort unverändert bleiben.

b.) Konstruieren Sie eine Turing-Maschine, die ein Eingabewort aus Nullen und Einsen auf dem Band um eine Position nach rechts verschiebt: Jedes Zeichen des Worts soll also anschließend eine Zelle weiter rechts stehen, das Wort soll weiterhin links und rechts durch Leerzeichen begrenzt sein, und der Lese/Schreibkopf soll rechts vom Wort anhalten.

2. Endliche Automaten und Kellerautomaten

a.) Ändern Sie den endlichen Automaten aus Abbildung 2-9 so, dass auch die „leere Bitfolge" (also die Bitfolge der Länge 0, die überhaupt kein Zeichen enthält) akzeptiert wird.

b.) Konstruieren Sie einen erkennenden endlichen Automaten, der feststellt, ob eine Zeichenkette folgende Mindestanforderungen an ein Passwort erfüllt: Ein Passwort soll mindestens sechs Zeichen lang sein, von denen mindestens eines kein Buchstabe ist.

c.) Erweitern Sie den Kellerautomaten aus Abbildung 2-11 so, dass er geschachtelte Klammerstrukturen mit zwei Arten von Klammern () und [] auf Korrektheit prüft.

d.) Konstruieren Sie einen Kellerautomaten, der Wörter der Sprache $L = \{ 0^{2n}1^n \mid n \geq 0 \}$ erkennt. Orientieren Sie sich dabei am Automaten aus Abbildung 2-11 und nutzen Sie aus, dass ein Kellerautomat Informationen auch in seinem Zustand speichern kann.

3. Aussagenlogik

a.) Minimieren Sie die folgende aussagenlogische Formel:
$\neg x_1 \neg x_2 x_3 \vee \neg x_1 x_2 x_3 \vee x_1 \neg x_2 \neg x_3 \vee x_1 \neg x_2 x_3 \vee x_1 x_2 \neg x_3 \vee x_1 x_2 x_3$

b.) In Unterkapitel 2.3 haben Sie gesehen, dass die binäre Addition genau wie die „schriftliche Addition" im Dezimalsystem spaltenweise von rechts nach links vorgeht. In dieser Aufgabe betrachten wir die Addition in *einer* Spalte und beschränken uns dabei auf zwei Summanden. Eingabevariable sind also die Ziffern der beiden Binärzahlen in dieser Spalte, x_1 und x_2, sowie der von rechts kommende Übertrag, c_{alt}. Als berechnete Werte ergeben sich die Ziffer der Summe in dieser Spalte, y, und der nach links weitergereichte Übertrag c_{neu}. Damit realisiert also ein entsprechender Spaltenaddierer zwei aussagenlogische Funktionen $y=f_1(x_1,x_2,c_{alt})$ und $c_{neu}=f_2(x_1,x_2,c_{alt})$.

> Stellen Sie eine Wahrheitstafel für die beiden Funktionen auf.

> Geben Sie entsprechende aussagenlogische Formeln in Disjunktiver Normalform (DNF) an.

> Versuchen Sie, die aussagenlogischen Formeln zu minimieren.

c.) Realisieren Sie die aussagenlogische Funktion $v(a_1,a_0,b_1,b_0)$ eines einfachen Vergleichers. Der Vergleicher erhält als Eingabe zwei Binärzahlen a und b mit je zwei Ziffern a_1a_0 bzw. b_1b_0. Er soll eine 1 liefern, wenn $a<b$ gilt und eine 0 sonst.
Stellen Sie eine Wahrheitstafel für die Funktion v auf und ermitteln Sie daraus die Darstellung in Disjunktiver Normalform (DNF).

d.) Überlegen Sie, wie KV-Diagramme für Funktionen mit vier Parametern aufgebaut sein müssen. Minimieren Sie dann die DNF des Vergleichers aus Teilaufgabe c.).

e.) Weisen Sie mit Hilfe von Wahrheitstafeln die aussagenlogischen Äquivalenzen aus 2.2.2 nach (so viele, bis Sie keine Lust mehr haben – mindestens aber die Distributivitätsregeln und die de Morganschen Regeln).

4. Zahlensysteme

a.) Zeigen Sie durch vollständige Induktion: In einem Speicher aus n Bits können 2^n verschiedene Kombinationen aus Nullen und Einsen auftreten.

b.) Wandeln Sie die folgenden Binärzahlen ins Dezimalsystem um:
111001_2, 10011.10011_2, 1001.1101_2, 11000.0001_2

c.) Wandeln Sie die folgenden Dezimalzahlen ins Binärsystem um:
98_{10}, 37.5_{10}, 18.6875_{10}, 13.95_{10}

d.) Wandeln Sie die folgenden Binär- bzw. Hexadezimalzahlen ins Hexadezimal- bzw. Binärsystem um:
$46D1_{16}$, $F2C7_{16}$, $0110\ 1011\ 0011\ 0101_2$, $1010\ 1111\ 1111\ 1110_2$

5. Arithmetik im Binärsystem

a.) Gehen Sie davon aus, dass für die Binärdarstellung einer Zahl genau zwei Bytes verwendet werden und es kein Vorzeichenbit gibt. Führen Sie unter dieser Voraussetzung die folgenden Additionsaufgaben jeweils im Dezimalsystem (linke Seite) und im Binärsystem (rechte Seite) aus. Wandeln Sie dann die binäre Summe ins Dezimalsystem zurück und vergleichen Sie das Resultat mit dem Ergebnis der dezimalen Addition. Denken Sie daran, dass das Resultat durch einen Überlauf verfälscht werden kann!

	$2\,6\,6\,1\,5_{10}$		$0110\ 0111\ 1111\ 0111_2$		
+	$1\,1\,9\,8\,3_{10}$	+	$0010\ 1110\ 1100\ 1111_2$		
=	$\_\_\_\_\__{10}$	=	$\_\_\_\_\_\_\_\_\_\__2$	=	$\_\_\_\_\__{10}$
	$3\,6\,4\,9\,2_{10}$		$1000\ 1110\ 1000\ 1100_2$		
+	$3\,1\,0\,3\,5_{10}$	+	$0111\ 1001\ 0011\ 1011_2$		
=	$\_\_\_\_\__{10}$	=	$\_\_\_\_\_\_\_\_\_\__2$	=	$\_\_\_\_\__{10}$

b.) Berechnen Sie die Differenz $13518_{10} - 25453_{10}$ und die Summe $26615_{10} + 11983_{10}$ jeweils im Binärsystem und wandeln Sie dann jeweils das Ergebnis ins Dezimalsystem um. Gehen Sie dabei von einer vorzeichenbehafteten 2-Byte-Darstellung aus! Vergleichen Sie die Resultate mit dem, was sich bei direkter Berechnung im Dezimalsystem ergibt.

6. Formale Sprachen

a.) Gegeben ist das folgende Syntaxdiagramm:

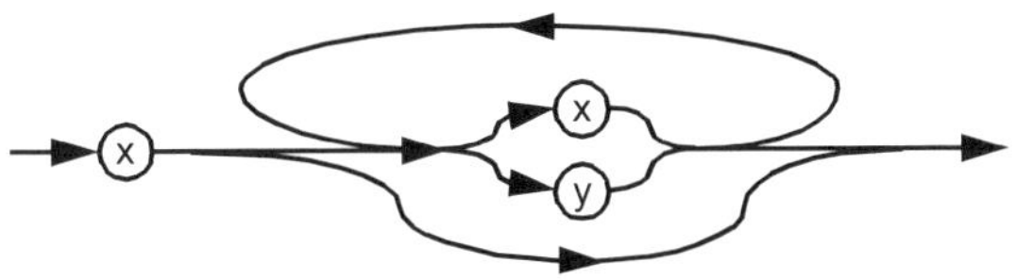

> Charakterisieren Sie in wenigen Worten die Sprache, die durch dieses Syntaxdiagramm definiert wird.

> Im Folgenden sind die Regelmengen von sechs verschiedenen Sprachdefinitionen in Backus-Naur-Form (BNF) aufgeführt. <S> sei dabei jeweils das Startsymbol. Welche dieser Regelmengen definieren dieselbe Sprache wie das Syntaxdiagramm?

1.) <S> ::= x { x } { y }

2.) <S> ::= x { <A> }
<A> ::= x | y

3.) <S> ::= x [<A>]
<A> ::= x | y

4.) <S> ::= x { [x] [y] }

5.) <S> ::= x | <S> x | <S> y

6.) <S> ::= x | x <S> | y <S>

b.) Betrachten Sie die folgende Regelmenge einer Backus-Naur-Form:
<S> ::= <A> b | <B> a (S ist das Startsymbol)
<A> ::= <S> { a }
<B> ::= <S> { b }
Was ist der grundlegende Fehler bei dieser „Definition“?

c.) Hexadezimalkonstanten in Java beginnen mit 0x oder 0X, gefolgt von einer oder mehreren Hexadezimalziffern aus der Menge { 0, 1, 2, ..., 9, a, ..., f, A, ...,F }. Als Abschluss kann optional eine Typkennung l oder L gesetzt werden, die zur Kennzeichnung „langer“ Konstanten dient. 0xA, 0X34b und 0x5A3L sind Beispiele für gültige Konstanten.
Definieren Sie für die Sprache der Java-Hexadezimalkonstanten ein System von Syntaxdiagrammen, eine Backus-Naur-Form und einen regulären Ausdruck.
Zeichnen Sie für die oben angegebenen Beispiele von Hexadezimalkonstanten die Ableitungsbäume.

d.) Abschnitt 2.4.3 definiert den Aufbau ganzer Zahlen anhand von Syntaxdiagrammen, einer Backus-Naur-Form und einem regulären Ausdruck. Beschreiben Sie entsprechend den Aufbau von Zahlen mit Nachkommastellen.

3 | Datenorganisation

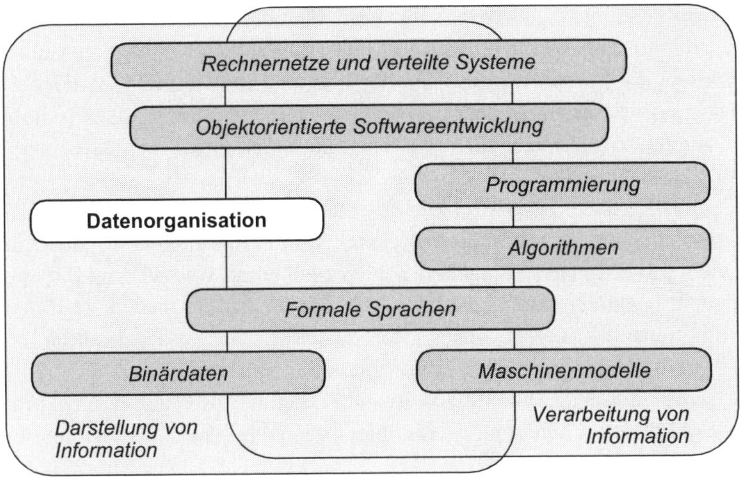

Zentrales Thema der Informatik ist die Verarbeitung von Daten und Informationen. Damit diese Verarbeitung auf systematische Weise geschehen kann, müssen die Daten *strukturiert* gespeichert werden. Entsprechende Techniken zur Datenorganisation zeigt dieses Kapitel.

In vielen höheren Programmiersprachen werden Daten in getypten *Variablen* gehalten. Es kann sich dabei um *skalare Variablen* für Einzelwerte oder um *strukturierte Variablen* für Gruppen von Werten handeln.

Daten stehen häufig in Beziehungen zueinander. Solche Beziehungen können flexibel und anschaulich durch *Graphen* dargestellt werden. Wichtige spezielle Graphstrukturen sind *Listen* und *Bäume*.

Dateien und *Dateisysteme* dienen dazu, die Menge der Daten und Programme, die in einem Rechensystem längerfristig gespeichert werden sollen, zu organisieren. Sie werden durch das *Betriebssystem* realisiert.

In Dateien können unter anderem *Dokumente* abgelegt werden, wie beispielsweise WWW-Seiten oder multimediale Präsentationen. Um solche Dokumente anzeigen und verarbeiten zu können, werden *Standards* zu ihrer inneren Strukturierung benötigt.

Auf große Datensammlungen muss effizient zugegriffen werden können. *Datenbanksysteme* organisieren Daten entsprechend und bieten *Anfragesprachen* für Datenzugriffe.

3.1 Variablen in Programmen

Um das Thema *Datenspeicherung* ging es bereits im vorangehenden Kapitel: Zunächst wurde die Organisation des *Hauptspeichers* in einem von-Neumann-Rechner besprochen – eines Felds von Speicherzellen, die jeweils eine Bitfolge bestimmter Länge aufnehmen können und über eine Ganzzahladresse angesprochen werden (→2.1.1, Abbildung 2-2). Anschließend wurde gezeigt, wie Daten unterschiedlicher Arten *binär codiert* und so in einem realen Speicher abgelegt werden können (→2.3).

Dieser bitorientierte Ansatz ist allerdings sehr *hardwarenah* und somit für die bequeme, anwendungsnahe Programmierung nicht unmittelbar geeignet: Ein Programmierer möchte in seinem Programm nicht mit Bitmustern umgehen, sondern lieber mit vertrauteren Darstellungsformen arbeiten, wie Zahlen- oder Zeichenschreibweisen. Zudem möchte er Daten nicht über ganzzahlige Hardwareadressen ansprechen, sondern lieber aussagekräftige Namen verwenden, die auf die Bedeutung des Speicherinhalts hinweisen.

Beide Forderungen werden durch das **Variablenkonzept** erfüllt, wie es Programme in prozeduralen oder objektorientierten höheren Programmiersprachen (→5.1.2) verwenden. In diesem Unterkapitel werden

> zunächst *grundlegende Techniken* bei der Benutzung von Variablen eingeführt, wobei insbesondere deren *Typisierung* wichtig ist,

> anschließend *skalare Variablen* besprochen, die jeweils einen Einzelwert speichern können und für die es in Programmiersprachen bestimmte Standardtypen gibt,

> danach *Zeigervariablen* diskutiert, durch die eine *Adressrechnung* auf Hauptspeicheradressen möglich ist, und

> schließlich *zusammengesetzte Variablen* wie Felder / Arrays und Strukturen behandelt, die mehrere Einzelwerte gleichzeitig aufnehmen können.

In späteren Kapiteln werden dann die *Anwendung* des Variablenkonzepts in Programmiersprachen (→5) und seine Erweiterung zum *Objektkonzept* (→6) besprochen.

3.1.1 Grundlegende Techniken

Variablen dienen einem laufenden Programm zur Speicherung von Werten. Bildlich kann man sich eine Variable wie ein „Kästchen“ vorstellen, in das man einen Wert hineinschreiben und aus dem man den gespeicherten Wert wieder auslesen und weiterverarbeiten kann (siehe Abbildung 3-1). Beim Hineinschreiben eines neuen Werts wird der alte Wert der Variablen überschrieben, also gelöscht; beim Auslesen bleibt der Variablenwert jedoch erhalten. Der Wert einer Variablen kann damit beliebig oft gelesen und verändert werden – ihr Inhalt ist also „variabel“. Dies unterscheidet Variablen von **Konstanten**, deren Wert stets derselbe bleibt.

Jede existierende Variable ist einem laufenden Programm (einem so genannten *Prozess*, →4.4.1) zugeordnet. Sie kann nur aus diesem Programm heraus angesprochen werden; andere laufende Programme können die Variable (zumindest im Normalfall) nicht benutzen. Die **Gültigkeitsbereiche** (engl. **scopes**) von Variablen sind also auf einzelne Programmausführungen beschränkt. Alle Variablen eines laufenden Programms werden spätestens bei Ende der Ausführung des Programms gelöscht – also sind auch die **Lebensdauern** von Variablen beschränkt.

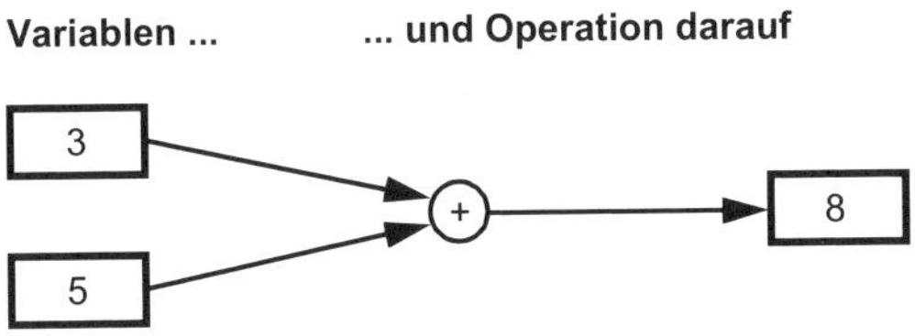

Abb. 3-1 Variablen als „Speicherkästchen" mit Operation

Datentypen

Wie in Abbildung 3-1 skizziert, liefern Variablen Eingangswerte für Operationen. Ob eine bestimmte Operation überhaupt ausgeführt werden kann, hängt von der *Art der Daten* ab, die in den beteiligten Variablen gespeichert sind. Beispielsweise ist eine Addition nur dann möglich, wenn in den Variablen Zahlenwerte stehen – nicht jedoch, wenn dort Wahrheitswerte gespeichert sind. Die Werte in einer Variablen und die Operationen, die auf der Variablen ausgeführt werden sollen, müssen also „zueinander passen". Dies wird dadurch sichergestellt, dass man jeder Variablen einen **Datentyp** (oder kurz **Typ**) zuordnet – wie zum Beispiel den Typ „Ganze Zahl". Der Typ einer Variablen legt zwei Dinge fest:

> Den *Wertebereich* der Variablen – also die Menge der Werte, die in der Variablen gespeichert werden dürfen. Der Typ „Ganze Zahl" beispielsweise hat in der Praxis die Wertemenge $\{ -2^{8*n-1}, ..., 2^{8*n-1}-1 \}$ für ein bestimmtes $n>0$ (→2.3.2).

> Die *Operationen*, die auf der Variablen ausgeführt werden können. Für ganze Zahlen beispielsweise sind arithmetische Operationen wie Addition, Subtraktion, Multiplikation, Division und so weiter zulässig.

Höhere Programmiersprachen stellen eine ganze Reihe solcher Datentypen bereit, die insbesondere Zahlen, Zeichen, Zeichenketten und Wahrheitswerte definieren (→3.1.2). Darüber hinaus kann ein Programmierer weitere Typen definieren (→3.1.3).

Realisierung und Identifikation von Variablen

Variablen werden im Speicher eines Rechensystems realisiert und können dort aus einem Programm heraus angesprochen werden. Abbildung 3-2 zeigt die Komponenten, die bei der Realisierung von Variablen eine Rolle spielen:

Einer Variablen sind eine oder mehrere *Zellen eines direkt zugreifbaren Speichers* zugeordnet. In diesen Speicherzellen steht jeweils der aktuelle Wert der Variablen, codiert als Bitmuster (→2.3). Der Speicher ist im einfachsten Fall der technisch-reale Hauptspeicher, dessen Bytes oder Wörter direkt über Ganzzahladressen angesprochen werden (→2.1.1). Es kann sich aber auch um einen *Virtuellen Speicher* handeln (→5.3.2, Abbildung 5-16), bei dem das Betriebssystem auf der Grundlage von Haupt- und Plattenspeicher einen großen, einheitlich zugreifbaren Speicher realisiert (zum Begriff der Virtualisierung siehe →2.1.2).

Prinzipiell kann eine Variable über ihre *Speicheradresse* angesprochen werden, also über ihre ganzzahlige „Zellennummer". Dies wird insbesondere in Maschinenprogrammen so gemacht, wie es das Programmbeispiel in →Abbildung 2-3 zeigte. Für ein höhersprachliches Programm, das für einen menschlichen Betrachter leicht nachvollziehbar sein sollte, ist es aber nicht angemessen, Ganzzahladressen zu verwenden: Der Zweck einer Anweisung

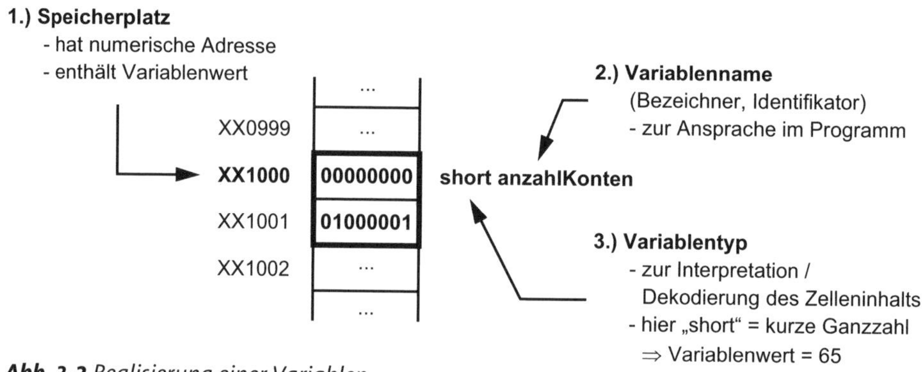

Abb. 3-2 *Realisierung einer Variablen*

> „Addiere die Werte der Variablen mit den Speicherzellen `XX0996/97` und `XX0998/99` und speichere das Resultat in den Zellen `XX1000/01`."

ist nicht unmittelbar einsichtig. Höhersprachliche Programme benutzen daher **Variablennamen**, um Variablen zu identifizieren. Syntaktisch sind solche Namen **Bezeichner** (oder **Identifikatoren**, engl. *identifier*) – Zeichenketten, die aus Buchstaben, Ziffern und Sonderzeichen bestehen können und mit einem Buchstaben beginnen. Der Variablenname ist eine *symbolische Bezeichnung* des Speicherplatzes. Er sollte so gewählt werden, dass aus ihm der Zweck der Variablen ersichtlich wird. Beispielsweise sollte eine Variable, in der ein Finanzprogramm die Anzahl der verwalteten Konten speichert, `anzahlKonten` o.ä. heißen. Damit sind dann Anweisungen der folgenden Form möglich:

> „Addiere die Werte der Variablen `anzahlSparkonten` und `anzahlGirokonten` und speichere das Resultat in der Variablen `anzahlKonten`."

Der Sinn einer solchen Anweisung leuchtet unmittelbar ein.

Die Verwendung von Namen statt Speicheradressen verhindert zudem Fehlzugriffe: Wie sich im nächsten Teilabschnitt zeigen wird, kann eine benannte Variable erst dann benutzt werden, wenn sie zuvor „deklariert", also dem System bekannt gemacht, und zudem „initialisiert" wurde, also einen Anfangswert erhalten hat. Damit sind Speicherzellen, die keiner definierten Variablen zugeordnet sind, nicht zugreifbar.

Der aktuelle **Wert einer Variablen** wird durch das Bitmuster codiert, das zur Zeit in ihren Speicherzellen steht. Das Bitmuster selbst enthält allerdings keine Angaben darüber, wie es zu interpretieren ist, so dass aus ihm allein der zugehörige „Klartext-Wert" nicht eindeutig bestimmt werden kann. Beispielsweise kann die Bitfolge 00000000 01000001 entweder für die ganze Zahl 65 (→2.3.1) oder für das Zeichen A stehen (→2.3.3). Erst der **Typ der Variablen** (→ voriger Teilabschnitt) ermöglicht eine eindeutige Interpretation des Speicherinhalts.

Deklaration, Initialisierung und Benutzung

In modernen höheren Programmiersprachen, wie C oder Java, müssen Variable zuerst *deklariert* und *initialisiert* werden, bevor sie *benutzt* werden können (siehe auch Abbildung 3-3): Eine Variable wird in einem Programm **deklariert**, indem man ihren Namen und ihren Typ angibt. Bei der Bearbeitung der Deklaration stellt das System Speicherplatz für die Variable bereit und „bindet" den Namen und den Typ der Variablen daran – beispielsweise

```
short anzahlSparkonten;
short anzahlGirokonten;
short anzahlKonten;
```

Deklaration:
Belegung von Speicherplatz
Registrierung von Namen und Typ

```
anzahlSparkonten = 3;
anzahlGirokonten = 5;
```

Initialisierung:
Zuweisung von Anfangswerten

```
anzahlKonten =
        anzahlSparkonten + anzahlGirokonten;
```

Benutzung:
Auswertung des Ausdrucks rechts
Zuweisung an die Variable links
(vergleiche Abb. 3-1)

***Abb. 3-3** Deklaration, Initialisierung und Benutzung von Variablen in einem C-Programm*

durch Registrierung in einer Tabelle, die Angaben über alle existierenden Variablen enthält (→5.3.2). Ab diesem Zeitpunkt kann die Variable unter ihrem Namen angesprochen werden. Zudem ist bekannt, welche Art von Werten in der Variablen gespeichert und welche Operationen auf ihr ausgeführt werden dürfen.

Bei oder nach der Deklaration wird die Variable **initialisiert**, das heißt in sie wird ein erster Wert geschrieben. Man sagt, der Variablen wird ein **Anfangswert zugewiesen**. Erst ab dieser ersten Wertzuweisung kann auf die Variable sinnvoll lesend zugegriffen werden. Zuvor stand in den zugeordneten Speicherzellen zwar auch schon ein Bitmuster, das aber nicht benutzt werden darf, da es sich nur zufällig dort befindet und mit dem jetzigen Programm nichts zu tun hat. Je nach verwendeter Programmiersprache kann der Programmierer in manchen Fällen auf eine explizite Initialisierung verzichten. Dann erhält die Variable einen *Standard-Anfangswert* - beispielsweise eine Null für eine Zahlenvariable.

Nach ihrer Deklaration und Initialisierung kann die Variable **benutzt** werden: Man kann beispielsweise ihren Wert auf den Bildschirm ausgeben. Man kann auch die Werte einer oder mehrerer Variablen durch Operationen weiterverarbeiten und das Ergebnis wiederum einer Variablen **zuweisen**, also in deren Speicherbereich schreiben (→Abbildungen 3-1, 3-3). Durch die *Operationen* auf Variablen kommt es also zu einer *Datenverarbeitung*.

3.1.2 Skalare Variablen und Zeiger

Variablen sind in ihrer einfachsten Form *skalar*: Eine **skalare Variable** speichert einen Einzelwert, der nicht weiter unterteilt wird - also beispielsweise eine Zahl, ein Zeichen oder einen Wahrheitswert. Programmiersprachen wie C oder Java geben eine Reihe von *Standardtypen* vor, die zur Deklaration skalarer Variablen genutzt werden können. Bestimmte Sprachen, wie insbesondere C, erlauben darüber hinaus die Verwendung von *Zeigervariablen*. Das sind skalare Variablen, die *Adressen* anderer Variablen aufnehmen können und so flexible Speicherzugriffe erlauben.

Skalare Standardtypen in C und Java

Die Systeme der skalaren Standardtypen in C und Java sind einander recht ähnlich. Die folgende Tabelle gibt eine Übersicht über die skalaren **Standardtypen in Java**, wobei jeweils der Typname, die Anzahl der Bytes pro Variable dieses Typs und der entsprechende Wertebereich (→2.3) angegeben sind:

Typarten	Typnamen	Bytes	Wertebereiche
Ganzzahl	`byte`	1	$-2^7 \dots 2^7-1$ (= -128 ... 127)
	`short`	2	$-2^{15} \dots 2^{15}-1$ (= - 32768 ... 32767)
	`int`	4	$-2^{31} \dots 2^{31}-1$ (= - 2147483648 ... 2147483647)
	`long`	8	$-2^{63} \dots 2^{63}-1$ ($\approx \pm 9.22 \cdot 10^{18}$)
Gleitkomma	`float`	4	$\approx -3.4 \cdot 10^{38} \dots -1.4 \cdot 10^{-45}, 0, 1.4 \cdot 10^{-45} \dots 3.4 \cdot 10^{38}$
	`double`	8	$\approx -1.8 \cdot 10^{308} \dots -4.9 \cdot 10^{-324}, 0, 4.9 \cdot 10^{-324} \dots 1.8 \cdot 10^{308}$
Zeichen	`char`	2	Zeichencodierungen gemäß Unicode (→2.3.3)
Wahrheitswert	`boolean`	1	{ false, true }

Gleitkommazahlen werden jeweils durch eine Mantisse und einen Exponenten mit einer festen Bitanzahl codiert (→2.3.2). Daher ist es nicht möglich, Zahlen mit beliebig kleinem Betrag darzustellen (also beliebig nahe „an den Nullpunkt heranzurücken"), sondern es gibt eine untere Grenze für die darstellbaren Beträge. Die Tabelle gibt auch diese Grenzen an.

Zu den **Standardtypen in C** gehören außerdem `unsigned`-Ganzzahltypen, deren Wertebereiche nur nichtnegative ganze Zahlen enthalten. Dafür werden dort Wahrheitswerte nicht durch einen eigenen Typ, sondern durch Zahlen realisiert – der Wert 0 steht dabei für „falsch", alle Werte ungleich 0 für „wahr". Zudem kann in C die Anzahl der Byte pro Variable eines Typs je nach Rechnerplattform verschieden sein.

C und Java definieren für skalare Variablen eine Reihe von **Standardoperationen**, die in einem Programm benutzt werden können:

> Wie bei allen Variablen sind bei skalaren Variablen **Zuweisungen** (engl. *assignments*) möglich. Beispielsweise wird durch die Anweisung `a=0` der Wert 0 in die Variable `a` geschrieben.

> Die Werte von Zahlenvariablen können durch einfache **arithmetische Operationen**, nämlich Addition (`+`), Subtraktion (`-`), Multiplikation (`*`), Division (`/`) und Restbildung bei der ganzzahligen Division („**Modulo-Operator**" `%`), miteinander verknüpft werden. Man kann also **arithmetische Ausdrücke** bilden und den Wert eines solchen Ausdrucks wiederum einer Variablen zuweisen. Die Anweisung `c=a+b` beispielsweise speichert das Resultat der Rechnung `a+b` in der Variablen `c` ab (→ Abbildungen 3-1, 3-3).

> Mit den **Vergleichsoperationen** „gleich" (`==`), „ungleich" (`!=`), „größer" (`>`), „größer gleich" (`>=`), „kleiner" (`<`) und „kleiner gleich" (`<=`) können Zahlenwerte miteinander verglichen werden. Die Operationen liefern einen Wahrheitswert, der insbesondere für bedingte Verzweigungen im Programm genutzt werden kann (→4.1.3, →5.2.1).

> Auf booleschen Variablen in Java bzw. Zahlenvariablen in C können die **aussagenlogischen Operationen** „Nicht" (`!`), „Und" (`&&`) und „Oder" (`||`) ausgeführt werden. Damit lassen sich **Boolesche Ausdrücke** (→2.2.1) bilden.

> **Funktionsbibliotheken** (engl. **libraries**) definieren eine Vielzahl weiterer Operationen, wie beispielsweise Rundung, Potenzierung oder trigonometrische Funktionen.

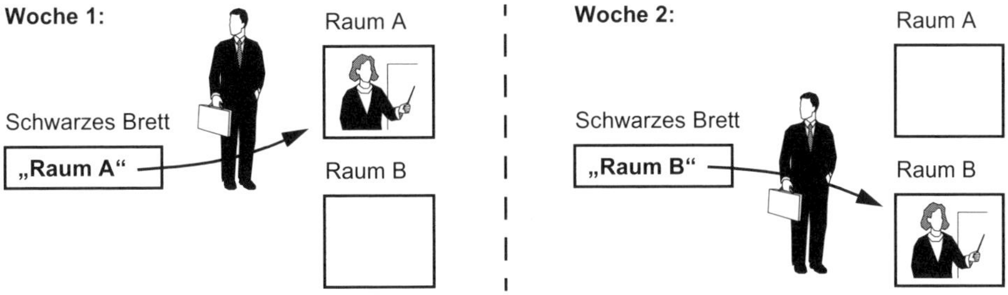

***Abb. 3-4** Schwarzes Brett als Zeigervariable mit Zeiger auf den aktuellen Vorlesungsraum*

Zeigervariablen

In manchen Programmiersprachen, wie insbesondere C, kann man auf Variablen nicht nur über ihre Namen, sondern auch über ihre numerischen *Speicheradressen* zugreifen (→Abbildung 3-2). Das erhöht die Flexibilität bei der Benutzung von Variablen: Dürfen nur Namen verwendet werden, so muss schon beim Schreiben des Programms (also *vor* seiner Ausführung) festgelegt werden, auf welche Variable zugegriffen werden soll – man muss ja den Variablennamen im Programmtext hinschreiben. Eine Speicheradresse kann dagegen auch erst *während* der Ausführung des Programms (man sagt: „dynamisch“) berechnet und dann für den Speicherzugriff benutzt werden. Hier wird also erst beim Programm*ablauf* die Variable bestimmt, auf der gearbeitet werden soll. Der Preis für diese Flexibilität sind eine erhöhte Fehleranfälligkeit und eine verminderte Sicherheit, denn es sind nun auch Zugriffe auf Speicherbereiche möglich, die nicht initialisiert wurden oder die sogar „fremde“ Daten enthalten. Aus diesen Gründen lässt beispielsweise Java Speicherzugriffe über numerische Adressen nicht zu.

Warum man mit Zugriffen über Speicheradressen flexibler programmieren kann, lässt sich am besten an einem *Beispiel* aus dem täglichen Leben erklären (siehe Abbildung 3-4): Eine Vorlesung wird in wöchentlich wechselnden Räumen abgehalten. Um die Studierenden zu informieren, wo die nächste Veranstaltung stattfindet, wird ein Schwarzes Brett benutzt, auf dem jeweils die aktuelle Raumnummer eingetragen ist. Das Schwarze Brett hängt an einer bekannten, festen Stelle. Die Studierenden schauen dort unmittelbar vor Vorlesungsbeginn nach und begeben sich dann in den richtigen Hörsaal.

In der Terminologie von Programmiersprachen ist das Schwarze Brett eine **Zeigervariable**. Sie enthält als Wert die Speicheradresse einer anderen Variablen, also einen **Zeiger** (engl. **pointer**) darauf. Über den Zeiger kann auf diese Variable zugegriffen und dann mit ihrem Wert gearbeitet werden. Im Beispiel ist der Zeiger die Raumnummer des Hörsaals, der Hörsaal selbst ist die zu benutzende Variable und ihr Wert beispielsweise die Vorlesung, die dort gehalten wird.

Der *Vorteil* dieses Ansatzes liegt auf der Hand: Obwohl der Hörsaal wöchentlich wechselt, bleibt die Vorgehensweise der Studierenden (also ihr „Programm“) unverändert. Sie beschaffen sich die Rauminformation von stets derselben Stelle und werden durch sie jeweils zum richtigen Hörsaal gelenkt. Geändert werden im Laufe der Zeit nur „Variablenwerte“, also insbesondere der Eintrag des Schwarzen Bretts. Der große *Nachteil* ist die fehlende Sicherheit gegenüber Zugriffen auf nicht initialisierte oder zu schützende Speicherbereiche. Am Schwarzen Brett könnte beispielsweise eine Raumnummer eingetragen werden, die überhaupt nicht existiert oder einen Ort angibt, an dem gerade eine vertrauliche Sitzung

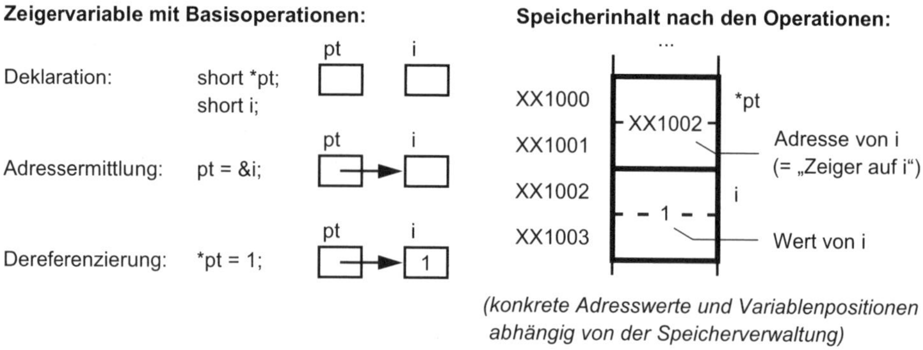

***Abb. 3-5** Zeigervariablen in C mit Basisoperationen*

stattfindet. Zudem ist ein Zugriff relativ zeitaufwendig, da er **indirekt** über die Zeigervariable verläuft: Die Studierenden gehen nicht unmittelbar zum Hörsaal, sondern müssen zuvor beim Schwarzen Brett vorbeischauen.

Während die bisher betrachteten Zugriffe nur zweistufig ablaufen, sind prinzipiell Zugriffe mit **mehrstufiger Indirektion** möglich, bei denen man über eine Kette von Zeigervariablen zur eigentlich gewünschten Variablen gelangt. Auch hier liefert die Alltagserfahrung ein passendes Beispiel - nämlich die Situation, die in vielen Fällen eintritt, wenn man bei einer Behörde oder großen Firma anruft, um eine bestimmte Auskunft zu bekommen.

Zeiger in C

Die Programmiersprache C unterstützt die Arbeit mit Zeigern wie folgt (siehe auch Abbildung 3-5):

> Zur *Deklaration* einer Zeigervariablen wird ein Stern `*` vor den Variablennamen geschrieben. In der Abbildung wird beispielsweise eine Zeigervariable `pt` deklariert, die Zeiger auf Variablen des Typs `short` aufnehmen kann.

> Die *Adresse* einer Variablen wird mit dem **Adressoperator &** ermittelt. Im Abbildungsbeispiel liefert `&i` die Adresse der `short`-Variablen `i`, die anschließend per Zuweisung in der Zeigervariablen `pt` gespeichert wird.

> Mit dem **Dereferenzierungsoperator** `*` wird von einer Zeigervariablen aus auf die Variable zugegriffen, auf die der Zeiger verweist. Im Beispiel geht man durch `*pt` von der Zeigervariablen `pt` auf die Variable `i` über. Damit hat *hier* die Zuweisung `*pt=1` denselben Effekt wie die Zuweisung `i=1`. In einem Rechenausdruck würde `*pt` *hier* für den Wert von `i` stehen - also würde `*pt+1` denselben Wert wie `i+1` liefern.

Die in der Abbildung angegebenen konkreten Variablenpositionen und Adresswerte sind nur Beispiele dafür, wie die Speicherorganisation aussehen *könnte*: Sie ergeben sich nicht zwingend aus den C-Deklarationen, sondern hängen von der Speicherverwaltung des Systems ab, die die Variablen an beliebigen Stellen des Speichers platzieren kann.

Ein *Beispiel* eines etwas größeren C-Programmstücks, das mit Zeigervariaben und -operationen arbeitet, findet sich im →Kasten auf Seite 103.

Welchen praktischen Nutzen haben Zeiger in C-Programmen?

```
float *gewaehltesKonto;
float kontostand1, kontostand2;
... Initialisierungen ...
if (Benutzer will auf Konto 1 zugreifen)
   gewaehltesKonto = &kontostand1;
 else gewaehltesKonto = &kontostand2;
*gewaehltesKonto = *gewaehltesKonto + 100;
```

Das nebenstehende C-Programm ist ein praktisches Anwendungsbeispiel für die Benutzung von Zeigervariablen und -operationen. Dort existieren zwei Konten, deren Kontostände durch die `float`-Variablen `kontostand1` und `kontostand2` angegeben werden. Der Stand eines dieser Konten soll nun um 100 Euro angehoben werden. Welches Konto das ist, soll noch nicht durch den Programmierer beim Schreiben des Programmtexts festgelegt werden, sondern es soll *erst beim Ablauf des Programms* durch den Benutzer ausgewählt werden können.
Hierzu wird eine Zeigervariable `gewaehltesKonto` benutzt: Je nach Wahl des Benutzers wird der Zeigervariablen entweder die Adresse von `kontostand1` oder die Adresse von `kontostand2` zugewiesen. Dies geschieht in einer `if-else`-Anweisung, in der abhängig von einem Wahrheitswert entweder die Anweisung nach `if` oder die Anweisung nach `else` ausgeführt wird (→4.1.3, →5.2.1).
Anschließend wird der Wert der Variablen, auf die `gewaehltesKonto` verweist, um 100 erhöht. Dies geschieht in einer Zuweisung, bei der zunächst der Ausdruck rechts des Zuweisungsoperators = ausgewertet und dann das Resultat der Auswertung der Variablen auf der linken Seite zugewiesen wird – hier also der Variablen, auf die `gewaehltesKonto` verweist. Man beachte, dass bei dieser Operation *im Programmtext noch nicht festgelegt* ist, welche der beiden Variablen `kontostand1` oder `kontostand2` betroffen ist – das ergibt sich *erst während des Ablaufs* des Programms.
Es könnte eingewandt werden, dass der Effekt auch direkt durch die Anweisung

```
if (Benutzer will auf Konto1 zugreifen)
   kontostand1 = kontostand1+100;
  else kontostand2 = kontostand2+100;
```

erreicht wird – also ganz ohne Zeigervariable. Für das einfache Beispiel hier ist das sicher richtig; sollen aber auf der gewählten Variablen mehrere Operationen ausgeführt werden, so ist das Programm mit Einsatz einer Zeigervariablen deutlich kompakter als ohne.

Adressarithmetik

Da Variablenadressen ganze Zahlen sind, kann man mit Adressen auch *rechnen* – das heißt von einem gegebenen Adresswert um eine bestimmte Anzahl von Speicherzellen nach vorn oder hinten springen. Abbildung 3-6 zeigt ein Beispiel für die **Adressarithmetik in C**: Die Zeigervariable `pt` verweist hier auf eine `short`-Variable `a`, auf die durch `*pt` zugegriffen werden kann. Folgen auf `a` im Speicher zwei weitere `short`-Variablen (deren Namen hier nichts zur Sache tun), so sind diese über `*(pt+1)` bzw. `*(pt+2)` erreichbar. Allgemein wird also in einem C-Ausdruck `*(pt+x)` zunächst eine neue Adresse berechnet, indem der Wert `x` auf die in `pt` gespeicherte Adresse aufaddiert wird. Anschließend wird mit dieser Adresse auf eine Variable im Speicher zugegriffen. Man beachte dabei, dass `x` jeweils die

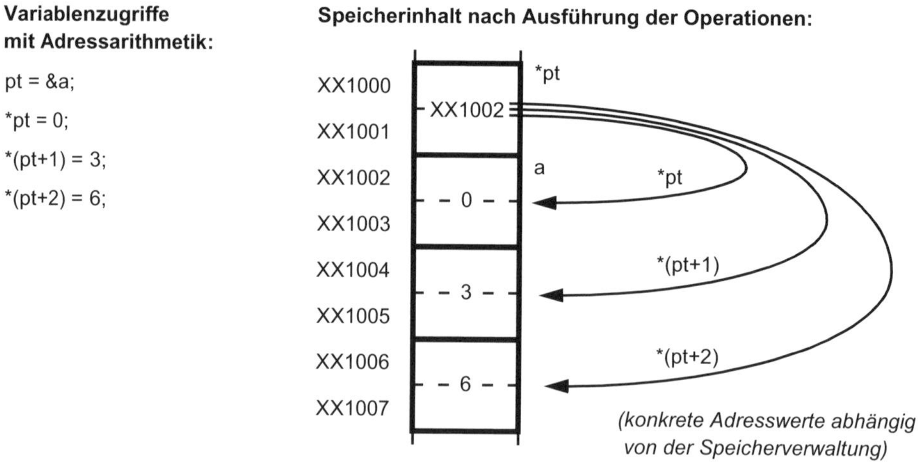

Abb. 3-6 *Adressarithmetik in C*

Anzahl der Variablen angibt, um die gesprungen werden soll – und nicht die Anzahl der Bytes.
Die Programmierung mit Adressarithmetik ist *fehleranfällig*, so dass ein Programmierer damit *äußerst vorsichtig* umgehen muss! So macht das Beispiel in Abbildung 3-6 nur dann Sinn, wenn im Speicher tatsächlich mehrere `short`-Variablen direkt aufeinander folgend abgelegt sind. Ist das nicht der Fall, so kommt es zu Fehlinterpretationen der Bitmuster, die in den angesprochenen Speicherzellen stehen. Ein Programmierer sollte also nur dann mit Adressarithmetik arbeiten, wenn ihm die Organisation des Speichers für sein Programm genau bekannt ist. Das ist im Allgemeinen *nicht* der Fall, wenn skalare Variable benutzt werden: Selbst skalare Variable, die unmittelbar hintereinander deklariert werden (vergleiche Abbildung 3-3), können im Speicher an beliebigen, auch auseinander liegenden Stellen platziert sein. Anders sieht es aus, wenn das Programm vom Betriebssystem einen größeren Speicherbereich anfordert, den es dann selbst verwaltet (→nächster Teilabschnitt). Auch für zusammengesetzte Variablen (→3.1.3) ist die Speicherorganisation bekannt. In beiden Fällen ist eine korrekte Adressrechnung möglich und sinnvoll.

Dynamische Speicherzuteilung

In manchen Programmiersprachen ist es möglich, „dynamisch", also während der Ausführung des Programms, weiteren Speicherplatz zu belegen – über den Speicherplatz hinaus, der für die deklarierten Variablen zugeteilt wurde. Eine solche dynamische Speicherzuteilung ist erforderlich, wenn der genaue Speicherbedarf beim Schreiben des Programms noch nicht bekannt ist, sondern sich erst während des Programmablaufs ergibt. Das ist immer dann der Fall, wenn eine unvorhersehbar große Menge von Daten gespeichert werden muss – wie etwa in einem auftragsgesteuerten System, das eintreffende Aufträge in einer Warteschlange ablegen muss, wo sie auf ihre Bearbeitung warten (→3.2.2).
Für die **dynamische Speicherzuteilung in C** gibt es die Funktion `malloc()` (von *memory allocation*; zum Funktionsbegriff siehe →5.2.2 und →4.1.4), die mit Hilfe des Betriebssystems (→2.1.2) einen zusammenhängenden, bislang noch freien Speicherbereich belegt. Beim Aufruf wird die Größe des gewünschten Speicherbereichs über einen Funktionspara-

Deklaration eines eindimensionalen Felds:

```
float kontostaende[10];
```

Zugriffe auf Feldkomponenten:

```
kontostaende[0] = 200.0;
kontostaende[1] = 150.0;
kontostaende[8] = kontostaende[0]
                  + kontostaende[1];
i = 8;
kontostaende[i+1] = 2 * kontostaende[i];
```

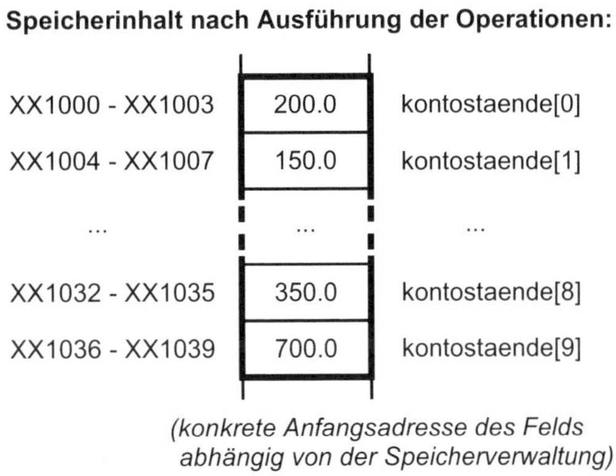

Abb. 3-7 *Eindimensionales Feld in C*

meter angegeben, und `malloc()` liefert die Anfangsadresse des neu belegten Speicherbereichs zurück. Mit Hilfe der *Adressarithmetik* können dann, wie im vorigen Teilabschnitt geschildert, die einzelnen Bytes in diesem Speicher angesprochen werden.

3.1.3 Zusammengesetzte Variablen

In einer skalaren Variablen kann zu jedem Zeitpunkt nur *ein* Wert gespeichert sein. Eine **zusammengesetzte Variable** kann dagegen *mehrere* Werte gleichzeitig aufnehmen, wobei es möglich ist, gezielt jeden einzelnen dieser Werte auszulesen oder zu ändern. Zur Klasse der zusammengesetzten Variablen gehören *Felder / Arrays* und *Strukturen*, die jeweils eine feste Größe haben. Daneben gibt es Variablen, deren Größe sich dynamisch ändern kann, wie *Listen* oder *Mengen* (→3.2.2, →6.2.1). Im Folgenden wird der Aufbau solcher Variablen gezeigt; Verfahren zur Arbeit mit ihnen sind Thema von →4.2 und →6.2.

Felder

Ein eindimensionales **Feld** (engl. **array**) entspricht einem mathematischen Tupel oder Vektor der Form (w_0, w_1, ..., w_{n-1}): Es sind dort mehrere Werte w_i gespeichert, die entweder einzeln unter Angabe eines Index oder als Gesamtheit angesprochen werden können. Entscheidend ist, dass *alle Werte vom selben Datentyp* sein müssen. Dieser Typ heißt **Komponententyp** des Felds.

Bei der *Deklaration* einer Feldvariablen werden ihr Name, ihr Komponententyp und ihre Größe (das heißt die Anzahl ihrer Komponenten) angegeben. Durch die C-Deklaration in Abbildung 3-7 links oben wird beispielsweise eine Feldvariable vereinbart, die zehn `float`-Werte aufnehmen kann. Wie der Variablenname andeutet, handelt es sich um die Stände von zehn Konten. Zur *Realisierung* einer Feldvariablen dient eine Gruppe von Speicherzellen, die im Speicher *unmittelbar aufeinander folgen*. Ihre Anzahl ergibt sich aus der Anzahl der Zellen, die für die Speicherung eines einzelnen Werts des Komponententyps benötigt wird, multipliziert mit der Anzahl der Komponenten des Felds. Das Feld aus dem Beispiel umfasst somit 40 Bytes, da es aus zehn `float`-Komponenten besteht und C einen `float`-Wert in vier Bytes speichert (siehe Abbildung 3-7 rechts).

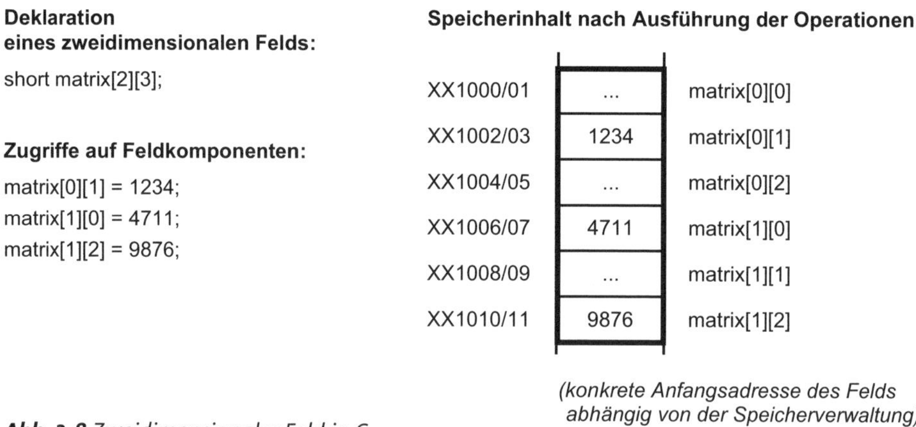

Abb. 3-8 *Zweidimensionales Feld in C*

Aus Sicht des Programmierers sind die Komponenten eines Felds „durchnummeriert", wobei die Positionsnummer einer Komponente als ihr **Index** bezeichnet wird. Das ist dieselbe Sprechweise wie bei Vektoren in der Mathematik; allerdings beginnt in der Informatik die Zählung der Indizes üblicherweise bei 0. Mit ihrem Index kann eine Komponente eindeutig identifiziert werden, so dass also ein *Komponentenzugriff über Indizierung* stattfindet.
Abbildung 3-7 links unten zeigt Zugriffe auf Feldkomponenten in **C-Schreibweise**: Hierzu wird dem Feldnamen ein ganzzahliger Indexwert in eckigen Klammern angefügt. Dies ist im einfachsten Fall eine Konstante, in den meisten Fällen aber ein arithmetischer Ausdruck, der erst während des Programmablaufs berechnet wird. Mit einer so angesprochenen Feldkomponenten kann wie mit einer skalaren Variablen gearbeitet werden - sie kann also in Rechenausdrücken auftreten oder ihr kann ein Wert zugewiesen werden. Die Feldindizierung in C ist übrigens nichts anderes als ein Speicherzugriff über einen Zeiger mit **Adressarithmetik** (→3.1.2) - nur in einer etwas bequemeren Schreibweise: Verweist die Zeigervariable `pt` auf die erste Speicherzelle eines Felds `feld` und ist `i` ein ganzzahliger Indexwert, so bedeutet `feld[i]` dasselbe wie `*(pt+i)` - beide bezeichnen die *i*-te Komponente von `feld`.
Der *Vorteil* eines *n*-komponentigen Felds gegenüber einer Gruppe von *n* Einzelvariablen liegt darin, dass auf das Feld bequemer und flexibler zugegriffen werden kann. Erstens lassen sich die Komponenten eines Felds leicht mit einer so genannten **Schleife** durchlaufen (Details und Beispiele in →4.1.3, Abbildung 4-3, und →5.2.1). Zweitens können Indexwerte dynamisch, das heißt erst während der Laufzeit des Programms, berechnet werden, so dass beim Schreiben des Programms noch nicht festgelegt werden muss, auf welche der Feldkomponenten zugegriffen wird. Hierbei muss natürlich darauf geachtet werden, dass der so berechnete Wert im Indexwertebereich des Felds liegt. Was geschieht, wenn das nicht der Fall ist, wird in →6.3.1 am Beispiel der Programmiersprache Java gezeigt.
Neben eindimensionalen Feldern können auch **mehrdimensionale Felder** deklariert und benutzt werden. Zweidimensionale Felder beispielsweise entsprechen den aus der Mathematik bekannten Matrizen, deren Einträge durch ein Indexpaar identifiziert werden. Abbildung 3-8 zeigt anhand eines C-Programmstücks die Deklaration und Benutzung eines zweidimensionalen Felds, das eine Matrix mit zwei Zeilen und drei Spalten realisiert. Man be-

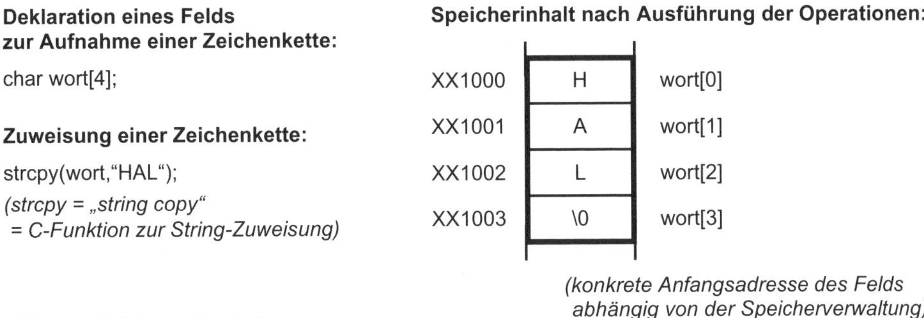

Abb. 3-9 *Zeichenkette in C*

achte insbesondere die Organisation des Speichers, in dem die Einträge des Felds zeilenweise hintereinander abgelegt sind. Zur Arbeit mit mehrdimensionalen Feldern verwendet man *geschachtelte Schleifen* (→5.2.1).

Zeichenketten (engl. **strings**), wie Wörter oder ganze Texte, können durch eindimensionale Felder dargestellt werden, deren Komponenten einzelne Zeichen sind. Abbildung 3-9 zeigt die Realisierung einer Zeichenkette in einem C-Programm: In den Feldkomponenten stehen die Zeichen der Kette als `char`-Werte, also codiert nach ASCII (→2.3.3). Die letzte Komponente enthält das spezielle Steuerzeichen '\0' (ASCII-Wert 0), das das Ende der Zeichenkette anzeigt.

Strukturen

Eine **Struktur** (engl. *struct*, auch **Verbund** genannt) kann, wie ein Feld, mehrere Werte gleichzeitig speichern. Im Unterschied zu Feldern können aber die einzelnen *Werte von unterschiedlichen Datentypen* sein. Die Komponenten einer Struktur können entweder einzeln oder als Gesamtheit angesprochen werden.

Die *Deklaration* einer Strukturvariablen besteht aus zwei Stufen: Zunächst wird festgelegt, aus welchen Komponenten die Variable besteht, wobei für jede ihrer Komponenten ein Name und ein Typ genannt werden muss. Anschließend wird der Name der Gesamtstruktur angegeben. Durch die **C-Deklaration** in Abbildung 3-10 links oben wird beispielsweise eine Strukturvariable `meinKonto` vereinbart, die aus drei Komponenten besteht - einer skalaren `int`-Komponente `nummer`, einem `char`-Feld `bezeichnung` und einer skalaren `float`-Komponente `stand`. Der Zweck dieser Komponenten wird unmittelbar aus ihren Namen deutlich; ihre drei Werte bilden zusammen die Datenmenge, die im Programm über ein Bankkonto geführt wird.

Durch die Strukturdeklaration wird insbesondere ein neuer **Datentyp** (ein **Strukturtyp**) im eingangs besprochenen Sinne (→3.1.1) definiert, denn es wird ja der interne Aufbau (und damit der Wertebereich) einer Strukturvariablen beschrieben. Wie die Abbildung in ihrer Mitte zeigt, kann in C einem solchen Typ ein Name gegeben werden, auf den dann in darauf folgenden Variablendeklarationen Bezug genommen werden kann.

Zur *Realisierung* einer Strukturvariablen dient eine Gruppe von Speicherzellen. Diese Zellen bilden zumeist einen zusammenhängenden Speicherbereich, was aber nicht zwingend ist. Abbildung 3-10 stellt daher rechts nicht die exakte Speicherstruktur dar, sondern zeigt eine etwas abstraktere „Kästchenskizze“.

Deklaration einer Strukturvariablen „meinKonto“:

```
struct { int nummer;
         char[20] bezeichnung;
         float stand; }
  meinKonto;
```

oder

```
struct KontoTyp
  { int nummer;
    char[20] bezeichnung;
    float stand; };
struct KontoTyp meinKonto;
```

Zugriff auf die Strukturvariable:

```
meinKonto.nummer = 123456;
strcpy(meinKonto.bezeichnung,"Sparbuch");
meinKonto.stand = 123.45;
```

Aufbau der Variablen:

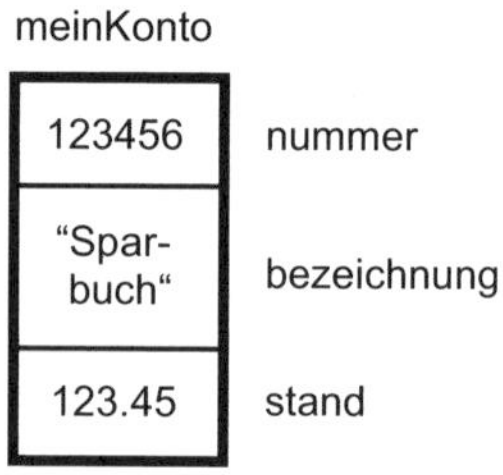

Abb. 3-10 *Strukturvariable in C*

Abbildung 3-10 links unten zeigt Zugriffe auf Strukturkomponenten in C-Schreibweise. Dabei wird jeweils dem Strukturnamen ein Komponentenname angefügt. Die Namen werden durch einen Punkt voneinander getrennt, weshalb man auch von einem Zugriff durch **Punktnotation** spricht. Mit einer so angesprochenen Strukturkomponenten kann dann wie mit einer einzelnen Variablen des betreffenden Komponententyps gearbeitet werden.

Gegenüber einer Sammlung von Einzelvariablen hat eine Struktur hauptsächlich den *Vorteil,* dass sie die Zusammengehörigkeit der gespeicherten Werte deutlich macht. Strukturen unterstützen also, wie ihr Name schon sagt, eine *strukturierte Datenhaltung.* Man kann diesen Ansatz der Strukturierung weitertreiben, indem man zusammen mit den Wertekomponenten auch die Operationen definiert, die darauf möglich sind. Sinnvolle Operationen für die Kontostruktur in Abbildung 3-10 wären beispielsweise „Abheben“ oder „Einzahlen“. Eine solche Einheit aus Wertespeicher und Operationen bezeichnet man als *Objekt* (→6.1.1).

Kombinationen von Feldern, Strukturen und Zeigern

Strukturen, Felder und Zeiger können auf vielfältige Weise kombiniert werden und erlauben so eine flexible und übersichtlich strukturierte Datenhaltung. Abbildung 3-11 skizziert drei Möglichkeiten dafür:

> Ein *Feld* kann *als Komponenten Strukturen* enthalten, die jeweils mehrere einzelne Werte umfassen. Ein Anwendungsbeispiel ist ein Feld, das die Daten mehrerer Konten speichert, wobei für jedes Konto in einer eigenen Struktur der Besitzername, die Geheimzahl und der Kontostand abgelegt sind. Man beachte, dass zwar nicht immer in allen Feldkomponenten Daten abgelegt sein müssen, dass aber auch eine momentan „leere“ Komponente Speicherplatz in der Größe einer Struktur belegt.

> Ein *Feld* kann *als Komponenten Zeiger auf Strukturen* enthalten. Der Vorteil gegenüber dem vorigen Beispiel liegt in der besseren Speicherausnutzung: Speicher muss hier (neben dem Feld mit seinen relativ kleinen Zeigerkomponenten) nur für die Strukturen bereitgestellt werden, die zur Zeit tatsächlich in Benutzung sind. Für momentan nicht belegte „Kontonummern“ (= Feldindizes) existiert auch keine Struktur im Speicher, und die Feldkomponente enthält entsprechend einen **Nullzeiger**.

> Eine *Struktur* kann *als Komponenten Zeiger auf weitere Strukturen* enthalten. Auf diese Weise lassen sich beliebig vernetzte Datensammlungen realisieren. Eine wichtige Eigenschaft solcher Datensammlungen ist, dass sie ihre Form dynamisch den wechseln-

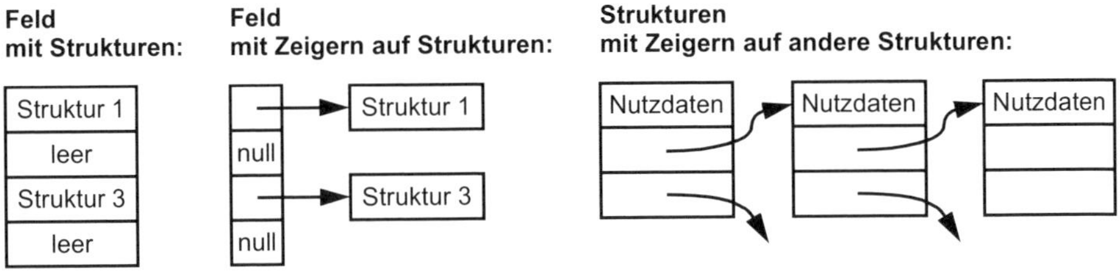

***Abb. 3-11** Kombinationen von Feldern, Strukturen und Zeigern*

den Gegebenheiten und Anforderungen anpassen können: Sie können wachsen, schrumpfen und ihre Vernetzung ändern. Die mathematisch-formale Grundlage für eine derart „verzeigerte" Datenorganisation sind *Graphen*, die im folgenden Unterkapitel besprochen werden.

3.2 Graphen

Skalare Variablen, Felder und Strukturen sind **statisch**: Zwar können sich ihre *Werte* im Laufe der Zeit ändern, ihre *Größe* (und damit die Anzahl der gespeicherten Daten) bleibt aber konstant. Darüber hinaus legt die statische Speicherorganisation die Beziehungen fest, in denen die Daten zueinander stehen. Diese Beziehungen sind damit nicht (oder nur schwer) veränderbar. In vielen Anwendungsfällen hat man es jedoch mit Datenbeständen zu tun, deren Umfang sich im Laufe der Zeit ändert und deren Einträge in ständig wechselnden Beziehungen zueinander stehen. Ein Beispiel hierfür ist ein Informationssystem, das eine dynamisch wachsende und schrumpfende Menge von Daten verwalten und zudem die Beziehungen der Daten untereinander darstellen muss.
Für solche Anwendungen werden **dynamische Datenstrukturen** benötigt, deren Größe und Form sich jeweils dem aktuellen Bedarf anpasst. Im vorangehenden Abschnitt (→Abbildung 3-11 rechts) wurde bereits eine Möglichkeit zur Realisierung dynamischer Datenstrukturen skizziert, nämlich als Netz von Einzelstrukturen, die Zeiger aufeinander enthalten. Zur Modellierung solcher dynamischer Datenstrukturen dienen **Graphen**. Sie stellen nicht nur die einzelnen Komponenten eines Datenbestands dar, sondern zeigen insbesondere auch die Beziehungen dieser Komponenten untereinander. Graphen sind Thema dieses Unterkapitels: Es werden

> zunächst grundlegende *Begriffe der Graphentheorie* eingeführt und
> anschließend mit *Listen* und *Bäumen* zwei Formen von Graphen besprochen, die in der Informatik besonders häufig verwendet werden.

Verfahren zur *Arbeit mit Graphen* werden in →4.2 dargestellt; die *programmtechnische Realisierung* dynamischer Datenstrukturen ist Thema von →6.2.

3.2.1 Grundbegriffe

Ein **Graph** beschreibt eine Menge von *Dingen / Objekten* mit ihren *Beziehungen* untereinander. Er kann erstens durch eine *Zeichnung* und zweitens durch ein formales *System von Mengen oder Tupeln* dargestellt werden: Die zeichnerische Darstellung veranschaulicht die Da-

Graphdarstellung durch Zeichnung:

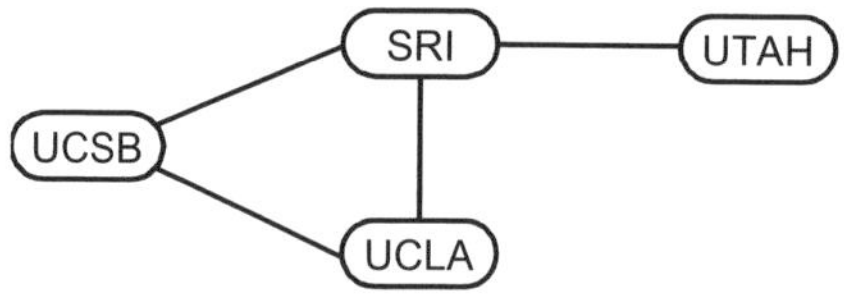

Graphdarstellung durch Mengen:

V = { UCSB, SRI, UCLA, UTAH }

E = { { UCSB, UCLA },
{ UCSB, SRI },
{ UCLA, SRI },
{ SRI, UTAH } }

Abkürzungen: UCSB = Univ. of California at Santa Barbara SRI = Stanford Research Institute
UCLA = Univ. of California at Los Angeles UTAH = Univ. of Utah

Abb. 3-12 *Ungerichteter Graph: ARPANET im Dezember 1969*

tenstruktur für den menschlichen Betrachter, die Mengen- oder Tupel-Darstellung ermöglicht eine mathematische Untersuchung und eine maschinelle Verarbeitung der Datenstruktur.

Der *Beispielgraph* in Abbildung 3-12 modelliert das *ARPANET*, einen Vorläufer des Internets, in seinem Urzustand im Dezember 1969. Die zeichnerische Darstellung links zeigt die an das Netz angeschlossenen Institutionen als Ovale und die Leitungen zwischen ihnen als Linien. Die formale Mengendarstellung rechts ist äquivalent zu der zeichnerischen Darstellung; sie wird weiter unten näher erläutert.

Ungerichtete Graphen

Allgemein kann der Begriff des Graphen folgendermaßen definiert werden:

Definition „Ungerichteter Graph“: $G=(V,E)$ heißt *ungerichteter Graph* (engl. *undirected graph*) genau dann, wenn gilt

> V ist eine nichtleere Menge - die Menge der **Knoten** (engl. *vertices*) von G.

> E ist eine Menge von ein- oder zweielementigen Teilmengen von V - die Menge der *Kanten* (engl. *edges*) und *Schlingen* von G.

- Ein Paar $\{u,v\} \in E$ (mit $u \in V$ und $v \in V$) heißt **Kante** zwischen den Knoten u und v.
- Ein Element $\{u\} \in E$ (mit $u \in V$) heißt **Schlinge** am Knoten u.

Knoten modellieren die einzelnen *Objekte*, die in der Datenstruktur enthalten sind - im Beispiel also die Institutionen im Netz. Sie werden graphisch durch Kreise, Ovale oder Rechtecke dargestellt. *Kanten modellieren Beziehungen* zwischen Objekten - im Beispiel also die Leitungen zwischen jeweils zwei Institutionen. Sie werden graphisch durch Linien zwischen den zugehörigen Knoten dargestellt. In manchen Fällen ist es auch sinnvoll, eine Kante zum selben Knoten zurückzuführen. Dies stellt man durch eine Linie dar, die (wie der Name in der Definition schon sagte) als *Schlinge* am betreffenden Knoten angefügt ist.

Man beachte, dass die Mengenschreibweise $\{u,v\}$ für eine Kante keine „Richtung“ der Beziehung vorgibt: u und v sind zwar miteinander verbunden; es wird jedoch nicht festgelegt, welcher Knoten der Anfangs- und welcher der Endpunkt ist. Die Beziehung von u zu v ist also gleichwertig zur umgekehrten Beziehung von v zu u. Für das ARPANET-Beispiel ist dies angemessen, denn es werden ja Daten in beiden Richtungen übertragen.

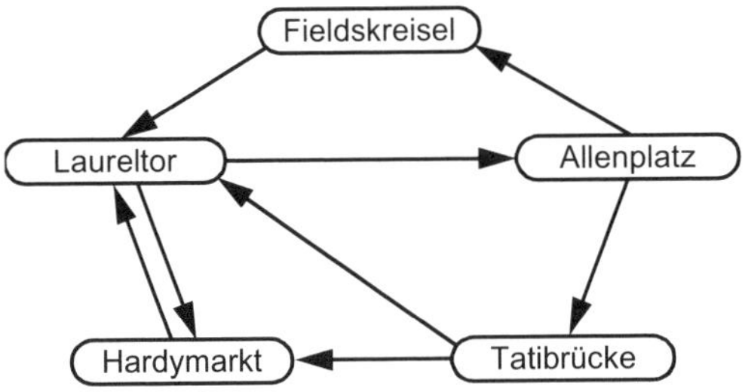

E = { (Hardymarkt, Laureltor),
(Laureltor, Hardymarkt),
... ,
(Allenplatz, Tatibrücke) }

Abb. 3-13 *Gerichteter Graph: Straßennetz mit Einbahnstraßen*

Gerichtete Graphen

Viele Anwendungen erfordern, dass Kanten eine *Richtung* gegeben, also jeweils eindeutig zwischen Anfangs- und Endknoten einer Kante unterschieden wird. Dies wird durch *gerichtete Graphen* modelliert:

Definition „Gerichteter Graph“: $G=(V,E)$ heißt *gerichteter Graph* (engl. *directed graph, digraph*) genau dann, wenn gilt

> V ist eine nichtleere Menge - die Menge der **Knoten** von G.

> E ist eine Menge, deren Elemente entweder Paare von Elementen aus V oder Einzelelemente aus V sind. E ist die Menge der *Kanten* und *Schlingen* von G.

- Ein Paar $(u,v) \in E$ (mit $u \in V$ und $v \in V$) heißt **Kante** vom Knoten u zum Knoten v.
- Ein Element $u \in E$ (wobei gleichzeitig $u \in V$ gilt) heißt **Schlinge** am Knoten u.

Bei einer Kante (u,v) in einem gerichteten Graphen wird also durch die Reihenfolge im Tupel festgelegt, welcher Knoten der Anfangspunkt der Kante (nämlich u) und welcher Knoten der Endpunkt der Kante (nämlich v) ist. Zeichnerisch wird eine gerichtete Kante durch einen Pfeil dargestellt, der vom Anfangs- zum Endknoten führt.
Abbildung 3-13 zeigt ein *Beispiel* für einen gerichteten Graphen - nämlich die Skizze eines Stadtplans, in dem Einbahnstraßen zwischen Plätzen verlaufen und Pfeile die vorgeschriebenen Fahrtrichtungen angeben. Gerichtete Graphen wurden in diesem Buch bereits in anderen Zusammenhängen verwendet, nämlich bei Zustandsdiagrammen (→Abbildung 2-9) und Syntaxdiagrammen (→Abbildung 2-27). Hier traten übrigens auch Schlingen auf. Programmablaufpläne (→4.1.2, Abbildung 4-1) sind ebenfalls gerichtete Graphen.

Graphattribute

Knoten und Kanten eines Graphen können mit Werten beschriftet sein. Diese Beschriftungen heißen **Markierungen** oder **Attribute**, und ein so beschrifteter Graph heißt **attributierter Graph**. Die Beispielgraphen aus den Abbildungen 3-12 und 3-13 tragen nur *Knotenattribute*, nämlich die Namen von Institutionen bzw. Plätzen. Mögliche *Kantenattribute* wären hier beispielsweise die Übertragungskapazitäten der einzelnen Leitungen bzw. die Namen von Straßen. Ein vollständig attributierter Graph ist in →Abbildung 2-10 zu sehen, nämlich das Zustandsdiagramm eines endlichen Automaten: Ein Knotenattribut ist hier die Bezeichnung eines Zustands, ein Kantenattribut ist die Bedingung und die Aktion eines Übergangs.

Durch die Attributierung wird ein Graph also zu einem *Datenspeicher*, dessen Einträge strukturiert angeordnet sind. Man kann eine Datenmenge dadurch geordnet ablegen und auf sie effizient zugreifen (→4.2). Darüber hinaus lassen sich mit attributierten Graphen unter anderem *Optimierungsprobleme* formulieren und lösen – wie beispielsweise das *Problem des Handlungsreisenden* (→4.3.2).

Weitere Begriffe

Bei der Arbeit mit Graphen werden einige weitere grundlegende Begriffe benutzt, von denen die wichtigsten hier kurz angegeben werden sollen. Seien dazu $G_u=(V_u,E_u)$ ein ungerichteter und $G_g=(V_g,E_g)$ ein gerichteter Graph:

> Zwei Knoten u und v heißen **benachbart**, wenn es eine Kante zwischen ihnen gibt, also wenn $\{u,v\} \in E_u$ bzw. $(u,v) \in E_g$ oder $(u,v) \in E_g$ ist. Beispielsweise sind „UCSB" und „UCLA" (→Abbildung 3-12) sowie „Laureltor" und „Allenplatz" (→Abbildung 3-13) benachbart, nicht jedoch „UCSB" und „UTAH" oder „Hardymarkt" und „Fieldskreisel".

> Eine Folge $(v_1, v_2, ..., v_n)$ von Knoten heißt **Weg** oder **Pfad** von v_1 nach v_n, wenn für alle i mit $1 \leq i \leq n\text{-}1$ gilt: $\{v_i,v_{i+1}\} \in E_u$ bzw. $(v_i,v_{i+1}) \in E_g$. Man kann also von v_1 über die „Zwischenstationen" $v_2, ..., v_{n-1}$ nach v_n gelangen. Die **Länge des Wegs** ist definiert als die Anzahl seiner Kanten. Beispielsweise ist („UCSB", „SRI", „UTAH") ein Weg von „UCSB" nach „UTAH" mit der Länge 2. („Fieldskreisel", „Laureltor", „Allenplatz") ist ein Weg von „Fieldskreisel" nach „Allenplatz", ebenfalls mit der Länge 2.

> Ein Weg $(v_1, v_2, ..., v_{n-1}, v_1)$ heißt **Zyklus**, sofern für alle i, j mit $1 \leq i,j \leq$n-1 gilt: $v_i \neq v_j$. Der Weg beginnt und endet also am selben Knoten, und kein anderer Knoten tritt doppelt auf. Ein Graph, der keine Zyklen enthält, heißt **azyklischer Graph**. Beispielsweise sind („UCSB", „SRI", „UCLA", „UCSB") und („Fieldskreisel", „Laureltor", „Allenplatz", „Fieldskreisel") Zyklen.

> G_u heißt **zusammenhängend**, wenn es für alle Knotenpaare $v_i \neq v_j$ einen Weg von v_i nach v_j gibt. G_g heißt zusammenhängend, wenn der ungerichtete Graph G', den man aus G_g durch Weglassen der Kantenrichtungen erhält, zusammenhängend ist. Die oben betrachteten Beispielgraphen sind offensichtlich zusammenhängend. Ließe man die Kante („SRI", „UTAH") weg, würde der Graph unzusammenhängend, kann aber immer noch als *ein* Graph angesehen werden.

3.2.2 Listen und Bäume

Zwei spezielle Formen von Graphen werden besonders häufig benutzt, nämlich **Listen** und **Bäume**. Dieser Teilabschnitt konzentriert sich auf den *Aufbau* von Listen und Bäumen; Verfahren zur *Arbeit mit ihnen* werden in →4.2 besprochen, und ihre *programmtechnische Realisierung* ist Thema von →6.2.

Lineare Listen

Wie Abbildung 3-14 zeigt, ist eine **lineare Liste** (engl. *linear list*) die einfachste Form eines zusammenhängenden Graphen: In ihr sind die Knoten *hintereinander verkettet*, so dass jeder Knoten (bis auf den ersten) einen eindeutigen Vorgänger und (bis auf den letzten) einen ein-

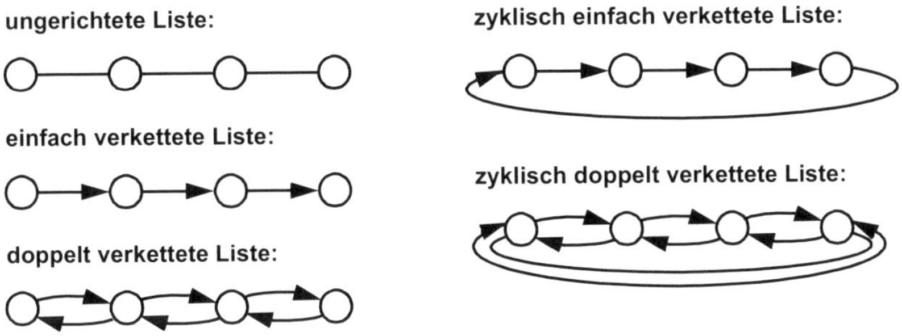

Abb. 3-14 *Lineare Listen*

deutigen Nachfolger hat. In der Praxis sind insbesondere Listen mit gerichteten Kanten interessant, da sie als „verzeigerte Strukturen" (→Abbildung 3-11) realisiert werden können. Hierfür gibt es verschiedene Organisationsformen, die in Abbildung 3-14 dargestellt sind:

> In einer *einfach verketteten Liste* gibt es nur Kanten in einer Richtung, nämlich jeweils vom Listenvorgänger zum -nachfolger. Ein bequemer Durchlauf ist daher nur „von vorn nach hinten" möglich, nicht jedoch in umgekehrter Richtung.

> Bei einer *doppelt verketteten Liste* führt von jedem Konten eine Kante zu seinem Vorgänger und eine Kante zu seinem Nachfolger (sofern jeweils existent). Sie kann daher in beiden Richtungen bequem durchlaufen werden.

> *Zyklisch verkettete Listen* besitzen zudem eine Kante vom Listenende zurück zum Listenanfang sowie gegebenenfalls auch in umgekehrter Richtung.

Typische *Operationen* auf Listen sind, neben dem Durchlauf und der Suche nach Einträgen, das Hinzufügen und das Entfernen von Knoten. Eine Liste ist also eine dynamische Datenstruktur. Werden Knoten stets hinten angefügt und vorne entfernt, so handelt es sich um eine **(Warte-)Schlange** (engl. **queue**, →6.2.1) oder **FIFO-Liste** (= „First in First Out"). Werden Knoten stets vorne angefügt und wieder entfernt, so spricht man von einem **Keller** (engl. **stack**, →6.2.1) oder, seltener, einer **LIFO-Liste** (= „Last in First Out").
Praktische *Anwendungsbeispiele* für verkettete Listen gibt es viele: So speichert ein Betriebssystem die Aufträge, die der Computer zu bearbeiten hat, in einer oder mehreren Listen und verwaltet diese beispielsweise nach dem FIFO-Prinzip. Auch die einzelnen Bereiche (= „Blöcke") des Plattenspeichers, die eine Datei (→3.3.1) aufnehmen, werden in einer Liste zusammengefasst. Dabei entspricht die Reihenfolge der Blöcke in der Liste der Reihenfolge der Daten in der Datei. Schließlich können Listen in Kombination mit einem Feld zur sortierten Ablage von Daten benutzt werden. Wir werden hierauf in →4.2.1 unter dem Stichwort *Hashing* zurückkommen.

Allgemeine Bäume

Die zweite wichtige Graphstruktur ist der **Baum**: Anschaulich gesprochen ist ein Baum ein Graph, der seinen Ursprung in einem eindeutigen *Wurzelknoten* hat, sich von dort aus immer weiter verzweigt und schließlich in *Blattknoten* endet. Aus dem Alltagsleben bekannt sind Familienstammbäume, bei denen die Vor- oder die Nachfahren einer bestimmten Person dargestellt sind (siehe Abbildung 3-15). Auch der Computerbenutzer verwendet Bäume,

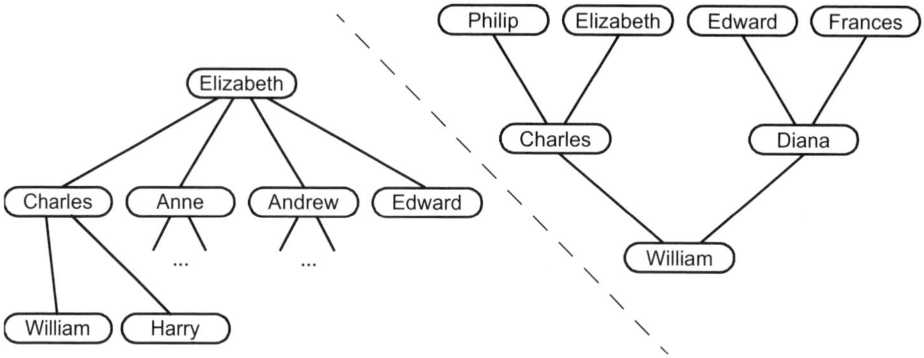

Abb. 3-15 *Familienstammbäume*

nämlich zur Organisation seiner Dateien auf dem Plattenspeicher (→3.3.2). In diesem Buch sind bereits Ableitungs- und Syntaxbäume für Backus-Naur-Formen (→Abbildung 2-26) eingeführt worden, und es werden weitere Beispiele folgen, so insbesondere verschiedene Binärbäume (→nächster Teilabschnitt), Dateibäume (→Abbildung 3-19) und baumstrukturierte Dokumente (→Abbildung 3-26). Der Begriff des Baums kann unter anderem auf die folgenden beiden Arten exakt definiert werden:

Definition „Baum" (formal): Ein gerichteter Graph $G=(V,E)$ heißt Baum genau dann, wenn gilt

> Es gibt genau einen Knoten $w \in V$ ohne hineinlaufende Kante. *w* heißt Wurzelknoten (**Wurzel**, engl. **root [node]**) des Baums.

> Es gibt für jeden Knoten $v \in V$ mit $v \neq w$ genau einen Weg von *w* nach *v*.

Definition „Baum" (anschaulich):

> Ein Graph mit einem einzelnen Knoten und ohne Kanten ist ein Baum.

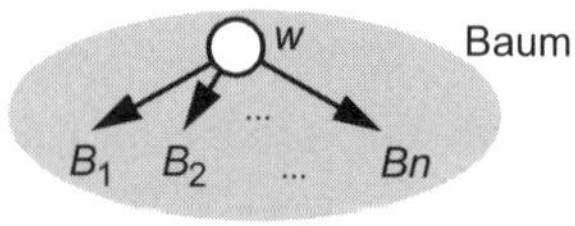

> Wenn B_1, ..., B_n ($n \geq 1$) Bäume sind, dann ist auch der Graph ein Baum, der folgendermaßen entsteht: Es wird ein neuer Wurzelknoten *w* hinzugefügt und von *w* je eine Kante zu den jeweiligen Wurzelknoten der B_i gezogen.
> Die B_i werden dann zu **Unterbäumen** oder **Teilbäumen** des Gesamtbaums.

Die anschauliche Definition ist eine **rekursive Definition**, denn sie nimmt in ihrem zweiten Teil auf sich selbst Bezug. Ein Baum ist damit eine **rekursive Datenstruktur**: Er setzt sich zusammen aus Teilbäumen, die wiederum aus Teilbäumen bestehen und so weiter.
Aus der zeichnerischen Darstellung eines Baums wird fast immer unmittelbar deutlich, welcher Knoten die Wurzel ist und damit auch, in welcher Richtung die Kanten verlaufen. Die Pfeile der Kanten werden daher meist weggelassen.
Im Zusammenhang mit Bäumen verwendet man die folgenden *Begriffe*:

> Die Knoten eines Baums, von denen keine Kanten abgehen, heißen **Blattknoten** oder **Blätter**. Alle anderen Knoten heißen **innere Knoten**. Im linken Baum von Abbildung 3-15 ist „William" ein Blattknoten und „Elizabeth" ein innerer Knoten.

Was sagt der Dichter zum Thema Rekursion?

Dass das Prinzip der Rekursion auch in anderen Lebensbereichen Anwendung findet, zeigt ein kleines Gedicht von *Joachim Ringelnatz* (1883-1934):

Es stand sehr schlimm um des Bandwurms Befinden.
Ihm juckte immer etwas hinten.
Dann konstatierte der Doktor Schmidt,
Nachdem er den Leib ihm aufgeschnitten,
Daß dieser Wurm an Würmern litt,
Die wiederum an Würmern litten.

> Führt eine Kante von einem Knoten *u* zu einem Knoten *v*, so heißt *u* **Vater(knoten)** von *v*, und *v* heißt **Sohn(knoten)** von *u*. Im Beispielbaum ist „Elizabeth" Vater von „Anne" und „Anne" Sohn von „Elizabeth" - woran man auch schön sieht, dass geschlechtsspezifische Fachbegriffe ihre Tücken haben.
> Die „unterhalb" eines Knotens *v* liegenden Knoten bilden einen **Unterbaum** oder **Teilbaum** mit der Wurzel *v*. Im Beispielbaum bildet „Charles" mit seinen beiden Söhnen „William" und „Harry" einen Unterbaum.
> Ein Baum heißt **geordnet**, wenn für die Söhne jedes Knotens eine eindeutige Reihenfolge festliegt. Die Ordnung des Beispielbaums ist durch die zeitliche Reihenfolge der Geburten der dargestellten Personen gegeben.
> Die Länge des Wegs von der Wurzel zu einem Knoten *v* heißt **Niveau** oder **Ordnung** von *v* im Baum. Das Niveau von „Elizabeth" ist beispielsweise 0, das Niveau von „William" ist 2.
> Das Maximum aller Knotenniveaus im Baum heißt **Höhe** oder **Ordnung** des Baums. Der Beispielbaum hat die Höhe 2.

Eine **Liste** kann übrigens als *Spezialfall eines Baums* angesehen werden: Ihr Anfangsknoten ist die Wurzel, und jeder Knoten hat genau einen Sohn (nämlich seinen Nachfolger) - bis auf den Endknoten der Liste, der der einzige Blattknoten ist. Offensichtlich ist bei einer Liste die *mittlere Weglänge* von der Wurzel zu einem Knoten deutlich größer als bei einem Baum, dessen innere Knoten jeweils zwei oder mehr Söhne haben. Für Anwendungen, die von der Wurzel aus bestimmte Einträge erreichen müssen, ist es daher günstiger, ihre Daten in einem Baum statt in einer Liste zu speichern. Dies führt unter anderem zur Organisation von Daten in *Suchbäumen*, die im →Kasten auf Seite 116 behandelt werden.

Binärbäume

Binärbäume sind eine spezielle Art von Bäumen: Bei ihnen besitzt jeder Knoten *höchstens zwei Söhne*. Zudem muss ein Binärbaum *geordnet* sein, also für die Söhne jedes Knotens eine eindeutige Reihenfolge festliegen. Man kann daher jeweils zwischen dem **linken Sohn** und dem **rechten Sohn** eines Knotens unterscheiden. Beispielsweise ist jeder Stammbaum, der die *Vor*fahren einer bestimmten Person darstellt, ein Binärbaum, denn jeder Mensch hat genau zwei Eltern (vergleiche Abbildung 3-15 links). Umgekehrt ist ein Stammbaum, der die *Nach*fahren einer bestimmten Person darstellt, nicht unbedingt ein Binärbaum, denn ein

Was sind Suchbäume und B-Bäume?

Ein **Suchbaum** ist ein Binärbaum mit Dateneinträgen. Jeder Knoten entspricht dabei einem Datensatz, in dem (ähnlich wie für C-Strukturen in →3.1.3 besprochen) ein Satz zusammengehöriger Daten steht – zum Beispiel der Name einer Person, ihre Anschrift und ihre Telefonnummer. Eine der Komponenten des Datensatzes ist als **Schlüssel** gekennzeichnet – beispielsweise der Name . Gefordert wird dabei, dass ein Datensatz durch seinen Schlüsselwert unter allen Datensätzen eindeutig identifiziert werden kann.

Ein Suchbaum ist nun durch die folgende *Eigenschaft* gekennzeichnet: Für *jeden* seiner Teilbäume gilt, dass der Schlüsseleintrag der Wurzel dieses Teilbaums größer ist als *alle* Schlüsseleinträge seines linken Unterbaums und kleiner als *alle* Einträge seines rechten Unterbaums. Der Baum in der nebenstehenden Abbildung hat diese Eigenschaft, wenn man die **lexikographische Ordnung** („Telefonbuchordnung") von Zeichenketten zugrunde legt: „Miraculix" ist gemäß dieser Ordnung „größer" als alle Einträge seines linken und „kleiner" als alle Einträge seines rechten Unterbaums. Dasselbe gilt für die Unterbäume mit den Wurzeln „Grautvornix", „Majestix" und „Troubadix".

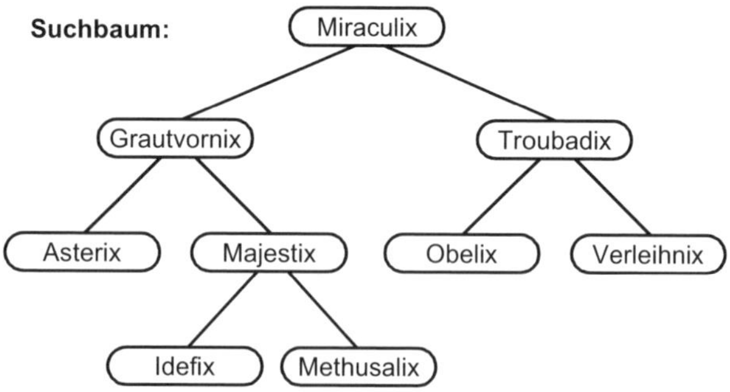

Diese Datenorganisation ermöglicht eine *effiziente Suche* nach einem Knoten mit einem bestimmten Schlüssel *S*: Die Suche beginnt bei der Wurzel. Hat die Wurzel *S* als Schlüssel, so ist der Eintrag gefunden. Ist *S* größer als der Wurzelschlüssel, so steigt man in den rechten Unterbaum ab, sonst in den linken. Dort setzt man das Verfahren fort, bis der Knoten mit dem Schlüssel *S* erreicht wird oder die Suche an einem Blatt endet.

Man beachte, dass bei einer Suche im Suchbaum *nicht alle Einträge* durchlaufen werden müssen, sondern nur *ein einziger Weg* von der Wurzel aus: Durch die Suchbaumeigenschaft ist bei jedem Knoten eindeutig festgelegt, ob man nach links oder rechts „abbiegen" muss. Die maximale Zeit, die zur Suche benötigt wird, wird offensichtlich unmittelbar durch die Höhe des Baums bestimmt. Um diese Zeit gering zu halten, sollten Suchbäume möglichst **ausgeglichen** sein: Für jeden Knoten im Baum sollten sich die Höhen der zugehörigen linken und rechten Unterbäume höchstens um 1 unterscheiden.

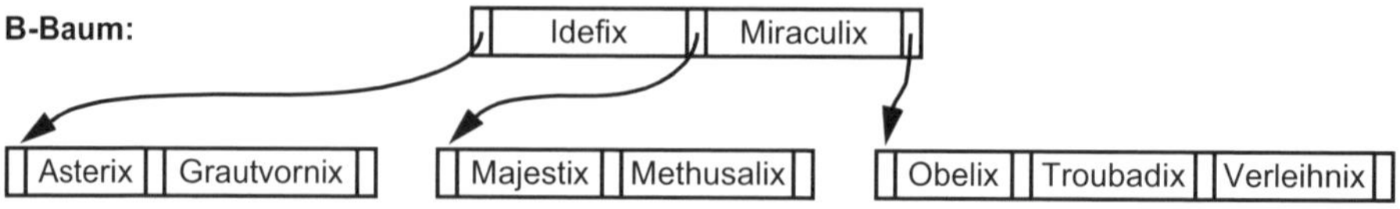

Der Suchbaum-Begriff lässt sich auf *nicht-binäre Bäume* erweitern: In einem **B-Baum** enthalten Knoten sortierte *Listen* von Einträgen. Links und rechts eines Eintrags *E* stehen Verweise auf Unterbäume, deren Einträge alle kleiner bzw. größer als *E* sein müssen. Zudem sind bestimmte Ausgeglichenheitseigenschaften einzuhalten. Offensichtlich ist die Höhe hier geringer als bei einem Suchbaum, und jeder Knotenzugriff liefert gleich mehrere Einträge. Das ist vorteilhaft, wenn ein Speicherzugriff zeitaufwendig ist, wie bei Plattenspeichern. B-Bäume werden daher insbesondere in Datenbanken (→3.5) benutzt.

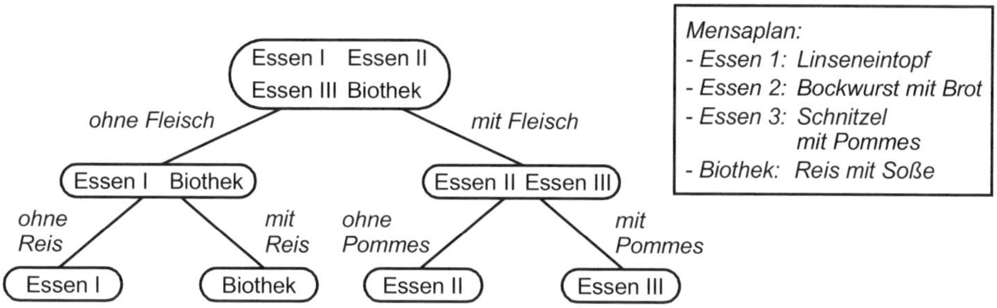

Abb. 3-16 *Binärbaum: Entscheidungsbaum*

Mensch kann mehr als zwei Kinder haben (vergleiche Abbildung 3-15 rechts). In der Informatik findet man Binärbäume in zahlreichen *Anwendungsformen*, zum Beispiel die folgenden:

> **Strukturbäume** stellen den Aufbau von arithmetischen Ausdrücken dar, wie schon anhand von →Abbildung 2-26 besprochen. Aus dieser Abbildung wird übrigens deutlich, dass ein Binärbaum nicht vollständig oder ausbalanciert sein muss – der linke Unterbaum eines Knoten kann also eine deutlich andere Höhe haben als der rechte.

> **Entscheidungsbäume** beschreiben einen Auswahlvorgang anhand einer Folge von Ja-Nein-Entscheidungen (siehe Abbildung 3-16).

> **Suchbäume** unterstützen das effiziente Auffinden von gespeicherten Daten (→Kasten auf Seite 116).

3.3 Dateien und Dateisysteme

In →3.1 wurden Variablen als Technik zur Speicherung von Daten eingeführt. Dort wurden auch schon die Grenzen des Variablenkonzepts angesprochen: Variablen sind jeweils einzelnen laufenden Programmen zugeordnet, können also nur aus diesen Programmen heraus angesprochen werden und werden spätestens zum Ende der Ausführung des Programms gelöscht. Da Variablen zudem meist im Hauptspeicher realisiert werden, gehen sie sofort verloren, wenn die Stromversorgung des Speichers unterbrochen wird.

Man kann sich die Konsequenzen, die diese Einschränkungen haben, gut an dem folgenden *Beispiel* klar machen: Ein Programm, das in einem Geldautomaten ausgeführt wird, soll eine Barauszahlung von einem Girokonto regeln. Dieses Programm kann beispielsweise Daten des Kontos in einer Strukturvariablen speichern (→Abbildung 3-10) und dort den Kontostand um den abgehobenen Betrag reduzieren. Jedoch wird diese Variable bei Beendigung des Programms gelöscht – die Information über den neuen Kontostand geht dann also verloren und steht bei späteren Abhebungen nicht mehr zur Verfügung. Dasselbe Problem tritt auf, wenn während des Abhebens der Strom am Geldautomaten ausfällt. Da zudem die Kontovariable nur dem ausgeführten Programm bekannt ist, können weitere Programme, die möglicherweise gleichzeitig an anderen Geldautomaten oder in der Zentrale laufen, nicht auf die aktuellen Kontodaten zugreifen.

Das Ziel ist also, Daten über *längere Zeiträume* zu speichern und *mehreren Programmen* zugänglich zu machen. *Dateien* bieten diese Möglichkeiten. In diesem Unterkapitel werden

> *Dateien* mit ihrem internen Aufbau und ihren Zugriffsmöglichkeiten sowie
> *Dateisysteme* zur Organisation der Dateisammlung, die in einem oder mehreren Rechensystemen vorhanden ist, besprochen.

In den folgenden Unterkapiteln werden dann Konzepte zur Datenspeicherung behandelt, die auf Dateien aufbauen - nämlich *Dokumente* (→3.4) und *Datenbanken* (→3.5). Zuvor muss jedoch klar sein, dass Dateien *keine Alternative* zu Programmvariablen, sondern eine *Ergänzung* zu ihnen sind:

> *Variablen* werden innerhalb eines Programms, also *lokal*, zur Speicherung von Daten während ihrer Verarbeitung benutzt. Das Programm greift auf die Daten unmittelbar über Variablennamen zu. Die Datenspeicherung ist nur *temporär*, da Variablen recht bald nach ihrer Benutzung wieder gelöscht werden.
> *Dateien* können Daten *global* (= für mehrere Programme) und **persistent** (= dauerhaft) speichern. Ihre Inhalte sind aber nicht direkt zugreifbar: Ein Programm muss Daten aus einer Datei zunächst in Programmvariablen übertragen („einlesen"), bevor es mit ihnen arbeiten kann. Nach Abschluss der Bearbeitung können die aktualisierten Daten aus den Variablen dann wieder zurück in die Datei transportiert („geschrieben") werden.

3.3.1 Dateien

Eine **Datei** (engl. **file**) enthält Einträge, die für längere Zeit gespeichert und wiederholt zur Verarbeitung herangezogen werden sollen. Die Inhalte einer Datei sollten *logisch zusammengehören*: Es kann sich dabei beispielsweise um eine *Datensammlung* wie die Menge aller Kontodaten einer Bank (→einführendes Beispiel), die Inhalte eines *Dokuments* wie eines Briefs, eines Videos oder einer WWW-Seite (→3.4) oder die Folge der Maschinenbefehle eines *Programms* (→2.1.1, →5.3) handeln.
Bei der Realisierung von Dateien spielen mehrere Einzelpunkte eine Rolle, die in den folgenden Teilabschnitten näher betrachtet werden:

> Dateien müssen mit ihren Daten auf geeigneten *physischen Speichermedien* abgelegt werden.
> Dateien müssen *eindeutig benannt* werden. Neben den Dateinamen muss das speichernde Rechensystem *weitere Angaben* über die Dateien führen.
> Die Daten innerhalb einer Datei müssen nach einem *einheitlichen Schema organisiert* sein.
> Auf die Daten einer Datei muss *aus Programmen heraus zugegriffen* werden können.

Physische Realisierung

Dateien werden zumeist in *Peripheriegeräten* oder auf *auswechselbaren Speichermedien* abgelegt - insbesondere auf **Plattenspeichern** (→2.1.1) bzw. auf **Disketten**, **CD-ROMs**, **DVDs** oder **Magnetbändern**. Solche Speicher werden, in Abgrenzung zum Hauptspeicher (→2.1.1), als **Hintergrundspeicher** bezeichnet. Dateiinhalte werden binär (→2.3) durch physische Merkmale der Hintergrundspeicher codiert: Bei Disketten, Plattenspeichern und Magnetbändern geschieht dies durch polarisierte (= gerichtete) Magnetisierungen einzelner Bereiche, bei CD-ROMs und DVDs durch Vertiefungen in der Oberfläche.

Während die Zellen eines Hauptspeichers rein elektronisch angesteuert werden können, erfordern Zugriffe auf die genannten Hintergrundspeicher auch mechanische Operationen, wie die Drehung einer Diskette oder CD-ROM oder den Weitertransport eines Magnetbands. Zugriffe auf Dateien sind also um Größenordnungen *langsamer* als Zugriffe auf Programmvariablen, die im Hauptspeicher liegen. Es ist zwar möglich, einzelne Dateien temporär im Hauptspeicher zu halten, um Zugriffe zu beschleunigen; der eigentliche Speicherungsort für Dateien ist aber der Hintergrundspeicher. Die langen Zugriffszeiten sind der Grund dafür, dass Programme Dateieinträge zunächst in Variablen im Hauptspeicher transportieren, bevor sie mit ihnen arbeiten. Auch Maschinenprogramme (→2.1.1), die in Programmdateien stehen, werden zuerst vom Plattenspeicher in den Hauptspeicher „geladen", bevor sie ausgeführt werden.
Die Ansteuerung der einzelnen Speichergeräte ist Sache des **Betriebssystems** (→2.1.2, →7.3.1). Benutzer müssen sich also hier um die eigentliche Gerätetechnik nicht kümmern - oder zumindest *fast* nicht, denn zumindest Disketten erfordern bekanntlich vor ihrer ersten Benutzung eine **Formatierung** durch den Benutzer: Hierbei wird auf ihre magnetische Oberfläche eine Struktur aus *Sektoren* aufgebracht, die dann jeweils eine bestimmte Datenmenge aufnehmen können.

Dateinamen und -attribute

Benutzer und Programme identifizieren Dateien über **Namen**. Dateinamen haben sinnvollerweise die Form `Basisname.Erweiterung`. Die **Erweiterung** (engl. **extension**) sagt dabei etwas über die Art der gespeicherten Daten aus, z.B. `TXT` für eine Datei mit einem lesbaren Text, `EXE` für eine Datei mit einem ausführbaren Maschinenprogramm, `JAVA` für eine Datei mit einem Java-Programm und so weiter.
Zusätzlich sind Dateien **Attribute** zugeordnet, das heißt Zusatzangaben, die bei Dateizugriffen benötigt werden. Typische Dateiattribute sind die Kennung des Erzeugers oder Besitzers der Datei, die Zeitpunkte der Erzeugung und des letzten Lese- oder Schreibzugriffs, die Dateigröße und die **Zugriffsrechte** (engl. *access rights*). Die Zugriffsrechte einer Datei geben an, welcher Benutzer auf welche Weise mit der Datei arbeiten darf: Im einfachsten Fall wird hier für verschiedene Benutzer oder Benutzergruppen festgelegt, ob sie den Inhalt der Datei *lesen*, ob sie in die Datei *schreiben* (also ihren Inhalt ändern) und ob sie die Datei *ausführen* dürfen. Ein Ausführungsrecht macht nur dann Sinn, wenn die Datei ein ausführbares Maschinenprogramm enthält.

Interne Dateiorganisation

Dateien bestehen aus *Dateneinheiten*, die individuell gelesen oder überschrieben werden können. Zur Organisation dieser Einheiten gibt es verschiedene Möglichkeiten (siehe Abbildung 3-17):

> Der am weitesten verbreitete Ansatz ist die **byte-orientierte Organisation**. Hier enthält eine Datei eine *einfache Folge von Bytes*, auf die unter Angabe der *Bytenummer* (= Byteposition) einzeln zugegriffen werden kann. Jede weitere Strukturierung und die Interpretation der Binärdaten in den einzelnen Bytes ist Sache des zugreifenden Programms. Vorteilhaft ist hier die große Flexibilität, da der Datei nicht von vornherein eine be-

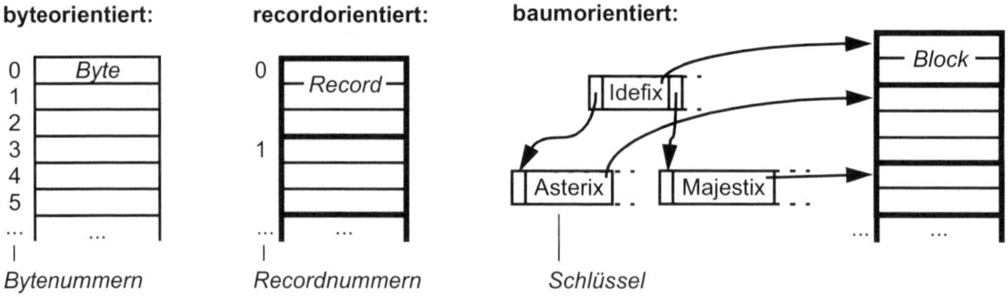

Abb. 3-17 *interne Dateiorganisation*

stimmte Struktur aufgeprägt ist. Dateien können also beliebige binär codierte Daten aufnehmen, die zudem eine beliebige Organisationsstruktur haben dürfen. Das Fehlen jeglicher Vorgaben kann aber auch ein Nachteil sein, da so sämtliche „Verantwortung" für die Organisation beim Programm liegt und damit Fehlzugriffe und -interpretationen möglich sind. Diese Gefahr wird allerdings dadurch vermindert, dass es Standards für *Dateiformate* und *Dokumentstrukturen* gibt (→3.4).

> **Record-orientierte Dateien** enthalten eine Folge von *Byte-Blöcken* („Records") einheitlicher Länge, die jeweils eine Gruppe zusammengehöriger Daten enthalten. Auf die Daten wird *blockweise* zugegriffen. Dieses Schema ist allerdings sehr starr und wird daher heute nur noch in speziellen Anwendungszusammenhängen verwendet.

> Eine **baumorientierte Datei** enthält eine Folge von Blöcken unterschiedlicher Längen, denen jeweils ein **Schlüssel** zugeordnet ist. Ein Schlüssel ist ein Eintrag des Blocks, mit dem dieser Block unter allen Blöcken eindeutig identifiziert werden kann - wie beispielsweise eine Kontonummer das zugehörige Bankkonto eindeutig bestimmt oder ein Personenname einen Eintrag in einem privaten Adressbuch. Verweise auf die Blöcke sind in einer zusätzlichen, nach Schlüsseln geordneten Datenstruktur gespeichert. Bei einer baumorientierten Datei ist dies ein **Suchbaum** oder auch ein **B-Baum** (→Kasten auf Seite 116), über die man Blöcke mit einem bestimmten Schlüsselwert leicht finden kann. Die baumorientierte Organisation ist also insbesondere für Datenbanken (→3.5) sowie Großrechner mit umfangreichen Datenbeständen sinnvoll.

Dateizugriffe

Neben ihrer Organisationsform können Dateien auch anhand der Möglichkeiten klassifiziert werden, wie auf ihre Einträge zugegriffen werden kann:

> In einer **sequentiellen Datei** kann auf eine bestimmte Dateneinheit nur zugegriffen werden, indem die Datei *von vorn nach hinten* durchsucht wird. Das entspricht Dateien, die auf Magnetbändern abgelegt sind, da diese nur sequentiell (= vom Anfang zum Ende) abgespult werden können.

> Bei **wahlfrei zugreifbaren Dateien** ist eine Dateneinheit *unmittelbar* zugänglich, ohne dass andere Einheiten durchlaufen werden müssen. Beispielsweise sind Dateiinhalte auf Plattenspeichern oder Disketten direkt zugreifbar.

> **Dateien mit indexsequentiellem Zugriff** sind eine Mischform aus den beiden vorherigen Ansätzen. Hier wird zunächst eine sortierte Indexliste oder ein entsprechender

Suchbaum nach einem Schlüssel durchsucht (→3.2.2, →voriger Teilabschnitt). Der so gefundene Indexeintrag enthält für diesen oder einen ähnlichen Schlüssel einen Verweis auf einen (etwas größeren) Dateibereich, in dem dann der gewünschte Eintrag sequentiell gesucht wird.

Der eigentliche Zugriff auf eine Dateneinheit ist dann eine **Lese**- oder eine **Schreiboperation**, bei der ihr Inhalt abgerufen bzw. verändert wird. Das Betriebssystem bietet an seiner Programmierschnittstelle (→2.1.2) entsprechende Dienste an, die aus Programmen heraus relativ bequem aufgerufen werden können. Solche Aufrufe setzt das Betriebssystem dann in Zugriffe auf die entsprechenden Bereiche der realen Speichermedien um (→3.3.2). Dabei wird auch geprüft, ob die erforderlichen Zugriffsrechte vorliegen.

3.3.2 Dateisysteme

Auf dem Plattenspeicher eines Computers ist meist eine große Anzahl von Dateien abgelegt. Dazu kommen noch die Dateien, die auf auswechselbaren Medien liegen oder (im Fall von Rechnernetzen und verteilten Systemen, →7) auf anderen Computern im Netz gespeichert sind. In diese umfangreiche Menge von Dateien muss Ordnung gebracht werden, damit die Übersicht nicht verloren geht und eine vom Benutzer oder seinen Programmen benannte Datei rasch zugegriffen werden kann. Eine solche Ordnung wird durch ein **Dateisystem** (engl. **file system**) geschaffen, das über die vorhandenen Dateien „Buch führt". Ein Dateisystem wird, als Teil des *Betriebssystems* (→2.1.2, →7.3.1), wie folgt realisiert:

> In *Verzeichnissen* werden Informationen über die vorhandenen Dateien geführt, nämlich Dateinamen, Dateiattribute und Verweise auf die physischen Speicherungsorte.

> Zur besseren Übersicht werden die Verzeichnisse in einer *Struktur* angeordnet. Diese Struktur ist meist *hierarchisch*, ein so genannter *Dateibaum*.

> Maßnahmen zur *Sicherheit* und *Fehlertoleranz* verhindern unberechtigte Zugriffe auf Daten bzw. Datenverluste bei Systemstörungen.

In einem Computer können *ein oder mehrere Dateisysteme* vorhanden sein. Im einfachsten Fall umfasst ein Dateisystem die Dateien, die auf einem Speichermedium (also einem Plattenspeicher, einer Diskette oder einer CD-ROM) gespeichert sind. Es ist jedoch auch möglich, beispielsweise auf einem Plattenspeicher mehrere Dateisysteme zu realisieren oder umgekehrt die Dateien mehrerer Plattenspeicher in einem großen Dateisystem zusammenzufassen. Im Extremfall entsteht dabei ein Dateisystem, das sich über eine Vielzahl von Computern in einem Computernetz erstreckt (→7.2.2).

Verzeichnisse

Ein **Verzeichnis** (oder **Katalog**, engl. **directory**) enthält Angaben über eine Anzahl von Dateien. Hierzu gehören jeweils der Dateiname, die Dateiattribute und der Vermerk, wo auf den physischen Speichermedien die Datei abgelegt ist. Dem Benutzer gegenüber präsentiert sich ein Verzeichnis als Liste der Dateinamen mit den zugehörigen Attributwerten (siehe Abbildung 3-18 oben). Intern, also innerhalb des Betriebssystems, kann das Verzeichnis als Feld von Strukturen (→3.1.3) realisiert werden, in denen jeweils der Dateiname und die Zusatzangaben über die Datei gespeichert sind (siehe Abbildung 3-18 unten). Ein Verzeichnis wird somit auf zwei Ebenen genutzt:

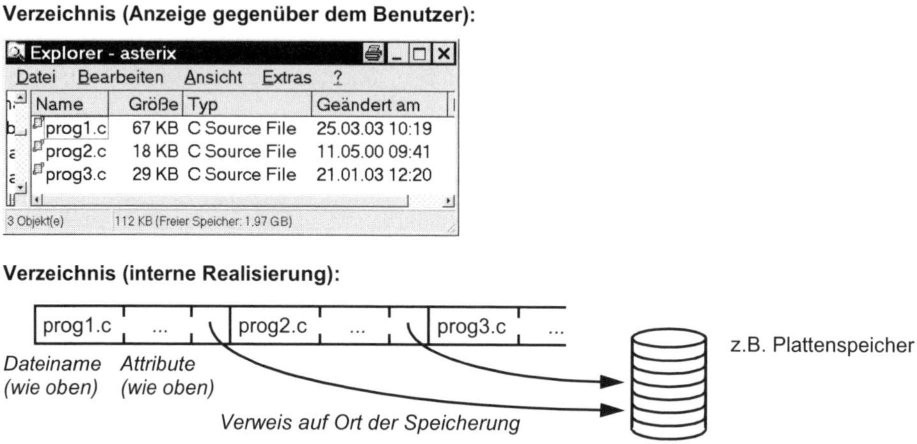

Abb. 3-18 *Verzeichnis*

- Dem *Benutzer* gibt es eine Übersicht über die vorhandenen Dateien. Der Benutzer kann dieser Übersicht, neben den Dateinamen, weitere Informationen entnehmen, wie beispielsweise den Zeitpunkt der letzten Dateiänderung oder die Größe der Datei.
- Dem *Betriebssystem* liefert es die Informationen, die für die Durchführung von Dateizugriffen benötigt werden. Gibt ein Benutzer oder ein Programm einen Dateinamen und eine Bytenummer (→Abbildung 3-17) an, so kann das Betriebssystem über das Verzeichnis ermitteln, wo das betreffende Byte physisch gespeichert ist. Benutzer und Programme können sich damit rein auf der „logischen“ oder „abstrakten“ Ebene der Dateinamen und Bytenummern bewegen; die Umsetzung auf die „physische“ oder „konkrete“ Ebene der realen Hardwareadressen erfolgt automatisch durch das Betriebssystem (zur allgemeinen Diskussion der Adressumwandlung siehe →5.3.2).

Wie Dateiinhalte können auch die Inhalte von Verzeichnissen dynamisch geändert werden. Hierfür stellt ein Betriebssystem sowohl an seiner Benutzer- als auch an seiner Programmierschnittstelle (→2.1.2) eine Reihe von Operationen zur Verfügung, wozu die folgenden gehören:

- *Erzeugen* und *Löschen* von Verzeichniseinträgen (und damit auch von Dateien).
- *Umbenennen* und *Kopieren* von Dateien.
- *Lesen* und *Ändern* von *Attributen*.

In vielen Betriebssystemen kann sich zudem ein laufendes Programm einen *exklusiven Zugriff* auf eine Datei sichern, indem es die gesamte Datei oder bestimmte Bereiche für andere Programme **sperrt**.

Struktur des Dateisystems

Sind nur wenige Dateien vorhanden, so genügt für sie ein einziges Verzeichnis. Ist die Anzahl der Dateien jedoch größer (und das ist in fast jedem heutigen Computer der Fall), so würde ein solches einzelnes Verzeichnis sehr unübersichtlich. Zudem würde die Vergabe von Namen schwierig, denn mangels anderer Unterscheidungsmöglichkeiten müssten alle

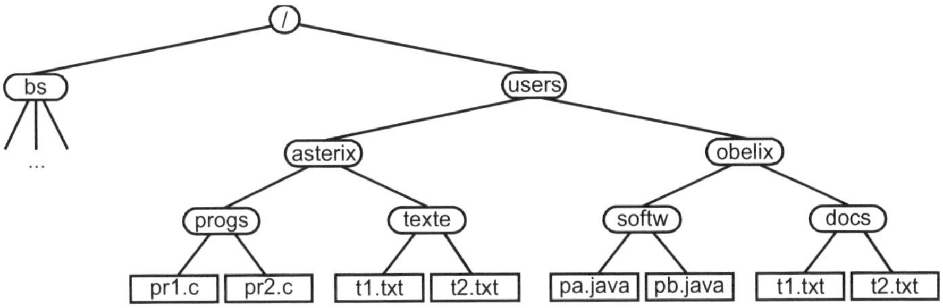

Abb. 3-19 *Dateibaum*

Dateien unterschiedliche Namen haben. Schließlich gäbe es noch Schutzprobleme, da die Dateien der einzelnen Benutzer (und die des Betriebssystems) nicht getrennt voneinander geführt werden können.
In heutigen Computern werden daher **strukturierte Dateisysteme** verwendet. Sie umfassen *mehrere* Verzeichnisse, auf die die vorhandenen Dateien verteilt werden. Der Aufbau des Dateisystems ist dabei **hierarchisch**: Verzeichnisse, die Daten enthalten, können ihrerseits in einem übergeordneten Verzeichnis stehen, was beliebig oft „nach oben" fortgesetzt werden kann. Es entsteht also ein **Dateibaum** (siehe Abbildung 3-19 und auch →3.2.2), in dem die inneren Knoten Verzeichnisse darstellen und die Blattknoten Dateien oder auch (leere) Verzeichnisse. Die Baumstruktur überwindet die Nachteile, die bei der Verwendung nur eines Verzeichnisses auftreten:

> Die Sammlung der Dateien ist in ein *übersichtliches System* gegliedert, das logisch zusammengehörige Dateien in jeweils eigenen Verzeichnissen oder Teilbäumen zusammenfasst.

> Es besteht eine *größere Freiheit bei der Namensgebung*, da nur Dateien, die im selben Verzeichnis stehen, voneinander verschiedene Namen haben müssen. Dateien, die in unterschiedlichen Verzeichnissen abgelegt sind, können denselben Namen tragen, da sie durch Angabe der Verzeichnisnamen unterscheidbar sind (→nächster Teilabschnitt, siehe auch Abbildung 3-19).

> Der *Schutz ganzer Dateigruppen* lässt sich leicht durchzusetzen, indem der Zugriff auf ihre jeweiligen Verzeichnisse kontrolliert wird. Ein Verzeichnis erhält dazu (wie eine Datei) Attribute, die die Zugriffsrechte darauf festlegen.

In manchen Betriebssystemen kann die strenge Baumstruktur durch Verwendung von **Links** durchbrochen werden. Ein Link verknüpft einen Dateinamen in einem Verzeichnis mit einer Datei, die zuvor bereits in einem anderen Verzeichnis abgelegt wurde. Damit kann dieselbe Datei aus zwei verschiedenen Verzeichnissen heraus unmittelbar angesprochen werden; eine aufwendiger Wechsel des Verzeichnisses oder eine Angabe eines langen Pfads aus Verzeichnisnamen (→nächster Teilabschnitt) entfällt also.

Identifikation von Dateien

Wie jeder Baum hat der Dateibaum eine eindeutige Wurzel (→3.2.2). Sie entspricht dem so genannten **Wurzelverzeichnis** (engl. **root directory**), dem Ursprung des Dateisystems.

Was ist RAID?

Die Abkürzung **RAID** steht für *Redundant Array of Inexpensive Disks*. Hier ist das Dateisystem nicht auf einer großen (teuren) Platte gespeichert, sondern auf mehreren kleinen (billigen) Platten, auf die gleichzeitig („nebenläufig") zugegriffen werden kann. Der Inhalt jeder Datei verteilt sich auf mehrere dieser Platten, was man als **Striping** bezeichnet. Durch das Striping wird der *Datendurchsatz* (= Anzahl der transportierten Bytes pro Zeiteinheit) bei Dateizugriffen erhöht, da auf mehreren Platten gleichzeitig gearbeitet wird.

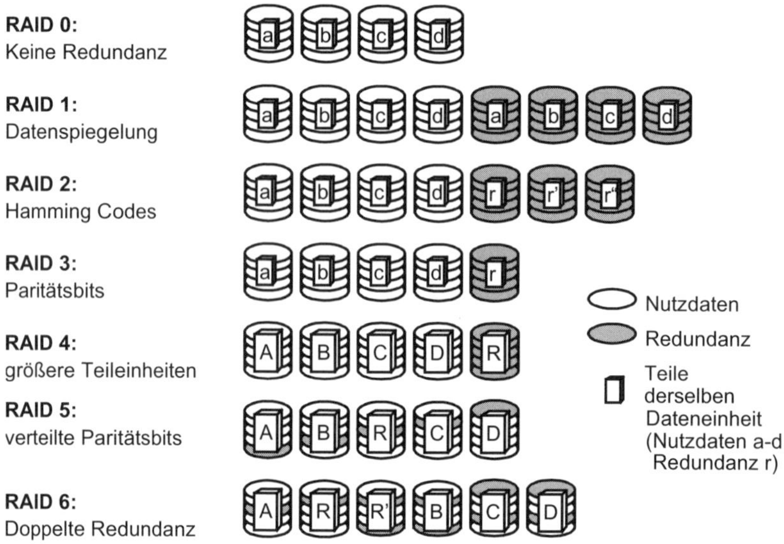

Außerdem werden **Redundanzen** (= Zusatzinformationen) gespeichert. Dabei handelt es sich um **fehlererkennende** oder **fehlerkorrigierende Codes**: Ein fehler*erkennender* Code, wie *Paritätsbits* (→2.1.3), kann anzeigen, dass ein Fehler aufgetreten ist, also irgendeines der Bits einen falschen Wert enthält. Ein fehler*korrigierender* Code, wie der *Hamming Code* oder der *Reed Solomon Code*, erlaubt darüber hinaus die Wiederherstellung der korrekten Daten. Durch diese Maßnahmen lassen sich Fehlfunktionen einzelner Plattenspeicher kompensieren. Je nach Verteilung und Art der Daten und Redundanzen unterscheidet man sieben verschiedene RAID-Stufen.

Eine Datei wird durch Angabe des **Pfads** identifiziert, der im Baum von der Wurzel zum Dateiknoten verläuft. Man nennt diese Art der Identifikation **absolute Identifikation**. Beispielsweise würde im Dateibaum aus Abbildung 3-19 die Datei mit dem Namen `pr1.c` durch den Pfad `/users/asterix/progs/pr1.c` bezeichnet. Das Symbol / dient hier (wie beispielsweise auch in den Betriebssystemen UNIX und Linux) als Identifikator für die Wurzel und als Trennzeichen zwischen den Verzeichnis- und Dateinamen.

Da es mühsam ist, stets den ganzen Pfadnamen anzugeben, gibt es die folgende Alternative: Jeder Benutzer und jedes laufende Programm ist zu jedem Zeitpunkt in einem so genannten **Arbeitsverzeichnis** (engl. **working directory**) tätig. Das Arbeitsverzeichnis kann, je nach Bedarf, dynamisch durch ein Kommando an das Betriebssystem geändert werden. Mit einer Pfadangabe relativ zum Arbeitsverzeichnis ist die **relative Identifikation** einer Datei mög-

lich. Ist beispielsweise momentan /users/asterix das Arbeitsverzeichnis, so bezeichnet progs/pr1.c dieselbe Datei wie im vorherigen Beispiel. Mit .. kann man dabei auch zum Vaterverzeichnis (und iterativ zu noch höheren Verzeichnissen im Baum) übergehen, also zum Beispiel mit .. zum Verzeichnis users und mit ../obelix zum Verzeichnis /users/obelix.
Dateinamen müssen nicht unbedingt vollständig angegeben werden, sondern es können in den meisten Betriebssystemen **Platzhalter** (engl. **wildcards**) verwendet werden. ? ist dabei zumeist der Platzhalter für ein beliebiges Zeichen (z.B. pr?.?), * für eine beliebige Zeichenfolge (z.B. p*.*).

Sicherheit und Fehlertoleranz

Ein Dateisystem sollte *sicher* und *fehlertolerant* sein. Der Begriff der **Sicherheit** (engl. *security*) bezieht sich dabei auf den Schutz vor unberechtigten Zugriffen auf die gespeicherten Daten. Um eine solche Sicherheit durchzusetzen, identifizieren und unterscheiden moderne Betriebssysteme ihre Benutzer eindeutig. Auf dieser Grundlage können für jede Datei und jedes Verzeichnis **Zugriffsrechte** (→3.3.1) vergeben werden, die festlegen, welcher Benutzer wie damit arbeiten darf. Zudem besitzt jeder Benutzer ein **Heimatverzeichnis** (engl. **home directory**). Er kann in diesem Verzeichnis seine Dateien speichern, dort ein System von Unterverzeichnissen anlegen und seinen gesamten Teildateibaum durch Vergabe von Zugriffsrechten schützen. Eine weitere Sicherheitsmaßnahme ist die **Verschlüsselung** (engl. *encryption*) von Dateiinhalten.
Der Begriff der **Fehlertoleranz** (engl. *fault tolerance*) bezieht sich auf den Schutz vor Datenverlusten, die bei Systemstörungen auftreten können. Ein Dateisystem sollte so abgespeichert werden, dass auch dann noch auf die Daten zugegriffen werden kann, wenn ein Teil der physischen Speicherbereiche ausgefallen ist. Dies wird durch die **redundante Führung** von Hardwarekomponenten und Daten erreicht, wie es beispielsweise bei der **RAID-Technik** (→Kasten auf Seite 124) geschieht. Gegen einen Totalausfall der Speicherhardware kann man sich wappnen, indem man auf Disketten, CDs oder Magnetbändern **Sicherungskopien** (engl. **backups**) der Dateien ablegt. Solche Sicherungskopien sollten in regelmäßigen, nicht zu großen Zeitabständen erstellt werden.

3.4 Dokumente

Dateien, wie sie im vorangehenden Unterkapitel besprochen wurden, dienen unter anderem zur Speicherung von Dokumenten. Ein **elektronisches Dokument** ist eine Sammlung von Daten, die ein Computer für einen menschlichen Nutzer zur Betrachtung bereithält. Ein Text (eventuell mit Grafiken), ein Film (eventuell mit einer Tonspur oder Untertiteln) oder eine WWW-Seite sind Beispiele für derartige Dokumente. Dokumente werden mit Hilfe von Computern erstellt und gespeichert, können dort weiterverarbeitet und in einem Computernetz übertragen werden.
Der Inhalt eines Dokuments ist *strukturiert*; die in ihm abgelegten Daten weisen also eine bestimmte Ordnung auf. Die Datei, in der ein Dokument gespeichert ist, muss also nicht nur den eigentlichen Inhalt des Dokuments bereitstellen, sondern auch Angaben über seine Struktur. Dies spiegelt sich im Format der Datei wider. Zudem hat ein Dokument ein *Layout*,

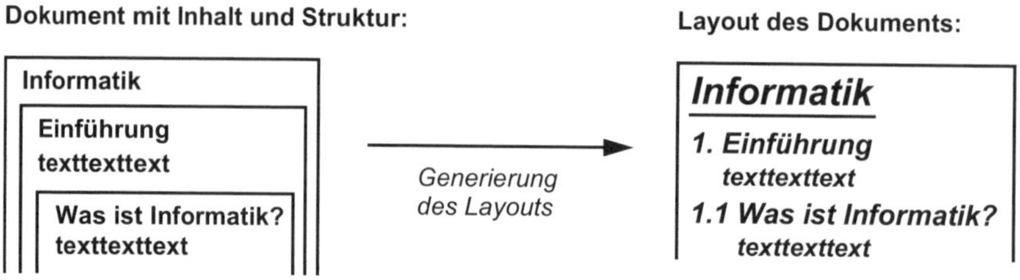

Abb. 3-20 *Dokumentinhalt, -struktur und -layout*

das festlegt, wie sein Inhalt und seine Struktur für die Betrachtung dargestellt werden sollen. Strukturen, Formate und Layouts sind Thema dieses Unterkapitels: Es werden

> zunächst grundlegende Techniken bezüglich *Dokumentstrukturen* und *Dateiformaten* besprochen, wobei insbesondere Markierungssprachen zur Strukturbeschreibung eingeführt werden,
> anschließend mit *HTML* und *SMIL* zwei *konkrete Markierungssprachen* für spezielle Anwendungsbereiche betrachtet und
> schließlich *allgemeine Markierungssprachen* (insbesondere *XML*) diskutiert, die einen standardisierten Rahmen zur Definition konkreter, anwendungsbezogener Markierungssprachen bieten.

3.4.1 Strukturen und Formate

Grundlegende Eigenschaften von Dokumenten

Ein **Dokument** enthält eine Sammlung von Daten, die insbesondere von menschlichen Benutzern betrachtet werden sollen. Das vorliegende Buch ist also in diesem Sinne ein Dokument, das man sich entweder in seiner Papierform nach Ausgabe durch einen Drucker oder in seiner elektronischen Form als Bildschirmanzeige anschauen kann. Für ein Dokument sind sein *Inhalt*, seine *Struktur* und sein *Layout* wichtig (siehe Abbildung 3-20):

> Der **Inhalt** eines Dokuments sind die eigentlichen Nutzdaten, also die Hauptträger der Informationen für den Benutzer. Dokumente können **multimedial** sein, also mehrere Medien wie Texte, Grafiken, Bilder, Filme oder Töne umfassen. Zum Inhalt dieses Buchs beispielsweise gehören die Folge der Buchstaben und anderen Zeichen sowie die einzelnen Grafiken, die jeweils Informationen übermitteln sollen.
> Die **Struktur** des Dokuments bestimmt die Anordnung seines Inhalts und definiert Zusammenhänge zwischen Teilen des Dokuments. So ist beispielsweise dieses Buch in Kapitel, Unterkapitel, Abschnitte und so weiter gegliedert, und Verweise „→" geben Beziehungen zwischen einzelnen Teilen des Texts an.
> Das **Layout** eines Dokuments gestaltet die Ausgabe seines Inhalt und seiner Struktur auf einem Ausgabegerät, also insbesondere auf einem Bildschirm oder Drucker. In diesem Buch werden zum Beispiel Überschriften in einer größeren und/oder fetten Schrifttype gesetzt, Aufzählungen werden durch das Zeichen „>" eingeleitet und so weiter.

Im *Leben eines Dokuments* gibt es im Allgemeinen die folgenden Stufen:

> Zuerst muss ein Dokument *erstellt*, also sein *Inhalt* und seine *Struktur* erarbeitet werden. Das geschieht entweder manuell durch einen menschlichen **Autor** mit Hilfe eines **Editors** (also beispielsweise einen Schriftsteller mit einem Textverarbeitungsprogramm) oder automatisch durch ein Computerprogramm (beispielsweise ein Datenbanksystem [→3.5], das das Ergebnis einer Datenbankanfrage in Form eines Dokuments liefert).

> Anschließend wird das Dokument in einer Datei *gespeichert* und somit auf einem Speichermedium (→3.3.1) abgelegt. Das Dokument kann auch auf einen **Server** gebracht werden, der es damit für *Fernzugriffe* über ein Computernetz bereitstellt (→7).

> Die Dokumentdatei kann dann beliebig oft gelesen und das Dokument damit *angezeigt* werden. Dabei wird aus Dokumentinhalt und -struktur das *Layout* generiert, also seine Darstellung auf einem bestimmten Ausgabegerät erarbeitet. Hierfür gibt es eine Vielzahl von Software – beispielsweise **WYSIWIG-Editoren** („What you see is what you get") zur Betrachtung und Verarbeitung von formatierten Texten und Grafiken, **Browser** zur Anzeige von WWW-Seiten (→3.4.2) und **Viewer** oder **Steuerungssoftware für Drucker** zur Anzeige bzw. Ausgabe von Texten und Grafiken.

> Das Dokument kann schließlich wiederholt *weiterbearbeitet* werden, sofern es der Autor nicht vor Veränderungen geschützt hat. Hierfür können Editoren oder andere geeignete Programme benutzt werden.

> Wie alle Dateien wird ein Dokument irgendwann einmal wieder *gelöscht*.

Dokumentstrukturen

Eine zentrale Eigenschaft eines Dokuments ist seine **Struktur** oder **Architektur**: Sie definiert das Gerüst, in dem die Inhalte des Dokuments angeordnet sind. Die Struktur beeinflusst auch das Layout, denn bei der Präsentation des Dokuments soll im Allgemeinen seine Struktur sichtbar werden (vergleiche das Layout dieses Buchs mit seiner Kapitelstruktur). Wie Abbildung 3-21 zeigt, kann die Strukturierung eines Dokuments unterschiedlich ausgeprägt sein:

> Im einfachsten Fall ist ein Dokument **linear**: Die Einheiten des Dokuments sind hintereinander angeordnet und werden durch den Benutzer in der gegebenen Reihenfolge betrachtet. Ein Beispiel für ein solches lineares Dokument ist ein *Video*, das aus einer Folge von Einzelbildern besteht und von seinem Anfang bis zu seinem Ende abgespult wird.

> Einen etwas komplexeren Aufbau haben **hierarchisch** organisierte Dokumente, deren Einheiten einander über- und untergeordnet sind. Eine hierarchische Ordnung kann durch einen Baum (→3.2.2) dargestellt werden. Ein Beispiel für ein hierarchisch aufgebautes Dokument ist ein *Buch* mit seiner Struktur aus Kapiteln und Abschnitten. Auch bei hierarchischen Dokumenten ist eine bevorzugte Betrachtungsreihenfolge vorgegeben. So wird beispielsweise ein Buch vornehmlich von vorn nach hinten gelesen; allerdings ermöglicht die hierarchische Struktur, die sich im Inhaltsverzeichnis widerspiegelt, auch den direkten Sprung zu einzelnen Teilen des Buchs.

> Die flexibelste Form der Strukturierung weisen Dokumente mit **vernetzten** Komponenten auf. Die Einheiten solcher Dokumente sind nicht in einer strengen Reihenfolge oder Hierarchie angeordnet, sondern enthalten Verweise (so genannte **Links**) aufeinander,

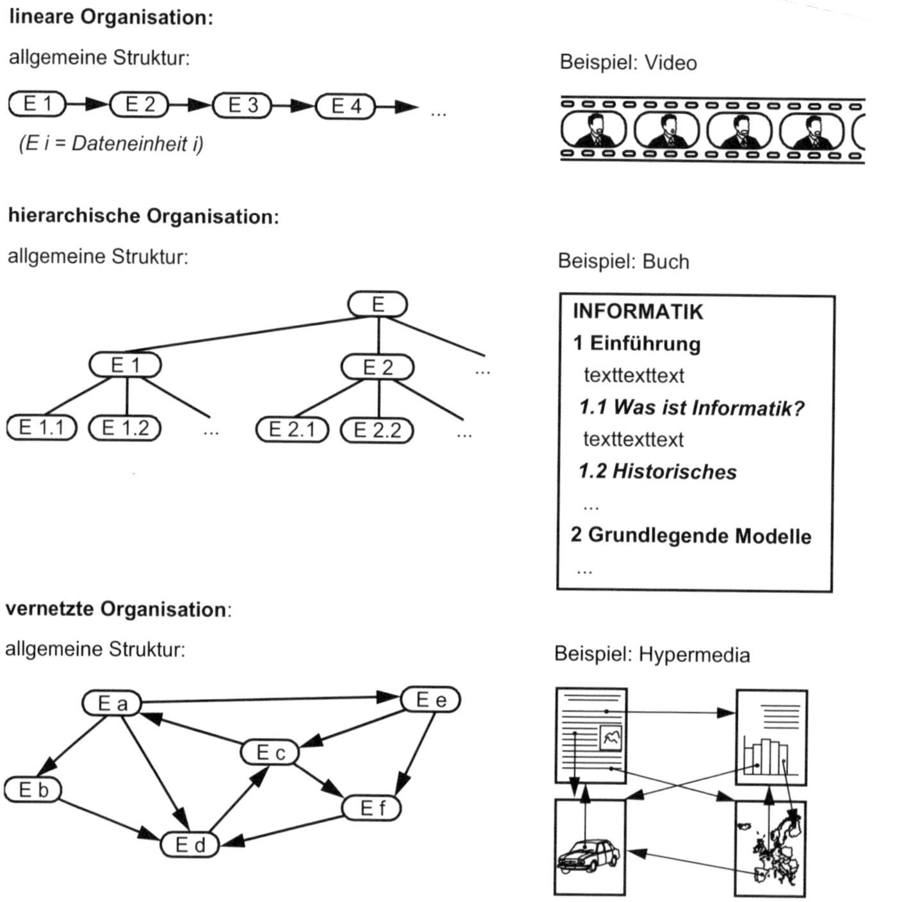

Abb. 3-21 *Dokumentstrukturen*

die beliebig verlaufen können. Dieser Ansatz ist aus dem *World Wide Web* (WWW, →7.2.2) bekannt, wo Seiten Verweise auf andere Seiten enthalten. Beim Betrachten einer Komponente des Dokuments kann der Benutzer selbst entscheiden, welchem der Links er folgen und damit zu welcher Komponente er übergehen möchte. Der Benutzer **navigiert** also durch das Dokument und bestimmt dabei seine Lesereihenfolge selbst. Man spricht in diesem Zusammenhang auch von **Hypertext** oder, wenn das Dokument mehrere verschiedene Medien enthält, auch von **Hypermedia**.

Dateiformate

Elektronische Dokumente werden, wie andere Datensammlungen auch, in *Dateien* (→3.3) abgelegt. Sie können dort längerfristig aufbewahrt werden und stehen global (also potentiell allen Benutzern) zur Verfügung (→3.3). Eine solche Dokumentdatei muss nicht nur den Inhalt des Dokuments speichern, sie muss auch Angaben über seine Struktur enthalten. Die *Speicherung des Inhalts* bereitet dabei keine Probleme: Dateien speichern Bytes, also Binärdaten, so dass hier die Standards zur binären Codierung von Daten der unterschiedlichen Medien (→2.3) genutzt werden können.

Mehr Gedanken muss man sich bezüglich der *Speicherung der Dokumentstruktur* machen: Der Dateiinhalt als solcher ist zumeist eine einfache Folge von Bytes (→3.3.1) und gibt damit von sich aus keine besondere Struktur vor, die den Aufbau des Dokuments widerspiegeln könnte. Es müssen also zusätzliche Festlegungen dafür getroffen werden, in welcher Abfolge die Daten eines Dokuments in einer Datei abgelegt werden. Konkret könnte man beispielsweise für eine Datei, die ein Bild (→2.3.4) enthält, festlegen, dass ihr erstes Byte das benutzte Farbmodell angeben muss, die nächsten beiden Bytes die Anzahl der Bildzeilen, die darauf folgenden beiden Bytes die Anzahl der Spalten und so weiter. Eine solche Festlegung gibt also den einzelnen Bytes in einer Datei Bedeutungen und damit der Folge der Bytes eine Struktur. Es wird damit ein so genanntes **Dateiformat** (engl. *file format*) definiert.

Dateiformate sollten *standardisiert* sein, damit die entsprechenden Dateien auf möglichst vielen Rechnerplattformen und durch möglichst viele Anwendungsprogramme angezeigt und verarbeitet werden können. Standardisierte Formate ermöglichen insbesondere den Austausch von Dateien zwischen Rechnern und Programmen, so dass man auch von **Austauschformaten** spricht. In der Praxis wird eine ganze Reihe von **Standarddateiformaten** verwendet, die durch Dateinamenserweiterungen (→3.3.1) kenntlich gemacht werden. Man kann sie in die folgenden drei Gruppen einteilen:

> **Medienbezogene Dateiformate** legen fest, wie Daten der verschiedenen Medien (→2.3.4) in Dateien gespeichert werden – beispielsweise einfache ASCII-Texte (in Dateien mit der Namenserweiterung `txt`), JPEG-komprimierte Bilder (`jpg`-Dateien) oder MPEG-komprimierte Videos (`mpg`-Dateien). Die meisten solchen Formate definieren insbesondere den genauen Aufbau des *Dateikopfs* (engl. *header*), legen also für eine gewisse Anzahl von Bytes am Dateianfang fest, welche Bedeutung sie haben (siehe Beispiel oben). Die Werte im Dateikopf bilden dann die Grundlage für die Interpretation und Strukturierung der weiteren Bytes in der Datei. Da die Standards für solche Formate im Allgemeinen öffentlich sind, kann jeder Programmierer Anwendungsprogramme schreiben, die entsprechende Dokumente erzeugen, anzeigen und weiterverarbeiten.

> **Softwarespezifische Dateiformate** legen den Aufbau von Dateien fest, mit denen bestimmte Anwendungsprogramme arbeiten sollen. Softwarespezifische Formate sind zwar ebenfalls standardisiert, dies geschieht aber durch die Hersteller der jeweiligen Software, so dass die Standards aus kommerziellen Gründen nicht immer vollständig öffentlich sind. Ein klassisches Beispiel für ein softwarespezifisches Format ist **Postscript** für Dateien, die auf einem Drucker ausgegeben werden sollen (Dateinamenserweiterung `ps`). Ein „postscriptfähiger" Drucker führt ein Programm aus, das in der Datei enthaltene Formatierungsanweisungen interpretiert und so das Druckbild erzeugt. Das Postscript-Format wurde durch die Firma *Adobe* zum **Portable Document Format (PDF)** weiterentwickelt (Erweiterung `pdf`). PDF ist heute ein wichtiger Standard zur Darstellung von Dokumenten, die zwar nicht mehr weiterverarbeitet, aber auf möglichst vielen Rechnerplattformen betrachtet werden sollen. Zur Anzeige dient dabei das Programm *Adobe Acrobat*. Weitere Beispiele sind die spezifischen Dateiformate, die durch das *Microsoft-Office-Paket*, also *Word*, *Excel*, *Access* und *PowerPoint* benutzt werden (Erweiterungen `doc`, `xls`, `mdb` bzw. `ppt`).

> Medienspezifische Dateiformate haben den Nachteil, dass sie nur zur Formatierung der Daten eines bestimmten Mediums genutzt werden können. Zudem sind sie relativ starr, können also kaum erweitert werden, um neuen Anforderungen zu begegnen. Software-

spezifische Dateiformate sind auf ein oder einige wenige Anwendungsprogramme ausgerichtet, so dass nur in einem bestimmten Anwendungsrahmen eingesetzt werden können. **Medien- und softwareneutrale Dateiformate** versuchen, diese Beschränkungen zu überwinden und eine flexible, breit nutzbare Strukturierung von Dateien und Dokumenten zu ermöglichen. Die Flexibilität wird mit Hilfe so genannter *Markierungssprachen* erreicht, die im Folgenden näher betrachtet werden.

Markierungssprachen

Die Grundidee von Markierungssprachen ist, den Inhalt eines Dokuments durch **Marken** (engl. **markups**, oder auch **tags** für bestimmte Arten von Marken) zu ergänzen. Diese Marken sollen die *Struktur* des Dokuments beschreiben und/oder Festlegungen bezüglich seines *Layouts* treffen. Zur Illustration betrachten wir zwei typische Beispiele: Durch

```
<KAPITEL>
  Text1
  <ABSCHNITT>
    Text2
  </ABSCHNITT>
  <ABSCHNITT>
    Text3
  </ABSCHNITT>
</KAPITEL>
```

wird der Inhalt aus `Text1`, `Text2` und `Text3` strukturiert, und zwar in eine Kapiteleinleitung und zwei darauf folgende Abschnitte. Durch

```
Text4 <B> Text5 </B> Text6
```

wird festgelegt, dass der Textteil `Text5` in fetter Schrift (`B`=*bold*) ausgegeben werden soll. Um Marken vom Inhalt abzuheben, werden sie in *spitze Klammern* eingeschlossen oder durch andere Sonderzeichen gekennzeichnet. Viele Marken treten *paarweise* auf und „klammern“ damit einen Teil des Dokumentinhalts (siehe Beispiele). Dabei wiederholt die Endmarke den Namen der Anfangsmarke, ergänzt durch einen Schrägstrich.
Marken bestehen aus *Textzeichen*, also aus Elementen des ASCII- oder Unicode-Zeichensatzes (→2.3.3). Auch der Inhalt des Dokuments selbst kann in ASCII oder Unicode dargestellt werden: Für das Medium „Text“ ist diese Darstellung unmittelbar gegeben. Binäre Darstellungsformen anderer Medien (→2.3.4) können durch ein standardisiertes Verfahren in ASCII- oder Unicode-Zeichenfolgen transformiert werden (→Kasten auf Seite 131). Alternativ kann man eine solche Binärdarstellung auch in eine andere, „externe“ Datei auslagern, auf die die Dokumentdatei dann über den Dateinamen verweist. In jedem Fall können also Inhalt, Strukturierungs- und Layoutinformationen eines Dokuments in *einer Zeichenfolge* integriert werden, die unmittelbar in einer ASCII- oder Unicode-Datei gespeichert werden kann. Diese Darstellung aller Informationen durch eine einfache Zeichenfolge ermöglicht eine sehr flexible *Arbeit mit markierten Dokumenten*:

> Ein Dokument kann entweder mit Hilfe eines speziellen Dienstprogramms (eines *Werkzeugs*, engl. **tool**) oder mit einem einfachen ASCII- oder Unicode-Editor *erstellt* werden. Später kann das Dokument auf dieselbe Weise *weiterverarbeitet* werden. Spezialwerkzeuge haben den Vorteil, dass der Benutzer über die Syntax (→2.4.1) der Marken nicht

Wie können beliebige Binärdaten durch ASCII-Zeichen codiert werden?

Daten werden von Digitalrechnern in binärer Form gespeichert und verarbeitet. Während die Rechnerhardware mit beliebigen Binärdaten umgehen kann, können manche Anwendungsprogramme nur mit Daten in einer *Zeichen*darstellung arbeiten. So verlangt beispielsweise der Internet-Mail-Standard (→7.2.2), dass eine E-Mail (= elektronischer Brief) allein aus ASCII-Zeichen aufgebaut ist. Ähnliches gilt für WWW-Seiten. Damit solche Anwendungen auch mit anderen Daten als ASCII-Zeichen arbeiten können (also beispielsweise auch multimediale Daten per E-Mail übertragen werden können), muss es eine Möglichkeit geben, beliebige Binärdaten in ASCII-Zeichen umzuwandeln. Natürlich muss auch eine eindeutige Rückumwandlung möglich sein.

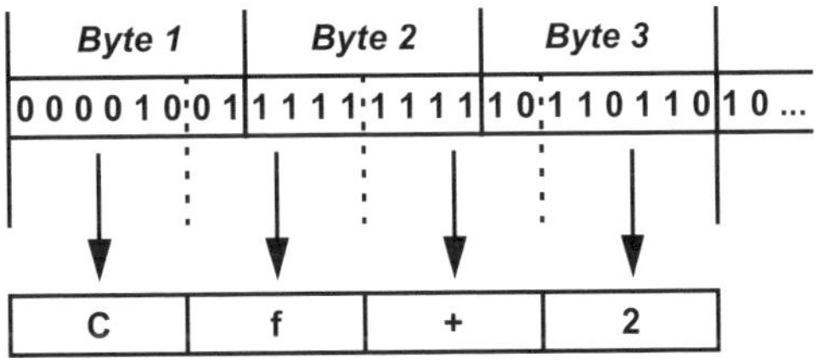

Base64 ist ein Standard zur Transformation einer beliebigen Bytefolge in eine Folge von ASCII-Zeichen. Unter Base64 wird die Bytefolge in Gruppen mit jeweils drei Bytes, also 24 Bits, unterteilt. Eine 24-Bit-Gruppe zerfällt wiederum in vier Blöcke mit je sechs Bits. Der Inhalt eines 6-Bit-Blocks kann als die binäre Darstellung einer ganzen Zahl zwischen 0 und 63 interpretiert werden (→2.3.1). Der Base64-Standard ordnet jeder hier möglichen Zahl ein ASCII-Zeichen eindeutig zu – den Zahlen 0 bis 25 die Großbuchstaben 'A' bis 'Z', den Zahlen 26 bis 51 die entsprechenden Kleinbuchstaben, den Zahlen 52 bis 61 die Ziffernzeichen '0' bis '9' und schließlich den Zahlen 62 und 63 die Zeichen '+' bzw. '/'. Wie das Beispiel illustriert, kann damit der Inhalt von je drei Bytes eindeutig durch vier ASCII-Zeichen dargestellt werden. Ebenso ist eine eindeutige Rückumwandlung der ASCII-Darstellung in die ursprüngliche Bitdarstellung möglich.

im Detail Bescheid wissen muss und zudem das Dokument relativ rasch ausformulieren kann. Der Vorteil bei der Benutzung eines normalen Zeicheneditors liegt darin, dass man nicht an die Vorgaben eines Werkzeugs gebunden ist, sondern die Marken sehr flexibel selbst platzieren kann.

> Ein Dokument kann wie eine normale ASCII- oder Unicode-Datei über ein Computernetz auf eine andere Rechnerplattform *übertragen* werden. Da die Zeichendarstellung plattformunabhängig standardisiert ist (also nicht auf eine bestimmte Hardware oder ein bestimmtes Betriebssystem ausgerichtet), kann das Dokument auf dem Zielsystem problemlos gelesen werden. Wegen dieser Plattformunabhängigkeit benutzen insbesondere Internetdienste wie das *World Wide Web* und *multimediale Mail* (→7.2.2) derart markierte Dokumente.

> Ein Dokument wird *dargestellt*, indem ein Dienstprogramm (ein **Formatierer**) seinen Inhalt liest, die Marken interpretiert und daraus das Layout generiert. Ein geübter Benutzer kann sich das Dokument aber auch mit Hilfe eines ASCII- oder Unicode-Editors erschließen: Dokumentdateien mit Marken sind im Allgemeinen recht gut lesbar, da der Aufbau der Marken und die durch sie definierten Strukturen meist intuitiv verständlich sind.

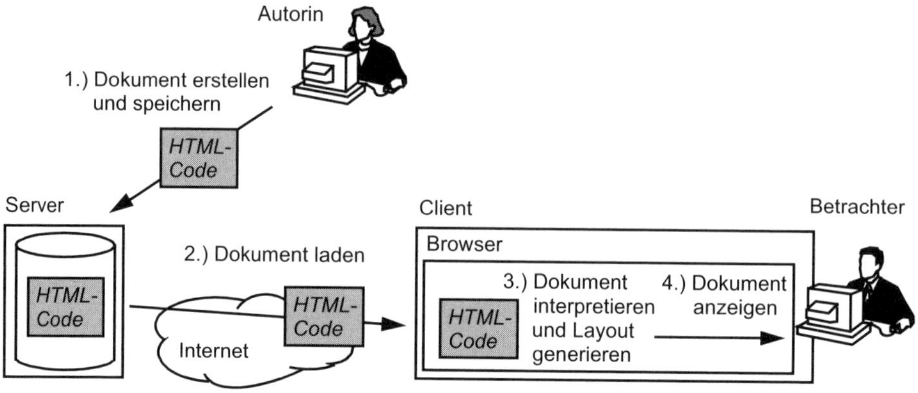

Abb. 3-22 *HTML-Dokumente im Internet / World Wide Web*

Name, Aufbau und Bedeutung der einzelnen Marken müssen *standardisiert* sein, damit sie in jeder Umgebung korrekt „verstanden" und umgesetzt werden können. Solche Standardisierungen werden in Form von **Markierungssprachen** (**Auszeichnungssprachen**, **Markup-Sprachen**, engl. *markup languages*) getroffen, die jeweils eine Sammlung solcher Marken definieren. Man kann die heute verwendeten Markierungssprachen in zwei Gruppen gliedern:

> **Anwendungsspezifische Markierungssprachen** sind auf einen bestimmten Anwendungsbereich ausgerichtet, werden also für eine bestimmte Art von Dokumenten verwendet. So dient beispielsweise *HTML* zur Beschreibung der Struktur von WWW-Seiten und *SMIL* zur Festlegung des Ablaufs multimedialer Präsentationen (→3.4.2).

> **Allgemeine Markierungssprachen** (**Metasprachen**) bilden einen Rahmen zur Definition von konkreten anwendungsspezifischen Markierungssprachen. *SGML* und *XML* sind solche Metasprachen (→3.4.3).

3.4.2 Anwendungsspezifische Markierungssprachen: HTML und SMIL

HTML

Die **HyperText Markup Language HTML** dient zur Formulierung von Dokumenten im **World Wide Web** (→7.2.2), so genannter **WWW-Seiten**. Die Sprache wird von der *International Organization for Standardization (ISO)* standardisiert. HTML-Marken geben Anweisungen bezüglich des *Layouts* einer Seite und definieren Verweise (*Links*) auf andere WWW-Seiten oder auch innerhalb der Seite (→3.4.1, Stichwort „Hypermedia"). Die Dokument*struktur* kann nur mittelbar über Layout-Anweisungen definiert werden, beispielsweise durch das Setzen von Überschriften verschiedener Stufen.

Abbildung 3-22 illustriert den typischen Umgang mit HTML-Dokumenten im Internet: Ein *Autor* erstellt ein HTML-Dokument, indem er den Dokumentinhalt und die zugehörigen Marken in eine Datei schreibt. Er legt anschließend die Datei auf einem *Server* ab – also auf einem Computer, der an das Internet angeschlossen ist und dort Dokumente bereitstellt. Ein Benutzer, der das Dokument betrachten möchte, lädt mit Hilfe eines **Browser**-Dienstpro-

HTML-Code:

```
<HTML>
 <HEAD>
  <TITLE>Dies ist der Titel</TITLE>
 </HEAD>
 <BODY BGCOLOR=#ffffff>
  <H2>Dies ist die &Uuml;berschrift</H2>
  Dies ist der <I>erste Absatz</I>.
  <P>
  Dies ist der <B>zweite Absatz</B>.
  <P>
  Hier ist ein Bild:
  <P>
  <IMG SRC = "portraet.jpg"
       WIDTH = 100 HEIGHT = 140 >
  <P>
  Dies ist ein
  <A HREF="http://www.fh-koeln.de/index.html">
  Link
  </A>.
 </BODY>
</HTML>
```

Ausgabe des Browsers:

Abb. 3-23 *HTML-Code und Layout eines Dokuments*

gramms die Dokumentdatei über das *Internet* auf seinen *Client*-Rechner. Der Browser liest den Dateiinhalt, interpretiert die Marken (ermittelt also deren Bedeutung) und generiert daraus das Layout des Dokuments. Dieses *Layout* wird dem *Betrachter* am Bildschirm angezeigt.

Entscheidend ist, dass das Dokument vom Autor über den Server bis zum Browser des Clients in Form einer *Zeichendatei* (heute zumeist ASCII) übertragen wird. Erst der Browser erzeugt daraus *lokal im Client das Layout*, also eine grafische Bildschirmdarstellung. Der Browser muss dazu natürlich den HTML-Standard „kennen“, damit er die Marken des Dokuments korrekt umsetzen kann. HTML-Dokumente sind somit *plattformunabhängig*, denn ASCII-Dateien können im gesamten Internet übertragen und auf allen angeschlossenen Rechnern gelesen werden. Da zudem für alle modernen Rechnerplattformen Browser-Programme existieren, kann ein HTML-Dokument auch überall angezeigt werden. Allerdings kann die Anzeige je nach verwendetem Browser leicht unterschiedlich aussehen, da die HTML-Layout-Beschreibungen bezüglich der Darstellung gewisse Freiheiten lassen. Manche Dokumente enthalten übrigens Marken, die nicht dem HTML-Standard entsprechen, sondern von einem bestimmten Browser-Hersteller definiert wurden. Sie können von anderen Browsern meist nicht vollständig dargestellt werden.

Einen Eindruck vom Aufbau eines HTML-Dokuments und seiner Marken gibt Abbildung 3-23; Beschreibungen des vollständigen HTML-Sprachumfangs finden sich in der Literatur (→3.6).

> Ein HTML-Dokument wird durch ein Paar von Marken `<HTML>` und `</HTML>` geklammert. Es besteht aus einem Kopf und einem Körper, die durch `<HEAD>` bzw. `<BODY>` gekennzeichnet sind. Im *Kopf* (*head*) des Dokuments stehen allgemeine Angaben – wie beispielsweise hier der Text, der in der Titelzeile des Browserfensters erscheinen soll, oder auch Begriffe, unter denen eine **Suchmaschine** (→3.5) diese Seite indizieren soll.

Der *Körper* (*body*) definiert den eigentlichen Inhalt der Seite. Im Beispiel hat die zugehörige BODY-Marke ein **Attribut** BGCOLOR, das die Hintergrundfarbe der Seitendarstellung festlegt (Rot-, Grün- und Blauanteil der Farbe in je zwei Hexadezimalziffern, →2.3.1; hier Weiß, da alle drei Farbanteile auf den maximalen Wert gesetzt werden).

> Die Marke <H2> definiert eine *Überschrift* (*headline*). Als Zahlenwert kann hier ein Wert zwischen 1 und 6 gewählt, also eine Überschrift erster bis sechster Ordnung definiert werden. Ein Browser zeigt die verschiedenen Stufen typischerweise durch Schriften unterschiedlicher Größen an, die zudem gegebenenfalls fett und/oder kursiv gesetzt sind.

> Die Marken <I> und <B> sind Layoutanweisungen für *Schriftzeichen*: Sie legen fest, dass der durch sie geklammerte Text kursiv bzw. fett (*italic* bzw. *bold*) angezeigt werden soll. Statt dieser Markierungen kann man auch die allgemeineren Anweisungen <EM> und <STRONG> für Hervorhebungen bzw. starke Hervorhebungen verwenden und die genaue Darstellungsform dem Browser überlassen.

> Die Marke <P> leitet einen neuen *Absatz* (*paragraph*) ein. Hier könnte auch <BR> für einen *Zeilenumbruch* (*break*) benutzt werden.

> Mit der Marke <IMG> können *Bilder* in das Dokument eingebunden werden. Das SRC-Attribut gibt dabei die Datei an, aus der das Bild geladen werden soll, und die Attribute WIDTH und HEIGHT definieren die Ausdehnung des Bereichs, in dem das Bild dargestellt werden soll. Im Beispiel wird also das JPEG-komprimierte Bild (→2.3.4) aus der Datei portraet.jpg in einem Bereich aus 140 Pixelzeilen und 100 Pixelspalten angezeigt. Dateien mit anderen **Medien** (insbesondere Videos) können über die <OBJECT>-Marke in das HTML-Dokument integriert werden.

> Mit der Marke <A> können Verweise (**Links**) auf andere Dokumente (oder auch auf Stellen innerhalb des Dokuments) definiert werden. Der durch das <A>-</A>-Paar geklammerte Teil des Dokuments wird als „anklickbar" dargestellt: Klickt der Betrachter mit der Maus darauf, so lädt der Browser ein anderes Dokument und zeigt es an (oder springt innerhalb des vorliegenden Dokuments an eine andere Stelle). Welches Dokument das sein soll, wird im HREF-Attribut durch einen **Uniform Resource Locator** (eine **URL**) angegeben. Diese URL ist die „Adresse" des Zieldokuments und besteht aus drei Teilen: Der Teil vor dem Doppelpunkt benennt das Protokoll (→7.1.1), also die Art und Weise, wie das Dokument geladen werden soll. Der Teil unmittelbar nach dem doppelten Schrägstrich identifiziert den Server, der das Dokument bereitstellt (→7.2.2). Der restliche Teil gibt den Namen oder Pfad (→3.3.2) der Dokumentdatei auf diesem Server an. Die URL im Beispiel verweist also auf die Datei index.html, die auf dem Server www.fh-koeln.de zu finden ist und mit Hilfe des **HyperText Transfer Protocols** (**HTTP**, →7.2.2) geladen werden soll.

Neben den Möglichkeiten zur Dokumentgestaltung, die das Beispiel zeigte, bietet HTML eine Reihe weiterer Techniken. Dazu gehören zum Beispiel die folgenden:

> **Aufzählungen** und **Tabellen** können Informationen auf übersichtliche Weise präsentieren.

> Das Ausgabefenster des Browsers kann in mehrere Teilfenster (so genannte **Frames**) unterteilt werden, in denen jeweils ein eigenes Dokument dargestellt wird.

> **Cascading Style Sheets (CSS)** können das Layout eines HTML-Dokuments pixelgenau festlegen. Das gibt dem Autor genaue Kontrolle über die Darstellung, beraubt aber na-

türlich den Browser seiner Freiheit, ein Layout zu erzeugen, das seiner Umgebung gut angepasst ist.

> **Formulare** ermöglichen dem Betrachter, Daten einzugeben und an den Server zu übertragen. Mit ihrer Hilfe kann beispielsweise eine Anfrage an eine *Suchmaschine* (→Kasten auf Seite 144) oder an ein *Auskunftssystem* gerichtet werden (siehe auch →7.4.2).
> In ein HTML-Dokument kann *Programmcode* eingebettet werden, beispielsweise ein **JavaScript**- oder **PHP**-Programmstück (→5.1.2) oder ein **Java-Applet** (→Kasten auf Seite 34). Dieses Programm wird vor oder beim Betrachten des Dokuments ausgeführt und ermöglicht so eine flexible Darstellung (→7.4.3). Zudem kann der Betrachter auf dieser Basis mit dem Dokument und gegebenenfalls auch mit dem Server interagieren.

Der große *Vorteil* von HTML ist die Einfachheit der Sprache: Wie am Beispiel deutlich wurde, ist der HTML-Code einer WWW-Seite leicht verständlich und kann auch ohne spezielle Werkzeuge erstellt werden. Auch die Programmierung eines HTML-fähigen Browsers ist relativ einfach. Ein *Nachteil* von HTML ist seine geringe Flexibilität, da die Menge der zulässigen Marken durch den Standard fest vorgegeben ist und nicht erweitert werden kann. Zudem macht HTML keine strikten Vorgaben bezüglich der Strukturierung von Dokumenten: Beispielsweise ist es möglich, Überschriften der verschiedenen Stufen in beliebiger Reihenfolge und Durchmischung in ein Dokument zu setzen, so dass dieses recht „ungeordnet" sein kann. Beide Nachteile sind übrigens mittlerweile durch die Sprache *XML* ausgeräumt worden, die in →3.4.3 besprochen wird.

SMIL

Die **Synchronized Multimedia Integration Language SMIL** (sprich „smile") dient zur Beschreibung **multimedialer Präsentationen**. Eine solche Präsentation umfasst mehrere Teildokumente verschiedener Medien (Texte, Bilder, Audio, Video, bewegte Grafiken), die in einer bestimmten zeitlichen Abfolge und (im Fall sichtbarer Medien) an bestimmten Positionen des Bildschirms angezeigt werden. SMIL wurde durch das *World Wide Web Consortium W3C* (die Normierungsinstitution des World Wide Web) standardisiert.

Wie bei der Darstellung von HTML orientieren wir uns auch hier an einem *Beispiel* und verweisen für weitere Informationen auf die Literatur (→3.6). Abbildung 3-24 zeigt oben den gewünschten zeitlichen Ablauf einer Beispielpräsentation: Während der ersten drei Sekunden soll `Bild1` allein angezeigt werden. Anschließend soll acht Sekunden lang `Bild2` dargestellt und dazu `Audio2` abgespielt werden. In einer dritten Phase sollen `Bild3`, `Video3` und `Audio3` präsentiert werden - `Audio3` sofort, `Bild3` mit zwei Sekunden Verzögerung und `Audio3` weitere zwei Sekunden später. Das Abspielen von `Audio3` soll 34 Sekunden nach Beginn beendet sein, die Präsentation von `Bild3` und `Video3` zwei Sekunden früher. Der entsprechende *SMIL-Code* steht in Abbildung 3-24 unten:

> Die erste Zeile zeigt an, dass das Dokument auf der *XML*-Version 1.0 beruht und dass sein Inhalt gemäß der ISO-Norm 8859-1, also ASCII/Latin-1 (→2.3.3), codiert ist. XML ist, wie schon angesprochen, eine allgemeine Markierungssprache (→3.4.3), auf deren Grundlage SMIL und andere anwendungsspezifische Sprachen definiert wurden. Anschließend wird gesagt, dass es sich hier um ein SMIL-Dokument handelt, und auf eine entsprechende *Document Type Definition (DTD)* verwiesen, die die zulässigen SMIL-Markierungen und -Strukturen festlegt. Es folgen, geklammert durch eine `<smil>`-Marke, Kopf und Körper des Dokuments.

gewünschter zeitlicher Ablauf der Präsentation:

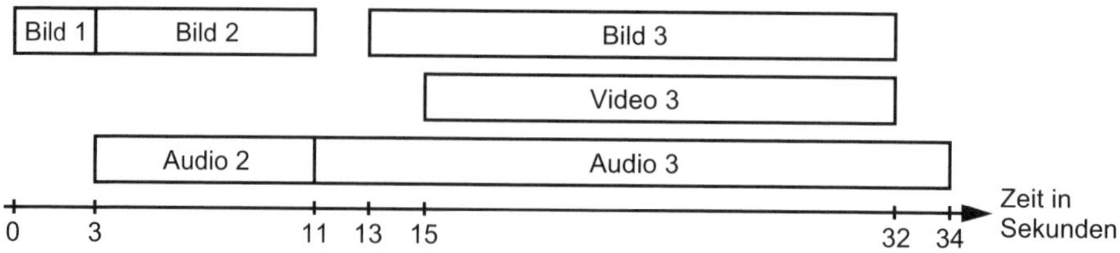

Spezifikation der Präsentation durch SMIL-Code:

```
<?xml version="1.0" encoding="ISO-8859-1"?>
<!DOCTYPE smil PUBLIC "-//W3C//DTD SMIL 1.0//EN"
                            "http://www.w3.org/TR/REC-smil/SMIL10.dtd">
<smil>
  <head>
    <layout>
      <root-layout id="SMIL-Demo" title="SMIL-Demo"
                             width="1200" height="900"/>
      <region id="LinksOben" left="20" top="20" width="528"
                             height="396" z-index="1" fit="fill"/>
      <region id="Mitte" left="400" top="300" width="440"
                             height="330" z-index="2" fit="fill"/>
    </layout>
  </head>
  <body>
    <seq id="Multimediapraesentation">
      <img id="Bild1" src="bild1.jpg" region="Mitte" dur="3s"/>
      <par id="Phase2">
        <img id="Bild2" src="bild2.jpg" region="Mitte" dur="8s"/>
        <audio id="Audio2" src="audio2.wav"/>
      </par>
      <par id="Phase3">
        <img id="Bild3" src="bild3.jpg"
                          region="LinksOben" begin="2s" dur="19s"/>
        <audio id="Audio3" src="audio3.wav"/>
        <video id="Video3" src="video3.mpg"
                          region="Mitte" begin="4s" end="21s"/>
      </par>
    </seq>
  </body>
</smil>
```

Abb. 3-24 *Multimediapräsentation mit zeitlichem Ablauf und SMIL-Code*

> Der *Kopf* (markiert durch `<head>`) trifft allgemeine Festlegungen für das Dokument. Hierzu gehört insbesondere die Definition seines *Layouts*, die durch die `<layout>`-Marke geklammert ist. Im Beispiel legt die `<root-layout>`-Marke mit ihren Attributen fest, dass die Präsentation in einem *Fenster* ablaufen soll, das den Namen und die Überschrift „SMIL-Demo" trägt und eine Ausdehnung von 1200 mal 900 Pixeln hat. In den durch `<region>` markierten Zeilen werden zwei rechteckige *Teilbereiche* des Fensters definiert, in denen Dokumentinhalte angezeigt werden können. Es wird festgelegt, unter welchem Namen ein solcher Bereich angesprochen wird (Attribut `id`), wo die

linke obere Ecke des Bereichs liegt (left, top mit den Pixelkoordinaten), welche Ausdehnung der Bereich besitzt (width, height in Pixeln), ob bei einer Überlappung von Bereichen dieser Bereich im Vorder- oder Hintergrund angezeigt werden soll (z-index – je größer der Wert, desto weiter vorn die Anzeige) und ob der angezeigte Inhalt den Bereich vollständig ausfüllen soll (fit).

> Der *Körper* (markiert durch <body>) definiert den *Ablauf der Präsentation* durch eine geschachtelte Folge von <seq>- und <par>-Marken. <seq>-Marken bezeichnen dabei Teile der Präsentation, die *sequentiell* (das heißt hintereinander) ablaufen sollen; <par>-Marken zeigen Teile an, die *parallel* (besser *nebenläufig*, also gleichzeitig) abgearbeitet werden sollen. Mit Hilfe der Schachtelung kann man eine Präsentation *hierarchisch* strukturieren, wie es beispielsweise in Abbildung 3-24 oben der Fall ist: Der dort definierte Ablauf besteht aus drei aufeinander folgenden größeren Teilen, von denen der zweite und dritte jeweils mehrere Komponenten umfassen, die nebenläufig angezeigt werden. Dieser Ablauf spiegelt sich in der geschachtelten Struktur des Dokumentenkörpers von Abbildung 3-24 wider: Die <seq>-Marke klammert die gesamte Präsentation. Diese besteht aus der Anzeige eines Einzelbilds (Details siehe unten), gefolgt von zwei Teilpräsentationen, die (jeweils nebenläufig) ein Bild und ein Audio bzw. ein Bild, ein Audio und ein Video darstellen. Die einzelnen Teile erhalten über die id-Attribute der <seq>- und <par>-Marken Namen.

> Die eigentlichen *multimedialen Inhalte* der Präsentation werden innerhalb der <seq>-<par>-Schachtelung durch weitere Marken angegeben. Die Anordnung dieser Marken entspricht der Abfolge, in der die Inhalte angezeigt werden sollen; die Marken selbst entsprechen den darzustellenden Medien. Das Beispiel enthält Marken zur Einbindung von *Bildern*, *Audio* und *Video*; außerdem kann man *Animationen* (= bewegte Grafiken) und *Texte* einfügen sowie *Verweise* (Links) auf andere Dokumente setzen. Das Attribut src (= source) nennt dabei jeweils die Quelle, von der die anzuzeigenden Daten geholt werden sollen (hier Bild-, Audio- und Videodateien, →3.4.1), und das Attribut region bestimmt für sichtbare Medien das Teilfenster für die Anzeige. Über weitere Attribute lässt sich das exakte *Zeitverhalten* der Präsentation steuern, also insbesondere der Anfangs- und/oder der Endzeitpunkt der Anzeige (begin bzw. end) und/oder ihre Zeitdauer (dur = duration) festlegen. Schließlich kann auch hier jeder Komponente über das id-Attribut ein Name gegeben werden.

SMIL-Präsentationen können mit Hilfe von „SMIL-fähiger" Software abgespielt werden. Ein Hinweis auf entsprechende Programme findet sich im Literaturteil (→3.6).

3.4.3 Meta-Markierungssprachen: SGML und XML

Die Markierungssprachen, die im vorangehenden Abschnitt besprochen wurden, sind auf bestimmte Anwendungsbereiche ausgerichtet. Mit ihnen können jeweils nur Dokumente eines bestimmten „Typs" beschrieben werden; zur Definition andersartiger Dokumente eignen sie sich nicht: Mit HTML können keine multimedialen Präsentationen erstellt, mit SMIL keine WWW-Seiten formuliert werden. Zudem legt eine solche Sprache die Menge der benutzbaren Marken fest – und damit auch die Möglichkeiten, die es zur Strukturierung von Dokumenten sowie zur Steuerung der Layouterzeugung gibt.

Diese Einschränkungen sind akzeptabel, solange man nur in Bereichen tätig ist, für die es vordefinierte Markierungssprachen gibt, und solange man mit den Möglichkeiten zufrieden ist, die diese Sprachen bieten. Der so gesteckte Rahmen kann jedoch nicht verlassen werden: Ein Web-Designer, der aus seiner HTML-Seite heraus auf eine bestimmte Stelle in einer fremden Seite verweisen will, kann das nur dann tun, wenn der „fremde" Autor diese Position explizit markiert hat – HTML kann nämlich keine Verweise an nicht markierte Stellen setzen. Ein Archäologe, der den Aufbau einer alten Sprache entschlüsselt hat und nun die Inschrift eines Steins in ein entsprechend strukturiertes Dokument eintragen möchte, kann hierfür wahrscheinlich auf keine standardisierte Markierungssprache zurückgreifen.
Das Ziel muss also sein, eine **allgemeine Markierungssprache** zu definieren, die in beliebigen Anwendungsbereichen eingesetzt werden kann und eine flexible, erweiterungsfähige Definition von Dokumentmarkierungen und -strukturen erlaubt. Eine solche allgemeine Sprache wird **Metasprache** (oder Meta-Markierungssprache) genannt. Eine Metasprache dient nicht unmittelbar zum Schreiben von Dokumenten, sondern vielmehr zur Definition konkreter, anwendungsspezifischer Sprachen, die ihrerseits zur Formulierung von Dokumenten benutzt werden.

Grundlegende Techniken

Wie die zuvor betrachteten anwendungsspezifischen Sprachen benutzen auch Meta-Markierungssprachen **Marken** zur Strukturierung von Dokumenten und zur Formulierung von Layoutanweisungen. Marken werden auch hier durch Klammern oder andere Sonderzeichen gekennzeichnet, haben *Namen* und möglicherweise **Attribute**, in denen Werte abgelegt werden können. Da Marken durch ASCII- oder Unicode-Zeichen dargestellt werden, gelten auch hier die Vorteile, die im vorigen Abschnitt diskutiert wurden – nämlich plattformübergreifende Übertragbarkeit und Verarbeitungsmöglichkeit sowie leichte Lesbarkeit für menschliche Betrachter. Metasprachen trennen ebenfalls Dokumentinhalt und -struktur vom konkreten Dokumentlayout. Gegenüber anwendungsspezifischen Sprachen bieten Metasprachen jedoch in zwei Bereichen eine weitaus *größere Flexibilität*:

- Es können *neue Marken* definiert und *neue Regeln für die Strukturierung* von Dokumenten festgelegt werden. Dies kann insbesondere der Autor eines Dokuments selbst tun – er muss also nicht zwingend auf einen Standard mit einem gegebenen Markenvorrat und festen Vorgaben zur Strukturierung zurückgreifen, wie es zum Beispiel bei HTML der Fall ist.
- Es kann festgelegt werden, wie Marken bei der *Generierung des Layouts* umzusetzen sind. Neu definierte Marken können also nicht nur zur Strukturierung von Dokumenten, sondern auch für Anweisungen an den Formatierer genutzt werden. Man ist damit nicht mehr, wie bei HTML, auf Browser oder andere Programme beschränkt, die nur eine vorgegebene Sammlung von Marken verarbeiten können.

Diese Flexibilität wird wie folgt erreicht: Eine *Meta-Markierungssprache* selbst macht nur *allgemeine Vorgaben* hinsichtlich der Form von Marken und der Strukturierung von Dokumenten. Sie bestimmt beispielsweise, dass Marken aus spitzen Klammern, Namen und Attributen aufgebaut und dass ein Dokument hierarchisch, also nach Art eines Baums, strukturiert sein muss. Die *konkrete Ausgestaltung* dieses recht weit gefassten Rahmens ist dann Sache eines Dokumentenautors oder einer Gruppe von Autoren. Diese definieren auf der Grundlage der allgemeinen Vorgaben eine *anwendungsspezifische Markierungssprache*, indem sie hierfür eine *konkrete Grammatik* (→2.4.1) formulieren. Diese Grammatik legt detailliert fest, welche Marken die spezifische Sprache enthält und in welcher Abfolge und Schachtelung diese Marken auftreten dürfen. Die Formulierung der Grammatik erfolgt in der Metasprache; die anschließende Formulierung eines Dokuments geschieht dann (im Rahmen der Metasprache) in der Sprache, die durch diese Grammatik definiert wird.

Diese zweistufige Vorgehensweise, bei der zuerst eine Grammatik und dann ein konkretes Dokument formuliert werden, wurde bereits im Zusammenhang mit dem *SMIL-Beispiel* in →Abbildung 3-24 angesprochen: Die Sprache SMIL wird durch eine so genannte **Document Type Definition (DTD)** definiert, die eine Grammatik für SMIL umfasst und unter Beachtung der Richtlinien der Metasprache XML formuliert ist. Die DTD führt insbesondere die in →3.4.2 besprochenen SMIL-Marken und -Strukturen ein, die dann im Beispieldokument mit seiner konkreten Multimediapräsentation benutzt wurden. Hierbei kann statt einer DTD auch ein sogenanntes **Schema** verwendet werden (→übernächster Teilabschnitt).

Allgemein gesprochen legt eine DTD oder ein Schema also einen *Dokumententyp* fest, auf dessen Basis eine Sammlung von Dokumenten mit gemeinsamer Grundstruktur erstellt werden können. DTDs können (wie in →Abbildung 3-24 der Fall) auf einem WWW-Server abgelegt werden, auf den im Dokument verwiesen wird. Sie können aber auch unmittelbar in das Dokument integriert werden. In beiden Fällen kann Software, die mit dem Dokument arbeiten soll, auf die DTD zugreifen und das Dokument anhand der dortigen Festlegungen analysieren.

Eine Metasprache bietet außerdem Möglichkeiten, Regeln für das *Layout* zu formulieren, an denen sich ein Formatierer bei der Erzeugung seiner Ausgabe orientieren soll. Solche *Darstellungsregeln* legen fest, wie bestimmte Markierungen oder Strukturen eines Dokuments grafisch umgesetzt werden sollen. Sie können, ähnlich wie eine DTD, in einer Datei abgelegt und dort zugegriffen werden.

Standards für Meta-Markierungssprachen

Eine klassische Meta-Markierungssprache, die auf den oben geschilderten Techniken beruht, ist die **Standard Generalized Markup Language (SGML)**. Sie wurde bereits 1986 durch die *International Organization for Standardization (ISO)* standardisiert. Auf der Grundlage von SGML wurde insbesondere die **HyperText Markup Language (HTML**, →3.4.2) definiert, so dass HTML also durch eine SGML-DTD beschrieben werden kann. Allerdings wurde der Sprachumfang von HTML selbst durch die ISO festgeschrieben, und HTML-Dokumente enthalten keinen Verweis auf eine DTD (vergleiche →Abbildung 3-23), sondern setzen den ISO-Standard implizit voraus. Die eigentlich gewünschte Flexibilität ist hier also nicht gegeben.

SGML ist für viele praktische Anwendungen zu *umfangreich* und *schwerfällig*. So sind beispielsweise voll SGML-fähige Formatierer (also Programme, die beliebige SGML-basierte Dokumente darstellen können) für den Einsatz beim „Normalverbraucher" zu komplex. Daher wurde eine *einfachere Nachfolgesprache* eingeführt, nämlich die bereits erwähnte **Extensible Markup Language (XML)**. Die Standardisierung von XML wird durch das *World Wide Web Consortium* (*W3C*) koordiniert. Auf der Basis von XML sind mehrere anwendungsspezifische Sprachen definiert worden, so zum Beispiel

Element (einfach):

```
<text>
  Die Vorlesung „Multi-
  media" findet montags
  von 10 bis 11:30 Uhr
  in Hörsaal 3 statt.
</text>
```

Inhalt: unstrukturierter Text

Element (geschachtelt):

```
<vorlesung>
  <thema>
    Multimedia
  </thema>
  <termin>
    montags, 10-11:30 Uhr
  </termin>
  <ort>
    Hörsaal 3
  </ort>
</vorlesung>
```

Inhalt: Folge von Elementen

Abb. 3-25 *Elemente in XML-Dokumenten*

> die **Synchronized Media Integration Language (SMIL)** für Multimediapräsentationen (→3.4.2),

> die **User Interface Markup Language (UIML)** für Benutzeroberflächen,

> die **Math Markup Language (MML)** für Dokumente mit mathematischen Formeln und

> **XHTML**, eine Neuformulierung von HTML im Rahmen von XML. XHTML schließt die **WAP Markup Language (WML)** ein, eine Sprache für WWW-Seiten, die auf mobilen Endgeräten dargestellt werden sollen (WAP = *Wireless Access Protocol* = drahtloses Zugriffsprotokoll).

Auch das **Simple Object Access Protocol (SOAP)** stützt sich auf XML, um Strukturen und Inhalte von Objekten (→6.1.1) zu beschreiben, die zwischen Computern über ein Kommunikationsnetz (→7.4.2) übertragen werden.
XML ist also eine Metasprache wie SGML, bietet aber nur einen Teil deren Möglichkeiten und ist damit leichter zu handhaben. Genauer gesprochen ist *XML eine Teilmenge von SGML*, so dass jedes XML-Dokument auch ein SGML-Dokument ist (aber nicht umgekehrt) und als solches verarbeitet werden kann. XML wird zwar SGML zumindest kurzfristig nicht vollständig ersetzen, findet aber zunehmend Verbreitung und scheint sich zu *der* Standard-Meta-Markierungssprache zu entwickeln. Da sich zudem die grundlegenden SGML-Konzepte in XML wiederfinden, handelt der Rest des Abschnitts nur noch von XML.

Aufbau eines XML-Dokuments

Ein XML-Dokument (wie beispielsweise das SMIL-Dokument in →Abbildung 3-24) beginnt mit einem *Prolog*, dem die *Elemente* des Dokuments folgen. Im **Prolog** werden erstens die zugrunde liegende *XML-Version* sowie die verwendete *Zeichencodierung* genannt. Dies geschieht syntaktisch durch eine *Formatierungsanweisung*, die durch ? eingeleitet wird. Zweitens folgt im Allgemeinen ein Verweis auf eine *Document Type Definition (DTD)*, die (wie besprochen) die Grammatik einer anwendungsspezifischen Markierungssprache definiert. Alternativ können hier die neueren, leistungsfähigeren *XML Schemata* verwendet werden. Drittens kann eine *Stildefinition* angegeben werden, die die Generierung des Layouts steuert (im Beispiel nicht enthalten). Auf DTDs, Schemata und Stildefinitionen werden wir noch zurückkommen.

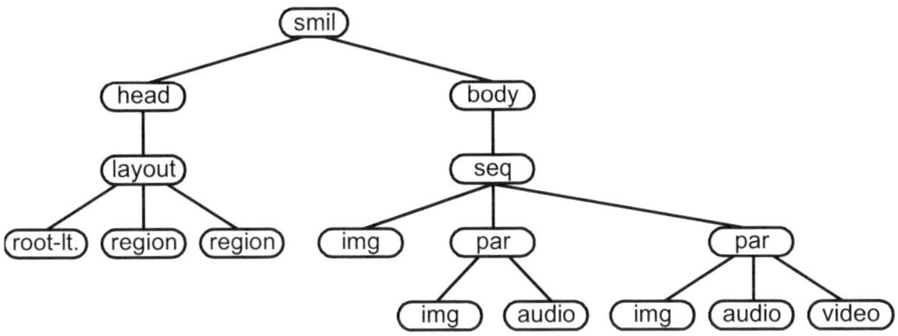

Abb. 3-26 *Baumstruktur des SMIL-Dokuments aus Abbildung 3-24*

Die **Elemente** definieren den strukturierten Inhalt des Dokuments. Sie haben die allgemeine Form <Marke>Inhalt</Marke>. Strukturierende Marken treten in XML also *paarweise* auf und klammern den jeweiligen Inhalt (für Marken mit leerem Inhalt gibt es allerdings Ausnahmen: Bei einem Zeilenumbruch kann man statt
</BR> kurz <BR/> schreiben; vergleiche auch die img-, audio- und video-Marken in →Abbildung 3-24). Der Inhalt eines XML-Elements ist entweder ein unstrukturierter Text oder wiederum eine Folge aus einem oder mehreren Elementen (siehe Abbildung 3-25). Elemente können also geschachtelt werden, was zu einer *hierarchischen Dokumentstruktur* führt. Der Aufbau eines XML-Dokuments kann damit stets durch einen *Baum* dargestellt werden (siehe Abbildung 3-26).

Document Type Definition DTD

Die **Document Type Definition (DTD)** eines XML-Dokuments gibt Regeln für die Strukturierung des Dokuments vor: Sie legt durch eine Grammatik (→2.4.1) fest, welche Marken verwendet werden können, welche Attribute sie haben und wie Marken geschachtelt sein dürfen. Die DTD wird im Prolog des Dokuments entweder explizit, also durch Hinschreiben der Regeln, oder implizit, also durch einen Verweis auf eine andere Datei, definiert. Lässt sich der Aufbau des Dokuments eindeutig aus seinem Inhalt erschließen, so kann die DTD auch fehlen. Zu einer DTD in XML gehören inbesondere *Elementtyp-Deklarationen* und *Attributlisten-Deklarationen*:

> Eine **Elementtyp-Deklaration** hat die allgemeine Form

<!ELEMENT Elementname Inhaltsbeschreibung>

Der Elementname ist der Markenname, mit dem dieses Element gekennzeichnet ist. Die Inhaltsbeschreibung gibt entweder einen Datentyp an, dem der Inhalt angehören muss (z.B. CDATA = Character Data = unstrukturierte Zeichenfolge, wie beispielsweise ein Textfragment) oder eine Liste weiterer Elemente, die innerhalb des Elements (also in der nächsten Schachtelungsebene) auftreten dürfen. Beispielsweise besagt die (stark verkürzt wiedergegebene) Zeile aus der SMIL-DTD

<!ELEMENT seq (img|audio|video|par|seq)*>,

dass der durch <seq> und </seq> geklammerte Inhalt eine beliebige Folge von Elementen der Typen img, audio usw. sein kann (| trennt die Einträge einer Auswahlliste, * steht für eine beliebig lange Folge - vergleiche die Notation in der Backus-Naur-

Form und regulären Ausdrücken, →2.4.3). Die Verwendung des `<seq>`-Elements im konkreten Dokument in →Abbildung 3-24 geht mit dieser Festlegung konform.

> Eine **Attributlisten-Deklaration** hat die allgemeine Form

```
<!ATTLIST Elementname
            Attributdefinition Attributdefinition ...>
```

Der `Elementname` ist der Name des Elements, dessen Attribute definiert werden sollen. Die Attribute dienen dabei zur Speicherung von Werten, die Informationen über den Inhalt des Elements liefern. Eine Attributdefinition in einer Attributliste legt den Namen des Attributs und den Datentyp seiner Werte fest. Beispielsweise besagt die (wieder stark verkürzt dargestellte) Festlegung in der SMIL-DTD

```
<!ATTLIST img
    src   CDATA  ...
    begin CDATA  ...
    ...
>,
```

dass ein SMIL-Element `img` zwei Attribute `src` und `begin` haben kann, deren Werte jeweils Zeichenfolgen sind (vergleiche auch hier →Abbildung 3-24).

Auf der Grundlage einer DTD können Dokumente **validiert**, das heißt auf ihren korrekten Aufbau hin überprüft werden. Dabei wird erstens festgestellt, ob das Dokument **wohlgeformt** ist, also die *allgemeinen XML-Forderungen* bezüglich der Schachtelung von Elementen erfüllt (→voriger Teilabschnitt). Zweitens wird geprüft, ob das Dokument **gültig** bezüglich der DTD ist, also den dort festgelegten spezifischen Regeln entspricht. Ein validiertes Dokument kann dann angezeigt oder auch weiterverarbeitet werden: Beispielsweise können aus ihm Informationen ausgelesen werden, wobei die Kenntnis der Struktur des Dokuments eine effiziente Suche erlaubt.

XML Schema

In der Praxis stellten sich unter anderem die folgenden beiden *Nachteile des DTD-Konzepts* heraus: Erstens kann durch eine DTD der Wertebereich eines Elementinhalts oder eines Attributs nur recht grob festgelegt werden – zum Beispiel steht `CDATA` für eine beliebig zusammengesetzte Zeichenkette ohne nähere Charakterisierung ihrer Eigenschaften. In vielen Fällen ist es jedoch wünschenswert, genauere Festlegungen zu treffen – beispielsweise vorzuschreiben, dass nur Zahlen auftreten dürfen, die in einem bestimmten Intervall liegen. Allgemein gesprochen soll es also möglich sein, eigene *Datentypen* (→3.1.1) für Elemente und Attribute zu definieren. Zweitens ist es unschön, dass in DTDs eine andere Syntax (also Schreibweise für Regeln) verwendet wird als in XML-Dokumenten selbst – wünschenswert wäre hier eine einheitliche Notation. Die neu eingeführten **XML Schemata** haben diese und weitere Eigenschaften und erweitern somit insbesondere die Funktionalität von DTDs. DTDs und XML Schemata existieren momentan nebeneinander und werden dies wohl auch noch eine ganze Zeit lang tun.

Ergänzende Sprachen

Im Umfeld von XML sind weitere Sprachen entstanden, mit denen bestimmte Teilaufgaben bei der Formulierung von XML-Dokumenten gelöst werden können. Beispielsweise kann

mit Hilfe der **Extensible Stylesheet Language (XSL)** eine *Stildefinition* für das Dokument getroffen, also sein Layout festgelegt werden. Auf eine solche Stildefinition kann im Prolog eines XML-Dokuments verwiesen werden, ähnlich wie auf eine DTD. Mit XSL können insbesondere Regeln für die *Transformation der Baumdarstellung* eines Dokuments (→Abbildung 3-26) formuliert werden. Mit diesen Regeln kann das XML-Dokument in eine andere Darstellungsform umgewandelt werden – beispielsweise in ein HTML-Dokument mit gleicher Struktur, dessen Layout dann automatisch durch einen Browser generiert wird (→3.4.2).
Mit Hilfe der Sprachen *XLink* und *XPointer* können Verweise (**Links**) in XML-Dokumenten flexibel definiert werden: Mit **XLink** können Verweise beschrieben werden, die von einer bestimmten Stelle ausgehen und, in Erweiterung der Fähigkeiten von HTML-Links (→3.4.2), auch *mehrere* Ziele haben können. **XPointer** dient zur genauen Beschreibung der Stelle, an die ein Link verweist. Hierbei ist es, im Unterschied zu HTML, nicht mehr erforderlich, dass die Zielstelle in ihrem Dokument besonders markiert ist.

3.5 Datenbanken

Heutige Computer werden nicht nur als „Rechner", sondern vor allem auch als *Informationssysteme* eingesetzt: Ein Computer (oder mehrere vernetzte Computer) soll eine große Menge von Daten geordnet speichern und Benutzern, die Daten mit bestimmten Eigenschaften anfordern, eine rasche und präzise Antwort liefern können. Die Techniken zur Datenspeicherung, die bisher in diesem Kapitel besprochen wurden, erfüllen diese Forderungen nicht vollständig. Zwar bieten sie mehr oder weniger gute Möglichkeiten zur strukturierten Speicherung von Daten, sie integrieren aber keine Verfahren zur *Abfrage von Daten mit bestimmten Merkmalen*. Ein Benutzer oder Programmierer muss sich also selbst um die Organisation der erforderlichen Suchschritte kümmern.
Datenbanksysteme unterstützen dagegen mehr als eine reine Datenablage: In ihnen wird der Datenbestand ergänzt durch ein *Datenbankmanagementsystem*, das sich um die Verwaltung der Daten kümmert. Ein solches System bietet Benutzern und Anwendungsprogrammen recht *komfortable Schnittstellen* (also nutzbare Dienste) und ermöglicht so eine bequeme Ablage von und Suche nach Daten. Datenbanktechniken werden heute in sehr vielen Anwendungsbereichen eingesetzt; ein Beispiel sind Suchmaschinen im Internet (→Kasten auf Seite 144). An ein Datenbanksystem werden im Allgemeinen die folgenden *Forderungen* gestellt:

> Daten sollen **persistent**, also dauerhaft, auf Peripheriespeichern (insbesondere Plattenspeichern) abgelegt werden (→2.1.1). Dabei ist auf **Datensicherung** und **Recoveryfähigkeit** zu achten, um bei Systemausfällen Reservedaten zur Verfügung zu haben bzw. das System möglichst verlustfrei neu starten zu können. Der Speicher muss zudem so geschickt *verwaltet* werden, dass auf die Daten effizient zugegriffen werden kann.

> Angaben über die Organisation der Daten und sonstige Verwaltungsinformationen (**Metadaten** = „Daten über Daten") sollen systematisch geführt und dazu in einem zentralen Katalog (dem **Data Dictionary**) gespeichert werden. Bei der Datenorganisation sollen **Integrität (Konsistenz)** und **Redundanzfreiheit** sichergestellt werden, das heißt der Datenbestand soll widerspruchsfrei sein und möglichst keine Angabe mehrfach enthalten.

Wie arbeiten Suchmaschinen?

Suchmaschinen bieten eine Orientierungshilfe bei der Navigation im *World Wide Web (WWW)*. Ein Benutzer kann sie über eine URL (→3.4.2) ansprechen und nach WWW-Seiten suchen lassen, die bestimmte Stichwörter oder Phrasen (= aufeinander folgende Wörter) enthalten. Stichwörter und Phrasen können durch aussagenlogische Operatoren miteinander verknüpft werden. Erhält eine Suchmaschine eine Anfrage, so durchsucht sie als Reaktion darauf nicht etwa alle Anbieter von WWW-Seiten (denn das würde exorbitant lange dauern), sondern ermittelt vielmehr *aus ihrem eigenen Datenbestand*, welche Seiten im WWW zur Anfrage passen. Zu der nach außen sichtbaren Aufgabe einer Suchmaschine, auf Anfragen zu antworten, kommt also als zweite Aufgabe, einen Datenbestand zu führen, der Angaben über die im WWW vorhandenen Seiten enthält.
Um ihren Datenbestand aktuell zu halten, ruft die Suchmaschine fortlaufend und systematisch Seiten aus dem WWW ab und analysiert sie. Insbesondere entnimmt sie aus einer Seite Stichwörter und stellt zudem fest, an welcher Position in der Seite sich diese Wörter befinden (im Textkörper, im Seitentitel, in der Überschrift, im Kopf als vom Autor markiertes Stichwort [→3.4.2] und so weiter). Alle Stichwörter werden in einem *Index* registriert, der dieselbe Aufgabe wie der Index am Ende dieses Buchs hat – also (nach Stichwörtern geordnet) die Seiten angibt, in denen diese Wörter vorkommen, und zudem die Zusatzinformationen enthält, die sich bei der Analyse der Seiten ergeben haben. Die Seiten selber werden in einem *Repository* gespeichert (früher nur mit ihren Anfangsstücken, heute meist vollständig), wo sie für Volltextsuchen zur Verfügung stehen.
Fragt ein Benutzer nach bestimmten Stichwörtern an, so ermittelt die Suchmaschine mit Hilfe ihres Index eine Menge von passenden Seiten. Sie erstellt daraus eine *neue WWW-Seite*, in die Verweise (*Links*) auf die Originalseiten eingebettet sind (→3.4.2, →7.4.3, Abbildung 7-28) und liefert diese Seite als Antwort an den Benutzer. *Qualitätsmerkmale* sind hierbei die Geschwindigkeit, mit der die Antwort geliefert wird, ihre Präzision (das heißt ob die an vorderster Stelle genannten Seiten wirklich die „beste" Information zu den Stichwörtern bieten) und ihre Aktualität (das heißt ob die gelieferten Seiten die gewünschte Information tatsächlich noch enthalten):

> Eine hohe *Geschwindigkeit* wird erstens durch Einsatz schneller Hardware erreicht. So wird der Index, auf den sehr häufig zugegriffen wird, nicht auf Plattenspeichern, sondern in großen Hauptspeichern gehalten. Zudem wird nebenläufige Hardware eingesetzt (in der Praxis *Cluster* aus mehreren tausenden bis zehntausenden Computern), so dass viele Benutzeranfragen nebenläufig bearbeitet werden können. Zweitens spielt die Software eine entscheidende Rolle, so beispielsweise eine geschickte Organisation des Index und effiziente Suchverfahren darauf.

> Die *Präzision* der Antwort hängt stark vom *Ranking-Verfahren* ab, das die Reihenfolge der Verweise in der Antwortseite bestimmt. Als effizient haben sich Verfahren herausgestellt, die solche Seiten hoch bewerten, auf die viele andere Seiten verweisen. Dabei werden wiederum Verweise aus solchen Seiten hoch bewertet, auf die selbst viele Verweise existieren und so weiter. Eher fragwürdig ist der Ansatz, solche Seiten an hervorgehobener Stelle anzuzeigen, deren Anbieter dem Betreiber der Suchmaschine dafür eine Gebühr entrichtet haben.

> Die *Aktualität* wird von der Häufigkeit bestimmt, mit der die Suchmaschine die Seiten im WWW jeweils neu analysiert. In der Praxis können durchaus mehrere Monate vergehen, bis eine Seite erneut aufgesucht wird.

> Eine **Anfragesprache** soll bequeme Möglichkeiten zur Arbeit mit der Datenbasis bieten, insbesondere zur Formulierung von Such- und Änderungsaufträgen. Es soll möglich sein, verschiedenen Benutzer *unterschiedliche Zugriffsrechte* zu geben, um so unter anderem einen Datenschutz zu gewährleisten. Mehrere Benutzer sollen *gleichzeitig* auf die Daten zugreifen können, ohne sich dabei gegenseitig zu stören oder die Integrität des Datenbestands zu verletzen.

Dieses Unterkapitel kann bei weitem nicht alle genannten Aspekte ansprechen, sondern

> stellt zunächst *grundlegende Begriffe und Strukturen* im Zusammenhang mit Datenbanksystemen dar, wobei es detaillierter auf den Aspekt der *Datenmodellierung* mit dem *Entity-Relationship-Modell* eingeht, und

> bespricht dann die häufig verwendeten *relationalen Datenbanken* sowie die zugehörige Anfragesprache *Structured Query Language (SQL)*.

3.5.1 System- und Datenstrukturen

Grundlegende Begriffe und Realisierungsschritte

Wie bei jedem großen System, so ist auch bei einem Datenbanksystem eine klare *Strukturierung* wichtig. Dies betrifft sowohl die Architektur des Systems selbst als auch die Abfolge der Schritte, in denen es realisiert wird. Grundlegend ist hierbei eine Reihe von Begriffen, von denen die folgenden die (grobe) **Systemarchitektur** betreffen:

> Die **Datenbasis** ist der eigentliche „Nutzdatenbestand", der gespeichert und abgefragt werden soll. Sie bildet zusammen mit den **Metadaten**, die zu ihrer Verwaltung gebraucht werden, die eigentliche **Datenbank**.

> Das **Datenbankmanagementsystem** (kurz **DBMS**) umfasst alle Programme, die zur Abfrage, Änderung und Kontrolle der Datenbank benötigt werden.

> Datenbasis und DBMS bilden zusammen das **Datenbanksystem**.

Hauptaufgabe bei der Realisierung eines Datenbanksystems ist festzulegen, wie sein **Datenbestand organisiert** sein soll. Dazu werden folgende *Realisierungsschritte* ausgeführt:

> Zunächst wird ein **Datenmodell** ausgewählt. Dieses Modell bestimmt die *allgemeine Form*, in der die zu speichernden Daten strukturiert sein sollen. Beispielsweise kann das Datenmodell vorsehen, dass Tabellen (→3.5.2) oder dass Graphen zur Organisation der Daten benutzt werden sollen.

> Danach wird im Rahmen des gewählten Modells ein **Datenbankschema** definiert. Sieht das Datenmodell beispielsweise die Verwendung von Tabellen vor, so legt das Schema den *konkreten Aufbau* dieser Tabellen fest - also die Anzahl ihrer Spalten, die Namen (= „Überschriften") der Spalten, die Typen der Daten in den einzelnen Spalten und so weiter. Damit erfolgt eine so genannte **Datendefinition**, die die *konkrete Form der Daten* beschreibt, aber - wohlgemerkt - noch keine Werte in die Datenbank einträgt.

> Erst anschließend wird auf der Grundlage des Datenbankschemas die eigentliche **Datenbasis** realisiert. Beispielsweise werden die zuvor leeren Tabellen mit *Dateneinträgen* gefüllt, die anschließend abgefragt, geändert oder gelöscht werden können.

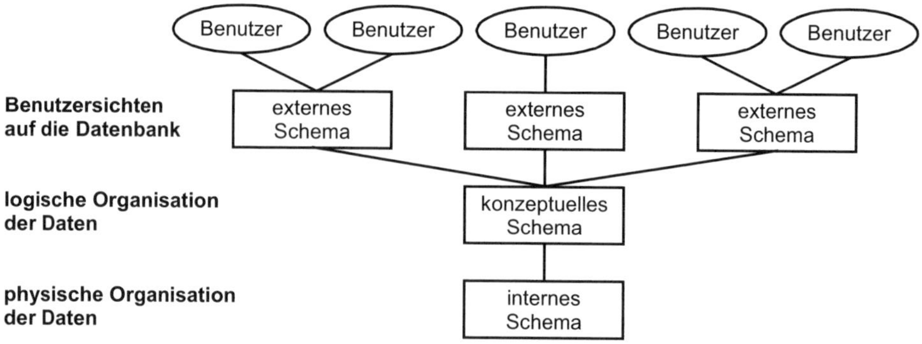

Abb. 3-27 *ANSI/SPARC-Architektur für Datenbanksysteme*

Vor der eigentlichen „Inbetriebnahme" eines Datenbanksystems mit seinem Datenbestand liegt also eine Phase der **Datenmodellierung und -definition**. Sie ist sehr wichtig, denn die Entscheidungen, die hier getroffen werden, beeinflussen unmittelbar die Benutzerfreundlichkeit und Effizienz des Systems. Zur besseren Strukturierung der Arbeit bietet es sich an, hier *zwei Datenbankschemata* zu entwerfen, die aufeinander aufbauen: Zunächst wird ein etwas allgemeiner gehaltenes Schema auf der Grundlage eines *abstrakteren Datenmodells* entworfen, das danach in ein konkreteres Schema auf Basis eines *implementierungsnäheren Modells* transformiert wird. Wir werden auf diese Vorgehensweise in Zusammenhang mit dem (abstrakteren) *Entity-Relationship-Modell* und den (konkreteren) *relationalen Datenbanken* noch näher eingehen.

Mehrschichtige Datenbankstrukturen

Realisiert man ein Datenbanksystem, so muss man nicht nur die Organisationsform der Daten bestimmen, sondern eine Reihe weiterer Probleme lösen. Beispielsweise muss man festlegen, wie die einzelnen Benutzer auf die Daten zugreifen dürfen und wie die Daten auf den vorhandenen realen Speichern abgelegt und gefunden werden. Diese Probleme sind offensichtlich unterschiedlich hardware- bzw. benutzernah, gehören also *unterschiedlichen Abstraktionsstufen* an. Es bietet sich damit an, ein Datenbanksystem in mehrere Ebenen zu untergliedern. Eine entsprechende *Standardstruktur* wird durch die **ANSI-SPARC-Architektur** (*American National Standards Institute / Standards on Planning and Requirements Committee*) definiert, deren drei Ebenen („Schemata") in Abbildung 3-27 dargestellt sind:

> Das **konzeptuelle Schema** bestimmt (wie schon unter den Stichworten *Datenbankschema* und *Datendefinition* skizziert) die *logische Organisation* der Daten und beruht dabei auf einem bestimmten *Datenmodell*. Es legt fest, welche Arten von Daten vorhanden sind, in welchen Beziehungen sie zueinander stehen und welchen Gesetzmäßigkeiten sie unterliegen. Die Entwicklung des konzeptuellen Schemas ist damit, wie bereits im vorigen Teilabschnitt dargelegt, die zentrale Aufgabe beim Datenbankentwurf und wird daher weiter unten näher besprochen.

> Auf dem konzeptuellen Schema setzen **externe Schemata** auf, die verschiedene *Benutzersichten* auf das System definieren und damit Zugriffsmöglichkeiten für die Benutzer festlegen: Beispielsweise haben unterschiedliche Benutzergruppen unterschiedliche

Zugriffsrechte, können also möglicherweise nur bestimmte Daten aus der Datenbank abrufen und/oder verändern und bekommen einen Teil der Daten vielleicht überhaupt nicht zu Gesicht.

> Unterhalb des konzeptuellen Schemas befindet sich das **interne Schema**, das angibt, wie die Daten auf den *physischen Speichermedien* angeordnet werden und wie Zugriffe auf die Daten konkret ablaufen. Hier kann beispielsweise ein **Index** angelegt werden, der (ähnlich wie der Index am Ende dieses Buchs) angibt, wo sich bestimmte Daten befinden. Ein solcher Index ist übrigens oft nach Art eines **B-Baums** (→3.2.2) strukturiert, um Suchvorgänge zu beschleunigen.

Im Idealfall besteht eine so genannte **Datenunabhängigkeit** zwischen den Ebenen: Strukturelle Änderungen auf einer tieferen Ebene haben keinen Einfluss auf die Organisation der höheren Ebenen. Werden beispielsweise die Daten im physischen Speicher (also auf der untersten Ebene) umgespeichert, so bleibt davon die logische Datenorganisation eine Ebene darüber unberührt.

Datenbankmanagementsystem DBMS

Die Aufgabe des **Datenbankmanagementsystems (DBMS)** in einer solchen mehrschichtigen Architektur ist, die einzelnen Schichten „aufeinander abzubilden“: Eine Operation, die ein Benutzer auf der externen Ebene durchführt, wird in eine Operation auf den Strukturen der konzeptuellen Ebene umgesetzt. Fügt zum Beispiel ein Benutzer Daten in die ihm sichtbare „Teildatenbank“ ein, so wird auf der konzeptuellen Ebene darunter (also in der „vollständigen“ Datenbank) eine entsprechende Schreiboperation ausgeführt. Der physische Speicherzugriff findet dann noch eine Schicht tiefer statt, nämlich auf der internen Ebene.
Die Arbeit mit einem solchen System erfolgt mit Hilfe verschiedener Sprachen:

> In der **Data Definition Language (DDL)** wird die logische Strukturierung der Daten im System beschrieben, also die **Datendefinition** vorgenommen.

> In der **Data Manipulation Language (DML)** können Anfragen an das System gerichtet und Einträge eingefügt, geändert und gelöscht werden.

> In der **Data Administration Language (DAL)** kann die physische Organisation der Daten im realen Speicher gesteuert werden.

Entity-Relationship-Modell

Unter den drei Schemata der ANSI/SPARC-Architektur ist das *konzeptuelle Schema* das wichtigste: Es beschreibt die Art der Daten, die die Datenbank aufnehmen soll, und ihre Beziehungen untereinander – also ihre *logische Struktur* oder *Organisation*. Wenn wir als Beispiel die Datenbank eines Kreditinstituts betrachten, so könnte das konzeptuelle Schema dort festlegen, dass Daten über Kunden und Konten gespeichert werden sollen, dass jeder Kunde einen Namen und eine Anschrift hat, dass ein Kunde ein oder mehrere Konten besitzen kann und so weiter.
Will man ein Datenbanksystem realisieren, so muss man also zuerst sein zugrunde liegendes konzeptuelles Schema entwerfen. Da dies eine komplexe Aufgabe sein kann, sollte man zunächst eine möglichst abstrakte Beschreibungsform wählen und sie erst in einem zweiten Schritt in eine konkretere, implementationsnahe Beschreibungsform umwandeln. Eine sol-

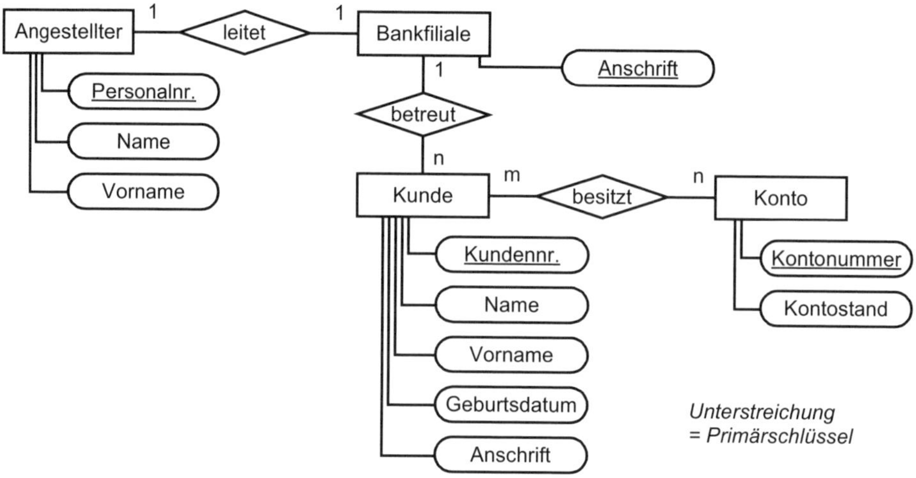

Abb. 3-28 *Beispiel für ein Entity-Relationship-Diagramm: Kreditinstitut mit Kunden*

che allgemeine Beschreibungsform bietet das **Entity-Relationship-Modell** (kurz *ER-Modell*): Es ermöglicht eine grafische Definition des konzeptuellen Schemas, die noch nicht mit Festlegungen zur konkreten Implementation belastet ist.

Im ER-Modell werden *Dinge* der realen Welt (**Entitäten**, engl. *entities*) mit ihren *Beziehungen* untereinander (engl. **relationships**) modelliert. Entitäten haben *Eigenschaften*, die durch **Attribute** dargestellt werden; dasselbe ist auch für Beziehungen möglich. Eine Menge von gleichartigen Entitäten, die logisch zusammengehören und dieselben Attribute haben, begründet einen **Entitätstyp**. Ein Entitätstyp wird durch einen Namen und die Beschreibung der Attribute definiert. Grafisch wird ein solches Modell durch ein **Entity-Relationship-Diagramm** (kurz *ER-Diagramm*) dargestellt (siehe Abbildung 3-28):

> Die *Entitätstypen* werden im Diagramm durch Rechtecke symbolisiert, die mit dem Typnamen beschriftet sind. Diesen Rechtecken sind Ellipsen oder Ovale zugeordnet, die den zugehörigen Attributen entsprechen. Das Diagramm in der Abbildung enthält Entitätstypen für Bankfilialen, -angestellte, -kunden und -konten und legt (neben vielen anderen Dingen) fest, dass ein Konto eine Kontonummer und einen Kontostand hat.

> Beziehungen (also *Relationships*) zwischen Entitätstypen werden durch Rauten dargestellt, die jeweils genau zwei Rechtecke miteinander verbinden. Die Beschriftung einer Raute, vorzugsweise ein Verb, charakterisiert die Art der Beziehung. Im Beispieldiagramm kann ein Bankangestellter eine Filiale leiten, diese kann Kunden betreuen und diese können wiederum Konten besitzen. Man unterscheidet mindestens drei **Beziehungstypen**, die durch die Beschriftung der Verbindungslinien angegeben werden:
>
> - Bei einer **1:1-Beziehung** ist jeder Entität des einen Typs höchstens eine Entität des anderen Typs zugeordnet und umgekehrt – ein Bankangestellter leitet höchstens eine Filiale, und eine Filiale hat höchstens einen Leiter (vielleicht momentan aber auch keinen).
> - Bei einer **1:*n*-Beziehung** können einer Entität des einen Typs beliebig viele Entitäten des anderen Typs zugeordnet werden, aber nicht umgekehrt – eine Filiale betreut beliebig viele Kunden, aber jeder Kunde wird von nur einer Filiale betreut.

- An einer *m:n*-**Beziehung** können auf beiden Seiten beliebig viele Entitäten beteiligt sein – ein Kunde kann mehrere Konten besitzen, und ein Konto kann mehrere Besitzer haben.

Zur Speicherung von Werten, die zu den einzelnen Entitäten gehören, werden die oben genannten **Attribute** verwendet. Entitäten, die demselben Typ angehören, haben zwar dieselben Attribute, aber zumeist unterschiedliche Attribut*werte*: Beispielsweise besitzt jeder `Kunde` ein Attribut `Name`; die konkreten Namen der einzelnen Kunden sind aber meist unterschiedlich. Somit kann man ein Attribut nicht nur zur reinen Wertspeicherung nutzen, sondern auch dazu, Entitäten zu *identifizieren*. Damit die Identifikation *eindeutig* ist, muss sichergestellt sein, dass alle Entitäten des betreffenden Typs in diesem Attribut unterschiedliche Werte haben. Beim Entitätstyp `Kunde` hat das Attribut `Name` diese Eigenschaft nicht (denn es gibt Kunden, die denselben Namen tragen), wohl aber das Attribut `Kundennummer`. Man kann die Eindeutigkeit auch herstellen, indem man mehrere Attribute kombiniert: Es gibt (zumindest nach menschlichem Ermessen) keine zwei Kunden, die in `Name`, `Vorname`, `Adresse` und `Geburtsdatum` dieselbe Wertkombination besitzen.
Attribute oder Attributmengen, mit deren Werten man Entitäten eindeutig identifizieren kann, heißen **Schlüsselkandidaten** (engl. *candidate keys*). Bei der Modellierung wählt man für jeden Entitätstyp einen dieser Schlüsselkandidaten aus und macht ihn damit zum **Primärschlüssel** (engl. *primary key*), der später in der Datenbank zur Identifikation von Einträgen dieses Typs benutzt wird. Primärschlüsselattribute werden im ER-Diagramm unterstrichen. Lässt sich unter den „natürlichen" Attributen kein Schlüsselkandidat finden, so führt man als zusätzliches Attribut eine laufende Nummer für die Entitäten ein, die dann zum Primärschlüssel wird (wie beim Attribut `Kundennummer` geschehen).

Implementationsnahe Datenmodelle

Ein konzeptuelles Schema, das auf der Grundlage des ER-Modells beschrieben wird, ist relativ abstrakt: Es gibt zwar an, welche Arten von Daten in der Datenbank vorhanden sein sollen und welche Beziehungen zwischen ihnen bestehen; es legt aber noch nicht fest, wie diese Daten konkret organisiert sind, um darauf Zugriffe ausführen und sie im physischen Speicher geordnet ablegen zu können. Insbesondere bietet das ER-Modell zwar eine übersichtliche grafische *Data Definition Language (DDL)* zur Definition der Datenstrukturen, aber diese grafische Darstellungsform ist keine gute Basis zur Festlegung einer *Data Manipulation Language (DML)*, die die konkrete Arbeit mit dem Datenbestand einer Datenbank ermöglichen würde.
Hat man also das konzeptuelle Schema zunächst durch ein ER-Modell formuliert, so muss man danach ein zweites Datenmodell auswählen, das für eine nachfolgende Implementation besser geeignet ist. Die erarbeitete ER-Darstellung muss in die Darstellungsform dieses Modells transformiert werden. Geeignete Darstellungsformen bieten die folgenden Modelle:

> Das **hierarchische Modell** und das **Netzwerkmodell** stellen Beziehungen zwischen Daten in Form eines *Baums* bzw. allgemeinen *Graphen* dar. Beide Modelle haben aber heute nur mehr historische Bedeutung und sind nur noch in alten Systemen zu finden.

> Das **relationale Modell** formuliert Datenbeziehungen auf der Grundlage des *mathematischen Relationsbegriffs*. Die überwiegende Mehrzahl der Datenbanksysteme, die heute im Einsatz sind, beruhen auf diesem Modell; es wird daher im nächsten Teilabschnitt ausführlicher betrachtet.

> Das **objektorientierte Modell**, das jünger ist als das relationale Modell, organisiert den Datenbestand als System von *Objekten* (→6.1.1). Es ermöglicht somit die integrierte Speicherung der Daten und der Beschreibung der Operationen, die darauf zulässig sind. Realisiert wird dieser Ansatz in heutigen Datenbanksystemen vornehmlich als **objektrelationales Modell**, das relationale und objektorientierte Konzepte kombiniert.

> Weitere Ansätze sind das **deduktive Modell** und das **XML-basierte Modell**, die Techniken der *Logikprogrammierung* (→5.1.3) bzw. der *Dokumentenstrukturierung* durch eine Markierungssprache (→3.4.3) nutzen.

3.5.2 Relationale Datenbanken und SQL

Die Mehrzahl der heutigen Datenbanksysteme basiert auf dem **relationalen Datenmodell**. Dieses Modell hat eine solide mathematische Grundlage – nämlich die *Relationentheorie*, die ein formales System für den Umgang mit *Datentupeln* bereitstellt. Darüber hinaus gibt es mit der *Structured Query Language (SQL)* eine standardisierte Datendefinitions- und -manipulationssprache.

Relationen und Tabellen

Eine n-stellige **Relation** R ist bekanntlich eine Menge von **Tupeln** der Form $(w_1, w_2, ..., w_n)$. Jedes Tupel ist damit eine geordnete Kombination von genau n Werten, wobei jeder dieser Werte w_i einer bestimmten Wertemenge D_i (= **Domain**) angehört. In mathematischer Sprechweise ist die Relation also eine Teilmenge des **kartesischen Produkts** (**Kreuzprodukts**) der Domains – formal: $R \subseteq D_1 \times D_2 \times ... \times D_n$. Das kartesische Produkt ist die Basis zur Definition eines **Relationenschemas** $R(A_1, A_2, ..., A_n)$, wobei $A_1, A_2, ...$ eine Liste von benannten Attributen ist und dem Attribut A_i die Wertemenge D_i zugeordnet ist.
Eine Relation lässt sich gut durch eine **Tabelle** veranschaulichen, in der jedes ihrer Tupel durch eine eigene Zeile dargestellt wird (siehe Abbildung 3-29 oben). Die Spalten der Tabelle entsprechen den n Komponenten des Relationenschemas. Für jede Spalte ist damit eine Domain festgelegt, also eine Wertemenge, der ihre Einträge angehören müssen. Zudem entspricht die Spaltenreihenfolge der Attributreihenfolge im Relationenschema.
Tupel können dazu benutzt werden, Dinge der realen Welt mit ihren Eigenschaften (*Entitäten* mit ihren *Attributen*, vergleiche →3.5.1) zu modellieren und sie so für die Speicherung in Datenbanken aufzubereiten. Ein Tupel entspricht damit einem **Datensatz** der Datenbank, seine n Werte sind die Werte der Attribute. Die Bedeutung der einzelnen Attribute wird dabei durch die Spaltenüberschriften der zugehörigen Tabelle charakterisiert. Durch die drei Tabellen in Abbildung 3-29 oben werden also drei Arten von „Dingen" beschrieben, nämlich die Kunden einer Bank mit ihren Eigenschaften, die Konten der Bank, ebenfalls mit ihren Eigenschaften, sowie die Besitzverhältnisse von Kunden zu Konten.
In der Praxis kann man an eine Relation, die durch eine Tabelle dargestellt wird, eine Reihe *zusätzlicher Anforderungen* stellen. So müssen bei rein relationalen Datenbanken die Domains aus **atomaren** (= nicht weiter unterteilbaren) **Werten** bestehen – also beispielsweise aus Zahlenwerten, Zeichen oder Zeichenketten, aber nicht aus Mengen oder strukturierten Daten (manchmal mit Ausnahme einfacher Strukturen wie zum Beispiel Datumsangaben). Bezüglich der Werte, die in einer Spalte abgelegt werden dürfen, können zudem **Integritätsbedingungen** festgelegt werden. Beispielsweise wird gefordert, dass Primärschlüssel-

Relation „Kunden":

Kunden-nummer	Name	Vor-name	Geburts-datum	Anschrift
101	Meier	Fritz	20.5.1968	Hardymarkt 1
102	Meier	Susi	19.4.1971	Hardymarkt 1
201	Müller	Fritz	11.1.1959	Hardymarkt 1
301	Schmitz	Susi	20.5.1968	Laureltor 12
401	Schulze	Anna	31.8.1946	Allenplatz 7

Tupel = Datensatz

Attribut mit Attributwerten der einzelnen Tupel (Primärschlüssel sind unterstrichen)

Relation „Konten":

Konto-nummer	Konto-stand
99901	1234,56
99902	-6543,21
99903	3456,78
99904	4567,89

Relation „Besitzverhältnisse":

Kunden-nummer	Konto-nummer
101	99904
102	99904
201	99901
201	99903
401	99902

Ausgewählte Operationen der Relationenalgebra auf den gegebenen Relationen:

1.) Selektion aller Tupel mit Nachname = Meier aus der Relation „Kunden"

Kunden-nummer	Name	Vor-name	Geburts-datum	Anschrift
101	Meier	Fritz	20.5.1968	Hardymarkt 1
102	Meier	Susi	19.4.1971	Hardymarkt 1

2.) Projektion der Relation „Kunden" auf drei ihrer Attribute:

Kunden-nummer	Name	Vor-name
101	Meier	Fritz
102	Meier	Susi
201	Müller	Fritz
301	Schmitz	Susi
401	Schulze	Anna

3.) Vereinigung der Relation „Konten" mit der Relation { (99905, 1111,11) }:

Konto-nummer	Konto-stand
99901	1234,56
99902	-6543,21
99903	3456,78
99904	4567,89
99905	1111,11

4.) Verbund der Relationen „Kunden" und „Besitzverhältnisse":

Kunden-nummer	Name	Vor-name	Geburts-datum	Anschrift	Konto-nummer
101	Meier	Fritz	20.5.1968	Hardymarkt 1	99904
102	Meier	Susi	19.4.1971	Hardymarkt 1	99904
201	Müller	Fritz	11.1.1959	Hardymarkt 1	99901
201	Müller	Fritz	11.1.1959	Hardymarkt 1	99903
401	Schulze	Anna	31.8.1946	Allenplatz 7	99902

***Abb. 3-29** Relationen, Tabellen und ausgewählte Operationen der Relationenalgebra*

einträge (→3.5.1) nicht leer sein dürfen und sämtlich voneinander verschieden sein müssen. Zudem kann man beispielsweise die Einträge einer Zahlenspalte auf ein bestimmtes zulässiges Zahlenintervall beschränken.

Um **Redundanzen** (= mehrfach vorkommende Einträge) und damit mögliche **Inkonsistenzen** (= widersprüchliche Werte) zu vermeiden, verlangt man, dass Tabellen in einer so genannten **Normalform** vorliegen. Solche Normalformen erreicht man, indem man nur solche Werte in *einer* Relation zusammenfasst, die unmittelbar zusammengehören, und ansonsten *mehrere* Relationen definiert. Dies ist zum Beispiel in Abbildung 3-29 oben der Fall, wo Kunden- und Kontodaten in eigenen Tabellen geführt werden. Die Tabelle in der Abbildung ganz unten, die Kontonummern mit Angaben über ihre Besitzer zusammenfasst, ist dagegen *nicht* in Normalform. Man sieht dies am Kunden `Müller`, der zwei Konten besitzt und dessen Personendaten demzufolge doppelt auftreten. Das ist problematisch, denn würde beispielsweise bei einem Umzug versehentlich nur *eine* Anschrift geändert, würde der Datenbestand inkonsistent. Für eine detaillierte Diskussion verschiedener Normalformen verweisen wir auf die weiterführende Literatur (→3.6).

Umsetzung von ER-Diagrammen in Relationenschemata

Das konzeptuelle Schema eines Datenbanksystems, das durch ein ER-Diagramm definiert ist, lässt sich *automatisch* in Relationenschemata und damit in ein System von Tabellen transformieren, wie es in →3.5.1 gefordert wurde. Der Automatismus geht wie folgt vor:

> Jedem *Entitätstyp* T wird eine eigene Tabelle (also ein eigenes Relationenschema) zugeordnet, das die Attribute von T umfasst (siehe die Entitätstypen `Kunde` und `Konto` in Abbildung 3-28 und die Tabellen `Kunden` und `Konten` in Abbildung 3-29).

> Eine *m:n-Beziehung* zwischen zwei Entitätstypen T_1 und T_2 wird durch eine eigene Tabelle dargestellt, deren Spalten Primärschlüssel von T_1 und T_2 repräsentieren. Beispielsweise entspricht die Tabelle `Besitzverhältnisse` in Abbildung 3-29 der Beziehung `besitzt` in Abbildung 3-28; ihre Einträge geben an, welche Kunden welche Konten besitzen. Man bezeichnet die Einträge in dieser neuen Tabelle als **Fremdschlüssel**, da sie die Verbindung zu Primärschlüsseln in *anderen* Tabellen herstellen.

> Für eine *1:1- oder 1:n-Beziehung* zwischen zwei Entitätstypen T_1 und T_2 benötigt man keine eigene Tabelle. Hier ergänzt man die Tabelle, die die T_2-Attribute enthält, um eine oder mehrere Spalten, die den Primärschlüssel von T_1 aufnehmen. Hätte also im Beispiel jedes Konto nur einen Besitzer, so könnte man auf die Tabelle `Besitzverhältnisse` verzichten und würde dafür die Tabelle `Konten` um eine (Fremdschlüssel-)Spalte `Kundennummer` erweitern, die die Nummer des jeweiligen Besitzers aufnimmt.

Werden die so konstruierten Tabellen mit Werten gefüllt, so muss stets die **referentielle Integrität** gewährleistet sein: Tritt in einer Zeile der Fremdschlüsselspalte(n) ein Wert w auf, so muss w auch in der (den) zugehörigen Primärschlüsselspalte(n) der anderen Tabelle vorkommen, die dazu in Beziehung steht. Für das Beispiel bedeutet das, dass in der Tabelle `Besitzverhältnisse` nur dann eine bestimmte Kundennummer auftreten darf, wenn die Tabelle `Kunden` ebenfalls diese Nummer und damit die zugehörigen Angaben wie `Name`, `Vorname` und so weiter enthält.

Relationenalgebra: Operationen auf Tabellen

Tabellen speichern Daten, die eine Menge von Dingen der realen Welt mit ihren Eigenschaften modellieren. Sie stellen diese Daten als Menge von Tupeln dar, also als eine Relation. Operationen auf solchen Tabellen, wie Anfragen, Einfügungen, Änderungen und Löschungen, können daher mit Hilfe der **Relationenalgebra** definiert und durchgeführt werden. Zur Arbeit mit Relationen stellt die Relationenalgebra die folgenden *Operatoren* bereit (siehe auch Abbildung 3-29 mit Beispielen in Tabellendarstellung):

> Eine **Selektion** aus einer Relation R liefert die Menge aller Tupel in R, die eine bestimmte Eigenschaft haben. Mit ihr lässt sich eine Anfrage an eine Datenbank realisieren.

> Eine **Projektion** einer Relation R liefert die Menge aller Tupel, die aus den ursprünglichen Tupeln in R durch Streichung bestimmter Komponenten hervorgehen. Mit ihr lassen sich bestimmte Attribute „herausfiltern", die momentan interessieren.

> Die **Differenz** und **Vereinigung** zweier Relationen R_1 und R_2 entsprechen den gleichnamigen Operationen auf Mengen. Sie können nur angewandt werden, wenn R_1 und R_2 dasselbe Relationenschema haben. Mit einer Differenz lassen sich Tabelleneinträge löschen. Mit einer Vereinigung kann man zwei Tabellen zu einer Tabelle *mit derselben Struktur* zusammenfassen und somit insbesondere neue Tabelleneinträge hinzufügen.

> Das **kartesische Produkt** (**Kreuzprodukt**) zweier Relationen R_1 und R_2 kombiniert die Tupel beider Relationen paarweise, indem jeweils an ein Tupel aus R_1 ein Tupel aus R_2 „angehängt" wird. Angewandt auf die Relationen `Kunde` und `Konto` in Abbildung 3-29 würde es beispielsweise Tupel der Form (`Kundennummer`, `Name`, ..., `Anschrift`, `Kontonummer`, `Kontostand`) liefern. Das Kreuzprodukt enthält dabei *alle* Tupelkombinationen, die sich wie beschrieben bilden lassen. Damit ist es in seiner Grundform für Datenbanken meist wenig sinnvoll: So würde es im obigen Beispiel auch Kunden-Konten-Kombinationen liefern, in denen der Kunde gar nicht Besitzer des betreffenden Kontos ist. Das Kreuzprodukt ist jedoch Basis der wichtigen *Verbund*-Operation, die komplexere Anfragen und Kombinationen ermöglicht (siehe unten).

> Mit einer **Umbenennung** lassen sich die Namen von Relationen und Attributen ändern.

Diese Basisoperationen lassen sich zu komplexeren Operationen kombinieren. Für den Einsatz in Datenbanken ist hier der **Verbund** (engl. **join**) am wichtigsten. Mit Hilfe eines Verbundoperators lassen sich zwei Relationen zusammenfassen und dabei nach bestimmten Kriterien „filtern". Es gibt verschiedene Arten von Verbunden, so zum Beispiel den *natürlichen Verbund*:
Der **natürliche Verbund** (engl. *natural join*) kombiniert zwei Relationen R_1 und R_2, wobei vorausgesetzt wird, dass R_1 und R_2 eines oder mehrere Attribute gemeinsam haben. Dies ist in Abbildung 3-29 beispielsweise bei den Relationen `Kunden` und `Besitzverhältnisse` mit dem Attribut `Kontonummer` der Fall. Die Zusammenfassung erfolgt im Prinzip wie beim Kreuzprodukt, wobei aber zwei Einschränkungen gemacht werden: Erstens werden in die Ergebnisrelation nur solche Tupelkombinationen aufgenommen, deren Attributwerte in den gemeinsamen Attributen gleich sind. Beispielsweise wird ein bestimmter Kunde nur dann mit einem bestimmten Konto kombiniert, wenn er Besitzer dieses Kontos ist. Zweitens wird in der Ergebnisrelation eine Spalte, die zu einem gemeinsamen Attribut gehört, nur *einmal* angezeigt. Wie die Abbildung zeigt, liefert die Verbundoperation auf den Relationen

`Kunden` und `Besitzverhältnisse` eine Relation, die Kunden mit den Nummern ihrer Konten darstellt.
Am Beispiel wird übrigens ein Problem des natürlichen Verbunds deutlich: Tupel der einen Relation, denen kein Tupel der anderen Relation zugeordnet ist (wie das der Kundin `Schmitz`, die momentan kein Konto besitzt), sind in der Verbundrelation nicht mehr vertreten. Möchte man dies vermeiden, so kann man einen **äußeren Verbund** (engl. *outer join*) benutzen, der aus einer der beiden Tabellen *sämtliche* Tupel übernimmt.

Anfragesprachen und SQL

Die Relationenalgebra ist die theoretische Grundlage für **Anfragesprachen** (engl. **query languages**), mit denen auf relationalen Datenbanken gearbeitet werden kann. Der historisch geprägte Begriff „*Anfrage*sprache" ist dabei im Grunde genommen zu eng gefasst, denn in solchen Sprachen können zumeist nicht nur Anfragen an eine Datenbank gerichtet werden, sondern es können auch Daten eingetragen, gelöscht und geändert werden, und es können zudem Relationenschemata definiert werden. Eine moderne Anfragesprache vereinigt also die Funktionalitäten einer *Data Manipulation Language (DML)* und einer *Data Definition Language (DDL)*.
Anfragesprachen sind im Allgemeinen **deklarative Sprachen** (auch **deskriptive Sprachen** genannt, siehe →5.1.3). Das bedeutet, dass bei einer Anfrage nur formuliert werden muss, *was* für Daten gesucht werden sollen, aber nicht, *wie* der Suchvorgang abzulaufen hat (siehe auch →5.1.3). Es ist Aufgabe des Datenbankmanagementsystems, aus einer Anfrage automatisch einen **Ausführungsplan** für die Suche im physischen Speicher zu generieren.
Unter den Anfragesprachen für relationale Datenbanken hat heute die **Structured Query Language (SQL)** die weitaus größte Bedeutung. SQL wurde im Laufe der Jahre durch die *International Organization for Standardization (ISO)* in mehreren Versionen normiert. In der heutigen Praxis wird häufig noch *SQL2* (auch *SQL-92* genannt) eingesetzt; der aktuelle Normungsstand ist allerdings *SQL3* (*SQL:1999*), der SQL-92 um Konzepte *objektrelationaler Datenbanken* erweitert. SQL kann von einem Benutzer als **Ad-hoc-Anfragesprache** eingesetzt werden, um mit einem Datenbanksystem *interaktiv* zu arbeiten. Es kann aber auch in Programme in Sprachen wie C oder Java *eingebettet* werden, aus denen dann SQL-Anweisungen aufgerufen werden.
Eine detaillierte Beschreibung von SQL findet man in den meisten Datenbankbüchern (→3.6). Im Folgenden sollen exemplarisch *drei wichtige SQL-Befehle* betrachtet werden, nämlich zur Definition eines Relationenschemas (also einer Tabellenstruktur), zum Einfügen von Daten in eine Tabelle und zur Formulierung von Anfragen an Tabellen:

> Die Struktur einer Tabelle wird mit dem Befehl `CREATE TABLE` definiert. Dabei müssen der Tabellenname angegeben werden sowie Namen und Datentypen der einzelnen Spalten. Für jede Spalte können noch zusätzliche Festlegungen getroffen werden, beispielsweise ob das betreffende Attribut ein Primärschlüssel ist und ob das entsprechende Tabellenfeld unbedingt einen Eintrag enthalten muss oder auch leer bleiben darf. Beispielsweise definiert der Befehl

```
CREATE TABLE Kunden (
 Kundennummer INTEGER       PRIMARY KEY
 Name         CHARACTER(30) NOT NULL
 Vorname      CHARACTER(20) NOT NULL
```

```
  Geburtsdatum DATE          NOT NULL
  Anschrift    CHARACTER(30) NOT NULL  )
```

eine Tabelle der Form, wie sie in Abbildung 3-29 oben angegeben ist. `INTEGER` ist dabei die Typangabe für ganze Zahlen, `CHARACTER(n)` für Zeichenketten mit maximal *n* Zeichen und `DATE` für Datumsangaben. `PRIMARY KEY` definiert einen Primärschlüssel, und `NOT NULL` besagt, dass das Feld nicht leer bleiben darf.

> Mit dem Befehl `INSERT INTO` können in eine Tabelle neue Einträge eingefügt werden. Für die `Kunden`-Tabelle in Abbildung 3-29 sieht das beispielsweise wie folgt aus:

```
INSERT INTO Kunden
 VALUES (501,'Schmidt','Gustav',
                        '01 Mar 1930','Fieldskreisel 17')
```

> Der Befehl `SELECT` ist eine sehr mächtige Anweisung für Anfragen an eine relationale Datenbank. Man kann mit ihm Einträge aus einer oder mehreren Tabellen abrufen, wobei man Bedingungen für die Einträge festlegen und Verbundoperationen durchführen kann, man kann bestimmte Attribute dieser Einträge ausfiltern und die Ergebnismenge sortieren und gruppieren. Zudem lassen sich `SELECT`-Anfragen schachteln, also Anfragen in mehreren Schritten ausführen. Das grundlegende Muster eines `SELECT` lautet:

```
SELECT was
FROM woher
WHERE mit welchen Eigenschaften
```

Beispielsweise liefert die einfache Anfrage

```
SELECT Vorname, Geburtsdatum
FROM Kunde
WHERE Name = 'Meier'
```

eine Tabelle, die die Vornamen und Geburtsdaten aller Kunden namens Meier in der Tabelle `Kunde` enthält. Die Anfrage

```
SELECT Name, Vorname, Kontonummer
FROM Kunde, Besitzverhältnisse
WHERE Kunden.Kundennummer=Besitzverhältnisse.Kundennummer
```

liefert eine Tabelle, die die Namen und Vornamen der Kunden mit den Nummern ihrer Konten angibt. Hier wird also eine Verbundoperation durchgeführt.

Erweiterungen

Zum Abschluss dieses Abschnitts sollen noch kurz einige Konzepte genannt werden, die zwar über den engeren Rahmen des relationalen Datenmodells hinausgehen, die aber für die Praxis sehr wichtig und daher in heutige Systeme (wie auch in die aktuelle SQL-Norm) integriert sind:

> **Aggregat-Funktionen** ermöglichen die zusammenfassende Auswertung von Tabelleneinträgen. Sie können beispielsweise die *Anzahl* der Tabelleneinträge ermitteln, die eine bestimmte Eigenschaft haben, und *Summen*, *Maxima*, *Minima* und *Durchschnittswerte* von numerischen Einträgen berechnen.

> **Transaktionen** führen eine Folge von Datenbankoperationen *atomar*, das heißt ohne Unterbrechung aus (→5.4.2). Damit kann beispielsweise bei einer Banküberweisung sichergestellt werden, dass die Abbuchung in *einem* Schritt mit der nachfolgenden Zu-

buchung erfolgt und somit kein Geld verloren geht: Tritt während des Vorgangs ein Fehler auf, so wird die Datenbank automatisch in den vorherigen Zustand zurückgeführt.

> **Trigger** sind Operationen, die automatisch gestartet werden, wenn eine bestimmte Bedingung eintritt. Sie können beispielsweise melden, wenn ein Konto einen bestimmten Stand über- oder unterschreitet, ohne dass dies durch den Datenbankbenutzer oder -verwalter aktiv abgefragt werden müsste.

> **Benutzerdefinierte Typen** ermöglichen die Definition neuer, beliebiger Wertebereiche für Tabellenspalten – über die Standardtypen hinaus, die durch die Anfragesprache vorgegeben sind. Dies führt bis hin zu **objektrelationalen Datenbanken**: Sie können als Tabelleneinträge auch *Objekte* aufnehmen, also strukturierte Daten zusammen mit den dafür vereinbarten Operationen (→6.1.1).

3.6 Zusammenfassung und weiterführende Literatur

Das dritte Kapitel dieses Buchs beschäftigte sich mit verschiedenen Techniken zur Organisation von Datenbeständen. Neben deren grundlegenden Konzepten sollten insbesondere ihre unterschiedlichen praktischen Einsatzgebiete deutlich werden sowie, im Fall der Graphen und der Datenbanksysteme, auch ihre theoretischen Grundlagen. Eine gute zusätzliche Übersichtslektüre sind hier wieder das *Informatik-Handbuch* [RePo02] und das *Taschenbuch der Informatik* [SnWe01]. Auch im Wirtschaftsinformatik-Buch von *Hansen und Neumann* [HaNe01] findet man viele weitere Details.

Variablen in Programmen

Ein prozedurales oder objektorientiertes Programm speichert während seiner Ausführung Daten in Variablen. Jede Variable besitzt einen Namen, über den sie angesprochen wird, und einen Typ, der festlegt, welche Werte in ihr abgelegt und welche Operationen auf ihr ausgeführt werden dürfen. Variablen werden durch Zellen eines direkt zugreifbaren Speichers realisiert, die die Variablenwerte in binärer Form enthalten. Lebensdauer und Gültigkeitsbereich einer Variablen sind an das laufende Programm gebunden, das sie erzeugt hat. Die einfachste Variablenart sind skalare Variablen, in denen jeweils nur ein einzelner Wert abgelegt werden kann. Zeigervariablen sind spezielle skalare Variablen, die Adressen anderer Variablen aufnehmen können und so flexible Speicherzugriffe auf der Grundlage einer Adressarithmetik ermöglichen. Zusammengesetzte Variablen wie Felder (Arrays) und Strukturen können mehrere Einzelwerte gleichzeitig aufnehmen, wobei in einem Feld nur Werte desselben Typs stehen können, in einer Struktur aber auch Werte unterschiedlicher Typen. Felder, Strukturen und Zeiger können auf vielfältige Weise kombiniert werden.
Der Umgang mit Variablen in den Beispielsprachen C und Java ist in den einschlägigen Programmierlehr- und -handbüchern ausführlich beschrieben:

> Zur Programmiersprache C gibt es recht viel Literatur. Empfehlenswert ist hier beispielsweise das Buch von *Herrmann* [Herr01], das auch die Sprache C++ mit abdeckt. Erwähnt werden muss auch der Klassiker von *Kernighan und Ritchie* [KeRi88], den „Vätern" von C.

> Auch die Java-Literatur ist mittlerweile sehr vielfältig. Zu empfehlen sind hier insbesondere (in der Reihenfolge vom Anfänger- bis zum Fortgeschrittenen-Niveau) die Bücher

von *Jobst* [Jobs01], *Mössenböck* [Möss03] sowie *Schader und Schmidt-Thieme* [SaST00]. Auch das World Wide Web bietet hier Einiges, so das kostenlose Lehrbuch von *Ullenboom* [UlleWeb] sowie die *Java-Dokumentation der Firma Sun Microsystems* [JavaWeb].

Der Umgang mit Variablen und Datenstrukturen wird in späteren Kapiteln noch weiter diskutiert: In →4.2 werden Such- und Sortierverfahren für Datenstrukturen besprochen, in →5 geht es unter anderem um Abläufe in Programmen, die auf Variablen arbeiten, sowie um die Behandlung von Variablen bei der Programmübersetzung, und →6 befasst sich mit der objektorientierten Programmierung, bei der Variablen mit den dazugehörigen Operationen zu Objekten zusammengefasst werden.

Graphen

Ein Graph beschreibt durch seine Knoten und Kanten eine Menge von Dingen mit ihren Beziehungen untereinander. Je nach Art der Beziehungen ist der Graph gerichtet oder ungerichtet. Knoten und Kanten können mit Daten attributiert werden, wodurch der Graph eine Datenmenge strukturiert darstellt. Spezielle Formen der Datenstrukturierung sind Listen, allgemeine Bäume und Binärbäume, die in vielen Bereichen eingesetzt werden.
Eine eingängige Einführung in die Graphentheorie mit vielen Abbildungen bietet das Buch von *Clark und Holton* [ClHo91], das sich auch mit Optimierungsproblemen und Verfahren („Algorithmen") auf Graphen befasst. Etwas formaler, dafür aber umfangreicher und ein wenig tiefergängig ist das Werk von *Jungnickel* [Jung94], bei dem ein starker Fokus auf Graphalgorithmen liegt. Verfahren für Graphen finden sich auch in *Algorithmenbüchern* wie beispielsweise [OtWi02], [SaSa02] oder [Sedg03]. Wir werden auf dieses Thema in →4.2.3 etwas näher eingehen.

Dateien und Dateisysteme

Dateien bieten die Möglichkeit, eine größere Menge von Daten unabhängig von einem bestimmten Programm über einen längeren Zeitraum zu speichern. Die Speicherung erfolgt dabei auf einem Hintergrundspeicher. Eine Datei hat einen Namen, mit dem sie identifiziert wird, und Attribute mit Zusatzangaben über die Datei. Heutzutage sind Dateien zumeist byteorganisiert und ermöglichen einen wahlfreien Zugriff auf ihre Inhalte. Alle Dateien eines Rechensystems sind hierarchisch in einem Dateibaum angeordnet, der durch das Betriebssystem verwaltet wird.
Informationen zur Realisierung und Benutzung von Dateisystemen finden sich in der *Literatur zu Betriebssystemen* (siehe [Vogt01] für eine Literaturübersicht). Interessant sind hierbei auch Dateisysteme, die sich über ein Netz von Rechnern (insbesondere das Internet) erstrecken. Wir kommen hierauf in →7 zu sprechen. Geräte zur physischen Speicherung von Dateien werden in Büchern zum Thema *Rechnerarchitektur* besprochen, so zum Beispiel in den Werken von *Stallings* [Stal03a] und *Tanenbaum* [Tane99].

Dokumente

Ein Dokument enthält Daten, die von Benutzern betrachtet werden sollen. Der eigentliche Dateninhalt eines Dokuments wird ergänzt durch eine Dokumentstruktur, die den Inhalt organisiert, und ein Layout, das dem Betrachter angezeigt wird. Dokumente können linear, hierarchisch oder als Netz von Einheiten strukturiert sein; vernetzte Dokumente heißen Hypertext- oder Hypermediadokumente. Die Struktur eines Dokuments spiegelt sich im Format der Datei wider, in der es gespeichert ist. Neben medien- und softwarespezifischen Dateiformaten gibt es hier die flexible Möglichkeit, den Inhalt durch das Setzen von Marken zu strukturieren. Für diesen Zweck gibt es anwendungsspezifische Markierungssprachen, wie HTML für WWW-Seiten und SMIL für multimediale Präsentationen, sowie Meta-Sprachen, wie SGML und XML, mit denen Autoren eigene Markierungssprachen definieren können. Zu Dateiformaten und insbesondere zu Markierungssprachen gibt es eine reichhaltige Literatur:

> Dateiformate werden sehr ausführlich in den Büchern von *Born* ([Born97], [Born00]) sowie *Murray und van Ryper* [MuRy94] besprochen.

> Für Autoren von HTML-Seiten ist die *SELFHTML*-Internetdokumentation [MünzWeb] eine Referenz erster Güte. Daneben gibt es sehr viele Bücher zum Thema – um hier das Richtige zu finden, sollte man einfach in einer Buchhandlung oder Bibliothek stöbern. Informationen zum HTML-Standard können bei *World Wide Web Consortium W3C* [W3CWeb1] abgerufen werden.

> Der SMIL-Standard ist ebenfalls beim *W3C* [W3CWeb2] dokumentiert. Zudem finden sich hier Verweise auf „SMIL Player", also Software zum Abspielen von SMIL-Präsentationen. Ein SMIL-Tutorium gibt es beispielsweise bei *Helio* [HelWeb].

> Auch XML ist durch das *W3C* [W3CWeb3] standardisiert. Eine gute Quelle in gedruckter Form ist das Buch von *Harold und Means* [HaMe02], das eine kompakte, gut lesbare Einführung in XML mit vielen Beispielen enthält. Ein noch kompaktere Übersicht bietet das Buch von *Rottach und Groß* [RoGr02]. WWW-Links zu XML findet man bei [XMLWeb1].

Datenbanken

Datenbanksysteme speichern mehr oder weniger große Datenmengen in einer Datenbank, wobei ein Datenbankmanagementsystem diese Daten strukturiert, verwaltet und Benutzeranfragen beantwortet. Die Architektur eines Datenbanksystems besteht meist aus mehreren Ebenen, die unterschiedlich hardware- bzw. benutzernah sind. Vor der Implementation des Systems muss eine Datenmodellierung stattfinden, bei der die Struktur des späteren Datenbestands festgelegt wird. Zunächst wird hier auf der Grundlage eines etwas abstrakteren Datenmodells (vornehmlich des Entity-Relationship-Modells) ein konzeptuelles Schema entwickelt, das dann in eine implementationsnähere Darstellungsform umgewandelt wird. Die Mehrheit der heutigen Implementationen benutzt hierfür das relationale Datenmodell, das auf der mathematischen Relationentheorie beruht, und die entsprechende Anfragesprache SQL. Neben relationalen Systemen gibt es mittlerweile auch objektrelationale und objektorientierte Systeme.

Die hier diskutierten Themen werden beispielsweise in den Büchern von *Date* [Date00], *Kemper und Eickler* [KeEi01], *Vossen* [Voss00] und (sehr ausführlich) *Elmasri und Navathe* [ElNa00] vertieft. Dort werden auch aktuelle Entwicklungen angesprochen, wie beispielsweise Internetdatenbanken und XML-gestützte Datenmodellierung. Mit SQL befassen sich zum Beispiel das Buch von *Misgeld* [Misg01] sowie das (allerdings etwas ältere) Werk von *Date und Darwen* [DaDa97]. Die Implementierung von Datenbanksystemen wird in dem sehr umfangreichen Buch von *Härder und Rahm* [HäRa01] behandelt.

3.7 Übungsaufgaben

1. Variablen in Programmen

a.) Gegeben ist der folgende Ausschnitt eines Java-Programms:

```
byte x;   byte y;   x = 7;   y = x + 3;
```

Skizzieren Sie, ähnlich wie in Abbildung 3-2, den Zustand des Speichers nach Ausführung dieses Programmstücks.

b.) Deklarieren Sie (in der Sprache C) ein Feld, das drei Werte vom Typ `short` speichern kann. Schreiben Sie dann ein kleines Programmstück, in dem der ersten Feldkomponenten der Wert 3 zugewiesen wird und den beiden folgenden Komponenten jeweils ein Wert, der um 2 höher ist als der Wert des Vorgängers. Skizzieren Sie den Speicherzustand nach Ausführung dieses Programmstücks. Orientieren Sie sich bei Ihrer Lösung an Abbildung 3-7 sowie an der Tabelle in 3.1.2.

c.) Lösen Sie Teilaufgabe b.) für eine Struktur, die je einen Wert der Typen `short`, `int` und `double` speichern kann und deren Komponenten jeweils der Wert 3 zugewiesen wird. Orientieren Sie hier an Abbildung 3-10.

d.) Ein Knoten eines Graphen lässt sich in der Programmiersprache C durch eine Struktur darstellen, die für jedes Knotenattribut eine Komponente enthält, in der der betreffende Attributwert gespeichert wird. Darüber hinaus enthält die Struktur ein Feld, das Zeiger auf andere Strukturen desselben Typs aufnehmen kann. Dieses Feld stellt also die Kanten dar, die von dem Knoten ausgehen. Skizzieren Sie, im Stil wie Abbildung 3-11 rechts, je ein System von Strukturen, das die Graphen in den Abbildungen 3-12 und 3-13 darstellt. Beachten Sie dabei, dass bei einem ungerichteten Graphen für jede Kante *zwei* Zeiger vorhanden sein müssen, da die Kante ja in beiden Richtungen durchlaufen werden kann.

2. Graphen

a.) Im Folgenden sind einige Systeme genannt, die durch Graphen modelliert werden sollen. Geben Sie jeweils an, welche Systembestandteile durch die Knoten und welche durch die Kanten dargestellt werden. Überlegen Sie jeweils außerdem, ob ein ungerichteter oder ein gerichteter Graph besser geeignet ist:

> Der Rhein mit seinen Nebenflüssen.

> Das Netz der Grachten (Kanäle) in Amsterdam.

> Das Leitungsnetz einer Telekommunikationsfirma.

> Das Leitungsnetz eines Gas- und Wasserversorgers.

> Eine Menge von Arbeitsschritten mit Reihenfolgebedingungen der Art „Schritt X muss vor Schritt Y bearbeitet werden".

b.) Betrachten Sie die folgenden Graphen:

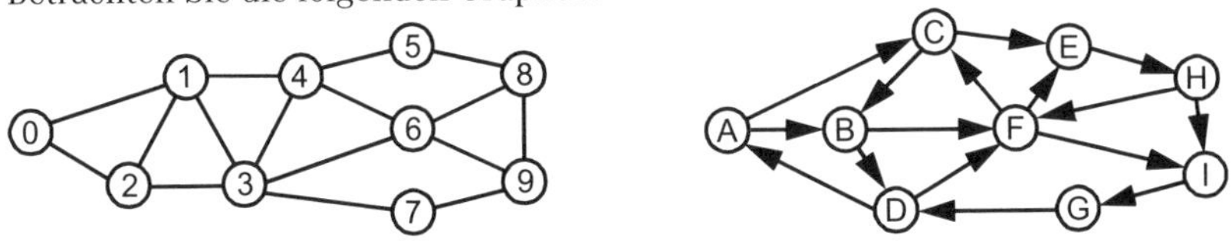

Geben Sie drei Wege von Knoten 0 zu Knoten 9 bzw. von Knoten A zu Knoten I an. Nennen Sie für jeden Graphen drei Zyklen, davon jeweils einen, der *alle* Knoten enthält.

c.) Betrachten Sie den folgenden Baum:

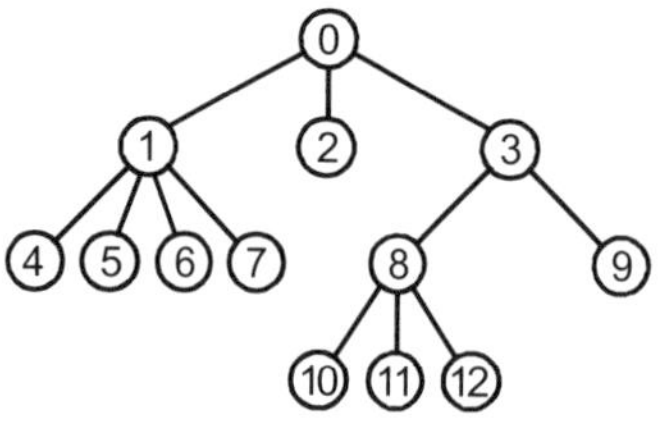

Welcher Knoten ist die Wurzel, welche Knoten sind innere Knoten, welche Knoten sind Blattknoten? Welches Niveau hat Knoten 7? Welche Höhe hat der Baum?

d.) Betrachten Sie die folgenden Graphen:

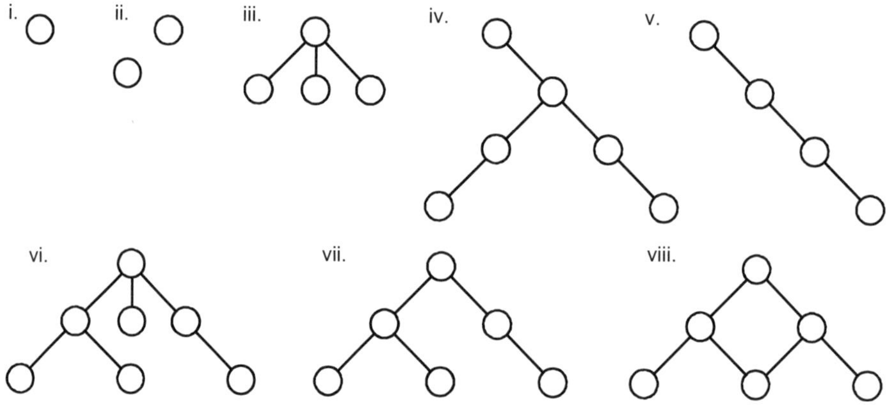

Welche dieser Graphen sind Bäume, welche sogar Binärbäume? Begründung!

e.) Gegeben sind die folgenden Namen: *Homer, Marge, Bart, Lisa, Maggie, Patty, Selma.* Zeichnen Sie einen Suchbaum, der diese Namen enthält und möglichst ausgeglichen ist (vergleiche →Kasten auf Seite 116). Die Ordnung im Baum entspricht dabei der lexikographischen Ordnung („Telefonbuchordnung"). Zeigen Sie, wie von der Wurzel ausgehend der Eintrag *Lisa* gefunden wird. Wie kann möglichst rasch festgestellt werden, dass der Baum keinen Eintrag *Grampa* enthält? An welcher Stelle könnte dieser Eintrag als neuer Blattknoten eingefügt werden?

3. Dateien

a.) Skizzieren Sie, ähnlich wie in Abbildung 3-17, die Struktur und zusätzlich den Inhalt einer byte- und einer recordorientierten Datei, in denen jeweils die Zeichenfolge „Hello <Zeilenvorschub> World" abgelegt ist. Bei der recordorientierten Datei soll jeder Record eine Zeile mit maximal zehn Zeichen darstellen – der Zeilenvorschub ist also implizit vorhanden und muss nicht als eigenes Zeichen gespeichert werden. Bei der byte-orientierten Datei ist dies erforderlich (siehe hierzu die ASCII-Tabelle in Abbildung 2-22).

b.) Geben Sie (in Binärschreibweise) den Inhalt einer byteorientierten Datei an, in die ein Java-Programm unmittelbar hintereinander den `byte`-Wert 1, den `short`-Wert -1, den `int`-Wert 17, den `long`-Wert 400 und den `char`-Wert 'X' geschrieben hat. Beachten Sie dabei die Anzahl der Bytes, die Java für Werte der einzelnen Typen vorsieht (→3.1.2), sowie die Festlegungen des Zweierkomplements (→2.3.2).

c.) Der Benutzer *Majestix* besitzt eine Anzahl von Multimediadateien, nämlich die Bilddateien `b1.jpg` und `b2.jpg`, die Filmdateien `f1.mpg` und `f2.mpg` sowie die Tondateien `t1.wav` und `t2.wav`. Daneben hat er noch eine Sammlung von Programmdateien, nämlich die Browser `b1.exe` und `b2.exe` sowie die Textverarbeitungsprogramme `t1.exe` und `t2.exe`.
Erweitern Sie den Dateibaum aus Abbildung 3-19 entsprechend und führen Sie dabei unter dem neuen Majestix-Heimatverzeichnis eine zweistufige Struktur von Unterverzeichnissen ein. Geben Sie dann den Pfad an, der zur Datei `t2.wav` führt (absolut und jeweils relativ zu den Heimatverzeichnissen von *Majestix* und von *Obelix*).

4. Dokumente

a.) Geben Sie den HTML-Code aus Abbildung 3-23 in eine Datei `test.html` ein und betrachten Sie die Datei mit einem Browser. Sie müssen dazu zuvor im selben Verzeichnis eine Bilddatei ablegen, die Sie sich beispielsweise aus dem WWW beschaffen können und die Sie dann `portraet.jpg` nennen müssen.

b.) Verändern Sie den Inhalt von `test.html` nach Belieben und betrachten Sie mit dem Browser die Effekte. Fügen Sie dabei insbesondere eine nummerierte und eine unnummerierte Aufzählung (Liste) sowie einen Verweis (Link) an eine andere Stelle innerhalb Ihrer Seite ein. Wie das geht, sagt Ihnen die Literatur, beispielsweise [MünzWeb].

c.) Lösen Sie Teilaufgabe a.) mit dem SMIL-Code aus Abbildung 3-24, wobei Sie entsprechend benannte `JPG`-, `MPG`- und `WAV`-Dateien in das betreffende Verzeichnis bringen müssen. Quellen für SMIL-Player gibt beispielsweise [W3CWeb2] an. Verändern Sie auch hier den Inhalt der Datei nach Belieben und beobachten Sie die Effekte.

d.) Führen Sie für die XML-Terminangabe in Abbildung 3-25 rechts eine Unterstruktur ein, die Einzelelemente für den Wochentag, die Anfangszeit und die Endzeit enthält. Zeichnen Sie, analog zu Abbildung 3-26, den Strukturbaum für das so entstandene Dokument.

5. Datenbanken

a.) Stellen Sie auch den Rest des ER-Diagramms aus Abbildung 3-28 durch Tabellen wie in Abbildung 3-29 dar.

b.) Verknüpfen Sie die Tabelle in Abbildung 3-29 ganz unten, durch eine Verbundoperation mit der Tabelle `Konten` und geben Sie die daraus resultierende Tabelle an.

c.) Erzeugen Sie mit einem SQL-Befehl eine Tabelle, die als Datensätze die Nachnamen von Angestellten, ihre ganzzahligen Personalnummern sowie ihre Gehälter (Typ `FLOAT`) speichern kann. Fügen Sie dann durch dreimalige Anwendung eines weiteren Befehls drei Datensätze in die neue Tabelle ein. Fragen Sie schließlich mit einem dritten Befehl die Namen und Personalnummern aller Angestellten ab, deren Gehalt größer als 3000 ist.

d.) Entwerfen Sie mit Hilfe eines ER-Diagramms ein Datenbankschema und wandeln es anschließend in Relationenschemata um. Dabei sollen die folgenden Entitäten modelliert werden:

> Fahrzeuge mit Kennzeichen, zulässigem Gesamtgewicht und Anzahl der Sitzplätze
> Versicherungsunternehmen mit Firmenname und Firmensitz (= Städtename)
> Personen mit Name, Vorname und Nummer des Personalausweises

Geben Sie insbesondere jeweils an, welches Attribut der Primärschlüssel ist. Für die Beziehungen zwischen den Entitäten soll gelten, dass

- jedes Fahrzeug bei genau einer Versicherung versichert ist, aber eine Versicherung viele Fahrzeuge versichern kann,
- jedes Fahrzeug genau eine Person als Halter hat, aber eine Person von mehreren Fahrzeugen der Halter sein kann und
- jedes Fahrzeug im privatrechtlichen Sinne mehreren Personen gehören und umgekehrt eine Person mehrere Fahrzeuge besitzen kann.

4 | Algorithmen

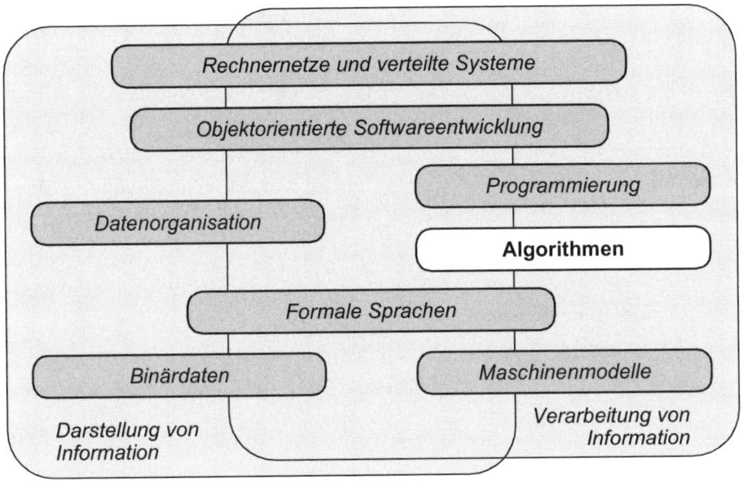

Im vorangehenden Kapitel ging es um die strukturierte Speicherung von Daten. Die Datenspeicherung als solche ist jedoch kein Selbstzweck, denn Daten sollen nicht nur abgelegt, sondern es soll mit ihnen auch gearbeitet werden. Dieses Kapitel beschäftigt sich daher mit Verfahren zur *Verarbeitung* von Daten – den so genannten *Algorithmen*.

Ein *Algorithmus* definiert eine Folge von Schritten, die bei einer Berechnung abzuarbeiten sind. Für einen Algorithmus gibt es verschiedene *Beschreibungsformen*, die insbesondere Kontrollstrukturen zur Steuerung seiner Ausführung enthalten. Wichtig zur Strukturierung von Algorithmen sind die Techniken der *Modularisierung* und des *Aufrufs*.

Zur Lösung häufig auftretender Probleme gibt es eine Reihe von *Standardalgorithmen*, so beispielsweise Verfahren zur *Suche* in und zum *Sortieren* von Datenstrukturen sowie zum *Durchlaufen* von Bäumen und allgemeinen Graphen.

Wichtige *theoretische Fragestellungen* betreffen die Komplexität und Entscheidbarkeit von Algorithmen und Problemen. Unter *Komplexität* versteht man den Aufwand zur Lösung einer bestimmten Aufgabe. Ein Problem heißt *entscheidbar*, wenn es überhaupt einen Algorithmus zu seiner Lösung gibt; ansonsten ist es *nicht entscheidbar*.

Die Bearbeitung von Problemen kann durch Einsatz *nebenläufiger Algorithmen* beschleunigt und/oder vereinfacht werden. Das sind Verfahren, deren Schritte nicht nur einer nach dem anderen, sondern auch gleichzeitig (= nebenläufig) ausgeführt werden können. Wichtig ist hier insbesondere die *Synchronisation*, also die zeitliche Steuerung des Ablaufs.

4.1 Eigenschaften und Techniken

Die Verarbeitung von Daten ist das zentrale Thema der Informatik: Die Informatik untersucht, beschreibt und realisiert *Verfahren*, mit denen aus *Eingabedaten* systematisch *Ausgabedaten* berechnet werden können. Eine solche systematische Berechnung läuft *schrittweise* ab, wobei eine *Verfahrensvorschrift* die Abfolge der Berechnungsschritte sowie die Operationen jedes einzelnen Schritts festlegt. Eine derartige Verfahrensvorschrift wird als *Algorithmus* bezeichnet. Dieses Unterkapitel gibt eine Einführung in grundlegende Eigenschaften von Algorithmen und diskutiert Techniken, mit denen Algorithmen strukturiert beschrieben werden können:

> Zunächst wird der *Begriff des Algorithmus* präzisiert: Es wird eine Reihe von Eigenschaften genannt, die Algorithmen besitzen müssen oder können.

> Anschließend werden *Beschreibungsformen* für Algorithmen besprochen. Dazu gehören grafische Formen sowie sprachliche Ansätze in verschiedenen Programmiersprachen.

> Danach werden typische *Kontrollstrukturen* gezeigt, die den Ablauf eines Algorithmus steuern.

> Schließlich wird das Konzept der *Modularisierung* behandelt, durch das ein Algorithmus in ein System von übersichtlicheren Teilalgorithmen strukturiert werden kann.

4.1.1 Der Algorithmusbegriff

Verfahrensvorschriften gibt es nicht nur in der Informatik, sondern auch in den meisten anderen Wissenschaften und insbesondere auch im alltäglichen Leben: Ein Kochrezept gibt Anweisungen zur Zubereitung einer Mahlzeit, eine Montageanleitung beschreibt, wie man ein Möbelstück zusammenzufügen hat, und ein arithmetisches Verfahren definiert beispielsweise eine Methode zur Addition zwei Zahlen. Für diese Verfahrensvorschriften ist charakteristisch, dass sie eine *Folge von Schritten* festlegen, mit denen *aus Eingabewerten Ausgabewerte* ermittelt werden. Ein *Algorithmus* ist ein solches schrittweise vorgehendes Verfahren.

Eine Verfahrensvorschrift sollte so *präzise formuliert* sein, dass stets eindeutig klar ist, was getan werden soll. Die meisten Verfahrensvorschriften des Alltags sind zwar relativ detailliert, legen aber nicht alle Schritte bis ins Letzte fest: So bleibt beispielsweise offen, wie viele Gramm „eine Prise Salz" sind oder ob man für die Rückwand des Schrank die kleinen Kreuz- oder die mittleren Schlitzschrauben nehmen soll. Nur manche Verfahren, wie beispielsweise die Methoden für die schriftliche Addition, Multiplikation und so weiter, sind so exakt festgelegt, dass sie keine Freiheiten offen lassen.

Während die menschliche Lebenserfahrung und Intelligenz auch mit nicht ganz vollständigen Verfahrensvorschriften zurechtkommt (Ausnahmen bestätigen hier die Regel), verlangt die Informatik nach Vorschriften, die *bis ins Detail festgelegt* sind. Verfahrensvorschriften der Informatik sollen nämlich von Maschinen, insbesondere Computern, ausgeführt werden, die die genannten menschlichen Eigenschaften nicht besitzen. Wenn im Folgenden von Algorithmen gesprochen wird, so sind damit immer maschinell ausführbare Verfahren gemeint – also Verfahren, die für die Bearbeitung durch einen Computer hinreichend präzise beschrieben sind.

Charakteristische Eigenschaften

Ein **Algorithmus** hat die folgenden charakteristischen Eigenschaften:

> Ein Algorithmus löst eine **allgemeine Problemstellung**: Er führt Berechnungen nicht nur für bestimmte wenige Eingabewerte aus, sondern berechnet für *alle* Eingabewerte aus einer größeren Wertemenge die zugehörigen Resultate. So lässt sich beispielsweise das Verfahren zur schriftlichen Addition, ein von der Grundschule her bekannter Algorithmus, auf beliebige reelle Zahlen (mit endlich vielen Ziffern) anwenden.

> Ein Algorithmus ist **korrekt**: Er liefert für alle zulässigen Eingabewerte *richtige* Resultate. Insbesondere ist das genannte Additionsverfahren korrekt, da es für beliebige reelle Zahlen den richtigen Summenwert liefert. Es gibt **Verifikationsverfahren**, die die Korrektheit eines Algorithmus formal beweisen (siehe die weiterführende Literatur [→4.5] siehe aber auch →4.3.3, wo die Grenzen solcher Verfahren aufgezeigt werden).

> Ein Algorithmus besitzt eine **endliche Beschreibung**: Die Verarbeitungsvorschrift lässt sich durch einen endlich langen Text oder eine begrenzte Grafik eindeutig definieren. Dies gilt zum Beispiel auch für die schriftliche Addition.

> Ein Algorithmus ist aus **Einzelschritten** aufgebaut: In jedem dieser Schritte wird eine *einfache Operation* durchgeführt, wie beispielsweise die Auswertung eines arithmetischen oder logischen Ausdrucks (→3.1.2) und/oder die Zuweisung eines Werts an eine Variable (→3.1.1). Die Operationen sollten so einfach gehalten sein, dass sie auch von einer Maschine unmittelbar ausgeführt werden können. Beispielsweise wird bei der schriftlichen Addition in einem Einzelschritt lediglich die Summe in *einer* Spalte berechnet, was sich (insbesondere im Binärsystem, →2.3.1) durch einfache elektronische Schaltungen (→2.2.1) realisieren lässt.

> Ein Algorithmus legt fest, in welcher **Abfolge** die Einzelschritte ausgeführt werden. Hierfür können **Kontrollstrukturen** benutzt werden, die den **Kontrollfluss** bei der Ausführung bestimmen – also die Reihenfolge, in der die einzelnen Schritte bearbeitet werden. Für die schriftliche Addition ist beispielsweise festgelegt, dass man nach Bearbeitung einer Spalte mit der Spalte unmittelbar links davon fortfahren muss. Der einfachste Form einer Kontrollstruktur ist die *Sequenz* mit der Bearbeitung der Schritte „von oben nach unten", also in der Reihenfolge, in der die Anweisungen im Text der Verarbeitungsvorschrift aufgeführt sind. Weitere häufig benutzte Kontrollstrukturen sind *Verzweigungen* in Abhängigkeit von logischen Bedingungen, *Schleifen* zur wiederholten Ausführung von Schrittfolgen oder *Sprünge* an andere Stellen der Verarbeitungsvorschrift (→4.1.3, →4.1.4).

Von Algorithmen, die auf Computern ausgeführt werden sollen, verlangt man häufig, dass sie *deterministisch* arbeiten und *terminieren*. Für Computer mit nur einem Prozessor sind zudem *sequentielle* Algorithmen interessant:

> Ein **deterministischer Algorithmus** beginnt in einem festgelegten *Anfangszustand* mit einem ebenso festgelegten ersten Schritt. Nach jedem Schritt ist *eindeutig* bestimmt, welcher Schritt als nächster ausgeführt wird oder dass die Ausführung an dieser Stelle endet. Das Additionsverfahren ist offensichtlich deterministisch.

> Ein **terminierender Algorithmus** liefert sein Ergebnis stets nach Ausführung einer endlichen Anzahl von Schritten, also nach *endlich langer Zeit*, und *endet* damit. Das Additionsverfahren hat auch diese Eigenschaft.

Woher kommt der Begriff „Algorithmus"?

Das Wort **Algorithmus** hat zwei Wurzeln, nämlich den griechischen Begriff *arithmos* (= Zahl) und den arabischen Namen *Al-Chwarismi. Mohammed Ibn Musa Al-Chwarismi* (um 780 - um 850, Nachname auch in anderen Schreibweisen) arbeitete am Hof des Kalifen von Bagdad als Mathematiker, Astronom, Geograph und Historiker. Er veröffentlichte dort Arbeiten zu Arithmetik und Algebra, gestützt auf mathematische Erkenntnisse und Methoden aus den babylonischen, griechischen, iranischen und indischen Kulturkreisen. Der Begriff der *Algebra* ist aus dem Titel einer dieser Werke abgeleitet. Zu Al-Chwarismis größten Verdiensten gehört die Übernahme des indischen Dezimalsystems mit den Ziffern 1 bis 9 sowie insbesondere der 0, die Beschreibung von Rechenverfahren in diesem Zahlensystem und die Darstellung von Lösungsmethoden für lineare und quadratische Gleichungen. Da die Arbeiten Al-Chwarismis später ins Lateinische übersetzt wurden, gingen seine Erkenntnisse auch in den europäischen Raum ein.

> Ein **sequentieller Algorithmus** führt jeweils nur einen Schritt aus, also *nie mehrere Schritte gleichzeitig*. Auch dies ist beim Additionsverfahren der Fall.

Ein Algorithmus mit diesen drei zusätzlichen Eigenschaften ist also ein Verfahren, das nach der Eingabe von Werten eine eindeutig bestimmte Abfolge von Schritten ausführt und nach einer endlich langen Ausführungsdauer ein eindeutiges, nicht zufallsabhängiges Ergebnis liefert. Es gibt jedoch auch Algorithmen, die eine oder mehrere dieser Eigenschaften nicht besitzen:

> Bei **nichtdeterministischen Algorithmen** sind nach manchen Schritten mehrere Folgeschritte möglich. Die Bedeutung und die Konsequenzen dieses Nichtdeterminismus wurden bereits in →2.1.4 im Zusammenhang mit nichtdeterministischen Automaten besprochen. Wird bei der Ausführung einer der Schritte *zufällig* ausgewählt, so spricht man von einem **zufallsabhängigen** oder **stochastischen Algorithmus**. Man differenziert diese Verfahren dann weiter in **determinierte** und **nichtdeterminierte Algorithmen**: Ein *determinierter* Algorithmus liefert für eine bestimmte Eingabe *stets dasselbe Resultat*, gelangt aber möglicherweise auf unterschiedlichen Wegen dorthin (vergleichbar einem Bahnreisenden, der von Frankfurt nach Köln entweder über die Neubaustrecke oder die alte Rheinstrecke fahren kann). Ein *nichtdeterminierter* Algorithmus kommt dagegen für dieselbe Eingabe bei mehreren aufeinander folgenden Ausführungen möglicherweise zu *unterschiedlichen Resultaten*. Der praktische Wert solcher Algorithmen liegt darin, dass sie das korrekte (oder ein hinreichend „gutes") Ergebnis mit hoher Wahrscheinlichkeit liefern, und dass diese Wahrscheinlichkeit durch Mehrfachausführung gesteigert werden kann. Ein Beispiel hierfür sind **genetische Algorithmen**, die die natürliche Fortpflanzung mit Kreuzung und Mutation von Chromosomen sowie den nachfolgenden Ausleseprozess simulieren. Sie lassen sich gut zur Lösung von *Optimierungsproblemen* einsetzen.

> **Nichtterminierende Algorithmen** liefern zwar während ihrer Ausführung *Zwischenergebnisse*, erreichen aber möglicherweise *nie einen Endzustand* mit einem Endresultat. Sie dienen beispielsweise dazu, Näherungswerte mit ständig wachsender Genauigkeit zu berechnen, wenn das exakte Resultat nicht in endlich vielen Schritten ermittelt werden kann.

> **Nebenläufige Algorithmen** (→4.4) bearbeiten die Schritte nicht notwendigerweise sequentiell (also „einen nach dem anderen"), sondern können Schritte oder Schrittfolgen auch *nebenläufig* (also gleichzeitig) ausführen. Solche Algorithmen sind insbesondere für *Multiprozessor-Computer* (→5.4.1) oder *Rechnernetze* (→7.1) interessant, in denen *mehrere Prozessoren* (→2.1.1) vorhanden sind.

4.1.2 Beschreibungsformen

Zur **Darstellung** eines Algorithmus, der auf einem Computer mit von-Neumann-Architektur (→2.1.1) ausgeführt werden soll, gibt es eine Reihe von Möglichkeiten. Sie können in zwei Klassen gegliedert werden:

> **Abstraktere Beschreibungsformen** sind *umgangssprachliche textuelle Beschreibungen* oder *grafische Darstellungen* wie *Struktogramme* oder *Programmablaufpläne.* Sie haben den Vorteil, übersichtlich und allgemein, also nicht auf eine bestimmte Ausführungsplattform beschränkt zu sein. Allerdings können Algorithmen, die auf diese Art beschrieben sind, nicht unmittelbar auf einer Maschine ausgeführt werden.

> **Maschinennähere Formen** sind *Programme* in einer Programmiersprache - entweder in einer *höheren Sprache* (→5.1) oder in einer *Maschinensprache* (→2.1.1, →5.1). Hier liegen die Vor- und Nachteile genau umgekehrt zu denen der abstrakteren Formen.

Die verschiedenen Beschreibungsformen sollen im Folgenden an einem *Beispiel* illustriert werden, nämlich anhand eines Algorithmus zur Berechnung des *größten gemeinsamen Teilers (ggT)* zweier natürlicher Zahlen. Der hier gezeigte Algorithmus ist sehr einfach und hat eine deutlich längere Ausführungsdauer als andere Verfahren zur ggT-Berechnung. Da er aber leicht verständlich und übersichtlich ist und trotz seiner Kürze wichtige Kontrollstrukturen (→4.1.3) enthält, eignet er sich gut für eine einführende Darstellung. Der Algorithmus basiert auf den folgenden drei Regeln, deren Gültigkeit man sich mit ein wenig Überlegung leicht klar machen kann:

$ggT(x,y) = ggT(x,y-x)$ für $x < y$

$ggT(x,y) = ggT(x-y,y)$ für $x > y$

$ggT(x,y) = x$ für $x = y$, wobei x und y jeweils zwei natürliche Zahlen sind.

Durch schrittweise Anwendung der Regeln kann man beispielsweise den ggT der Zahlen 28 und 42 wie folgt berechnen: $ggT(28,42) = ggT(28,14) = ggT(14,14) = 14$.

In der angegebenen Form beschreiben die Regeln noch keinen Algorithmus: Erstens wird nicht explizit festgelegt, in welcher Reihenfolge sie angewandt werden müssen - es fehlt also eine *Kontrollstruktur.* Zweitens sind keine expliziten *Operationen* wie Wertzuweisungen oder Ausgaben angegeben, die von einer Maschine ausgeführt werden könnten. Statt der mathematischen Regeln wird also eine andere Darstellungsform benötigt, die in diesen beiden Punkten präziser ist.

Umgangssprachliche Beschreibung

Das „maschinenfernste" Ansatz, einen Algorithmus darzustellen, ist eine Beschreibung in Umgangssprache. Dabei wird eine *durchnummerierte Liste von einfachen Schritten* aufgestellt. Bei einer Ausführung wird diese Liste von oben nach unten abgearbeitet, sofern nicht explizit etwas anderes bestimmt ist. Ein Verfahren zur ggT-Berechnung, das auf den oben genannten drei Regeln basiert, könnte beispielsweise wie folgt beschrieben werden:

(1) Lies zwei natürliche Zahlen ein und speichere sie in den Variablen x und y.

(2) Sind die Werte der Variablen x und y gleich,
so gib x als Resultat aus und beende die Ausführung.

(3) Ist der Wert der Variablen x kleiner als der Wert der Variablen y,
so speichere in der Variablen y den Wert y-x
und setze die Ausführung bei Schritt (2) fort.

(4) Ist der Wert der Variablen x größer als der Wert der Variablen y,
so speichere in der Variablen x den Wert x-y
und setze die Ausführung bei Schritt (2) fort.

Offensichtlich hat das so beschriebene Verfahren alle Eigenschaften, die in →4.1.1 für Algorithmen gefordert wurden: Das Verfahren ist auf beliebige Paare natürlicher Zahlen anwendbar. Es besitzt eine endliche eindeutige Beschreibung, die aus einfachen Einzelschritten besteht und in der für jeden Schritt eindeutig festgelegt ist, welcher Schritt als nächster ausgeführt wird. Damit ist das Verfahren zudem deterministisch. Die Korrektheit folgt aus der Korrektheit der oben eingeführten Regeln.

Dass das Verfahren terminiert, zeigt die folgende Überlegung: Entweder ist die Ausführung sofort mit Schritt (2) beendet, oder es werden ein- oder mehrmals die Schritte (3) und/oder (4) durchlaufen. In diesen Schritten wird der Wert einer der beiden Variablen um mindestens eins verringert. Aufgrund der Vorbedingungen der Schritte wird der Variablenwert dabei aber nicht null oder gar negativ. Daraus folgt, dass nach endlich vielen Schritten die Vorbedingung von Schritt (2) erfüllt sein muss – spätestens, wenn beide Variablen den Wert 1 erreicht haben. Damit wird dann gemäß Schritt (2) die Ausführung beendet.

Eine umgangssprachliche Beschreibung eines Algorithmus kann *von Computern* (zumindest in ihrer heutigen Form) *nicht unmittelbar verarbeitet* werden. Hierfür werden formalere, maschinennähere Darstellungsformen benötigt. Zur formaleren Beschreibung von Algorithmen dienen beispielsweise *Programmablaufpläne* oder *Struktogramme*.

Programmablaufpläne

Ein **Programmablaufplan** (*PAP*, **Flussdiagramm**, engl. *flowchart*) definiert einen Algorithmus durch einen *gerichteten Graphen* (→3.2.1). Die zeichnerische Darstellung solcher Graphen ist durch DIN 66001 normiert; Abbildung 4-1 zeigt links einen entsprechenden Programmablaufplan für den Beispielalgorithmus zur ggT-Berechnung.

Die *Knoten* eines Programmablaufplans sind Felder, die mit einfachen Operationen beschriftet sind und unterschiedliche Formen haben können (vergleiche Abbildung 4-1): *Rechtecke* werden beispielsweise für arithmetische Berechnungen und/oder Wertzuweisungen an Variable (→3.1.1) benutzt, *Rauten* beschreiben Verzweigungen, die von einer Bedingung abhängen, *Parallelogramme* kennzeichnen Ein- und Ausgabeoperationen und *Ovale* zeigen den Anfangs- und den Endpunkt der Ausführung an. Dazu kommen (unbeschriftete) *Kreise*, die zur Zusammenführung von Ausführungszweigen dienen. Darüber hinaus ist noch eine Fülle weiterer Felder normiert, die hier nicht im Einzelnen besprochen werden können.

Die gerichteten *Kanten* sind so genannte *Ablauflinien*: Sie geben die *Reihenfolge* an, die bei der Ausführung der Operationen einzuhalten ist (vergleiche ebenfalls Abbildung 4-1). Die

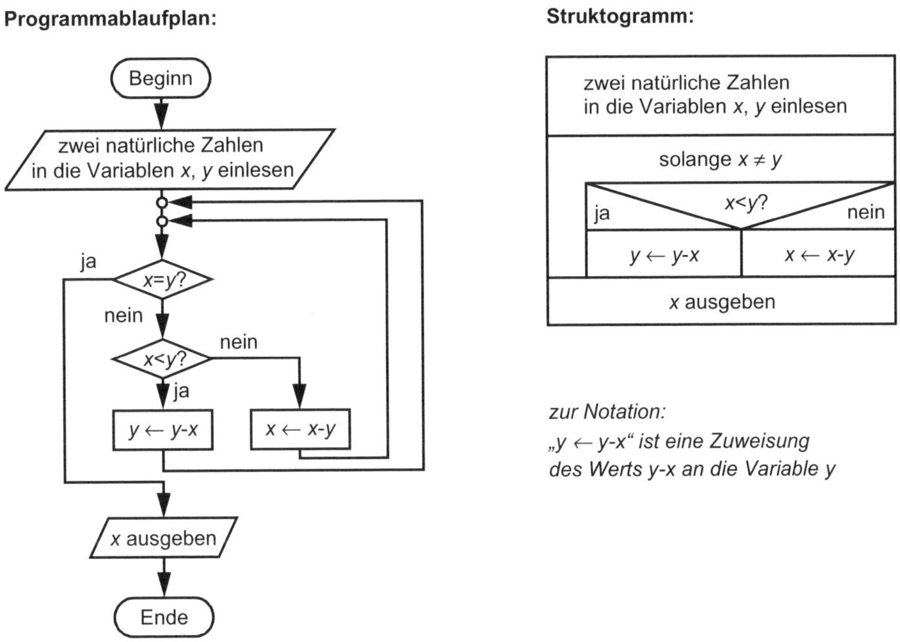

Abb. 4-1 *Programmablaufplan und Struktogramm für den einfachen ggT-Algorithmus*

Ausführung beginnt am Startknoten und durchläuft entlang der Linien eine Folge von Feldern, deren Anweisungen jeweils ausgeführt werden. Für jedes Feld ist der Nachfolger eindeutig festgelegt: Alle Felder, bis auf Verzweigungsfelder (Rauten) und Endknoten, haben genau *eine* auslaufende Kante. Von einem Verzweigungsfeld gehen im einfachsten Fall eine Ja- und eine Nein-Kante aus (es sind jedoch auch Mehrfachverzweigungen mit mehr als zwei Kanten möglich, →4.1.3). Bei der Ausführung wird diejenige Kante benutzt, die dem aktuellen Ergebnis des Tests gemäß der Feldbeschriftung entspricht. Die Ausführung terminiert (endet), wenn ein Endknoten erreicht ist.
Programmablaufpläne ermöglichen eine *intuitive Beschreibung von Algorithmen*, die zudem recht leicht erstellt werden kann. Trotzdem sind sie mit Vorsicht zu genießen: Ablauflinien können im Prinzip beliebig verlaufen, also **Sprünge** von einem Feld zu einem beliebigen anderen Feld definieren. Nutzt der Autor eines Algorithmus diese Möglichkeit zu ausgiebig, so entsteht eine sehr *unübersichtliche Struktur*: Die Kanten verlaufen dann nämlich „kreuz und quer“ und zeigen damit das Bild eines unstrukturierten, schwer zu durchschauenden **Spaghetticodes**. Programmablaufpläne unterstützen also keine **strukturierte Programmierung**.

Struktogramme

Ein **Struktogramm** (**Nassi-Shneiderman-Diagramm**) stellt einen Algorithmus ebenfalls graphisch dar – allerdings nicht als gerichteten Graphen, sondern als *Struktur von Blöcken*. Die zulässigen Elemente einer Struktogrammdarstellung sind durch DIN 66261 normiert; Abbildung 4-1 zeigt rechts ein Struktogramm für den Beispielalgorithmus zur ggT-Berechnung.

Die *Blöcke* eines Struktogramms beschreiben *Aktionen* und werden durch Rechtecke oder andere geometrische Formen dargestellt. Blöcke sind entweder *sequentiell*, also hintereinander, angeordnet oder sie sind *geschachtelt*. Ein geschachtelter Block umfasst dabei eine Struktur aus mehreren kleineren Blöcken. Die Schachtelung kann *mehrstufig* sein; ihre innerste Stufe sind *einfache Blöcke*, die einfachen Operationen entsprechen. Beispielsweise zeigt das Struktogramm in Abbildung 4-1 eine Sequenz aus drei Blöcken. Die Blöcke oben und unten sind jeweils einfache Blöcke, die die Operationen zur Ein- bzw. Ausgabe von Werten darstellen (siehe Beschriftung der Blöcke). Der mittlere Block ist dagegen zweistufig geschachtelt: Die äußere Schachtelungsebene ist eine *Schleife*, die möglicherweise wiederholt ausgeführt wird – nämlich so lange, wie die Werte der Variablen *x* und *y* verschieden sind (siehe Beschriftung im rechtwinkligen „Haken"). Die Aktionen, die während *eines* Schleifendurchlaufs auszuführen sind, werden in dem durch den Haken umfassten Block angegeben – dem so genannten *Schleifenkörper*. Der Schleifenkörper im Beispiel ist wiederum ein geschachtelter Block, der eine *Verzweigung* oder *Alternative* definiert: Die Bedingung der Verzweigung wird durch die Beschriftung des Dreiecks oben angegeben. Je nachdem, ob diese Bedingung erfüllt ist oder nicht, wird entweder der Block links oder der Block rechts unter dem Dreieck ausgeführt. Im Beispiel sind diese Blöcke dann einfache Blöcke.
Die generelle *Ausführungsreihenfolge* eines Algorithmus, der durch ein Struktogramm beschrieben wird, verläuft *von oben nach unten* (siehe wiederum das Beispiel in Abbildung 4-1): Jeder Block wird stets von oben betreten und nach unten verlassen. Damit wird insbesondere eine Sequenz von Blöcken (also Blöcke, die untereinander angeordnet sind) von oben nach unten abgearbeitet. Dasselbe gilt für Verzweigungen, bei denen allerdings nur einer von mehreren Blöcken ausgeführt wird. Bei *Schleifen* kann es dagegen (je nach angegebener Bedingung) vorkommen, dass nach Bearbeitung des Schleifenkörpers wieder an den Anfang des Körpers „zurückgesprungen" und der Körper erneut ausgeführt wird.
Neben den hier gezeigten Arten der Schachtelung bieten Struktogramme noch einige weitere Strukturierungsmöglichkeiten, die in →4.1.3 und →4.1.4 detailliert besprochen werden. Was jedoch fehlt, ist die Möglichkeit beliebiger **Sprünge** zwischen verschiedenen Teilen eines Struktogramms. Damit erzwingen Struktogramme eine **strukturierte Programmierung**; ein **Spaghetticode** kann hier nicht entstehen.
Struktogramme eignen sich insbesondere zur kompakten Darstellung relativ kleiner Algorithmen. Sie werden daher im Folgenden zur Beschreibung der typischen Kontrollstrukturen von Algorithmen sowie einiger Beispielverfahren benutzt. Bei größeren Algorithmen werden Struktogramme aber, ebenso wie Programmablaufpläne, recht schnell unübersichtlich. Hier verwendet man besser **Algorithmenbeschreibungssprachen**, die höheren Programmiersprachen ähneln.

Programme

Programmablaufpläne und Struktogramme stellen Algorithmen zwar auf eine formalere Art dar als umgangssprachliche Beschreibungen, sind aber ebenfalls noch recht „maschinenfern". Soll ein Algorithmus auf einem Computer ausgeführt werden, muss er durch ein **Programm** beschrieben werden. Das kann entweder in einer *höheren Programmiersprache* wie beispielsweise C oder Java geschehen (→5.1) oder in der *Maschinensprache* eines Prozessors (→2.1.1, →5.1). Programme in Maschinensprache können unmittelbar durch den Pro-

zessor ausgeführt werden, Programme in höheren Sprachen müssen in entsprechende Maschinenbefehle umgesetzt werden.
Die Sprachmittel höherer Programmiersprachen und ihre Umsetzung in Maschinensprache werden ausführlich in →5 besprochen. Wir beschränken uns daher an dieser Stelle auf die Kurzdarstellung eines C-Programms und eines Maschinenprogramms für den ggT-Beispielalgorithmus. Ein **C-Programm** zur Berechnung des größten gemeinsamen Teilers könnte beispielsweise wie folgt aussehen (Programmtext links, Kommentar für den menschlichen Leser in /**/ rechts, weitere Informationen in →3.1.1 und →5.2):

```
#include <stdio.h>          /* Ein-/Ausgabefunkt. einbinden */
void main(void) {           /* Beginn des Hauptprogramms */
 int x,y;                   /* Variablen x,y deklarieren */
 scanf("%d %d",&x,&y);      /* Eingabewerte nach x,y einlesen */
 while (x != y) {           /* Solange x ungleich y: */
  if (x<y)                  /*  Wenn x<y: */
    y = y-x;                /*   y den Wert y-x zuweisen */
   else                     /*  Sonst: */
    x = x-y;                /*   x den Wert x-y zuweisen */
  }                         /* Ende der Schleife */
 printf("ggT = %d",x);      /* x-Wert als Ergebnis ausgeben */
}                           /* Ende des Hauptprogramms */
```

Ein ggT-Programm in **(Pseudo-)Maschinensprache** könnte folgendermaßen lauten (Programmtext links, Kommentare rechts hinter //; weitere Informationen in →2.1.1, Abbildung 2-3):

```
XX0500  Speicherplatz für Variable x
XX0501  Speicherplatz für Variable y
...
XX09xx
 - XX0999 Befehle zur Eingabe von Werten für x und y
XX1000  LDA XX0500   // LoaD Accumulator:
                        Kopiere x nach AC
XX1001  CMP XX0501   // CoMPare: Vergleiche AC mit y
XX1002  JZE XX1011   // Jump if ZEro:
                        Springe nach XX1011, wenn x=y
XX1003  JNG XX1007   // Jump if NeGative:
                        Springe nach XX1007, wenn x<y
XX1004  SUB XX0501   // SUBtract: Ziehe y von AC ab
XX1005  STA XX0500   // STore Accumulator: Kopiere AC nach x
XX1006  JMP XX1000   // JuMP: Springe nach XX1000
XX1007  LDA XX0501   // LoaD Accumulator: Kopiere y nach AC
XX1008  SUB XX0500   // SUBtract: Ziehe x von AC ab
XX1009  STA XX0501   // STore Accumulator: Kopiere AC nach y
XX1010  JMP XX1000   // JuMP: Springe nach XX1000
XX1011
 -XX10xx  Befehle zur Ausgabe von x
XX10xx+1 STP         // SToP: Programmende
```

Wie schreibt man gute Algorithmen?

Beherrscht man die Beschreibungsformen für Algorithmen, so erfüllt man damit zwar eine notwendige, aber noch keine hinreichende Bedingung dafür, *gute* Algorithmen schreiben zu können. Ähnliches zeigt sich, im übertragenen Sinne, fast täglich in der Zeitung oder in sonstigen Druckwerken: Die Kenntnis der Syntax und Grammatik der deutschen Sprache ist noch lange kein Garant dafür, auch gut strukturierte, verständliche Texte schreiben zu können (ganz abgesehen davon, dass es bei manchen Schreibern schon mit Rechtschreibung und Satzbau nicht zum Besten steht). Die Frage ist also: Wie kann man Algorithmen entwickeln, die nicht nur korrekt, sondern auch für den Betrachter gut verständlich sind und effizient ablaufen?

Eine allgemeine Antwort auf diese Frage zu geben ist schwer, denn das Schreiben von Algorithmen ist kein rein technischer Vorgang, sondern erfordert zusätzlich eine gewisse Inspiration: Am Anfang muss eine Idee dafür vorhanden sein, wie man ein bestimmtes Problem allgemein lösen kann. Hier hilft eine *Problemanalyse*, also die Überlegung, welche Eingabewerte auftreten können und in welcher Beziehung die jeweils gewünschten Ausgaben dazu stehen (vergleiche das ggT-Beispiel aus →4.1.2 mit seinen Beziehungsgleichungen). Man muss dann versuchen, aus diesen vergleichsweise *abstrakt formulierten Beziehungen konkrete Schritte* abzuleiten, mit denen man Eingabewerte in zugehörige Ausgabewerte überführen kann.

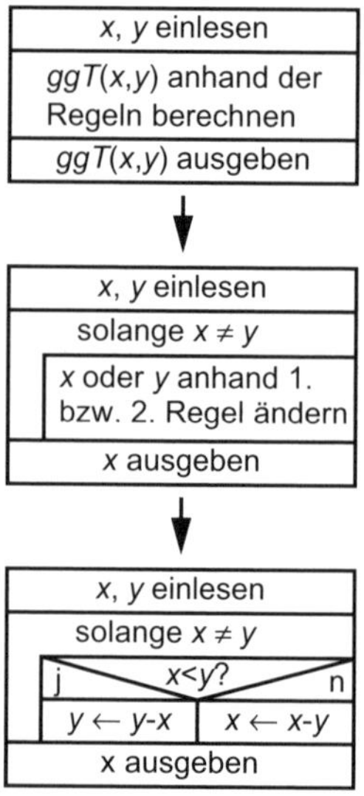

Bei der Entwicklung dieser Schritte kann man **top-down** vorgehen. Dabei legt man zunächst nur die groben Schritte des Algorithmus fest und verfeinert sie anschließend stufenweise, bis hin zu einfachen Operationen. Die Grafik rechts zeigt die stufenweise Top-Down-Entwicklung des Beispielalgorithmus zur ggT-Berechnung. Die Top-Down-Vorgehensweise ermöglicht zudem unmittelbar die *Modularisierung* eines Algorithmus, also seine Strukturierung in ein System kleinerer *Unteralgorithmen*. Solch ein System ist besser durchschaubar als ein einzelner großer Algorithmus (→4.1.4).

Man muss insbesondere beim Entwurf von Unteralgorithmen „das Rad nicht immer wieder neu erfinden", sondern kann auf bekannte Algorithmen zur Lösung von *Standardproblemen* zurückzugreifen. In →4.2 werden entsprechende Such- und Sortierverfahren sowie Baum- und Graphenalgorithmen dargestellt; die Spezialliteratur beschreibt eine Vielzahl weiterer Verfahren (→4.5).

Fehlt bereits zu Beginn die zündende Idee zu einer allgemeinen Lösung des Problems, so kann man auch versuchen, zunächst *Ansätze für Spezialfälle* zu finden und diese dann zu einer Lösung des generellen Problems zu erweitern. Dies sollte man aber möglichst während der Problemanalyse tun, also *vor* der Entwicklung des Algorithmus mit seinen Schritten: Algorithmen, die lediglich aus einer Sammlung von Speziallösungen bestehen, sind meist nicht sehr übersichtlich und elegant.

Abschließend ist anzumerken, dass die hier beschriebene Vorgehensweise nur zur Lösung relativ kleiner Aufgabenstellungen ausreicht. Zur Entwicklung größerer Systeme müssen zusätzlich Methoden des *Software Engineering*s herangezogen werden (→6.4) um die Übersicht über Entwicklungsprozesse, Algorithmen und Programme zu behalten.

Transformationen der Darstellungsformen

Offensichtlich ist ein Maschinenprogramm die unübersichtlichste der aufgeführten Möglichkeiten, einen Algorithmus darzustellen. Es ist jedoch die einzige Darstellungsform, die auf einem Computerprozessor unmittelbar ausgeführt werden kann. Alle anderen Darstellungen müssen zur Ausführung in entsprechende Maschinenoperationen umgesetzt werden. Dabei geht man, zumindest bei kleineren Algorithmen, wie folgt vor:

> Zunächst erstellt man einen *Programmablaufplan* oder ein *Struktogramm*, wobei man sich möglicherweise an einer *umgangssprachlich formulierten Skizze* des Verfahrens orientiert. Das Struktogramm kann entweder per Hand oder mit Hilfe eines computergestützten Werkzeugs gezeichnet werden.

> Anschließend wird das Struktogramm oder der Programmablaufplan in ein *Programm in einer höheren Programmiersprache* transformiert – wiederum entweder per Hand oder durch ein automatisch arbeitendes Werkzeug.

> Schließlich wird das höhersprachliche Programm in ein *Programm in Maschinensprache* **übersetzt**. Dies geschieht nicht mehr per Hand, sondern durch ein Übersetzungsprogramm – einen *Compiler* (→5.3.1). Das entstandene Maschinenprogramm wird dann auf dem Prozessor ausgeführt. Alternativ kann das höhersprachliche Programm **interpretiert** werden (siehe ebenfalls →5.3.1). Es wird dazu Anweisung für Anweisung (→5.1.2) durchlaufen, wobei jeweils eine zur Anweisung passende Maschinenbefehlsfolge ausgeführt wird.

Zeichnet man zuerst ein Struktogramm und entwickelt daraus erst *danach* ein Programm, so hat das den Vorteil, dass man sich zunächst auf die allgemeine Struktur der Problemlösung konzentrieren kann und sich erst anschließend mit den Details einer konkreten programmiersprachlichen Formulierung „herumschlagen" muss. Geht man zudem beim Aufstellen des Struktogramms **top-down** (also „vom Groben zum Feinen") vor, so fördert das die Klarheit und Übersichtlichkeit des entstehenden Algorithmus. Weitere Hinweise zur Entwicklung von Algorithmen und Programmstrukturen geben der →Kasten auf Seite 172 sowie →6.4, wo es um Methoden des *Software Engineerings* zum Einsatz in größeren Softwareprojekten geht.

4.1.3 Kontrollstrukturen

Ein Algorithmus besteht aus einfachen *Operationen*, wie beispielsweise arithmetischen Berechnungen, Wertzuweisungen an Variable oder Ein- und Ausgaben von Werten. In welcher Reihenfolge diese Operationen ausgeführt werden, wird durch die **Kontrollstrukturen** des Algorithmus bestimmt. Kontrollstrukturen können insbesondere durch Blockstrukturen von *Struktogrammen* (→4.1.2) dargestellt werden, aber auch durch Anweisungen *imperativer Programmiersprachen* (→5.1.2, →5.2).
Die einfachste Kontrollstruktur ist die **Sequenz**, bei der eine Folge von Aktionen in der Reihenfolge abgearbeitet wird, in der sie in der Beschreibung des Algorithmus aufgeführt sind. Bei den Aktionen kann es sich entweder um einfache Operationen oder wiederum um strukturierte Operationen handeln. Beispielsweise ist der Algorithmus zur Berechnung des größten gemeinsamen Teilers (→Abbildung 4-1) eine Sequenz aus zwei einfachen Operationen und einer strukturierten Operation. Ein Struktogramm stellt eine Sequenz durch eine Folge von Blöcken dar, die untereinander angeordnet sind (siehe Abbildung 4-1 oben).

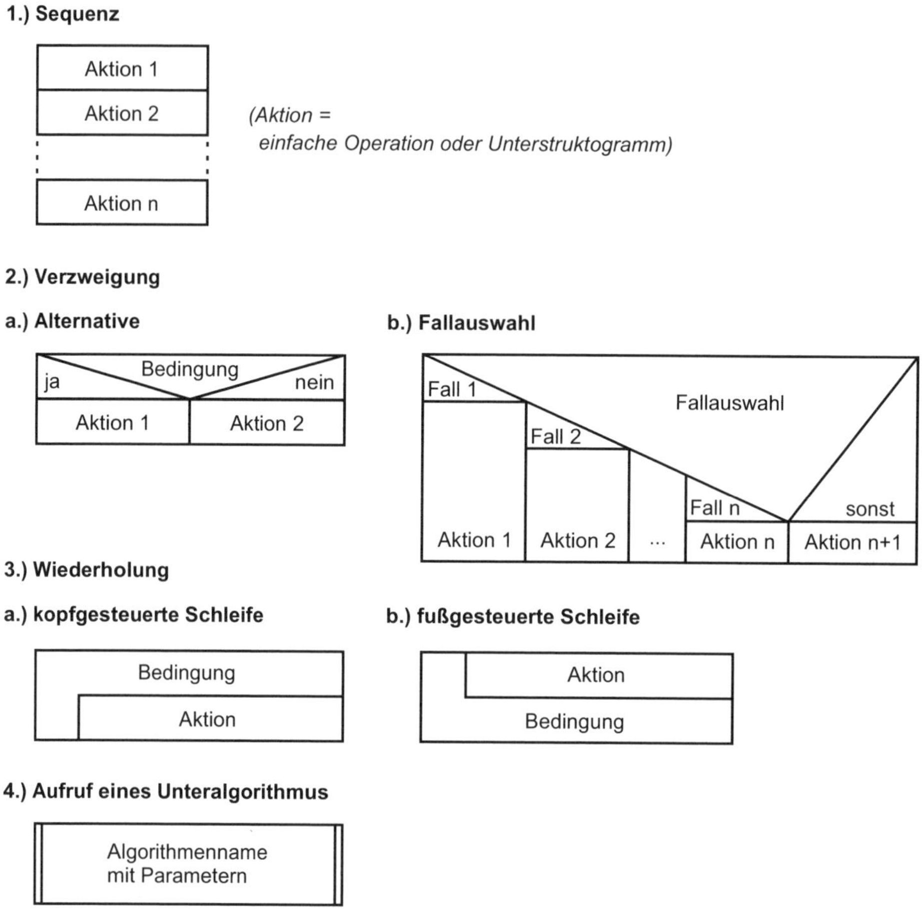

Abb. 4-2 *Kontrollstrukturen, dargestellt durch Struktogrammbausteine*

Verzweigungen

Aktionen in Algorithmen werden oftmals in Abhängigkeit von einer bestimmten *Bedingung* ausgeführt. So wird beispielsweise im ggT-Algorithmus (→Abbildung 4-1) nur dann *x* von *y* subtrahiert, wenn *y* größer als *x* ist. Ist das nicht der Fall, wird stattdessen *y* von *x* abgezogen. Man sagt, dass die Ausführung des Algorithmus zu einer von mehreren möglichen Aktionen **verzweigt**. Entscheidend dabei ist, dass nicht *statisch* (also beim Hinschreiben des Algorithmentexts) festgelegt wird, zu welcher Aktion verzweigt wird: Die Aktion ergibt erst *dynamisch* (also bei der Ausführung des Algorithmus) in Abhängigkeit der Werte, die der Algorithmus aktuell verarbeitet.

Die einfachste Art der Verzweigung ist die **Alternative**, bei der abhängig von einer aussagenlogischen Bedingung entweder ein *Ja-Zweig* (*true-Zweig*) oder ein *Nein-Zweig* (*false-Zweig*) ausgeführt wird. Jeder dieser Zweige besteht entweder aus einer einfachen Operation oder einer strukturierten Operation. Abbildung 4-2 zeigt den entsprechenden Struktogrammbaustein in seiner allgemeinen Form, Abbildung 4-1 ein Anwendungsbeispiel. Ist nur dann etwas zu tun, wenn die Bedingung zutrifft, kann der zugehörige *Nein-Zweig leer bleiben* (siehe

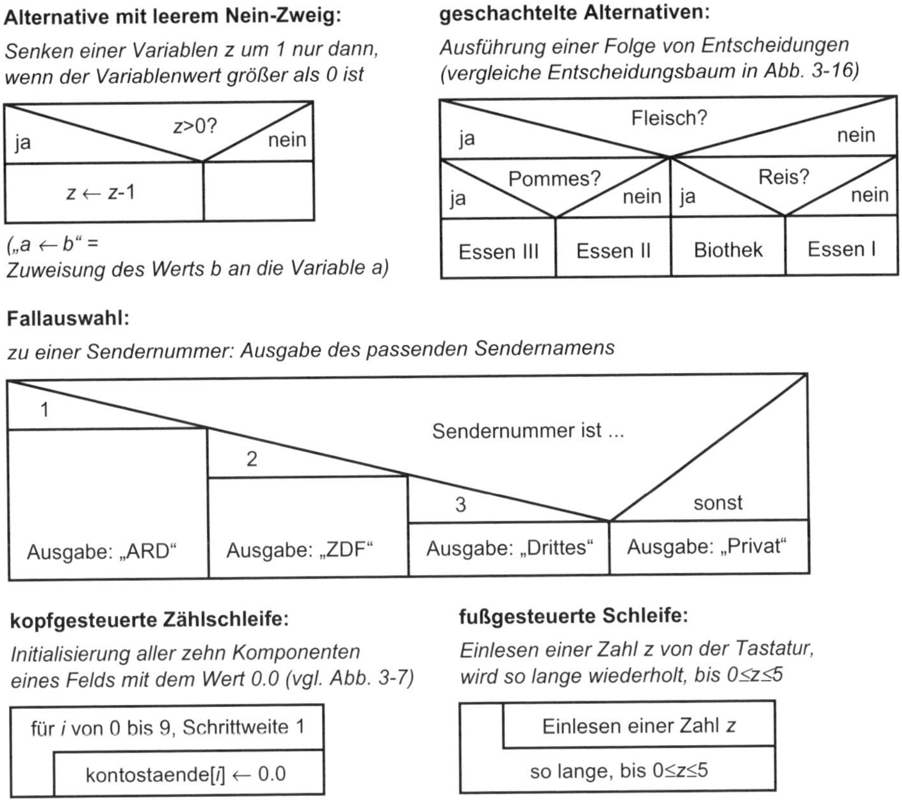

Abb. 4-3 *Beispiele für die Anwendung von Kontrollstrukturen*

Abbildung 4-3). Sind mehrere Bedingungen zu prüfen, so kann man Alternativen *schachteln* (siehe ebenfalls Abbildung 4-3).

In manchen Anwendungsfällen gibt nicht nur zwei, sondern drei oder mehr mögliche Aktionen, wobei der Wert einer Variablen oder eines arithmetischen Ausdrucks (→3.1.2) bestimmt, welche davon ausgeführt werden soll. Prinzipiell könnte dies durch eine Sequenz oder eine Schachtelung von Alternativen realisiert werden, was aber zu recht unübersichtlichen Strukturen führen kann. Besser ist die Verwendung einer **Fallauswahl** (**Mehrfachverzweigung**), bei der alle Aktionen gleichberechtigt nebeneinander dargestellt werden. Abbildung 4-2 zeigt den entsprechenden allgemeinen Struktogrammbaustein, Abbildung 4-3 ein konkretes Anwendungsbeispiel.

Schleifen

Beim Ablauf eines Algorithmus, der nur aus Sequenzen und Verzweigungen besteht, wird jede Aktion nur höchstens einmal ausgeführt. Viele Verfahren verlangen jedoch, dass bestimmte Aktionen *mehrfach* hintereinander durchlaufen werden, wobei oftmals die Anzahl der Durchläufe nicht von vornherein festliegt, sondern sich erst während der Ausführung ergibt. Hierzu benötigt man **Schleifen** (engl. *loop*). Beispielsweise enthält der ggT-Algorithmus in →Abbildung 4-1 eine Schleife, die so lange durchlaufen wird, wie die Variablen *x* und *y* unterschiedliche Werte haben.

Die Schleife des ggT-Algorithmus ist eine so genannte **kopfgesteuerte Schleife**: Bei ihrer Ausführung wird als Erstes geprüft, ob die *Schleifenbedingung* wahr ist (siehe rechtwinkliger „Haken" in Abbildung 4-1). Ist das der Fall, so werden die Aktionen des *Schleifenkörpers* (also des Teils, der durch den Haken umschlossen wird) einmal ausgeführt. Anschließend wird die Schleifenbedingung erneut geprüft. Trifft sie immer noch zu, so wird der Körper ein zweites Mal durchlaufen. Dies setzt sich fort, bis die Bedingung falsch ist: Dann läuft der Algorithmus *hinter* der Schleife weiter. Natürlich sollten die Aktionen des Schleifenköpers sicherstellen, dass die Bedingung irgendwann einmal falsch wird, denn sonst käme es zu einer **Endlosschleife** und das Verfahren würde nicht **terminieren** (siehe hierzu auch die Argumentation zur endlichen Ausführungszeit des ggT-Algorithmus in →4.1.2).

Entscheidend (und auch namensgebend) bei einer *kopfgesteuerten* Schleife ist, dass immer *erst die Bedingung* geprüft und *dann der Körper* ausgeführt wird. Das wird auch aus der Form ihres Struktogrammbausteins deutlich (siehe Abbildung 4-2). Es kann also durchaus vorkommen, dass der Körper *keinmal* ausgeführt wird – dann nämlich, wenn die Bedingung schon beim Erreichen der Schleife nicht erfüllt ist. Erhält beispielsweise der ggT-Algorithmus für *x* und *y* dieselbe Zahl als Eingabe, so überspringt er den Schleifenkörper mit den Subtraktionen und gibt sofort das Ergebnis aus.

Ein Spezialfall einer kopfgesteuerten Schleife ist die **Zählschleife**, bei der ein **Schleifenindex** einen bestimmten Wertebereich durchläuft. Der Schleifenindex wird dabei durch eine so genannte **Laufvariable** realisiert, die mit einem bestimmten Wert initialisiert und nach jedem Durchlauf durch den Schleifenkörper um einen bestimmten Betrag erhöht oder erniedrigt wird, bis eine festgelegte Grenze erreicht ist. Mit Hilfe einer Zählschleife kann man beispielsweise alle Komponenten eines Felds (→3.1.3) aufsuchen und auf jeder Komponente eine Operation ausführen. Abbildung 4-3 zeigt ein entsprechendes Beispiel mit einer Laufvariablen *i*.

Bei **fußgesteuerten Schleifen** wird, im Gegensatz zu kopfgesteuerten, immer *erst der Körper* ausgeführt und *dann die Bedingung* überprüft, ob der Körper nochmals durchlaufen werden soll. Der Körper einer fußgesteuerten Schleife wird also *mindestens einmal* ausgeführt. Abbildung 4-2 zeigt die allgemeine Form des Struktogrammbausteins; Abbildung 4-3 zeigt ein typisches Anwendungsbeispiel, bei dem der Benutzer seine Tastatureingabe so lange wiederholen muss, bis sie in einem vorgegebenen Intervall liegt.

4.1.4 Modularisierung

Schreibt man einen größeren Algorithmus, so wird das entstehende Struktogramm rasch ziemlich umfangreich und unübersichtlich. Es macht also Sinn, einen solchen Algorithmus zu *modularisieren*, ihn also in ein System aus kleineren Algorithmen (und Struktogrammen) zu zerlegen, die jeweils Teilaufgaben erfüllen und zur Lösung der Gesamtaufgabe zusammenarbeiten. Man bezeichnet diese Teilalgorithmen (allgemein) als **Module** oder auch (spezifischer) als *Funktionen* oder *Prozeduren*. Die Gliederung eines Algorithmus in Module erhöht erstens seine *Übersichtlichkeit* und ermöglicht zweitens die *Wiederverwendung* von Teilen des Algorithmus: Die Schritte zur Bearbeitung einer bestimmten Teilaufgabe müssen nur *an einer Stelle definiert*, können aber *an mehreren Stellen ausgeführt* werden (siehe auch →5.2.2).

Funktionen in der Mathematik

Das Prinzip der Modularisierung ist bereits von der *Arithmetik* her bekannt: Man kann arithmetische *Funktionen als Berechnungsvorschriften* definieren und sie dann in arithmetischen Ausdrücken benutzen. Wir betrachten als Beispiel einen Berechnungsvorgang, in dem mehrfach das arithmetische Mittel zweier Zahlen auszurechnen ist, wobei die Zahlen jeweils unterschiedlich sein können. Hierzu vereinbart man zunächst eine Funktion:

$m(x,y) = ½ \cdot (x+y)$ (*Definition* der Funktion)

Diese Funktionsdefinition legt zwei Dinge fest: Erstens beschreibt sie (auf der rechten Seite des Gleichheitszeichens) eine Vorschrift, wie das arithmetische Mittel zweier beliebiger Zahlen *x* und *y* zu berechnen ist. Zweitens definiert sie (auf der linken Seite des Gleichheitszeichens), wie die Funktion heißt, wie viele Parameter sie besitzt und unter welchen Namen die Parameter in der Rechenvorschrift rechts auftreten. Die Parameter sind dabei Platzhalter für spätere konkrete Übergabewerte, für die die Funktion dann ausgewertet wird.
Auf diese Funktionsdefinition kann man dann beliebig oft zurückgreifen – beispielsweise, indem man sie in einem arithmetischen Ausdruck mehrfach und auf unterschiedliche Werte anwendet:

$m(2,6) + m(3,9) - m(5,1)$ (*Anwendung* der Funktion)

Die Funktion wird also nur *einmal definiert*, aber *mehrfach benutzt*. Man beachte zudem, dass beim *Hinschreiben* des Ausdrucks zunächst nur die linke Seite der Funktionsdefinition bekannt sein muss (also der Funktionsname und die Anzahl ihrer Parameter), nicht jedoch die rechte Seite (also die genaue Rechenvorschrift). Die rechte Seite wird erst zur *Berechnung* des arithmetischen Ausdrucks herangezogen:

$m(2,6) + m(3,9) - m(5,1) = 4 + 6 - 3$ (*Berechnung* der Funktion)

Bei der Berechnung geschieht Folgendes: Für jedes Auftreten der Funktion im Ausdruck (beispielsweise: $m(2,6)$) „springt" man zur Funktionsdefinition. Dort setzt man die übergebenen Werte für die Funktionsparameter ein (hier: 2 für *x*, 6 für *y*), führt die Rechenvorschrift der Funktion aus (hier: $½\cdot(2+6)=4$), kehrt zum ursprünglichen Ausdruck zurück und setzt dort den berechneten Wert anstelle der Funktionsanwendung ein.

Funktionen und Prozeduren in Algorithmen

Wie gesehen, ermöglichen arithmetische Funktionen, Rechenwege zur Lösung von Teilaufgaben in gesonderten Modulen zu definieren. Dieses Prinzip der Modularisierung kann auch in Algorithmen angewandt werden. Zur Illustration betrachten wir ein Beispiel, in dem ein „Hauptalgorithmus" zwei Brüche zu kürzen hat und dazu jeweils den größten gemeinsamen Teiler (ggT) von Zähler und Nenner des Bruchs ermitteln muss. Er greift dafür auf einen „Unteralgorithmus" zurück, der eine Rechenvorschrift für die ggT-Berechnung definiert. Im Detail sieht dieser Ansatz wie folgt aus (siehe Abbildung 4-4):

> Der *Unteralgorithmus* wird gesondert vom Hauptalgorithmus definiert. Seine *Definition* besteht aus zwei Teilen, der *Schnittstelle* und dem *Körper*. Die **Schnittstelle** (engl. **interface**) bestimmt das „äußere Erscheinungsbild" des Unteralgorithmus: Sie legt all das fest, was bekannt sein muss, um den Algorithmus anzusprechen – also seinen *Namen*, seine **Parameter** mit Anzahl, Namen und Typen sowie (falls der Algorithmus einen Wert berechnen soll) den *Typ seines Rückgabewerts*. Der **Körper** (auch **Rumpf** genannt) legt die Schritte fest, die der Unteralgorithmus ausführen soll. Er kann insbesondere *Rück-*

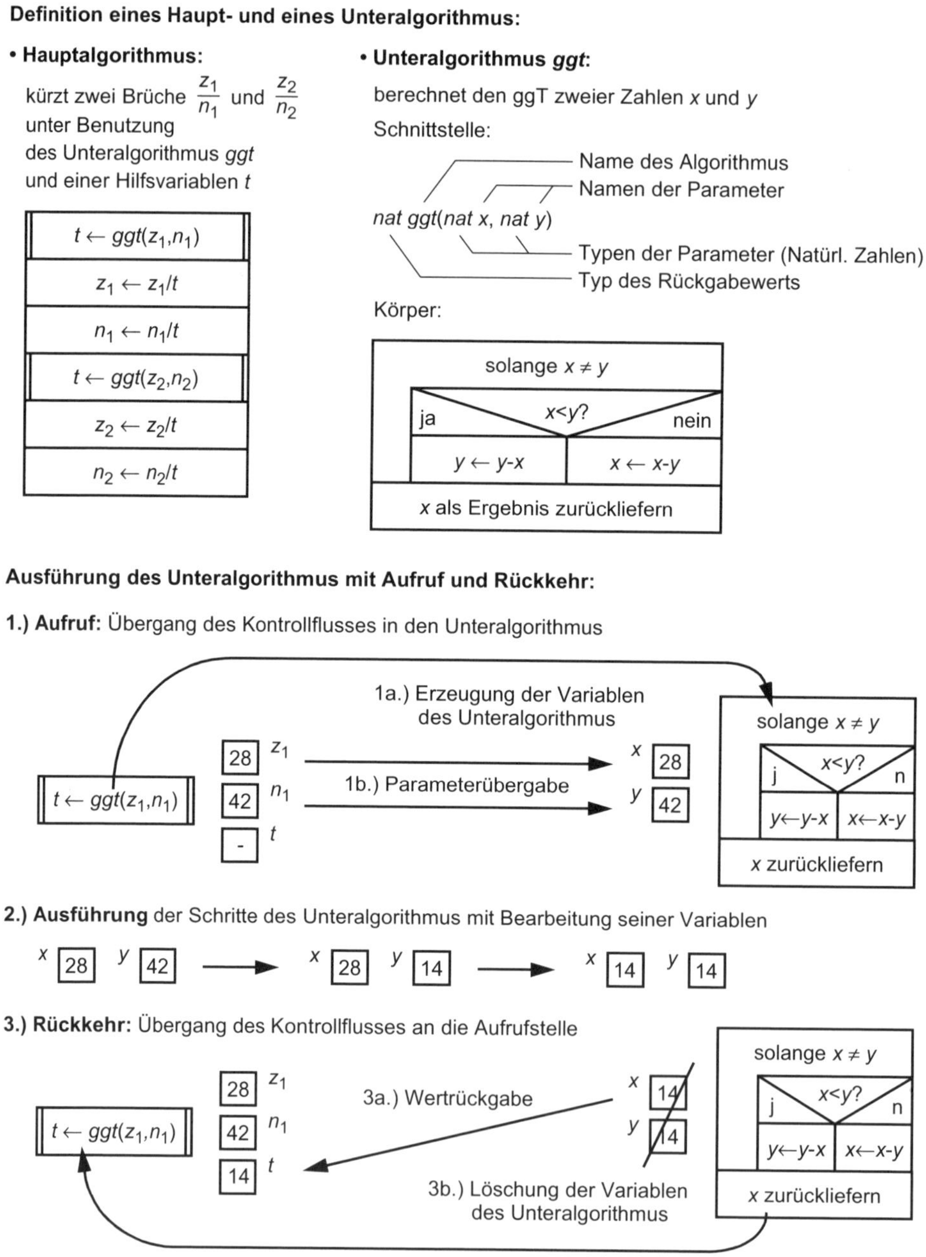

Abb. 4-4 *Definition und Aufruf eines Unteralgorithmus*

sprungstellen definieren, an denen die Ausführung des Unteralgorithmus endet und ein Wert an den Hauptalgorithmus zurückgegeben wird. Die Parameter der Schnittstelle sind Platzhalter für konkrete Werte, die später bei einer Ausführung an den Unteralgorithmus übergeben werden (vergleiche die Funktionsparameter im Beispiel oben). Die

Schnittstellenparameter werden daher auch als **formale Parameter** bezeichnet (in der Abbildung: *x* und *y*).

- Der *Hauptalgorithmus* kann einen Unteralgorithmus benutzen, ihn also ein- oder mehrmals **aufrufen**. In der *Definition* des Hauptalgorithmus wird dabei angegeben, welcher Unteralgorithmus aufgerufen, welche Werte an ihn übergeben und wie ein gegebenenfalls zu erwartender Rückgabewert weiterverarbeitet werden sollen. Die an den Unteralgorithmus übergebenen Werte werden als **aktuelle Parameter** bezeichnet (in der Abbildung: z_1 und n_1); sie werden bei der Ausführung des Unteralgorithmus für die formalen Parameter (also für die „Platzhalter") eingesetzt. Wichtig ist, dass zur Definition des Hauptalgorithmus nur die Schnittstelle des Unteralgorithmus bekannt sein muss, nicht jedoch sein Körper: Um auf den Unteralgorithmus zugreifen zu können, muss der Aufrufer also über dessen genaue Vorgehensweise gar nicht Bescheid wissen. Dieses so genannte **Geheimnisprinzip (Information Hiding)**, bei dem die Schnittstelle den darunter liegenden Körper „verbirgt", wird uns später noch ausführlich beschäftigen (→5.2.2, →6.1.1, →6.4.1).
- Bei der *Ausführung* des Algorithmus geschieht beim Erreichen einer Aufrufstelle das Folgende: Die Variablen des Unteralgorithmus, zu denen auch seine formalen Parameter gehören, werden erzeugt, wobei in einem realen System insbesondere Speicherplatz bereitgestellt wird (→3.1.1). Dann werden die Werte der aktuellen Parameter in die Speicherplätze der formalen Parameter kopiert (zumindest bei der hier vorausgesetzten Technik des *Wertaufrufs*, →5.2.2). Anschließend wird der Unteralgorithmus ausgeführt. Er arbeitet dabei ausschließlich auf seinen eigenen Variablen und den formalen Parametern – die Variablen des aufrufenden Algorithmus, einschließlich der aktuellen Parameter, bleiben während dieser Ausführung unverändert. Wird eine Rücksprungstelle erreicht, kehrt die Ausführung an die Aufrufstelle des aufrufenden Algorithmus zurück und wird dort fortgesetzt. Dabei kann (je nach Definition des Unteralgorithmus) ein Ergebniswert zurückgegeben werden, der dann beispielsweise einer Variablen des aufrufenden Algorithmus zugewiesen wird. Nach Ende des Ausführung des Unteralgorithmus werden dessen Variablen wieder gelöscht.

Im Zusammenhang mit der Modularisierung von Algorithmen hat sich eine Reihe von *Begriffen* herausgebildet: Unteralgorithmen, die (wie im Beispiel) einen Rückgabewert liefern, nennt man **Funktionen**; Unteralgorithmen ohne Rückgabewert heißen **Prozeduren**. Prozeduren können beispielsweise dazu eingesetzt werden, um eine Bildschirmausgabe erzeugen oder Daten in eine Datei (→3.3.1) zu schreiben, wobei jeweils kein Wert (im Sinne eines Funktionswerts) zurückgegeben wird.

Findet bei der Ausführung ein Übergang zu einem Unteralgorithmus statt, so ist dies ein **Aufruf** (engl. **call**) mit einer **Übergabe** von Parameterwerten und einem **Sprung** in den Körper des Unteralgorithmus. Der **Kontrollfluss** wechselt also in den Unteralgorithmus. Bei einem Aufruf wird eine **Instanz** des Unteralgorithmus erzeugt: Zu dieser Instanz gehören insbesondere die Variablen, die bei seiner Ausführung benutzt werden (und in einem realen System deren Speicherplatz). Die Instanz wird nach der Ausführung des Unteralgorithmus wieder gelöscht und es kommt zur **Rückkehr** des Kontrollflusses in den aufrufenden Algorithmus, gegebenenfalls mit einer **Wertrückgabe**. Die allgemeine Darstellungsform eines Aufrufs in einem Struktogramm zeigt Abbildung 4-2; Abbildung 4-4 zeigt ein konkretes Beispiel.

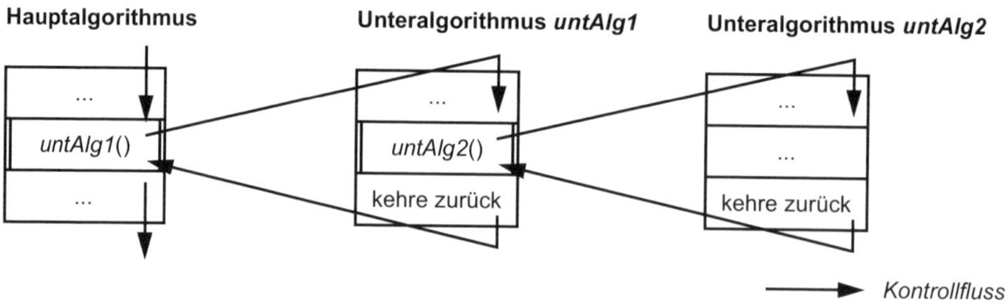

***Abb. 4-5** Geschachtelte Algorithmenaufrufe (ohne Parameter und Rückgabewerte)*

Das Prinzip der Modularisierung ist natürlich nicht nur auf *einen* Hauptalgorithmus und *einen* Unteralgorithmus beschränkt, sondern man kann ein ganzes System von Algorithmen aufstellen, die sich gegenseitig benutzen. Dabei kann ein Unteralgorithmus von anderen Teilalgorithmen aufgerufen werden und seinerseits Unteralgorithmen aufrufen. Bei der Ausführung kommt es also zu so genannten **geschachtelten Aufrufen** (siehe Abbildung 4-5 für eine Illustration und →5.2.2, Abbildung 5-5, für Informationen zur Implementation).

Rekursion

Ein Spezialfall geschachtelter Aufrufe liegt vor, wenn ein Algorithmus *sich selbst* aufrufen kann. Solche Algorithmen heißen **rekursiv**, die entsprechende Programmiertechnik wird **Rekursion** genannt. Um zu verstehen, wie sich ein Algorithmus wiederholt selbst aufrufen und trotzdem nach endlich vielen Schritten ein Resultat liefern kann, betrachten wir wieder ein Beispiel aus der Mathematik. Hier ist es eine bekannte Technik, Funktionen durch eine *rekursive Definition* zu beschreiben, also eine Definition, die auf sich selbst Bezug nimmt. Beispielsweise kann man die *Fakultätsfunktion n!*, die für eine natürliche Zahl n das Produkt $1 \cdot 2 \cdot ... \cdot (n\text{-}1) \cdot n$ berechnet, wie folgt definieren:

$$n! = 1 \quad \text{für } n{=}0 \text{ oder } n{=}1$$

$$n! = n \cdot (n\text{-}1)! \quad \text{für } n{>}1$$

Die Rekursion, also der Selbstbezug, tritt dabei in der zweiten Gleichung der Definition auf: Sie definiert die Fakultät für ein $n>1$ unter Rückgriff auf die Fakultät der um eins kleineren Zahl n-1. Daraus ergibt sich beispielsweise der Berechnungsvorgang von 4! zu:

$$4! = 4 \cdot 3! = 4 \cdot (3 \cdot 2!) = 4 \cdot (3 \cdot (2 \cdot 1!)) = ...$$

Die Klammern im Beispiel deuten an, wie sich ein zu berechnender Ausdruck durch mehrfache Benutzung der zweiten Gleichung schrittweise aufbaut. Die Definition der Fakultätsfunktion wird also wiederholt angewandt, wobei der Parameterwert jeweils um eins kleiner wird. Dass dieser Vorgang zu einem Ende kommt, also *terminiert*, liegt an der ersten Definitionsgleichung, die den Funktionswert für den Parameterwert 1 unmittelbar festlegt:

$$4! = ... = 4 \cdot (3 \cdot (2 \cdot \mathit{1!})) = 4 \cdot (3 \cdot (2 \cdot \mathit{1})) = 4 \cdot (3 \cdot 2) = 4 \cdot 6 = 24$$

Rekursive Algorithmen arbeiten nach demselben Prinzip wie rekursive mathematische Definitionen: Für einen Teil der möglichen Eingabewerte liefern sie das Resultat sofort, für die übrigen Eingabewerte rufen sie sich selbst rekursiv auf (siehe Beispiele in Abbildung 4-6 links). Wie Abbildung 4-7 zeigt, kommt es dabei zu einer Schachtelung der rekursiven

fakul(n): berechnet den Fakultätswert einer natürlichen Zahl *n*

a.) rekursiv

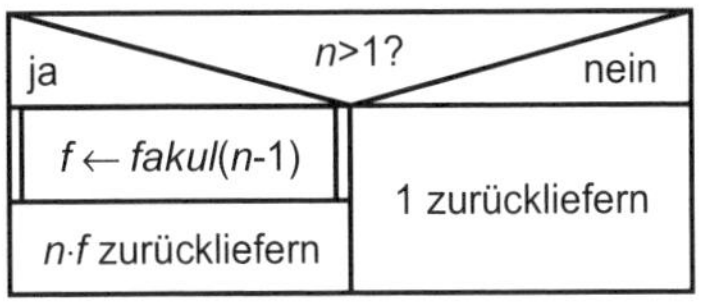

b.) iterativ

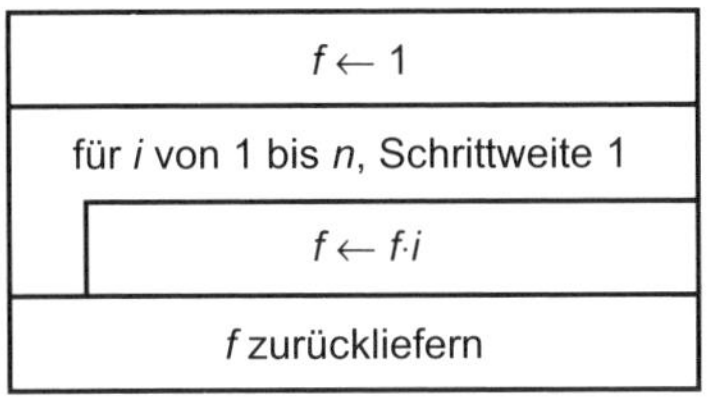

ggt(x,y): berechnet den größten gemeinsamen Teiler zweier natürlicher Zahlen *x* und *y*

a.) rekursiv

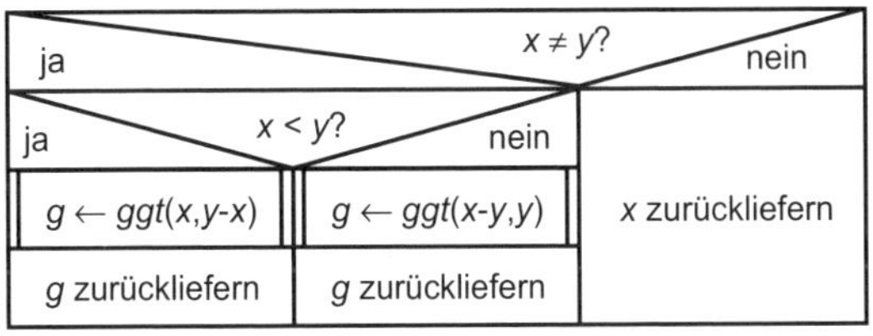

b.) iterativ

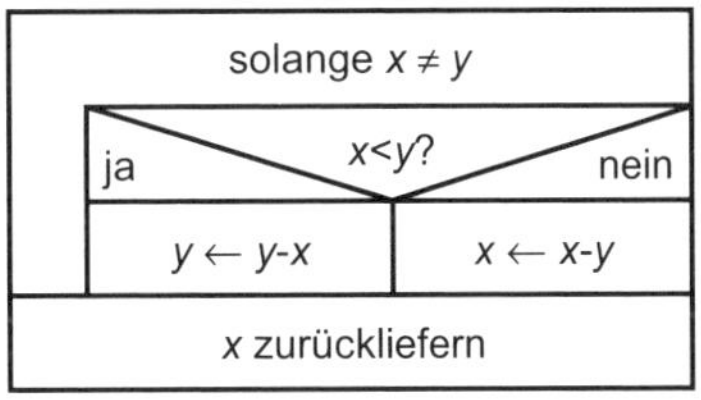

Abb. 4-6 *Rekursive Algorithmen: Definition und Vergleich zur iterativen Form*

Aufrufe. Es existieren dann *mehrere Instanzen* desselben Algorithmus, von denen jede (bis auf die zuletzt aufgerufene) auf die Beendigung der von ihr gerufenen Instanz wartet. Die Schachtelung erreicht ihre maximale Tiefe, wenn der Algorithmus mit Parameterwerten aufgerufen wird, für den er das Ergebnis sofort liefern kann. Dann löst sich die Schachtelung „von innen nach außen" wieder auf: Ein Resultat wird jeweils bei einem Rücksprung an die nächstäußere Instanz weitergegeben, von dieser eventuell weiterverarbeitet, an deren nächstäußere Instanz weitergereicht und so weiter.

Aus Abbildung 4-7 wird deutlich, dass *jede der Instanzen ihren eigenen Variablenbestand* besitzt, der bei der Rückkehr aus einer inneren Instanz noch dieselben Werte wie bei deren Aufruf enthält. Erst so kann eine rekursive Berechnung überhaupt korrekt funktionieren, wie man sich mit der Abbildung anhand der Werte von *n* leicht klar machen kann. Eine entsprechende Instanzen- und Variablenverwaltung wird durch das ausführende System realisiert (siehe auch →5.2.2, Abbildung 5-6); der Autor des Algorithmus muss sich um diese Verwaltung also nicht selbst kümmern. Er muss aber, ähnlich wie bei Schleifen (→4.1.3), darauf achten, dass nicht unendlich viele Instanzen entstehen, sondern dass die Rekursion in jedem Fall terminiert.

Rekursive Algorithmen erlauben in vielen Fällen eine *elegante Problemlösung*. Zwar lassen sich für arithmetische Aufgabenstellungen meist ebenso kompakte **iterative** (also mit Schleifen arbeitende) Algorithmen angeben, wie die Beispiele rechts in Abbildung 4-6 zeigen. In anderen Anwendungsbereichen aber, wie bei manchen *Sortierverfahren* (→4.2.2) oder bei der Arbeit mit *rekursiven Datenstrukturen* wie Bäumen (→3.2.2, →4.2.3), wären iterative Verfahren deutlich umständlicher zu formulieren als rekursive Verfahren. Allerdings sind rekursive Algorithmen für das ausführende System etwas *aufwendiger* als iterative, da die Rekursion den Verwaltungsaufwand für die Aufrufe mit sich bringt (siehe auch →5.2.2). Zudem tun sich Programmieranfänger erfahrungsgemäß etwas schwer damit, rekursive Al-

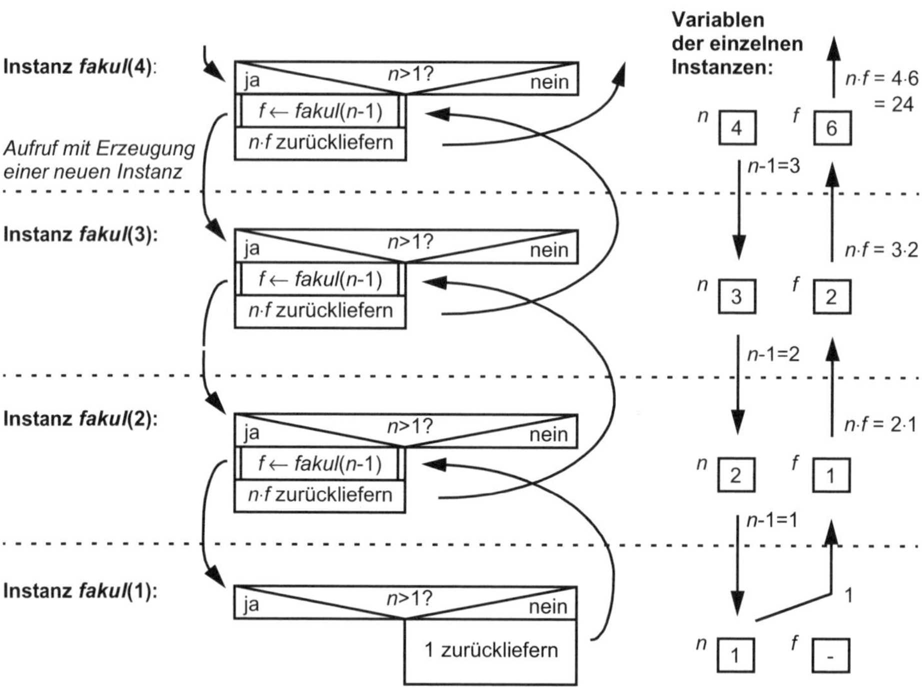

Abb. 4-7 *Geschachtelte Aufrufe eines rekursiven Algorithmus mit mehreren Instanzen*

gorithmen zu entwickeln und ihre Funktionsweise zu durchschauen. Die Rekursion ist aber, wie gesagt, manchmal der einzige Weg zur eleganten Lösung eines Problems.

4.2 Standardalgorithmen

Zur Lösung häufig auftretender Problemstellungen werden *Standardalgorithmen* eingesetzt. Der Begriff „Standard" bedeutet dabei nicht, dass diese Algorithmen von einer Behörde oder Organisation normiert worden wären; er besagt vielmehr, dass sich diese Algorithmen als besonders „brauchbar" herausgestellt haben und daher bevorzugt verwendet werden. Dieses Unterkapitel beschäftigt sich mit grundlegenden Verfahren, die eng mit den in →3 besprochenen Formen der Datenorganisation zusammenhängen. Im Einzelnen sind das

> *Suchalgorithmen*, die aus einer Sammlung von Datensätzen die Einträge mit einer bestimmten Eigenschaft herausfinden,

> *Sortieralgorithmen*, die eine Sammlung von Datensätzen nach einem bestimmten Kriterium ordnen, und

> *Durchlaufalgorithmen*, die die Einträge eines Baums oder eines allgemeinen Graphen in bestimmten Reihenfolgen aufsuchen.

Weitere wichtige Klassen von Standardalgorithmen sind beispielsweise *arithmetische Verfahren* zur Durchführung von Berechnungen und *Optimierungsverfahren* zur Suche nach

Gegeben: Feld mit Datensätzen / Strukturen

Je Struktur:					
Name	Asterix	Obelix	Grautvornix	Majestix	Idefix
Größe	145 cm	188 cm	182 cm	167 cm	20 cm
Gewicht	55 kg	160 kg	105 kg	95 kg	3 kg
Alter	34 Jahre	35 Jahre	48 Jahre	57 Jahre	2 Jahre

Aufgabe: Suche Struktur mit Name = „Majestix" **Lösung**

Abb. 4-8 *Suche in einem Feld von Datensätzen – allgemeine Aufgabenstellung*

den bestmöglichen Lösungen von Problemen. Sie können hier aus Platzgründen nicht besprochen werden; wir verweisen hierzu auf die weiterführende Literatur (→4.5).

4.2.1 Suchen

Die Aufgabe eines **Suchverfahrens** ist, in einer Sammlung von Datensätzen den- oder diejenigen Sätze zu finden, die eine bestimmte Eigenschaft haben. Konkret kann man diese Aufgabe wie folgt formulieren: Gegeben ist ein *Feld* (→3.1.3, siehe auch Abbildung 4-8), eine *lineare Liste* (→3.2.2), eine *Datei* (→3.3.1) oder ein *Baum* (→3.2.2), in dem eine *Menge von Strukturen* (→3.1.3) gespeichert ist. Alle diese Strukturen sind *vom selben Typ*, haben also denselben Aufbau aus Komponenten. Eine dieser Komponenten wird als das Merkmal ausgewählt, das der Suche zugrunde liegt. Bei der *Suche* soll nun eine Struktur oder alle Strukturen gefunden werden, in der bzw. denen die betreffende Komponente einen bestimmten Wert hat. In der Terminologie der Datenbanken (→3.5) wird also ein Datensatz mit einem bestimmten **Schlüsselwert** gesucht. Abbildung 4-8 zeigt als *Beispiel* ein Feld, in dem Strukturen mit den Daten verschiedener Personen stehen und in dem die Datenstruktur einer Person mit einem bestimmten Namen gefunden werden soll.
Die genaue Vorgehensweise bei der Suche hängt stark von der *Organisationsform* der gespeicherten Daten ab. So gibt es bei einem Feld effizientere Suchmöglichkeiten als bei einer einfach verketteten Liste, denn bei einem Feld kann auf einzelne Komponenten direkt zugegriffen werden, während eine Liste nur von vorn nach hinten durchlaufen werden kann. Zudem wird die Suche davon beeinflusst, ob die Daten nach den Schlüsselwerten sortiert sind oder nicht. Im Folgenden werden drei Suchverfahren betrachtet, die auf hauptsächlich auf *Feldern*, teilweise aber auch auf *Listen* und *Dateien* arbeiten. Suchverfahren für *Bäume* wurden bereits im →Kasten auf Seite 116 im Zusammenhang mit *Suchbäumen* angesprochen.

Lineare Suche

Das einfachste Suchverfahren ist die **lineare Suche** (auch *sequentielle Suche* genannt): Hier wird die Sammlung der Datensätze von vorn nach hinten durchlaufen. Wird ein Datensatz mit dem gesuchten Schlüsselwert gefunden, so wird dieser Datensatz oder seine Position gemeldet. Sollen *alle* Datensätze mit dem entsprechenden Wert gefunden werden, so wird die Suche fortgesetzt; genügt *ein* Datensatz, so ist sie damit beendet. Es kann natürlich vorkommen, dass die Datensammlung *keinen* Eintrag mit dem gesuchten Wert enthält. Das wird er-

Vorgehensweise der linearen Suche:

Der Algorithmus sucht in einem Feld *a* nach der Zeichenkette *suchwort*.
Das Feld enthält *n* Zeichenketten *a*[0], ..., *a*[*n*-1].

Das Feld wird in Einerschritten von vorn nach hinten durchlaufen, wobei die einzelnen Feldeinträge mit der gesuchten Zeichenkette verglichen werden. Wird die Zeichenkette gefunden oder das Feldende erreicht, so endet die Suche.

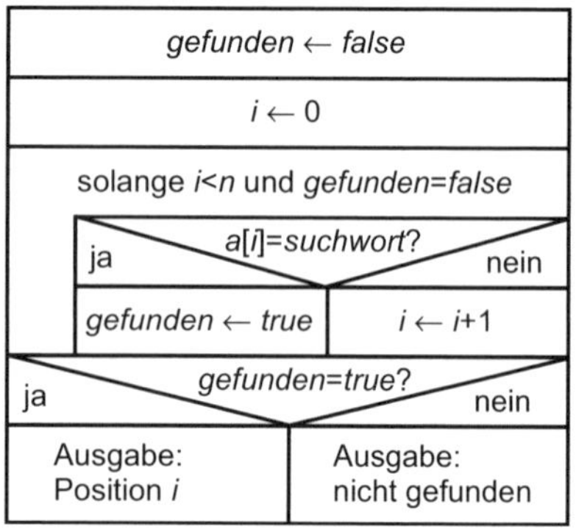

Anwendungsbeispiel: Lineare Suche in einem Feld nach dem Namen „Majestix“

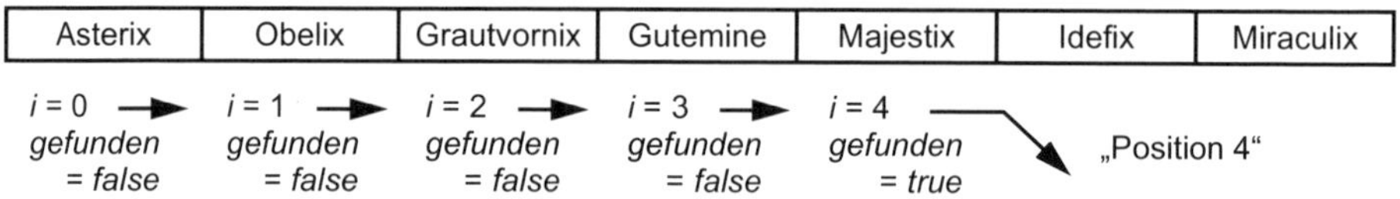

Abb. 4-9 *Lineare Suche in einem Feld*

kannt, wenn der letzte Datensatz in der Sammlung erreicht wird und er, wie alle seine Vorgänger, nicht die gewünschte Eigenschaft hat.
Abbildung 4-9 zeigt ein *Struktogramm* für den Suchalgorithmus und ein entsprechendes *Beispiel*. Um die Darstellung einfach zu halten, wird gezeigt, wie ein *Feld* mit Zeichenketten nach einem bestimmten Wort durchsucht wird; die Suche in einem Feld mit Strukturen verläuft aber auf dieselbe Weise. Die lineare Suche kann ebenso auf *lineare Listen* und auf *Dateien* angewandt werden (auch auf *sequentielle Dateien* [→3.3.1] mit eingeschränkten Zugriffsmöglichkeiten), denn alle diese Organisationsformen erlauben einen Durchlauf von vorn nach hinten. Die lineare Suche hat also ein *breites Anwendungsgebiet*. Nachteilig ist jedoch ihr *Zeitaufwand*: Insbesondere wenn sich der gesuchte Datensatz in der Folge der Daten weit hinten befindet, müssen viele Datensätze durchlaufen werden.

Binäre Suche

Ein *Feld* kann nicht nur sequentiell bearbeitet werden, sondern seine Komponenten sind über einen Index *direkt* zugreifbar. Ist das Feld zudem *sortiert*, sind also seine Einträge in aufsteigender Reihenfolge angeordnet, ist eine effiziente **binäre Suche** möglich. Dabei wird der gesuchte Wert systematisch „eingekreist“ (siehe auch Abbildung 4-10): Man überprüft zunächst die Komponente in der Mitte des Felds. Enthält sie den gesuchten Wert, so ist die Suche damit beendet. Ist ihr Wert größer als der gesuchte, so wird die Suche im Teilfeld links davon fortgesetzt; ist ihr Wert kleiner, sucht man im Teilfeld rechts davon weiter. Die Einträge des übrigen Felds werden verworfen, denn dort kann wegen der Sortierung der gesuchte Wert nicht sein. Setzt man diese Vorgehensweise fort, so ergeben sich immer kleinere Teilfelder, bis entweder der gewünschte Wert gefunden oder (bei Erreichen eines Teilfelds mit nur einem oder gar keinem Eintrag) erkannt wird, dass der Wert nicht vorhanden ist.

Vorgehensweise der binären Suche:

Der Algorithmus sucht in einem Feld *a* nach einer Zeichenkette *suchwort*. Das Feld enthält *n* Zeichenketten *a*[0], ..., *a*[*n*-1] und muss aufsteigend sortiert sein.

Der gesuchte Eintrag wird durch zwei Indizes *li* und *re* „eingekreist“. Dazu wird die gesuchte Zeichenkette jeweils mit dem Eintrag in der Mitte des Teilfelds *a*[*li*],...,*a*[*re*] verglichen (Index *mi*). Ist dieser Eintrag kleiner als der gesuchte Wert, wird im Teilfeld *a*[*mi*+1], ..., *a*[*re*] weitergesucht, sonst in *a*[*li*], ..., *a*[*mi*-1]. Die Suche endet, wenn der Wert gefunden wurde oder sich *li* und *re* kreuzen.

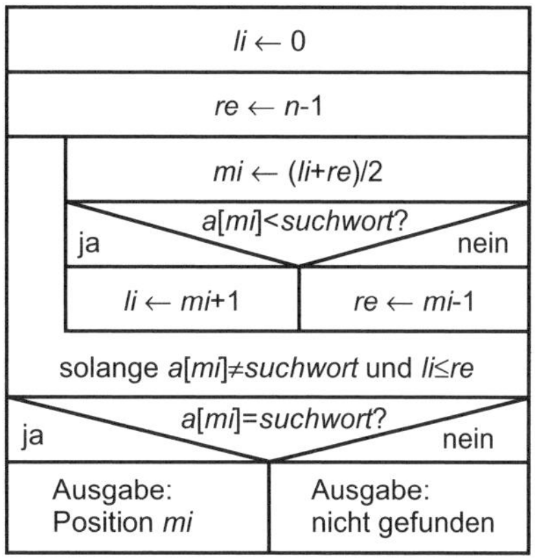

Anwendungsbeispiel: Binäre Suche in einem sortierten Feld nach dem Namen „Majestix“

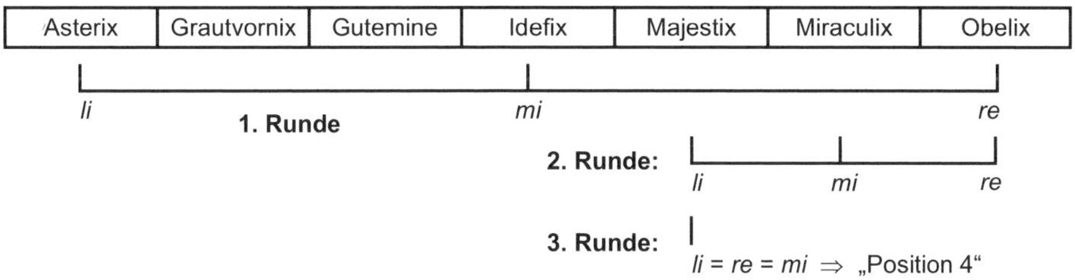

Abb. 4-10 *Binäre Suche in einem sortierten Feld*

Der Vorteil der binären Suche ist ihre *Geschwindigkeit*, denn in jedem Schritt wird die Menge der Daten, die noch zu durchsuchen ist, in etwa halbiert. Der Zeitaufwand bestimmt sich also aus dem *Logarithmus der Anzahl der Datensätze* – im Gegensatz zur linearen Suche, deren Zeitaufwand linear in der Anzahl der Datensätze ist, da dort in jedem Schritt nur ein Datensatz ausscheidet. In →4.3.1 wird der Zeitaufwand, der bei der Ausführung von Algorithmen anfällt, noch genauer betrachtet.

Hashing

Bei der linearen und binären Suche muss meist eine Folge von Datensätzen durchlaufen werden, bis der gesuchte Eintrag gefunden wird. Optimal wäre es jedoch, diese Durchläufe ganz zu vermeiden und *direkt* auf den gewünschten Datensatz zuzugreifen. Dies setzt aber voraus, dass sich die Position des Datensatzes mit einem gesuchten Schlüsselwert unmittelbar aus diesem Wert ermitteln lässt. Bei den bislang betrachteten Beispielen war das nicht der Fall: Wie man sich an den Abbildungen 4-9 und 4-10 leicht klar machen kann, lässt sich keine einfache Funktion finden, die aus einem Wert die Position (also den Index) des Werts im Feld berechnet.
Erforderlich ist es also, *schon bei der Initialisierung des Felds* die Daten so anzuordnen, dass sich eine einfach zu berechnende Funktion $h(w)$ aufstellen lässt, die für jeden zu suchenden Wert w die Position des Datensatzes mit dem Eintrag w angibt. Eine solche Funktion heißt **Hashfunktion**. Mit einer festgelegten Hashfunktion h darf also ein Datensatz mit dem

Hashfunktion ***h*****(*****w*****)** eines Worts *w*:
Summe der Werte seiner Buchstaben modulo 6 (mit A,a=0, B,b=1, ...)

Beispiel: *h*(Obelix) = (14 + 1 + 4 + 11 + 8 + 23) = 61 modulo 6 = Divisionsrest von 61/6 = 1

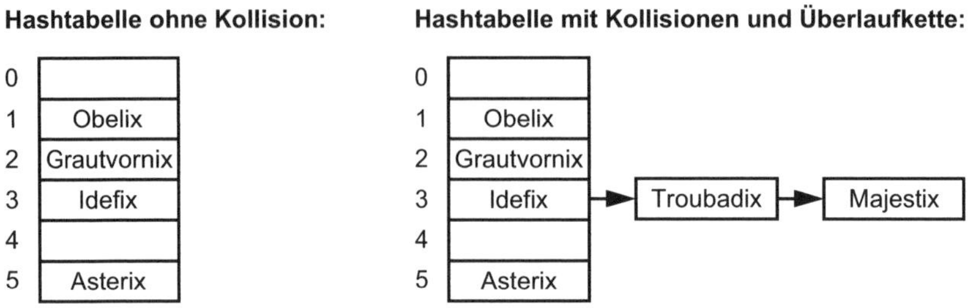

Abb. 4-11 *Hashing*

Schlüsselwert *w* nur in der Feldkomponente mit dem Index *h*(*w*) gespeichert werden. Seine Position ist also nicht mehr beliebig, sondern wird durch die Funktion festgelegt. Dieser Einschränkung steht der große Vorteil gegenüber, dass man anschließend bei einer Suche nach dem Wert *w* nur *h*(*w*) berechnen muss und unter diesem Index dann unmittelbar den gewünschten Datensatz findet (vorausgesetzt, es gibt überhaupt einen solchen Datensatz). Abbildung 4-11 zeigt als *Beispiel* links vier Namen (also Zeichenketten), die in einem Feld (einer so genannten **Hashtabelle**) mit sechs Komponenten gespeichert sind. Die Hashfunktion basiert hier auf der Menge der Buchstaben, aus denen ein Name aufgebaut ist: Sie addiert entsprechende Zahlenwerte (mit A=0, B=1, ...), teilt die Summe durch sechs und liefert den ganzzahligen Rest dieser Division als Index. Die Funktion wird erstens benutzt, um einen neu einzufügenden Namen an die richtige Stelle zu bringen, und zweitens, um bei einer Suche nach einem bestimmten Namen auf die entsprechenden Feldkomponente zuzugreifen. Natürlich wäre bei dem hier betrachteten „Miniaturbeispiel" mit nur vier Einträgen eine lineare Suche effizienter als die Berechnung der Hashfunktion; bei den großen Datenmengen der Praxis führt aber Hashing erheblich schneller zum Ziel.
Das Beispiel in Abbildung 4-11 links zeigt den Idealfall, dass alle Datensätze unterschiedliche Hashwerte besitzen. Meist sind aber *mehrere Datensätze* vorhanden, die *denselben Hashwert* haben und daher an derselben Stelle gespeichert werden müssten. In diesem Fall kommt es zu einer so genannten **Kollision**. Für die betrachtete Hashfunktion kollidieren beispielsweise die Namen „Idefix", „Majestix" und „Troubadix", die jeweils den Hashwert 3 haben. Zur *Auflösung* einer solchen Kollision gibt es mehrere Ansätze. Abbildung 4-11 zeigt rechts eine mögliche Lösung, bei der ein Feldeintrag als Anker einer linearen Liste dienen kann, die alle weiteren Einträge mit dem entsprechenden Hashwert aufnimmt. Diese Liste (**Überlaufkette** genannt) muss bei einer Suche sequentiell durchlaufen werden. Ein wichtiges Kriterium für die *Qualität* einer Hashfunktion ist, dass sie die Datensätze möglichst gleichmäßig über das Feld verteilt und somit die Anzahl der Kollisionen sowie den Aufwand für die Kollisionsauflösung gering hält.

4.2.2 Sortieren

Die Aufgabe eines **Sortierverfahrens** ist, eine Sammlung von Datensätzen nach einem bestimmten Kriterium zu ordnen. Ähnlich wie bei Suchverfahren kann man diese Aufgabe konkret wie folgt formulieren: Gegeben ist ein *Feld*, eine *lineare Liste*, eine *Datei* oder ein *Baum*, in dem eine *Menge von Strukturen* gespeichert ist. Alle diese Strukturen sind *vom selben Typ*, haben also denselben Aufbau aus Komponenten. Eine dieser Komponenten wird als das Merkmal ausgewählt, nach dem die Menge angeordnet werden soll. Dies setzt natürlich voraus, dass auf dem Wertebereich dieser Komponente eine **Ordnung** definiert ist. Beispielsweise kann man eine Menge von Angaben über Bankkunden (→Abbildung 3-29) nach Kundennummern anordnen, wofür die „Größer"-Ordnung auf Zahlen benutzt wird, oder auch nach Namen, wofür man die **lexikographische Ordnung** („Telefonbuchordnung") verwendet.

Im Folgenden werden mehrere *Standard-Sortierverfahren* besprochen und an Beispielen demonstriert. Der Einfachheit halber werden jeweils Zahlen in aufsteigender Reihenfolge angeordnet; die Verfahren können jedoch auch auf andere Datentypen sowie zur Sortierung in absteigender Reihenfolge angewandt werden. Die Sortierverfahren beruhen jeweils auf einer bestimmten Organisationsform der Daten: Die ersten vier Verfahren (*Bubblesort, Sortieren durch direkte Auswahl, Sortieren durch direktes Einfügen, Quicksort*) arbeiten ausschließlich auf Feldern, das fünfte (*Heapsort*) benutzt zusätzlich Binärbäume, und das sechste (*Mergesort*) wird hauptsächlich für sequentielle Dateien und lineare Listen mit ihren eingeschränkten Zugriffsmöglichkeiten eingesetzt. Es wird sich herausstellen, dass die Verfahren von unterschiedlicher Qualität sind. Dies wird in diesem Abschnitt informell angesprochen und dann in →4.3.1 systematischer untersucht.

Bubblesort

Bubblesort sortiert ein *Feld* mit Hilfe einfacher Austauschoperationen. Es vergleicht jeweils zwei direkt benachbarte Feldeinträge und vertauscht sie, wenn der linke Eintrag größer ist als der rechte. Bubblesort geht dabei systematisch vor (siehe Abbildung 4-12): Vergleichs- und Tauschoperationen finden jeweils in einem Vergleichsfokus statt (in der Abbildung grau unterlegt), der das Feld in Einerschritten von rechts nach links durchläuft und jeweils zwei benachbarte Einträge umfasst. Hat der Fokus das Feld das erste Mal durchlaufen, so steht offensichtlich der kleinste Feldeintrag ganz links - ist also wie eine Luftblase (engl. *bubble*) „nach oben geblubbert". In den folgenden Durchläufen werden auf dieselbe Weise der zweitkleinste Wert, der drittkleinste Wert und so weiter an die richtigen Positionen gebracht, bis schließlich das gesamte Feld sortiert ist.

Das Struktogramm in Abbildung 4-12 macht den *Vorteil* von Bubblesort deutlich: Es ist ein sehr einfacher Algorithmus, so dass ein Programmierer kaum Gefahr läuft, bei der Implementierung Fehler zu machen. Ein großer *Nachteil* ist dagegen die mangelnde Effizienz: Bubblesort vertauscht jeweils nur direkt benachbarte Einträge, so dass die Werte zumeist mehrere vorläufige Positionen durchwandern, bis sie endlich ihren endgültigen Platz erreichen (siehe auch →4.3.1). Bubblesort hat also eine recht lange Ausführungsdauer (was übrigens den bekannten Informatiker *Niklaus Wirth* (geb. 1934), zu der spitzen Bemerkung veranlasste: „Tatsächlich enthält Bubblesort wenig Empfehlenswertes außer einem gefälligen Namen." [Wirt99]). In der Praxis sollte Bubblesort daher nur zur Sortierung kleiner Datenmengen (höchstens ungefähr 30 Datensätze) eingesetzt werden. Zudem gibt es verbesserte Varianten des Verfahrens - beispielsweise **Shellsort**, bei dem Einträge über größere Entfernungen verglichen und getauscht werden, wodurch insgesamt weniger Tauschvorgänge auftreten als bei Bubblesort.

Bubblesort:

Der Algorithmus sortiert die Einträge eines Felds *a* in aufsteigender Reihenfolge. Das Feld enthält *n* Zahlen *a*[0], ..., *a*[*n*-1].

Vor jedem Durchlauf der äußeren Schleife stehen in *a*[0], ..., *a*[*i*-2] sortiert die *i*-1 kleinsten Werte von *a*. *a*[*i*-1] soll das Minimum der restlichen Werte aufnehmen. Dazu durchläuft ein Index *j* das Feld von *a*[*n*-1] bis *a*[*i*]. Ist dabei *a*[*j*]<*a*[*j*-1], so wird getauscht.

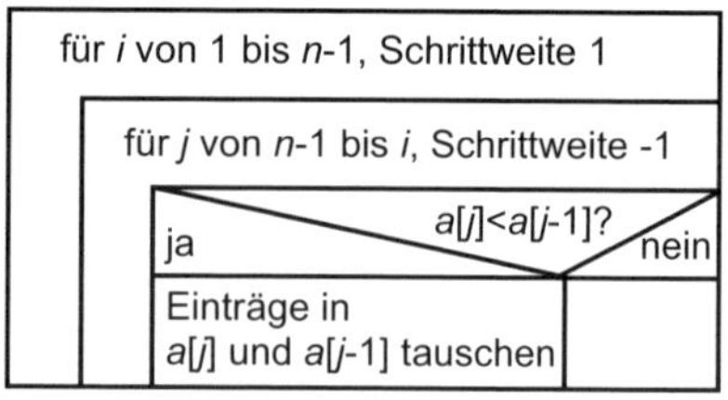

Anwendungsbeispiel: Sortieren eines Felds mit *n*=4 Einträgen

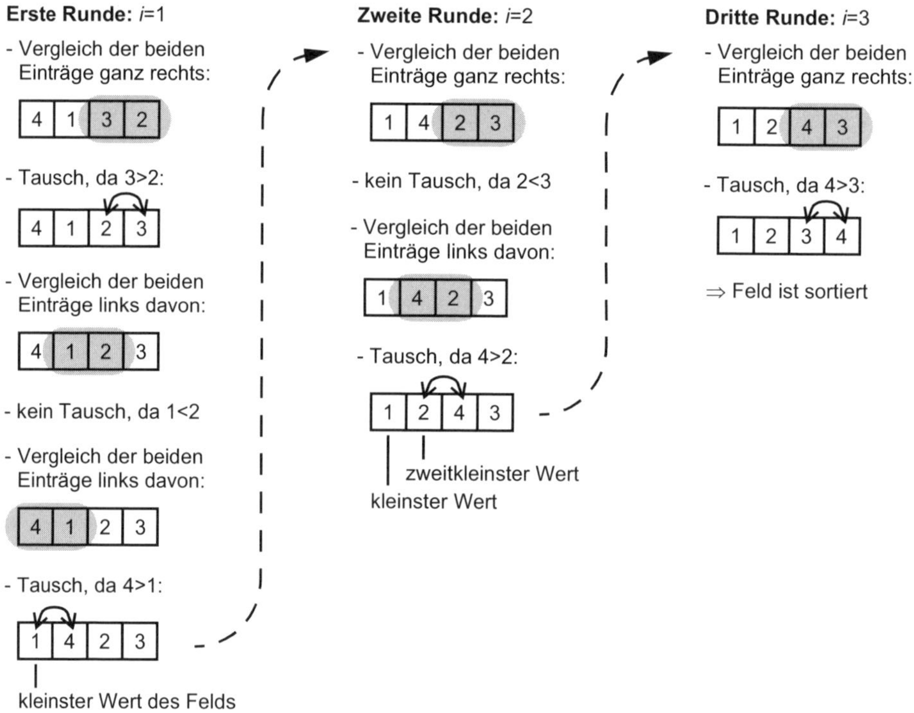

Abb. 4-12 *Bubblesort*

Sortieren durch direkte Auswahl

Sortieren durch direkte Auswahl (engl. *straight selection sort*) baut wie Bubblesort links im Feld eine sortierte Folge der Minima schrittweise auf. Dazu sind hier aber weniger Austauschoperationen nötig, da Einträge direkt, also ohne Zwischenstationen, an ihre richtigen Positionen gebracht werden. Abbildung 4-13 zeigt die genaue *Vorgehensweise*: Wie bei Bubblesort wird das Feld mehrfach durchlaufen. In der ersten Runde wird der kleinste Eintrag des Gesamtfelds ermittelt und dann direkt mit dem Eintrag an der ersten Feldposition vertauscht (sofern das Minimum nicht schon dort steht). In der zweiten Runde wird dieses Verfahren mit dem Restfeld (ohne den ersten Eintrag) fortgesetzt – und so weiter, bis schließlich das Feld sortiert ist.

Sortieren durch direkte Auswahl:

Der Algorithmus sortiert die Einträge eines Felds *a* in aufsteigender Reihenfolge. Das Feld enthält *n* Zahlen *a*[0], ..., *a*[*n*-1].

Zu Beginn jedes Durchlaufs der äußeren Schleife gilt: In *a*[0], ..., *a*[*i*-1] stehen sortiert die *i* kleinsten Werte von *a*. *a*[*i*] soll das Minimum der restlichen Werte aufnehmen. Dem Index *m* wird dazu zuerst der Wert *i* zugewiesen. Der Index *j* durchläuft dann das Restfeld *a*[*i*+1], ..., *a*[*n*-1]. Werden dort kleinere Werte als *a*[*m*] gefunden, wird der Index *m* „nachgeführt". *m* kennzeichnet also schließlich das Minimum, das mit *a*[*i*] vertauscht wird.

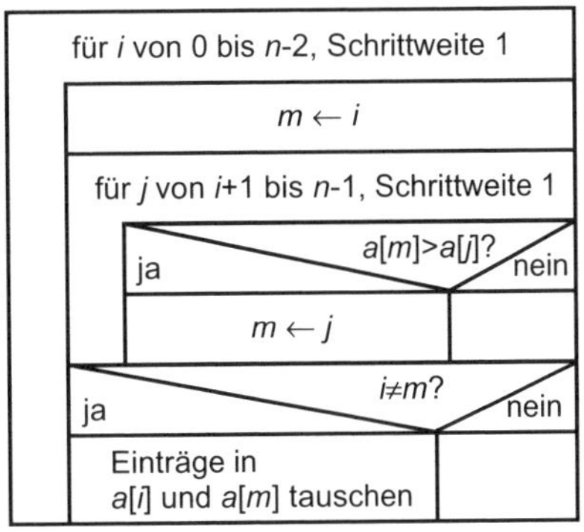

Anwendungsbeispiel: Sortieren eines Felds mit *n*=4 Einträgen

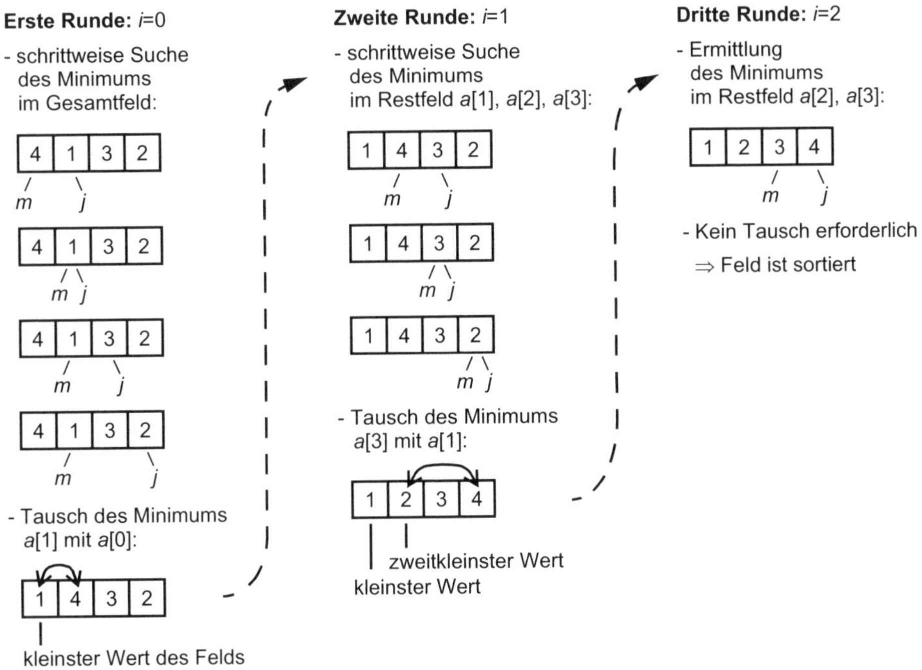

Abb. 4-13 *Sortieren durch direkte Auswahl*

Sortieren durch direktes Einfügen

Sortieren durch direktes Einfügen (engl. *straight insertion sort*) ist ein Verfahren, das aus dem Alltag bekannt ist – nämlich vom Kartenspielen her: Üblicherweise nimmt ein Spieler die an ihn ausgeteilten Karten eine nach der anderen auf und fügt sie jeweils in die Kartenfolge, die er bereits in der Hand hält, an der richtigen Stelle ein. Abbildung 4-14 zeigt die entsprechende *Vorgehensweise* beim Sortieren eines Zahlenfelds: Hier wird links im Feld schrittweise eine sortierte Teilfolge aufgebaut. Für den jeweils nächsten einzufügenden Wert werden in dieser Teilfolge Einträge so lange nach rechts verschoben, bis an der richtigen Stelle eine „Lücke" entsteht. In diese Lücke wird dann der neue Wert gebracht.

Sortieren durch direktes Einfügen:

Der Algorithmus sortiert die Einträge eines Felds *a* in aufsteigender Reihenfolge. Das Feld enthält *n* Zahlen *a*[0], ..., *a*[*n*-1].

Zu Beginn jedes Durchlaufs der äußeren Schleife gilt: In *a*[0], ..., *a*[i-1] steht eine sortierte Teilfolge von Einträgen. Der Eintrag von *a*[*i*] soll in diese Folge an der passenden Stelle eingefügt werden. Dazu wird *a*[*i*] in *h* zwischengespeichert. Dann werden alle Werte der Teilfolge, die größer sind als *h*, um eine Position nach rechts verschoben. Anschließend wird *h* in die entstandene Lücke eingefügt.

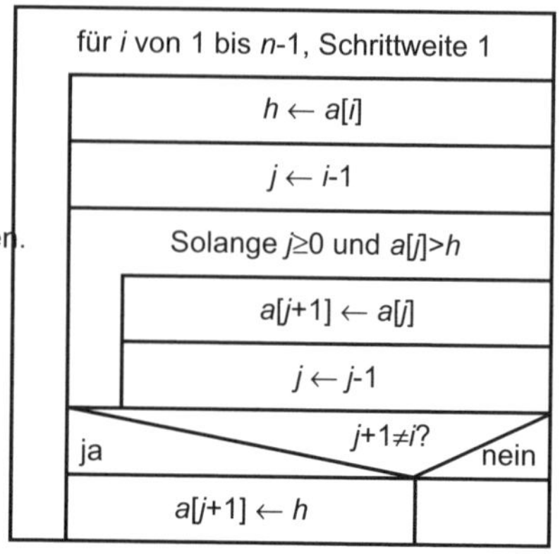

Anwendungsbeispiel: Sortieren eines Felds mit *n*=4 Einträgen

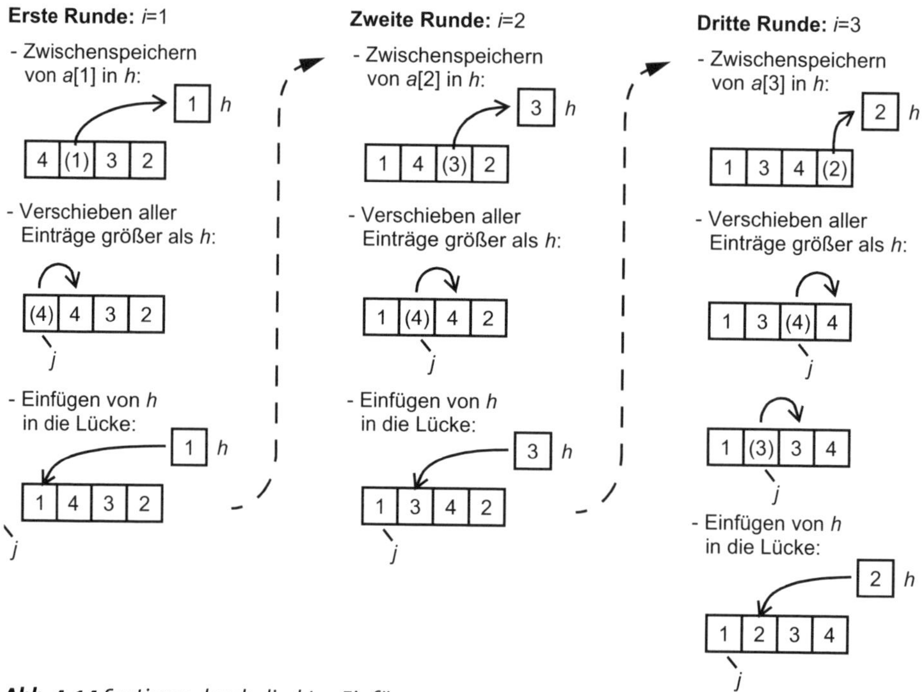

***Abb. 4-14** Sortieren durch direktes Einfügen*

Sortieren durch direktes Einfügen hat gegenüber dem Sortieren durch direkte Auswahl den folgenden *Vorteil*: Je besser das Feld vorsortiert ist, desto kürzer ist die Laufzeit des Verfahrens. Stehen (im Extremfall) schon alle Einträge in der richtigen Reihenfolge, so durchläuft das Sortierverfahren seine innere Schleife (siehe Abbildung 4-14) überhaupt nicht und kommt daher sehr schnell zum Ende. Beim Sortieren durch direkte Auswahl wird dagegen die innere Schleife in jedem Fall vollständig durchlaufen (siehe Abbildung 4-13). Allgemein gilt, dass direktes Einfügen vorzuziehen ist, wenn in ein bereits sortiertes Feld einige wenige neue Werte gebracht werden sollen. Zum Sortieren eines ungeordneten Felds ist jedoch die direkte Auswahl meist besser geeignet, da hier weniger Datentransporte stattfinden.

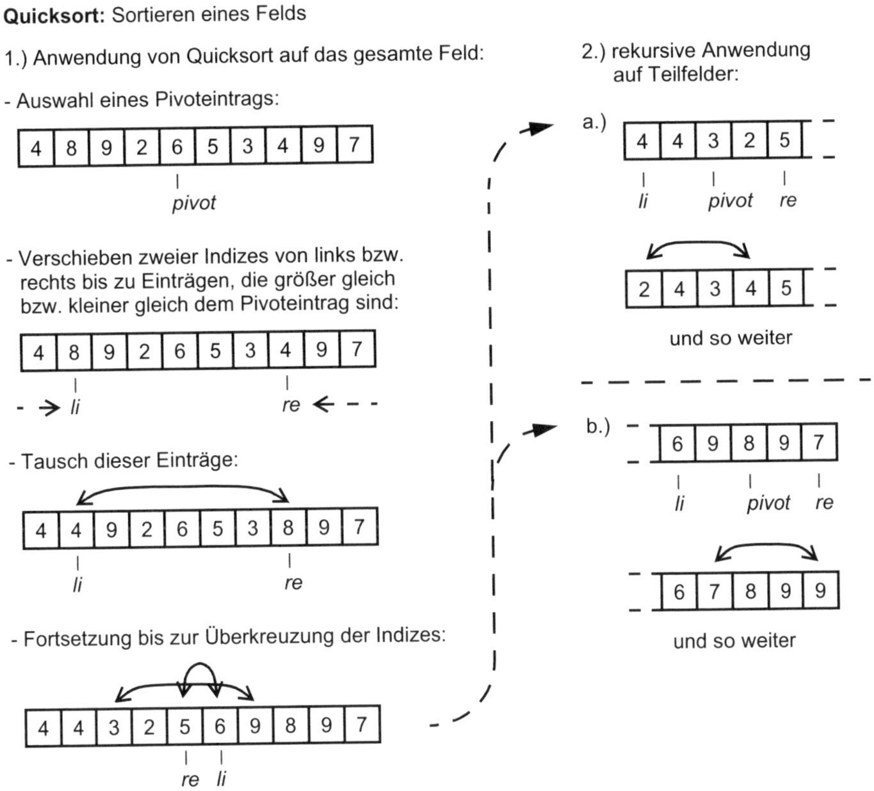

Abb. 4-15 *Quicksort – ein Sortierbeispiel*

Quicksort

Jedes der bislang betrachteten Verfahren enthält zwei geschachtelte Schleifen, in denen jeweils das gesamte Feld oder ein Teilfeld durchlaufen wird. Die Laufzeit dieser Verfahren hängt also im Wesentlichen vom Quadrat der Länge des Felds (also vom Quadrat der Anzahl seiner Einträge) ab (siehe auch →4.3.1). Das Sortierverfahren **Quicksort**, das nun dargestellt werden soll, ist im Vergleich dazu „eine Klasse besser": Man kann zeigen, dass seine Laufzeit durch den Ausdruck $n{\cdot}log(n)$ bestimmt wird, wobei n die Länge des Felds ist (siehe auch hier →4.3.1). Generell ist Quicksort eines der schnellsten allgemein anwendbaren Sortierverfahren und trägt daher seinen Namen zu Recht.

Quicksort arbeitet nach dem Prinzip **Divide and Conquer** („Teile und herrsche"). Es reduziert nämlich das Problem, ein *großes* Feld zu sortieren, rasch auf das einfachere Problem, *mehrere kleinere* Felder jeweils getrennt voneinander zu sortieren. Abbildung 4-15 illustriert das *Verfahren* durch ein Beispiel: Ein Eintrag des Felds, beispielsweise der mittlere, wird als *Pivotelement* ausgewählt (wobei man „Pivot" als „Drehpunkt" übersetzen kann). Anschließend lässt man zwei Indizes von links bzw. rechts das Feld schrittweise durchlaufen. Der linke Index stoppt, wenn er einen Eintrag erreicht, der größer oder gleich dem Pivotelement ist; der rechte Zeiger hält entsprechend bei einem Eintrag an, der kleiner oder gleich dem Pivotelement ist. Die Einträge werden vertauscht, und das Verfahren wird fort-

gesetzt, bis sich die Zeiger überkreuzt haben. Es sind damit offensichtlich zwei Teilfelder entstanden, deren linkes nur Einträge enthält, die nicht größer als alle Einträge des rechten Teils sind. Ab diesem Zeitpunkt können daher die beiden Teile unabhängig voneinander sortiert werden, was jeweils durch einen rekursiven Aufruf von Quicksort geschieht. Die Rekursion (und Teilung) endet mit Teilfeldern, die nur noch ein oder kein Element enthalten.
Vorteilhaft an Quicksort ist die Schnelligkeit, mit der ein Feld sortiert wird. *Nachteilig* ist, dass die Leistung des Verfahrens stark von der Wahl eines geeigneten Pivotelements abhängt. Eine ungünstige Wahl kann dazu führen, dass Teilfelder mit stark unterschiedlichen Längen entstehen, wodurch die Effizienz erheblich sinkt. Zudem ist Quicksort relativ kompliziert zu beschreiben, so dass man bei der Programmierung leicht Fehler macht. Quicksort eignet sich vornehmlich zur Anwendung auf große Felder; für kleinere Felder sollte eines der zuvor besprochenen Verfahren verwendet werden.

Heapsort

Im Unterschied zu den bislang dargestellten Verfahren arbeitet **Heapsort** nicht mit der linearen eindimensionalen Feldstruktur, sondern mit einem binären *Baum* (→3.2.2). Es nutzt dabei die so genannte *Heapeigenschaft* aus, die dieser Baum jeweils besitzt: Ein binärer Baum heißt **Heap**, wenn in ihm der Wert jedes Knotens größer oder gleich den Werten seiner Söhne ist. Insbesondere enthält damit die Wurzel eines Heaps den Maximalwert aller Baumeinträge.
Um ein Feld zu sortieren, führt Heapsort die folgenden *Schritte* aus: In der ersten Phase werden zunächst die Werte des zu sortierenden Felds in einen ungeordneten binären Baum übertragen. Anschließend wird in diesem Baum schrittweise die Heapeigenschaft hergestellt (siehe auch Abbildung 4-16): Ausgehend von den Blattknoten werden in immer größeren Unterbäumen die Wurzeleinträge so lange mit den Einträgen der Söhne, Enkel und so weiter vertauscht, bis die Unterbäume Heaps sind. Auf diese Weise wird schließlich auch der gesamte Baum zu einem Heap. Die zweite Phase ist der eigentliche Sortiervorgang: Der Wurzeleintrag, der ja das Maximum der Einträge ist, wird in die letzte Komponente des Felds, also an seine richtige Position gebracht. Im Baum wird der Wurzeleintrag durch den Eintrag eines beliebigen Blattknotens überschrieben, und durch schrittweise Vertauschung dieses neuen Wurzeleintrags mit dem jeweils größeren seiner Söhne, Enkel und so weiter wird die Heapeigenschaft wieder hergestellt. Das Verfahren wird fortgesetzt, bis der Baum leer ist und das Feld alle Einträge in der richtigen Reihenfolge enthält.
Heapsort ist also ein relativ *kompliziertes Verfahren*. Dessen ungeachtet arbeitet Heapsort *sehr schnell* und ist damit Quicksort durchaus ebenbürtig. Anzumerken bleibt, dass bei geschickter Implementation der Baum keinen gesonderten Speicherplatz benötigt, sondern innerhalb des zu sortierenden Felds simuliert werden kann.

Sortieren durch Mischen

Sortieren durch Mischen (engl. *mergesort*) kann nicht nur auf Felder angewandt werden, die einen direkten Komponentenzugriff erlauben, sondern es arbeitet auch auf *linearen Listen* (→3.2.2) oder *sequentiellen Dateien* (→3.3.1), die nur von vorn nach hinten durchlaufen werden können. Es wird daher auch als **externes Sortierverfahren** bezeichnet, da es Datenbestände sortieren kann, die größtenteils auf einem Peripheriespeicher (→2.1.1) liegen

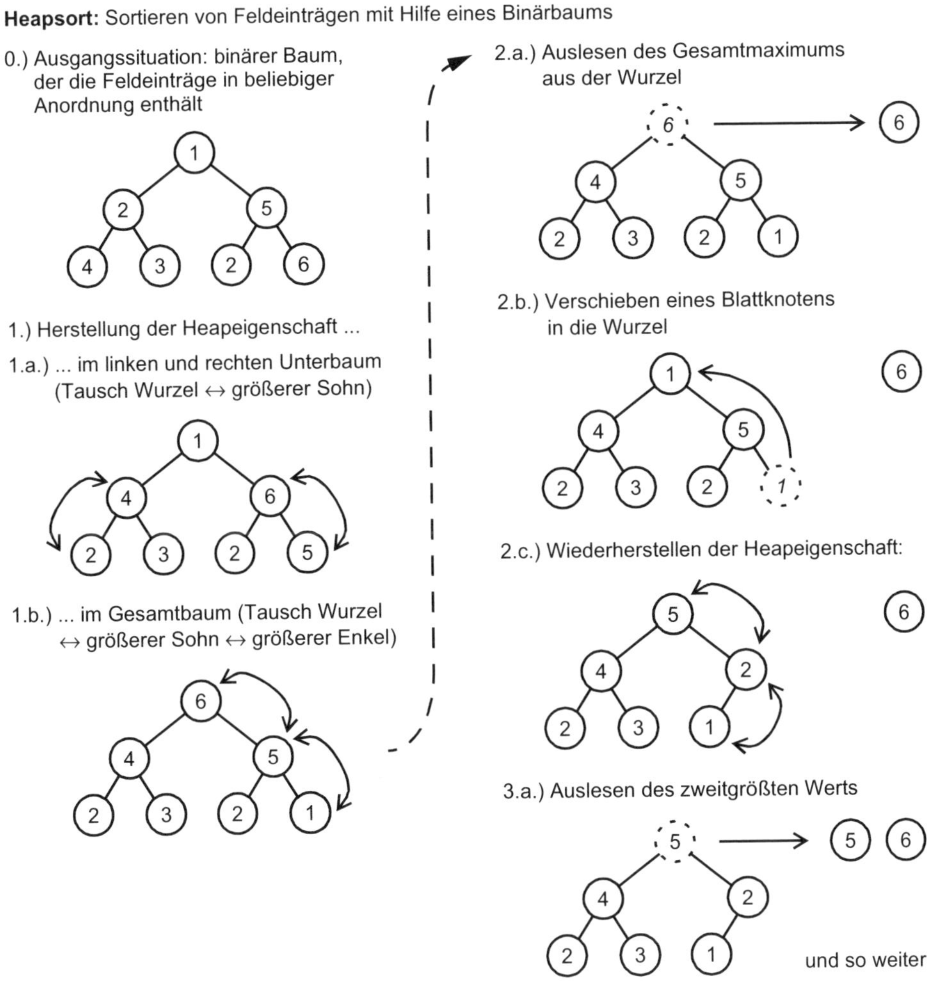

Abb. 4-16 *Heapsort – ein Sortierbeispiel*

und damit nur eingeschränkt zugreifbar sind. Die zuvor dargestellten Algorithmen sind dagegen **interne Sortierverfahren**, da sie einen Direktzugriff auf Komponenten verlangen, der nur im Hauptspeicher (→2.1.1) möglich ist.

Grundlegend für das Sortieren durch Mischen ist der Begriff des *Laufs*: Ein **Lauf** einer Folge von Daten ist eine Teilfolge maximaler Länge, die bereits sortiert ist (siehe auch Abbildung 4-17). Beim Sortieren werden die Läufe der ursprünglichen Datenfolge auf zwei Hilfsfolgen verteilt, wobei die einzelnen Läufe erhalten bleiben. Anschließend werden die Daten wieder zu einer Folge zusammengefasst, wobei die Läufe „gemischt" werden: Von den zwei Werten, die in den beiden Hilfsfolgen jeweils vorn stehen, wird stets der kleinere in die neue Folge gebracht. Damit entsteht aus zwei ursprünglichen Läufen ein neuer größerer Lauf. Das Verfahren wird so lange fortgesetzt, bis es nur noch einen Lauf gibt und die Folge damit sortiert ist. In der Praxis werden Varianten des Verfahrens eingesetzt, die etwas schneller als die hier dargestellte Basisversion arbeiten.

Mischen: Sortieren einer linearen Liste

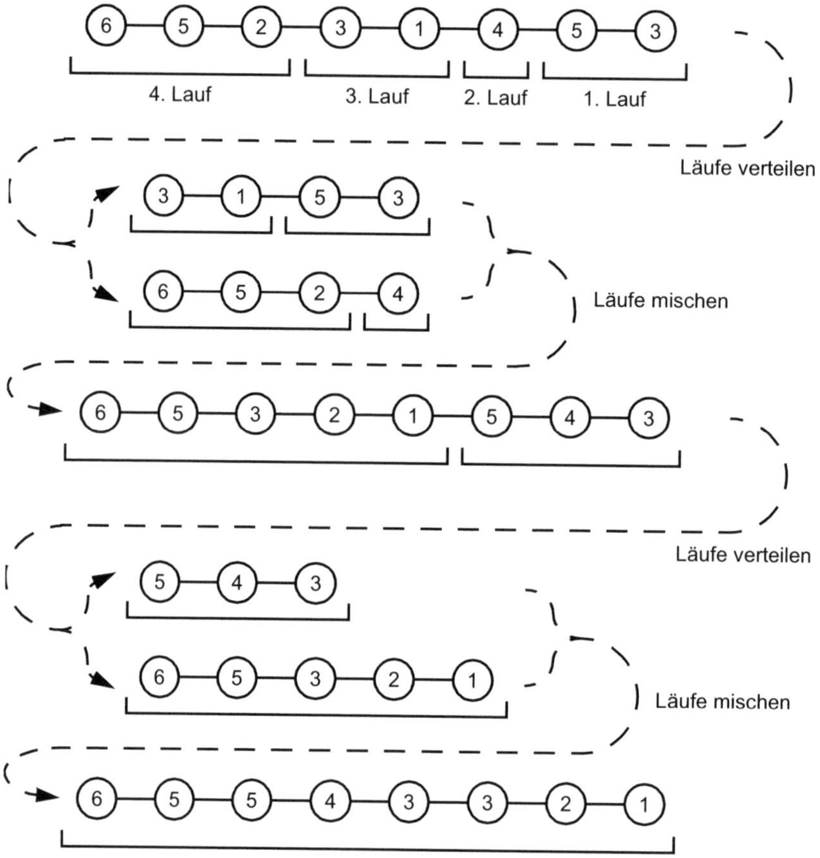

Abb. 4-17 *Sortieren durch Mischen – ein Sortierbeispiel*

4.2.3 Durchlaufen von Graphen

Eine weitere große und wichtige Gruppe von Algorithmen sind Verfahren, die auf Graphen (→3.2) arbeiten. Dieser Abschnitt beschränkt sich auf einen kleinen Teil des Gebiets, nämlich auf Verfahren zum Durchlaufen aller Knoten eines Graphen. Weitere Graphalgorithmen sind in der Spezialliteratur (→4.5) beschrieben. Dazu gehören Verfahren, mit denen man den kürzesten Weg zwischen zwei Knoten eines Graphen finden kann, und Verfahren, die Knoten zu Suchbäumen (→Kasten auf Seite 116) hinzufügen oder aus ihnen entfernen.

Verfahren zum **Durchlaufen von Graphen** werden benötigt, um alle Einträge eines Graphen *genau einmal* aufzusuchen – beispielsweise um die Einträge in einer bestimmten Reihenfolge auszugeben, um einen bestimmten Eintrag zu suchen oder (bei Graphen mit Zahleneinträgen) um einen arithmetischen Wert wie Maximum, Minimum, Mittelwert oder Summe der Einträge zu berechnen. Im Folgenden werden zwei Klassen von Durchlaufverfahren beschrieben, nämlich die Durchläufe in *Pre-*, *In-* und *Postorder* für Binärbäume sowie die *Breiten-* und die *Tiefensuche* für allgemeine Graphen.

Gibt es Verfahren, die Menschen besser ausführen können als Computer?

Bei der Ausführung der hier beschriebenen Such- und Sortierverfahren ist der Mensch Computer hoffnungslos unterlegen. Das liegt daran, dass die Vorgehensweise der Verfahren dem Arbeitsprinzip von Computer gut entspricht: Die Verfahren lassen sich relativ einfach durch Struktogramme (und damit auch Programme) beschreiben, arbeiten schrittweise sequentiell und manipulieren Daten, die in Computern gut darstellbar sind. Ein Computer kann hier seine Geschwindigkeit also voll ausspielen.

Auf anderen Gebieten zeigt das menschliche Gehirn jedoch deutlich bessere Leistungen als heutige Computer. Das ist besonders bei der Arbeit mit **multimedialen Daten** der Fall, also unbewegten und bewegten Bildern sowie Tönen. Das Gehirn ist in der Lage, aus einer Fülle von visuellen und akustischen Daten die wesentlichen Teile zu ermitteln und auf ein bestimmtes Ziel hin zu verarbeiten. Beispielsweise ist es relativ einfach, in einer Gruppe von Personen eine bestimmte Person zu finden oder bei einem Gespräch irrelevante Hintergrundgeräusche herauszufiltern. Das Gehirn kann hier seine starken *assoziativen Fähigkeiten* und seine Möglichkeit zur *nebenläufigen Informationsverarbeitung* nutzen.

Die Arbeitsweise des Gehirns maschinell zu simulieren ist sehr schwierig: Erstens ist unser derzeitiges Verständnis von der Arbeitsweise des Gehirns, also seiner „Algorithmik“, sehr rudimentär (Der Schriftsteller *J. Gaarder* bemerkte dazu: „Wenn das Gehirn so einfach wäre, dass wir es verstehen könnten, wären wir zu dumm, um es zu begreifen.“). Zweitens erscheint es aus heutiger Sicht unmöglich, die dichtgepackte Struktur des Gehirns mit ihrer Vielzahl von Funktionseinheiten (*Neuronen*) und Verbindungen (*Synapsen*) auch nur näherungsweise nachzubauen. Künstliche **neuronale Netze** versuchen zwar, deren Funktionsprinzip zu simulieren, und werden auch in speziellen Anwendungsgebieten wie Mustererkennung und Optimierungsverfahren eingesetzt, erreichen aber bei weitem nicht die Leistungsfähigkeit des menschlichen Organs.

Die *manuellen Fähigkeiten* des Menschen kommen bei einem speziellen, etwas kuriosen Sortierverfahren zum Tragen – nämlich **Spaghettisort**: Hat man eine Menge von Zahlen zu ordnen, so nimmt man eine entsprechende Anzahl von (ungekochten) Spaghetti und bringt sie durch Abbrechen auf Längen, die den zu sortierenden Zahlen entsprechen. Anschließend stellt man das Nudelbündel in der hohlen Hand senkrecht auf eine ebene Fläche und greift sich Schritt für Schritt die jeweils längste Nudel. Der Zeitaufwand für dieses Verfahren ist linear in der Anzahl n der zu sortierenden Daten (also „$O(n)$“ in der Schreibweise von →4.3.1), während der Aufwand der in 4.2.2 dargestellten Verfahren mindestens die Größenordnung $n \cdot log(n)$ hat.

Durchlauf von Binärbäumen: Pre-, In- und Postorder

Die drei Verfahren zum Durchlauf in *Pre-*, *In-* und *Postorder* arbeiten *rekursiv* (→4.1.4) auf *Binärbäumen* (→3.2.2): Sie suchen die Wurzel des Baums auf und rufen sich selbst für den linken und rechten Unterbaum (sofern vorhanden) auf. Unterschiede gibt es in der Reihenfolge, in der diese drei Operationen ausgeführt werden:

> Die Reihenfolge bei einem **Preorder**-Durchlauf lautet
> Wurzel → linker Unterbaum gemäß Preorder → rechter Unterbaum gemäß Preorder.

> Die Reihenfolge bei einem **Inorder**-Durchlauf lautet
> linker Unterbaum gemäß Inorder → Wurzel → rechter Unterbaum gemäß Inorder.

Preorder-Durchlauf (durch den Strukturbaum des Ausdrucks (3+4)·5-2):

Wurzel → linker Unterbaum in Preorder → rechter Unterbaum in Preorder

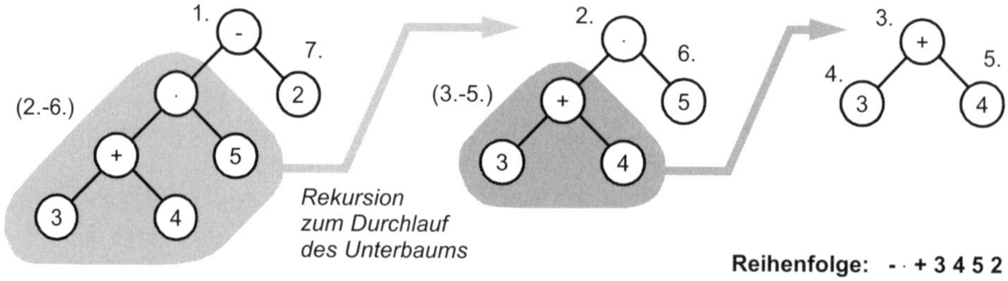

Reihenfolge: - · + 3 4 5 2

Inorder-Durchlauf:

linker Unterbaum in Inorder → Wurzel → rechter Unterbaum in Inorder

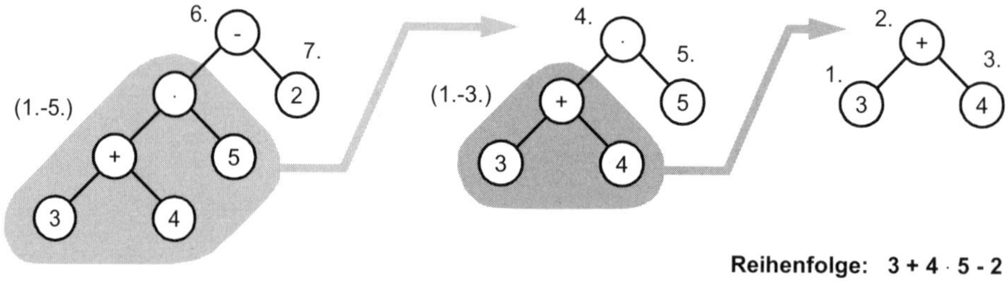

Reihenfolge: 3 + 4 · 5 - 2

Postorder-Durchlauf:

linker Unterbaum in Postorder → rechter Unterbaum in Postorder → Wurzel

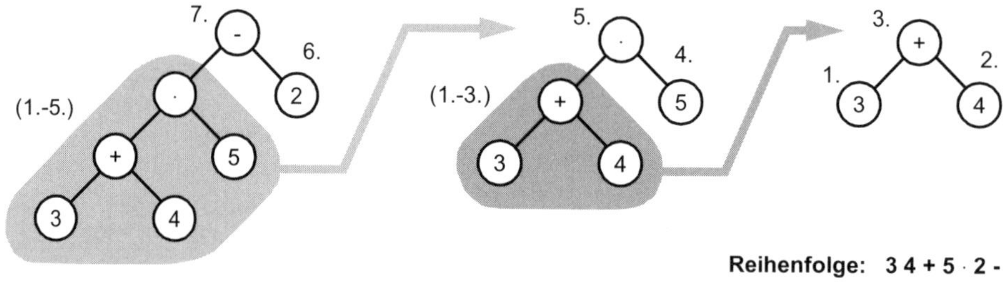

Reihenfolge: 3 4 + 5 · 2 -

Abb. 4-18 *Durchlaufreihenfolgen für Binärbäume*

> Die Reihenfolge bei einem **Postorder**-Durchlauf lautet
linker Unterbaum gemäß Postorder → rechter Unterbaum gemäß Postorder → Wurzel.

Der Inorder-Durchlauf durch einen **Suchbaum** (→3.2.2) beispielsweise liefert seine Einträge in aufsteigender Reihenfolge. Die *Unterschiede* der Durchlaufreihenfolgen lassen sich gut am **Strukturbaum** eines **arithmetischen Ausdrucks** verdeutlichen, wie er in →Abbildung 4-18 dargestellt ist (siehe auch →Abbildung 2-26):

> Ein Durchlauf in *Preorder* liefert den Ausdruck in **Präfixschreibweise**, also beispielsweise „-·+3452". Dies entspricht einer Schreibweise mit mathematischen Funktionen in der Art *minus*(*mal*(*plus*(3,4),5),2).

> Ein Durchlauf in *Inorder* liefert den Ausdruck in der gewohnten **Infixschreibweise**, also beispielsweise „(3+4)·5-2“. Die Klammerung ist hier, im Gegensatz zur Präfixschreibweise, unbedingt erforderlich und muss ergänzt werden.
> Ein Durchlauf in *Postorder* liefert den Ausdruck in **Postfixschreibweise** (auch **Umgekehrte Polnische Notation** genannt), also beispielsweise „34+5·2-“. Eine solche Eingabereihenfolge ist bei manchen **Taschenrechnern** üblich und erspart das Setzen von Klammern: Wird in den Taschenrechner ein Wert eingegeben, so wird er auf einem **Keller** (**Stack**, →3.2.2, →6.2.1) abgelegt. Wird ein Operator wie + oder - eingegeben, so werden die beiden obersten Einträge des Kellers entfernt, der Operator wird auf sie angewandt, und das Ergebnis wird wieder im Keller gespeichert sowie angezeigt.

Durchlauf allgemeiner Graphen: Breiten- und Tiefensuche

Die Durchlaufverfahren des vorangehenden Teilabschnitts sind nur für Binärbäume definiert. Die folgenden zwei Verfahren, nämlich die *Breitensuche* und die *Tiefensuche*, können dagegen auf *beliebigen* Graphen eingesetzt werden. Beiden Verfahren ist die folgende *Vorgehensweise* gemeinsam: Sie beginnen bei einem der Graphknoten und markieren ihn als „besucht“. Zudem fügen sie alle seine Nachbarn (→3.2.2) in einen Warteraum ein und markieren sie als „wartend“. Anschließend wird ein Knoten aus dem Warteraum entfernt und ebenfalls als „besucht“ markiert. Diejenigen seiner Nachbarn, die noch unmarkiert sind, werden wiederum in den Warteraum eingefügt und als „wartend“ markiert. Diese Vorgehensweise wird fortgesetzt, bis der Warteraum leer ist. Vorausgesetzt wird natürlich, dass zu Beginn alle Knoten unmarkiert sind.
Der Unterschied zwischen Breiten- und Tiefensuche liegt in der Organisation des Warteraums (Anwendungsbeispiele siehe Abbildung 4-19):

> Die **Breitensuche** (engl. *breadth-first search*) benutzt als Warteraum eine *Warteschlange*, bei der die Einträge in *FIFO-Ordnung* („First In First Out“, →3.2.2, →6.2) organisiert sind. Die Knoten werden also in der Reihenfolge besucht, in der sie in den Warteraum eingefügt wurden. Dies führt dazu, dass zunächst alle Nachbarn des Startknotens besucht werden, dann deren Nachbarn und so weiter. Die Suche „geht also in die Breite“. Bei einem *Baum* werden damit die Knoten „etagenweise“ aufgesucht, was man auch als **Levelorder** bezeichnet.
> Die **Tiefensuche** (engl. *depth-first search*) benutzt als Warteraum einen *Keller* (*stack*), bei dem die Einträge in *LIFO-Ordnung* („Last In First Out“, →3.2.2, →6.2) organisiert sind. Der Knoten, der zuletzt in den Warteraum eingefügt wurde, wird als erster besucht. Dies führt dazu, dass vom Startknoten aus ein Pfad so weit wie möglich verfolgt wird, bis es nicht mehr weitergeht - die Suche „geht also in die Tiefe“. Anschließend kommt es zu einem so genannten **Backtracking**: Der Durchlaufvorgang kehrt zum letzten Knoten zurück, von dem ein noch nicht besuchter Pfad ausgeht, und setzt sich dort fort. Bei einem *Baum* ähnelt die Tiefensuche einem Durchlauf in *Preorder*.

Die so definierten Verfahren erreichen nur dann *alle* Knoten, wenn der Graph *zusammenhängend* und *ungerichtet* ist, wenn also alle Knoten vom Startknoten aus *erreichbar* sind (Begriffsdefinitionen siehe →3.2.2). In anderen Graphen muss das Verfahren bei leerem Warteraum möglicherweise mit einem neuen, noch nicht markierten Startknoten fortgesetzt werden.

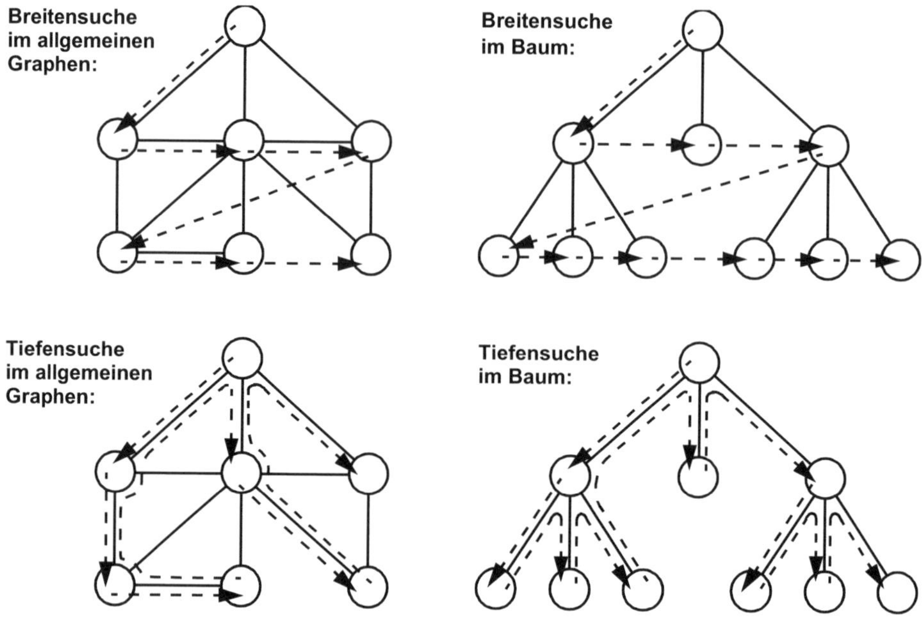

Abb. 4-19 *Breiten- und Tiefensuche*

4.3 Komplexität und Entscheidbarkeit

Im vorangehenden Unterkapitel wurde deutlich, dass es zur Lösung eines bestimmten Problems *mehrere* Algorithmen geben kann, die unterschiedlich „gut" sind. Daraus ergibt sich die Aufgabe, die *Qualität von Algorithmen* zu messen und miteinander zu vergleichen:

> Zur Bewertung der Leistung untersucht man die *Komplexität von Algorithmen*, also den Aufwand, der jeweils zu ihrer Ausführung getrieben werden muss. Besonders interessant ist hier die *Zeitkomplexität*, also die Ausführungsdauer des Verfahrens.
> Auf allgemeinerer Ebene ist die Komplexität von *Problemen* wichtig – also die Frage, welcher Aufwand bei der Lösung eines Problems mindestens anfällt oder, anders formuliert, welche *Mindestkomplexität* ein Algorithmus zur Bearbeitung des Problems hat.
> Mit einer noch allgemeineren Fragestellung befassen sich Untersuchungen zur *Lösbarkeit von Problemen*: Sie zeigen, welche Probleme überhaupt algorithmisch gelöst werden können und bei welchen es keinen allgemeinen Lösungsalgorithmus geben *kann* – und machen damit die Grenzen der praktischen Informatik deutlich.

4.3.1 Komplexität von Algorithmen

Algorithmen können als Programme formuliert und somit auf Computern ausgeführt werden. Die Frage nach der *Komplexität* eines Algorithmus, also nach dem Aufwand, den seine Ausführung verursacht, hat daher eine entscheidende praktische Bedeutung. Im Einzelnen kann man hier die **Zeit**- und die **Speicherkomplexität** (engl. *time* bzw. *space complexity*) untersuchen, also die Anzahl der auszuführenden Rechenschritte bzw. die Anzahl der dabei benötigten Speicherzellen. In der Praxis ist die Zeitkomplexität meist interessanter als die Speicherkomplexität, da heutige Computer meist große Speicher besitzen.

Einzelmesswerte versus Komplexitätsfunktionen

Zeitdauer und Speicherbedarf einer Programmausführung werden durch eine Reihe von Faktoren bestimmt, nämlich durch

> den zugrunde liegenden *Algorithmus*, also die Effizienz des Ansatzes zur allgemeinen Problemlösung,
> das konkrete *Programm*, also die Qualität der Formulierung des Algorithmus in einer Programmiersprache (→5),
> den *Computer*, der das Programm ausführt, also die Leistungsfähigkeit seiner Hardware (→2.1.1) und seiner Systemsoftware (→2.1.2), sowie
> die zu verarbeitenden *Eingabedaten*.

Will man *alle* diese Faktoren berücksichtigen, so führt man am besten das betreffende Programm auf der gewählten Hardware mit den Eingabedaten aus und misst dabei die Laufzeit sowie die Größe des benötigten Speichers. Man erhält dann *exakte Messwerte*, die die Leistung der Programmausführung charakterisieren. Diese Werte haben jedoch nur eine *begrenzte Aussagekraft*: Sie beziehen sich nämlich nur auf *eine* von mehreren möglichen programmiersprachlichen Realisierungen des Algorithmus, die auf *einer* von mehreren möglichen Systemplattformen ausgeführt und dabei auf *einen* von vielen möglichen Eingabedatensätzen angewandt wird. Das Ziel sollte es zunächst aber sein, zu einer *allgemeineren Aussage* über die Qualität des Algorithmus, also des Problemlösungsverfahrens zu kommen. Daher ist es sinnvoll, von den konkreten Randbedingungen zu abstrahieren:

> Vom Einfluss einer konkreten programmiersprachlichen Darstellung abstrahiert man, indem man eine *abstrakte Beschreibung des Algorithmus* betrachtet, wie etwa ein Struktogramm (→4.1.2) oder auch die Übergangsfunktion einer Turing-Maschine (→2.1.3). Man geht dabei davon aus, dass eine solche Beschreibung optimal in ein Programm umgesetzt werden kann, das dann dieselbe Qualität wie der Algorithmus hat. Diese Annahme wird dadurch gestützt, dass höhere imperative Sprachen wie C oder Java (→5.1.2) Sprachkonstrukte zur direkten Realisierung von Struktogrammblöcken enthalten (→5) und dass Programme dieser Sprachen durch optimierende Compiler (→5.3.2, →Kasten auf Seite 261) in effiziente Maschinenprogramme (→2.1.1, →5.1.1) umgesetzt werden können.
> Von einer konkreten Systemplattform abstrahiert man, indem man ein *allgemeineres Maschinenmodell* zugrunde legt, wie beispielsweise eine Turing-Maschine (→2.1.3) oder eine **Registermaschine**, ein Modell der von-Neumann-Architektur (→2.1.1). Als Konsequenz davon misst man nicht mehr Zeitwerte in Sekunden oder Millisekunden, sondern man zählt die ausgeführten Operationen und gibt den Zeitaufwand zum Beispiel als Anzahl der ausgeführten Wertzuweisungen und Wertvergleiche an. Wir gehen in diesem Unterkapitel davon aus, dass es sich bei der zugrunde gelegten Maschine um eine *sequentiell arbeitende* Maschine handelt, die die Schritte eines Algorithmus hintereinander ausführt.
> Schließlich betrachtet man nicht mehr nur einzelne Eingaben, sondern die *Gesamtheit aller möglichen Eingabewerte*. Man stellt dazu eine Funktion c auf, die angibt, welche Ein-

gabe welchen Aufwand verursacht. Im Idealfall wäre *c* eine Funktion, die eine konkrete Eingabe des Algorithmus auf einen Wert abbildet, der den Aufwand bei der Bearbeitung genau dieser Eingabe bezeichnet. Da aber meist unendlich viele Eingaben mit stark unterschiedlichen Eigenschaften möglich sind, ist eine solche Funktion schwierig zu beschreiben. Man beschränkt sich daher in der Praxis auf Funktionen, die nicht von einzelnen Eingabewerten, sondern nur von der *Größe der Eingabe* abhängen. Für ein Sortierverfahren (→4.2.2) zum Beispiel ist die Größe der Eingabe gleich der Anzahl der Werte, die sortiert werden sollen.

Nach all diesen Festlegungen wird also die Leistung eines Algorithmus durch eine **Komplexitätsfunktion c(n)** charakterisiert, die die *Anzahl der Schritte* (oder die *Größe des Speichers*) angibt, die der Algorithmus zur *Bearbeitung einer Eingabe der Größe n* braucht.

Worst-Case- versus Average-Case-Komplexität

Bei der Definition einer Komplexitätsfunktion $c(n)$ ist zu berücksichtigen, dass es meist viele verschiedene Eingaben gibt, die zwar alle dieselbe Größe haben, aber jeweils zu einem unterschiedlichen Bearbeitungsaufwand führen. Beispielsweise bearbeitet das Sortierverfahren des direkten Einfügens eine schon sortierte Zahlenfolge wesentlich schneller als eine unsortierte Folge derselben Größe – den Eingaben entsprechen also unterschiedliche „Aufwandswerte". Um dieses Problem zu lösen, kann man wie folgt vorgehen:

> Man kann die Komplexität des Durchschnittsfalls (**Average-Case-Komplexität**) betrachten und $c(n)$ als den *mittleren Aufwand* zur Bearbeitung einer Eingabe der Größe n definieren. $c(n)$ ist also der Mittelwert der Aufwandswerte aller Eingaben des Umfangs n. Dabei können die einzelnen Aufwandswerte mit den Wahrscheinlichkeiten gewichtet werden, mit denen die Eingaben auftreten.

> Man kann die Komplexität des schlimmstmöglichen Falls (**Worst-Case-Komplexität**) betrachten und $c(n)$ als den *maximalen Aufwand* zur Bearbeitung einer Eingabe der Größe n definieren. $c(n)$ ist also das Maximum der Aufwandswerte aller Eingaben des Umfangs n.

In der Praxis wird meist die *Worst-Case-Komplexität* von Algorithmen berechnet, da die Wahrscheinlichkeiten der einzelnen Eingaben, die für eine Average-Case-Analyse benötigt werden, zumeist nicht genau genug bekannt sind.

Zur Illustration soll der Worst-Case-Zeitaufwand des **Bubblesort**-Algorithmus analysiert werden, der beim Sortieren eines Felds mit n Einträgen auftritt: Bubblesort besteht aus zwei geschachtelten Schleifen (→Abbildung 4-12). In der äußeren Schleife läuft ein Index i von *1* bis n-1, in der inneren für jeden dieser i-Werte ein Index j von n-1 bis i. Bei jedem Durchlauf durch die innere Schleife findet ein Vergleich statt – unabhängig von der Anordnung der Werte im Feld. Die Anzahl der Vergleichsoperationen beträgt also:

$$\sum_{i=1}^{n-1} n-1-(i-1) = \sum_{i=1}^{n-1} n-i = \sum_{i=1}^{n-1} i = \frac{1}{2}n(n-1)$$

Im schlimmsten Fall findet nach jedem Vergleich ein Tausch von Feldeinträgen statt – dann nämlich, wenn die Feldeinträge vor dem Sortieren in absteigender (also umgekehrter) Reihenfolge angeordnet sind. Also gibt die Formel auch die Worst-Case-Anzahl der Tauschoperationen an. Bei der exakten Berechnung der Anzahl der ausgeführten Operationen muss

Allgemeines Steigungsverhalten:

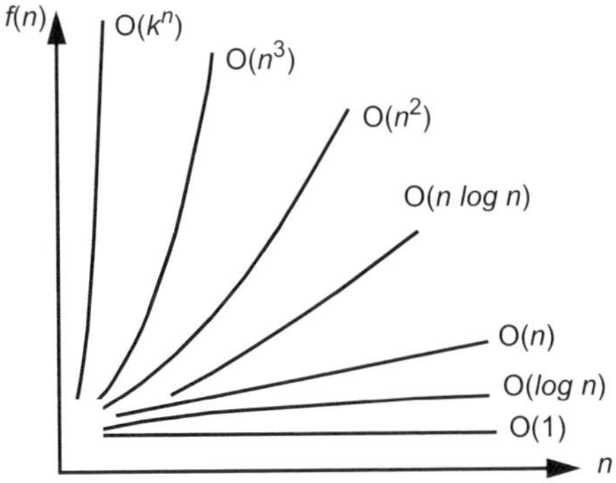

Werte ausgewählter Funktionen:

f(n)= \ n=	10	100	1000	10000
1	1	1	1	1
log n	3,3	6,6	10	13,3
n	10	100	1000	10000
n log n	33,2	664,4	$9{,}9 \cdot 10^3$	$1{,}3 \cdot 10^5$
n^2	100	10^4	10^6	10^8
n^3	1000	10^6	10^9	10^{12}
2^n	1024	$\approx 10^{31}$	$\approx 10^{300}$	$\approx 10^{3000}$

Abb. 4-20 *Steigungsverhalten von Funktionen der unterschiedlichen Komplexitätsklassen*

dann noch berücksichtigt werden, wie viele Zuweisungen (→3.1.1) zur Durchführung einer Tauschoperation nötig sind und welcher Aufwand für die Indexverwaltung anfällt.

Asymptotische Komplexität

Die Worst-Case-Komplexität eines einfachen Algorithmus wie Bubblesort lässt sich relativ leicht bestimmen. Je komplizierter aber das Verfahren ist, desto schwieriger wird die Komplexitätsanalyse und desto unübersichtlicher ist die Formel der Komplexitätsfunktion. Glücklicherweise muss man jedoch die Funktion *nicht unbedingt exakt* kennen, um die Qualität eines Algorithmus beurteilen und sie mit der Leistung anderer Algorithmen vergleichen zu können. Für die grobe Bewertung eines Algorithmus reicht es aus zu wissen, wie stark seine Komplexitätsfunktion für wachsende Eingabegröße n steigt. Aus diesem *Steigungsverhalten* lässt sich nämlich abschätzen, ob ein Algorithmus auch für umfangreichere Eingaben eine vertretbare Laufzeit bzw. einen akzeptablen Speicherbedarf hat.

Algorithmen können zudem anhand des Steigungsverhaltens ihrer Komplexitätsfunktionen in **Komplexitätsklassen** eingeteilt werden. Auf diesen Klassen lässt sich eine *Qualitätsordnung* angeben, die eine Einstufung von Algorithmen erlaubt – je schwächer die Steigung, desto besser der Algorithmus. *Typische Komplexitätsklassen* sind (siehe Abbildung 4-20 für eine allgemeine Darstellung und für Werte von Funktionen dieser Klassen):

- Klasse „$O(1)$": *konstante* Funktionen
- Klasse „$O(\log n)$": Funktionen mit *logarithmischem* Steigungsverhalten
- Klasse „$O(n)$": Funktionen mit *linearem* Steigungsverhalten
- Klasse „$O(n \log n)$": Funktionen mit *linear-logarithmischem* Steigungsverhalten
- Klasse „$O(n^2)$": Funktionen mit *quadratischem* Steigungsverhalten
- Klasse „$O(n^3)$": Funktionen mit *kubischem* Steigungsverhalten
- Klasse „$O(k^n)$": Funktionen mit *exponentiellem* Steigungsverhalten (wobei $k>1$).

Wie man sieht, wird zur *Benennung der Komplexitätsklassen* eine spezielle Schreibweise verwendet – die so genannte **O-Notation** (sprich: „Oh-Notation"). Sie wird formal wie folgt definiert:

Definition „O-Notation“: Seien f und g zwei Funktionen, deren Definitionsbereich die natürlichen Zahlen und deren Wertebereich die positiven reellen Zahlen sind. *f hat die Ordnung von g* (Schreibweise / *Notation:* $f(n)=O(g(n))$), wenn es Konstanten c und n_0 gibt, so dass für alle $n \geq n_0$ gilt: $f(n) \leq c \cdot g(n)$.

Anschaulich ausgedrückt bedeutet die Definition, dass die Funktion $g(n)$ durch Multiplikation mit einer Konstanten c so steil gemacht werden kann, dass sie ab einem bestimmten n_0 oberhalb von $f(n)$ liegt, also eine obere Schranke von $f(n)$ ist. Man sagt, dass „*f asymptotisch* nicht schneller als g wächst“. Hat also ein Verfahren die exakte Komplexität $f(n)$ und gilt $f(n)=O(g(n))$, so hat das Verfahren die **asymptotische Komplexität** $g(n)$.
Es mag ein wenig verwundern, dass die Konstante c keinen Beschränkungen unterliegt, sondern beliebig groß sein darf. Man kann sich aber leicht klar machen, dass die O-Notation trotz dieser Freiheit das Steigungsverhaltens sinnvoll charakterisiert: Beispielsweise lässt sich für $f(n)=n^2$ und $g(n)=n$ kein c finden, das die Forderung der Definition erfüllt – eine quadratische Funktion wächst also nach Anschauung *und* nach Definition asymptotisch schneller als eine lineare Funktion. Zur Illustration der O-Notation sollen die folgenden *Beispiele* dienen:

> Für eine lineare Funktion $f(n) = a \cdot n + b$ gilt: $f(n) = O(n)$.

> Für ein Polynom $f(n) = c_m \cdot n^m + c_{m-1} \cdot n^{m-1} + \ldots + c_1 \cdot n + c_0$ gilt: $f(n) = O(n^m)$.
Eine Funktion $f(n) = O(n^m)$ heißt **polynomiell wachsend.**

> Die **asymptotische Zeitkomplexität von Algorithmen(teilen)** ergibt sich aus der Struktur ihrer Schleifen und Funktionsaufrufe. Beispielsweise gilt für typische Operationen auf einem Feld mit n Einträgen das Folgende:

Operation	Komplexität	Beispielanwendung
Direktzugriff auf eine Feldkomponente	$O(1)$	Hashing ohne Kollision (→Abbildung 4-11)
Schleife, die das Feld ganz durchläuft	$O(n)$	lineare vollständige Suche (→Abbildung 4-9)
zwei geschachtelte Schleifen, die jeweils das Feld durchlaufen	$O(n^2)$	Bubblesort (→Abbildung 4-12)
Schleife, bei der in jedem Durchlauf eine Hälfte des Felds ausscheidet	$O(\log n)$	binäre Suche (→Abbildung 4-10)
Rekursion, die das Gesamtfeld und alle Feldhälften, -viertel usw. durchläuft	$O(n \log n)$	Quicksort (→Abbildung 4-15)
Operation, die alle möglichen Wertkombinationen durchläuft, die in den Feldkomponenten auftreten können (je Komponente: k verschiedene Werte)	$O(k^n)$	Erzeugung aller Bitkombinationen in einem Speicherwort (→2.3.1)

Offensichtlich liegt beim letzten Beispiel, der Erzeugung aller Bitkombinationen in einem Speicherwort der Länge n, die Komplexitätsfunktion nicht nur *höchstens* in der Größenordnung 2^n (wie durch die O-Notation impliziert) sondern *genau* in dieser Größenordnung (denn es gibt ja 2^n verschiedene Kombinationen). Funktionen $f(n)$, die durch eine solche Exponentialfunktion *von unten* begrenzt werden, heißen **exponentiell wachsend** – im Unterschied zu den polynomiell wachsenden Funktionen, die durch ein Polynom *von oben* begrenzt werden. Dieser Unterschied wird in →4.3.2 eine Rolle spielen, wo die *Komplexität von Problemen* besprochen wird.

Vor- und Nachteile der asymptotischen Komplexitätsanalyse

Der große praktische Vorteil der asymptotischen Komplexitätsanalyse auf Grundlage der O-Notation ist, dass sich die Komplexität eines Algorithmus relativ leicht bestimmen lässt: Es reicht in vielen Fällen aus, die Schleifen- und Aufrufstruktur des Algorithmus zu betrachten und sich dort auf die Stellen zu konzentrieren, an der die Schleifen und/oder Aufrufe am tiefsten geschachtelt sind. Der Aufwand zur Ausführung dieser Schachtelung dominiert (hinsichtlich des asymptotischen Verhaltens) den Aufwand für die sonstigen Teile des Algorithmus; die entsprechende Komplexitätsklasse ergibt sich dann ähnlich wie in der oben angegebenen Beispieltabelle. Für die **Zeitkomplexität** der in →4.2 betrachteten **Such- und Sortierverfahren** zeigt sich so das folgende Bild:

Klasse	Suchverfahren	Sortierverfahren
$O(1)$	Hashing (ohne Kollisionen)	-
$O(\log n)$	binäre Suche	-
$O(n)$	lineare Suche	Spaghettisort
$O(n \log n)$	-	Quicksort, Heapsort, Mischen
$O(n^2)$	-	Bubblesort, direkte Auswahl, direktes Einfügen

Hier sieht man beispielsweise deutlich die allgemein bessere Qualität von Quicksort und Heapsort im Vergleich zu Bubblesort, direkter Auswahl und direktem Einfügen. Details, wie die geringe Anzahl der Zuweisungen bei direkter Auswahl und das gute Verhalten des direkten Einfügens bei teilweise vorsortierten Feldern, bleiben jedoch verborgen. Zudem beziehen sich die Aussagen auf das Worst-Case-Verhalten der Algorithmen; der mittlere Leistungswert (das „Average-Case-Verhalten") kann erheblich davon abweichen. Fazit ist also, dass die Analyse der asymptotischen Komplexität zwar eine bequeme, aber nur relativ *grobe Einstufung von Algorithmen* ermöglicht. Eine Feinanalyse wird durch sie nicht ersetzt.
Ein weiterer Nachteil der asymptotischen Analyse ist, dass sich ihre Resultate vornehmlich auf das *Verhalten für große Eingaben* beziehen, nicht jedoch unbedingt für kleine. Beispielsweise ist bei Quicksort der Verwaltungsaufwand für Indexverwaltung und Rekursion so hoch, dass es seine grundsätzliche Schnelligkeit nur bei der Sortierung großer Felder ausspielen kann, für kleine Felder aber eine schlechtere Einzelleistung zeigt als die einfacheren „quadratischen" Verfahren mit jeweils zwei geschachtelten Schleifen.

4.3.2 Komplexität von Problemen

Ein Ziel bei der Entwicklung von Algorithmen muss sein, Verfahren mit einer *möglichst guten Komplexität* zu konstruieren. Was dabei „gut" ist, hängt natürlich stark von der jeweiligen Problemstellung ab. So ist beispielsweise für die *Suche* in einem sortierten Feld ein Ver-

Wie kann man mit schnellen Computern die Lösung von Problemen beschleunigen?

Mit Hilfe der Komplexitätsanalyse lassen sich aus einer Vielzahl von Algorithmen diejenigen Verfahren auswählen, die bestimmte Probleme am effizientesten lösen. Da die Verfahren von Computern ausgeführt werden, spielt in der Praxis die Arbeitsgeschwindigkeit dieser Computer eine wichtige Rolle. Man bemüht sich daher darum, immer leistungsfähigere Maschinen zu entwerfen und zu realisieren.
Fortschritte in der Hardwareentwicklung erlauben es, Funktionseinheiten und Speicher eines Computers immer stärker zu **integrieren**, also immer weiter zu verkleinern und dichter zu „packen" und somit die Schaltzeiten zu verringern. Mittlerweile werden Strukturen mit Abmessungen deutlich unterhalb eines Mikrometers realisiert, und es ist abzusehen, dass hier demnächst untere physikalische Grenzen erreicht werden.
Ergänzt wird die Hardwareintegration durch Verbesserungen in der **Architektur** von Speichern und Prozessoren: Schnelle **Cachespeicher** ergänzen den Hauptspeicher und erlauben den raschen Zugriff auf häufig benötigte Daten. **Coprozessoren** erledigen Spezialaufgaben (z.B. aufwendige mathematische Operationen) und entlasten so den Hauptprozessor. **Pipelining** ermöglicht die *nebenläufige* (also gleichzeitige) Ausführung mehrerer Maschinenbefehle. Dazu werden den einzelnen Stufen des Befehlsausführungszyklus (→2.1.1) jeweils eigene Funktionseinheiten zugeordnet, die logisch hintereinander angeordnet sind und nebenläufig arbeiten. Ein Maschinenbefehl durchläuft bei seiner Ausführung diese Stufen nach Art eines Fließbands („Pipeline"), wodurch mehrere aufeinander folgende Befehle gleichzeitig in Bearbeitung sind. Das Konzept des Pipelinings wird besonders gut durch **RISC-Prozessoren** („Reduced Instruction Set Computer") unterstützt, deren Befehlssatz entsprechend ausgerichtet ist. Der Ansatz kann erweitert werden zu Prozessoren mit mehreren Pipelines. Bei **superskalaren Prozessoren** sind zudem die Einheiten mit dem größten Zeitbedarf (zum Beispiel die ALU, →2.1.1) mehrfach vorhanden, so dass auch innerhalb einer Pipelinestufe eine nebenläufige Bearbeitung möglich ist.
Alle bisher genannten Ansätze behalten das grundlegende Prinzip der klassischen von-Neumann-Architektur (→2.1.1) bei: Zwar können aufeinander folgende Befehle eines Maschinenprogramms *nebenläufig* ausgeführt werden; die prinzipielle Bearbeitungsreihenfolge wird aber durch die *sequentielle* Kontrollstruktur (→4.1.3) des Programms festgelegt. Die Nebenläufigkeit dient also „nur" zur rascheren Ausführung der Operationen eines Algorithmus; der Algorithmus selbst ist aber immer noch sequentieller Natur, wie alle in diesem Unterkapitel betrachteten Verfahren.
Alternative Computerarchitekturen unterstützen dagegen die Ausführung von **nebenläufigen Algorithmen**, also von Verfahren, die in mehrere größere Teile gegliedert sind, die gleichzeitig ausgeführt werden können (→4.4). Schon länger im praktischen Einsatz sind **Multiprozessor**- und **Multicomputersysteme**, die jeweils über mehrere Prozessoren (in Extremfällen mehrere hundert oder tausend) verfügen (→5.4.1). Bei einem *Multiprozessorsystem* arbeiten alle Prozessoren auf einem gemeinsamen Hauptspeicher, während bei einem *Multicomputersystem* jeder Prozessor seinen eigenen Speicher besitzt. Jedem der Einzelprozessoren liegt aber nach wie vor das von-Neumann-Prinzip zugrunde.
Völlig neue Ansätze zur Nebenläufigkeit, deren Architekturen stark vom klassischen von-Neumann-Ansatz abweichen, stehen dagegen erst am Anfang ihres praktischen Einsatzes oder noch im Forschungsstadium: **Neuronale Netze** simulieren Funktionseinheiten des menschlichen Gehirns (→Kasten auf Seite 195), **Biocomputer** nutzen biomolekulare Vorgänge zur Problemlösung und **Quantencomputer** beruhen auf quantenmechanischen Phänomenen zur gleichzeitigen Verarbeitung einer Vielzahl von Werten.

fahren mit einer Zeitkomplexität von $O(n \log n)$ recht schlecht; für das *Sortieren* eines ungeordneten Felds ist dies jedoch eine gute Zeitkomplexität. Es ist es daher sinnvoll zu untersuchen und zu quantifizieren, wie schwierig ein gegebenes Problem zu lösen ist. Dies ist die Hauptaufgabe der **Komplexitätstheorie**.

Einfache versus schwierige Probleme

Die *Schwierigkeit eines Problems* kann definiert werden als die asymptotische Zeitkomplexität, die ein Algorithmus zur Lösung dieses Problems *mindestens* hat. Diese Zeitkomplexität ist also eine untere Grenze für die Komplexitäten aller Lösungsverfahren für das Problem. Besitzt ein Algorithmus diese Komplexität, so ist er im Sinne der asymptotischen Komplexitätsanalyse *optimal*, und eine Suche nach Verfahren mit einem besseren asymptotischen Verhalten erübrigt sich.

In der Komplexitätstheorie werden alle die Probleme als *einfach* angesehen, die sich in *polynomieller Rechenzeit* lösen lassen, für die also ein Lösungsverfahren existiert, dessen Zeitkomplexität die Größenordnung $O(n^k)$ hat. n bezeichnet dabei, wie gehabt, die Größe der Eingabe, und die Konstante k ist eine positive natürliche Zahl. Danach sind beispielsweise das Sortieren eines Felds oder die Suche nach Werten in einem Feld leicht zu lösende Probleme. In der Praxis ist bei den zugehörigen Algorithmen der Exponent k der Komplexitätsfunktion meist recht klein, so dass sich die Verfahren in akzeptabler Zeit ausführen lassen. Es ist daher tatsächlich gerechtfertigt, von einfachen Problemen zu sprechen.

Demgegenüber gibt es *schwierige Probleme*, die nur in *exponentieller Rechenzeit* lösbar sind, deren Lösungsverfahren also eine Komplexitätsfunktion der Größenordnung von mindestens k^n (mit einer Konstanten $k>1$) besitzen. Leider trifft dies vermutlich auf viele praktisch relevante Probleme zu – beispielsweise auf zahlreiche *Optimierungsprobleme* wie das **Problem des Handlungsreisenden** (engl. **Traveling Salesman Problem**), bei dem eine Menge von Städten auf einer Rundreise mit möglichst wenigen Kilometern besucht werden soll.

Zur Unterscheidung zwischen einfachen und schwierigen Problemen definiert die Komplexitätstheorie die folgenden beiden *Klassen*:

> Die **Klasse P** enthält alle Probleme, die von einer Maschine in polynomieller Rechenzeit gelöst werden können. Es wird dabei angenommen, dass die Maschine eine Folge von einfachen Operationen hintereinander ausführt und *deterministisch* arbeitet, dass also die Folge ihrer Schritte eindeutig festliegt (→2.1). Als konkretes Maschinenmodell legt die Theorie deterministische **Turing-Maschinen** (→2.1.3) zugrunde; die Größe der Eingabe n wird als die Anzahl der Bits gemessen, durch die die Eingabe dargestellt wird.

> Die **Klasse NP** enthält alle Probleme, die von einer *nichtdeterministisch* arbeitenden Maschine in polynomieller Rechenzeit gelöst werden können – also von einer Maschine, bei der in einem Zustand *mehrere* Schritte zulässig sein können. Das zugrunde liegende Maschinenmodell sind hier also nichtdeterministische Turing-Maschinen (siehe auch die Betrachtungen zum Nichtdeterminismus am →Ende von 2.1.4).

Die Verwendung von *Turing-Maschinen* als grundlegendes Modell ist keine Einschränkung, denn man kann zeigen, dass die Definition der Klasse P unabhängig vom verwendeten Maschinenmodell ist: Alle Probleme, die sich auf deterministischen Turing-Maschinen in polynomieller Zeit lösen lassen, können auch von anderen (ebenfalls sequentiell arbeitenden) Maschinen in polynomieller Zeit bearbeitet werden und umgekehrt.

Der *Schritt von der Klasse P zur Klasse NP* ergibt sich also ganz natürlich als *Übergang von deterministischen zu nichtdeterministischen Turing-Maschinen*. Wie die deterministischen Maschinen in P, so finden auch die nichtdeterministischen in NP eine Lösung des Problems in polynomieller Zeit. Sie haben dabei allerdings in manchen Situationen die Möglichkeit, einen von mehreren möglichen Schritten auszuwählen (also den richtigen Schritt zu „raten") und damit der Lösung rascher näher zu kommen, als wenn der auszuführende Schritt jeweils festläge. Mit dieser Möglichkeit kann eine nichtdeterministische Turing-Maschine ein Problem auf die folgende Weise lösen: In einer *Ratephase* wird nichtdeterministisch die (oder eine) Lösung des Problems „geraten" – einfach dadurch, dass die Maschine „zufällig" die Schrittfolge ausführt, die die Lösung liefert. In einer *Verifikationsphase* wird dann überprüft, ob die geratene Lösung tatsächlich gültig ist. Können beide Phasen in polynomieller Zeit ausgeführt werden, so liegt das zugehörige Problem in der Klasse NP.

Nichtdeterministische Maschinen erlauben die kompakte Darstellung von Lösungsverfahren, lassen sich aber leider nicht unmittelbar praktisch realisieren. Man kann zwar eine nichtdeterministische Maschine durch eine deterministische simulieren, handelt sich dabei aber einen großen Zeitaufwand ein. Die deterministische Maschine muss nämlich hintereinander alle möglichen Schrittfolgen der nichtdetermistischen Maschine ausführen, um so zu prüfen, ob einer dieser Wege eine gültige Lösung liefert. Dies führt meist dazu, dass dem polynomiellen Zeitaufwand bei der nichtdeterministischen Maschine ein *exponentieller Aufwand* bei der simulierenden deterministischen Maschine gegenübersteht. Der entsprechende deterministische Algorithmus hat damit eine exponentielle Zeitkomplexität.

Für die Klassen P und NP gilt offensichtlich die *Teilmengenbeziehung* $P \subseteq NP$: Jedes Problem, das in polynomieller Zeit deterministisch lösbar ist, lässt sich auch nichtdeterministisch in polynomieller Zeit lösen. Man *vermutet* zudem sehr stark, dass die Teilmengenbeziehung *echt* ist, dass also $P \neq NP$ gilt. Trifft dies tatsächlich zu, so gibt es Probleme, die so schwierig sind, dass sie nicht in polynomieller Zeit deterministisch gelöst werden können. Die Vermutung „P ≠ NP" konnte aber trotz langer und intensiver Forschung noch nicht bewiesen werden, so dass das **P-NP-Problem** eine der großen offenen Fragestellungen in der Informatik ist. Probleme, die zwar in NP, aber vermutlich nicht in P liegen, werden im Folgenden noch näher betrachtet (siehe auch Abbildung 4-21).

Reduktion von Problemen

Um ein Problem zu lösen, braucht man nicht unbedingt ein völlig neues Lösungsverfahren zu entwerfen. Man kann vielmehr versuchen, ein vorhandenes Verfahren, das für ein anderes Problem entwickelt wurde, auch für die neue Problemstellung einzusetzen. Kann ein Lösungsverfahren eines Problems A auch zur Lösung eines Problems B benutzt werden, so heißt das Problem B auf das Problem A **reduzierbar** – in Zeichen **B≤A**. Beispielsweise ist die Multiplikation von natürlichen Zahlen auf die Addition reduzierbar, denn ein Produkt $x \cdot y$ lässt sich durch y-malige Addition von x berechnen.

Die **Reduktion** von Problem B auf Problem A sieht konkret so aus, dass eine Eingabe für Problem B in eine Eingabe für Problem A *umgewandelt* wird. Auf diese wird dann das Lösungsverfahren für Problem A angesetzt und liefert so eine Lösung für Problem B. Zum Beispiel wird ein Zahlenpaar (x,y), das als Eingabe für das Multiplikationsproblem vorliegt, in ein Zahlentupel $(x,x,...,x)$ mit y Einträgen umgewandelt, dessen Werte dann addiert werden. Eine solche Umwandlung sollte natürlich *möglichst wenig Zeit* in Anspruch nehmen und die

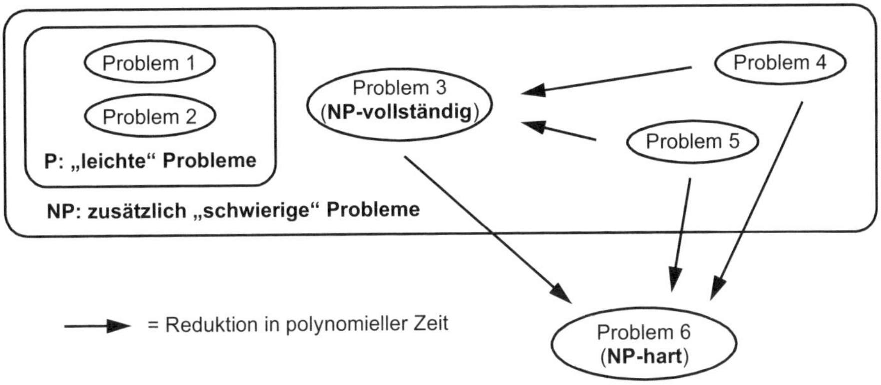

***Abb. 4-21** Problemklassen P und NP (unter der Annahme, dass P ≠ NP gilt)*

Eingabemenge möglichst wenig aufblähen, damit die Problemlösung nicht zu aufwendig wird. Das ist bei der Reduktion der Multiplikation auf die Addition nicht unbedingt der Fall, wie man sich anhand von großen Eingabewerten, wie zum Beispiel 67890·54321, leicht klar machen kann.

In der *Komplexitätstheorie* setzt man die Technik der Reduktion dazu ein, die *Struktur der Klassen P und NP* zu untersuchen. Auch hier ist dabei wichtig, dass der Aufwand, der bei der Umwandlung von Eingaben anfällt, begrenzt bleibt - konkret, dass die Umwandlung höchstens polynomiell viel Zeit kostet. Hierfür gibt es die folgende Sprechweise: Ist ein Problem B auf ein Problem A reduzierbar und kann die zugehörige Umwandlung der Eingabe in *polynomieller Zeit* (polynomiell in n, der Größe der Eingabe) vorgenommen werden, so heißt **B polynomiell auf A reduzierbar** - in Zeichen $\mathbf{B \leq_p A}$. Mit Hilfe der polynomiellen Reduzierbarkeit kann auf die gemeinsame Klassenzugehörigkeit von Problemen geschlossen werden:

> Ist $A \in$ P und gilt $B \leq_p A$, dann ist auch $B \in$ P.
Ist also A „einfach“ lösbar und lässt sich eine Eingabe für B einfach in eine Eingabe für A umwandeln, so ist offensichtlich auch B einfach lösbar. Man kann dann nämlich ein einfaches Lösungsverfahren für A auch für B einsetzen.

> Ist $B \notin$ P und gilt $B \leq_p A$, dann ist auch $A \notin$ P.
Ist also B nachweislich „schwer“ lösbar und lässt sich eine Eingabe für B einfach in eine Eingabe für A umwandeln, so muss auch A schwer lösbar sein - denn sonst könnte man (wie zuvor argumentiert) ein einfaches Verfahren für A auch zur einfachen Lösung von B einsetzen, was ein Widerspruch wäre.

NP-Vollständigkeit

Mit der Technik der polynomiellen Reduzierung kann man insbesondere die schwersten oder, anders ausgedrückt, *umfassendsten Probleme der Klasse NP* identifizieren. Diese Probleme werden *NP-vollständig* genannt:

Definition „NP-hart“, „NP-vollständig“: Ein Problem A heißt **NP-hart** (engl. *NP-hard*), wenn für *alle* Probleme B mit $B \in$ NP gilt, dass $B \leq_p A$ ist. Ein Problem A heißt **NP-vollständig** (engl. *NP-complete*), wenn es NP-hart ist und zudem $A \in$ NP gilt.

Auf ein NP-hartes Problem lassen sich also alle Probleme aus NP polynomiell reduzieren (siehe auch Abbildung 4-21). Fände man also für ein NP-hartes Problem ein Verfahren mit polynomieller Zeitkomplexität, so hätte man „auf einen Schlag" einfache Lösungsverfahren für *alle* Probleme in NP gefunden. Zudem wäre damit die Frage „P=NP?" positiv beantwortet. Es besteht aber die starke Vermutung, dass eben *nicht* „P=NP" gilt. Hat man daher für ein Problem nachgewiesen, dass es NP-hart oder NP-vollständig ist, so ist das ein deutliches Indiz dafür, dass es „schwierig", also nicht in polynomieller Zeit lösbar ist.
Der erste Beweis der NP-Vollständigkeit eines Problems war recht schwer zu führen, denn dafür musste tatsächlich gezeigt werden, dass sich *alle* Probleme in NP darauf reduzieren lassen. Dies gelang im **Satz von Cook**, der besagt, dass das **Erfüllbarkeitsproblem der Aussagenlogik** NP-vollständig ist. Dabei geht es um die Frage, ob es für eine gegebene (aber beliebige) aussagenlogische Formel eine Wahrheitswertbelegung gibt, für die die Formel den Wert „wahr" hat (→2.2). Nachfolgende Beweise waren und sind einfacher: Zum *Nachweis der NP-Vollständigkeit* eines weiteren Problems *A*

> zeigt man zunächst, dass $A \in$ NP ist (etwa durch Angabe einer entsprechenden nichtdeterministischen Turing-Maschine mit Rate- und Verifikationsphase) und
> sucht anschließend ein ähnliches Problem *B*, dessen NP-Vollständigkeit bereits bewiesen ist, und reduziert es polynomiell auf *A*. Daraus folgt, dass sich *alle* Probleme aus NP über *B* auf *A* reduzieren lassen.

Auf diese Weise wurde die NP-Vollständigkeit zahlreicher Probleme nachgewiesen – insbesondere von *Optimierungsproblemen*, wie zum Beispiel das oben erwähnte **Problem des Handlungsreisenden** oder das **Knapsack-Problem**, bei dem ein Rucksack (engl. *knapsack*) begrenzter Kapazität mit einer Auswahl möglichst leichter, dafür aber wertvoller Güter gepackt werden soll. Da viele Optimierungsprobleme NP-vollständig und somit schwierig exakt zu lösen sind, behilft man sich in der Praxis mit **heuristischen Algorithmen**. Das sind Verfahren, die die Optimallösung in vergleichsweise kurzer Ausführungszeit *approximieren* – also ein Resultat liefern, das hinreichend nahe am eigentlichen Optimum liegt.

4.3.3 Lösbarkeit von Problemen

Man könnte meinen, dass mit den NP-harten und NP-vollständigen Problemen die Menge der „schlimmsten" Probleme identifiziert wäre. Das ist aber leider nicht so: Für NP-vollständige Probleme lassen sich immerhin noch Lösungsverfahren angeben, während es andere Problemstellungen gibt, für die nachweislich überhaupt keine Algorithmen existieren. Die Frage nach der *algorithmischen Lösbarkeit von Problemen* hat damit eine große praktische Bedeutung.

Berechenbarkeit und Entscheidbarkeit

Allgemein formuliert geht es bei jedem der hier betrachteten Probleme darum, zu einer Menge von Eingabedaten eine zugehörige Menge von Ausgabedaten zu ermitteln. Beim *Problem des Handlungsreisenden* beispielsweise besteht die Eingabe aus einer Menge von Städten mit den Entfernungen dazwischen, und die zugehörige Ausgabe ist ein Rundkurs minimaler Länge durch alle diese Städte. Ein Algorithmus zur Lösung eines Problems *berechnet* also eine *Funktion* der Eingabedaten. Funktionen, die mit Hilfe einer Maschine (insbesonde-

re einer Turing-Maschine, →2.1.3) berechnet werden können, bezeichnet man als **berechenbar** (engl. *recursive*).
Untersucht man die Lösbarkeit von Problemen, so befasst man sich meist mit *Entscheidungsproblemen* – also mit Fragestellungen, die mit „ja" oder „nein" beantwortet werden können. Probleme, die algorithmisch lösbar sind, werden daher auch als **entscheidbar** (engl. *decidable*) bezeichnet. Die Konzentration auf Entscheidungsprobleme bedeutet keine übermäßige Einschränkung, denn viele andere Problemstellungen lassen sich in solche Entscheidungsprobleme umwandeln. Zur Lösung des Problems des Handlungsreisenden beispielsweise kann man die Entscheidungsfrage betrachten, ob es für eine Menge von Städten und ein gegebenes k einen Rundkurs mit höchstens k Kilometern Länge gibt. Kennt man einen Algorithmus zur Beantwortung dieser Frage, so kann man ihn auch zur Lösung des eigentlichen Optimierungsproblems einsetzen: Man wendet ihn einfach auf verschiedene k-Werte an und ermittelt so den optimalen Rundkurs durch Intervallschachtelung, „kreist" ihn also ein.
Um die Frage zu klären, ob es einen Algorithmus zur Berechnung einer Funktion oder zur Entscheidung eines Problems gibt, benötigt man ein zugrunde liegendes *Berechnungsmodell*. Neben anderen, mathematisch ausgerichteten Modellen hat sich hierfür die vergleichsweise computernahe **Turing-Maschine** bewährt. Auf der Grundlage der **Churchschen These** (→2.1.3) kann man nämlich annehmen, dass ein Problem genau dann algorithmisch (und damit „im intuitiven Sinne") entscheidbar ist, wenn sich eine Turing-Maschine zu seiner Lösung angeben lässt.

Problementscheidung als Spracherkennung

Ein Entscheidungsproblem steht in einem sehr engen Zusammenhang zum Problem der *Erkennung einer Sprache*, wie es in →2.4.1 und →2.4.2 ausführlich diskutiert wurde. Eine Entscheidungsfrage lautet nämlich allgemein formuliert „Hat das Element x einer Grundmenge M eine bestimmte Eigenschaft E?" und entspricht damit dem Spracherkennungsproblem „Gilt $x \in L_E$?", wobei $L_E \subseteq M$ die Menge („Sprache") aller Elemente von M mit der Eigenschaft E ist. Ein Entscheidungsverfahren bezüglich der Eigenschaft E ist damit äquivalent zu einer Turing-Maschine zur Erkennung der Sprache L_E. Je nach Art der Sprache L_E gibt es hierbei drei Möglichkeiten (siehe auch →2.4.1 und →2.4.2):

> Es gibt eine Turing-Maschine zur Erkennung von L_E, die für *alle* Eingaben x nach endlich vielen Schritten anhält. Sie befindet sich dann in einem akzeptierenden Zustand, wenn $x \in L_E$ ist, und in einem nichtakzeptierenden Zustand, wenn $x \notin L_E$ ist. In diesem Fall ist das Problem, ob ein $x \in M$ die Eigenschaft E hat, **entscheidbar**. Die zugehörige Sprache L_E wird als **Turing-entscheidbar** oder **rekursiv** bezeichnet.

> Es gibt eine Turing-Maschine zur Erkennung von L_E, die aber nur für *die* Eingaben x anhält, für die $x \in L_E$ ist, und sich dann in einem akzeptierenden Zustand befindet. Ist dagegen $x \notin L_E$, so kann es vorkommen, dass die Maschine nie anhält und somit nie ein „Entscheidungsergebnis" liefert. In diesem Fall nennt man das Problem, ob ein $x \in M$ die Eigenschaft E hat, **semi-entscheidbar** (semi=halb). Ein solches Problem ist aber, wohlgemerkt, im Sinne des vorigen Absatzes **nicht entscheidbar**. Die zugehörige Sprache L_E wird als **Turing-erkennbar** oder **rekursiv aufzählbar** (engl. *recursively enumerable*) bezeichnet.

> Es gibt *keine Turing-Maschine* zur Erkennung von L_E - also noch nicht einmal eine, die zumindest für alle $x \in L_E$ anhält. Das entsprechende Problem ist dann weder entscheidbar noch semi-entscheidbar.

Nichtentscheidbare Probleme

Das *Problem des Handlungsreisenden* hat zwar laut →4.3.2 eine hohe Zeitkomplexität, ist aber offensichtlich *entscheidbar*: Da es bei endlich vielen Städten auch nur endlich viele Rundreisen gibt, kann man diese Rundreisen alle durchprobieren, um daraus die beste Reise zu ermitteln. Viele andere Probleme mit Praxisrelevanz sind dagegen leider nicht entscheidbar, wie beispielsweise die folgenden:

> Das allgemeine **Wortproblem** ist nicht entscheidbar, das heißt die Frage, ob ein gegebenes (aber beliebiges) Wort Element einer gegebenen (aber beliebigen) Sprache ist. Differenziert nach Art der Sprachen, ist das Wortproblem zwar für Typ-1- bis Typ-3-Sprachen der Chomsky-Hierarchie (→2.4.2) entscheidbar, für Typ-0-Sprachen aber nur semi-entscheidbar und für Sprachen „oberhalb" von Typ 0 weder entscheidbar noch semi-entscheidbar.

> Das allgemeine **Halteproblem** ist nicht entscheidbar, das heißt die Frage, ob eine gegebene (aber beliebige) Turing-Maschine angesetzt auf ein gegebenes (aber beliebiges) Eingabewort nach endlich vielen Schritten anhält. Daraus folgt insbesondere, dass es kein allgemeines Verfahren geben kann, das entscheidet, ob ein Algorithmus oder ein Programm bei einer bestimmten Eingabe in eine **Endlosschleife** (→4.1.3) gerät.

> Das allgemeine Problem der **Softwareverifikation** ist nicht entscheidbar, das heißt die Frage, ob ein Programm seine Spezifikation erfüllt. Die *Spezifikation* ist dabei eine formale Beschreibung des erwarteten Verhaltens des Programms (siehe auch →5.3.2).

> Viele Probleme aus dem Gebiet der **formalen Sprachen** sind nicht entscheidbar. Beispielsweise können für die Sprachen L_{G1} und L_{G2}, die von zwei kontextfreien Grammatiken G_1 und G_2 (→2.4.2) erzeugt werden, die Fragen „$L_{G1}=L_{G2}$?", „$L_{G1} \subseteq L_{G2}$?" und „$L_{G1} \cap L_{G2}=\emptyset$?" nicht durch ein allgemeines Verfahren entschieden werden.

Zur Untersuchung der Entscheidbarkeit von Problemen kann man übrigens wieder die Technik der *Problemreduktion* (→4.3.2) heranziehen: Ist Problem B auf Problem A reduzierbar und ist A entscheidbar, dann ist auch B entscheidbar. Ist Problem B auf Problem A reduzierbar und ist B nicht entscheidbar, dann ist auch A nicht entscheidbar.
Da die Nichtentscheidbarkeit der aufgezählten Probleme und weiterer Fragestellungen *bewiesen* wurde, erübrigt es sich, Lösungsverfahren für sie zu finden. Die erwiesene Nichtentscheidbarkeit von Problemen zeigt damit insbesondere die Grenzen der Informatik und ihrer Werkzeuge auf: Nicht alle Probleme können durch Computer gelöst werden - selbst mit beliebig hohem Hardwareaufwand nicht.

4.4 Nebenläufigkeit

Die meisten bisherigen Betrachtungen gingen davon aus, dass Verfahren **sequentiell** ablaufen, dass also ihre Schritte *einer nach dem anderen* abgearbeitet werden: Ein klassischer von-Neumann-Rechner führt eine Folge von Maschinenbefehlen aus (→2.1.1), bei einer Tu-

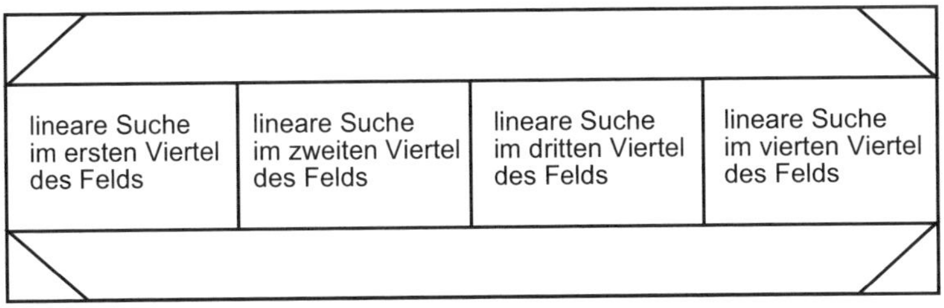

Abb. 4-22 *Nebenläufige lineare Suche (schematisierte Darstellung, Details siehe Abb. 4-9)*

ring-Maschine wird die Übergangsfunktion mehrfach hintereinander angewandt (→2.1.3) und auch die bislang eingeführten Kontrollstrukturen von Algorithmen legen fest, dass Operationen aufeinander folgend ausgeführt werden (→4.1.3). Die streng sequentielle Vorgehensweise der bisher betrachteten Algorithmen hängt also auch damit zusammen, dass die zugrunde gelegten Maschinenmodelle nur *einen* Prozessor besitzen und dass dieser Prozessor jeweils nur *eine* Anweisung gleichzeitig bearbeiten kann.

Vielfach fordern jedoch die zu lösenden Probleme gar keine strenge Sequentialität, sondern sie erlauben durchaus eine Aufteilung in Teilprobleme, die dann nebeneinander gleichzeitig behandelt werden können. Solche eine „nebenläufige" (oder „parallele") Vorgehensweise ist besonders gut bei einem **Divide-and-Conquer**-Lösungsansatz („Teile und herrsche") möglich:

> Das Sortierverfahren **Quicksort** (→4.2.2) zerlegt ein zu sortierendes Feld rasch in Teilfelder, die dann unabhängig voneinander sortiert werden. Da sich die Teilfelder nicht mehr gegenseitig beeinflussen, können sie problemlos nebenläufig bearbeitet werden.

> Das Verfahren der **linearen Suche** (→4.2.1) lässt sich ebenfalls leicht parallelisieren. Hierzu unterteilt man das zu durchsuchende Feld in mehrere Teilfelder, die dann nebenläufig durchsucht werden (siehe Abbildung 4-22, die den Struktogrammbaustein zur Beschreibung nebenläufiger Algorithmenabschnitte zeigt).

> Viele mathematische Operationen auf **Vektoren und Matrizen** lassen sich auf ähnliche Art nebenläufig ausführen – beispielsweise die Berechnung einer Vektor- oder Matrizensumme, eines Skalarprodukts oder eines Produkts zweier Matrizen.

In all diesen Algorithmen laufen *mehrere Kontrollflüsse* (→4.1.1) nebeneinander ab. Die Algorithmen heißen daher **nebenläufig** oder auch **parallel** (engl. *concurrent* bzw. *parallel*). Die Begriffe der *Nebenläufigkeit* und *Parallelität* werden in der Informatik vielfach synonym (also bedeutungsgleich) verwendet; bisweilen werden aber auch Unterschiede gemacht und der eine als Oberbegriff des anderen benutzt. Die Verwendung der Begriffe ist also nicht einheitlich. Wir werden im Folgenden nur noch von *Nebenläufigkeit* sprechen.

Der Entwurf, die Programmierung und die Ausführung nebenläufiger Algorithmen sind deutlich anspruchsvoller als die Realisierung sequentieller Verfahren, so dass dafür Ansätze benötigt werden, die über die bisher beschriebenen hinausgehen. Grundlegende Begriffe und Techniken der nebenläufigen Problemlösung sind Thema dieses Unterkapitels:

> Zunächst werden einige Grundbegriffe eingeführt. Mit Hilfe des *Prozess-* und *Threadbegriffs* wird konkretisiert, was mit Nebenläufigkeit gemeint ist. Zudem wird gezeigt, welcher Abstimmungsbedarf bei nebenläufigen Ausführungen besteht, und zwar bezüglich des Datenaustauschs (*Kommunikation*) und des zeitlichen Verhaltens (*Synchronisation*).

> Anschließend werden *Petri-Netze* besprochen, die ein weit verbreitetes Modell zur Beschreibung und Analyse nebenläufiger Vorgänge sind.

> Schließlich werden einige *häufig auftretende Ablaufstrukturen* diskutiert, die in vielen Anwendungszusammenhängen auftreten.

Die konkrete Programmierung nebenläufiger Vorgänge in höheren Programmiersprachen und ihre Implementierung auf einer Plattform aus Hardware und Betriebssystem werden nicht hier, sondern in den folgenden Kapiteln behandelt (→5.4, →6.3.2).

4.4.1 Grundbegriffe nebenläufiger Ausführungen

Beim Ablauf eines Algorithmus wird eine Reihe von Operationen durchlaufen. Dabei bestimmen seine Kontrollstrukturen (→4.1.3), in welcher Reihenfolge diese Operationen ausgeführt werden - also den **Kontrollfluss** (→4.1.1) der Ausführung. Ein so genannter **Programmzähler** gibt jeweils an, an welcher Stelle des Algorithmus sich seine Ausführung (also der Kontrollfluss) gerade befindet. Dieser Begriff lehnt sich an die von-Neumann-Architektur an, die für die Ausführung ihrer Maschinenprogramme ein entsprechendes *Programmzählerregister* besitzt (→Abbildungen 2-2 und 2-3).

Prozesse und Threads

Ob bei der Ausführung eines Algorithmus *ein oder mehrere Programmzähler* benötigt werden, hängt davon ab, ob der Algorithmus sequentiell oder nebenläufig ist. Man unterscheidet hier die folgenden Fälle (siehe auch Abbildung 4-23):

> Die Ausführung eines **sequentiellen Algorithmus** erfordert *nur einen Programmzähler*, da seine Operationen eine nach der anderen abgearbeitet werden. Zur Ausführung gehören damit die Verarbeitungsvorschrift selbst, *ein* Programmzähler (also *ein* Kontrollfluss) und ein Bestand von Daten, die verarbeitet werden. Ein Algorithmus, der sich gerade in Ausführung befindet und daher diese Bestandteile besitzt, wird als **Prozess** (engl. *process* oder *task*) bezeichnet; sein Datenbestand ist (zusammen mit weiteren Betriebsmitteln, →2.1.2) der **Kontext** des Prozesses. Im täglichen Leben könnte man einen Sachbearbeiter, der einen Aktenbestand anhand einer Arbeitsanweisung durcharbeitet, als solch einen Prozess ansehen.
> Es ist hier wichtig, die Begriffe „Algorithmus" und „Prozess" streng voneinander zu unterscheiden. Deutlich wird dieser Unterschied beispielsweise aus der Darstellung der Sortierverfahren in den →Abbildungen 4-12 bis 4-14: Die Struktogramme definieren jeweils den Algorithmus selbst (also die Verarbeitungsvorschrift); die darunter angegebenen Bearbeitungsbeispiele entsprechen den Prozessen, die den Algorithmus ausführen und dabei auf konkrete Daten anwenden.

> Die Ausführung eines **nebenläufigen Algorithmus** erfordert *mehr als einen* Programmzähler, da hier Teile des Algorithmus gleichzeitig nebeneinander ablaufen können. Zu einer Ausführung gehören damit die Verarbeitungsvorschrift selbst, *mehrere Programmzähler* (also *mehrere Kontrollflüsse*) und wiederum ein Datenbestand. Der Datenbestand kann dabei unterschiedlich organisiert sein:
> - Der Datenbestand kann allen Kontrollflüssen gemeinsam „gehören", ihnen also uneingeschränkt vollständig zur Verfügung stehen. Man kann sich dies vorstellen als

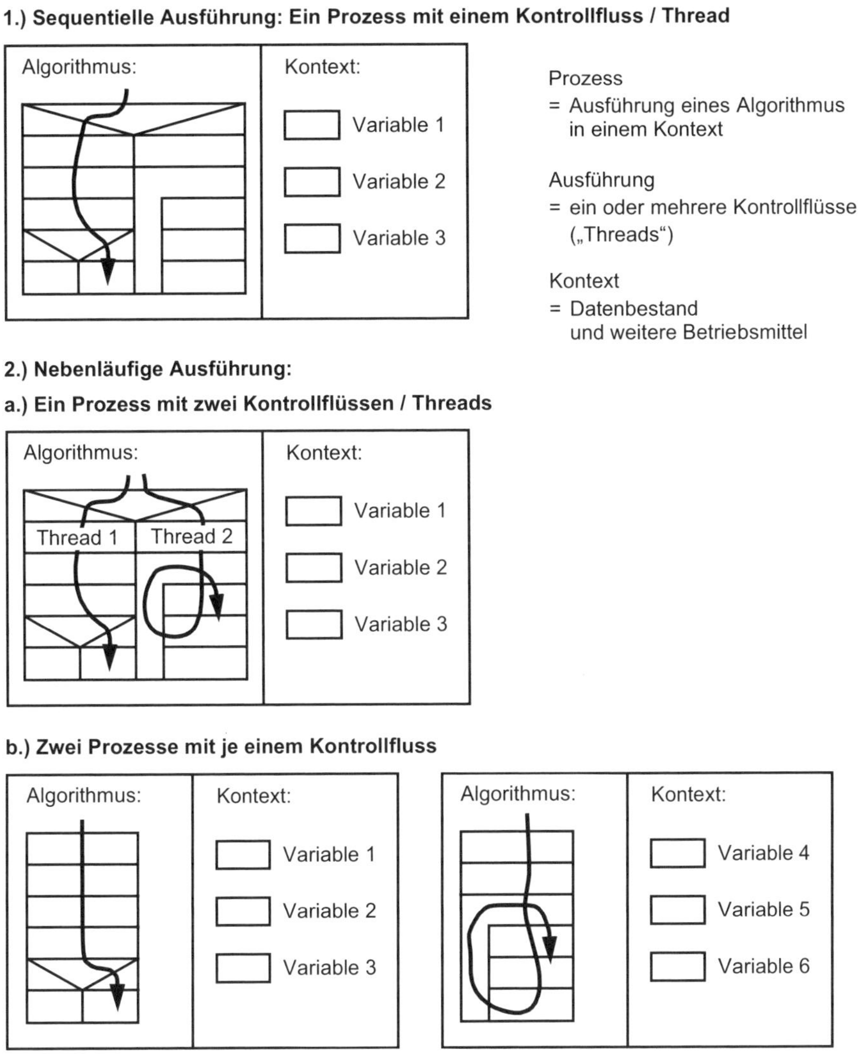

Abb. 4-23 *Sequentielle und nebenläufige Ausführung*

eine Menge von Variablen (→3.1), die an jeder Stelle der Verarbeitungsvorschrift direkt benutzbar sind. In diesem Fall bezeichnet man die einzelnen Kontrollflüsse als **Threads** (zu Deutsch in etwa „Handlungsfäden“), die in einem gemeinsamen **Kontext** arbeiten. Man sagt, dass die Threads über ihren Kontext *eng gekoppelt* sind und zusammen mit diesem Kontext einen **Prozess** bilden. Hier wird also der zuvor eingeführte Prozessbegriff so erweitert, dass ein Prozess auch mehrere Kontrollflüsse enthalten kann. Im oben genannten Beispiel entspräche dies mehreren Sachbearbeitern, die in einem Raum einen Aktenstapel gemeinsam bearbeiten.

- Der Datenbestand kann auf die einzelnen Kontrollflüsse aufgeteilt werden, so dass jeder nur auf einen Teil davon direkt zugreifen kann. Hier besitzt also jeder der Kontrollflüsse einen *eigenen Kontext*, der den anderen Kontrollflüssen nicht bekannt ist. In diesem Fall bezeichnet man als **Prozess** einen einzelnen Kontrollfluss mit seinen Daten, so dass also zur Lösung des Problems *mehrere Prozesse* zusammenarbeiten. Um zusammenarbeiten zu können, müssen die Prozesse natürlich kommunizieren, also Daten austauschen. Hierzu können sie *nachrichtenbasierte Kommunikationsmechanismen* (→5.4.3) benutzen, bei denen sie einander „Datenpakete" als Nachrichten zuschicken. Man sagt, dass die einzelnen Prozesse über ein Nachrichtensystem *lose gekoppelt* sind. Im Beispiel entspricht dies mehreren Sachbearbeitern, die jeweils ihren eigenen Raum und eigenen Aktenbestand besitzen, aber telefonisch, per E-Mail oder durch einen Büroboten Informationen austauschen und somit Arbeitsvorgänge gemeinsam erledigen.

Der Begriff des Prozesses tritt hier also mehrfach auf, wird dabei aber offensichtlich in einer einheitlichen Weise verwendet (vergleiche Abbildung 4-23): Ein **Prozess** führt jeweils eine Bearbeitungsvorschrift auf *einem* Kontext (= Datenbestand) aus. Er kann dazu einen oder mehrere Kontrollflüsse (= **Threads**) besitzen. Zur Lösung eines Problems können auch mehrere Prozesse mit jeweils eigenem Kontext zusammenarbeiten, also **kooperieren**, wozu sie durch Austausch von Nachrichten miteinander **kommunizieren**.

Synchronisation

Wenn Prozesse oder Threads nebenläufig an der Lösung eines Problems arbeiten, müssen sie sich *zeitlich aufeinander abstimmen*. Beispielsweise müssen die Sachbearbeiter mit ihrem gemeinsamen Aktenbestand sicherstellen, dass ein Vorgang *nur von einem Mitarbeiter gleichzeitig* bearbeitet wird, um Unstimmigkeiten zu vermeiden. Zudem ist möglicherweise eine bestimmte Reihenfolge einzuhalten, wie etwa die Leistung einer Unterschrift durch den Vorgesetzten *nach* Bearbeitung eines Vorgangs durch einen Mitarbeiter. Eine solche zeitliche Abstimmung wird als **Synchronisation** bezeichnet. Grundlegende Formen der Synchronisation sind der *wechselseitige Ausschluss* und die *Reihenfolge*:

> Ein **wechselseitiger Ausschluss** (engl. *mutual exclusion*) bezieht sich auf die Benutzung eines *Betriebsmittels* (→2.1.2), also beispielsweise eines Geräts oder eines Datenbestands. Gefordert wird hier, dass jeweils nur ein Prozess oder Thread gleichzeitig mit diesem Betriebsmittel arbeitet, um gegenseitige Störungen zu vermeiden. Ein Beispiel hierfür sind die Sachbearbeiter, von denen gleichzeitig nur einer mit den Akten arbeiten darf; weitere Beispiele sind die Benutzung bestimmter Zugangsbereiche durch Personen (siehe Abbildung 4-24) oder die Benutzung eines Computerdruckers durch eines von mehreren laufenden Programmen.

> Eine **Reihenfolge** ist meist dadurch begründet, dass ein Prozess oder Thread zunächst einen Wert erarbeitet, mit dem ein anderer dann weiterarbeiten soll. Gefordert wird hier, dass der Nachfolger erst dann mit seiner Ausführung beginnt oder fortfährt, wenn der Vorgänger seine Ausführung abgeschlossen hat. Ein Beispiel hierfür ist die Reihenfolge „Sachbearbeiter → Vorgesetzter"; weitere Beispiele sind ein Staffellauf (siehe Abbildung 4-24) oder die Beziehung zwischen dem Erzeuger und dem Verbraucher eines Produkts (→4.4.3).

Man beachte, dass es beim *wechselseitigen Ausschluss* nur darauf ankommt, dass Prozesse nicht gleichzeitig auf einem Betriebsmittel arbeitet; wer von ihnen als Erster den Zugriff er-

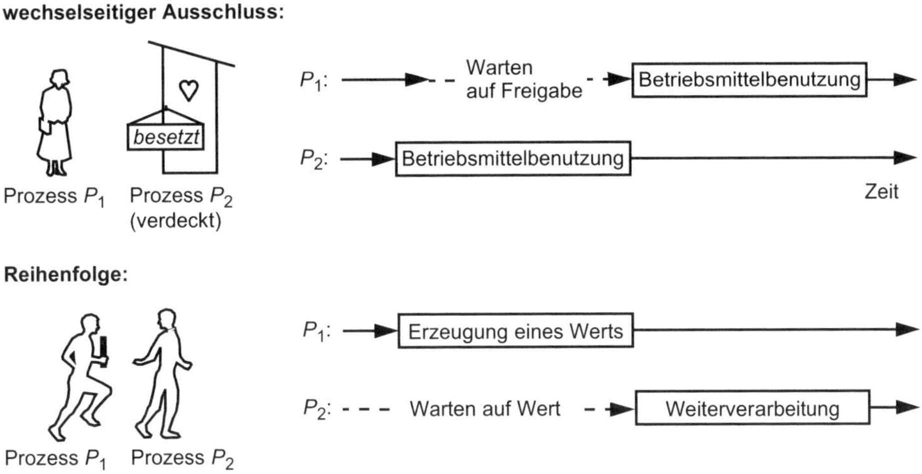

***Abb. 4-24** Synchronisation nebenläufiger Vorgänge: Alltagsbeispiele und Zeitverhalten*

hält, ist gleichgültig. Bei einer *Reihenfolge* ist dagegen festgelegt, welcher Prozess der erste und welcher der zweite ist. In realen Anwendungen treten vielfältige Abwandlungen und Kombinationen dieser beiden Grundformen auf; einige typische Beispiele werden in →4.4.3 besprochen.

Bei der Synchronisation muss man deutlich zwischen **Synchronisationsbedingungen** und **Synchronisationsmechanismen** unterscheiden: Synchronisationsbedingungen formulieren *Forderungen an nebenläufige Vorgänge*, Synchronisationsmechanismen *setzen diese Forderungen durch.* In den Beispielen aus Abbildung 4-24 ist die geforderte Bedingung, dass höchstens eine Person gleichzeitig einen Raum benutzt bzw. der zweite Läufer erst nach Ankunft des ersten losläuft. Die zugehörigen Mechanismen, die diese Bedingungen durchsetzen, sind das „Besetzt"-Schild bzw. der weitergereichte Stab. Welche Synchronisationsmechanismen eingesetzt werden können, hängt von der konkreten Programmiersprache ab, in der der Algorithmus realisiert wird, sowie vom Betriebssystem des Computers, auf dem das Programm dann ausgeführt wird. Synchronisations*mechanismen* sind daher Thema von →5.4.2 und →6.3.2. Auf die Formulierung von Synchronisations*bedingungen* wird in →4.4.2 und →4.4.3 eingegangen.

Die Durchsetzung von Synchronisationsbedingungen ist meist dann erforderlich, wenn ein nebenläufiger Algorithmus **deterministisch** (→4.1.1) arbeiten soll: Die Geschwindigkeiten der nebenläufigen Aktivitäten können nämlich je nach ausführender Rechnerplattform unterschiedlich ausfallen. Ohne Synchronisationsmechanismen, die die zeitliche Abfolge steuern, käme es zwischen den Aktivitäten zu einem *Wettrennen* (engl. **race condition**) mit offenem Ausgang. Damit wäre die Reihenfolge der Operationen auf den Daten nicht vorherbestimmt und das Ergebnis vom Zufall abhängig.

4.4.2 Petri-Netze

Ein nebenläufiger Algorithmus kann in einer höheren Programmiersprache formuliert und damit auf einer konkreten Rechnerplattform ausgeführt werden (→5.4). Bevor man jedoch mit der Programmierung beginnt, sollte man den Algorithmus zunächst in einer abstrakte-

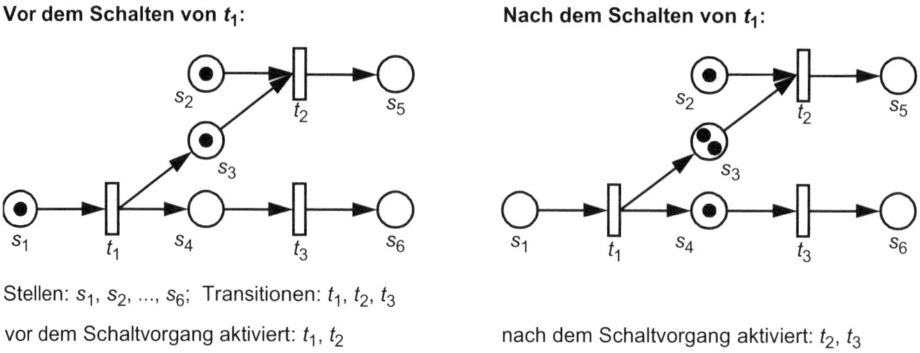

***Abb. 4-25** Petri-Netz mit Zustand vor und nach einem Schaltvorgang*

ren Form darstellen, da so die Struktur der Problemlösung klarer hervortritt und leichter analysiert werden kann. Als abstrakte Beschreibungsform *sequentieller* Algorithmen wurden bereits Struktogramme eingeführt (→4.1.2). Sie sind jedoch zur Darstellung *nebenläufiger* Vorgänge nur sehr eingeschränkt geeignet: Der einzige „nebenläufige" Struktogrammbaustein (→Abbildung 4-22) erlaubt lediglich eine Aufspaltung von Kontrollflüssen, die anschließend wieder zusammengeführt werden; eine Darstellung anderer Abläufe ist nicht möglich. Für nebenläufige Algorithmen werden also geeignetere Beschreibungsmodelle benötigt. Ein solches Modell sind die *Petri-Netze*.

Grundlegende Eigenschaften

Petri-Netze wurden 1962 von *Carl Adam Petri* (geb. 1926) vorgestellt. Sie dienen zur abstrakten Beschreibung *nebenläufiger Vorgänge und Systeme* und ermöglichen es, solche Systeme zu modellieren, zu simulieren und zu analysieren. Dabei kann insbesondere untersucht werden, ob geforderte **Synchronisationsbedingungen** erfüllt sind. Es werden keine konkreten Voraussetzungen oder Angaben bezüglich der Zeitdauern der modellierten Vorgänge gemacht; von Interesse sind lediglich die Reihenfolgen, in denen die Vorgänge ablaufen können.

Ein Petri-Netz ist ein Graph (→3.2), dessen Knoten und Kanten Vorgänge und Beziehungen zwischen Vorgängen in einem System darstellen. Das Netz wird von *Marken* durchlaufen, wobei die Position der Marken jeweils angibt, an welcher Stelle sich ein oder mehrere Abläufe im System gerade befinden. Die *Dynamik eines Ablaufs* wird also durch den Weitertransport der Marken dargestellt; die Grundstruktur des Netzes aus Knoten und Kanten bleibt dabei aber unverändert. Im Einzelnen wird ein Petri-Netz wie folgt definiert (siehe auch Abbildung 4-25 sowie die Abbildungen in →Abschnitt 4.4.3):

Definition „Petri-Netz": Ein Petri-Netz (engl. *Petri net*) ist ein *gerichteter Graph* mit den folgenden Eigenschaften:

> Die *Knotenmenge* des Graphen enthält zwei Arten von Knoten, nämlich **Stellen** (engl. *places*) und **Transitionen** (engl. *transitions*). Stellen dienen als Speicher für Marken (siehe unten) und werden durch Kreise dargestellt; Transitionen modellieren Operationen auf Marken und werden durch Rechtecke oder Striche dargestellt.

- Die *Kanten* des Graphen verlaufen jeweils zwischen zwei Knoten *unterschiedlichen Typs*, also von einer Stelle zu einer Transition oder umgekehrt. Führt eine Kante von einer Stelle *s* zu einer Transition *t*, so heißt *s* **Eingabestelle** von *t*. Führt eine Kante von einer Transition *t* zu einer Stelle *s*, so heißt *s* **Ausgabestelle** von *t*.
- Der **Zustand** des Netzes wird durch eine *Markierung* (→3.2.1) der Stellen angezeigt: Jede Stelle kann eine Anzahl von **Marken** (engl. *token*) enthalten, wobei sich diese Anzahl dynamisch ändern kann.
- Möglichkeiten zur Änderung der Markierung ergeben sich aus der **Schaltregel** für Transitionen: Eine Transition *t* ist **aktiviert**, wenn jede Eingabestelle von *t* mindestens eine Marke enthält. Sie kann dann **schalten** („feuern", engl. *fire*), indem sie jeder ihrer Eingabestellen eine Marke entnimmt und jeder ihrer Ausgabestellen eine Marke hinzufügt.

Petri-Netze ermöglichen somit einerseits eine *grafische Darstellung* des modellierten Systems für den menschlichen Betrachter und andererseits (auf der Grundlage der formalen Graphendefinition, →3.2.1) eine *formale mathematische Analyse.*

Modellierung und Analyse von Algorithmen und Systemen

Aus der Definition des Petri-Netzes ergibt sich unmittelbar, wie ein Algorithmus zu modellieren ist: *Aktionen* des Algorithmus werden durch Transitionen dargestellt. Im Extremfall sind dies einzelne einfache Operationen, meist aber etwas größere Gruppen von Aktionen. Ein *Kontrollfluss* des Algorithmus, in dem Aktionen hintereinander ausgeführt werden, entspricht einer Marke, die die Transitionen (und dazwischen liegende Stellen) durchläuft. Ein *nebenläufiger* Algorithmus, bei dem mehrere Kontrollflüsse ablaufen, wird also durch ein Petri-Netz mit *mehreren* Marken modelliert (Beispiele siehe →4.4.3, Abbildungen 4-26 bis 4-29).

Bei einem so dargestellten nebenläufigen Algorithmus ist nicht immer von vornherein festgelegt, in welcher zeitlichen Abfolge einzelne Aktionen ausgeführt werden. Es sind nämlich oft mehrere Transitionen aktiviert, von denen dann eine schaltet. Welche das ist, wird durch die Definition nicht bestimmt – das Petri-Netz arbeitet also **nichtdeterministisch**. Sollen Synchronisationsbedingungen durchgesetzt werden, um einen Determinismus zu erzwingen (→4.4.1), so sind **Synchronisationsmechanismen** erforderlich. Sie werden im Netz durch geeignete Strukturen aus Stellen und Transitionen sowie möglicherweise zusätzliche Marken dargestellt. Entsprechende Beispiele werden in →4.4.3 betrachtet.

Petri-Netze können nicht nur Algorithmen im engeren Sinne modellieren, sondern sie können allgemein zur Darstellung *nebenläufiger kooperierender Systeme* genutzt werden. Damit können beispielsweise die Abläufe bei der Datenübertragung in einem Kommunikationsnetz (→7.1.1) oder die Vorgänge in einer Produktionsanlage oder in einer Organisation auf übersichtliche Weise dargestellt und analysiert werden. Bei einer solchen Analyse untersucht man insbesondere die folgenden Systemeigenschaften:

- **Erreichbarkeit** und **Fortschritt**: Ist sichergestellt, dass bestimmte erwünschte Systemzustände vom Ausgangszustand aus erreicht werden können und, mehr noch, dass sie auch tatsächlich erreicht werden?
- **Sicherheit**: Ist sichergestellt, dass bestimmte unerwünschte Systemzustände vom Ausgangszustand aus *nicht* erreicht werden können?

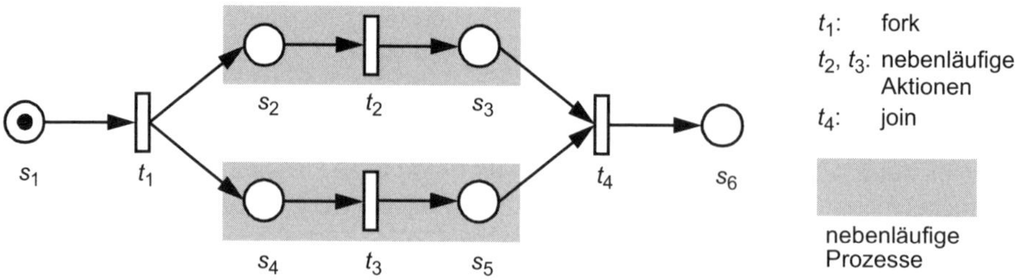

***Abb. 4-26** Fork und Join*

- **Lebendigkeit**: Ist sichergestellt, dass das System bei seiner Ausführung nicht „stecken bleibt"? Ist also garantiert, dass kein so genannter **Deadlock** (dt. **Verklemmung**) eintritt, bei dem sich die nebenläufigen Aktivitäten gegenseitig blockieren?
- **Fairness**: Ist sichergestellt, dass die Zeit, für die eine Aktion auf ihre Ausführung warten muss, beschränkt ist?

Varianten

Die hier betrachteten Petri-Netze, bei denen jede Stelle eine bestimmte Anzahl gleichartiger Marken enthält, werden auch als **Stellen-Transitions-Netze** bezeichnet. In einer Variante solcher Netze können für die einzelnen Stellen *Kapazitäten*, also ihr jeweiliges maximales Aufnahmevermögen festgelegt werden. Eine Transition, die eine maximal gefüllte Ausgabestelle hat, darf hier nicht schalten. **Bedingungs-Ereignis-Netze** sind Netze, bei denen jede Stelle höchstens eine Marke aufnehmen kann. Eine andere mögliche Variante sind **gefärbte Petri-Netze**, die Marken unterschiedlicher Typen (anschaulich: Marken mit unterschiedlichen „Farben") enthalten.

4.4.3 Grundlegende Ablaufstrukturen

In nebenläufigen Algorithmen und Systemen gibt es eine Reihe typischer Ablaufstrukturen, die in verschiedenen Anwendungsszenarien eingesetzt werden können. Die wichtigsten davon sollen hier kurz erläutert und anhand von Petri-Netzen dargestellt werden.

Fork und Join

Bei einem **Fork** wird ein Kontrollfluss in mehrere Flüsse aufgespalten, die dann nebenläufig ausgeführt werden und in einem anschließenden **Join** wieder zu *einem* Kontrollfluss zusammengefasst werden können. Diese Vorgehensweise entspricht dem Struktogrammbaustein in →Abbildung 4-22. Man findet sie beispielsweise in Algorithmen, in denen nebenläufig und unabhängig voneinander Teilergebnisse ermittelt und dann zusammengetragen werden. Beispiele für solche Verfahren wurden zu →Beginn von 4.4 skizziert.

Abbildung 4-26 zeigt ein entsprechendes Petri-Netz: Der Kontrollfluss startet an der Stelle s_1 und wird durch die Transition t_1 in zwei Kontrollflüsse aufgeteilt. Diese Kontrollflüsse führen nebenläufige Aktionen aus, die durch die Transitionen t_2 und t_3 symbolisiert werden. Transition t_4 fasst die nebenläufigen Flüsse wieder zu einem Fluss zusammen, der dann

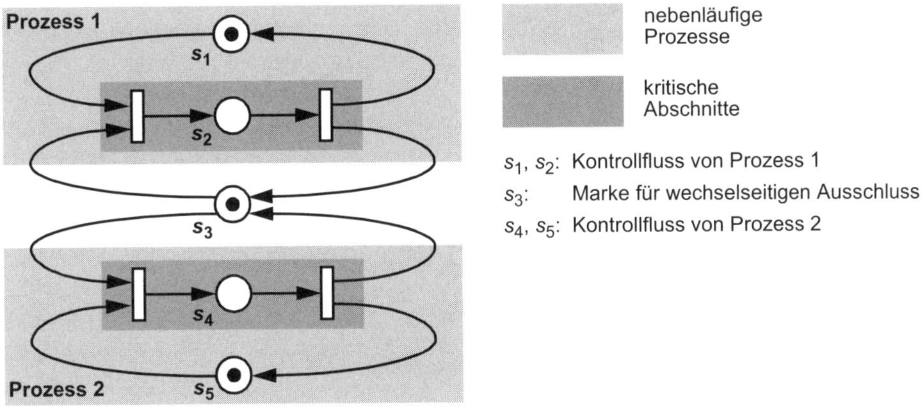

Abb. 4-27 *Wechselseitiger Ausschluss*

über die Stelle s_6 fortgesetzt wird. Man beachte, dass dieser Kontrollfluss erst dann weiterlaufen kann, wenn *alle* nebenläufigen Flüsse die Eingangsstellen von t_4 erreicht haben. Die Transition t_4 *synchronisiert* also die Teilkontrollflüsse.

Kritische Abschnitte mit wechselseitigem Ausschluss

Kritische Abschnitte (engl. *critical sections*) sind (Teil-)Ausführungsfolgen von Prozessen, die zueinander **wechselseitig ausgeschlossen** (→4.4.1) ausgeführt werden müssen. Dies ist immer dann notwendig, wenn nebenläufige Prozesse oder Threads zwar dasselbe *Betriebsmittel* (Gerät, Datenbestand, ...; →2.1.2) benutzen können, jeweils aber nur einer von ihnen *gleichzeitig* damit arbeiten darf, um gegenseitige Störungen auszuschließen.
Abbildung 4-27 zeigt, wie diese Synchronisationsbedingung in einem Petri-Netz durchgesetzt wird: Die hellgrau hinterlegten Bereiche entsprechen zwei nebenläufigen Prozessen, die jeweils einen kritischen Abschnitt (dunkelgrau hinterlegt) enthalten. Die Marken oben und unten sind die „Kontrollflussmarken" der Prozesse: Befinden sie sich in s_1 bzw. s_5, so ist der Prozess außerhalb seines kritischen Abschnitts tätig; liegen sie in s_2 bzw. s_4, so ist er im kritischen Abschnitt aktiv. Der wechselseitige Ausschluss wird durch die „Synchronisationsmarke" in s_3 durchgesetzt: Ein Prozess kann seinen kritischen Abschnitt nur betreten, wenn sich in s_3 eine Marke befindet. Er entfernt dabei diese Marke und gibt sie erst beim Verlassen des Abschnitts wieder nach s_3 zurück. Der andere Prozess muss die Rückgabe abwarten, bevor er seinerseits in seinen kritischen Abschnitt eintreten kann.
Der Zustand des Petri-Netzes in Abbildung 4-27 wird übrigens als **Konflikt** bezeichnet: Es gibt zwei aktivierte Transitionen, die beide die Marke aus s_3 benötigen, um schalten zu können. Welche von ihnen in einer konkreten Situation tatsächlich schaltet, ist nicht vorherbestimmt, da das Petri-Netz *nichtdeterministisch* arbeitet.

Erzeuger und Verbraucher

Erzeuger-Verbraucher-Beziehungen bestehen überall dort, wo ein Prozess Werte generiert, die von einem anderen weiterverarbeitet werden – im Prinzip also in allen kooperativen nebenläufigen Systemen. Solche Beziehungen treten in verschiedenen Formen auf:

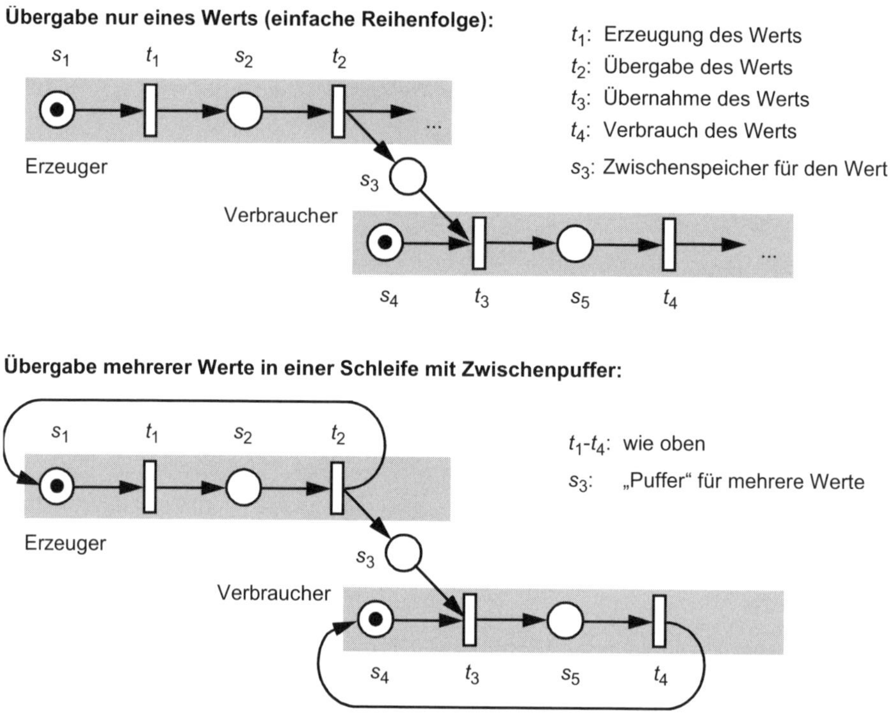

***Abb. 4-28** Erzeuger und Verbraucher*

- Im einfachsten Fall generiert ein Erzeuger *einen Wert* und übergibt ihn an einen Verbraucher, der dann damit weiterarbeitet. Dies entspricht einer einfachen **Reihenfolgebeziehung** (→4.4.1). Im Petri-Netz von Abbildung 4-28 oben wird diese Reihenfolge mit Hilfe der Stelle s_3 durchgesetzt, über die eine Marke vom Erzeuger zum Verbraucher fließt. Da der Verbraucher auf diese Marke warten muss, ist sichergestellt, dass zuerst die Transitionen t_1 und t_2 (also die Aktionen des Erzeugers) und erst danach die Transitionen t_3 und t_4 (also die Aktionen des Verbrauchers) schalten. Die Marke stellt dabei den übergebenen Wert dar.
  Die Stelle s_3 dient zudem als *Zwischenspeicher* (**Puffer**, engl. *buffer*): Der Erzeuger legt den Wert dort bei der Übergabe ab und läuft weiter – auch dann, wenn der Verbraucher noch nicht zur Übernahme bereit ist. Der Verbraucher kann den Wert auch später noch aus dem Puffer abholen. Erzeuger und Verbraucher werden somit *zeitlich entkoppelt* (siehe hierzu auch das Ende von →6.3.2).
- Ebenfalls möglich ist die Übergabe *mehrerer Werte*, wobei Erzeuger und Verbraucher jeweils eine Schleife ausführen und pro Schleifendurchlauf einen Wert erzeugen bzw. verbrauchen. Wie Abbildung 4-28 zeigt, wird auch hier die Stelle s_3 als Zwischenspeicher für die Werte benutzt. Hier kann es durchaus vorkommen, dass s_3 mehrere Marken aufnimmt – nämlich dann, wenn der Erzeuger wesentlich schneller läuft als der Verbraucher. Wie oben sind Erzeuger und Verbraucher zeitlich entkoppelt.
- In komplexeren Beziehungen gibt es *mehrere Erzeuger*, die Werte an den Verbraucher liefern. Je nach der konkreten Situation reicht es entweder aus, dass *einer* der Erzeuger

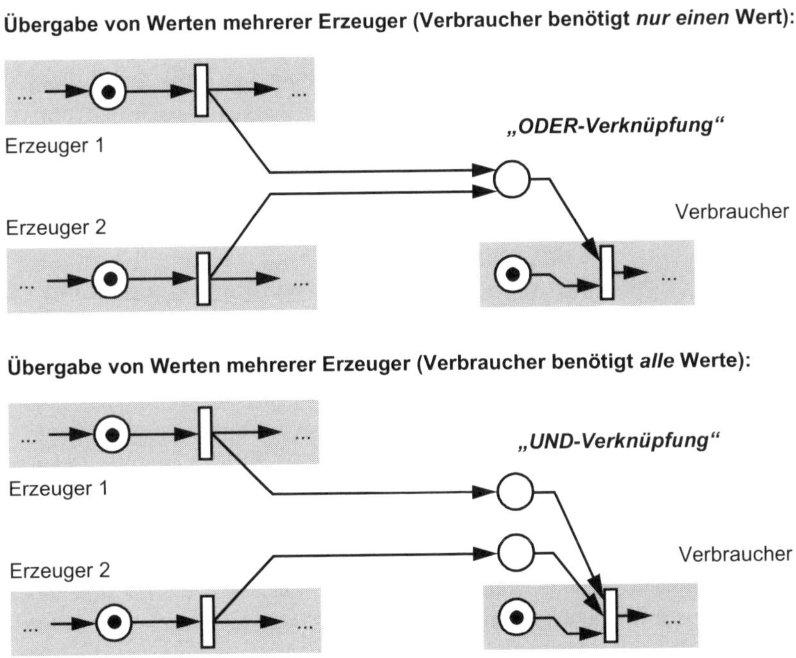

Abb. 4-29 *Mehrere Erzeuger: Oder- und Und-Verknüpfung*

einen Wert liefert, oder es müssen *alle* Erzeuger liefern, bevor der Verbraucher weiterlaufen kann. Dies entspricht einer logischen *Oder-* bzw. *Und-Verknüpfung*. Die Petri-Netze in Abbildung 4-29 zeigen entsprechende Strukturen: Bei der Oder-Verknüpfung liefern die Erzeuger ihre Marken in eine gemeinsame Eingabestelle der Verbrauchertransition. Der Verbraucher kann hier also weiterlaufen, wenn *einer* der Erzeuger eine Marke dort abgelegt hat. Bei der Und-Verknüpfung gibt es für jeden Erzeuger eine eigene Eingabestelle. Hier muss also der Verbraucher warten, bis *alle* Erzeuger ihre Marken übergeben haben.

4.5 Zusammenfassung und weiterführende Literatur

Im vierten Kapitel wurde ein Begriff besprochen, der für die gesamte Informatik grundlegend ist – nämlich der Begriff des Algorithmus. Algorithmen sind Verfahren, mit denen aus Eingabedaten durch die Ausführung einer Folge von Schritten Ausgabedaten berechnet werden können. Sie sind damit die Basis für die Programmierung von Computern, aber auch für die systematische Untersuchung von Lösungsverfahren für Probleme.
Algorithmen werden in sämtlichen Grundlagenbüchern zur Informatik angesprochen (→1.3). Recht ausführlich ist hier das Werk von *Balzert* [Balz99a], das auch auf das Testen und den Nachweis der Korrektheit von Algorithmen eingeht. Noch breiter angelegt sind die Algorithmenbücher von *Ottmann und Widmayer* [OtWi02] sowie *Saake und Sattler* [SaSa02]: Sie diskutieren grundlegende Konzepte, Modelle und Eigenschaften von Algorithmen, präsentieren zahlreiche Standardalgorithmen für unterschiedliche Anwendungsgebiete und

analysieren ihre Komplexität und Korrektheit. Ein fleißiger Autor auf diesem Gebiet ist auch *Sedgewick*: Er stellt in seinen Büchern eine Fülle von Standardalgorithmen in verschiedenen Programmiersprachen dar – so zum Beispiel in Java [Sedg03]. Erwähnt werden muss schließlich noch das ehrgeizige Werk *The Art of Computer Programming* von *D. E. Knuth* [Knut97], das auf insgesamt sieben Bände angelegt ist, von denen allerdings bislang „nur" drei Bände erschienen sind. Über den weiteren Arbeitsfortschritt informiert Prof. Knuth im World Wide Web [KnutWeb]. Ein weiterer Klassiker stammt von *Wirth* [Wirt99].

Eigenschaften von Algorithmen, grundlegende Techniken und Standardalgorithmen

Algorithmen besitzen eine Reihe charakteristischer Eigenschaften. Sie sind korrekt, haben eine endliche Beschreibung und sind aus einfachen Operationen aufgebaut, deren Ausführungsreihenfolge durch Kontrollstrukturen festgelegt wird – insbesondere durch Sequenzen, Verzweigungen, Schleifen und Aufrufe. Zudem kann man von einem Algorithmus fordern, dass er deterministisch ist (also nach jedem Schritt zu einem eindeutig bestimmten Folgeschritt übergeht), dass er terminiert (also nach endlich vielen Schritten das Endresultat liefert) und dass er sequentiell arbeitet (also jeweils nur einen Schritt gleichzeitig ausführt).

Algorithmen können auf verschiedene Arten beschrieben werden. Von Interesse sind dabei einerseits programmiersprachliche Beschreibungen, die auf Computern ausgeführt werden können, und andererseits abstraktere Beschreibungsformen wie Struktogramme und Programmablaufpläne.

Algorithmen können modularisiert, also in ein System von Unteralgorithmen zerlegt werden, die Teilaufgaben erledigen und sich dafür gegenseitig aufrufen. Ähnlich wie bei mathematischen Funktionen werden hierbei Parameter übergeben und Ergebnisse zurückgeliefert. Vorteilhaft ist in manchen Fällen die Technik der Rekursion, bei der ein Unteralgorithmus sich selbst aufruft.

In vielen Anwendungsszenarien treten (Teil-)Probleme auf, die durch Standardverfahren gelöst werden können – beispielsweise die Suche nach Daten, das Sortieren von Daten und das systematische Durchlaufen einer Menge von Daten. Je nach Art der zugrunde liegenden Datenstruktur (Feld, Baum, allgemeiner Graph) können verschiedene Algorithmen eingesetzt werden, die unterschiedlich leistungsfähig sind.

Komplexität und Entscheidbarkeit

Um Algorithmen miteinander zu vergleichen, kann man ihre Komplexität bestimmen, also den (Zeit- und Speicher-)Aufwand, der zu ihrer Ausführung getrieben werden muss. Eine asymptotische Analyse der Worst-Case-Komplexität ist auf der Grundlage der O-Notation möglich, wodurch zudem Algorithmen in Leistungsklassen eingeordnet werden können.

Ebenso interessant wie die Komplexität von Verfahren ist die Komplexität von Problemen – also die Frage, welche Komplexität ein Algorithmus zur Bearbeitung eines bestimmten Problems mindestens hat. Grob unterschieden wird zwischen „einfachen Problemen" (Klasse P) und „schwierigen Problemen" (Klasse NP). Eine Basis für die Klasse NP bilden die NP-vollständigen Probleme, auf die sich alle anderen Probleme aus NP zurückführen lassen. Viele für die Praxis interessante Probleme liegen in der Klasse NP. Einige weitere sind sogar unentscheidbar, besitzen also nachweislich überhaupt keinen allgemeinen Lösungsalgorithmus.

Die Komplexität einzelner Algorithmen wird in *Algorithmenbüchern* wie [SaSa02] oder [OtWi02] diskutiert. Mit der Komplexität und Entscheidbarkeit von Problemen befassen sich *Bücher zur Theoretischen Informatik*, wie beispielsweise die in →2.5 genannten [ErPr02], [HoMU01] und [Schö01]. Hier findet man auch Informationen zu mathematischen Berechnungsmodellen, die anstelle der Turing-Maschine benutzt werden können. Ein sehr ausführliches Verzeichnis NP-vollständiger Probleme bietet der Klassiker von *Garey und Johnson* [GaJo79].

Nebenläufigkeit

Nebenläufige Algorithmen umfassen mehrere Kontrollflüsse, die nebeneinander ablaufen. Je nach Art der Datenorganisation entsprechen diese Kontrollflüsse entweder Prozessen mit jeweils eigenen Kontexten (= Datenbeständen) oder Threads mit einem gemeinsamen Kontext. Prozesse bzw. Threads müssen bei ihrer Ausführung aufeinander abgestimmt werden. Neben der Kommunikation, also dem Datenaustausch zwischen Prozessen, ist insbesondere ihre Synchronisation wichtig, also die Steuerung ihrer zeitlichen Abfolge: Synchronisationsbedingungen formulieren Anforderungen an die zeitliche Abfolge (z.B. eine Reihenfolge oder einen wechselseitigen Ausschluss), Synchronisationsmechanismen setzen sie durch.
Petri-Netze stellen nebenläufige Algorithmen und Systeme durch Graphen dar und ermöglichen so deren Modellierung und Analyse. Insbesondere kann damit die Synchronisation nebenläufiger Aktionen untersucht werden. Einige Ablaufstrukturen mit entsprechenden Synchronisationsmechanismen, wie Fork/Join, kritische Abschnitte und Erzeuger-Verbraucher-Beziehungen, finden sich in vielen Anwendungsszenarien.
Beispiele für nebenläufige Algorithmen findet man im Algorithmenbuch von *Ottmann und Widmayer* [OtWi02], wo auch weitere Literaturhinweise zu diesem Thema gegeben werden. Die computertechnische Realisierung nebenläufiger Vorgänge und die Durchsetzung von Synchronisationsbedingungen durch Synchronisationsmechanismen ist ein wichtiges Aufgabengebiet von Betriebssystemen; wir werden hierauf in →5.4 zurückkommen. Ein Literaturverzeichnis zu Betriebssystemen findet man in [Vogt01].
Mit Petri-Netzen befasst sich das Spezialbuch von *Baumgarten* [Baum96], wo auch viele weiterer Literaturverweise aufgeführt sind. Simulationsprogramme, die dynamische Abläufe in Petri-Netzen grafisch darstellen, findet man im World Wide Web. Da sich das Angebot hier laufend ändert, sollte man bei Bedarf eine Suchmaschine benutzen.

4.6 Übungsaufgaben

1. Grundlegende Eigenschaften von Algorithmen

a.) Zeigen Sie, dass Bubblesort alle charakteristischen Eigenschaften eines deterministischen, terminierenden und sequentiellen Algorithmus hat.

b.) Welches der beiden folgenden nichtdeterministischen Verfahren ist determiniert, welches ist nichtdeterminiert?

> Eine Variante des Quicksort-Sortieralgorithmus, bei dem (in Abweichung von Abbildung 4-15) nicht immer der mittlere Eintrag als Pivotelement gewählt wird, sondern zufallsabhängig entweder der mittlere Eintrag oder der Eintrag links oder rechts daneben.

> Ein **Monte-Carlo-Verfahren**, bei dem ein Problem näherungsweise dadurch gelöst wird, dass man mit Hilfe von Zufallszahlen eine Reihe von Experimenten durchführt und aus deren Ergebnissen dann einen Näherungswert für die exakte Lösung ermittelt.

2. Struktogramme

a.) Zeichnen Sie ein Struktogramm für einen Algorithmus, der für alle natürlichen Zahlen von 1 bis 100 die zugehörige Quadratzahl ausgibt.

b.) Zeichnen Sie ein Struktogramm für einen Algorithmus, der alle Uhrzeiten von 9:00 Uhr bis 16:59 Uhr (in Minutenschritten) ausgibt. Tipp: Verwenden Sie zwei „geschachtelte" Zählschleifen, d.h. zwei Zählschleifen, bei denen die eine im Körper der anderen liegt. Erweitern Sie Ihr Struktogramm so, dass der Algorithmus zusammen mit der Uhrzeit 11:11 Uhr die Meldung „Alaaf und Helau" ausgibt.

c.) Ein Algorithmus soll Folgendes leisten:

> Einlesen einer Stundenangabe zwischen 0 und 23 mit (beliebig häufiger) Wiederholung, solange der Benutzer Werte kleiner als 0 oder größer als 23 eingibt.

> Ausgabe eines zur Stunde passenden Grußes: „Guten Morgen" von 3 bis 10 Uhr, „Guten Tag" um 11 Uhr und von 14 bis 17 Uhr, „Mahlzeit" von 12 bis 13 Uhr und „Guten Abend" von 0 bis 2 Uhr und von 18 bis 23 Uhr.

Stellen Sie drei Struktogramme für diesen Algorithmus auf. Die einzelnen Struktogramme sollen sich im Entscheidungsmechanismus unterscheiden:

> Struktogramm 1: Folge hintereinander liegender Alternativen mit jeweils leeren Nein-Zweigen.

> Struktogramm 2: Geschachtelte Alternativen.

> Struktogramm 3: Fallauswahl (Mehrfachverzweigung).

d.) Was macht der Algorithmus, der durch das folgende Struktogramm definiert ist?

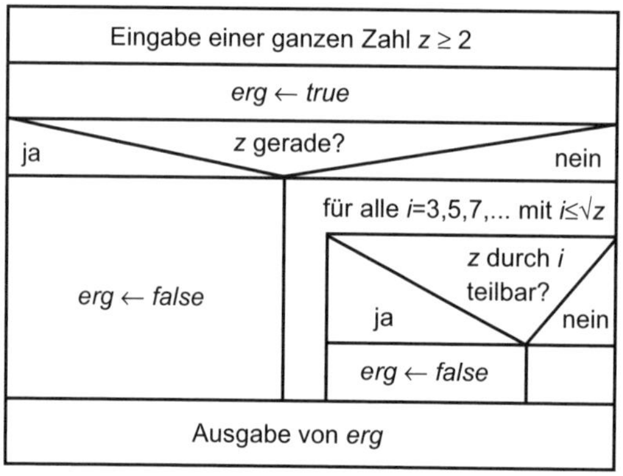

3. Unteralgorithmen

a.) Stellen Sie das Verfahren zur binären Suche (Abbildung 4-10) als Unteralgorithmus mit Parametern und Rückgabewert dar, formulieren Sie zusätzlich einen aufrufenden Hauptalgorithmus und zeigen Sie den Vorgang der Parameterübergabe und Wertrückgabe. Gehen Sie dabei analog zu Abbildung 4-4 vor.

b.) Betrachten Sie Abbildung 4-6, also den rekursiven Algorithmus zur Fakultätsberechnung. Warum ist es wichtig, dass jede Instanz ihren eigenen Variablenbestand hat – das heißt, was würde passieren, wenn alle Instanzen auf derselben Variablen *n* arbeiteten?

c.) Wozu dient der rekursive Algorithmus, der durch das folgende Struktogramm definiert wird? Tipp: Probieren Sie den Algorithmus für die *z*-Werte 0, 1, 2 und so weiter aus, bis „der Groschen fällt".

Unteralgorithmus *wasistdas*()
- Parameter: nichtnegative ganze Zahl z
- Rückgabewert: keiner

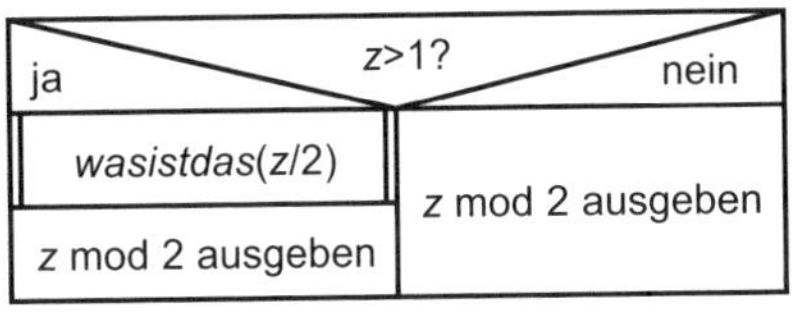

z/2 = ganzzahlige Division von z durch 2 (ohne Nachkommastellen)

z mod 2 = Rest der Division von z durch 2

4. Standardalgorithmen

a.) Führen Sie im Feld von Abbildung 4-10 eine lineare und eine binäre Suche nach dem Namen *Asterix* aus. Ist also die binäre Suche immer günstiger als die lineare?

b.) Fügen Sie in die rechte Hashtabelle von Abbildung 4-11 die Wörter *Gutemine* und *Miraculix* ein.

c.) Führen Sie das Quicksort-Beispiel von Abbildung 4-15 und das Heapsort-Beispiel aus Abbildung 4-16 zu Ende aus, bis das Feld vollständig sortiert ist.

d.) Durchlaufen Sie den Suchbaum im Kasten auf Seite 116, wobei Sie die Inorder-Reihenfolge benutzen. Überprüfen Sie dabei die Behauptung, dass ein solcher Durchlauf die Einträge in aufsteigender Ordnung liefert.

e.) Durchlaufen Sie den Strukturbaum von Abbildung 3-26 in Preorder. Notieren Sie dabei die angetroffenen Einträge des Baums jeweils in einer eigenen Zeile und, entsprechend den Niveaus der Knoten (→3.2.2), mit keinem bis vier Leerzeichen Einrückung. Vergleichen Sie das dabei entstehende Druckbild mit der grafischen Darstellung des Baums.

f.) Betrachten Sie den linken Graphen in Kapitel 3, Aufgabe 2b.), und führen Sie dort, ausgehend vom Knoten ganz links, eine Breiten- und eine Tiefensuche durch.

5. Komplexität

a.) Führen Sie eine Worst-Case-Analyse der Zeitkomplexität des Sortierens durch direkte Auswahl und des Sortierens durch direktes Einfügen durch. Orientieren Sie sich dabei an der Analyse von Bubblesort am Ende von Abschnitt 4.3.1.

b.) Führen Sie *Best*-Case-Analyse der Zeitkomplexität von Bubblesort, des Sortierens durch direkte Auswahl und des Sortierens durch direktes Einfügen durch (das heißt stellen Sie fest, welchen Zeitaufwand die Verfahren im bestmöglichen Fall verursachen).

c.) Warum hat das Verfahren von Aufgabe 2c.) eine asymptotische Zeitkomplexität von O(1)?

d.) Welche asymptotische Zeitkomplexität haben die Durchlaufverfahren von Abschnitt 4.2.3? Hinweis: Die Ausführung *eines* rekursiven Aufrufs hat einen konstanten Zeitaufwand.

e.) Skizzieren Sie die Rate- und die Verifikationsphase einer nichtdeterministischen Turing-Maschine, die die Erfüllbarkeit einer aussagenlogischen Formel prüft bzw. das Problem des Handlungsreisenden (in seiner Form als Entscheidungsproblem) löst.

6. Nebenläufigkeit

a.) Erweitern Sie das Struktogramm von Quicksort (siehe Abbildung 4-15) so, dass das Feld zunächst (wie links in der Abbildung gezeigt) in zwei Teilfelder aufgespalten wird und dann zwei Kontrollflüsse erzeugt werden, die diese Teilfelder nebenläufig bearbeiten.

b.) Geben Sie die Zustände des Petri-Netzes aus Abbildung 4-25 (rechts) nach dem Schalten von t_2 und nach dem anschließenden Schalten von t_3 an.

c.) Spielen Sie in den Petri-Netzen der Abbildungen 4-26 bis 4-29 dynamische Abläufe durch, indem Sie beispielsweise Münzen als Marken durch die Graphen schieben.

d.) Modellieren Sie das klassische **Leser-Schreiber-Problem** mit Hilfe eines Petri-Netzes: Es gibt drei Leser- und zwei Schreiber-Prozesse, die (ähnlich wie die Prozesse in Abbildung 4-27) zyklisch arbeiten. Ein Prozess greift in einem Zyklusdurchlauf zunächst auf einen Speicher lesend bzw. schreibend zu und tut danach etwas anderes. Der Speicherzugriff ist dabei, wie in der Abbildung, eine Art kritischer Abschnitt. Allerdings ist nur der Speicherzugriff eines *Schreibers* gegenüber dem anderen Schreiber und den Lesern wechselseitig auszuschließen; mehrere *Leser* können dagegen gleichzeitig auf dem Speicher arbeiten.

Hinweis: Erweitern Sie das Netz in Abbildung 4-27 so, dass es fünf Prozesse und drei Synchronisationsmarken umfasst. Jeder Leser muss sich vor Betreten des kritischen Abschnitts nur eine dieser Marken beschaffen, ein Schreiber dagegen alle drei.

5 | Programmierung

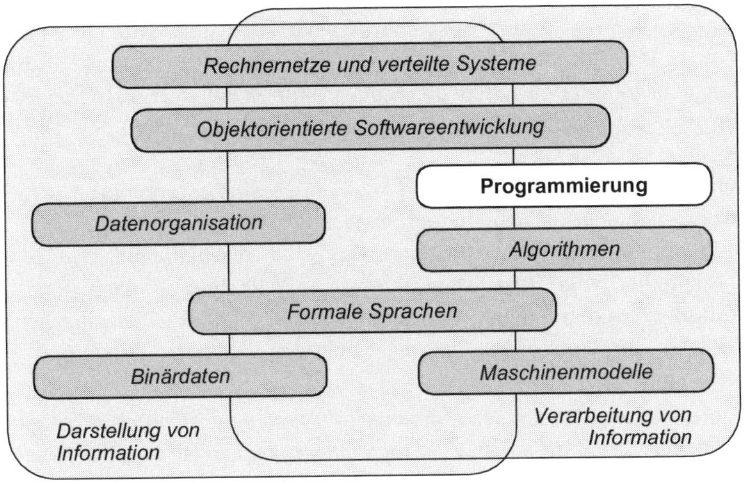

Datenstrukturen und Algorithmen, die in den vorangehenden Kapiteln besprochen wurden, sind die Basis für die *Programmierung* von Computern: *Programme* sind konkrete Formen von Algorithmen, die von Computern ausgeführt werden und Datenstrukturen bearbeiten.

Damit ein Computer ein Programm „verstehen" kann, muss es in einer *Programmiersprache* formuliert sein. Sie definiert die „Bausteine", aus denen Programme aufgebaut sind. Man unterscheidet hier zwischen *hardwarenahen* Sprachen und *höheren* Sprachen und differenziert die höheren Programmiersprachen weiter in *imperative* und *nichtimperative* Sprachen.

Eine wichtige Teilklasse der imperativen Sprachen sind die *rein prozeduralen* Sprachen. Sie sind *algorithmenorientiert*, bieten also Sprachkonstrukte, mit denen die einzelnen Algorithmenbausteine aus dem vorigen Kapitel programmiersprachlich dargestellt werden können. Wichtig sind hier insbesondere Möglichkeiten zur Definition von *Unterprogrammen*.

Ein Prozessor kann höhersprachliche Programme nicht direkt ausführen, da seine Maschinenbefehle primitiver sind als die höheren Sprachkonstrukte. Die Anweisungen des Programms müssen also in Maschinenanweisungen umgesetzt werden – entweder vor der Ausführung durch *Übersetzung* oder während der Ausführung durch *Interpretation*.

Zur Programmierung nebenläufiger Algorithmen bieten moderne Programmiersprachen und Betriebssysteme entsprechende Sprachkonstrukte. Dazu gehören insbesondere ein *Prozesskonzept*, Mechanismen zur *Synchronisation* von Prozessen, also zur zeitlichen Steuerung ihres Ablaufs, und zur *Kommunikation* zwischen Prozessen, also zum Datenaustausch.

5.1 Programmiersprachen

Damit ein Algorithmus von einem Computer ausgeführt werden kann, muss er in einer **Programmiersprache** formuliert sein. Der Algorithmus wird so zu einem **Programm**, das die Aktionen des Computers bestimmt und zudem die Datenstrukturen definiert, auf denen gearbeitet wird. Ein Programm ist damit eine **Software**, die bei ihrer Ausführung die Hardware des Computers steuert (→2.1.1).
Eine Programmiersprache ist eine *formale Sprache* (→2.4): Sie besitzt eine **Syntax**, die die sprachlichen Konstrukte definiert, aus denen Programme aufgebaut werden können. Darüber hinaus hat eine Programmiersprache eine **Semantik**, die die *Bedeutung* der einzelnen Sprachkonstrukte beschreibt. Syntax und Semantik einer Sprache sind die Basis für die Analyse und Ausführung von Programmen; wir werden hierauf in →5.3 näher eingehen. Zuvor soll jedoch dieses Unterkapitel einen Überblick über das Gebiet der Programmiersprachen geben:

> Im ersten Abschnitt werden allgemeine *Forderungen an Programmiersprachen* gestellt und daraus ein Schema zur *Klassifikation von Programmiersprachen* entwickelt.

> In den beiden darauf folgenden Abschnitten werden zwei Sprachklassen näher betrachtet – nämlich die algorithmenorientierten *imperativen Sprachen*, deren Programme aus Anweisungen für einzelne Verarbeitungsschritte bestehen, sowie die *nichtimperativen Sprachen*, die eine etwas abstraktere Beschreibung einer Problemlösung erlauben.

5.1.1 Sprachklassen

Eine Programmiersprache sollte so definiert sein, dass einerseits ein *Programmierer* mit ihr komfortabel arbeiten und dass andererseits eine *Computerhardware* ihre Anweisungen effizient ausführen kann. Leider lässt sich beides nicht unmittelbar miteinander in Einklang bringen: Der Befehlssatz eines Computerprozessors (→2.1.1) ist deutlich primitiver als das, was ein Programmierer zur Unterstützung seiner Arbeit erwartet – wie beispielsweise die Möglichkeit, Algorithmen durch Struktogramme grafisch zu beschreiben (→4.1.2) oder Datenbankabfragen mathematisch-logisch zu formulieren (→3.5.2). Programmiersprachen liegen also im Spannungsfeld zwischen Ausführbarkeit auf einer realen Prozessorhardware und Bequemlichkeit bei der Programmierung. Man kann Sprachen danach klassifizieren, wie nahe sie an einem dieser beiden Pole liegen, und unterscheidet dementsprechend *hardwarenahe* und *höhere Programmiersprachen*.

Maschinennahe Sprachen

Programme, die in einer **hardwarenahen Sprache** (engl. *low-level language*) formuliert sind, haben eine recht primitive Struktur, die sich an den beschränkten Fähigkeiten eines realen Computerprozessors orientiert: Die Programme bestehen aus einer Folge von Anweisungen, die einfache Operationen auf Daten in Speicherzellen durchführen oder durch Sprünge (→2.1.1) den Kontrollfluss (→4.1.1) bei der Ausführung der Anweisungsfolge steuern. Das Programmbeispiel, das im Zusammenhang mit der von-Neumann-Architektur in →2.1.1 besprochen wurde, gibt einen Eindruck von der Form solcher Anweisungen. Man unterscheidet zwei Arten hardwarenaher Sprachen (siehe Abbildung 5-1, oberer Teil):

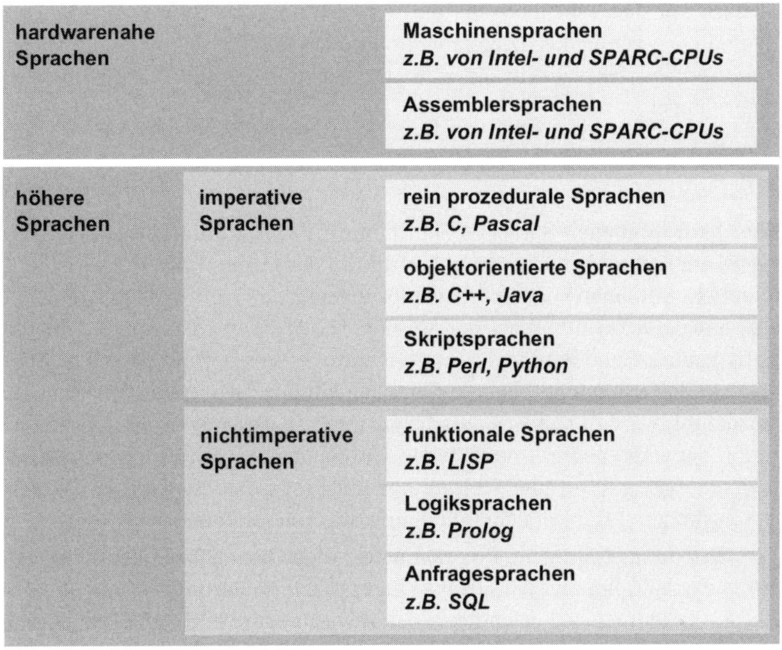

Abb. 5-1 *Klassen von Programmiersprachen*

> Eine **Maschinensprache** (engl. *machine language*) umfasst alle die Anweisungen, die ein realer Prozessor unmittelbar ausführen kann. Jede Prozessorfamilie, wie beispielsweise die Serie der *Intel-* oder der *UltraSPARC*-Prozessoren, besitzt eine eigene solche Sprache. Ein **Maschinenprogramm**, also ein Programm in Maschinensprache, beschreibt damit einen Algorithmus in *prozessorabhängiger Form*. Wie in →2.1.1 dargestellt, wird ein Maschinenprogramm, das im Hauptspeicher des Computers liegt, durch den Prozessor Befehl für Befehl gelesen und ausgeführt. Neben den Sprachen *realer* Prozessoren gibt es auch Maschinensprachen für *virtuelle* Prozessoren (→2.1.2), wie zum Beispiel den *Bytecode* der *Java Virtual Machine* (→Kasten auf Seite 34, →5.3.1).

> Eine **Assemblersprache** (engl. *assembly language*) hat im Wesentlichen dieselbe Mächtigkeit wie eine Maschinensprache, bietet also dieselben Möglichkeiten zur Ansprache und Verarbeitung von Daten. Allerdings werden in einem Assemblerprogramm *symbolische* (also textuelle) Bezeichnungen für Befehle und Speicherplätze benutzt, während ein Maschinenprogramm beide durch Zahlencodes identifiziert. Zudem können **Makros** definiert werden: Der Programmierer ordnet dabei einer Befehlsfolge, die er öfter verwenden möchten, einen *Makronamen* zu und schreibt dann in seinem Programm anstelle dieser Folge jeweils nur den Namen hin. Insgesamt ist also ein Assemblerprogramm leichter zu schreiben und zu lesen als ein Maschinenprogramm. Assemblerprogramme werden durch ein spezielles Werkzeug, einen **Assembler**, automatisch in Maschinenprogramme umgewandelt („übersetzt") und damit ausführbar gemacht.

In ihrer Anfangszeit konnten Computer nur über diese Maschinen- und Assemblersprachen, also nur sehr „hardwarenah" programmiert werden. Aufgrund des beschränkten, primitiven Befehlssatzes war dies sehr mühsam und zeitaufwendig und führte außerdem zu unübersichtlichen, nur schwer nachvollziehbaren Programmen. Daher wurden relativ bald *höhere Programmiersprachen* entwickelt, die eine „problemnähere" und übersichtlichere Programmierung erlauben.

Höhere Sprachen

Im Unterschied zu hardwarenahen Sprachen sind **höhere Programmiersprachen** (engl. *high-level languages*) am menschlichen Verständnis und an der Struktur der zu bearbeitenden Aufgaben orientiert. Mit ihnen können Problemlösungen in einer anwendungsorientierten, prozessorunabhängigen Form beschrieben werden. Die *Syntax* und *Semantik* höherer Sprachen ist relativ komplex und wird meist durch mehr oder weniger umfangreiche Spezifikationen festgelegt. Programme in höheren Sprachen können nicht unmittelbar auf einem Prozessor ausgeführt werden, sondern müssen vor ihrer Ausführung in ein Maschinenprogramm *übersetzt* oder während ihrer Ausführung Anweisung für Anweisung *interpretiert* werden (→5.3). Heutzutage gibt es eine Vielzahl höherer Programmiersprachen, die sich folgendermaßen klassifizieren lassen (siehe Abbildung 5-1, unterer Teil):

> In einer *imperativen Sprache* kann ein Programmierer Algorithmen formulieren. Er legt also die Schritte, die der Computer zur Lösung eines Problems auszuführen hat, und deren Abfolge fest. Am deutlichsten orientieren sich *rein prozedurale Sprachen* an diesem Ansatz, indem sie Algorithmen durch ein System von Unterprogrammen (entsprechend den Unteralgorithmen aus →4.1.4) beschreiben. *Objektorientierte Sprachen* benutzen ebenfalls solche Unterprogramme, ordnen diese aber den Datenstrukturen („Objekten") unter, die verarbeitet werden sollen.

> *Nichtimperative Sprachen* abstrahieren dagegen von einer algorithmischen Beschreibung in Einzelschritten. Im Idealfall beschreibt ein Programmierer hier nur die Eigenschaften, die die gewünschte Problemlösung haben soll – nicht aber, wie der Computer dorthin gelangt. Er überlässt es damit der Dienstsoftware, die auf dem Computer installiert ist, einen geeigneten Lösungsweg zu finden. Unterklassen der nichtimperativen Sprachen sind die *funktionalen Sprachen*, die sich am mathematischen Funktionsbegriff orientieren, die *Logiksprachen*, die auf den Techniken der Aussagenlogik (→2.2) basieren, sowie die *Anfragesprachen* zum Zugriff auf große Datenbestände (→3.5).

Die folgenden beiden Abschnitte geben einige Beispiele für diese Sprachklassen. Im weiteren Verlauf des Buchs werden dann zwei Unterklassen vertiefend betrachtet, nämlich die klassischen rein prozeduralen Sprachen (→5.2) und die objektorientierten Sprachen (→6).

5.1.2 Imperative Sprachen

Mit einem Programm in einer **imperativen Programmiersprache** wird ein Computer angewiesen, eine bestimmte Folge von Schritten auszuführen und dabei einen Bestand von Daten zu bearbeiten. Eine solche Sprache heißt „imperativ", weil in ihr der Begriff der **Anweisung** (engl. **statement**) eine zentrale Rolle spielt: Anweisungen entsprechen einfachen Operationen (also Zuweisungen und Rechenausdrücken einschließlich Aufrufen) oder Kontrollstrukturen (also Sprüngen, Verzweigungen und Schleifen) von Algorithmen. Ein Programm, das aus solchen Anweisungen aufgebaut ist, ist also die unmittelbare **Implementation** (= Realisierung) eines Algorithmus auf dem Computer.

Die einzelnen Anweisungen einer imperativen Sprache sind zwar meist deutlich mächtiger und problemnäher als die Maschinenbefehle eines Prozessors, tun aber im Prinzip dasselbe: Sie führen Operationen auf Speicherstellen (hier: *Variablen*, →3.1) aus und bestimmen den *Kontrollfluss* (→4.1.1) bei der Abarbeitung der Anweisungen. Je nachdem, ob bei der Programmierung der Algorithmus selbst oder die bearbeiteten Daten im Vordergrund stehen, unterscheidet man zwischen *rein prozeduralen* und *objektorientierten Sprachen.*

Rein prozedurale Sprachen

Der Schwerpunkt einer **rein prozeduralen** (oder **algorithmenorientierten**) **Sprache** liegt auf *algorithmischen Aspekten*: Sie dient primär dazu, Algorithmen, die zum Beispiel durch Struktogramme (→4.1.2) dargestellt sind, in eine dem Computer zugänglichere Form zu bringen. Hierzu gibt es (wie schon gesagt) sprachliche Konstrukte, die den in →4.1.3 besprochenen *Kontrollstrukturen* von Algorithmen entsprechen. Zudem ist es möglich und üblich, ein Programm in *Unterprogramme* (*Prozeduren* oder *Funktionen*, →4.1.4) zu untergliedern, die dann in einer bestimmten Abfolge ausgeführt werden. Wie Algorithmen arbeiten die Programme auf *Variablen*, die entweder skalar oder strukturiert sein können (→3.1).
Die Klasse der rein prozeduralen Programmiersprachen ist die älteste der in →5.1.1 genannten Sprachklassen und geht bis in die fünfziger Jahre des zwanzigsten Jahrhunderts zurück. Zu ihr gehören „Dinosaurier" wie **Fortran**, **Cobol**, **Algol 60** und **PL/1**, aber auch modernere Sprachen wie **Pascal** und **C**. Heute wird insbesondere C in vielen Bereichen eingesetzt. Die erste C-Version wurde im Jahre 1971 entwickelt, um damit das Betriebssystem **UNIX** unabhängig von einer bestimmten Maschinensprache implementieren zu können. Später wurde C als *ANSI-C* standardisiert (*ANSI = American National Standards Institute*) und zudem zur Programmiersprache C++ erweitert, die die Konzepte der objektorientierten Programmierung (→nächster Teilabschnitt) integriert.
Die Sprachkonstrukte von C sind recht vielfältig und flexibel einsetzbar, so dass C sowohl zur hardwarenahen **Systemprogrammierung** als auch zur problemnahen **Anwendungsentwicklung** benutzt werden kann. So gibt es in C beispielsweise einerseits *Zeigervariablen* (→3.1.2), über die direkt auf Hardwarekomponenten des Computers zugegriffen werden kann, und andererseits *zusammengesetzte Variable* (→3.1.3), in denen Anwendungsdaten strukturiert gespeichert werden können. Typische *Kontrollstrukturen* von C werden durch das folgende *Beispiel* illustriert, das einen Teil des ggT-Algorithmus aus →Abbildung 4-4 in ein C-Programm umsetzt:

```
#include <stdio.h>
int ggt(int x, int y) {
 while (x!=y)
   if (x<y)
     y=y-x;
    else x=x-y;
 return x;
}
void main(void) {
 int zaehler, nenner, teiler;
 printf("Bitte Zähler und Nenner eingeben: ");
 scanf("%d %d",&zaehler,&nenner);
```

```
    teiler=ggt(zaehler,nenner);
    zaehler=zaehler/teiler;
    nenner=nenner/teiler;
    printf("gekürzter Bruch: %d/%d",zaehler,nenner);
  }
```

Das Beispiel zeigt die Eigenschaften von C als prozeduraler Sprache: Ein Unterprogramm `ggt()` dient zur Berechnung des größten gemeinsamen Teilers zweier ganzer Zahlen. Es wird vom Hauptprogramm `main()` aus aufgerufen, um den ggT von Zähler und Nenner eines Bruchs zu berechnen. Dabei werden die Zahlen als Parameter übergeben und ihr größter gemeinsamer Teiler als Ganzzahl-Resultat zurückgeliefert (vergleiche →4.1.4 und →Abbildung 4-4). Zudem werden Funktionen aufgerufen, die in den vordefinierten **C-Funktionsbibliotheken** (engl. **libraries**) enthalten sind. Es handelt sich dabei um die `scanf()`-Funktion zum Einlesen und die `printf()`-Funktion zur Ausgabe von Werten, wobei jeweils die Variablen `zaehler` und `nenner` angesprochen werden (für nähere Erläuterungen siehe die weiterführende Literatur, →5.5). Die anfängliche `#include`-Anweisung dient zur Einbindung der Bibliotheksfunktionen in das Programm (→5.3.2). Die Operationen auf den Variablen (Deklarationen, arithmetische Operationen und Zuweisungen) wurden bereits in →3.1 erläutert (siehe insbesondere →Abbildung 3-3); die Kontrollstrukturen und die Formulierung von Unterprogrammen werden in →5.2 systematisch besprochen.

Objektorientierte Sprachen

Wie die rein prozeduralen Sprachen gehören auch die **objektorientierten Programmiersprachen** zur imperativen Sprachklasse. In ihnen werden ebenfalls Schrittfolgen definiert, die der Computer durchführen soll, und auch hier werden Unterprogramme vereinbart. Im Vordergrund stehen hier allerdings nicht die Algorithmen, sondern die zu verarbeitenden Daten: Es werden *Objekte* definiert, die jeweils eine strukturierte Datenmenge enthalten und zudem die Operationen festlegen, die auf diesen Daten zulässig sind. Ein Objekt bildet also eine *Einheit aus Daten und Algorithmen*, wobei die Algorithmen den Daten zugeordnet oder (schärfer formuliert) untergeordnet sind. Man sagt, dass das Objekt die Daten und Algorithmen *kapselt*. Zudem werden *Klassen* vereinbart - Objekttypen, die den Aufbau und die Eigenschaften einer Gruppe von Objekten beschreiben (zum Typbegriff siehe →3.1.1).

Abbildung 5-2 skizziert als Beispiel ein Objekt `einBruch` einer Klasse `Bruch`. Dieses Objekt enthält, wie jedes Objekt seiner Klasse, zwei Werte (*Attribute*), die den Zähler und den Nenner des Bruchs angeben. Dazu kommen zwei Funktionen bzw. Prozeduren (*Methoden*), die den größten gemeinsamen Teiler der Attributwerte berechnen sowie den Bruch kürzen können. Wichtig ist hier der Unterschied zu dem Beispiel aus dem vorangehenden Teilabschnitt: Während beim rein prozeduralen Ansatz die ggT-Funktion im Prinzip auf beliebige Ganzzahlwerte angewandt werden kann, arbeitet sie hier beim objektorientierten Ansatz nur für den Zähler und den Nenner des Bruchs, dem sie zugeordnet ist. Zusätzlich kann man festlegen, dass die Attribute *ausschließlich* über die angegebenen Methoden zugreifbar sind, also keine anderen Operationen auf ihnen durchgeführt werden können. In diesem Fall werden Einzelheiten des Objekts vor seinem Benutzer *verborgen*.

Die objektorientierte Programmierung ist deutlich jünger als die rein prozedurale: **Simula** aus den späten sechziger Jahren des zwanzigsten Jahrhunderts war die erste Sprache, die entsprechende Konzepte enthielt. Später kamen weitere Sprachen hinzu, die entweder rein

Objekt „einBruch“ der Klasse „Bruch“:
Einheit aus den Attributen
„nenner“ und „zaehler“
und den zugeordneten Methoden
„ggt“ und „kuerzen“

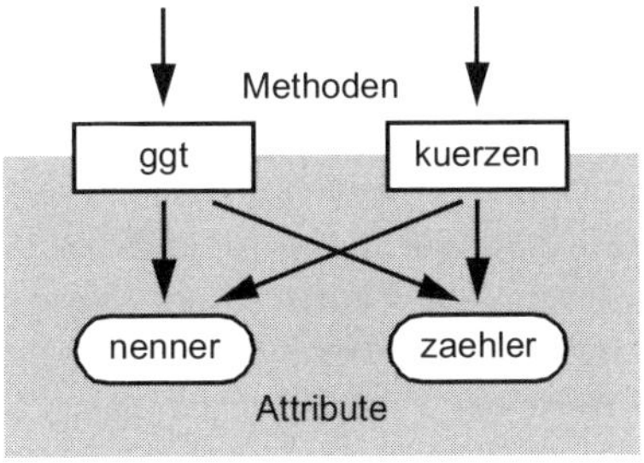

***Abb. 5-2** Objekt der Klasse „Bruch“*

objektorientiert waren bzw. sind (also *alle* Programmbestandteile durch Objekte darstellen) oder neben den objektorientierten auch rein prozedurale Ansätze unterstützen. Beispiel sind **Smalltalk** und **Java** bzw. **Ada** und **C++ (siehe auch den →Kasten auf Seite 289)**. Heute hat insbesondere die Sprache **Java** eine weite Verbreitung gefunden. Java ist eine moderne objektorientierte Programmiersprache, die von der Firma *Sun Microsystems* 1995 vorgestellt wurde. In ihr können sowohl *Applikationen*, also eigenständige Programme entwickelt werden als auch *Applets*, also Programme, die in WWW-Seiten eingebettet sind (→2.1.2). Wie im →Kasten auf Seite 34 dargestellt, sind Java-Programme auf verschiedenen Rechnerplattformen ausführbar, da sie in einen hardwarenahen, aber von einem konkreten Prozessor unabhängigen *Bytecode* übersetzt werden, der dann von einer *Java Virtual Machine* ausgeführt wird. Bei der Übersetzung und Ausführung findet eine Reihe von Überprüfungen statt, um zu verhindern, dass (gewollt oder ungewollt) sicherheitskritische Operationen ausgeführt werden. Hervorzuheben ist die Fülle der vordefinierten **Klassenbibliotheken**, die zahlreiche Standardklassen und -methoden anbieten, auf die man bei der Programmierung zurückgreifen kann. Das folgende *Beispiel* ist ein Teil eines Java-Programms, das den Aufbau von Objekten der oben skizzierten Klasse `Bruch` definiert:

```
class Bruch {
 int zaehler, nenner;
 int ggt() {
  int x,y;
  x=zaehler;
  y=nenner;
  while (x!=y)
   if (x<y)
     y=y-x;
    else x=x-y;
  return x;
 }
 void kuerzen() {
  int teiler=ggt();
  zaehler=zaehler/teiler;
  nenner=nenner/teiler;
 }
}
```

Durch das Schlüsselwort `class` wird die Definition der Klasse eingeleitet. Wie die Definition eines Variablentyps (→3.1) beschreibt eine Klassendefinition die Form von Objekten mit bestimmten Eigenschaften. Bezüglich dieser Beschreibung können dann, ähnlich einer Variablendeklaration und -initialisierung, konkrete Objekte erzeugt werden. Die Definition im Beispiel legt fest, dass Objekte der Klasse `Bruch` zwei *Attribute* `zaehler` und `nenner` haben, in denen jeweils ein Ganzzahlwert abgelegt werden kann. Die beiden *Methoden* `ggt()` und `kuerzen()` arbeiten auf diesen Attributen, indem sie den größten gemeinsamen Teiler ihrer Werte berechnen bzw. den Bruch entsprechend kürzen. Die Klammerung macht deutlich, dass die Methoden eines `Bruch`-Objekts dessen Daten zugeordnet sind, also nur auf den Attributen *dieses* Objekts arbeiten können. Details der objektorientierten Programmierung, insbesondere zur Definition von Klassen sowie zur Erzeugung und zum Gebrauch von Objekten in Java, werden in →6.1 besprochen.

Skriptsprachen

Unter dem Begriff **Skriptsprache** wird eine Reihe von Programmiersprachen zusammengefasst, die von unterschiedlicher sprachlicher Mächtigkeit sind. Gemeinsam ist diesen Sprachen jedoch erstens, dass sie die Ansätze der *prozeduralen* Programmierung (Variablen, Kontrollstrukturen, Unterprogramme) unterstützen und zudem vielfach mächtige Befehle zur Analyse und Manipulation von Zeichenketten / Texten enthalten. In modernen Skriptsprachen werden die rein prozeduralen Ansätze durch *objektorientierte* Konzepte ergänzt oder sogar ersetzt. Zweitens haben die Skriptsprachen ein gemeinsames Haupteinsatzgebiet, nämlich die Steuerung von Vorgängen an *Benutzeroberflächen* und den Zugriff auf dort angebotene *Dienste*. Zur Klasse der Skriptsprachen gehören die folgenden Sprachen:

> **Perl** ist eine der ältesten Skriptsprachen. In ihr finden sich Konzepte von C sowie der UNIX-Betriebssystemoberfläche (*UNIX-Shell*, siehe unten); zudem enthält sie (wie oben angesprochen) komfortable Werkzeuge zur Arbeit mit Zeichenketten. Heute wird Perl insbesondere auch zur Programmierung von *CGI-Skripten* eingesetzt - Programmen, die Dienste von *WWW-Servern* realisieren (→7.4.3).

> **Python** ist eine modernere Skriptsprache als Perl. Sie wurde insbesondere von vornherein als objektorientierte Sprache definiert, während bei Perl das Objektkonzept erst nachträglich hinzugefügt wurde. Python enthält zudem eine Reihe von Bibliotheken, auf die man bei der Programmierung zurückgreifen kann.

> **Tcl/Tk** ermöglicht die Programmierung von grafischen Benutzeroberflächen und deren Anbindung an darunter liegende Programme, insbesondere in der Sprache C.

> **JavaScript** ist eine recht einfache Sprache, deren Befehle in *HTML-Dokumente* (*WWW-Seiten*, →3.4.2) eingebettet werden können und bei deren Anzeige ausgeführt werden (→5.3.1, →7.4.3). Außer dem Namen und grundlegenden syntaktischen Formen hat *JavaScript* mit der deutlich mächtigeren Sprache Java nicht viel gemeinsam.

> **PHP** ist ebenfalls eine Sprache zur Formulierung von Anweisungen in *HTML-Dokumenten* (→3.4.2, →7.4.3). Im Unterschied zu JavaScript-Anweisungen, die auf der Clientseite (→Abbildung 3-22) ausgeführt werden, laufen PHP-Befehle auf der Serverseite ab.

> Zeichenorientierte *Bedienoberflächen von Betriebssystemen*, wie beispielsweise die **UNIX-Shells**, definieren oft eine eigene Skriptsprache. In ihr können imperative Programme, sogenannte **Shellskripts**, geschrieben werden, die Betriebssystembefehle und

Dateien mit ausführbaren Maschinenprogrammen aufrufen und miteinander verknüpfen (→Kasten auf Seite 236).

5.1.3 Nichtimperative Sprachen

Imperative Sprachen orientieren sich stark am Begriff des schrittweise ausgeführten Algorithmus und an den Fähigkeiten der realen Computerhardware. In ihnen wird ein Programm als eine Folge von Anweisungen (Befehlen) formuliert, die auf einem Datenbestand in Variablen oder Speicherzellen arbeiten. Zur Lösung eines Problems muss ein Programmierer also einen korrekten, umfassenden Algorithmus entwerfen und ihn dann in ein Programm umsetzen. Die Programmierung in imperativen Sprachen ist damit eine recht arbeitsintensive und fehleranfällige Aufgabe.
Ideal wäre es, wenn sich der Programmierer nicht mehr um das „Wie?“ einer Problemlösung zu kümmern hätte, sondern nur noch um das „Was?“ – also nur die *Eigenschaften* der gewünschten Lösung angeben müsste und es dem Computer überlassen könnte, den *Weg* zu dieser Lösung zu finden. Eine entsprechende Programmiersprache wäre damit nicht mehr *imperativ* (also „befehlsbasiert“), sondern **deklarativ** (oder **deskriptiv**, also „die Lösung beschreibend“). Eine rein deklarative Sprache stellt hohe Ansprüche an das **Programmier-** und das **Laufzeitsystem**, also an die auf dem Computer installierten Dienstprogramme, die Programme der betreffenden Sprache übersetzen und/oder ausführen: In ihnen muss ein mächtiger Algorithmus „eingebaut“ sein, der zu jeder Lösungsbeschreibung, die ein Programmierer liefert, einen zugehörigen Lösungsweg findet und verfolgt.
Mittlerweile gibt es eine Reihe **nichtimperativer Sprachen**, die zwar nicht so breit einsetzbar sind wie die imperativen Sprachen, aber auf speziellen Gebieten ihre Aufgabe effizient erfüllen. Im Einzelnen unterscheidet man zwischen *funktionalen Sprachen*, *logischen Sprachen* und *Anfragesprachen*, die dem Ziel der rein deklarativen Programmierung unterschiedlich nahe kommen. Diese Sprachen werden bisweilen auch als **Sprachen der 4. Generation** bezeichnet, also als Nachfolger der Maschinen- und Assemblersprachen (1. und 2. Generation) sowie der höheren imperativen Sprachen (3. Generation).

Funktionale Sprachen

Funktionale Programmiersprachen (auch **applikative Sprachen** genannt) basieren auf dem Funktionsbegriff, wie er von der Mathematik her bekannt ist. Ein Programm ist hier ein System von Funktionen, die auf Werte angewandt („appliziert“) werden und schließlich ein Endresultat liefern. Variablen zur Zwischenspeicherung von Werten gibt es nicht, da ein Zwischenergebnis, das von einer Funktionsanwendung geliefert wurde, sofort als Parameter in die nächste Anwendung eingeht. Ebenso wenig gibt es Kontrollstrukturen in der Form, wie sie von imperativen Sprachen her bekannt ist (→5.1.2, →5.2.1): Eine Ausführungsreihenfolge (Sequenz) wird durch eine Schachtelung von Funktionsanwendungen ausgedrückt, eine Wiederholung meist durch Rekursion (→4.1.4) und eine Alternative durch eine spezielle Funktion, die einen Wahrheitswert sowie die im True- und im False-Fall auszuwertenden Funktionen als Parameter erhält.
Der älteste und zugleich bekannteste Vertreter der funktionalen Sprachklasse ist **LISP**, das 1960 eingeführt wurde. Die Funktionen von LISP arbeiten vornehmlich mit Listen (→3.2.2), in denen Daten als Folgen von Zahlen oder Zeichenketten abgelegt sind; zudem werden die

Welche Möglichkeiten bietet die Kommandosprache einer Betriebssystem-Shell?

Betriebssysteme bieten **Benutzerschnittstellen**, über die Kommandos an den Computer eingegeben werden können (→Abbildung 2-5). Neben den bekannten *grafikorientierten Schnittstellen*, die über die Maus angesteuert werden, gibt es *zeichenorientierte Schnittstellen*, die Kommandos in Form von Zeichenfolgen über die Tastatur entgegennehmen. Zeichenorientierte Schnittstellen sind zwar nicht so intuitiv zu bedienen wie grafikorientierte, erlauben aber häufig eine kompakte Formulierung von Anweisungen und damit eine raschere Eingabe.

Eine zeichenorientierte Schnittstelle wird durch eine **Shell** realisiert – ein Dienstprogramm, das eingegebene Benutzerkommandos analysiert, sie vom Betriebssystemkern ausführen lässt und schließlich Rückmeldungen an den Benutzer ausgibt (→Abbildung 2-5). Die Shell definiert hierzu eine **Kommandosprache**, die beispielsweise Befehle zur Arbeit in Dateisystemen (→3.3) oder zur Verwaltung der nebenläufigen Aktivitäten des Computers (→5.4) bereitstellt. In der Kommandosprache werden nicht nur Tastaturkommandos formuliert, sondern es können in ihr auch Programme geschrieben werden, die als so genannte **Shellskripts** in Dateien abgelegt werden. Beim Aufruf einer solchen Datei interpretiert die Shell die gespeicherten Kommandos und führt sie damit aus (zum Begriff der *Interpretation* siehe →5.3.1). Einfache Kontrollstrukturen im Shellskript, wie Verzweigungen und Schleifen, steuern dabei die Ausführung. Das folgende Beispiel zeigt ein **UNIX-Shellskript**, das in einer Schleife mit einer Laufvariablen `i` (→5.2.1) drei Unterverzeichnisse eines Verzeichnisses `/users` durchläuft und dort jeweils mit dem UNIX-Befehl `rm` (= „remove“) alle Dateien mit der Namensendung `tmp` entfernt:

```
for i in /users/asterix /users/obelix /users/majestix
 do
  rm $i/*.tmp
 done
```

Neben diesen einfachen Betriebssystemkommandos und Kontrollstrukturen stellt die **UNIX-Benutzerschnittstelle** eine Reihe sehr mächtiger Dienste bereit:

> Mit `sed` und `awk` können Dateiinhalte *automatisch editiert* werden: Beide Werkzeuge können in Dateien nach bestimmten Textmustern suchen und an den Fundstellen Textänderungen vornehmen. Beispielsweise ersetzt das Kommando `sed 's/Asterix/Obelix/g' datei1 > datei2` in der Datei `datei1` jedes Vorkommen von „Asterix“ durch „Obelix“ und schreibt den resultierenden Text in die Datei `datei2`. Die Textmuster werden allgemein durch *reguläre Ausdrücke* (→2.4.3) beschrieben. `awk` bietet zusätzlich zu den Textverarbeitungsfunktionen Möglichkeiten zur Analyse von Dateiinhalten (beispielsweise zur Auswertung von Zahleneinträgen) und definiert hierzu eine imperative Programmiersprache.

> `lex` und `yacc` unterstützen die *lexikalische und syntaktische Analyse* von Texten (→2.4.3, →5.3.2): Sie erhalten eine Syntaxbeschreibung in Form eines regulären Ausdrucks bzw. einer Backus-Naur-Form und generieren daraus automatisch ein C-Programm, das dann Texte anhand dieser Syntaxbeschreibungen analysieren kann.

> `make` ermöglicht die automatische Ausführung komplexer Übersetzungs- und Bindevorgänge bei der Erstellung größerer höhersprachlicher Programmsysteme (→5.3).

`sed`, `awk`, `lex` und `yacc` erlauben also bis zu einem gewissen Grad eine *deklarative Programmierung* (→5.1.3), bei der nur angegeben werden muss, *was* für ein Ergebnis gewünscht ist, aber nicht, *auf welchem Wege* dieses Ergebnis erreicht wird.

Funktionen selbst in Listenform dargestellt (siehe das Beispiel unten). Im Laufe der Jahre wurde eine Reihe von LISP-Dialekten entwickelt, die insbesondere in der *Künstlichen Intelligenz* und in der *Wissensverarbeitung* eingesetzt werden. Hierbei wurde allerdings der rein funktionale Ansatz „verwässert“, da Konzepte der imperativen Programmierung hinzugenommen wurden. Dies geschah, um den Anwendungsbereich der Sprache zu erweitern, da sich viele Probleme nur sehr mühsam durch die Anwendung geschachtelter Funktionen lösen lassen.

Als *Beispiel* betrachten wir die Formulierung der Funktion zur Fakultätsberechnung (vergleiche →Abbildung 4-6) im LISP-Dialekt *Scheme*:

```
(define (fakultaet n)
  (if (= n 0)
    1
    (* n (fakultaet(- n 1)))))
```

Durch `define` wird die Definition der Funktion `fakultaet` eingeleitet, die einen Parameter `n` besitzt. Die Funktion enthält eine Fallunterscheidung, die davon abhängt, ob der Parameter `n` den Wert 0 hat. Ist das der Fall, so ist der Funktionswert 1; sonst ergibt sich der Funktionswert als Produkt von `n` und dem Ergebnis der rekursiven Anwendung von `fakultaet` auf `n-1`. Eine Anwendung der Funktion auf einen konkreten Wert hat beispielsweise die Form `(fakultaet 10)`.

Logiksprachen

Logiksprachen (auch **wissensbasierte** oder **prädikative Sprachen** genannt) stützen sich auf Konzepte der *Aussagen-* und der *Prädikatenlogik* (→2.2, →2.5). Programme in einer Logiksprache enthalten *Fakten* (also Aussagen, die den Wahrheitswert „wahr“ haben) sowie *Regeln*, mit denen aus Wahrheitswerten einzelner Aussagen die Wahrheitswerte zusammengesetzter Aussagen abgeleitet werden können. *Anfragen* lassen das System feststellen, ob eine bestimmte Aussage wahr ist, oder sie lassen nach Werten suchen, die eine bestimmte Bedingung erfüllen. Hierzu werden spezielle Verfahren ausgeführt – nämlich **Resolutionsverfahren**, die aus wahren Aussagen weitere wahre Aussagen ableiten, und **Unifikationsverfahren**, die in Aussagen Variablen (Platzhalter) durch konkrete Werte ersetzen (siehe Beispiel unten).

Der weitaus bedeutendste Vertreter der Logiksprachen ist die Sprache **Prolog**, die 1970 eingeführt wurde und in der *Künstlichen Intelligenz* (zum Beispiel in der *Computerlinguistik*) sowie in der *Wissensverarbeitung* eingesetzt wird. Das folgende *Beispiel* zeigt einige Fakten und Regeln in Prolog-Notation (vergleiche dazu →Abbildung 3-15) sowie zwei Anfragen mit ihren Resultaten:

```
%Fakten
weiblich(Elizabeth).
maennlich(Philip).
elternteil_von(Elizabeth,Charles).
elternteil_von(Philip,Charles).
%Regeln
kind_von(person1,person2):-
  elternteil_von(person2,person1).
```

```
vater_von(person1,person2):-
  elternteil_von(person1,person2),
  maennlich(person1).
%Anfrage1
?- vater_von(Elizabeth,Charles).
no
%Anfrage2
?- vater_von(person,Charles).
person = Philip
```

Die Fakten beschreiben hier Eigenschaften von Personen sowie Verwandtschaftsbeziehungen zwischen ihnen, und die Regeln geben an, wie man hieraus weitere Aussagen über Beziehungen ableiten kann. Die erste Anfrage des Beispiels lässt feststellen, ob eine bestimmte Aussage zutrifft. Die zweite Anfrage lässt nach einer Person suchen, die zu einer gegebenen Person in einer bestimmten Beziehung steht: Hier ist `person` ein Platzhalter (eine Variable), für die das System einen passenden Wert findet. Gäbe es hier mehrere Personen, so würden diese *alle* angezeigt.

Anfragesprachen

Unter allen nichtimperativen Sprachen kommen **Anfragesprachen** (engl. **query languages**) der Idee der deklarativen Programmierung am nächsten. Mit ihnen können aus einem Datenbestand die Einträge abgerufen werden, die bestimmte Bedingungen erfüllen. Dabei müssen nur diese Bedingungen spezifiziert werden; der Suchvorgang selbst wird durch das Verwaltungssystem des Datenbestands organisiert. Als Beispiel wurde bereits in →3.5.2 die **Structured Query Language (SQL)** besprochen, eine standardisierte Anfragesprache für *relationale Datenbanken*.

5.2 Grundelemente prozeduraler Sprachen

Prozedurale (algorithmenorientierte) Programmiersprachen dienen, wie im vorigen Unterkapitel besprochen, zur „computergerechten" Formulierung von Algorithmen. Ihre Sprachkonstrukte entsprechen damit unmittelbar den in →4.1 eingeführten Verarbeitungsmöglichkeiten von Algorithmen. In diesem Unterkapitel werden solche Konstrukte am Beispiel der Sprache **C** dargestellt, nämlich

> grundlegende *Kontrollstrukturen* wie *Blöcke, bedingte Anweisungen* und *Schleifen* sowie

> *Unterprogramme* (*Funktionen* und *Prozeduren*) mit ihren Definitionen und Aufrufen.

Die Konstrukte in **C++** oder **Java** sind denen von C meist sehr ähnlich oder sogar mit ihnen identisch.

5.2.1 Grundlegende Kontrollstrukturen

Ein Programm in einer algorithmenorientierten Sprache ist aus **Anweisungen** (engl. **statements**) aufgebaut. Erstens gehören dazu Anweisungen, die *einfachen Operationen* von Algorithmen entsprechen, also insbesondere arithmetischen oder logischen *Ausdrücken* sowie

Zuweisungen an Variable. Die Form und Benutzung solcher Anweisungen in C wurde bereits in →3.1 besprochen. Zweitens gibt es Anweisungen, die den **Kontrollfluss** (→4.1.1) bei der Ausführung des Programms steuern. Sie entsprechen **Kontrollstrukturen** von Algorithmen, also insbesondere den Strukturblöcken von *Struktogrammen* (→4.1.3). Im Einzelnen zählen dazu *Blöcke* zur Darstellung von Sequenzen, *bedingte Anweisungen* für Verzweigungen und *Schleifen*.

Blöcke

Die einfachste Kontrollstruktur einer algorithmenorientierten Sprache ist der **Block**: Ein Block fasst eine Gruppe zusammengehöriger **Anweisungen** und gegebenenfalls **Deklarationen**, die zur Ausführung dieser Anweisungen benötigt werden, zu einer Einheit zusammen. Dementsprechend besteht ein Block in einem C-Programm aus einem *Deklarationsteil* und einem *Anweisungsteil*, die durch ein Paar geschweifter Klammern umschlossen sind:

```
{ /* Deklarationsteil */
  short anzahlSparkonten;
  short anzahlGirokonten;
  short anzahlKonten;
  /* Anweisungsteil */
  anzahlSparkonten = 3;
  anzahlGirokonten = 5;
  anzahlKonten = anzahlSparkonten + anzahlGirokonten; }
```

Der durch `/**/` geklammerte Text ist ein **Kommentar** mit Informationen für den menschlichen Leser. Er wird vom Computer ignoriert, ist also für die Funktionsfähigkeit und Korrektheit des Programms unerheblich.

Der *Deklarationsteil* des Beispielblocks enthält die Deklaration dreier Variablen. Tritt der Kontrollfluss der Programmausführung in den Block ein, so werden diese Variablen erzeugt, also die Deklarationen des Blocks *erarbeitet* (vergleiche auch →3.1.1, Abbildung 3-3). Danach werden die Anweisungen des *Anweisungsteils* ausgeführt, und zwar „von oben nach unten", also nach Art einer **Sequenz** (→4.1.3). Im Beispiel werden zunächst zwei Variablen konstante Werte zugewiesen und dann der Wert der dritten Variablen aus den Werten der beiden anderen berechnet. Erreicht der Kontrollfluss das Ende des Blocks, so werden die oben erzeugten Variablen wieder gelöscht (vergleiche ebenfalls →3.1.1).

Jedes C-Programm enthält *mindestens einen Block*: Beispielsweise umfasst das ggT-Programm aus →5.1.2 zwei Blöcke - einen für das Hauptprogramm `main()` und einen für das Unterprogramm `ggt()` (siehe auch →5.2.2). Blöcke in C-Programmen können *geschachtelt* sein: Ein Block kann in der Folge seiner Anweisungen einen oder mehrere weitere Blöcke enthalten, die dann wie im vorigen Absatz beschrieben ausgeführt werden.

Bedingte Anweisungen

Verzweigungen von Algorithmen (→4.1.3) werden programmiersprachlich durch **bedingte Anweisungen** dargestellt. Das sind Anweisungen, die nur dann ausgeführt werden, wenn eine bestimmte Bedingung erfüllt ist. Ihre einfachste Form ist die **if-Anweisung**:

```
if (z>0)
  z = z-1;
```

Bei der Ausführung dieser Beispielanweisung wird zunächst geprüft, ob der Wert der Variablen `z` größer als 0 ist. Ist das der Fall, so wird der Wert von `z` um 1 gesenkt; ansonsten wird nichts weiter getan. Eine solche Anweisung entspricht also einer **Alternative** mit leerem Nein-Zweig (vergleiche →Abbildung 4-3 links oben). Eine Alternative mit *nichtleerem* Nein-Zweig wird als **if-else-Anweisung** formuliert:

```
if (z>0) {
   z = z-1;
   printf("z wurde gesenkt");
  }
 else
   printf("z wurde nicht gesenkt");
```

Auch hier wird zunächst geprüft, ob der Wert der Variablen `z` größer als 0 ist. Trifft das zu, so wird der Wert um 1 gesenkt und eine entsprechende Bildschirmmeldung ausgegeben. Man sagt in diesem Fall, dass der *if-Zweig* der Anweisung ausgeführt wird. Ist der Wert von `z` kleiner oder gleich 0, so wird der *else-Zweig* ausgeführt, also eine andere Meldung ausgegeben. Man beachte, dass der `if`-Zweig aus zwei einfachen Anweisungen besteht, die durch die Klammerung zu einem *Block* zusammengefasst sind.

Sind *mehrere Bedingungen* zu prüfen, so können `if-else`-Anweisungen *geschachtelt* werden. Die folgende Anweisung beispielsweise entspricht den geschachtelten Alternativen aus →Abbildung 4-3 rechts oben:

```
if ( Fleisch gewünscht )
  if ( Pommes gewünscht )
    printf("Essen III");
   else
    printf("Essen II");
 else
  if ( Reis gewünscht )
    printf("Biothek");
   else
    printf("Essen I");
```

Aus dem Beispiel wird deutlich, dass geschachtelte `if-else`-Anweisungen recht *unübersichtlich* sein können. Insbesondere die Zuordnung der einzelnen `else`-Zweige zu den `ifs` kann oft nur „durch scharfes Hinsehen" erkannt werden. Beim Programmieren sollte man daher versuchen, dem menschlichen Leser die Struktur des Programms durch *Einrückungen* zu verdeutlichen (wie hier geschehen). Der Compiler, der die Struktur des Programms automatisch analysiert (→5.3.2), orientiert sich allerdings nicht an solchen Einrückungen, sondern an eindeutigen *Syntaxregeln* (→2.4.3): Er ordnet ein `else` jeweils dem zuletzt gelesenen `if` zu, dem bislang noch kein `else` zugeordnet wurde.

In manchen Fällen lassen sich geschachtelte `if-else`-Strukturen vermeiden – nämlich dann, wenn der auszuführende Zweig in Abhängigkeit vom Wert einer Variablen oder eines Ausdrucks ausgewählt wird. Hier kann man die **switch-Anweisung** benutzen, die der **Fallauswahl** in Struktogrammen entspricht (→Abbildung 4-3 Mitte):

```
switch(sendernummer) {
 case 1:  printf("ARD"); break;
 case 2:  printf("ZDF"); break;
```

```
    case 3:  printf("Drittes"); break;
    default: printf("Privat"); break;
  }
```

Eine `switch`-Anweisung besteht aus einem *Kopf* und einem *Körper*. Im Kopf steht (in runden Klammern hinter dem Schlüsselwort `switch`) ein Ausdruck, dessen Wert berechnet wird - hier einfach der Name einer Ganzzahlvariablen `sendernummer`. Im darauf folgenden Körper gibt es mehrere Zweige, die (bis auf den `default`-Zweig, siehe unten) jeweils mit dem Schlüsselwort `case` und einer Konstanten beginnen. Bei der Ausführung der `switch`-Anweisung wird jeweils der Zweig ausgewählt, dessen Konstante dem berechneten Wert des Ausdrucks im Kopf entspricht. Im Beispiel wird also jeweils der Sendername ausgegeben, der der `sendernummer` zugeordnet ist. Stimmt keine der `case`-Konstanten mit dem berechneten Wert überein, so wird der `default`-Zweig genommen. Die `break`-Anweisungen an den Enden der `case`-Zweige haben eine rein technische Bedeutung - sie stellen sicher, dass der Kontrollfluss nach Ausführung des Zweigs an das Ende der `switch`-Anweisung springt (und nicht in den nächsten `case`-Zweig).

Schleifen

Um einen Programmteil mehrfach zu wiederholen, werden **Schleifen** benutzt (→4.1.3). Die Anzahl der Wiederholungen ergibt sich dabei aus einer *Bedingung*, die vor oder nach einem Schleifendurchlauf überprüft wird. Entsprechend den beiden Struktogrammbausteinen für Schleifen (→Abbildung 4-2) gibt es in C Konstrukte für **kopfgesteuerte** und für **fußgesteuerte Schleifen**, wobei **Zählschleifen** (→4.1.3) besonders berücksichtigt werden. *Kopfgesteuerte Schleifen* können in C als **while-Schleifen** formuliert werden, wie das folgende Beispiel zeigt:

```
while (z>0) {
 printf("aktueller z-Wert: %d\n",z);
 z = z-1;
}
```

Eine `while`-Schleife besteht aus einem *Kopf*, der das Schlüsselwort `while` und einen aussagenlogischen Ausdruck enthält, sowie einem *Körper*, der entweder eine einzelne Anweisung oder ein Block ist. Der Körper darf auch weitere Schleifen und/oder bedingte Anweisungen enthalten, so dass Kontrollstrukturen beliebig *geschachtelt* werden können (siehe zum Beispiel das ggT-Programm in →5.1.2).

Erreicht der Kontrollfluss des Programms die Schleife, so wird der Ausdruck des Kopfs ausgewertet. Ist er wahr, so werden die Anweisungen des Körpers einmal ausgeführt. Anschließend wird der Ausdruck erneut ausgewertet; ist er immer noch wahr, so wird der Körper noch einmal ausgeführt und so weiter. Der Körper wird nicht (mehr) ausgeführt, wenn der Ausdruck falsch ist. Die Beispielschleife zählt also den Wert einer Variablen `z` schrittweise bis 0 herunter und gibt die dabei durchlaufenen Werte auf den Bildschirm aus (zur genauen Form der `printf`-Anweisung siehe die weiterführende Literatur, →5.5).

Eine `while`-Schleife wird meist dann benutzt, wenn zu Beginn der Schleifenausführung noch nicht bekannt ist, wie viele Durchläufe stattfinden werden. Steht dagegen die Anzahl der Durchläufe von vornherein fest, so programmiert man besser eine **Zählschleife** in Gestalt einer **`for`-Schleife**. `For`-Schleifen eignen sich beispielsweise gut dafür, ein **Feld** zu durchlaufen (→3.1.3) und auf jeder seiner Komponenten dieselbe Operation durchzuführen. So weist das folgende Programmstück allen Komponenten eines zehnelementigen Felds `kontostaende` den Wert 0.0 zu (vergleiche →Abbildungen 3-7 und 4-3):

```
int i;
for (i=0; i<=9; i++)
  kontostaende[i] = 0.0;
```

Wie man sieht, hat der Körper einer `for`-Schleife dieselbe Form wie der Körper einer `while`-Schleife. Dagegen stehen in ihrem Kopf *drei* Ausdrücke bzw. Anweisungen: Die erste Anweisung wird *einmal* vor Betreten der Schleife ausgeführt - im Beispiel wird einer **Laufvariablen** `i` (die zuvor als Ganzzahlvariable deklariert wurde) der Anfangswert 0 zugewiesen. Der zweite Ausdruck wird *vor jedem Durchlauf* der Schleife ausgewertet. Ist er wahr, so wird der Schleifenkörper (erstmals oder erneut) ausgeführt; ist er falsch, so wird die Schleife verlassen. Die `for`-Schleife im Beispiel wird also so lange durchlaufen, wie der Wert der Laufvariablen kleiner oder gleich 9 ist. Die dritte Anweisung wird *nach jeder Ausführung* des Schleifenkörpers bearbeitet - im Beispiel wird der Wert der Laufvariablen um 1 erhöht (wobei diese Anweisung in der C-Kurzschreibweise `i++` formuliert ist). Mit diesen drei Festlegungen nimmt also die Laufvariable `i` sämtliche möglichen Indexwerte des Felds `kontostaende` an, wobei der Schleifenkörper jeweils auf die `i`-te Feldkomponente zugreift.

Zur Arbeit mit **mehrdimensionalen Feldern** werden **geschachtelte for-Schleifen** eingesetzt. So können dem zweidimensionalen Feld aus →Abbildung 3-8 wie folgt Anfangswerte zugewiesen werden:

```
int i,j;
for (i=0; i<=1; i++)
 for (j=0; j<=2; j++)
  matrix[i][j] = 0;
```

Man kann sich leicht klar machen, dass jede `for`-Schleife durch ein Programmstück mit einer `while`-Schleife ersetzt werden kann. Prinzipiell könnte man also auf das `for`-Schleifenkonstrukt verzichten, wodurch allerdings die Formulierung von Zählschleifen etwas umständlicher würde.

Zur Darstellung **fußgesteuerter Schleifen** gibt es die `do-while`-**Schleife**. Im Unterschied zur `while`-Schleife wird hier *erst* der Schleifenkörper ausgeführt und *dann* die Bedingung geprüft. Beispielsweise sieht das C-Programmstück, das dem Struktogramm in →Abbildung 4-3 rechts unten entspricht, wie folgt aus:

```
do {
 printf("Bitte Wert zwischen 0 und 5 eingeben");
 scanf("%d",&z);
} while (z<0||z>5);
```

5.2.2 Unterprogramme

Ein Algorithmus kann in ein System von Unteralgorithmen gegliedert werden, die gemeinsam an der Lösung einer Aufgabe arbeiten (→4.1.4). Dieses Prinzip liegt auch prozeduralen Programmiersprachen zugrunde: Ein Programm in einer prozeduralen Sprache besteht meist aus einer Menge von **Unterprogrammen** (engl. **subroutines**), die sich bei der Ausführung des Programms gegenseitig aufrufen. Bei einem solchen Aufruf wird ein Unterprogramm mit bestimmten Parameterwerten ausgeführt und liefert gegebenenfalls anschließend ein Ergebnis zurück. In →5.1.2 wurde bereits als Beispiel ein C-Programm mit einem Unterprogramm zur ggT-Berechnung betrachtet.

Unterprogramme sind, wie Unteralgorithmen, **Module** zur Bearbeitung von Teilaufgaben (vergleiche →Abbildung 4-4): Sie haben jeweils eine *Schnittstelle*, die ihr äußeres Erscheinungsbild festlegt, und einen *Körper*, der die Schritte bei ihrer Ausführung definiert. Um ein Unterprogramm benutzen (also *aufrufen* zu können), muss man nur seine Schnittstelle kennen, nicht jedoch die Details seines Körpers. Ein Unterprogramm verbirgt also die Einzelheiten seines Körpers und realisiert damit das so genannte **Geheimnisprinzip** (engl. **information hiding**, siehe auch →6.4.1).

Das Unterprogrammkonzept bietet eine Reihe von *Vorteilen*, die teilweise schon in →4.1.4 angesprochen wurden:

> Durch die **Modularisierung** wird ein Programm *übersichtlicher*, also leichter lesbar. Zudem lässt sich ein modularisiertes Programm *leichter ändern*: Modifikationen im Körper eines Unterprogramms haben keinen Einfluss auf den übrigen Programmtext, solange die Schnittstelle des Moduls gleich bleibt. Prinzipiell kann also ein Modul problemlos gegen ein anderes Modul mit derselben Schnittstelle ausgetauscht werden (wobei natürlich sichergestellt werden muss, dass beide Module jeweils dieselben Berechnungsergebnisse liefern).

> Programmstücke werden **wiederverwendet**: Ein Modul wird nur an *einer* Stelle des Programmtexts mit seinem Körper definiert, aber meist an *mehreren* Stellen aufgerufen. Die Programmierung mit Modulen erfordert also weniger Schreibarbeit, als wenn an jeder Aufrufstelle die auszuführenden Operationen erneut vollständig hingeschrieben werden müssten (vergleiche →Abbildung 4-4 oben). Damit verringert sich auch die Wahrscheinlichkeit, bei der Programmierung Fehler zu machen. Zudem sinkt der Platzbedarf des Programms.

> Häufig benutzte Unterprogramme können in **Bibliotheken** (engl. **libraries**) zusammengefasst werden, auf die man bei der Programmierung zurückgreifen kann. Zum vordefinierten Sprachumfang heutiger prozeduraler Sprachen gehören meist Bibliotheken mit einer Vielzahl von *Standardfunktionen*, wie beispielsweise zur Ein-/Ausgabe von Werten (→5.3.2) oder zur Durchführung mathematischer Berechnungen.

In vielen Programmiersprachen wird begrifflich zwischen *Funktionen* und *Prozeduren* unterschieden: Ein Unterprogramm heißt **Funktion**, wenn es (im Sinne einer mathematischen Funktion) einen Wert zurückliefert, und **Prozedur**, wenn es keinen Rückgabewert hat (→4.1.4). In der Sprache C werden jedoch *alle* Unterprogramme Funktion genannt.

Definition von Unterprogrammen

Man kann ein Unterprogramm nur dann *aufrufen* (also benutzen), wenn es *definiert* worden ist. Wie **C-Funktionen** definiert werden (und damit der **Aufbau eines C-Programms** formuliert wird), illustriert das Programmbeispiel aus →5.1.2. Es ist hier nochmals ausschnittsweise angegeben:

```
int ggt(int x, int y) {
 while (x!=y)
   if (x<y) y=y-x;
```

```
      else x=x-y;
   return x;
  }
  void main(void) {
   int zaehler, nenner, teiler;
   ... Anweisungen ...
  }
```

Der Text jedes C-Programms besteht aus einer oder mehreren Funktionsdefinitionen, die untereinander angeordnet sind. In einem vollständigen C-Programm muss eine dieser Funktionen den Namen `main` haben. Sie ist das **Hauptprogramm**, mit dessen Aufruf die Ausführung des Programms beginnt.

Die **Definition einer C-Funktion** besteht aus einem *Kopf* und einem *Körper* (*Rumpf*), die dieselben Aufgaben wie die Schnittstelle bzw. der Körper eines Unteralgorithmus haben (→4.1.4):

> Der **Kopf** definiert die **Schnittstelle** (engl. **interface**) der Funktion. Er legt also all das fest, was bekannt sein muss, um die Funktion zu benutzen. Im Einzelnen sind dies der *Name* der Funktion, eine Liste ihrer **Parameter** sowie der *Typ ihres Rückgabewerts*. Die Parameterliste, die in Klammern hinter dem Funktionsnamen steht, gibt für jeden Parameter dessen Namen und dessen Typ an. Ein solcher Parameter ist ein **formaler Parameter** (→4.1.4), also ein Platzhalter für einen Wert, der bei einem späteren Funktionsaufruf an die Funktion übergeben wird (→übernächster Teilabschnitt). Die Typangabe legt dabei fest, welchen Typ der übergebene Wert haben muss; der Parametername wird im Körper der Funktion benutzt, um den Wert anzusprechen.
> Die beiden Funktionen des Beispielprogramms haben die Namen `main` und `ggt`. `main` besitzt keine Parameter und liefert keinen Rückgabewert, was jeweils durch das Schlüsselwort `void` angezeigt wird. `ggt` hat zwei Ganzzahlparameter und liefert als Ergebnis ebenfalls einen Ganzzahlwert.

> Der **Körper** legt die Vorgehensweise der Funktion bei einem Aufruf fest. Er ist syntaktisch ein *Block*, besteht also aus einem Deklarations- und einem Anweisungsteil (→5.2.1). Im *Deklarationsteil* werden insbesondere die **lokalen Variablen** der Funktion definiert, die während der Ausführung des Funktionskörpers benutzt und zum Ende dieser Ausführung wieder gelöscht werden (→übernächster Teilabschnitt). Das Hauptprogramm `main` des Beispiels besitzt drei lokale Variable, die Funktion `ggt` besitzt keine lokalen Variablen.
> Der *Anweisungsteil* legt die Schritte fest, die die Funktion bei einem Aufruf ausführen soll. Er kann beliebige Anweisungen enthalten – auch Funktionsaufrufe, so dass Schachtelungen von Aufrufen möglich sind (→übernächster Teilabschnitt). Im Körper stehen insbesondere `return`-**Anweisungen**, mit denen *Rücksprungstellen* definiert werden: Erreicht der Kontrollfluss eine solche Rücksprungstelle, so kehrt er an die Stelle in der aufrufenden Funktion zurück, an der der Aufruf stattgefunden hatte. Dabei wird der Wert des Ausdrucks, der hinter dem `return` steht, als Funktionswert zurückgegeben (siehe Beispielfunktion `ggt` und die Diskussion im übernächsten Teilabschnitt). Ist der Rückgabetyp `void`, so fehlt der Ausdruck. Auch das `return` selbst darf dann fehlen; in diesem Fall endet die Funktionsausführung, wenn der Kontrollfluss das Ende des Anweisungsteils erreicht.

Prototypen und Programmierschnittstellen

Viele prozedurale Sprachen erlauben es, Kopf und Körper einer Funktion an unterschiedlichen Stellen des Programmtexts hinzuschreiben. In C kann dies beispielsweise wie folgt aussehen:

```
int ggt(int x, int y);
...
int ggt(int x, int y) {
 while (x!=y)
   if (x<y) y=y-x;
    else x=x-y;
 return x;
}
```

Es wird also *zunächst nur der Funktionskopf* festgelegt (der in dieser Form als **Prototyp der Funktion** bezeichnet wird) und somit das äußere Erscheinungsbild der Funktion vereinbart. Ab dieser Stelle des Programmtexts kann der Programmierer Aufrufe der Funktion einsetzen, denn der *Compiler*, der bei einer Übersetzung den Programmtext „von oben nach unten" analysiert (→5.3.2), kann anhand des Prototypen prüfen, ob diese Aufrufe korrekt formuliert sind. Die vollständige *Definition der Funktion* (einschließlich ihres Körpers) erfolgt dann weiter unten. Diese Vorgehensweise bietet die folgenden *Vorteile*:

> Eine **wechselseitige Rekursion**, bei der eine Funktion `f1` eine Funktion `f2` aufruft und umgekehrt, kann in C nur mit Hilfe von Prototypen formuliert werden. Das Programm sieht dabei schematisch wie folgt aus:

```
void f2(void);
void f1(void) {
 f2(); }
void f2(void) {
 f1(); }
```

Nur so ist dem C-Compiler, der (wie gesagt) von oben nach unten arbeitet, an der jeweiligen Aufrufstelle das „Aussehen" der Funktion bekannt.

> Funktionsprototypen, zugehörige Funktionskörper und die aufrufenden Programme können auf *mehrere Dateien* verteilt werden. Damit können vordefinierte Unterprogramme in **Funktionsbibliotheken** (engl. **libraries**) bereitgestellt werden, die bei Bedarf zur Programmdatei „hinzugebunden" werden. Dies geschah bereits im ggT-Beispielprogramm aus →5.1.2: Die Datei `stdio.h` (eine so genannte **Headerdatei**) enthält die Prototypen der vordefinierten Ein-/Ausgabefunktionen `scanf()` und `printf()`. Durch eine `include`-Anweisung werden die Prototypen im Text des selbst programmierten ggT-Programms „bekannt gemacht". Die Körper der Funktionen stehen in einer gesonderten Bibliotheksdatei und werden bei der Übersetzung mit dem ggT-Programm *gebunden* (→5.3.2).

Diese Technik wird allgemein zur Definition und Benutzung von **Programmierschnittstellen** (**Application Programming Interfaces**, **APIs**) von Betriebssystemen und sonstiger Systemsoftware (→2.1.2) eingesetzt. Ein Programmierer kann so auf Dienste des Systems zugreifen. Dabei bleibt ihm aber die interne Realisierung dieser Dienste verborgen, wodurch das Prinzip des *Information Hiding* (*Geheimnisprinzip*) realisiert wird.

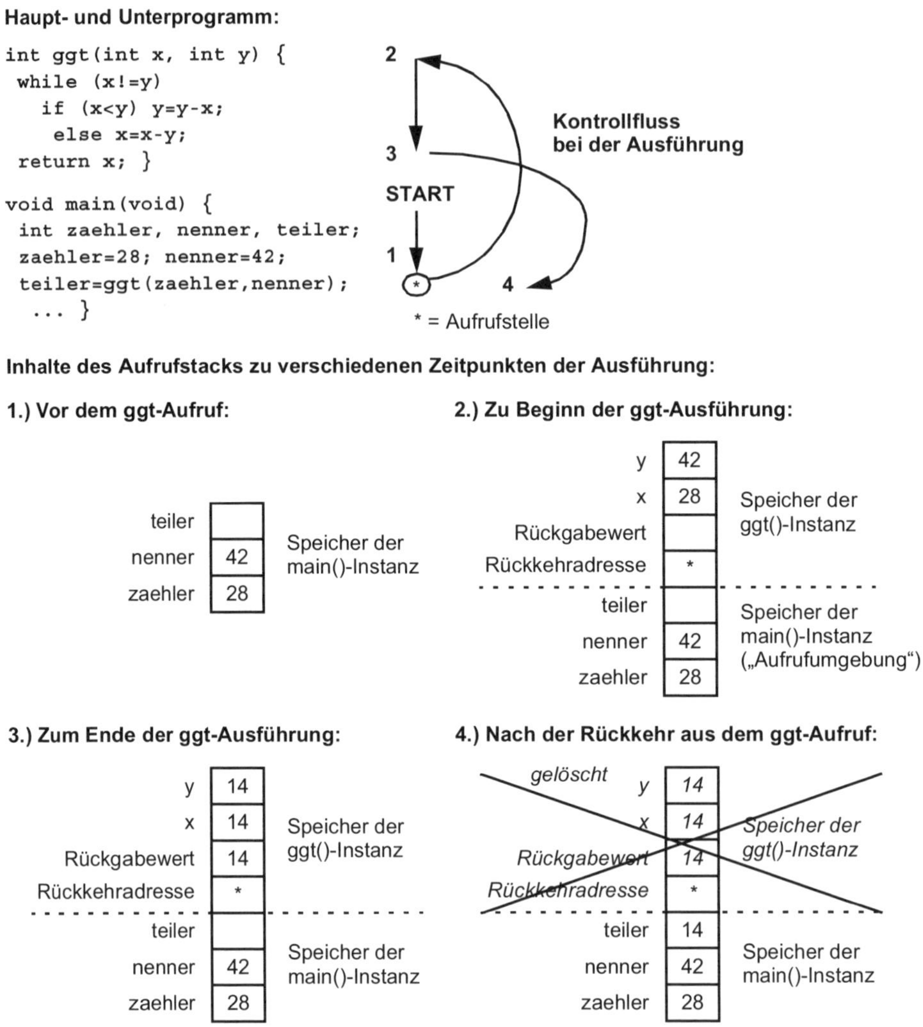

Abb. 5-3 *Ausführungsreihenfolge und Speicherverwaltung bei einem Funktionsaufruf*

Ausführung von Unterprogrammen

Ein Unterprogramm wird durch einen **Aufruf** (engl. **call**) ausgeführt. Abbildung 5-3 illustriert die Schritte, die bei einem solchen Aufruf ablaufen, am Beispiel der ggT-Funktion (vergleiche auch →4.1.4, Abbildung 4-4, sowie →5.1.2):

Der Aufruf erfolgt aus dem Anweisungsteil des Hauptprogramms oder eines Unterprogramms heraus. Ist das aufgerufene Unterprogramm eine *Prozedur* und liefert somit keinen Wert zurück, so ist der Aufruf eine eigenständige Anweisung (siehe die Benutzung von `printf()` und `scanf()` im Beispielprogramm aus →5.1.2). Handelt es sich um eine *Funktion*, so ist der Aufruf meist Teil einer Wertzuweisung und/oder eines arithmetischen oder logischen Ausdrucks (siehe den `ggt`-Aufruf in der Abbildung). Syntaktisch besteht der Aufruf aus dem Namen des gerufenen Unterprogramms und der Liste der **aktuellen Para-**

meter. Diese Parameter müssen in Anzahl und Typen mit den *formalen Parametern* der Unterprogrammdefinition übereinstimmen; sie können Konstanten, Variablen oder beliebig strukturierte Ausdrücke sein. Im Beispiel werden die Variablen `zaehler` und `nenner` als aktuelle Variablen benutzt.

Erreicht der Kontrollfluss des aufrufenden Teilprogramms eine solche Aufrufstelle, so wird das Unterprogramm ausgeführt. Zuvor sind jedoch einige *Vorbereitungen* nötig: Zunächst wird neuer Speicherplatz für die formalen Parameter und die lokalen Variablen des gerufenen Unterprogramms bereitgestellt – die Variablen werden also *erzeugt*. Weiterer Speicherplatz wird gebraucht, um später wieder in das aufrufende Teilprogramm zurückkehren zu können. Im Einzelnen handelt es sich dabei um Speicher, in dem die *Rückkehradresse* vermerkt wird (also die Position der Aufrufstelle im aufrufenden Programm), sowie um Speicher, der am Ende der Ausführung den zurückgegebenen Wert temporär aufnehmen soll. Die Vorbereitungsschritte erzeugen also eine neue **Instanz** des Unterprogramms, die insbesondere die Variablen umfasst, auf denen die Unterprogrammausführung dann arbeitet. Entscheidend ist, dass der Speicher der Instanz *zusätzlich* zum bislang benutzten Speicher belegt wird. Die Speicherinhalte des aufrufenden Teilprogramms (die so genannte **Aufrufumgebung**) bleiben also erhalten und können nach der Rückkehr aus dem Aufruf weiter benutzt werden (siehe hierzu auch den →übernächsten Teilabschnitt).

Nach Erzeugung der Instanz kommt es zu einer **Parameterübergabe**: Die aktuellen Parameter werden ausgewertet und die resultierenden Werte in die Speicherstellen der formalen Parameter kopiert. Der *i*-te aktuelle Parameter ist dabei dem *i*-ten formalen Parameter zugeordnet.

Anschließend geht der Kontrollfluss in den Körper des gerufenen Unterprogramms über – es erfolgt also ein *Sprung* in das Unterprogramm. Seine Anweisungen werden ausgeführt; sie arbeiten dabei auf den formalen Parametern und den lokalen Variablen sowie möglicherweise auch auf globalen Variablen (→übernächster Teilabschnitt). Wird eine `return`-Anweisung erreicht (oder, bei einer Prozedur, das Ende des Körpers), so kehrt der Kontrollfluss in das aufrufende Teilprogramm zurück – und zwar genau an die *Aufrufstelle*, deren Position zum Zeitpunkt des Aufrufs gespeichert wurde. Der Ausdruck hinter dem `return` (sofern vorhanden) wird ausgewertet und der berechnete Wert im dafür bereitgestellten Speicherbereich abgelegt. Das rufende Programm kann ihn dort „abholen" und weiter verarbeiten – beispielsweise einer seiner Variablen zuweisen. Schließlich wird die Instanz des Unterprogramms gelöscht, indem der beim Aufruf reservierte Speicher wieder freigegeben wird.

Techniken der Parameterübergabe

Bei der Parameterübergabe, wie sie oben dargestellt wurde, werden die Werte der aktuellen Parameter in die Speicherplätze der formalen Parameter kopiert. Die Anweisungen des Unterprogramms arbeiten damit auf Wert*kopien* der aktuellen Parameter, nicht jedoch auf den aktuellen Parametern (und ihren Speicherplätzen) selbst. Man bezeichnet diese Vorgehensweise als **Wertaufruf** (engl. **call by value**).

Die Technik des Wertaufrufs ist in vielen Fällen angemessen – so immer dann, wenn das Unterprogramm lediglich aus den Parameterwerten einen Rückgabewert berechnen soll. Sie ist dagegen *nicht* geeignet, wenn aus dem Unterprogramm heraus die Variableninhalte der Aufrufumgebung verändert werden sollen. Abbildung 5-4 (oben) illustriert die Problematik am Beispiel einer C-Funktion `tausch`, die die Inhalte zweier Ganzzahlvariablen ver-

Austausch mit Wertaufruf (falsch):

```
void tausch(int a, int b) {
 int hilf;
 hilf=b; b=a; a=hilf;
 }

void main(void) {
 int x=1,y=2;
 tausch(x,y);
}
```

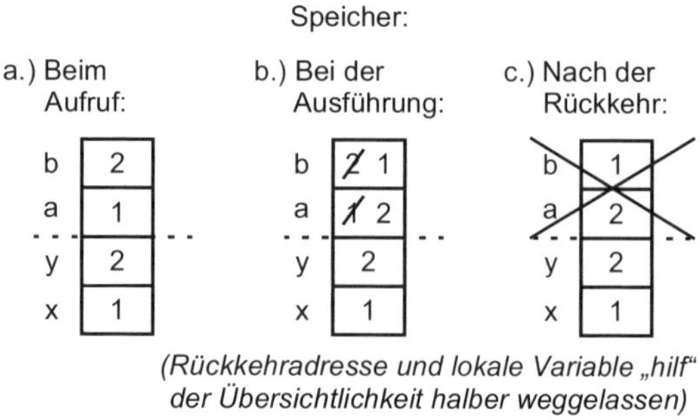

Austausch mit Referenzaufruf (richtig):

```
void tausch(int *a, int *b) {
 int hilf;
 hilf=*b; *b=*a; *a=hilf;
}

void main(void) {
 int x=1,y=2;
 tausch(&x,&y);
}
```

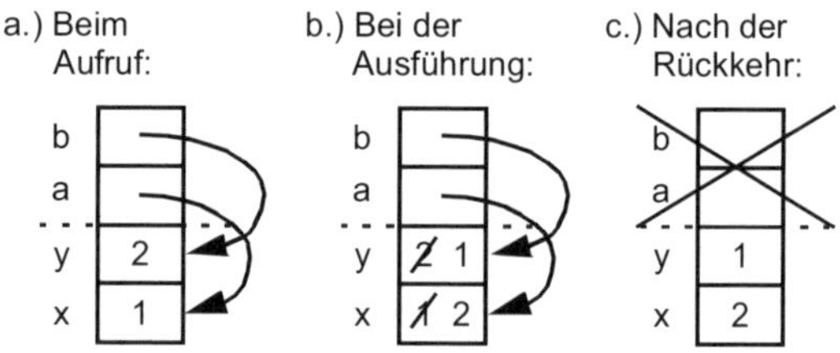

***Abb. 5-4** Wertaufruf versus Referenzaufruf*

tauschen soll und dazu zwei entsprechende formale Parameter bereitstellt. Ruft das Hauptprogramm die Funktion mit zwei seiner Variablen als aktuellen Parametern auf, so geschieht Folgendes: Bei der Parameterübergabe werden die Werte der aktuellen Parameter in die formalen Parameter kopiert. Der Tausch im Anweisungsteil der Funktion bezieht sich dann auf die Inhalte dieser *formalen* Parameter, denn es handelt sich ja um einen *Wertaufruf*. Nach der Rückkehr aus der Funktion (und Löschung der formalen Parameter) haben also die Variablen des Hauptprogramms immer noch ihre ursprünglichen Werte.

Um die Inhalte der Variablen *des Hauptprogramms* vertauschen zu können, muss man an die Funktion nicht die Werte dieser Variablen, sondern *Verweise* (*Zeiger*, →3.1.2) auf sie übergeben. Die Funktion kann dann über diese Verweise auf die Variablen zugreifen und damit deren Inhalte ändern (siehe Abbildung 5-4 unten; zur Syntax von Operationen auf C-Zeigern siehe →3.1.2). Man bezeichnet diese Technik der Parameterübergabe als **Referenzaufruf** (engl. **call by reference**).

Geschachtelte Aufrufe und Rekursion

Aufrufe von Unterprogrammen können **geschachtelt** (engl. *nested*) sein. Das bedeutet, dass ein Unterprogramm, das vom Hauptprogramm aufgerufen wurde, seinerseits ein Unterprogramm aufruft und so weiter (vergleiche die schematische Algorithmendarstellung in →Abbildung 4-5). Abbildung 5-5 zeigt links ein C-Programmbeispiel mit geschachtelten Aufrufen, die das kleinste gemeinsame Vielfache (kgV) zweier Zahlen berechnen und dabei die Beziehung $kgV(x,y) = x \cdot y / ggT(x,y)$ ausnutzen: Das Hauptprogramm ruft eine Funktion zur Berechnung des kgV auf und diese wiederum eine Funktion zu Berechnung des ggT. Rechts in Abbildung 5-5 ist der Speicherzustand unmittelbar nach dem Aufruf der ggT-Funktion dargestellt.

C-Programm mit geschachtelten Aufrufen:

```
int ggt(int x, int y) {
 while (x!=y)
   if (x<y) y=y-x;
    else x=x-y;
 return x; }

int kgv(int x, int y) {
 int ergebnis;
 ergebnis=x*y/ggt(x,y);            (**)
 return ergebnis;
}

void main(void) {
 int zahl1, zahl2, ergebnis;
 zahl1=28; zahl2=42;
 ergebnis=kgv(zahl1,zahl2);         (*)
}
```

Aufrufstack unmittelbar nach dem ggt-Aufruf:

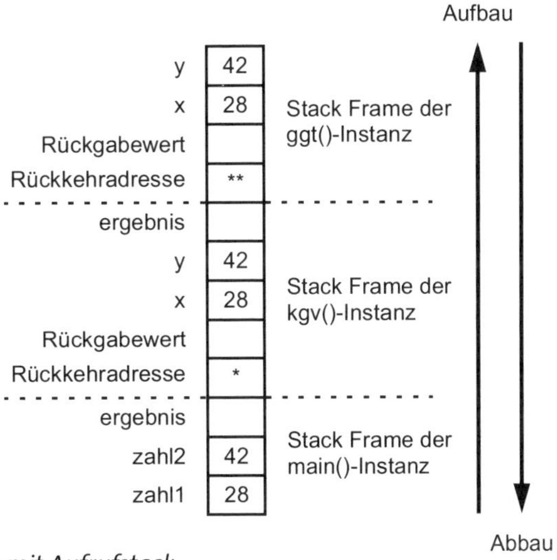

Abb. 5-5 *Geschachtelte Funktionsaufrufe mit Aufrufstack*

Bei solchen geschachtelten Aufrufen ist die *Rückkehrreihenfolge* eindeutig festgelegt: Sie verläuft *umgekehrt zur Reihenfolge der Aufrufe*, das heißt aus der zuletzt erzeugten Unterprogramminstanz wird in die vorletzte zurückgekehrt, aus dieser danach in die drittletzte und so weiter. Dies entspricht genau dem *Last-In-First-Out*-Prinzip eines *Kellers* (*Stacks*, →3.2.2, →6.2.1), bei dem jeweils der zuletzt eingefügte Eintrag als Erster wieder entfernt wird. Entsprechend wird der Speicher, der die Variablen und Rückkehrinformationen der einzelnen Unterprogramminstanzen aufnimmt, als Keller organisiert – er ist der so genannte **Aufrufstack** der Programmausführung (manchmal auch **Kontrollkeller** genannt). Bei einem Aufruf wird Speicherplatz für die neue Instanz oben auf dem Aufrufstack bereitgestellt, bei einer Rückkehr wird dieser Speicherplatz wieder freigegeben (vergleiche →Abbildung 5-5). Diese Vorgehensweise ermöglicht einen sehr flexiblen Umgang mit geschachtelten Unterprogrammausführungen:

> Die *Schachtelungstiefe*, also die Anzahl der geschachtelten Aufrufe, ist im Prinzip beliebig. Sie ist lediglich durch die Größe des Speichers beschränkt, der für die Aufnahme des Aufrufstacks zur Verfügung steht.

> Jede existierende Instanz eines Unterprogramms besitzt einen *eigenen Bereich* im Aufrufstack (seinen **stack frame**). Variablennamen, die die Instanz während ihrer Ausführung benutzt, beziehen sich stets auf diesen Bereich (mit Ausnahme globaler Variablen, siehe unten). Bereiche anderer Instanzen sind nicht zugreifbar – es sei denn, es wurden per Referenzaufruf Zeiger auf sie übergeben (→Abbildung 5-4). Daraus folgt erstens, dass die Speicherbereiche verschiedener Instanzen effektiv voneinander abgeschottet sind, was die Übersichtlichkeit des Programms verbessert und die Fehleranfälligkeit senkt. Zweitens entfällt damit der Zwang, allen Variablen und formalen Parametern eines Programms unterschiedliche Namen zu geben: Wie die Abbildung zeigt, können Variablen, die in verschiedenen Unterprogrammen deklariert sind, durchaus denselben Namen tragen. Da sie unterschiedlichen Instanzen zugeordnet sind, ist bei jeder Anweisung eindeutig klar, welche Variable gemeint ist.

C-Programm mit rekursiven Aufrufen:

```
long fakul(int n) {
 long f;
 if (n>1) {
   f=fakul(n-1);
   return f*n;
  else
   return 1;
}

void main(void) {
 long ergebnis;
 ergebnis
      =fakul(4);
}
```

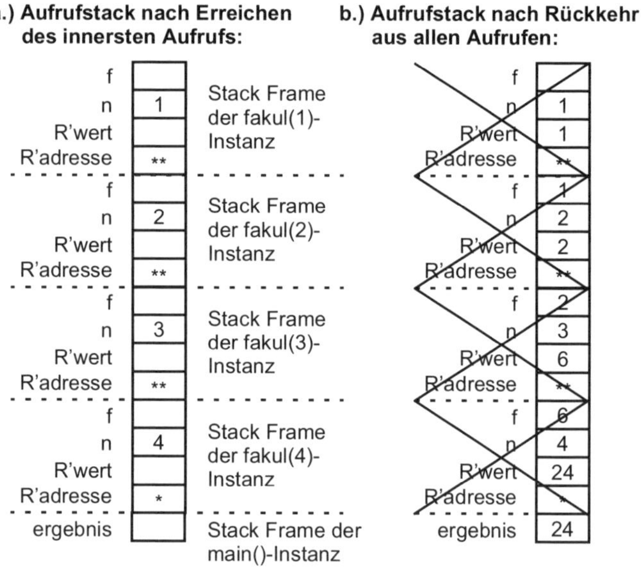

Abb. 5-6 *Speicherverwaltung bei rekursiven Funktionsaufrufen (vgl. Abb. 4-7)*

> Die Kellerorganisation erlaubt eine **Rekursion**, bei der ein Unterprogramm sich selbst aufruft. Bei rekursiven Aufrufen entstehen mehrere Instanzen desselben Unterprogramms, denen jeweils ein eigener Speicherbereich zugeordnet ist. Abbildung 5-6 illustriert dies am Beispiel der Fakultätsfunktion (für nähere Erläuterungen siehe →4.1.4, insbesondere →Abbildung 4-7).

Anzumerken ist noch, dass es neben den lokalen Variablen der einzelnen Unterprogramme auch **globale Variablen** geben kann, auf die *alle Unterprogramminstanzen* zugreifen dürfen. Sie werden nicht im Stack realisiert, sondern in einem eigenen Speicherbereich – typischerweise im **Heap**, der gesondert vom Stack verwaltet wird.

5.3 Übersetzung und Interpretation

Programmierer benutzen *Assembler-* oder *Maschinensprachen* heute nur noch bei sehr zeit- oder speicherkritischen Problemstellungen, um die Rechnerhardware direkt anzusteuern und so deren Fähigkeiten optimal auszunutzen. Die weitaus meisten Computerprogramme werden jedoch in *höheren Programmiersprachen* geschrieben, da dies wesentlich einfacher und damit weniger fehleranfällig ist. Da höhersprachliche Programme von einer Prozessorhardware nicht unmittelbar ausgeführt werden können, müssen sie in entsprechende Maschinenbefehlsfolgen umgesetzt werden. Die *automatische Umsetzung und Ausführung* höhersprachlicher Programme sind Thema dieses Unterkapitels:

> Zunächst wird eine Übersicht über drei mögliche Techniken gegeben, nämlich die *Übersetzung* von Programmen, ihre *Interpretation* und eine *Kombination* dieser Ansätze.

- Anschließend werden wichtige Kernphasen eines *Übersetzungssystems* näher betrachtet, nämlich die *Erzeugung von Objektmodulen*, ihr *Binden* zu einem lauffähigen Maschinenprogramm und das *Laden* dieses Maschinenprogramms in den Hauptspeicher.

5.3.1 Grundlegende Techniken

Die zu lösende Problemstellung sieht, etwas detaillierter formuliert, wie folgt aus: Ausgangspunkt ist ein Programm, das ein Programmierer in einer **Quellsprache** (engl. *source language*), also einer höheren Programmiersprache geschrieben hat. Dieses Programm wird als **Quelltext** oder **Quellcode** (engl. **source code**) bezeichnet und im Informatikerjargon auch kurz „die Source" genannt. Ein *Dienstprogramm* des Rechensystems, das **Programmiersystem** (auch **Programmierumgebung**, engl. *programming environment*, genannt), muss diesen Quellcode automatisch in äquivalente (also gleichwertige) Maschinenbefehlsfolgen in einer **Zielsprache** (engl. *target language*) umsetzen. Die Maschinenbefehle müssen auf der Rechnerhardware ausgeführt werden – entweder während des Umsetzungsvorgangs oder im Anschluss daran. Die Ausführung muss durch ein weiteres Dienstprogramm unterstützt werden, nämlich das **Laufzeitsystem** (engl. *run-time system*), das beispielsweise dem laufenden Programm Speicherplatz zuteilt (→5.2.2).
Um die Problematik und insbesondere die Möglichkeiten zu ihrer Lösung zu verdeutlichen, zeigt Abbildung 5-7 ein Beispiel aus dem Alltag: Ein Deutscher möchte das Buch eines französischen Autors lesen, kann es aber nicht verstehen, da er kein Französisch spricht. Das Buch muss also aus der Quellsprache „Französisch" in die Zielsprache „Deutsch" umgesetzt werden. Hierzu gibt es die folgenden drei Möglichkeiten:

- **Übersetzung:** Das französische Buch wird zunächst von einem Übersetzer vollständig schriftlich in ein entsprechendes deutschsprachiges Buch übertragen. Anschließend wird das neue Buch an den Leser übergeben, der es dann liest.
- **Interpretation:** Das französische Buch wird von einem Dolmetscher (engl. *interpreter*) mündlich Satz für Satz ins Deutsche übertragen, wobei der deutsche Leser zuhört. Der deutsche Text kann dabei zum späteren Gebrauch aufgeschrieben werden, muss es aber nicht.
- **Übersetzung und anschließende Interpretation:** Das französische Buch wird zunächst von einem Übersetzer in ein Buch in einer **Zwischensprache** (engl. *intermediate language*) übertragen – beispielsweise ins Englische. Anschließend wird das englische Buch durch einen Dolmetscher dem Leser wie oben beschrieben interpretiert (oder der Leser liest es selbst, falls er des Englischen mächtig ist).

Übersetzung und Interpretation haben ihre spezifischen *Vor- und Nachteile*: Ist bei einer *Übersetzung* der Übersetzungsvorgang erst einmal abgeschlossen, so kann das resultierende Buch rasch gelesen werden – auch mehrfach hintereinander und auch von mehreren verschiedenen Lesern. Allerdings kostet die Übersetzung Zeit, so dass der Leser länger auf seine Lektüre warten muss. Bei der *Interpretation* dagegen beginnt die Lektüre zwar sofort, dauert aber wegen der Zwischenschaltung des Dolmetschers länger als das Lesen eines übersetzten Buchs. Ein Niederschreiben des Texts kostet dabei zusätzliche Zeit, erzeugt aber eine schriftliche Übersetzung, die man später wiederholt nutzen kann, ohne dabei den Dolmetscher nochmals bemühen zu müssen.

Abb. 5-7 *Analogbeispiele zur Programmübersetzung und -interpretation*

Die *Kombination* beider Ansätze ist zwar aufwendiger als jeder Ansatz für sich genommen, bietet dafür aber ebenfalls einen großen Vorteil: Wird ein Buch in eine Zwischensprache übersetzt, die überall bekannt ist, so hat es damit einen deutlich größeren Wirkungskreis, als wenn es in einer weniger verbreiteten Quell- oder Zielsprache vorliegt. Der Anbieter des Buchs spart sich dadurch den Aufwand für die Übersetzung in viele verschiedene spezielle

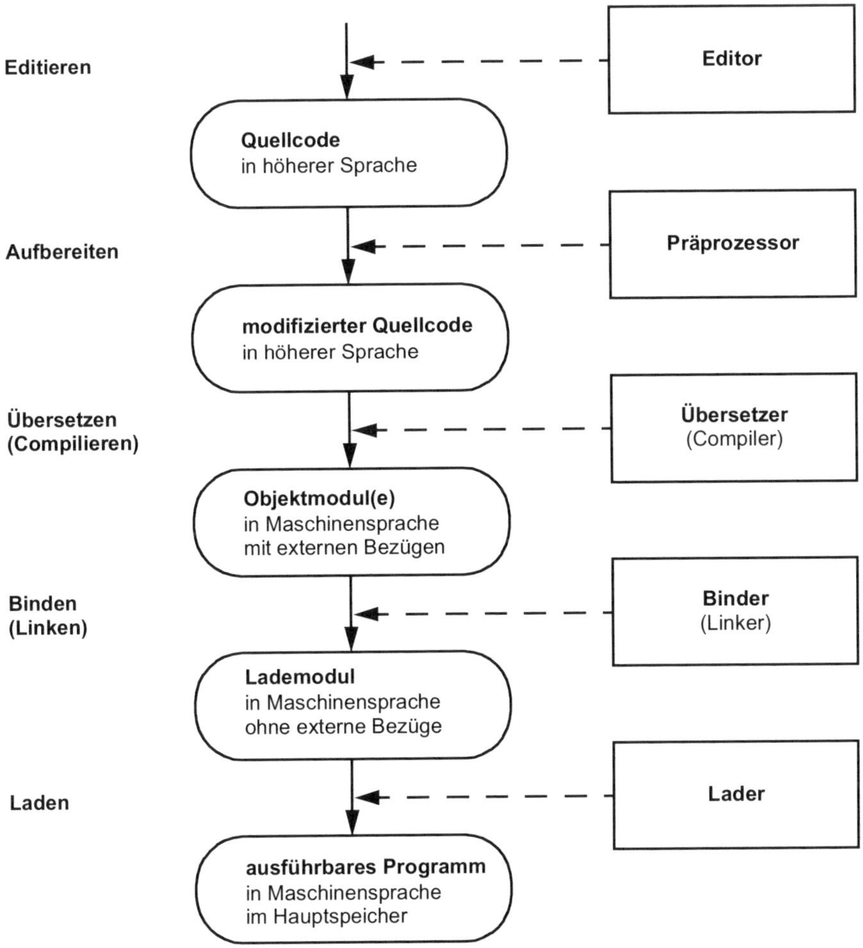

Abb. 5-8 *Phasen und Werkzeuge eines Übersetzungsvorgangs*

Zielsprachen sowie die entsprechende Lagerhaltung und Logistik. Der Leser hat den Vorteil, dass er wesentlich leichter einen Dolmetscher finden kann, der ihm das Buch aus der weit verbreiteten Zwischensprache in seine Muttersprache überträgt, als einen Dolmetscher für die unbekanntere Quellsprache.

Wie diese drei Techniken zur Umsetzung von Computerprogrammen eingesetzt werden und wie sich hierbei die genannten Vor- und Nachteile auswirken, ist Thema der folgenden Teilabschnitte. Weitere Informationen zur Übersetzung von höhersprachlichen Programmen in Maschinenprogramme gibt zudem →Abschnitt 5.3.2.

Übersetzung

Bei der **Übersetzung** eines höhersprachlichen Quellcodeprogramms wird ein zugehöriges Maschinenprogramm erzeugt, das auf einem realen Prozessor ausgeführt werden kann und dessen Aktionen die Anweisungen des Quellcodes realisieren. Viele imperative Program-

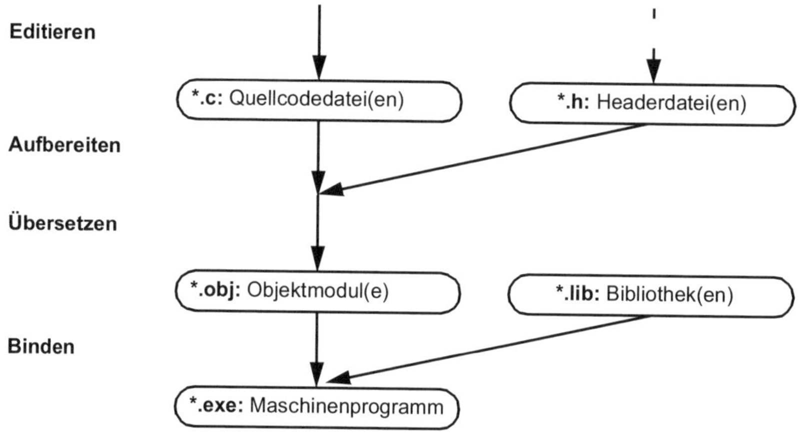

Abb. 5-9 *Phasen der Übersetzung eines C-Programms*

miersprachen, wie beispielsweise **C** und **C++** (nicht jedoch Java!) werden auf diese Weise umgesetzt. Die Übersetzung eines Programms und seine Vorbereitung zur Ausführung bestehen aus *mehreren Phasen*. Sie erfordern mehrere Durchläufe (engl. **passes**) durch den Quellcode und werden mit Hilfe verschiedener Dienstprogramme ausgeführt (siehe Abbildungen 5-8 und 5-9):

> Vor Beginn der Übersetzung muss der Quellcode **editiert**, also vom Programmierer in eine oder mehrere Dateien (→3.3.1) eingegeben werden. Der Name einer Quellcodedatei sollte auf die verwendete Programmiersprache hinweisen – also zum Beispiel die Namenserweiterung `.c` für C oder `.cpp` für C++ haben. Zur Eingabe benutzt der Programmierer einen **Editor**. Vorteilhaft ist es, wenn dieser Editor „Kenntnisse" der Quellsprache besitzt und dadurch die Eingabearbeit erleichtern kann, indem er beispielsweise Schlüsselwörter hervorhebt oder zusammengehörige Programmteile einheitlich einrückt.

> In der ersten Übersetzungsphase bereitet der **Präprozessor** den Quellcode auf: Er nimmt dort anhand von *Präprozessoranweisungen*, die der Programmierer in den Programmtext eingebettet hat, Änderungen vor. Mit solchen Anweisungen können beispielsweise die Inhalte von **Headerdateien** (Namensendung `.h`) in einen C-Programmtext hineinkopiert werden. Diese Headerdateien enthalten unter anderem die Prototypen von Unterprogrammen (→5.2.2), die außerhalb der Quellcodedatei definiert wurden und auf diese Weise im Programm bekannt gemacht werden (vergleiche das C-Programmbeispiel in →5.1.2 und die Erläuterungen dazu in →5.2.2).

> Der so geänderte Quellcode dient als Eingabe für den **Compiler** (dt. **Übersetzer**), der die eigentliche Übersetzung vornimmt: Er prüft die syntaktische Korrektheit des Quellcodes, analysiert seine Struktur (→2.4.3) und erzeugt dann ein **Objektmodul** (oder auch mehrere). Ein solches Objektmodul enthält ein Programm(stück) in *Maschinensprache*, das dem höhersprachlichen Programm entspricht (oder, wenn mehrere Module erzeugt werden, jeweils einem Teil davon). Gespeichert werden die Objektmodule in neuen Dateien, die typischerweise die Namenserweiterung `.obj` oder `.o` haben. Ein Objektmodul ist *noch nicht ausführbar*, da es *externe Bezüge* enthält, die aus dem Modul

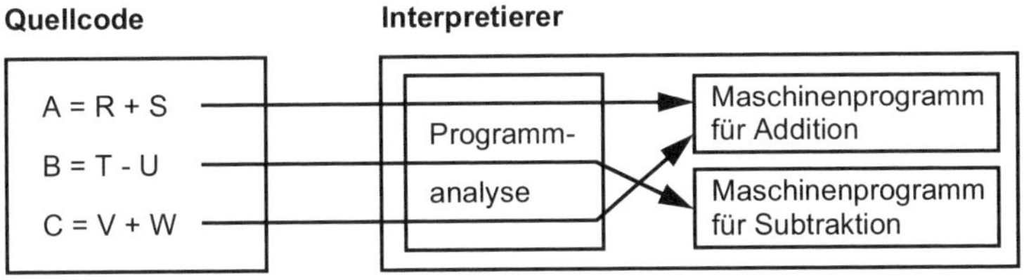

***Abb. 5-10** Interpretation eines Quellsprachenprogramms (schematische Darstellung)*

hinaus verweisen – insbesondere auf Daten oder Unterprogramme, die in anderen Modulen definiert sind.

> Der **Linker** (dt. **Binder**) hat die Aufgabe, die erzeugten Objektmodule zu *einem* Maschinenprogramm zusammenzufügen. Dabei werden zumeist auch *vorübersetzte Objektmodule* mit eingebunden, die das Programmiersystem in **Bibliotheken** (**libraries**) bereitstellt und auf die der Programmierer im Quellcode Bezug genommen hat (→5.2.2). Beim Binden (zumindest in seiner *statischen* Form, →5.3.2) werden sämtliche externen Bezüge aufgelöst: Es entsteht ein **Lademodul**, das alles umfasst, was das Programm zu seiner Ausführung braucht, und dessen Daten- und Unterprogrammverweise sich somit ausschließlich auf Stellen *innerhalb* des Moduls beziehen. Das Lademodul wird auf dem Plattenspeicher (oder einem anderen Peripheriespeicher, →2.1.1) in einer Datei abgelegt. Im Microsoft-Windows-Umfeld hat eine solche Datei die Namensendung `.exe`. Ihr Inhalt wird bisweilen auch als **Binärcode** (engl. *binary code*) des Programms bezeichnet.

> Nach dem Übersetzen und Binden wird das Maschinenprogramm mit Hilfe des **Laders** in den Hauptspeicher (→2.1.1) gebracht. Damit das Programm bei seiner Ausführung korrekt auf die ihm zugeteilten Speicherbereiche zugreifen kann, werden die Adressangaben im Programm und die Adressdaten, die auf der realen Rechnerplattform über die geladenen Programme geführt werden, einander angepasst. Das Programm kann dann, wie in →2.1.1 dargestellt, durch den Prozessor ausgeführt werden.

Detaillierte Informationen zur Vorgehensweise beim Compilieren, Binden und Laden finden sich in →5.3.2.

Interpretation

Bei der **Interpretation** eines höhersprachlichen Programms wird, im Gegensatz zur Übersetzung, kein Maschinenprogramm *neu* erzeugt. Der Quellcode wird vielmehr Anweisung für Anweisung analysiert, und es werden dabei jeweils *vorgefertigte* Maschinenbefehlsfolgen aufgerufen, die den einzelnen höhersprachlichen Anweisungen entsprechen. Die Technik der Interpretation wird vornehmlich bei **deklarativen Sprachen** (zum Beispiel **LISP** oder **Prolog**, →5.1.3), **Skriptsprachen** (zum Beispiel **Perl** oder **JavaScript**, →5.1.2, →7.4.3 sowie →nächster Teilabschnitt) und **Kommandosprachen von Betriebssystemen** (→Kasten auf Seite 236) eingesetzt, die stark auf den Dialog mit dem Benutzer ausgerichtet sind. Insbesondere bei Skriptsprachen gibt es allerdings häufig auch Mischformen, bei denen ein Programm zunächst in eine Zwischendarstellung (beispielsweise einen Ableitungsbaum, →2.4.3) übersetzt wird, die dann anschließend interpretiert wird.
Abbildung 5-10 zeigt schematisch die Vorgehensweise bei der Interpretation: Der **Interpretierer** (engl. *interpreter*), ein Dienstprogramm des Rechensystems, durchläuft den Quellcode

Anweisung für Anweisung. Er prüft dabei jede Anweisung auf ihre syntaktische Korrektheit, stellt fest, welche Aktion ausgeführt werden soll, und ruft eine entsprechende vorgegebene Maschinenbefehlsfolge auf. Es wird also ständig zwischen Programmanalyse und Programmausführung gewechselt – im Gegensatz zur Übersetzung, bei dem vor der Ausführung der *gesamte* Quellcode analysiert und in Maschinenbefehle übertragen wird. Damit gilt hier dasselbe, was schon bezüglich des einführenden Beispiels gesagt wurde:

> Eine höhersprachliches Programm wird bei seiner Interpretation deutlich *langsamer ausgeführt* als ein Maschinenprogramm, das durch eine Übersetzung entstanden ist: Die Analyse der einzelnen hochsprachlichen Anweisungen und der anschließende Aufruf dazu passender Maschinenprogramme dauert nämlich deutlich länger als die unmittelbare Ausführung einer Folge von Maschinenbefehlen. Man kann versuchen, diesen Nachteil durch eine **Just-in-Time-Übersetzung** zu vermindern, bei der Programmstücke unmittelbar vor ihrer Ausführung in (neue) Maschinenbefehlsfolgen übersetzt werden (siehe hierzu auch →7.4.2, Stichwort „MSIL"). Dies bringt insbesondere dann einen Zeitgewinn, wenn die betreffenden Programmteile mehrmals ausgeführt werden – also bei Schleifen oder mehrfach aufgerufenen Unterprogrammen.

> Die Ausführung eines höhersprachlichen Programms kann durch Interpretation *schneller gestartet* werden, als wenn man es zuerst in ein Maschinenprogramm übersetzen müsste. Das ist insbesondere in Szenarien vorteilhaft, in denen ein Benutzer sofort sehen möchte, dass „sich etwas tut" – beispielsweise bei einem JavaScript-Programm, das in eine WWW-Seite eingebettet ist und unmittelbar nach dem Laden der Seite ausgeführt werden soll (→3.4.2, →7.4.3). Auch in Testumgebungen, in denen ein Programm häufiger geändert und dann jeweils neu überprüft wird, ist ein rascher Neustart durch Interpretation günstiger, als wenn man jeweils auf eine Übersetzung warten müsste.

Ein weiterer Vorteil einer interpretierten Programmiersprache ist, dass ihre Quellcodeprogramme *plattformunabhängig* sind: Sie sind nicht auf eine bestimmte Rechnerplattform (also eine Hardware und/oder ein Betriebssystem) ausgerichtet, sondern können *überall* ausgeführt werden – vorausgesetzt, es ist jeweils ein entsprechender Interpretierer vorhanden. Die reale Plattform und der Interpretierer bilden dabei gemeinsam eine *virtuelle Maschine* (→2.1.2), auf der das interpretierte Programm abläuft.
Einschränkend ist zu bemerken, dass nicht alle höheren Programmiersprachen für eine Interpretation geeignet sind. Höhersprachliche Programme müssen nämlich so einfach strukturiert sein, dass eine Ausführung durch einen *einmaligen Durchlauf* des Programmtexts (also ohne vorherige Analyse des Gesamtprogramms) möglich ist. Das ist insbesondere bei objektorientierten Sprachen wie C++ oder Java, bei denen komplexe Beziehungen zwischen Objekten und Klassen aufgebaut werden können, nicht der Fall.

Kombination von Übersetzung und Interpretation

Bei der *Kombination von Übersetzung und Interpretation* wird der Quellcode zunächst in ein Programm in **Zwischensprache** übersetzt. Die Zwischensprache ist *hardwarenah*, das heißt ihre Befehle sind ähnlich einfach strukturiert wie die Befehle eines realen Prozessors. Bei der Ausführung wird nicht das höhersprachliche Quellcodeprogramm interpretiert, sondern das hardwarenahe Zwischensprachprogramm, was deutlich einfacher und damit schneller ist. Entscheidend ist aber, dass die Zwischensprache *plattformunabhängig*, also nicht die

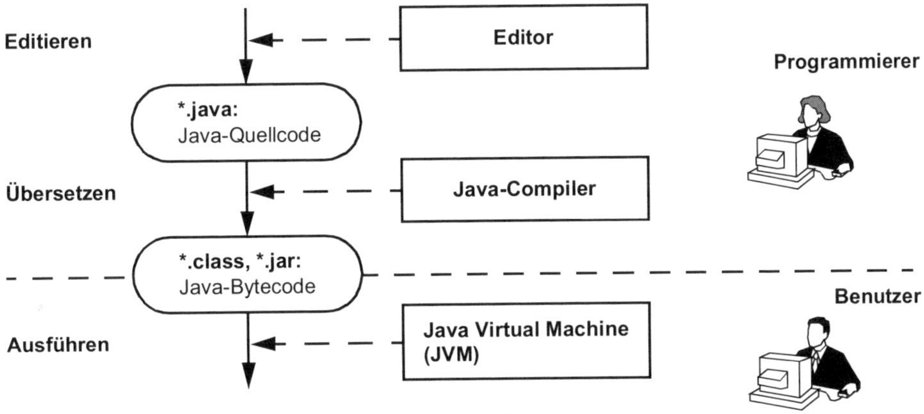

***Abb. 5-11** Übersetzung und Ausführung von Java-Programmen*

Maschinensprache eines bestimmten Prozessors ist. Damit sind Zwischensprachprogramme nicht an eine bestimmte Plattform gebunden, sondern können mit Hilfe entsprechender Interpretierer auf unterschiedlichen Plattformen ausgeführt werden.

Die heute wichtigste Sprache, deren Programme auf diese Art ausgeführt werden, ist **Java**. Abbildung 5-11 zeigt die Schritte zur Erstellung und Ausführung eines Java-Programms:

> Zunächst gibt ein Programmierer den Quellcode eines Java-Programms mit Hilfe eines *Editors* in eine Datei ein. Diese Datei trägt üblicherweise die Namenserweiterung `.jav` oder `.java`.

> Danach wird der Quellcode durch den *Java-Compiler* in eine zwischensprachliche Darstellung übersetzt – den so genannten **Bytecode**. Wie oben geschildert, ist der Bytecode zwar *hardwarenah*, aber *plattformunabhängig*. Für jede Klasse des Java-Programms (→5.1.2, →6.1.1) wird eine eigene Bytecodedatei erzeugt (Namenserweiterung `.class`), wobei man aber mehrere solche Dateien in einem **Java-Archiv** zusammenfassen kann (Datei mit Namenserweiterung `.jar`).

> Schließlich wird der Bytecode durch die **Java Virtual Machine (JVM)** interpretiert, indem diese für die einzelnen Bytecode-Anweisungen Maschinenbefehlsfolgen ausführt und dabei mit dem Benutzer kommuniziert. Die JVM ist ein Dienstprogramm, das auf Basis einer konkreten Rechnerplattform implementiert ist. In den Anfangszeiten von Java lief die Interpretation recht langsam ab; inzwischen wurde jedoch durch Verbesserungen in der JVM, durch die Verwendung von *Just-in-Time-Compilern* (→vorheriger Teilabschnitt) und manchmal sogar durch den Einsatz speziell auf Java ausgerichteter Hardware Abhilfe geschaffen.

Weitere Informationen zum Bytecode und zur Java Virtual Machine findet man im →Kasten auf Seite 34.

Für **Java-Applikationen** (vollständige Java-Programme), die auf demselben Rechensystem übersetzt und ausgeführt werden, bringt die Interpretation gegenüber der direkten Übersetzung in die Maschinensprache dieses Systems kaum Vorteile. Anders sieht es bei **Java-Applets** aus, also „kleinen" Java-Programmen, die von einem WWW-Server auf einen WWW-Client heruntergeladen und ausgeführt werden sollen. Da diese Applets in Bytecode vorliegen, können sie auf *beliebige Plattformen* gebracht werden; es muss dort lediglich eine Java Virtual Machine installiert sein.

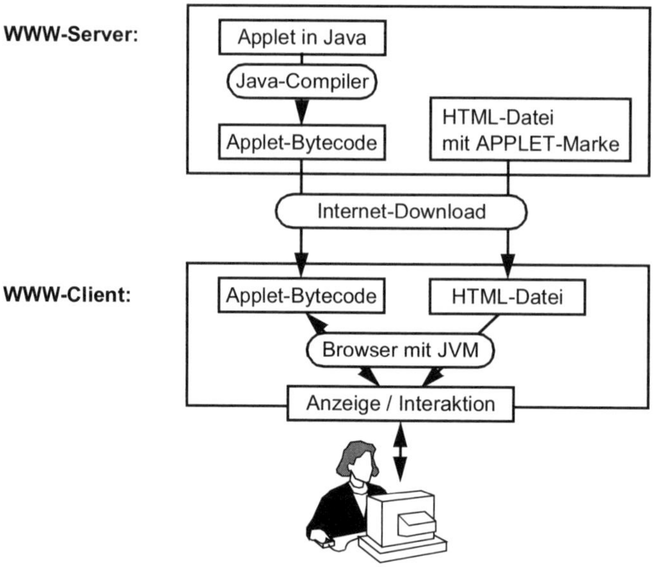

Abb. 5-12 *Java-Programme im World Wide Web*

Java-Applets sind meist in *HTML-Dokumente* (also WWW-Seiten, →3.4.2) eingebettet. Dies geschieht mit Hilfe von `<APPLET>`-Marken (→3.4.2), die auf die entsprechenden Bytecodedateien verweisen. Ein **Browser** lädt HTML- und Bytecodedateien gemeinsam von einem WWW-Server, zeigt das HTML-Dokument an und führt dabei mit Hilfe einer JVM das Applet aus. Der Benutzer kann so mit dem HTML-Dokument interagieren (siehe Abbildung 5-12 und vergleiche auch →Abbildung 3-22 sowie die Abbildung im →Kasten auf Seite 34). Statt eines Verweises auf ein Java-Applet kann ein HTML-Dokument auch ein **JavaScript**-Programmstück enthalten (→5.1.2, →7.4.3). Hier steht der Quellcode unmittelbar in der HTML-Seite und wird vom Browser direkt interpretiert.

5.3.2 Kernphasen eines Übersetzungsvorgangs

Die Übersetzung eines höhersprachlichen Programms in ein lauffähiges Maschinenprogramm geschieht in einer Folge von Schritten, deren Aufgaben im vorigen Abschnitt bereits umrissen wurden (→Abbildung 5-8). Im Folgenden soll die Vorgehensweise dreier dieser Schritte etwas detaillierter betrachtet werden, nämlich

> die eigentliche *Übersetzung* des Quellsprachprogramms in maschinensprachliche Objektmodule durch den *Compiler*,

> das *Binden* der Objektmodule zu einem Lademodul durch den *Binder* und

> das *Laden* dieses Moduls in den Hauptspeicher und die Vorbereitung seiner Ausführung durch den *Lader*.

Ein zentrales Werkzeug eines Übersetzungsvorgangs ist der **Compiler** (dt. **Übersetzer**), der den Quellcode eines Programms in Objektmodule umsetzt. Er arbeitet dazu in zwei Hauptphasen, die in Abbildung 5-13 dargestellt sind: In der **Analysephase** untersucht der Compiler die Struktur des Quellcodeprogramms und informiert den Programmierer über even-

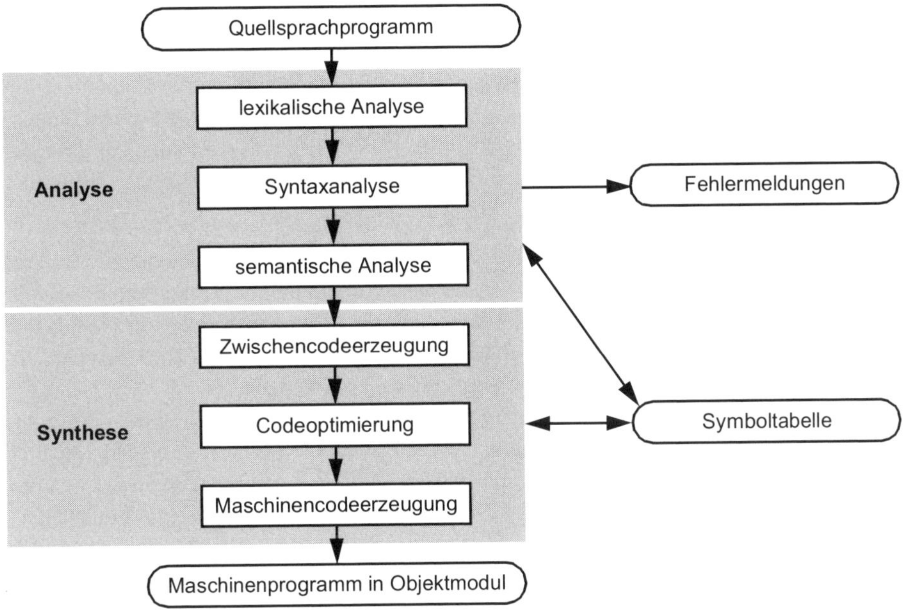

Abb. 5-13 *Phasen eines Übersetzungsvorgangs*

tuell vorhandene Fehler. Ist das Programm fehlerfrei, so erzeugt er in der darauf folgenden **Synthesephase** ein oder mehrere Objektmodule mit Maschinenprogrammen, die dem höhersprachlichen Quellcode entsprechen. In beiden Phasen sammelt er Informationen über das Programm (insbesondere über die dort verwendeten Namen für Variablen, Unterprogramme usw.), die anschließend vom Binder genutzt werden können.

Programmanalyse

Die **Analysephase** eines Compilers besteht aus drei Teilphasen (siehe Abbildung 5-13):

> Bei der **lexikalischen Analyse** zerlegt ein **Scanner** den Programmtext in **lexikalische Symbole** - also in seine „Grundbausteine" wie **Schlüsselwörter** (`if`, `else`, `for`, ...), Zahlenkonstanten, Variablennamen und so weiter. Da die Struktur lexikalischer Symbole meist durch *reguläre Ausdrücke* beschrieben werden kann, ist der Scanner typischerweise ein *endlicher Automat* (siehe →2.4.2, →2.4.3 und auch den →Kasten auf Seite 236, UNIX-Kommando `lex`). Der Scanner entfernt zudem Programmbestandteile, die für die nachfolgenden Phasen unwichtig sind, also Kommentare, Leerräume, Tabulatoren und Zeilenvorschübe. Als Resultat ergibt sich die Folge der so genannten **Token** des Programms, also die Folge seiner lexikalischen Symbole.

> Die darauf folgende **Syntaxanalyse** ermittelt aus der Tokenfolge die eigentliche Struktur des Programms. Der **Parser**, der diese Analyse durchführt, stützt sich auf eine *kontextfreie Grammatik*, die die *Syntax* der Programmiersprache definiert, und arbeitet dementsprechend als *Kellerautomat* (siehe →2.4.2 und →2.4.3 für eine Definition und nähere Erläuterung der Begriffe und Vorgänge sowie auch den →Kasten auf Seite 236, UNIX-Kommando `yacc`). Das Ergebnis der Analyse ist ein **Ableitungsbaum** oder **Struktur-**

baum, der den Aufbau des Programms und die Zusammenhänge zwischen seinen Bestandteilen widerspiegelt (siehe wiederum →2.4.3 für eine detaillierte Darstellung).

> Die abschließende **semantische Analyse** stellt fest, ob der Programmtext bestimmte Eigenschaften erfüllt, die über die reine Syntax (also formal richtige Schreibweise) hinausgehen. Dazu gehört beispielsweise die Prüfung, ob alle Programmvariablen vor ihrer Benutzung deklariert wurden und ob die Operationen, die auf den Variablen ausgeführt werden sollen, mit deren Typen in Einklang stehen (→3.1).

Während der Analysephase wird zudem eine **Symboltabelle** aufgebaut, in die alle im Programm verwendeten *Bezeichner* (→3.1.1) und Informationen über sie eingetragen werden. Dazu gehören insbesondere die Namen der Variablen mit ihren Typen sowie die Namen der Unterprogramme. Spätere Phasen können, wie auch schon die semantische Analyse, auf die Tabelle zugreifen und dabei Informationen abrufen und nachtragen.
Stellt der Compiler bei der Analyse *Fehler* im Programmtext fest, so macht er dem Programmierer entsprechend Meldung und gibt ihm dabei eine möglichst genaue Beschreibung aller gefundenen Fehler. Der Programmierer muss die Fehler dann korrigieren und den Compiler erneut aufrufen. Es ist zu beachten, dass der Compiler nur syntaktische und einfache semantische Fehler finden kann. Der Compiler prüft jedoch *nicht* die generelle **Semantik** (→5.1) des Programms, stellt also nicht fest, ob das Programm das tut, was der Programmierer von ihm erwartet. Eine solche automatische Prüfung ist auch nicht auf allgemeine Weise möglich, denn das Problem der **Softwareverifikation** ist nachweislich nicht entscheidbar (→4.3.3). Also muss letztlich der Mensch die Semantik des Programms verifizieren, indem er den Programmtext analysiert und Testläufe durchführt.

Codesynthese

Der Analysephase folgt die **Synthesephase** des Compilers, in der Ableitungsbaum / Strukturbaum und Symboltabelle in ein oder mehrere Objektmodule umgesetzt werden. Auch diese Phase besteht im Allgemeinen aus mehreren Teilen: Zunächst wird *Zwischencode* erzeugt, also eine Darstellung des Programms in einer hardwarenahen **Zwischensprache**. Dieser Code wird anschließend **optimiert** (→Kasten auf Seite 261). Schließlich kommt es zur eigentlichen **Codeerzeugung**, bei der ein Maschinenprogramm generiert und in einem **Objektmodul** in einer Datei abgelegt wird. Neben dem Maschinenprogramm enthält das Objektmodul weitere Informationen, die für das spätere Binden und Laden benötigt werden. Dazu gehören insbesondere

> eine *Exportliste*, die die Daten und Dienste (= Unterprogramme) angibt, die dieses Modul anderen Modulen zur Nutzung anbietet (auch *Entry Points* genannt) sowie

> eine *Liste externer Bezüge*, die angibt, welche Daten und Dienste anderer Module dieses Modul nutzen möchte, und die die Stellen in seinem Maschinenprogramm nennt, an denen es darauf zugreift.

Wegen seiner externen Bezüge ist ein Objektmodul *noch nicht ausführbar*; es muss vor seiner Ausführung mit anderen Objektmodulen gebunden werden (siehe unten).
Abbildung 5-14 zeigt als *Beispiel* schematisch und auschnittsweise die Form zweier Objektmodule, die aus zwei C-Quellcodemodulen erzeugt wurden. Zum Quellcode ist zunächst Folgendes anzumerken: In größeren Softwaresystemen ist es üblich, den Quellcode auf mehre-

Welche Optimierungsmöglichkeiten hat ein Compiler?

Das Programm in Zwischensprache, das ein Compiler in der Codeerzeugungsphase generiert, ist in den meisten Fällen nicht optimal: Es benötigt mehr Speicherplatz und, schlimmer, eine längere Ausführungszeit als eigentlich nötig. Das liegt oft daran, dass die Codeerzeugung *lokal* arbeitet, also höhersprachliche Anweisungen Stück für Stück in hardwarenahe Befehle umwandelt und dabei Zusammenhänge zwischen ihnen nicht berücksichtigt. Daher ist es günstig, das Programm vor oder bei seiner endgültigen Umsetzung in Maschinensprache zu *optimieren*. Diese **Optimierung** kann die Ausführungszeit und den Speicherbedarf eines Programms beispielsweise folgendermaßen verbessern (die Beispiele sind zur besseren Lesbarkeit jeweils in höherer Sprache formuliert und nicht in der tatsächlich benutzten Zwischensprache):

- Rechenausdrücke werden vereinfacht, indem man Teilausdrücke, deren Ergebnis schon zum Zeitpunkt der Übersetzung feststeht, durch entsprechende Konstanten ersetzt.
  Beispiel: `a+2*5-7` ersetzen durch `a+3`.
- Die mehrfache Berechnung desselben Werts wird vermieden, indem man den Wert einer neuen Variablen zuweist und anschließend auf diese Variable zugreift.
  Beispiel: `c=(2*a-b)/3; d=2*a-b+1` ersetzen durch `t=2*a-b; c=t/3; d=t+1`.
- Anweisungen, die in einer Schleife einer Variablen immer wieder denselben Wert zuweisen, werden aus der Schleife „herausgezogen".
  Beispiel: `while(a>0) { b=1; a--; }` ersetzen durch `b=1; while(a>0) a--;`.
- Teile des Programms, die nie ausgeführt werden, werden entfernt. Man bezeichnet ein solches Programmstück übrigens als **Toten Code**.
  Beispiel: In `a=1; if (a==1) {...} else {...}` den `else`-Teil streichen.

Alle diese Optimierungen sind unabhängig von der zugrunde liegenden Maschinensprache und Prozessorarchitektur möglich. In vielen Fällen können sie auch schon bei der Programmierung in höherer Sprache berücksichtigt werden. Darüber hinaus gibt es Optimierungsmöglichkeiten, die von den Fähigkeiten der jeweiligen Rechnerplattform abhängen und die stets automatisch durch den Optimierer vorgenommen werden:

- Das Maschinenprogramm sollte Daten, die es häufig benutzt, in *Arbeitsregister* des Prozessors laden, da es auf Register deutlich schneller zugreifen kann als auf Zellen des Hauptspeichers (→2.1.1).
- Das Maschinenprogramm sollte Maschinenbefehle nutzen, die bestimmte Operationen besonders effizient ausführen. Ein Paradebeispiel hierfür sind spezielle Befehle zur Unterstützung der Bearbeitung von Multimediadaten, wie sie beispielsweise in den **Multimedia Extensions (MMX)** von Intel-Prozessoren zu finden sind.
- Das Maschinenprogramm sollte die Möglichkeiten der nebenläufigen Ausführung, die der Prozessor bietet, ausnutzen. Viele Prozessoren unterstützen beispielsweise ein **Pipelining**, bei dem mehrere aufeinander folgende Maschinenbefehle nach Art eines Fließbands gleichzeitig bearbeitet werden (→Kasten auf Seite 204). Eine solche Pipeline wird besonders dann gut ausgenutzt, wenn keine *Datenabhängigkeiten* zwischen den Befehlen bestehen, wenn also der nächste Befehl nicht das Resultat seines Vorgängers abwarten muss. Ist solch eine Datenunabhängigkeit nicht unmittelbar gegeben, so lässt sie sich oft durch eine Umordnung der Befehle herstellen. Beispielsweise kann man den Test einer Verzweigung (→5.2.1) etwas vorziehen, so dass das Ergebnis schon bekannt ist, wenn die Verzweigungsstelle erreicht wird.

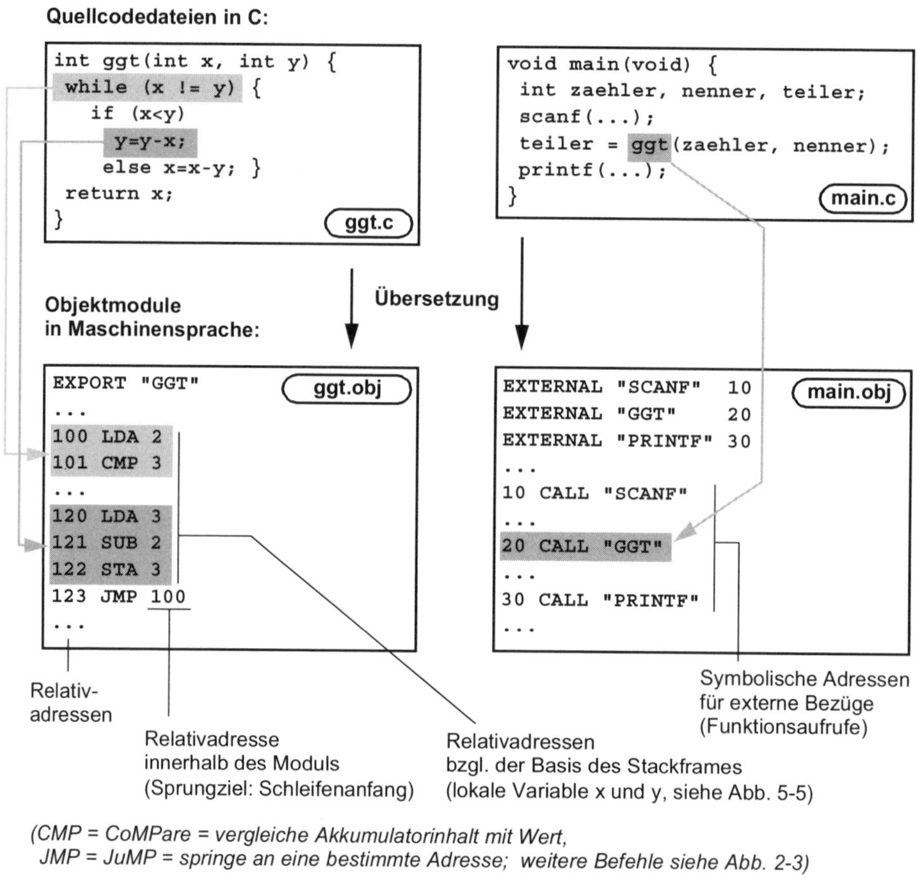

Abb. 5-14 *Übersetzung von Quellcodedateien in Objektmodule*

re Dateien zu verteilen, diese *getrennt voneinander* in Objektmodule zu übersetzen und sie erst anschließend zu einem (Maschinen-)Programm zusammenzubinden. Diese Modularisierung hat erstens den Vorteil, dass auch große Programme relativ übersichtlich bleiben. Zweitens kann so die Programmierarbeit auf mehrere Programmierer aufgeteilt werden, die jeweils ihre eigene Quellcodedatei erstellen. Drittens ziehen Änderungen am Quellcode nur einen relativ geringen Übersetzungsaufwand nach sich, denn es muss jeweils nur das modifizierte Quellcodemodul neu in ein Objektmodul übersetzt werden, während die übrigen Objektmodule bestehen bleiben können.

Das Beispielprogramm in der Abbildung umfasst entsprechend zwei Quellcodemodule, von denen das erste ein Unterprogramm zur ggT-Berechnung enthält und das zweite ein Hauptprogramm, das dieses Unterprogramm sowie weitere Unterprogramme aufruft (vergleiche →5.1.2). Das Objektmodul des Unterprogramms exportiert einen Entry Point, nämlich den Einstiegspunkt in das ggT-Unterprogramm selbst. Es nutzt keine externen Angebote. Umgekehrt bietet das Objektmodul des Hauptprogramms nichts nach außen an, nutzt aber drei externe Angebote, nämlich die ggT-Funktion des anderen Moduls sowie eine Ein- und eine Ausgabefunktion, die in einer Systembibliothek definiert sind (siehe Bindevorgang unten).

In den Beispielmodulen sind zudem drei verschiedene *Arten von Adressen* zu sehen:

> Die lokalen Daten des Unterprogramms (also die Parameter `x` und `y`) werden im *Stack Frame* der jeweiligen Unterprogramminstanz realisiert (→Abbildungen 5-3 und 5-5). Sie werden also *relativ zur Basis dieses Stack Frames* adressiert – das heißt durch Angabe ihres Abstands zur untersten Zelle des Frames, gemessen in Speicherzellen.

> Der Anfang der `while`-Schleife des C-Unterprogramms entspricht im Objektmodul der Position eines Maschinenbefehls, der den Schleifentest durchführt. Ein Sprungbefehl, der aus dem Körper der Schleife an ihren Anfang zurückspringt, gibt damit eine Adresse an, die ein Sprungziel im selben Modul bezeichnet – die also ein *interner Bezug* ist. Wie oben kann auch dafür *relativ* adressiert werden, wobei hier allerdings der *Anfang des Objektmoduls* der Bezugspunkt ist. Die **relativen Adressen** aller Positionen im Objektmodul ergeben sich, indem man einfach die Komponenten des Moduls von 0 beginnend durchnummeriert.

> Die Aufrufoperationen im Hauptprogramm beziehen sich auf Angebote anderer Module, sind also *externer Bezüge*. Da die Module getrennt voneinander übersetzt werden, liegen zum Zeitpunkt der Übersetzung noch keine näheren Adressangaben bezüglich der anbietenden Module vor. Die entsprechenden Sprungziele können also nur in *symbolischer Form* durch Namen angegeben werden – als so genannte **symbolische Adressen**.

Zum Abschluss dieser beiden Teilabschnitte ist noch anzumerken, dass die Compilerphasen nur aus Gründen der Übersichtlichkeit getrennt voneinander dargestellt wurden. In realen Compilern werden aus Effizienzgründen meist mehrere dieser Phasen in *einem* Durchlauf durch das Programm abgearbeitet. So ist beispielsweise der Scanner meist als Unterprogramm des Parsers implementiert und wird von diesem jeweils aufgerufen, wenn das nächste Token des Programmtexts benötigt wird.

Binden

Ausgangspunkt des Bindevorgangs sind *mehrere Objektmodule*, die entweder unmittelbar zuvor aus Quellcodeprogrammen erzeugt wurden oder vorübersetzt in Bibliotheken bereitstehen. Aufgabe des **Binders** (**Linkers**) ist, diese Objektmodule zu *einem Maschinenprogramm* zusammenzufügen und dabei insbesondere die externen Bezüge aufzulösen. Er kann dabei die Exportlisten sowie die Listen der externen Bezüge der Objektmodule nutzen. Es resultiert ein **Lademodul** mit einem ausführbaren Maschinenprogramm, das zunächst in einer Datei (→3.3.1) abgelegt wird und später durch den *Lader* zur Ausführung in den Hauptspeicher gebracht werden kann (siehe unten). Da das Lademodul die Bestandteile des Programms in genau derselben Anordnung enthält, wie sie später im Hauptspeicher stehen müssen, bezeichnet man seinen Inhalt auch als **Image** (= Abbild) des Programms.
Abbildung 5-15 illustriert, am *Beispiel* des ggT-Programms, das **(statische) Binden** mehrerer Objektmodule: Hier wird das Lademodul gebildet, indem einfach die Maschinenprogramme aller Objektmodule, für die externe Bezüge existieren, „hintereinander geschrieben" werden. Zudem werden an den Anfang des Lademoduls einige Verwaltungsinformationen für den späteren Ladevorgang gesetzt (in der Abbildung nicht gezeigt). Da das entstehende große Modul all das enthält, auf das in den beteiligten Maschinen(unter)programmen Bezug genommen wird, sind keine externen Bezüge mehr nötig. Entsprechend können alle symbolischen Adressen durch *relative Adressen* ersetzt werden. Zudem müssen

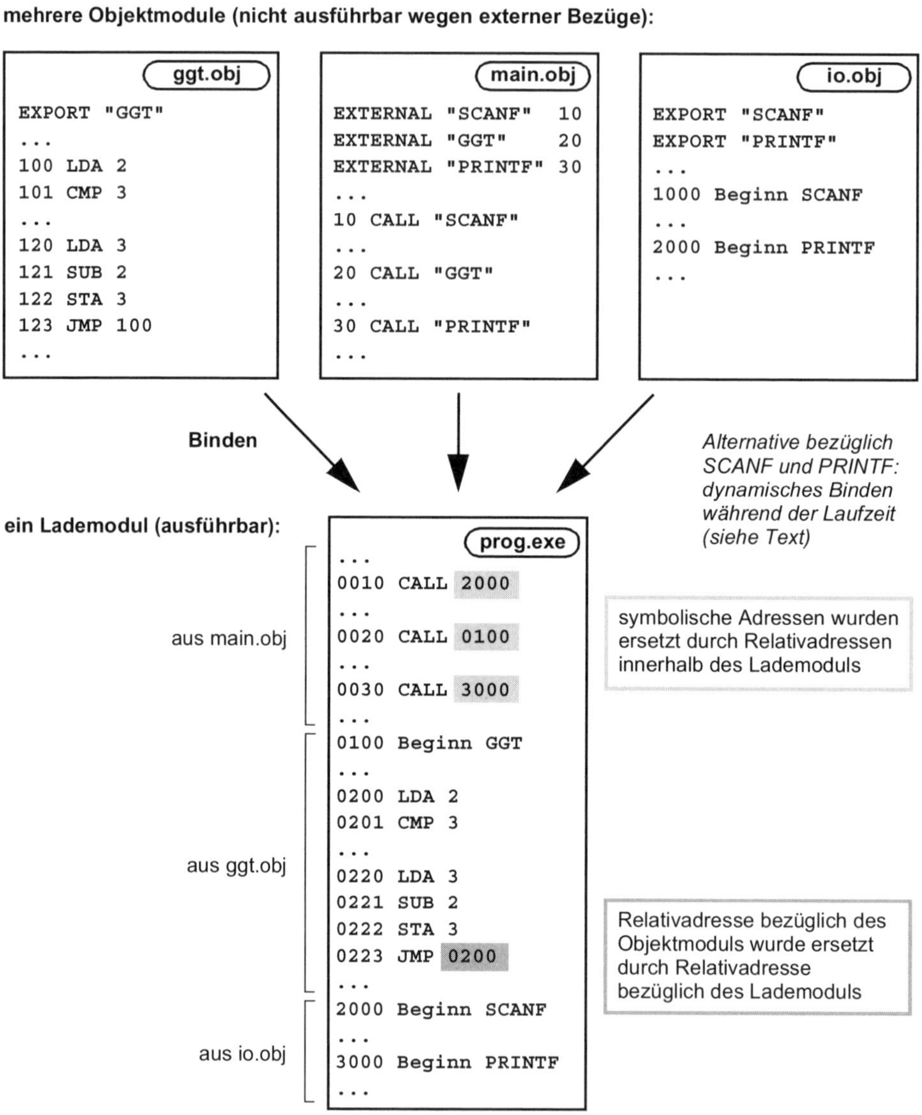

Abb. 5-15 *Binden von Objektmodulen zu einem Lademodul (statisches Binden aller Teile)*

bereits vorhandene relative Adressen angepasst werden, denn der Bezugspunkt ist nicht mehr der Anfang des kleineren Objektmoduls, sondern der Anfang des großen Lademoduls. Dies betrifft natürlich nur die Adressen, die sich auf Positionen innerhalb des Objektmoduls beziehen; die relativen Datenadressen, die sich auf die Basis der Stack Frames beziehen, bleiben unverändert.

Die hier beschriebene Vorgehensweise heißt **statisches Binden**, weil das entstandene Lademodul endgültig sämtliche Bestandteile des Programms umfasst. Es gibt später bei der Ausführung des Programms keine Möglichkeit mehr, weitere Unterprogramme oder Daten nach Bedarf *dynamisch* dazuzuholen. Im Umkehrschluss bedeutet das, dass für *jedes* aus-

führbare Programm jedes Unterprogramm, das es möglicherweise benutzen wird, vollständig in sein Lademodul aufgenommen werden muss. Das führt dazu, dass Speicherplatz auf dem Plattenspeicher und später, nach dem Laden der Programme, auch im Hauptspeicher ineffizient genutzt wird: Die Lademodule enthalten nämlich möglicherweise größere Programmstücke, die niemals ausgeführt werden, und zudem steht möglicherweise dasselbe Unterprogramm als Kopie in mehreren Lademodulen.
Wesentlich flexibler und speichereffizienter ist die Technik des **dynamischen Bindens**. Hier bleiben externe Bezüge auf bestimmte Unterprogramme (oder auch Daten) im Lademodul zunächst bestehen und werden erst ersetzt, wenn das Lademodul des Programms in den Hauptspeicher gebracht wird oder wenn das Programm bei seiner Ausführung das betreffende Unterprogramm aufruft. Dann wird auch das Lademodul des Unterprogramms in den Hauptspeicher geladen, sofern es nicht bereits dort steht. Entscheidend ist dabei, dass immer nur *eine* Kopie dieses Lademoduls im Hauptspeicher existiert - egal, wie viele laufende Programme damit arbeiten. Alle Programme greifen auf diese gemeinsame Kopie des Moduls zu, was unproblematisch ist, da ja aus dem Modul nur Befehle ausgelesen werden und sich die Programme somit nicht gegenseitig stören. Besonders effizient ist diese Technik für Unterprogramme, die sehr häufig benutzt werden - so beispielsweise für Bibliotheksfunktionen wie das `printf()` aus Abbildung 5-15. Praxisbeispiele für dynamisch gebundene, mehrfach benutzbare Unterprogramme sind die **Dynamic Link Libraries (DLLs)** in Microsoft-Windows-Systemen und die **Shared Libraries** auf UNIX-Plattformen.

Laden

Die Aufgabe des **Laders** ist, das Lademodul eines Programms in den Hauptspeicher zu bringen und somit das Programm zur unmittelbaren Ausführung bereitzustellen. Der Lader muss dazu, mit Hilfe der **Speicherverwaltung des Betriebssystems** (→2.1.2, →7.3.1), einen Hauptspeicherbereich passender Größe belegen, und den Inhalt der Lademoduldatei dorthin kopieren. Zudem müssen, im Fall des dynamischen Bindens, möglicherweise weitere Lademodule mit Unterprogrammen in den Hauptspeicher geladen werden.
Je nach zugrunde liegender Rechnerplattform ist zudem eine *Anpassung von Adressen* erforderlich, die im Maschinenprogramm auftreten. Wie im vorigen Teilabschnitt geschildert, benutzen die Maschinenbefehle im Lademodul nämlich unter anderem *Relativadressen*, die sich auf den Anfang des Moduls beziehen. Die Verwendung solcher Relativadressen anstelle realer Hauptspeicheradressen (so genannter **absoluter Adressen**, →Abbildung 2-3) hat folgenden Vorteil: Für das Modul liegt nicht von vornherein fest, in welchen Hauptspeicherbereich es geladen werden muss, sondern der Lader kann aufgrund der aktuellen Speicherbelegung flexibel entscheiden, wohin er das Modul bringt. Man sagt, dass das Modul **verschiebbar** (engl. *relocatable*) ist. Bei seiner *Ausführung* muss das Maschinenprogramm dann allerdings *absolute* Adressen benutzen und zwar die Adressen der Speicherzellen, in die es durch den Lader gebracht wurde (vergleiche ebenfalls →Abbildung 2-3). Dies kann, je nach Rechnerplattform, auf drei unterschiedliche Arten sichergestellt werden:

> Nachdem das Lademodul in einen bestimmten Hauptspeicherbereich gebracht wurde, wird jede einzelne relative Adresse im Maschinenprogrammtext durch die entsprechende absolute Adresse ersetzt. Diese Technik ist allerdings sehr aufwendig und hat daher keine praktische Bedeutung.

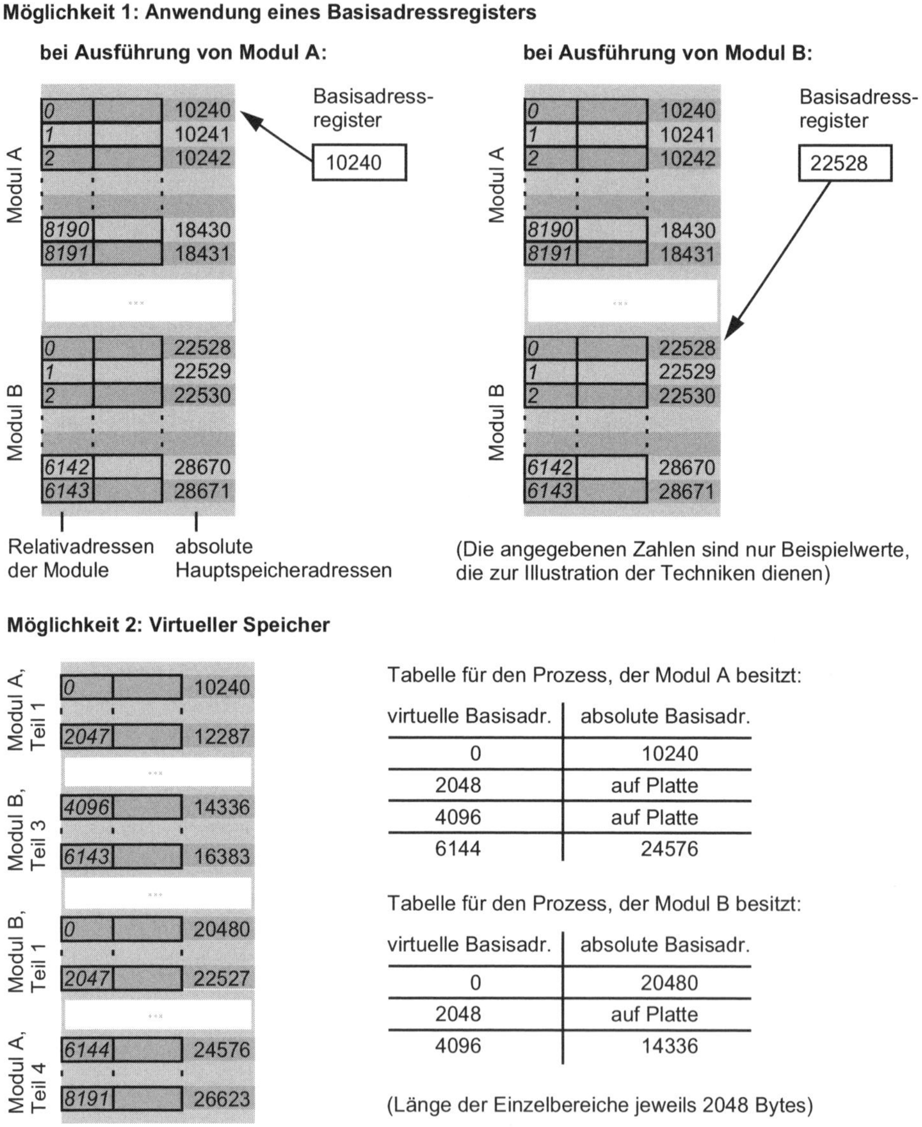

Abb. 5-16 *Adresszuordnung bei Lademodulen im Hauptspeicher*

> Die Prozessorhardware kann ein **Basisadressregister** enthalten: Sein Inhalt wird bei der Ausführung eines Maschinenbefehls automatisch auf die modulinternen Relativadressen, die dieser Befehl verwendet, aufaddiert. Hier muss also lediglich beim Laden die Anfangsadresse des Hauptspeicherbereichs, in die das Modul gebracht wird, in diesem Register abgelegt werden; die Relativadressen im Programmtext können beibehalten werden.
Wie Abbildung 5-16 zeigt, kann der Hauptspeicher auf diese Weise auch *mehrere* Module enthalten, die jeweils einen **Adressraum** (= Menge von *Relativ*adressen) besitzen, der

von 0 beginnend durchnummeriert ist. Die *absoluten* Speicheradressen der einzelnen Module sind dabei aber verschieden, und es wird mit Hilfe des Basisadressregisters durchgesetzt, dass jedes Modul nur auf die ihm zugeordneten Speicherzellen zugreift. Nachteilig bei der Verwendung eines *einzelnen* Basisregisters ist, dass jedes Modul in einem *zusammenhängenden* Speicherbereich abgelegt werden muss, was insbesondere bei großen Modulen die Speicherverwaltung schwierig macht.

> Die Technik des **virtuellen Speichers** verallgemeinert den Ansatz, Adressen mit Hife eines Basisregisters umzusetzen. Die Grundidee dabei ist, die Relativadressen in den Modulen im Wesentlichen beizubehalten, zusätzlich aber den Adressraum eines Moduls in *mehrere Bereiche* aufzuteilen, denen jeweils eine eigene absolute Basisadresse zugeordnet wird. Der Adressraum des Moduls wird also mit Hilfe einer *Tabelle* auf reale Speicherbereiche abgebildet, wobei jeder Tabelleneintrag für einen bestimmten Teil des Moduladressraums „zuständig" ist (siehe Abbildung 5-16). Man spricht hier nicht mehr von Relativadressen, sondern von **virtuellen Adressen**.
Die Verwendung virtueller Adressen macht die Speicherverwaltung deutlich flexibler: Erstens können die Teile eines Moduls an unterschiedlichen Stellen des Hauptspeichers stehen, müssen also nicht mehr zusammenhängend abgelegt werden. Zweitens können Teile des Moduls, die bei der Ausführung gerade nicht benötigt werden, auf den Plattenspeicher „ausgelagert" werden, wodurch Platz im Hauptspeicher für wichtigere Dinge frei wird.

In der heutigen Praxis wird von diesen drei Ansätzen vornehmlich die Technik des **virtuellen Speichers** eingesetzt: **Betriebssysteme** (→2.1.2, →7.3.1) repräsentieren Programmausführungen durch **Prozesse** (→5.4.1) und ordnen ihnen jeweils eigene **Adressräume** zu. Diese *virtuellen* Adressräume nehmen nicht nur, wie oben beschrieben, die jeweiligen *Maschinenprogramme* auf, sondern auch die *Datenbereiche* der Ausführung, also *Aufrufstack* und *Heap* (→5.2.2). In Maschinenprogrammtexten stehen nur virtuelle Adressen. Reale Speicherbereiche, die das Betriebssystem bereitstellt, dienen zur physischen Speicherung dieser Maschinenprogramme und Daten. Die Adressumsetzung während der Ausführung geschieht dann automatisch durch eine spezielle Hardwareeinheit, die so genannte **Memory Management Unit (MMU)**.

Debugging

Bevor ein Programm an einen Benutzer übergeben werden kann, muss es anhand einer Reihe von Eingabewerten *getestet* werden. Sollte es dabei nicht so arbeiten wie gewünscht, so kann ein **Debugger** (wörtliche Übersetzung: „Entwanzer") zur Fehlersuche eingesetzt werden. Mit ihm kann man beispielsweise ein Programm Zeile für Zeile ausführen und sich dabei die Inhalte interessierender Variablen anzeigen zu lassen.

5.4 Nebenläufigkeit

Die bisherigen Betrachtungen gingen meist davon aus, dass ein Computer Programme *sequentiell* ausführt: Ein Programm in einer imperativen Programmiersprache, wie sie in →5.2 charakterisiert wurde, wird gemäß seinen Kontrollstrukturen Schritt für Schritt hintereinander abgearbeitet. Ein von-Neumann-Rechner, so wie er in →2.1.1 dargestellt wurde, verfügt nur über einen einzelnen Prozessor und kann somit immer nur ein Programm zur selben Zeit bearbeiten. Mit der fortschreitenden Entwicklung der Hard- und Softwaretechnik ist jedoch der Aspekt der **Nebenläufigkeit** (engl. *concurrency*) immer wichtiger geworden - also der „gleichzeitigen" Ausführung mehrerer Aktivitäten. Während im vorigen Kapitel der Begriff der Nebenläufigkeit auf der vergleichsweise abstrakten Ebene der Algorithmen betrachtet wurde (→4.4), geht es hier um nebenläufige Vorgänge in konkreten Rechensystemen und Programmiersprachen:

> Zur Einführung wird eine Übersicht über *Arten der Nebenläufigkeit* gegeben, wobei zwischen *echter Nebenläufigkeit auf Hardwareebene* und *Pseudonebenläufigkeit auf Softwareebene* unterschieden wird.

> Danach werden *Synchronisationsmechanismen* besprochen, die beim Ablauf nebenläufiger Programme zeitliche Bedingungen durchsetzen können.

> Schließlich werden *Kommunikationsmechanismen* diskutiert, die den Datenaustausch zwischen nebenläufigen Programmen ermöglichen.

5.4.1 Arten der Nebenläufigkeit

Heutige Rechensysteme unterstützen die nebenläufige Ausführung von Operationen auf mehreren Ebenen:

> Die Hardware eines modernen *Univeralprozessors* besteht aus mehreren *nebenläufigen Funktionseinheiten* und kann somit mehrere Aktionen gleichzeitig durchführen.

> Computer, die hohe Leistungsanforderungen erfüllen müssen, besitzen oft *mehrere Prozessoren*, auf denen dann mehrere Ausführungsfolgen gleichzeitig ablaufen können. Zudem können mehrere Computer zu einem *Rechnernetz* zusammengeschlossen werden.

> *Programmiersprachen* wie Java definieren Konstrukte, mit denen eine Programmausführung in mehrere *Kontrollflüsse* aufgeteilt werden kann, die dann nebenläufig ablaufen. Auch die *Programmierschnittstellen von Betriebssystemen* bieten entsprechende Funktionen an.

> Ein *Betriebssystem* ermöglicht es seinen Benutzern, auf dem darunter liegenden Rechensystem mehrere Anwendungsprogramme gleichzeitig ausführen zu lassen.

Man kann also zwischen einer Nebenläufigkeit auf Hardwareebene und einer Nebenläufigkeit auf Softwareebene unterscheiden. Auf der *Ebene der Hardware* handelt es sich stets um eine **echte Nebenläufigkeit**: Da jeweils mehrere Funktionseinheiten physisch vorhanden sind, können zu jedem Zeitpunkt mehrere Aktionen „echt gleichzeitig" ausgeführt werden. Anders sieht es auf der *Ebene der Software* aus: Soll ein Programm in mehrere nebenläufige Kontrollflüsse zerfallen oder sollen auf einem Computer zur selben Zeit mehrere Programme ablaufen, so setzt das *nicht* unbedingt voraus, dass entsprechend viele reale Prozessoren existieren. Das Betriebssystem kann nämlich die wenigen realen Prozessoren (oder, im Extremfall, den einzigen vorhandenen Prozessor) zwischen den Aktivitäten hin- und herschalten (→7.3.1) und sie somit „zeitlich verzahnt" bearbeiten. Es handelt sich hierbei also um eine **Pseudonebenläufigkeit**.

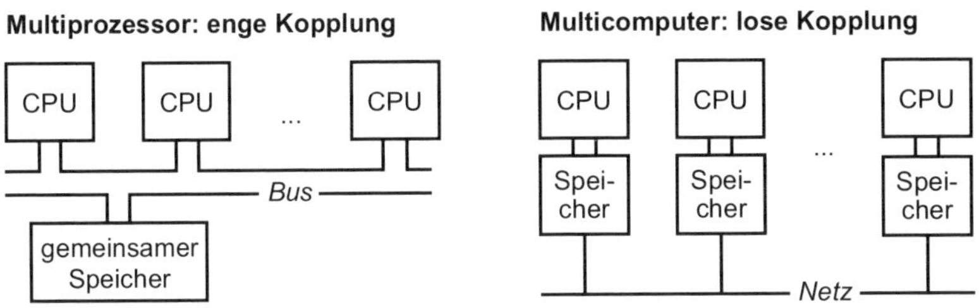

Abb. 5-17 *Eng gekoppelte versus lose gekoppelte Hardware*

Nebenläufigkeit auf Hardwareebene

Die Nebenläufigkeit auf Hardwareebene wird dadurch realisiert, dass *ein Prozessor mehrere Funktionseinheiten* besitzt (→Kasten auf Seite 204) und/oder dass im Rechensystem *mehrere Prozessoren* vorhanden sind. Bei Systemen mit mehreren Prozessoren unterscheidet man die in Abbildung 5-17 gezeigten Konfigurationen:

> Ein **Multiprozessorsystem** (auch *Mehrprozessorsystem* genannt) verfügt über mehrere Prozessoren, die auf einem *gemeinsamen Hauptspeicher* arbeiten. Alle Einheiten sind über einen leistungsfähigen *Bus* (→2.1.1) miteinander verbunden, der eine schnelle Datenübertragung mit hohem Durchsatz, also hoher Bitrate, ermöglicht. Man sagt, dass die Prozessoren über Hauptspeicher und Bus **eng gekoppelt** (engl. *closely coupled*) sind. Physisch ist ein Multiprozessorsystem ein Computer, auf dessen Hauptplatine mehrere Prozessoren stecken. Anstelle eines Busses kann auch ein **Switch** eingesetzt werden, der mehrere Prozessorpaare jeweils direkt miteinander verbindet und somit einen noch höheren Durchsatz erlaubt.

> Ein **Multicomputersystem** (auch **Cluster** genannt) besteht aus mehreren autonomen **Rechnerknoten**, also eigenständigen Computern mit einem oder mehreren Prozessoren, die über ein Kommunikationsnetz (→7) miteinander verbunden sind. Im Vergleich zum Bus ist die Datenübertragung über ein Kommunikationsnetz langsam und erfolgt mit einem relativ niedrigen Durchsatz. Hier sind die Prozessoren also **lose gekoppelt** (engl. *loosely coupled*). Physisch umfasst ein Multicomputersystem mehrere Computer, die an ein Kommunikationsmedium (beispielsweise ein Kabel) angeschlossen sind (siehe auch →7.3.1, Abbildung 7-17).

Daneben differenziert man zwischen *SIMD-* und *MIMD-Computern*: Bei **SIMD-Computern** („Single Instruction Multiple Data") wird jeweils *derselbe* Maschinenbefehl auf mehreren Werten gleichzeitig ausgeführt. Hier gibt es also zwar mehrere Rechenwerke, aber nur ein Steuerwerk (→2.1.1). Solche Rechnerstrukturen eignen sich gut für die rasche Verarbeitung von mathematischen Vektoren oder Matrizen; sie werden meist in speziellen Hochleistungsrechnern eingesetzt. Multiprozessoren, bei denen mehrere Steuerwerke vorhanden sind und die somit gleichzeitig *unterschiedliche* Operationen ausführen können, heißen demgegenüber **MIMD-Computer** („Multiple Instruction Multiple Data").

Nebenläufigkeit auf Softwareebene

Die Nebenläufigkeit auf Softwareebene basiert auf den Begriffen des *Prozesses* und des *Threads*: Ein **Prozess** ist ein Programm, das sich gerade in Ausführung befindet und daher,

neben dem eigentlichen Programmtext mit den Befehlen, einen Kontrollfluss mit Programmzähler sowie einen Datenbestand und weitere Betriebsmittel besitzt. Ein Prozess kann mehrere **Threads** umfassen - Kontrollflüsse, die auf demselben Datenbestand arbeiten. Eine ausführliche Diskussion dieser Begriffe findet sich in →4.4.1.
Ein **Betriebssystem** benutzt Prozesse und Threads, um die **nebenläufigen Aktivitäten** auf einem Computer darzustellen und zu verwalten (siehe auch →7.3.1). Da diese Aktivitäten Programmausführungen sind, gehört zu einem Prozess ein Lademodul mit einem Datenbestand (→5.3.2), dem das Betriebssystem den benötigten Speicherplatz und sonstige Teile der Rechnerhardware zur Verfügung stellt. Weiterhin teilt das Betriebssystem den Prozessen und Threads Prozessorzeit zu und bringt sie damit auf dem realen Prozessor zur Ausführung. Es schaltet dabei den Prozessor zwischen den einzelnen Programmen in möglichst raschem Wechsel hin und her, so dass die Ausführungen gleichmäßig vorangetrieben werden. Die Benutzer haben damit den Eindruck, dass ihre Programme gleichzeitig ablaufen - daher der Begriff der *Pseudonebenläufigkeit*.
Das Betriebssystem stellt an seiner *Programmierschnittstelle* Funktionen bereit, mit denen Prozesse erzeugt, gelöscht und in ihrer Ausführung gesteuert werden können. Dazu gehören auch Operationen, die eine zeitliche Abstimmung (*Synchronisation*, →5.4.2) sowie den Datenaustausch (*Kommunikation*, →5.4.3) zwischen Prozessen realisieren. Diese Funktionen können aus höhersprachlichen Programmen heraus aufgerufen werden und ermöglichen so die programmiersprachliche Darstellung nebenläufiger Algorithmen (→4.4). Einige *Programmiersprachen*, wie beispielsweise Java, definieren entsprechende Dienste in Bibliotheken, die dann unabhängig von einer bestimmten Betriebssystemplattform genutzt werden können (→6.3.2).

Vier Stufen der Nebenläufigkeit

Insgesamt sind somit für die Praxis vier Stufen der Nebenläufigkeit von Interesse, die mit den folgenden Fachbegriffen bezeichnet werden (siehe auch Abbildung 5-18):

> Beim **Multithreading** zerfällt ein Programm in *mehrere nebenläufige Ausführungseinheiten* (vergleiche →4.4.1). Sie arbeiten zumeist gemeinsam an der Lösung eines Problems und realisieren somit einen **nebenläufigen Algorithmus** (→4.4).

> Beim **Multiprogramming** werden *mehrere eigenständige Programme* bearbeitet, die nicht unbedingt etwas miteinander zu tun haben müssen. Es handelt sich hierbei zum Beispiel um die Programme mehrerer Benutzer, die am selben Rechensystem arbeiten.

> Beim **Multiprocessing** sind *mehrere eng gekoppelte Prozessoren* vorhanden, die oft eine gemeinsame Aufgabe bearbeiten und dabei auf einen gemeinsamen Datenbestand zugreifen.

> Beim **Multicomputing** sind *mehrere autonome Rechnerknoten* vorhanden, die bei Bedarf durch den Austausch von Nachrichten miteinander kommunizieren.

Daneben wird auch häufig der Begriff des **Multitasking** verwendet, worunter die nebenläufige Ausführung mehrerer Prozesse (→4.4.1) verstanden wird, die einem oder auch mehreren Programmen entstammen können. Multithreading, Multiprogramming und Multitasking bezeichnen damit Techniken der Nebenläufigkeit auf *Softwareebene* (also oft **Pseudonebenläufigkeit**), Multiprocessing und Multicomputing auf *Hardwareebene* (also **echte Nebenläufigkeit**). Die Techniken können, wie die Abbildung zeigt, beliebig miteinander kombiniert werden.

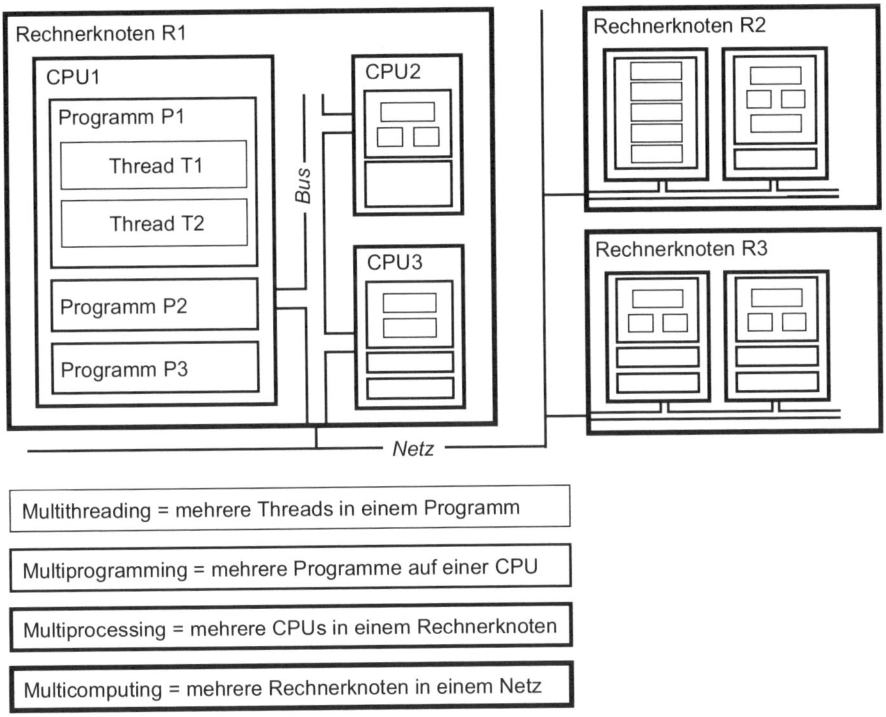

Abb. 5-18 *Arten der Nebenläufigkeit*

5.4.2 Synchronisationsmechanismen

In vielen Anwendungsszenarien müssen Prozesse und Threads zeitlich aufeinander abgestimmt werden, um damit sicherzustellen, dass das nebenläufige System korrekt funktioniert. Anforderungen an das zeitliche Verhalten nebenläufiger Aktivitäten werden durch *Synchronisationsbedingungen* formuliert (→4.4.1); **Synchronisationsmechanismen** setzen diese Bedingungen durch. Im Folgenden sollen einige dieser Mechanismen näher betrachtet werden; auch →Abschnitt 6.3.2 geht auf dieses Thema ein.

Signale

Ein **Signal** ist eine „Kurznachricht", die ein Prozess an einen anderen schickt. Es ist meist durch eine Nummer charakterisiert, so dass mehrere Arten von Signalen voneinander unterschieden werden können. Ausführlichere Nachrichten können jedoch nicht mitgeschickt werden (siehe hierzu →5.4.3).

Mit Hilfe von Signalen lassen sich **Reihenfolgebedingungen** (→4.4.1) durchsetzen: Man lässt hierbei den Nachfolgeprozess so lange warten, bis bei ihm ein Signal des Vorgängerprozesses eingetroffen ist. Betriebssysteme, wie UNIX oder die Microsoft-Windows-Systeme, bieten an ihren Programmierschnittstellen Funktionen zum Abschicken von Signalen und zum Warten darauf an.

Signale sind ein recht primitives Synchronisationsmittel, das im Prinzip nur für Reihenfolgeszenarien einsetzbar ist. Andere Synchronisationsbedingungen, wie beispielsweise der

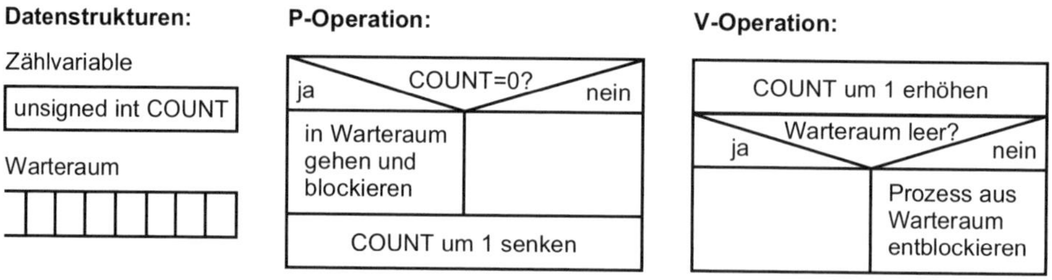

Abb. 5-19 *Datenstrukturen und Operationen eines Semaphors*

wechselseitige Ausschluss (→4.4.1), lassen sich mit Signalen nur sehr schwer durchsetzen. Deutlich flexibler verwendbar ist ein anderer Mechanismus, der ebenfalls von den meisten Betriebssystemen unterstützt wird – die *Semaphoren*.

Semaphore

Semaphore wurden 1965 durch *Edsger W. Dijkstra* (1930-2002) eingeführt. Das Wort „Semaphor" kommt aus dem Griechischen und bedeutet in seiner wörtlichen Übersetzung so viel wie „Zeichenträger". Ein Semaphor ist ein Sperrmechanismus, der Prozesse unter bestimmten Bedingungen blockiert und so recht vielseitig zur Durchsetzung von Synchronisationsbedingungen eingesetzt werden kann.
Die Wirkungsweise von Semaphoren lässt sich gut an einem (nunmehr historischen) *Beispiel* illustrieren: In Geschäften der früheren DDR war die Anzahl der Kunden, die sich gleichzeitig dort aufhalten durften, beschränkt. Durchgesetzt wurde dies mit einem Stapel von Einkaufskörben am Eingang. Jeder Kunde musste beim Betreten des Ladens einen Einkaufskorb nehmen, ihn mit sich führen und beim Verlassen wieder abgeben. Waren keine Körbe vorhanden, so musste er warten, bis ein anderer Kunde das Geschäft verließ und seinen Korb wieder abgab. Je nach Beliebtheit der angebotenen Waren bildete sich so an der Tür eine mehr oder weniger lange Schlange, denn es konnten ja nie mehr Leute im Geschäft sein, als Körbe vorhanden waren.
Dasselbe Arbeitsprinzip wird auch bei Semaphoren benutzt (siehe Abbildung 5-19). Ein Semaphor umfasst zwei *Datenstrukturen / Variablen*: Eine ganzzahlige nichtnegative *Zählvariable* `COUNT` gibt an, wie viele Prozesse den Semaphor momentan ohne Blockierung „passieren" dürfen (siehe unten). Ihr Wert entspricht im einführenden Beispiel der Anzahl der Körbe, die sich momentan auf dem Stapel befinden. Daneben gibt es einen *Warteraum* für Prozesse, die darauf warten, den Semaphor passieren zu dürfen (entsprechend der Warteschlange vor der Ladentür). Zur Arbeit auf diesen Datenstrukturen definiert ein Semaphor drei *Zugriffsoperationen*, die im Folgenden in einer C-ähnlichen Notation definiert sind:

> *Initialisieren*:

```
SEM.INIT(unsigned int init_wert) {
  SEM.COUNT = init_wert; }
```

(Lies `SEM.INIT` als „Operation `INIT` auf dem Semaphor `SEM`" und `SEM.COUNT` als „Variable `COUNT` des Semaphors `SEM`".) Durch die Operation wird die Zählvariable des Semaphors `SEM` mit einem nichtnegativen Anfangswert `init_wert` initialisiert. Im Beispiel entspricht das dem Herausstellen eines Stapels von Körben bei Ladenöffnung.

> *P-Operation - Passieren*:

```
SEM.P() {
  if (SEM.COUNT == 0)
    < blockiere >
  SEM.COUNT = SEM.COUNT-1; }
```

Die Operation prüft zunächst, ob der Wert der Zählvariablen gleich 0 ist („ob auf dem Stapel kein Korb mehr vorhanden ist"). Ist das der Fall, so blockiert sich der Prozess („der Kunde stellt sich in die Schlange"). Anderenfalls wird der Variablenwert unmittelbar um 1 erniedrigt („ein Korb wird entnommen"). Man beachte, dass auch ein zunächst blockierter Prozess nach seiner späteren Entblockierung die Variable erniedrigt („ein Kunde, der zunächst in der Schlange gewartet hat, nimmt später einen Korb"). Der Name der P-Operation kommt vom niederländischen „passeren" (passieren).

> *V-Operation - Freigeben*:

```
SEM.V() {
  SEM.COUNT = SEM.COUNT+1;
  if ( < SEM-Warteraum ist nicht leer > )
    < entblockiere einen wartenden Prozess >
}
```

Die Operation erhöht zunächst den Wert der Zählvariablen um 1 („gibt einen Korb auf den Stapel zurück"). Ist der Warteraum des Semaphors nicht leer („Kunden warten"), so wird ein wartender Prozess entblockiert („ein wartender Kunde kann sich jetzt einen Korb nehmen"). Wie bereits erwähnt, setzt der entblockierte Prozess die P-Operation, in der er blockiert worden war, fort und senkt dabei den Wert der Zählvariablen wieder. Der Name der V-Operation kommt vom niederländischen „vrijgeven" (freigeben).

Neben diesen drei Operationen stellt ein Betriebssystem Funktionen zum *Erzeugen* und *Löschen* eines Semaphors sowie meist auch zur *Abfrage* seines aktuellen Werts bereit. Es können also mehrere Semaphore existieren, von denen jeder eine bestimmte Synchronisationsbedingung durchsetzt.

Anwendungsbeispiele für Semaphore

Drei Beispiele sollen demonstrieren, wie mit Semaphoren grundlegende Synchronisationsbedingungen durchgesetzt werden (siehe auch →4.4.3):

> **Wechselseitiger Ausschluss** (gemäß →Abbildung 4-27):

- Erzeugung eines Semaphors `S_WA`.
- Initialisierung: `S_WA.INIT(1);`
- Prozess 1:

```
S_WA.P();
< kritischer Abschnitt >
S_WA.V();
```

- Prozess 2: wie Prozess 1

Prozess 1 und 2 müssen vor Eintritt in ihren jeweiligen **kritischen Abschnitt** eine P-Operation auf einem Semaphor `S_WA` ausführen, also versuchen, den Wert von `S_WA.COUNT` um 1 zu senken. Die V-Operation am Ende des kritischen Abschnitts erhöht den Variablenwert wieder um 1. Da `S_WA.COUNT` mit 1 initialisiert wurde, kann

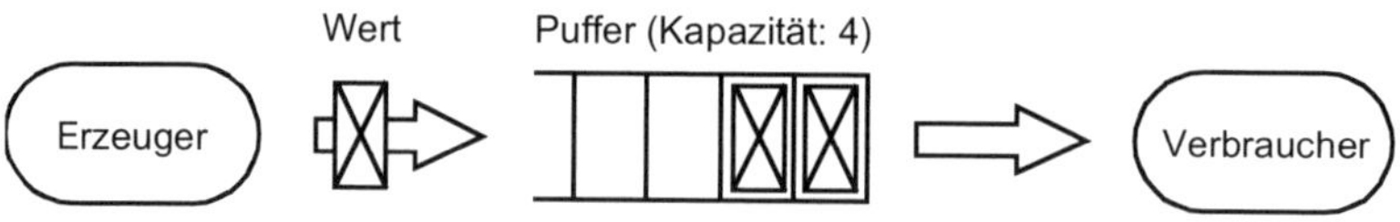

***Abb. 5-20** Erzeuger-Verbraucher-System mit beschränktem Zwischenpuffer*

nie mehr als ein Prozess in seinem kritischen Abschnitt aktiv sein (wie bei einem Geschäft, in dem nur ein Einkaufskorb vorhanden ist).

> **Reihenfolgebedingung**
(zum Beispiel einfache **Erzeuger-Verbraucher**-Beziehung gemäß →Abbildung 4-28):
- Erzeugung eines Semaphors `S_REIHE`.
- Initialisierung: `S_REIHE.INIT(0);`
- Erzeuger:
```
< Erzeugen eines Werts >
S_REIHE.V();
```
- Verbraucher:
```
S_REIHE.P();
< Verbrauchen des Werts >
```

Der Erzeuger generiert einen Wert, der vom Verbraucher weiterverarbeitet wird. Der Verbraucher kann nicht ausgeführt werden, bevor der Wert vorliegt. Das wird dadurch sichergestellt, dass der Verbraucher als Erstes eine P-Operation auf einem Semaphor `S_REIHE` ausführt. Da `S_REIHE` mit 0 initialisiert wurde, kann der Verbraucher die P-Operation erst dann verlassen, wenn der Erzeuger seine V-Operation ausgeführt hat. Das wiederum geschieht erst nach der Erzeugung des Werts. Die Vorgehensweise kann mit der bei einem Stafettenlauf verglichen werden, bei dem ein Stab vom Vorgänger an den Nachfolger weitergegeben wird.

> **Erzeuger-Verbraucher**-Beziehung mit beschränktem **Zwischenpuffer**:

Im vorangehenden Beispiel werden die Werte direkt vom Erzeuger an den Verbraucher übertragen. Dabei kommt es zu einer engen zeitlichen Kopplung der Prozesse, da der Verbraucher blockiert ist, bis ihm der Erzeuger einen Wert übergibt. Das ist insbesondere in zyklischen Systemen nachteilig, wo Erzeuger und Verbraucher in Endlosschleifen Werte erzeugen bzw. verbrauchen, wobei zeitliche Schwankungen auftreten.
Man kann die zeitliche Kopplung lockern und damit das System flexibler machen, indem man einen **Zwischenpuffer** einsetzt. Dieser Puffer kann eine begrenzte Anzahl von Werten, nämlich `KAP` Stück aufnehmen (siehe Abbildung 5-20). Es muss hierbei Sorge dafür getragen werden, dass der Verbraucher bei einem leeren Puffer blockiert wird, dass der Erzeuger bei einem vollen Puffer blockiert wird und dass der Zugriff auf den Puffer wechselseitig ausgeschlossen ist. Eine mögliche Lösung sieht wie folgt aus:

- Erzeugung dreier Semaphore: `S_LEER, S_VOLL, S_WA`
- Initialisierung:
```
S_LEER.INIT(0);
S_VOLL.INIT(KAP);
S_WA.INIT(1);
```
- Erzeuger:
```
while (TRUE) {
  < Wert erzeugen >
  SEM_VOLL.P();
  SEM_WA.P();
```

```
    < Wert einfügen >
    SEM_WA.V();
    SEM_LEER.V();
}
```

- Verbraucher:

```
while (TRUE) {
    SEM_LEER.P();
    SEM_WA.P();
    < Wert entnehmen >
    SEM_WA.V();
    SEM_VOLL.V();
    < Wert verbrauchen >
}
```

Die Semaphoren `S_LEER` und `S_VOLL` werden gegenläufig zueinander eingesetzt: `S_LEER` zählt die Anzahl der Werte, die sich momentan im Puffer befinden. Er wird vom Erzeuger in einer V-Operation hochgezählt und vom Verbraucher in einer P-Operation heruntergezählt. Ist der Puffer leer, so wird der Verbraucher vor der Entnahme blockiert. Umgekehrt zählt `S_VOLL` die Anzahl der freien Plätze im Puffer, wird vom Verbraucher in einer V-Operation hochgezählt und vom Erzeuger in einer P-Operation heruntergezählt. Ist der Puffer voll, so wird der Erzeuger vor dem Einfügen blockiert. Der dritte Semaphor `S_WA` setzt den wechselseitigen Ausschluss durch.

Ein viertes Beispiel, das klassische *Philosophenproblem*, wird im Kasten auf Seite 276 besprochen. Die Beispiele zeigen, dass Semaphore recht flexibel eingesetzt werden können, dass die Programmierung mit ihnen aber nicht immer ganz einfach ist. Insbesondere die Wahl des Initialisierungswerts und die Platzierung der P- und V-Operationen sind mögliche Fehlerquellen. Im Laufe der Zeit wurden daher abstraktere, möglichst „narrensichere" Synchronisationsmechanismen entwickelt. Ein Beispiel hierfür sind **Monitore** - Objekte (→6.1.1), deren Zugriffsoperationen wechselseitig ausgeschlossen ausgeführt werden und für deren Zugriffe zudem Reihenfolgebedingungen formuliert werden können. Wir werden hierauf in →6.3.2 zurückkommen.

Atomare Transaktionen

Atomare Transaktionen sind insbesondere bei der Arbeit auf großen Datenbeständen (zum Beispiel *Datenbanken*, →3.5) interessant, auf die viele Prozesse zugreifen können. Ein ungeschützter Zugriff kann zu Inkonsistenzen der Daten führen - erstens durch gleichzeitige Schreiboperationen mehrerer Prozesse, zweitens durch den vorzeitigen Abbruch eines Prozesses inmitten seiner Aktionen. Durch *Transaktionen* werden solche Probleme vermieden: Eine Transaktion ist eine *atomare Aktion*, das heißt ihre Ausführung ist mit der Ausführung anderer Transaktionen **wechselseitig ausgeschlossen**. Zudem werden die Schritte einer Transaktion so überwacht, dass bei Bedarf (zum Beispiel im Fehlerfall) ein **Rollback** stattfinden kann: Die Transaktion wird abgebrochen, und der vorherige Zustand wird wiederhergestellt.

Was ist das Philosophenproblem?

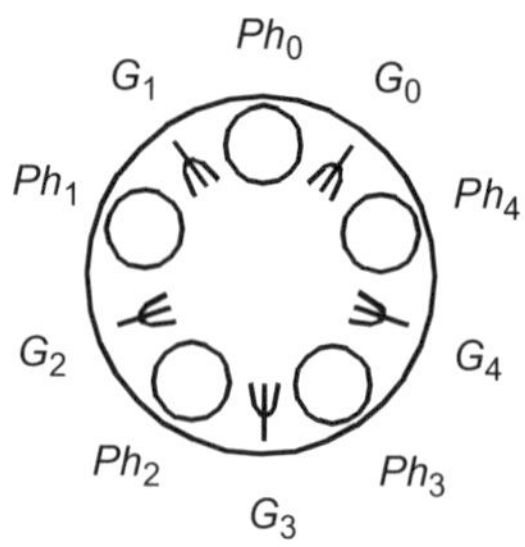

Das **Philosophenproblem** ist ein klassisches Beispiel für eine Synchronisationsaufgabe: Fünf Philosophen Ph_0, ..., Ph_4 leben in einem Elfenbeinturm und tun nichts weiter als denken und essen. Als Gericht gibt es eine besonders glitschige Abart von Spaghetti Carbonara, die man nur mit *zwei* Gabeln G_i essen kann. Hierzu ist ein runder Tisch vorhanden, auf dem sich für jeden Philosophen ein eigener Teller und zwischen je zwei Tellern eine Gabel befinden. Ein Philosoph muss sich also seine Gabeln mit seinen Nachbarn teilen und kann somit nicht gemeinsam mit ihnen speisen. Zudem darf er nur von seinem eigenen Teller essen und nicht auf einen anderen ausweichen. Das Leben eines Philosophen verläuft damit zyklisch: Zunächst denkt er eine Weile nach, bis er schließlich Hunger bekommt und zu Tisch schreitet. Dort versucht er, seine Gabeln zu bekommen; er kann erst mit dem Essen beginnen, wenn er die benötigten Gabeln für sich belegen konnte. Der Philosoph isst dann eine gewisse Zeit, gibt seine Gabeln anschließend wieder frei und beginnt erneut zu denken, bis er wieder Hunger bekommt und das Spiel von vorn beginnt. Die Synchronisationsbedingungen können mit Semaphoren beispielsweise wie folgt durchgesetzt werden:

> Erzeugung von fünf Semaphoren: `SEM_0`, ..., `SEM_4`
> Initialisierung: `SEM_0.INIT(1);`...; `SEM_4.INIT(1);`
> Philosoph i (für alle 0≤i≤4):

```
while (TRUE) {
  < denken >
  SEM_i.P();
  SEM_i+1.P();  (bzw. SEM_0.P() für i=4)
  < essen >
  SEM_i.V();
  SEM_i+1.V();  (bzw. SEM_0.V() für i=4)
}
```

Jeder Gabel G_i ist hier ein Semaphor `SEM_i` zugeordnet. Eine P-Operation auf diesem Semaphor belegt die Gabel, eine V-Operation gibt sie wieder frei. Da der Semaphor mit 1 initialisiert wurde, kann höchstens ein Philosoph die Gabel besitzen.

Das *Problem* bei dieser Lösung ist, dass sich das System „verklemmen" kann: Kommen alle Philosophen gleichzeitig an den Esstisch und greifen gleichzeitig ihre jeweils linke Gabel, so sind damit alle Gabeln belegt. Es kann also keiner der Philosophen an seine zweite Gabel kommen, und da auch keiner seine Gabel wieder freigibt, bevor er gegessen hat, ist ein **Deadlock** (dt. **Verklemmung**) eingetreten: Die Philosophen blockieren sich gegenseitig und müssen verhungern.

Bei der Programmierung nebenläufiger Systeme muss also nicht nur darauf geachtet werden, dass alle Synchronisationsbedingungen durchgesetzt werden, sondern auch darauf, dass keine Deadlocks auftreten können. Für das Philosophenproblem gibt es verschiedene *deadlockfreie Lösungen*. So kann man beispielsweise einen zusätzlichen Semaphor einführen, der die Anzahl der Philosophen am Tisch auf höchstens vier begrenzt. Er wird mit dem Wert 4 initialisiert, und jeder Philosoph führt auf ihm eine P-Operation aus, bevor er versucht, an seine Gabeln zu kommen. Nach dem Essen wird dann entsprechend eine V-Operation ausgeführt.

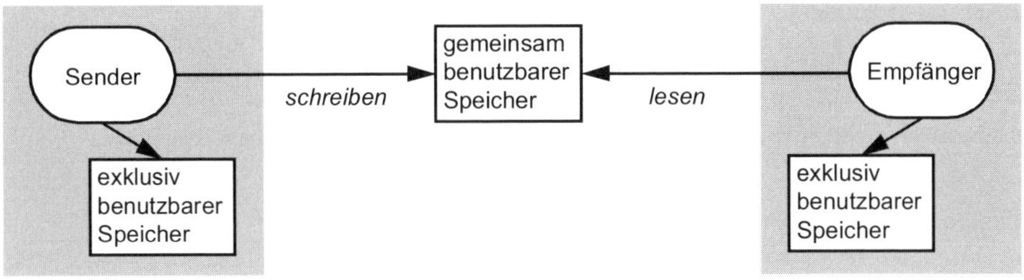

Abb. 5-21 *Gemeinsam benutzbarer Speicher zur Prozesskommunikation*

5.4.3 Kommunikation

Nebenläufige Aktivitäten, die gemeinsam ein Problem lösen sollen, müssen untereinander Daten austauschen können. Sind diese Aktivitäten *Threads* desselben Prozesses (→4.4.1), so ist der Datenaustausch unproblematisch, da die Threads ja auf einem gemeinsamen Datenbestand arbeiten. Anders sieht es aus, wenn die Aktivitäten *Prozesse* sind: Da jeder Prozess seinen eigenen Datenbestand besitzt, müssen explizit „Kommunikationskanäle" zwischen den Prozessen geöffnet werden. In einem realen nebenläufigen System benötigt man also Techniken zur **Prozesskommunikation** (engl. **interprocess communication**, **IPC**). Solche Techniken werden durch das zugrunde liegende *Betriebssystem* (→2.1.2, →7.3.1) realisiert, das an seiner Programmierschnittstelle entsprechende Funktionen bereitstellt. Man unterscheidet dabei zwischen *speicherbasierter Kommunikation* und *nachrichtenbasierter Kommunikation.*

Speicherbasierte Kommunikation

Bei der **speicherbasierten Kommunikation** (engl. **shared memory**) werden bestimmte Speicherbereiche für *mehrere* Prozesse zugänglich gemacht. Die Prozesse können dann über Adressen in ihren Maschinenprogrammen oder auch über Zeiger in C-Programmen (→3.1.2) direkt darauf zugreifen. Die „Öffnung" eines Speicherbereichs für mehrere Prozesse geschieht meist durch den Aufruf einer speziellen Betriebssystemfunktion, die den Bereich als „shared" registriert. Ohne einen solchen Aufruf bleibt ein Speicherbereich *exklusiv benutzbar*, das heißt es kann nur *ein* Prozess darauf zugreifen (siehe Abbildung 5-21).
Zur Kommunikation schreiben *Senderprozesse* Daten in den gemeinsam benutzten Speicher hinein und *Empfängerprozesse* lesen aus ihm Daten aus. Die Prozesse müssen dabei ihre Abläufe *selbst koordinieren*: Sie müssen sicherstellen, dass ihre Speicherzugriffe wechselseitig ausgeschlossen sind und dass der Empfänger nichts aus dem Speicher liest, bevor der Sender etwas hineingeschrieben hat. Zur Koordination können beispielsweise Semaphore benutzt werden (→5.4.2). Zudem müssen die Prozesse auf die richtige Typisierung der Daten achten. So darf es beispielsweise nicht vorkommen, dass der Sender eine Reihe von Ganzzahlwerten in den Speicher schreibt und anschließend der Empfänger die gelesenen Bitmuster als Gleitkommawerte interpretiert (vergleiche →2.3).

Nachrichtenbasierte Kommunikation

Die **nachrichtenbasierte Kommunikation** (engl. *message-based communication*) stützt sich auf ein *Nachrichtensystem*, das vielfach durch das Betriebssystem realisiert wird. Kom-

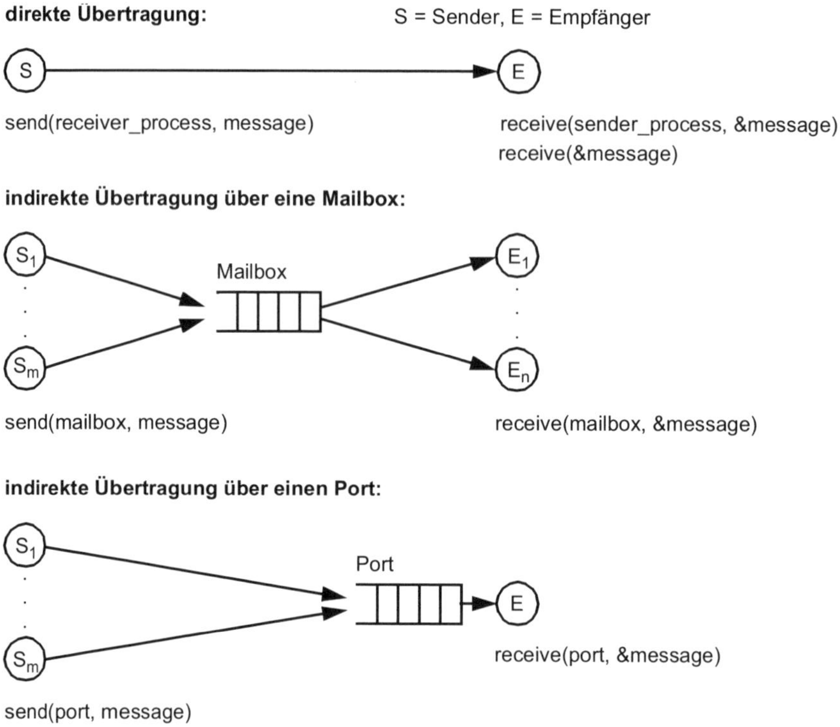

Abb. 5-22 *Arten der Nachrichtenübertragung*

munikationsvorgänge können hier deutlich komfortabler programmiert werden als bei speicherbasierter Kommunikation: Der *Senderprozess* schickt seine Daten durch den einfachen Aufruf einer (Betriebssystem-)Funktion ab; der *Empfängerprozess* nimmt sie entgegen, indem er ebenfalls eine Funktion aufruft. Dabei müssen sich die Prozesse nicht selbst um ihre Synchronisation und die Speicherorganisation der übertragenen Daten kümmern, da dies das Betriebssystem für sie regelt. Zudem kann die nachrichtenbasierte Kommunikation auch in *verteilten Systemen* eingesetzt werden, wo kein gemeinsamer Speicher vorhanden ist, sondern die Daten über ein *Kommunikationsnetz* übertragen werden müssen (→7).

Aus Sicht der Prozesse (und ihrer Programmierer) werden zur nachrichtenbasierten Kommunikation nur *zwei Funktionen* benötigt: Um eine Nachricht abzusenden, ruft der Sendeprozess eine Sendefunktion auf; um eine Nachricht zu empfangen, ruft der Empfängerprozess eine Empfangsfunktion auf. Die Nachrichtenübertragung kann dabei direkt vom Sender zum Empfänger erfolgen oder über einen Zwischenspeicher (siehe Abbildung 5-22):

> Bei der **direkten Übertragung** hat die Sendefunktion die allgemeine Form `send(receiver_process, message)`. Die Parameter nennen den Empfängerprozess sowie die Nachricht, die übertragen werden soll. Die Empfangsfunktion hat die allgemeine Form `receive(sender_process, &message)`. Der Parameter `&message` verweist dabei auf einen Speicherplatz des Empfängerprozesses (vergleiche →3.1.2), in den das Nachrichtensystem die empfangene Nachricht eintragen soll. `sender_process` benennt den Absender, von dem die Nachricht stammen soll; Nach-

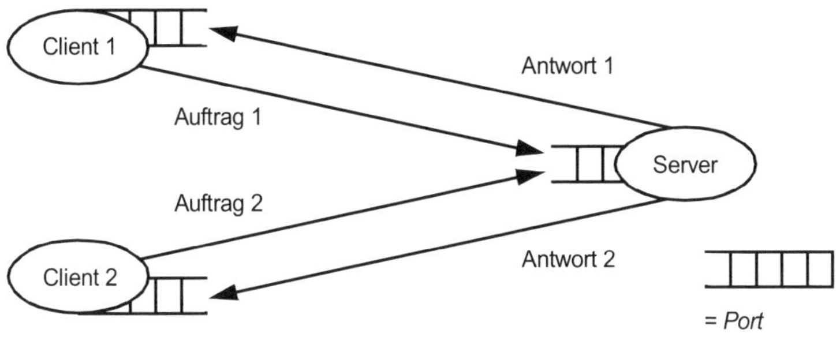

Abb. 5-23 *Client-Server-Kommunikation*

richten von anderen Prozessen werden damit also nicht empfangen. Prinzipiell kann auch eine Gruppe von möglichen Absendern oder überhaupt kein bestimmter Absender festgelegt werden (`receive(&message)`).

> Bei der **indirekten Übertragung** wird kein bestimmter Empfänger beziehungsweise Sender benannt, sondern stattdessen ein *Zwischenspeicher* (eine **Mailbox**) angegeben, in den die Nachricht geschickt bzw. aus dem sie abgeholt werden soll: Die Funktionen lauten dann `send(mailbox, message)` und `receive(mailbox, &message)`. Bei diesen allgemein formulierten Operationen hat also der Sender keinen Einfluss darauf, welcher Empfänger die Nachricht aus der Mailbox abholt, und der Empfänger keinen Einfluss darauf, von welchem Sender die Nachricht stammt. Man kann allerdings den Kreis der möglichen Empfänger bzw. Sender einschränken, indem man nur bestimmten Prozessen Lese- bzw. Schreibrechte auf der Mailbox gewährt. Im Extremfall darf nur *ein* Prozess lesend auf die Mailbox zugreifen. Man bezeichnet die Mailbox dann als **Port**, der diesem einen Empfängerprozess zugeordnet ist.

Ports werden insbesondere bei der **Client-Server-Kommunikation** eingesetzt (siehe Abbildung 5-23 und auch →7.3.1): Ein *Serverprozess* bietet Dienste an (beispielsweise ein *Print Server* Druckdienste), und *Clientprozesse* können an ihn Aufträge richten. Diese Aufträge werden über einen Port des Servers übergeben, und der Server gibt nach der Auftragsbearbeitung seine Antwort in einen Port des Clients zurück.
Je nach der Anzahl der Sender und Empfänger, die an einer Kommunikation beteiligt sind, unterscheidet man die folgenden Beziehungen (siehe Abbildung 5-24):

> 1:1-Beziehung (**Unicast**): Ein Sender, ein Empfänger.

> 1:*n*-Beziehung (**Multicast**): Ein Sender, mehrere Empfänger. Hier wird dieselbe Nachricht an mehrere Empfänger übertragen. Sollen *alle* existierenden Prozesse die Nachricht empfangen, so spricht man von einem **Broadcast**.

> *m*:1-Beziehung: Mehrere Sender, ein Empfänger. Ein Beispiel für diese Beziehung sind Client-Server-Anwendungen, bei denen ein Server die Aufträge mehrerer Clients entgegennehmen kann.

> *m*:*n*-Beziehung: Mehrere Sender, mehrere Empfänger. Ein Beispiel für diese Beziehung sind Client-Server-Anwendungen mit mehreren Diensteanbietern.

Bei der Ausführung von Kommunikationsoperationen sind zudem *zeitliche Aspekte* wichtig. Man unterscheidet hier zwischen *synchroner* und *asynchroner* Kommunikation: Die **synchrone Kommunikation** bewirkt eine (mehr oder weniger enge) zeitliche Kopplung zwi-

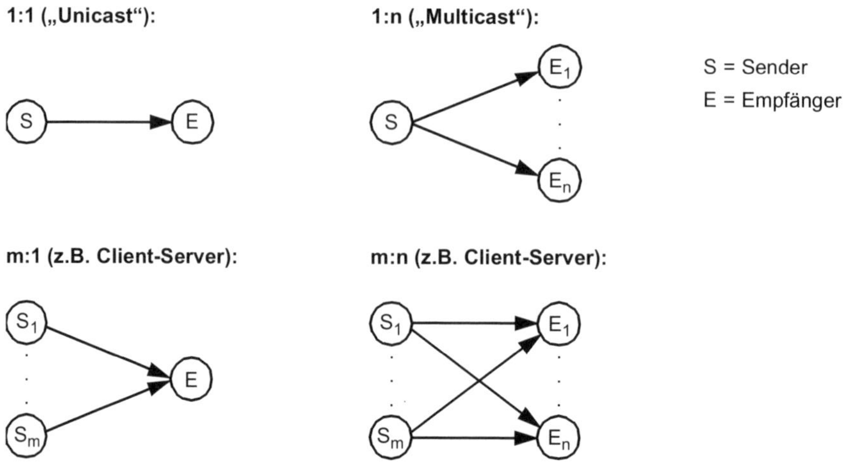

Abb. 5-24 *Sender-Empfänger-Beziehungen*

schen Sender und Empfänger, die **asynchrone Kommunikation** nicht. Bezogen auf die einzelnen Funktionen sieht das wie folgt aus (siehe Abbildung 5-25):

> Beim **blockierenden Senden** (engl. *blocking send*) wird der Sender so lange in der Sendefunktion blockiert, bis der Empfänger empfangsbereit ist; erst dann findet die Übertragung statt. Beim **nichtblockierenden Senden** (engl. *non-blocking send*) legt der Sender dagegen seine Nachricht in einem Zwischenspeicher ab, wo sie der Empfänger sofort oder auch später abholen kann, und fährt unmittelbar mit seiner Ausführung fort.

> Der Empfänger wartet beim **blockierenden Empfangen** (engl. *blocking receive*) so lange, bis er eine Nachricht des Senders erhält. Beim **nichtblockierenden Empfangen** (engl. *non-blocking receive*) liest er eine Nachricht des Senders nur dann, wenn sie bereits vorliegt. Ansonsten verzichtet er auf die Nachricht und setzt seine Ausführung fort.

Sind sowohl die Sende- als auch die Empfangsfunktion blockierend, so spricht man von einem **Rendezvous**.
Eine Kommunikationsbeziehung wird schließlich noch durch die *Übertragungsrichtung* charakterisiert: Bei der **unidirektionalen Kommunikation** werden Nachrichten nur in *eine* Richtung geschickt; die Rollen des Senders und des Empfängers sind also fest verteilt. Bei der **bidirektionalen Kommunikation** werden Nachrichten in *beiden* Richtungen übertragen; die Rollen des Senders und Empfängers wechseln also dynamisch.

5.5 Zusammenfassung und weiterführende Literatur

Im fünften Kapitel ging es um die Programmierung von Computern, also um die Erstellung von Software, die die Hardware eines Computers steuert. Durch den Einsatz von Software wird der Computer zu einem Universalrechner: Er ist nicht auf die Lösung eines bestimmten Problems beschränkt, sondern kann durch Benutzung verschiedener Software (= Programme) in unterschiedlichen Problembereichen eingesetzt werden.

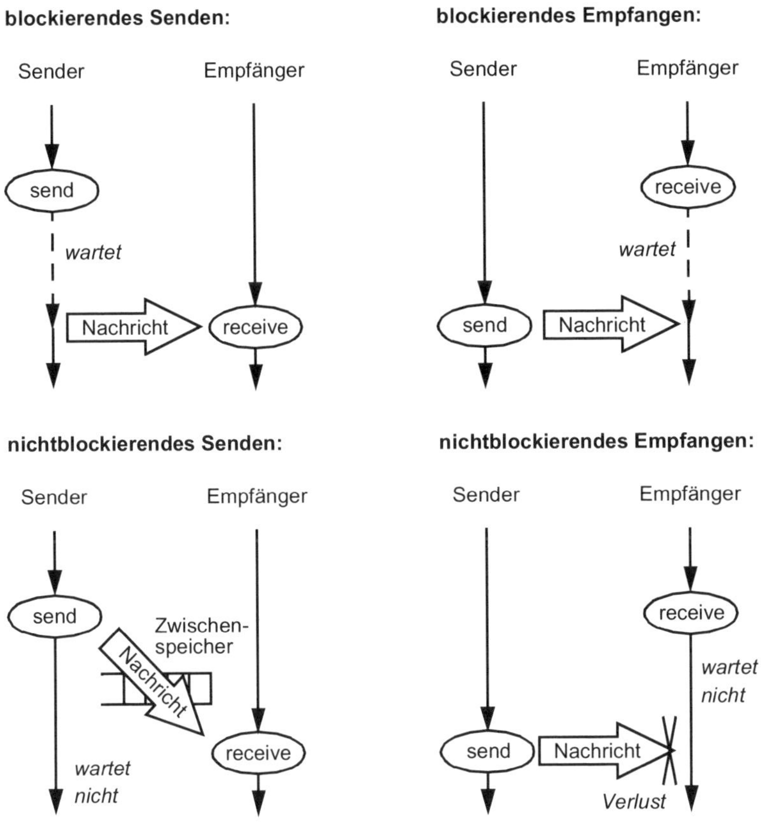

Abb. 5-25 *Zeitverhalten bei der Kommunikation*

Programmiersprachen

Computersoftware wird in einer Programmiersprache formuliert. Man unterscheidet zwei große Gruppen von Programmiersprachen, nämlich hardwarenahe Sprachen und höhere Sprachen. Hardwarenahe Sprachen definieren relativ primitive Anweisungen, die sich an den beschränkten Fähigkeiten eines realen Computerprozessors orientieren. Programme in diesen Sprachen sind daher unmittelbar (im Fall von Maschinensprachen) oder nach einer einfachen Umsetzung (im Fall von Assemblersprachen) auf Prozessoren ausführbar.

Höhere Programmiersprachen ermöglichen eine Problemlösung in einer anwendungsorientierten, prozessorunabhängigen Form. Programme in diesen Sprachen können nicht unmittelbar auf einem Prozessor ausgeführt werden, sondern müssen dazu übersetzt oder interpretiert werden. Man unterscheidet imperative und nicht-imperative Sprachen.

Imperative Programmiersprachen basieren auf dem Algorithmusbegriff, legen also durch ihre Anweisungen die Schritte fest, die zur Lösung eines Problems ausgeführt werden sollen. Prozedurale Sprachen, die zu dieser Gruppe gehören, definieren entsprechende Kontrollstrukturen (Blöcke, Verzweigungen, Schleifen) sowie ein Unterprogrammkonzept. In objektorientierten Sprachen sind die Unterprogramme den Daten untergeordnet, auf denen sie arbeiten; sie bilden mit ihnen so genannte Objekte.

Nichtimperative Sprachen abstrahieren dagegen von den Einzelschritten eines Algorithmus und spezifizieren (im Idealfall) nur die Eigenschaften, die die gewünschte Problemlösung haben soll. Zu diesen Sprachen gehören die funktionalen Sprachen, die sich am mathematischen Funktionsbegriff orientieren, die Logiksprachen, die auf den Techniken der Aussagenlogik basieren, sowie Anfragesprachen für Datenbanken.
Zur Programmierung von Computern und zu den einzelnen Programmiersprachen gibt es eine Fülle guter Literatur, so dass hier nur eine exemplarische Auswahl gegeben werden kann:

> Eine Übersicht über die verschiedenen Denkmodelle bei der Programmierung und entsprechende Programmiersprachen findet man beispielsweise in der Informatik-Einführung von *Rechenberg* [Rech00] sowie im *Informatik-Handbuch* [RePo02], das auch zahlreiche Hinweise auf weitere Literatur enthält.

> Maschinen- und Assemblersprachen werden im Zusammenhang mit Computerarchitekturen besprochen, wie beispielsweise in den Büchern von *Stallings* [Stal03a] und *Tanenbaum* [Tane99] sowie bei *Märtin* [Märt01]. Hier wird auch der Zusammenhang zwischen diesen Sprachen und dem Aufbau und der Arbeitsweise von Prozessoren dargestellt.

> Literatur zu den Sprachen C und Java wurde bereits in →Unterkapitel 3.6 aufgeführt ([Herr01], [KeRi88] bzw. [Jobs01], [Möss03], [SaST00], [UlleWeb] und [JavaWeb]). Einen ersten Einblick in die Sprache C++ bietet das C-Buch von *Herrmann* [Herr01]; wesentlich ausführlicher ist das Standardwerk von *Stroustrup* [Stro97], dem Autor dieser Sprache.

> Eine Überblick über verschiedene Skriptsprachen gibt das Buch von *Dehnhardt* [Dehn00]. Mit einzelnen Sprachen befassen sich die Bücher von *Hajji* über Perl [Hajj00], von *Ousterhout* über Tcl/Tk [Oust94], von *Koch* über JavaScript [Koch01] und von *Krause* über PHP [Krau03]. Weitere Informationen zu PHP sowie zu Python findet man im World Wide Web ([PHPWeb] bzw. [PythWeb]). Eine umfassende Übersicht über die Kommandosprache von UNIX bietet das Buch von *Gulbins und Obermayr* [GuOb95] sowie die sehr ausführliche UNIX/Linux-Reihe von *Herold* [Hero98].

> Das klassische Einführungsbuch zu Prolog stammt von *Clocksin und Mellish* [ClMe03]. Eine leicht lesbare und knappe Übersicht über LISP gibt das Werk von *Jones, Maynard und Stewart* [JoMS90]; ausführlicher ist das Buch von *Mayer* [Maye95]. Das Buch von *Abelson, Sussman und Sussman* [AbSS96] führt auf der Basis von LISP in die Programmierung ein. Auf Literatur zur Datenbankabfragesprache SQL wurde bereits in →Unterkapitel 3.6 verwiesen ([Misg01], [DaDa97]).

Sehr praxisnahe und zudem preiswerte Einführungen in Programmiersprachen bieten auch die Schriftenreihen des *Regionalen Rechenzentrums Hannover* [RRZNWeb] (allerdings nur für Studierende bestimmter Hochschulen verfügbar) sowie des *Herdt-Verlags* [HerdWeb].

Übersetzung und Interpretation

Da höhersprachliche Programme von einer Prozessorhardware nicht unmittelbar ausgeführt werden können, müssen sie in entsprechende Maschinenbefehlsfolgen umgesetzt werden. Hierzu gibt drei verschiedene Techniken: Bei der Übersetzung wird das höhersprachliche Programm in ein Maschinenprogramm umgewandelt, das anschließend ausgeführt wird. Bei der Interpretation wird das höhersprachliche Programm Anweisung für Anweisung durchlaufen, wobei jeweils entsprechende Maschinenunterprogramme aufgerufen

werden. Bei der Kombination beider Ansätze wird das höhersprachliche Programm zunächst in eine zwischensprachliche Form übersetzt, die dann interpretiert wird.
Eine Übersetzung läuft in einer Folge von Schritten ab: Zunächst bereitet der Präprozessor das quellsprachliche Programm auf. Anschließend transformiert der Compiler die höhersprachlichen Quellcodemodule in sprachlich hardwarenahe Objektmodule, wobei eine Analysephase den Aufbau des Programms ermittelt und eine Synthesephase die zugehörigen Maschinenprogramme erzeugt. Die Objektmodule werden durch Binder und Lader ausführbar gemacht: Der Binder fügt die Objektmodule zu einem Lademodul zusammen, das keine externen Bezüge mehr hat, und der Lader bringt das Lademodul zur Ausführung in den Hauptspeicher, wobei eine Adressanpassung vorgenommen wird.
Klassiker zum Thema Compilerbau sind die Lehrbücher von *Aho, Sethi und Ullman* [AhSU86] (wegen seines schönen Titelbilds auch „Drachenbuch" genannt) und von *Wirth* [Wirt96]. Ein weiteres detailliertes Buch zum Thema stammt von *Wilhelm und Maurer* [WiMa97], die nicht nur imperative Sprachen, sondern auch funktionale und logische Sprachen berücksichtigen. Recht eingängig ist auch das Lehrbuch von *Güting und Erwig* [GüEr99], das nicht nur die klassische Programmübersetzung, sondern auch die Analyse und Umformung von Dokumenten behandelt, die in einer bestimmten Beschreibungssprache formuliert sind.
Informationen zum Binden und Laden von maschinensprachlichen Modulen findet man im Rechnerarchitekturbuch von *Tanenbaum* [Tane99]. Auf die Verwaltung von Prozessen bei ihrer Ausführung und die Organisation des zugehörigen Speichers gehen Bücher zum Thema Betriebssysteme ein (siehe zum Beispiel [Vogt01] für eine Literaturübersicht).

Nebenläufigkeit

Der Aspekt der Nebenläufigkeit, also der gleichzeitigen Ausführung mehrerer Aktivitäten, hat mit fortschreitender Technik eine immer größere Praxisrelevanz. Man unterscheidet hier zwischen echter Nebenläufigkeit auf Hardwareebene und Pseudonebenläufigkeit auf Softwareebene. Auf der Hardwareebene gibt es Nebenläufigkeit innerhalb eines Prozessors, in Multiprozessorsystemen, die über mehrere Prozessoren mit gemeinsamem Hauptspeicher verfügen, und in Multicomputersystemen, bei denen mehrere Computer über ein Kommunikationsnetz miteinander verbunden sind. Eine Nebenläufigkeit auf Softwareebene kann durch Multithreading und Multiprogramming erreicht werden: Hier sind mehrere Threads und Prozesse gleichzeitig aktiv, zwischen denen das Betriebssystem den Prozessor in raschem Wechsel hin- und herschaltet.
Nebenläufige Aktivitäten müssen synchronisiert, also zeitlich aufeinander abgestimmt werden. Bei der Programmierung kann man hier Semaphore und andere Synchronisationsmechanismen nutzen. Darüber hinaus müssen Daten zwischen den einzelnen Prozessen ausgetauscht werden. Dies kann mit Hilfe von speicherbasierten oder nachrichtenbasierten Kommunikationsmechanismen geschehen, die sich auf gemeinsam benutzbare Speicherbereiche bzw. ein Nachrichtensystem mit Mailboxen und Ports stützen.
Nebenläufig arbeitende Hardware wird in Rechnerarchitekturbüchern besprochen, so bei *Märtin* [Märt01], *Stallings* [Stal03a] und *Tanenbaum* [Tane99]. Nebenläufige Prozesse und Threads sind ein Thema von Betriebssystembüchern – siehe [Vogt01] für eine Einführung in die allgemeinen Konzepte und ihre Realisierung in UNIX/Linux (systemintern und an der Programmierschnittstelle) sowie für Hinweise auf weitere Literatur. Mit der Nebenläufig-

keit in einer höheren Programmiersprache befassen sich die Bücher von *Lea* [Lea00] und *Oechsle* [Oech01] am Beispiel von Java.

5.6 Übungsaufgaben

1. Einfache Programmierung

a.) Erweitern Sie das Prolog-Programm aus 5.1.3 um die Fakten, dass *Charles* und *Diana* Eltern von *William* sind. Definieren Sie zudem zwei neue Regeln `mutter_von()` und `sohn_von()`.

b.) Was macht das folgende LISP-Programm?

```
(define (wasistdas n)
  (if (= n 0)
    0
    (+ n (wasistdas(- n 1)))))
```

c.) Wandeln Sie die `switch`-Anweisung aus 5.2.1 in ein Programmstück mit geschachtelten `if-else`-Anweisungen um, und wandeln Sie die `for`-Schleife aus 5.2.1 in ein Programmstück mit einer `while`-Schleife um.

d.) Schreiben Sie ein C-Programmstück, das zunächst eine Jahreszahl zwischen 1970 und 2050 in eine Variable `zahl` einliest. Die Eingabe soll so lange wiederholt werden, wie der Benutzer einen Wert außerhalb dieses Bereichs eingibt. Anschließend soll der Wert in `zahl` so umgewandelt werden, dass Tausender- und Hunderterstelle der Jahreszahl wegfallen (also zum Beispiel Umwandlung von 1997 in 97 und von 2003 in 3).

e.) Schreiben Sie ein C-Programmstück, das das arithmetische Mittel der zehn `float`-Einträge eines Felds berechnet. Es kann dabei vorausgesetzt werden, dass das Feld bereits deklariert und mit Werten vorbesetzt wurde.

2. Unterprogramme

a.) Betrachten Sie das Programm in Abbildung 5-5. Vollziehen Sie den Kontrollflusses und die dynamischen Änderungen des Aufrufstacks während einer Programmausführung vom Anfang bis zum Ende nach (im Stil wie in Abbildung 5-3).

b.) Schreiben Sie eine C-Funktion, die zwei `float`-Werte als Parameter erhält und den größeren der beiden Werte als Funktionswert zurückliefert.

c.) Schreiben Sie eine C-Funktion, die zwei nichtnegative ganze Zahlen x und n als Parameter erhält und die Potenz x^n als Funktionswert zurückliefert. Tipp: Benutzen Sie im Funktionskörper eine Hilfsvariable, die Sie mit 1 vorbesetzen und auf die sie in einer Schleife n mal den Wert x aufmultiplizieren.

d.) Schreiben Sie eine C-Funktion, die drei `int`-Variablen als Parameter erhält und ihnen jeweils den Wert 0 zuweist. Dabei soll die Zuweisung die Variablen des *aufrufenden* Programms betreffen! Schreiben Sie zudem ein Hauptprogramm, das die Funktion aufruft.

e.) Zeichnen Sie die Aufrufstacks Ihrer Lösungen der Teilaufgaben b.), c.) und d.) jeweils vor dem Aufruf der Funktion, unmittelbar nach dem Sprung in die Funktion, unmittelbar vor der Rückkehr aus der Funktion und unmittelbar nach der Rückkehr.

3. Rekursion

a.) Die Folge f_0, f_1, f_2, ... der Fibonacci-Zahlen ist definiert durch $f_0=0$, $f_1=1$ und $f_n=f_{n-2}+f_{n-1}$ für $n>1$. Schreiben Sie eine rekursive Funktion, die die n-te Fibonacci-Zahl berechnet. Der Parameter der Funktion ist die nichtnegative ganze Zahl n, der Rückgabewert ist die Fibonacci-Zahl f_n. Tipp: Setzen Sie die oben angegebene Definition direkt in ein C-Programmstück mit drei `if`-Anweisungen um und orientieren Sie sich auch am Programm in Abbildung 5-6.

b.) Schreiben Sie eine rekursive C-Funktion, die zwei ganze Zahlen als Parameter erhält und ihren größten gemeinsamen Teiler zurückliefert. Tipp: Betrachten Sie die drei Regeln aus 4.1.2 zur ggT-Berechnung und setzen Sie sie in drei `if`-Anweisungen um.

c.) Was berechnet die folgende rekursive C-Funktion?

```
float wasistdas(float a, unsigned int b) {
 if (b==0) return 1.0;
  else return a*wasistdas(a,b-1); }
```

4. Programmübersetzung

a.) Skizzieren Sie, in Anlehnung an die Abbildungen 5-14 bis 5-16, wie Ihre Programme aus den Aufgaben 2b.) und 2c.) übersetzt, gebunden und geladen werden. Gehen Sie dabei jeweils davon aus, dass das Hauptprogramm und die Funktion in zwei verschiedenen Quellcodedateien stehen.

b.) Der Kasten auf Seite 261 brachte nur einige Beispiele für Optimierungsmöglichkeiten. Überlegen Sie sich anhand der folgenden beiden Programmstücke zwei weitere Möglichkeiten zur Verkürzung der Ausführungszeit eines Programms:

```
int feld[3];
int i;
for (i=0;i<3;i++)
  feld[i]=0;
```

```
int max(int x, int y) {
 if (x>y) return x;
  else return y; }
main () {
 int a1, a2, amax;
 ... a1, a2 einlesen ...
 amax = max(a1,a2); }
```

Tipp: Berücksichtigen Sie, dass eine Schleife und ein Unterprogrammaufruf Verwaltungsoperationen mit sich bringen, die Zeit kosten.

c.) Erklären Sie, unter Rückgriff auf den Begriff der Virtualisierung aus 2.1.2, warum der virtuelle Speicher als „virtuell" bezeichnet wird: Was wird einem Prozess vorgespiegelt, ist aber real nicht vorhanden?

5. Synchronisation I

Lösen Sie die folgenden Synchronisationsaufgaben mit Hilfe von Semaphoren:

a.) Ein Produktionsbetrieb benötigt, bevor er ein Produkt herstellen kann, von Zulieferer A *und* Zulieferer B je ein Teil (vergleiche →Abbildung 4-29). Produktionsbetrieb und Zulieferer sollen in Endlosschleifen laufen.

b.) Ein Produktionsbetrieb benötigt, bevor er ein Produkt herstellen kann, von Zulieferer A *oder* Zulieferer B je ein Teil (vergleiche →Abbildung 4-29). Produktionsbetrieb und Zulieferer sollen in Endlosschleifen laufen.

c.) In der Hochschulbibliothek gibt es von Buch A drei Exemplare sowie von Buch B und Buch C je zwei Exemplare. Vor der Diplomarbeit muss ein Diplomand von jedem dieser Bücher je ein Exemplar ausleihen; nach der Diplomarbeit gibt er sie wieder zurück.

Die Lösung muss jeweils angeben, welche Semaphore es gibt und wie sie initialisiert werden. Zudem müssen die Prozesse mit ihren Ausführungsschritten skizziert werden.

6. Synchronisation II

Betrachten Sie eine Schwimmerstaffel mit drei Schwimmern, bei der der zweite Schwimmer erst starten darf, wenn der erste fertig ist, und der dritte erst starten darf, wenn der zweite fertig ist. Vorgeschlagen wird die folgende Lösung:

```
Initialisierung:     SEM.INIT(0);
Erster Schwimmer:    < Schwimmen >
                     SEM.V();
Zweiter Schwimmer:   SEM.P();
                     < Schwimmen >
                     SEM.V();
Dritter Schwimmer:   SEM.P();
                     < Schwimmen >
```

`SEM.P()` / `SEM.V()` bezeichnet dabei eine P- bzw. eine V-Operation auf dem Semaphor `SEM`.

a.) Ist die angegebene Lösung korrekt? Begründen Sie Ihre Antwort und skizzieren Sie gegebenenfalls, wie das Programm korrigiert werden muss.

b.) Erweitern Sie das Programm so, dass die Schwimmer anschließend duschen gehen. Da nur eine Dusche vorhanden ist, soll sichergestellt sein, dass höchstens ein Schwimmer gleichzeitig duscht.
Wie sieht die Lösung aus, wenn es zwei Duschen gibt?

c.) Erweitern Sie Ihre Lösung so, dass ein Wärter zuerst von allen drei Schwimmern je einen Euro kassiert und dann die Dusche aufschließt.

6 | Objektorientierte Softwareentwicklung

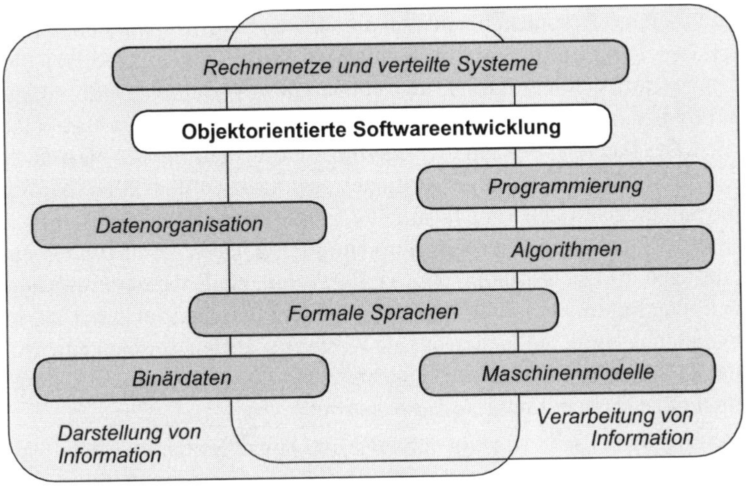

In den vorangehenden Kapiteln wurden Aspekte der *rein prozeduralen Programmierung* besprochen, bei der Algorithmen gegenüber Daten im Vordergrund stehen. In diesem Kapitel geht es um die *objektorientierte Softwareentwicklung*, bei der Datenstrukturen mit ihren Werten und den darauf ausführbaren Algorithmen als Einheiten modelliert werden.

Namensgebend für die objektorientierte Programmierung ist der Begriff des *Objekts* – einer Einheit aus Daten und Operationen darauf. Objekte sind *typisiert*, wobei der Objekttyp als *Klasse* des Objekts bezeichnet wird. Unterschiedliche Klassen können gemeinsame Eigenschaften besitzen, was durch baumartig strukturierte *Klassenhierarchien* ausgedrückt wird.

Klassen und Objekte definieren *Datenstrukturen*, also Datensammlungen, die nach einem bestimmten Ordnungsprinzip aufgebaut sind. Viele Anwendungen der Informatik basieren auf *dynamischen Datenstrukturen*, die je nach Bedarf wachsen und schrumpfen können. Wichtige dynamische Strukturen sind ungeordnete *Mengen*, geordnete *Listen* und *Keller*.

Viele Softwaresysteme benötigen Mechanismen zur *ereignisgesteuerten Programmausführung*. Sie können damit auf Ereignisse reagieren, die zu unvorhersehbaren Zeitpunkten auftreten – beispielsweise auf Eingaben von einer *grafischen Benutzeroberfläche*. *Nebenläufige Aktivitäten* können in solchen Systemen durch *Threads* realisiert werden.

Je größer ein zu erstellendes Softwaresystem ist, desto wichtiger ist eine geordnete Vorgehensweise bei seiner Entwicklung. Hierzu sind objektorientierte Ansätze von Interesse, wie beispielsweise der *Unified Process* mit der zugrunde liegenden Beschreibungssprache *UML*.

6.1 Objektorientierte Programmierung

Die ältesten höheren Programmiersprachen sind *rein prozedurale Sprachen*, mit denen Programmsysteme aus Haupt- und Unterprogrammen aufgebaut werden können (→5.1.2). Die Programmierung konzentriert sich hier darauf, Algorithmen (also Verfahrensbeschreibungen zur Lösung von Problemen) in Programme umzusetzen und sie so für einen Computer ausführbar zu machen. Die Daten, auf denen die Algorithmen arbeiten, werden zwar auch im Programm dargestellt; sie sind jedoch den Algorithmen eher nachgeordnet. Ein Programmierer, der mit einer rein prozeduralen Sprache arbeitet, *modelliert also Vorgehensweisen.*
Bei der moderneren **objektorientierten Programmierung** (engl. *object-oriented programming*, **OOP**) stehen dagegen die *Datenstrukturen* im Vordergrund, mit denen ein Programm umgehen soll. Diese Datenstrukturen werden **Objekte** genannt: Ein Objekt speichert Werte und stellt zudem Operationen bereit, mit denen auf die Werte zugegriffen werden kann. Objekte entsprechen damit realen oder gedachten Dingen mit ihren Eigenschaften und den Aktivitäten, die auf ihnen möglich sind. Konkrete *Beispiele* sind

- mathematische *Brüche*, die jeweils aus einem Zähler und einem Nenner bestehen und auf denen Operationen wie beispielsweise das Kürzen oder das Erweitern definiert sind (→5.1.2, Abbildung 5-2),
- *Bankkonten*, denen jeweils eine Kontonummer, eine Bezeichnung, ein Kontostand usw. zugeordnet ist und auf denen Operationen wie das Einzahlen und das Abheben zulässig sind, sowie
- *Fahrkartenautomaten*, die jeweils eine Fahrplan- und Tariftabelle, einen Fahrkartendrucker und einen Geldspeicher enthalten und auf denen Operationen wie der Kauf einer Fahrkarte oder das Abfragen einer Verkehrsverbindung ausgeführt werden können.

Ein Programmierer, der mit einer objektorientierten Sprache arbeitet, *modelliert* also *Dinge* mit ihren *Eigenschaften* und den *Aktivitäten* darauf. Er konzentriert sich dabei auf die Eigenschaften und Aktivitäten, die für den Zweck der zu erstellenden Software wichtig sind, und *abstrahiert* von unwesentlichen Details. Wie die Beispiele zeigen, können auf diese Weise viele reale Anwendungsszenarien in **modulare Programmstrukturen** umgesetzt werden. Da die Module (= Objekte) Dingen aus der Vorstellungswelt des Programmierers und des Benutzers entsprechen, ergeben sich auf diese Weise gut nachvollziehbare Programme.
Die objektorientierte Programmierung basiert auf einer Reihe grundlegender Begriffe und Techniken, die in diesem Unterkapitel besprochen werden sollen:

- Zunächst wird der *Objektbegriff* konkretisiert, und es wird am Beispiel der Programmiersprache *Java* gezeigt, wie Objekte erzeugt und benutzt werden können. Dabei spielen *Klassen* eine fundamentale Rolle: Ähnlich wie Variablentypen (→3.1.1) legen sie die Eigenschaften von Gruppen gleichartiger Objekte fest und ermöglichen so eine einheitliche Nutzung dieser Objekte.
- Anschließend wird gezeigt, wie baumstrukturierte *Klassenhierarchien* Beziehungen zwischen Klassen darstellen können. Dabei definieren *Basisklassen*, die im Baum (→3.2.2) „weiter oben“ stehen, allgemeinere Objekteigenschaften und *vererben* diese an spezifischere *abgeleitete Klassen* „weiter unten“ im Baum.
- Schließlich werden die Konsequenzen diskutiert, die die Klassenhierarchie für die Benutzung von Objekten hat: Je nach der Anordnung der Klassen im Hierarchiebaum kön-

Seit wann gibt es objektorientierte Programmiersprachen?

Die grundlegenden Ideen der objektorientierten Programmierung sind schon mehrere Jahrzehnte alt: Die Begriffe des Objekts und der Klasse wurden erstmals in der Programmiersprache **Simula** verwendet, die bereits Mitte der Sechziger Jahre des zwanzigsten Jahrhunderts von *Ole-Johan Dahl* und *Kristen Nygaard* am *Norwegian Computing Center* in Oslo entwickelt wurde. Simula war eine Sprache, die sich besonders zur Simulation von nebenläufigen, ereignisgesteuerten (→6.3.1) Systemen eignete.
Die erste rein objektorientierte Sprache im heutigen Sinne ist **Smalltalk** aus den Siebziger Jahren, die auf *Alan Kay* und *Adele Goldberg* vom *Xerox Palo Alto Research Center* (*Xerox PARC*) zurückgeht. In Smalltalk werden selbst elementare Daten wie Zahlen oder Zeichen durch Objekte dargestellt. Der Objektbegriff wird hier also durchgehend verwendet, im Unterschied beispielsweise zu C++ und Java, die die skalaren Variablen von C (→3.1.2) übernommen haben. Smalltalk zeichnet sich durch komfortable Werkzeuge zur Programmentwicklung aus und bietet eine starke Unterstützung für die Programmierung grafischer Benutzeroberflächen.
In den Achtziger Jahren erweiterte *Bjarne Stroustrup* die Sprache C um objektorientierte Techniken und nannte die resultierende Programmiersprache **C++**. Der Name dieser Sprache ist ein Wortspiel: C++ steht für „C und eins drauf“, denn in C wird durch die Anweisung `x++` der Wert der Variablen `x` um eins erhöht. Da C++ zu C rückwärtskompatibel ist (also alle Konstrukte von C unterstützt), ist C++ keine rein objektorientierte, sondern eine *hybride* Sprache, das heißt eine Mischform.
Weitere Sprachen, die in diesem Zeitraum entwickelt wurden, sind **Modula** und **Oberon** von *Niklaus Wirth* (*Eidgenössische Technische Hochschule Zürich*) sowie **Eiffel** von *Bertrand Meyer* (*Interactive Software Engineering, Santa Barbara / Kalifornien*). Sie haben sich allerdings in der Praxis nicht so stark durchgesetzt wie seinerzeit C++ und heutzutage Java.
Java, die objektorientierte Beispielsprache dieses Buchs, ist das Produkt eines Teams der Firma *Sun Microsystems* um *James Gosling* aus der Mitte der Neunziger Jahre. Ursprüngliches Ziel war der Entwurf einer Sprache zur Steuerung von Geräten (also zur Programmierung so genannter *eingebetteter Systeme*), die möglichst plattformunabhängig sein sollte. Mit dem Aufkommen des World Wide Webs zeigte sich dann das Potential Javas zur Programmierung *mobilen Codes*, also von Programmen, die über das Internet auf eine beliebige Rechnerplattform übertragen und dort ausgeführt werden können (siehe auch →Kasten auf Seite 34). Die Syntax von Java lehnt sich an die von C++ an, um C++-Programmierern den Umstieg zu erleichtern, vereinfacht aber einige Dinge. So ist Java nicht rückwärtskompatibel zu C, sondern rein objektorientiert (wenn man von den auch hier vorhandenen skalaren Variablen absieht). Auch gibt es in Java keine Zeiger (→3.1.2). Hierdurch wurde eine große Sicherheitslücke geschlossen, denn in Java kann man somit nur auf definierte Variablen und Objekte zugreifen, nicht jedoch auf beliebige Speicherbereiche, wie in C oder C++ möglich.
Um die Jahrtausendwende hat sich auch die Firma *Microsoft* mit der Sprache **C#** (sprich: „ßii-scharp“) dem Zug der objektorientierten Programmierung angeschlossen – wohl unter anderem, um Java und C++ etwas Eigenes entgegenzusetzen. Die meisten Konzepte von C# sind bereits von Java und auch von C++ her bekannt, in Details unterscheidet sich C# allerdings von diesen Sprachen. Ob sich Microsoft hier auf dieselbe Weise wie früher auf anderen Gebieten durchsetzen kann, wird die Zukunft zeigen.

nen sich hinter demselben Operationsnamen unterschiedliche Operationen verbergen. Man nennt diese Eigenschaft *Polymorphie* (also „Vielgestaltigkeit"). Welche dieser Operationen bei einem Aufruf jeweils gemeint ist, wird erst zur Laufzeit des Programm festgestellt – eine Technik, die als *spätes Binden* bezeichnet wird.

Dieses Unterkapitel konzentriert sich vornehmlich auf *Programmiertechniken* zur Arbeit mit Klassen und Objekten. Der *Softwareentwicklungsprozess*, also die allgemeine Vorgehensweise bei der Realisierung eines großen objektorientierten Programmsystems, ist Thema von →Unterkapitel 6.4.

6.1.1 Objekte und Klassen

Objekte modellieren reale oder gedachte Dinge; sie haben Eigenschaften und definieren Operationen, die auf ihnen ausgeführt werden können. Die Eigenschaften eines Objekts werden als seine **Attribute** (oder auch *Felder*) bezeichnet und die Operationen als seine **Methoden**. Der Objektbegriff ist somit wie folgt charakterisiert (siehe jeweils auch Abbildung 6-1 Mitte und unten für eine informelle Illustration):

> Ein Objekt hat eine *Identität*, durch die es eindeutig bezeichnet wird und über die es angesprochen werden kann. Beispielsweise wird ein Bankkonto durch seine Kontonummer oder eine individuelle Kurzbezeichnung identifiziert.

> Ein Objekt ist eine *Einheit aus Attributen und Methoden*. Die Attribute speichern Werte und definieren damit jeweils den aktuellen *Zustand* des Objekts. Die Methoden können die Attributwerte lesen und/oder ändern. Beispielsweise hat ein einfaches Bankkonto als Attribute eine Kontonummer, einen Kontostand und eine textuelle Bezeichnung. Zu seinen Methoden gehören das Abfragen des aktuellen Kontostands sowie das Einzahlen und das Abheben, die den Wert des Kontostand-Attributs entsprechend ändern. Dabei sind *die Methoden den Attributen fest zugeordnet*, so dass beispielsweise die Methoden eines bestimmten Kontos nur auf dem Kontostand *dieses* Kontos arbeiten können.

> Methoden eines Objekts können von außerhalb des Objekts *aufgerufen* werden (vergleiche den Aufrufbegriff bei Funktionen rein prozeduraler Sprachen, →5.2.2). Man sagt hierzu auch, dass eine *Nachricht* an das Objekt geschickt wird, auf die es dann durch Ausführung der Methode reagiert. Beispielsweise kann von einem Bankkonto ein bestimmter Geldbetrag angefordert werden, worauf das Konto (bzw. der Bankangestellte oder der Geldautomat als sein Verwalter) den Betrag auszahlt.

> Ein Objekt ist *gekapselt*. Durch die **Kapselung** (engl. *encapsulation*) wird sichergestellt, dass die Attribute eines Objekts *ausschließlich* über seine Methoden zugreifbar sind. Beispielsweise kann der Stand eines Kontos nur über die vorgegebenen Methoden zum Abheben und Einzahlen geändert werden, nicht aber auf eine andere, möglicherweise sicherheitskritische Weise. Die von außen aufrufbaren Methoden bilden somit die **Schnittstelle** (engl. **interface**) des Objekts, die seine Benutzungsmöglichkeiten festlegt. Das Objekt ist damit ein **Modul**, also eine Einheit mit wohl unterschiedenem Innerem und Äußerem. Wie die Schnittstelle einer Funktion in einer prozeduralen Programmiersprache (→5.2.2) definiert auch die Schnittstelle eines Objekts nur das, was bekannt sein muss, um seine Methoden von außen aufrufen zu können. Die *Implementation* der Methoden (also die genaue Beschreibung ihrer Vorgehensweise) ist, ebenso wie die At-

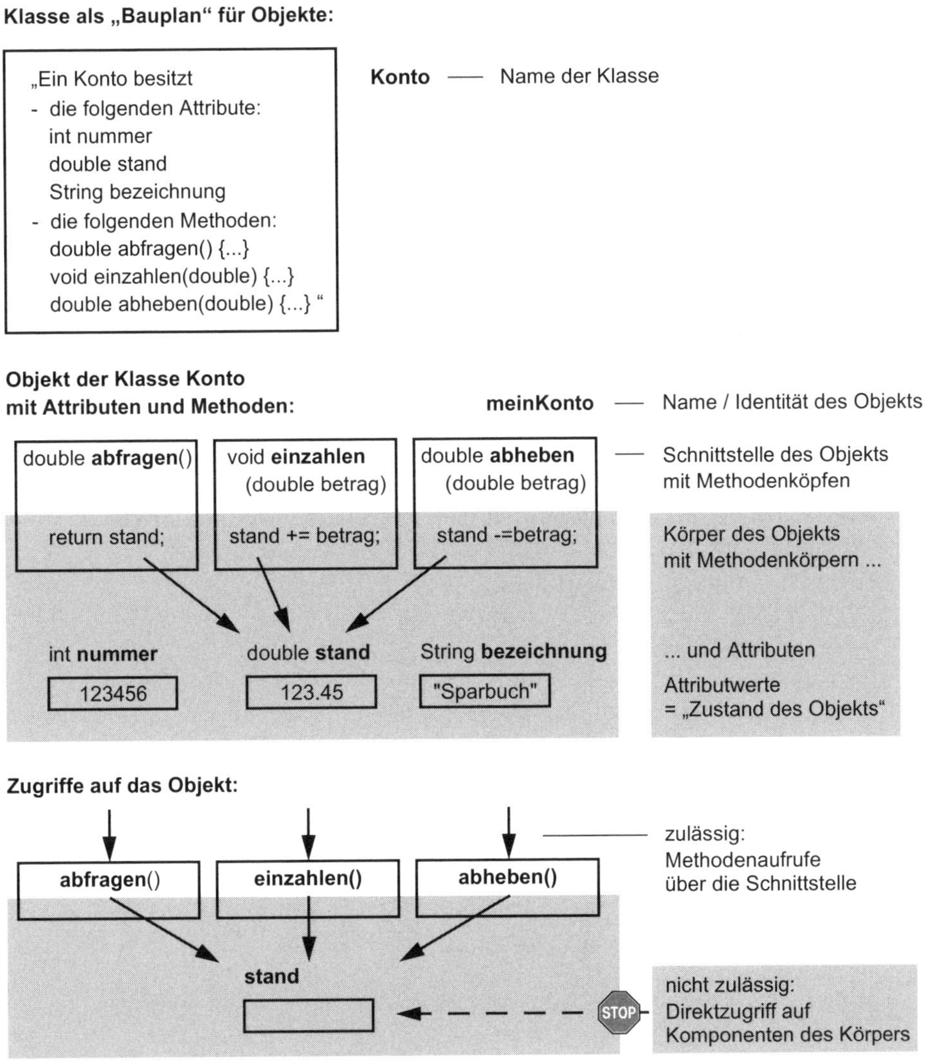

Abb. 6-1 *Bankkonten – Klasse und Objekt*

tribute, im **Körper** des Objekts verborgen. Man bezeichnet diesen Ansatz als **Information Hiding** (deutsch **Geheimnisprinzip**).
Wir werden in →6.4.1 den Modulbegriff sowie die Prinzipien der Kapselung und des Information Hiding noch etwas allgemeiner charakterisieren und dort auch auf eine alternative Definitionsmöglichkeit der Begriffe hinweisen. Zudem werden wir kurz auf die theoretische Grundlage der objektorientierten Programmierung, die *Abstrakten Datentypen*, eingehen.

Ein objektorientiertes Programm enthält meist mehrere Objekte, die denselben Aufbau haben und somit dieselben Methoden und Attribute besitzen (wenn auch nicht unbedingt dieselben Attribut*werte*). Beispielsweise gibt es in einem Finanzverwaltungsprogramm meist

mehrere Konten, die jeweils die oben aufgeführten Attribute und Methoden enthalten. *Objekte mit demselben Aufbau* können zu einer **Klasse** zusammengefasst werden.
Eine Klasse ist ein benannter **Objekttyp**: Wie ein Variablentyp (→3.1.1) legt sie fest, welche *Werte* zugehörige Objekte annehmen können und welche *Operationen* auf ihnen ausführbar sind. Aus praktischer Sicht definiert eine Klasse also einen *Bauplan* für Objekte (siehe Abbildung 6-1 oben), bezüglich dessen beliebig viele Objekte erzeugt werden können. Jedes dieser Objekte besitzt sämtliche Eigenschaften, die in der Klassendefinition festgelegt sind, so dass alle Objekte einer Klasse auf eine einheitliche Weise benutzt werden können. Beispielsweise kann von allen Bankkonten Geld abgehoben werden, denn nach Definition besitzt jedes Konto einen Kontostand und eine Methode zum Abheben. Ein Objekt einer Klasse wird auch als **Instanz** der Klasse bezeichnet.

Objekte und Klassen in Java

Die Programmiersprache **Java** definiert, wie jede objektorientierte Sprache, Konstrukte zur Definition und Benutzung von Klassen und Objekten. Im Folgenden wird gezeigt, wie in einem Java-Programm ein Bankkonto mit den oben besprochenen Eigenschaften erzeugt und benutzt werden kann:

> Erster Schritt: **Definition einer Klasse**

```
class Konto {
 /* Attribute */
 private int nummer;
 private String bezeichnung;
 private double stand;
 /* Konstruktor */
 Konto(int initNr, String initBez, double initStd) {
  nummer = initNr;
  bezeichnung = initBez;
  stand = initStd;
 }
 /* Methoden */
 public double abfragen() {
  return stand;
 }
 public void einzahlen(double betrag) {
  stand += betrag;   /* erhoeht Wert von stand um betrag */
 }
 public double abheben(double betrag) {
  if (betrag<=stand)
   { stand -= betrag;   /* senkt Wert von stand um betrag */
     return betrag; }
  else return -1;
 }
}
```

Das Schlüsselwort `class` leitet eine Klassendefinition ein und wird vom *Namen der Klasse* gefolgt. Danach werden die *Attribute* und *Methoden* definiert, die jedes Objekt die-

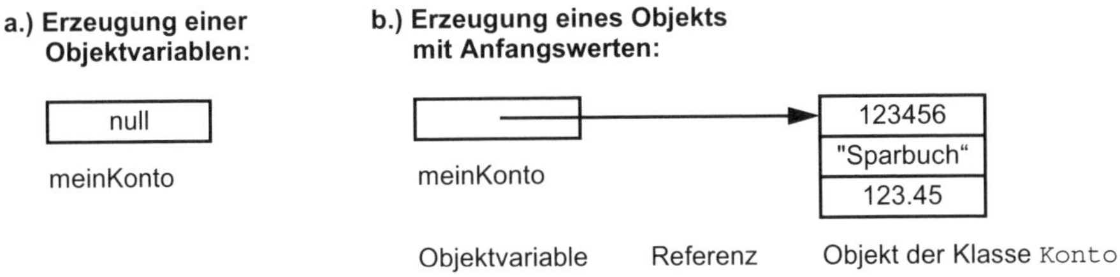

Abb. 6-2 *Objektvariable und Objekt am Beispiel eines Bankkontos*

ser Klasse besitzt. Syntaktisch sehen diese Definitionen aus wie Variablendeklarationen und Funktionsdefinitionen einer rein prozeduralen Programmiersprache (→3.1, →5.2.2). Der entscheidende Unterschied ist jedoch, dass Attribute und Methoden hier eine *Einheit* bilden (vergleiche dazu die Strukturtypen in C, →3.1.3/Abbildung 3-10, die nur „Attribute“ definieren). Die Methoden arbeiten dabei auf den Werten der Attribute: Im Beispiel liefert die Methode `abfragen()` den aktuellen Kontostand als Rückgabewert, `einzahlen()` erhöht den Kontostand um einen bestimmten Betrag (wobei stillschweigend vorausgesetzt wird, dass der Betrag nichtnegativ ist), und `abheben()` senkt den Kontostand um einen Betrag (sofern er dadurch nicht negativ wird), wobei der abgehobene Betrag bzw. im Fehlerfall eine -1 zurückgegeben wird.

Die Schlüsselwörter `public` und `private` regeln, welche Bestandteile eines Objekts von außen *sichtbar* sind: Nur die Komponenten, die durch `public` gekennzeichnet sind, können von außerhalb des Objekts benutzt werden. Die mit `private` markierten Bestandteile sind dagegen im Objektkörper verborgen; auf sie können nur Methodenkörper *dieses* Objekts zugreifen. Ein Kontoobjekt ist also nur über die drei definierten Methoden benutzbar; ein Direktzugriff auf die Attribute ist dagegen ausgeschlossen (Zugriffe auf die Attribute `nummer` und `bezeichnung` werden weiter unten ermöglicht).

Eine besondere Aufgabe hat der **Konstruktor** - eine spezielle Methode, die denselben Namen wie die Klasse trägt: Der Konstruktor wird ausgeführt, wenn ein Objekt der Klasse neu erzeugt wird (siehe dritter Schritt); er dient meist dazu, den Attributen des neuen Objekts Anfangswerte zuzuweisen. Beispielsweise erhält der Konto-Konstruktor drei Parameter und überträgt deren Werte in die drei Attribute eines neu erzeugten Kontoobjekts.

> Zweiter Schritt: **Deklaration einer Objektvariablen** bezüglich der Klasse (siehe Abbildung 6-2 links)

```
Konto meinKonto;
```

Eine Objektvariable dient in Java zur Speicherung eines *Verweises* (einer **Referenz**) auf ein Objekt. Bei der Variablen handelt es sich also nicht um das Objekt selbst, sondern nur um eine „Ankerstelle“ für ein Objekt, über die das Objekt identifiziert wird. Eine frisch erzeugte Objektvariable enthält noch keinen Verweis auf ein Objekt, sondern den Anfangswert `null`.

> Dritter Schritt: **Erzeugung eines Objekts** (siehe Abbildung 6-2 rechts)

```
meinKonto = new Konto(123456,"Sparbuch",123.45);
```

Durch das Schlüsselwort new, gefolgt vom Klassennamen und eventuell erforderlichen Parametern, wird der **Konstruktor** der Klasse aufgerufen. Er erzeugt ein neues Objekt, für das insbesondere Speicherplatz belegt wird, und initialisiert gegebenenfalls dessen Attribute (siehe Definition des Beispielkonstruktors im ersten Schritt). Der Konstruktor liefert eine *Referenz* auf das neue Objekt zurück, die dann in einer Objektvariablen gespeichert werden kann.

Es ist durchaus möglich und üblich, die Deklaration einer Objektvariablen und die Erzeugung eines Objekts in einem Schritt zusammenzufassen, beispielsweise durch

```
Konto meinKonto = new Konto(123456,"Sparbuch",123.45);
```

Ein Java-Objekt wird automatisch wieder *gelöscht*, wenn keine Objektvariable mehr darauf verweist. Diesen Vorgang heißt **Garbage Collection** (wörtliche Übersetzung: Müllabfuhr); er läuft in der *Java Virtual Machine* (→5.3.1) ab.

> Vierter Schritt: **Benutzung des Objekts**

```
System.out.println("Stand: "+meinKonto.abfragen()+" EUR");
meinKonto.einzahlen(200.0);
if (meinKonto.abheben(250.0)==-1)
  System.out.println("Abheben nicht möglich");
 else
  System.out.println("Abheben erfolgreich");
```

Auf die (öffentlichen) Komponenten eines Java-Objekts kann per **Punktnotation** zugegriffen werden, wobei der Name der Objektvariablen vor dem Punkt und der Name der Methode bzw. des Attributs dahinter steht. Das Beispielprogramm arbeitet mit dem Objekt, auf das die Objektvariable `meinKonto` verweist: Es gibt den aktuellen Kontostand aus (eingebettet in einen erklärenden Text), erhöht den Stand um einen bestimmten Betrag und senkt ihn dann wieder, wobei es eine Erfolgsmeldung ausgibt.

Die *Regelung der Sichtbarkeiten* im Kontobeispiel entspricht der allgemeinen Vorgehensweise bei der Definition von Java-Klassen: Attribute werden im Allgemeinen als `private` deklariert und die Zugriffsmethoden, mit denen auf einem Objekt gearbeitet werden soll, als `public`. Es können noch weitere Methoden hinzukommen, die als `private` vereinbart werden; sie sind Hilfsmethoden, die nur aus Methoden des betreffenden Objekts, nicht jedoch von außen aufgerufen werden. Hierdurch wird das eingangs erwähnte *Geheimnisprinzip* (das Prinzip des *Information Hiding*) durchgesetzt: Ein externer Aufrufer kann nur die Köpfe der `public`-Methoden verwenden, die somit die **Schnittstelle** des Objekts definieren. Die genaue Implementierung der Objektdaten ist in den Attributen und den Körpern der Methoden festgelegt, auf die der Aufrufer keinen direkten Zugriff hat.

In manchen Anwendungen ist es allerdings erforderlich, Objektattribute von außen direkt lesen und schreiben zu können – zum Beispiel, um die Bezeichnung eines Kontos abzufragen oder zu ändern. Hierzu wäre es durchaus möglich, die betreffenden Attribute als `public` zu deklarieren. Um jedoch das Prinzip aufrechtzuerhalten, dass ein Objekt nur über Methoden zugreifbar ist, verwendet man stattdessen in der Praxis lieber spezielle *get- und set-Methoden*. Für das Kontobeispiel sähe dies folgendermaßen aus:

```
class Konto {
 private String Bezeichnung;
 ...
 public String getBezeichnung() {
  return bezeichnung;
 }
```

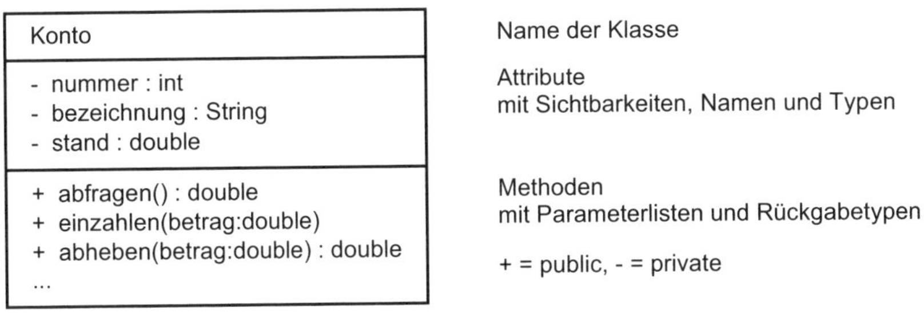

***Abb. 6-3** UML-Klassendiagramm für die Klasse „Konto“*

```
  public void setBezeichnung(String b) {
   bezeichnung = b;
  }
  ...
}
```

Alternativen

Zur Vorgehensweise von Java gibt es mehrere *Alternativen*:

> Java ist eine Programmiersprache, bei der die Objektvariablen *Referenzen* auf Objekte enthalten. Sie ist also eine Sprache mit **Referenzsemantik**. In einer solchen Sprache können mehrere Objektvariablen auf dasselbe Objekt verweisen, und es kann sich die Zuordnung von Objektvariablen zu Objekten während der Programmausführung dynamisch ändern. Sprachen mit **Wertsemantik** unterscheiden dagegen *nicht* zwischen Objektvariablen und Objekten, sondern realisieren *Objekte unmittelbar in den Variablen.* Dies ist beispielsweise in C++ der Fall, wobei allerdings eine Referenzsemantik mit Hilfe von Zeigervariablen (→3.1.2) simuliert werden kann.

> Objektvariablen in Java sind *getypt*. Im zweiten Schritt des Beispiels wurde durch die Typangabe `Konto` festgelegt, dass die Objektvariable `meinKonto` nur Referenzen auf Objekte der Klasse `Konto` aufnehmen kann (oder auf Objekte daraus abgeleiteter Klassen, →6.1.2). Damit kann bereits der Java-Compiler (→5.3.1) zur Übersetzungszeit anhand der Klassendefinition prüfen, ob der Aufruf einer bestimmten Methode zulässig ist. *Ungetypte Objektvariablen*, wie sie in anderen Sprachen (beispielsweise *Smalltalk*) verwendet werden, sind zwar flexibler einsetzbar; Prüfungen zur Übersetzungszeit sind dabei jedoch nur sehr eingeschränkt möglich, so dass es während der Programmausführung zu Laufzeitfehlern kommen kann.

> Klassendefinitionen können, statt textuell in einer Programmiersprache, auch *grafisch* dargestellt werden. Hierzu dient beispielsweise die *Unified Modeling Language UML*, auf die →Abschnitt 6.4.4 näher eingeht. Abbildung 6-3 zeigt als Beispiel ein *UML-Klassendiagramm* für die Klasse `Konto`.

6.1.2 Vererbung in Klassenhierarchien

In größeren Programmsystemen gibt es oft eine Vielzahl verschiedenartiger Objekte und damit auch eine Vielzahl von Klassen. Damit stellt sich die Aufgabe, die *Menge der Klassen zu*

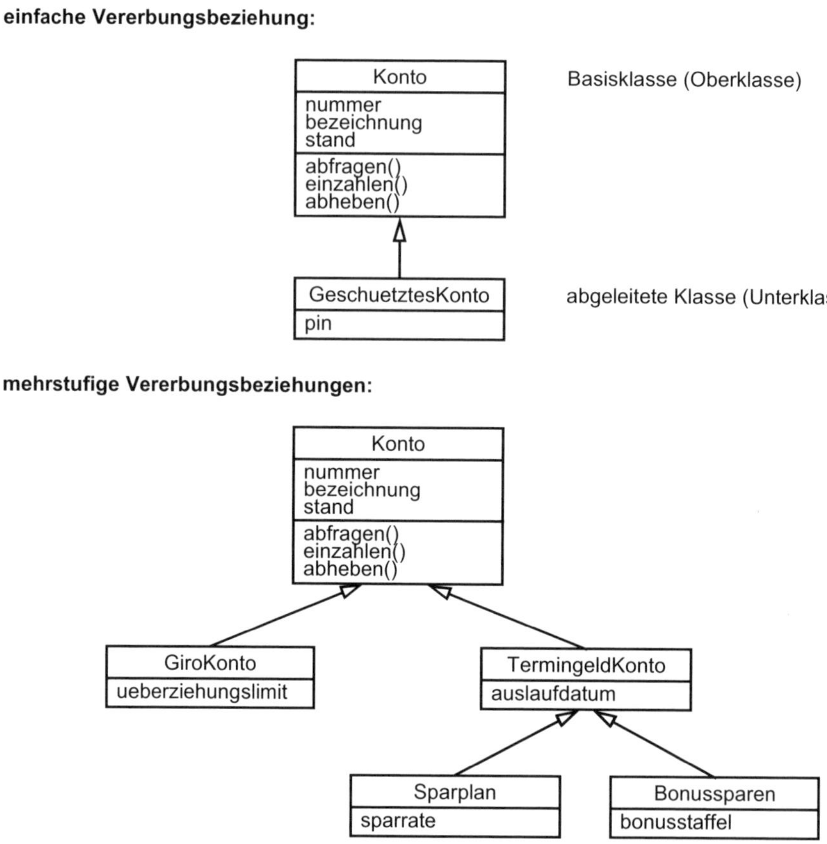

Abb. 6-4 *Klassenhierarchie in UML-Darstellung*

strukturieren, um sie übersichtlich zu halten. Bei dieser Strukturierung kann man Gemeinsamkeiten zwischen den Klassen ausnutzen, wie das folgende *Beispiel* zeigt:

Die Klasse `Konto` aus dem vorigen Abschnitt legt fest, dass ein einfaches Bankkonto jeweils ein Nummern-, ein Bezeichnungs- und ein Kontostandattribut besitzt und dass darauf mit Methoden zum Abfragen, Einzahlen und Abheben zugegriffen werden kann. Neben solchen einfachen Konten gibt es auch geschützte Konten, die durch eine PIN (also eine Geheimzahl) gesichert sind. Solche Konten haben dieselben Attribute und Methoden wie ein einfaches Konto (denn man will mit ihnen ja wie mit einem „normalen" Konto arbeiten können) und *zusätzlich* ein PIN-Attribut, in dem die Geheimzahl gespeichert ist. Es liegt also nahe, bei der Definition einer Klasse `GeschuetztesKonto` auf die Definition der Klasse `Konto` zurückzugreifen.

Konkret wird die Klasse `GeschuetztesKonto` als eine *Erweiterung* der Klasse `Konto` vereinbart, so dass `GeschuetztesKonto` mindestens alle Eigenschaften von `Konto` besitzt. Man spricht in diesem Zusammenhang auch von einer **Vererbung** (engl. *inheritance*), bei der `Konto` die **Basisklasse** (**Oberklasse**, engl. *base class*) und `GeschuetztesKonto` die **abgeleitete Klasse** (**Unterklasse**, engl. *derived class*) ist. In Java wird eine solche Vererbungsbeziehung durch das Schlüsselwort `extends` angezeigt:

```
class Konto {
 ... wie oben ...
}
class GeschuetztesKonto extends Konto {
 private int pin;
 ...
}
```

Abbildung 6-4 zeigt oben ein *UML-Diagramm*, das diese Beziehung grafisch darstellt.

Komplexere Vererbungsbeziehungen

Vererbungsbeziehungen müssen nicht auf zwei Klassen beschränkt bleiben, sondern sie können eine Vielzahl von Klassen umfassen. Dabei können Eigenschaften auch an mehrere abgeleitete Klassen und über mehrere Stufen hinweg weitervererbt werden. Abbildung 6-4 illustriert dies in ihrem unteren Teil durch ein System von Klassen, das verschiedene Arten von Bankkonten mit ihren gemeinsamen und spezifischen Eigenschaften definiert. Es ergibt sich also eine **Klassenhierarchie**, bei der „weiter oben" angesiedelte Klassen allgemeinere Eigenschaften festlegen und „weiter unten" stehende Klassen spezielle Eigenschaften.
Im einfachsten Fall hat jede Klasse nur *eine* direkte Basisklasse (also eine Klasse, die in der Hierarchie unmittelbar über ihr steht). Die Struktur der Beziehungen lässt sich dann durch einen *Baum* (→3.2.2) darstellen, wie es in Abbildung 6-4 der Fall ist. Daneben ist aber auch eine **Mehrfachvererbung** (engl. *multiple inheritance*) möglich, bei der eine Klasse *mehrere* direkte Basisklassen haben kann. Dabei ergeben sich unter anderem Strukturen, wie sie in Abbildung 6-5 skizziert sind.
Bei der Mehrfachvererbung können allerdings *Probleme* auftreten: Definieren beispielsweise die Klassen K_{11} und K_{12} in der Abbildung links jeweils ein Attribut mit demselben Namen, so kommt in K_2 zu Namenskonflikten, da hier dann zwei verschiedene Attribute desselben Namens vorhanden sind. In der Abbildung rechts sind die Attribute von K_0 sowohl in K_{11} als auch K_{12} enthalten und treffen in der nächsten Vererbungsstufe bei K_2 wieder zusammen. Es ist dann nicht unmittelbar klar, ob sie in K_2 jeweils wieder zu einem Attribut vereinigt werden, oder ob dort jeweils zwei Attribute mit demselben Namen existieren. Wegen dieser Schwierigkeiten lässt *Java keine Mehrfachvererbung* zu (wobei einschränkend zu sagen ist, dass dies nur für voll ausdefinierte Klassen gilt, nicht jedoch für die so genannten Interfaces, die im →nächsten Teilabschnitt besprochen werden).

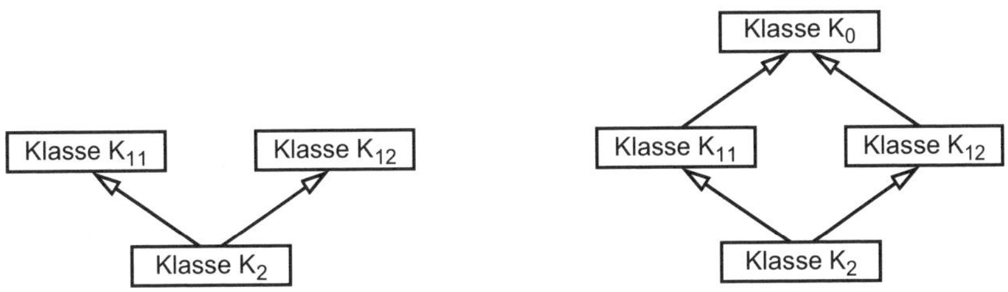

Abb. 6-5 *Mehrfachvererbung*

Vorteile von Klassenhierarchien

Klassenhierarchien wurden zu Beginn dieses Abschnitts damit motiviert, dass die Menge der Klassen *geordnet* und ein objektorientiertes Programmsystem damit *übersichtlicher* gestaltet werden kann. Darüber hinaus kann man mit Hilfe der Vererbung bereits definierte Eigenschaften *wiederverwenden*, wodurch der *Programmtext kürzer* wird und die *Fehleranfälligkeit sinkt.* Zudem lässt sich ein Programm durch Hinzufügen weiterer abgeleiteter Klassen leicht *erweitern*: Operationen, die auf Objekten der Basisklassen arbeiten, können auch unmittelbar auf Objekte der neuen abgeleiteten Klassen angewandt werden, denn diese besitzen ja „automatisch" alle dazu erforderlichen Eigenschaften. Diese Möglichkeit wird in →6.1.3 unter dem Stichwort *Polymorphie* noch näher untersucht.
Vorteilhaft ist bei einer Klassenhierarchie außerdem, dass *Objekte unterschiedlicher Klassen auf eine einheitliche Weise* benutzt werden können, sofern ihre Klassen von derselben Basisklasse abgeleitet sind. Beispielsweise kann ein Finanzverwaltungsprogramm, das die Summe aller Kontostände berechnen soll, alle vorhandenen Konten durchlaufen und dabei deren `abfragen()`-Methoden aufrufen – egal, ob es sich dabei um ein Girokonto, einen Sparplan, ein Bonusparkonto usw. handelt. Das Programm behandelt also alle Konten auf dem Abstraktionsniveau der Basisklasse `Konto`. Ein anderes Programm, das beispielsweise die Auslauftermine von Geldanlagen feststellen soll, würde stattdessen auf der Abstraktionsebene der Klasse `TermingeldKonto` arbeiten. Es muss sich dabei natürlich auf Konten dieser Klasse und davon abgeleiteter Klassen beschränken.
Eine objektorientierte Programmiersprache bietet im Allgemeinen eine Reihe vordefinierter Klassen in **Klassenbibliotheken** (engl. **libraries**) an, auf die man bei der Programmierung zurückgreifen kann. Insbesondere **Java** zeichnet sich durch seine Fülle von Standardklassen aus, die in einem großen Klassenbaum angeordnet sind. Teile dieses Baums bilden **Standardpakete** (engl. *packages*), die man in ein Programm *importieren* und deren Eigenschaften man durch Vererbung nutzen kann. Zu den Java-Standardpaketen gehören beispielsweise Klassensammlungen zur Programmierung von *Ein-/Ausgabeoperationen*, *Applets* (→Kasten auf Seite 34) und *grafischen Benutzeroberflächen* (→6.3.1), zum Zugriff auf *Datenbanken* (→3.5), zur Definition *dynamischer Datenstrukturen* (→6.2) sowie zur *Datenkommunikation* in Rechnernetzen und verteilten Systemen (→7).

Abstrakte Methoden und Klassen

Basisklassen definieren allgemeine Eigenschaften, die bei einer größeren Gruppe von Objekten vorliegen; abgeleitete Klassen definieren spezielle Eigenschaften, die für Objekte einer kleineren Untergruppe charakteristisch sind. Dabei kann in einer Basisklasse manchmal nur angegeben werden, dass eine Methode mit einer bestimmten Schnittstelle überhaupt existiert; die genaue Vorgehensweise dieser Methode hängt dagegen von der jeweiligen abgeleiteten Klasse ab. In solch einem Fall ist es möglich, in der Basisklasse eine **abstrakte Methode** zu definieren, indem man nur deren Schnittstelle, nicht jedoch ihren Körper angibt. Die „Ausprogrammierung" des Methodenkörpers muss dann in den einzelnen abgeleiteten Klassen nachgeholt werden. Eine Klasse, die mindestens eine abstrakte Methode enthält, ist eine **abstrakte Klasse**.
Zur Illustration dieser Technik dient wieder ein *Beispiel* aus dem Bankbereich: Eine Bank hat Beziehungen zu ihren Kunden, die im Minimalfall dadurch gekennzeichnet sind, dass die Bank den Namen des jeweiligen Kunden kennt und von diesem Kunden eine jährliche

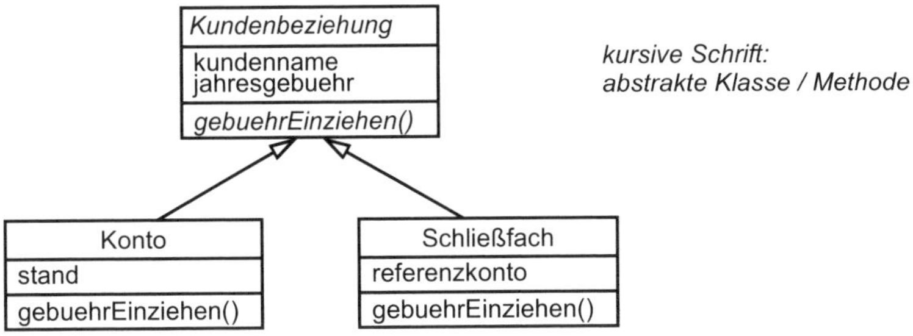

Abb. 6-6 *Abstrakte Klasse und Methode*

Gebühr einziehen möchte. Die Art der Beziehung kann jedoch je nach Kunde unterschiedlich aussehen; beispielsweise kann der Kunde ein Konto oder ein Schließfach besitzen. Hat der Kunde ein Konto, so zieht die Bank die Gebühr einfach von diesem Konto ein; hat er ein Schließfach, so muss dafür ein Referenzkonto angegeben sein, von dem die Gebühr abgehoben wird.

Abbildung 6-6 skizziert die entsprechende Klassenhierarchie: Die Basisklasse `Kundenbeziehung` vereinbart zwei (nicht abstrakte) Attribute `kundenname` und `jahresgebuehr` sowie eine abstrakte Methode `gebuehrEinziehen()`. `gebuehrEinziehen()` tritt in den beiden abgeleiteten Klassen `Konto` und `Schließfach` jeweils als nicht abstrakte Methode auf, muss also von ihnen vollständig definiert werden. Eine Realisierung dieser Hierarchie in *Java* kann wie folgt aussehen:

```
abstract class Kundenbeziehung {
 private String kundenname;
 private double jahresgebuehr;
 abstract void gebuehrEinziehen();
 double getJahresgebuehr() {
  return jahresgebuehr;
 };
}
class Konto extends Kundenbeziehung {
 private double stand;
 ...
 public double abheben(double betrag) { ... };
 ...
 void gebuehrEinziehen() {
  abheben(getJahresgebuehr());
 }
}
class Schliessfach extends Kundenbeziehung {
 Konto referenzkonto;
 void gebuehrEinziehen() {
  referenzkonto.abheben(getJahresgebuehr());
 }
}
```

Die Basisklasse `Kundenbeziehung` definiert die beiden geforderten Attribute sowie die abstrakte Methode `gebuehrEinziehen()`. Zudem wird eine nicht abstrakte Methode `getJahresgebuehr()` vereinbart, die den Wert des entsprechenden Attributs liefert. Die abstrakte Methode ist, wie die Klasse selbst, durch das Schlüsselwort `abstract` gekennzeichnet. Die abgeleiteten Klassen sind dagegen nicht abstrakt, denn sie definieren jeweils einen Körper für `gebuehrEinziehen()`. Wie oben geschildert, unterscheiden sich die beiden Körper in ihren Vorgehensweisen: Bei `Konto` bezieht sich der `abheben`-Aufruf auf das jeweilige Kontoobjekt selbst, bei `Schließfach` auf ein Referenzkonto. Dabei wird die Jahresgebühr jeweils per `getJahresgebuehr()` abgefragt und als Parameterwert an die `abheben()`-Methode übergeben.
Die Klassen, die von einer abstrakten Klasse abgeleitet sind, müssen nicht unbedingt die Körper *sämtlicher* abstrakten Methoden definieren; tun sie dies nicht, so sind sie selbst abstrakt. Offensichtlich können bezüglich einer abstrakten Klasse keine Objekte per `new` erzeugt werden, denn solche Objekte wären ja nicht vollständig definiert. Es können aber durchaus Objekt*variablen* einer solchen Klasse deklariert werden, die dann auf Objekte einer beliebigen nicht abstrakten Klasse verweisen können, die davon abgeleitet ist (siehe auch →6.1.3).
Bisweilen gibt es abstrakte Klassen, die keine Attributvariablen besitzen (höchstens vielleicht Attribut*konstanten* mit unveränderlichen Werten) und deren Methoden sämtlich abstrakt sind. Solche Klassen können in Java als so genannte **Interfaces** realisiert werden, die durch das Schlüsselwort `interface` gekennzeichnet sind. Eine konkrete Klasse *implementiert* ein Interface, indem sie für jeden seiner Methodenköpfe einen Körper angibt. Dies wird durch das Schlüsselwort `implements` angezeigt. Hierbei ist eine Art **Mehrfachvererbung** möglich, denn eine Java-Klasse darf mehrere Interfaces implementieren:

```
class Cl implements Iface1, Iface2, Iface3 { ... }
```

6.1.3 Polymorphie

Klassenhierarchien unterstützen die Realisierung von Klassen mit gemeinsamen Eigenschaften. Ein Objekt einer bestimmten Klasse in dieser Hierarchie besitzt automatisch die Eigenschaften aller darüber liegenden Basisklassen. Es besteht damit eine *„Ist-ein"-Beziehung* zwischen den Klassen bzw. ihren Objekten. Beispielsweise ist ein Objekt der Klasse `Sparplan` gleichzeitig ein Objekt der Klasse `TermingeldKonto` und der Klasse `Konto` (→Abbildung 6-4), denn es hat ja alle Eigenschaften, die von einem Objekt der jeweiligen Klasse verlangt werden. Ein Programm kann also auf einem `Sparplan`-Objekt all die Operationen ausführen, die auf einem `TermingeldKonto`- und einem `Konto`-Objekt möglich sind (und noch einige weitere mehr).
Für eine Objekt*variable*, die bezüglich einer bestimmten Klasse *K* deklariert ist, bedeutet das im Umkehrschluss, dass sie sowohl auf Objekte der Klasse *K* als auch auf Objekte beliebiger davon abgeleiteter Klassen verweisen kann (siehe →6.1.1, Abbildung 6-2, hinsichtlich des Unterschieds zwischen Objektvariablen und Objekten). Ein Programm, das über diese Objektvariable auf ein Objekt zugreift, erwartet von dem Objekt nämlich nur, dass es alle Eigenschaften hat, die die Klasse *K* festlegt. Diese Eigenschaften sind, wie oben geschildert, nicht nur bei Objekten der Klasse *K* vorhanden, sondern auch bei Objekten aller davon abgeleiteter Klassen. So ist beispielsweise ein *Java*-Programmstück der folgenden Form zulässig:

```
Konto meinKonto = new Konto(...);
meinKonto.abheben(...);
...
meinKonto = new TermingeldKonto(...);
meinKonto.abheben(...);
...
meinKonto = new Sparplan(...);
meinKonto.abheben(...);
```

`meinKonto` ist dabei eine Objektvariable, die bezüglich der Basisklasse `Konto` definiert ist. Im Laufe der Ausführung des Programmstücks verweist `meinKonto` auf drei unterschiedliche Objekte, nämlich zunächst auf ein Objekt der Klasse `Konto`, dann auf ein Objekt der Klasse `TermingeldKonto` und schließlich auf ein Objekt der Klasse `Sparplan`. In allen drei Fällen ist jedoch der Aufruf von `abheben()` zulässig, denn für alle drei Klassen ist eine Methode dieses Namens definiert - entweder unmittelbar oder durch Vererbung (→Abbildung 6-4).

Man bezeichnet die Eigenschaft, dass eine Objektvariable auf Objekte unterschiedlicher Klassen verweisen kann, als **Polymorphie** (zu Deutsch wörtlich *Vielgestaltigkeit*) und die Variable selbst als **polymorph**. In diesem Zusammenhang unterscheidet man zwischen dem **statischen Typ** und dem **dynamischen Typ** einer Objektvariablen: Der *statische Typ* ist die Klasse, die bei der Variablendeklaration angegeben wurde; der *dynamische Typ* ist die Klasse des Objekts, auf das die Variable aktuell verweist. Der statische Typ einer Objektvariablen ist also unveränderlich (im Beispiel: `Konto`), ihr dynamischer Typ kann sich ändern (im Beispiel: von `Konto` über `TermingeldKonto` zu `Sparplan`).

Der dynamische Typ einer Objektvariablen muss stets entweder gleich ihrem statischen Typ oder einer davon abgeleiteten Klasse sein. Dies wird zur Übersetzungs- und Laufzeit des Programms streng überprüft - was auch unbedingt erforderlich ist, denn nachfolgende Operationen müssen sich darauf verlassen können, dass das Objekt die benötigten Attribute und Methoden tatsächlich besitzt.

Besonders interessant wird die Polymorphie dann, wenn Basisklasse und abgeleitete Klasse jeweils eine Methode mit demselben Namen, aber mit verschiedenen Vorgehensweisen definieren. Warum das sinnvoll sein kann und wie der dabei entstehende Namenskonflikt aufgelöst wird, beschreiben die beiden folgenden Teilabschnitte.

Überladen von Methoden

Im einführenden Beispiel von →6.1.2 wurde von der Basisklasse `Konto` eine Klasse `GeschuetztesKonto` abgeleitet. Sie definiert, neben den Attributen und Methoden der Basisklasse, ein Geheimzahlattribut `pin`, mit dem Abhebevorgänge geschützt ablaufen sollen. Offensichtlich kann die `abheben()`-Methode für ein geschütztes Konto nicht so arbeiten wie für ein normales Konto, sondern muss entsprechend angepasst werden: Bevor der gewünschte Betrag ausgezahlt wird, muss der Abheber eine Codezahl übergeben und es muss geprüft werden, ob diese Codezahl mit der beim Konto gespeicherten Geheimzahl übereinstimmt. Diese Anpassung von `abheben()` kann nicht in der Definition der Klasse `Konto` vorgenommen werden (denn dort ist ja kein `pin`-Attribut bekannt), sondern muss in der Definition von `GeschuetztesKonto` erfolgen. In *Java* geht man hierzu wie folgt vor:

```
class Konto {
 private int stand;
 ...
 double abheben(double betrag) {
  if (betrag<=stand)
   { stand -= betrag;
     return betrag; }
  else return -1;
 };
}
class GeschuetztesKonto extends Konto {
 private int pin;
 ...
 double abheben(double betrag, int codezahl) {
  if (pin!=codezahl) return -1;
  return super.abheben(betrag);
 };
}
```

Im Programmbeispiel definieren die Klassen `Konto` und `GeschuetztesKonto` jeweils eine Methode `abheben()`. Die Methode `abheben()` der Basisklasse `Konto` erhält den gewünschten Betrag als Parameter und geht wie in →6.1.1 vor. Die Methode `abheben()` der abgeleiteten Klasse `GeschuetztesKonto` erhält *zusätzlich* einen Parameter `codezahl` – die Geheimzahl, die der Abheber eingegeben hat. `codezahl` wird mit dem `pin`-Wert verglichen, der im Kontoobjekt gespeichert ist. Unterscheiden sich die Werte, so wird eine -1 als Fehlermeldung zurückgegeben. Ansonsten wird die `abheben()`-Methode der Basisklasse aufgerufen (die durch das Schlüsselwort `super` vor dem Methodennamen identifiziert wird) und ihr Resultat per `return` zurückgeliefert. `GeschuetztesKonto` schaltet also dem ungeschützten Abhebevorgang eine entsprechende Prüfung vor.
Die Methoden in Basisklasse und abgeleiteter Klasse tragen zwar denselben Namen, haben aber unterschiedliche **Signaturen** (wobei die „Signatur" einer Methode deren Namen, die Anzahl ihrer Parameter und die Folge ihrer Parametertypen umfasst). In diesem Fall sagt man, dass der Methodenname **überladen** ist. Hier überladen sich also die Methoden `abheben(double betrag, int codezahl)` von `GeschuetztesKonto` und `abheben(double betrag)` von `Konto`. Es ist auch möglich und üblich, dass sich mehrere Methoden *derselben* Klasse überladen, dass also in einer Klassendefinition mehrere Methoden mit demselben Namen, aber unterschiedlichen Signaturen vorhanden sind.
Obwohl es mehrere Methoden mit demselben Namen gibt, ist bei einem Aufruf eindeutig klar, welche der Methoden gemeint ist: Es wird jeweils die Methode ausgeführt, deren Signatur zur Liste der aktuellen Parameter des Aufrufs (→5.2.2) „passt". Im Programm

```
GeschuetztesKonto meinKonto = new GeschuetztesKonto(...);
meinKonto.abheben(100.0,4711);
meinKonto.abheben(100.0);
```

ist dies beim ersten Aufruf die Methode der abgeleiteten Klasse `GeschuetztesKonto` und beim zweiten Aufruf die Methode der Basisklasse `Konto`.
Das Beispiel mit seinen beiden Aufrufen zeigt, dass bei der Implementierung geschützter Konten in der vorliegenden Form noch eine große Sicherheitslücke besteht: Selbst wenn ein

Konto eine Geheimzahl besitzt, kann man deren Prüfung umgehen, indem man beim Aufruf von `abheben()` die Geheimzahl ganz einfach weglässt. In diesem Fall führt das Java-Laufzeitsystem nämlich die ungeschützte Methode der Basisklasse aus. Wie man diese Lücke schließen kann, zeigt der nächste Teilabschnitt.

Überschreiben von Methoden

Beim *Überladen* von Methoden existieren mehrere Methoden mit demselben Namen, aber mit *unterschiedlichen Signaturen* (also unterschiedlichen Parameteranzahlen und/oder -typen). Darüber hinaus ist es möglich, Methoden zu **überschreiben**: Man kann in einer abgeleiteten Klasse eine Methode definieren, die *dieselbe Signatur* wie eine Methode einer zugehörigen Basisklasse hat. In der abgeleiteten Klasse wird also die Methodenschnittstelle der Basisklasse mit einem anderen Methodenkörper unterlegt. Der Effekt ist, dass auf einem Objekt der abgeleiteten Klasse nur diese neu definierte Methode ausgeführt werden kann, nicht jedoch die Methode der Basisklasse. Man sagt, dass die Methode der abgeleiteten Klasse die Methode der Basisklasse **verdeckt**. Das folgende Programmbeispiel zeigt, wie man durch das Überschreiben einer Methode verhindern kann, dass von einem geschützten Konto ohne Angabe einer Geheimzahl Geld abgehoben wird:

```
class Konto {
 ...
 double abheben(double betrag) {
  if (betrag<=stand)
   { stand -= betrag;
     return betrag; }
  else return -1;
 };
}
class GeschuetztesKonto extends Konto {
 ...
 double abheben(double betrag, int codezahl) {
 ... wie im vorangehenden Teilabschnitt ...
 };
 double abheben(double betrag) {
  System.out.println("Abheben nur mit PIN!");
  return -1;
 };
}
```

Zusätzlich zur bisherigen überladenden `abheben()`-Methode enthält die Klasse `GeschuetztesKonto` jetzt eine weitere Methode dieses Namens. Diese Methode, nämlich `abheben(double betrag)`, hat dieselbe Signatur wie die Methode der Basisklasse `Konto` und überschreibt sie damit. Bei ihrer Ausführung wird der Kontostand nicht geändert, sondern lediglich eine textuelle Fehlermeldung ausgegeben und eine -1 als Fehlercode zurückgeliefert. Hierdurch wird effektiv der Versuch vereitelt, die Geheimzahlprüfung zu umgehen, wie man am folgenden Programmstück sehen kann:

```
Konto meinKonto = new GeschuetztesKonto(...);
meinKonto.abheben(100.0);
```

`meinKonto` ist hier zwar als Objektvariable der Klasse `Konto` deklariert, verweist aber auf ein Objekt der Klasse `GeschuetztesKonto`. Der *statische* Typ von `meinKonto` ist also `Konto`, der *dynamische* Typ `GeschuetztesKonto`. Bei einem Aufruf geht das Java-Laufzeitsystem in solch einem Fall vom *dynamischen* Typ der Objektvariablen aus und durchläuft die Klassenhierarchie nach oben (vergleiche →Abbildung 6-4), bis es eine zum Aufruf passende Methode findet. Beim Aufruf im Beispielprogramm ist das die Methode `abheben(double betrag)` von `GeschuetztesKonto`, die den Abhebeversuch mit einer Fehlermeldung abbricht. Anders ist es in dem folgenden Programmstück:

```
Konto meinKonto = new Konto(...);
meinKonto.abheben(100.0);
```

Hier hat `meinKonto` den dynamischen Typ `Konto`. Das betreffende Konto ist also nicht geschützt, und das Java-Laufzeitsystem führt entsprechend die `abheben()`-Methode von `Konto` aus, die den gewünschten Betrag auszahlt (sofern er gedeckt ist).
In den beiden Aufrufbeispielen kommt klar zum Ausdruck, was **Polymorphie** bedeutet: Zwei Aufrufe, die syntaktisch vollkommen identisch sind, können sich auf zwei *verschiedene* Methoden beziehen, je nachdem, auf welche Art von Objekt die betreffende Objektvariable aktuell verweist. Die auszuführende Methode wird *erst zur Laufzeit* aus dem dynamischen Typ der Objektvariablen bestimmt, oder, anders ausgedrückt, der Methodenname wird erst zur Laufzeit an die entsprechende Methode *gebunden*. Man bezeichnet diese Technik entsprechend als **dynamische Bindung** (engl. auch *late binding* genannt). Sie steht im Gegensatz zur **statischen Bindung**, bei der die auszuführende Methode schon zur Übersetzungszeit (→5.3.2) bestimmt wird. Statisch gebunden wird beispielsweise bei der Übersetzung der klassischen prozeduralen Sprachen (→5.1.2).

6.2 Dynamische Datenstrukturen

Datenstrukturen speichern Werte in organisierter Form. Wie bereits in →3.2 angesprochen, unterscheidet man zwischen *statischen* und *dynamischen* Datenstrukturen: Während sich bei **statischen Datenstrukturen** die Anzahl der gespeicherten Werte nicht ändert, ist die Größe **dynamischer Datenstrukturen** variabel. Zu einer dynamischen Datenstruktur können während des Programmablaufs (also „dynamisch“) neue Werte hinzugefügt werden, und nicht mehr benötigte Werte können aus ihr wieder entfernt werden. Dynamische Strukturen spielen sowohl in theoretischen als auch in praktischen Bereichen der Informatik eine fundamentale Rolle – wie beispielsweise bei *Kellerautomaten* (→2.1.4), *Graphen* (→3.2) und *Sortier- und Suchverfahren* für Datensammlungen (→4.2). In diesem Unterkapitel werden

> zunächst die wichtigsten *dynamischen Datenstrukturen* mit ihren *Organisationsformen* betrachtet

> und anschließend ihre Realisierung in einer *objektorientierten Programmiersprache*, nämlich durch *Java-Klassenhierarchien*, skizziert.

6.2.1 Arten dynamischer Strukturen

Eine dynamische Datenstruktur speichert eine Sammlung von Werten. Die Werte sind dabei möglicherweise in einer bestimmten Reihenfolge angeordnet, und ein Wert kann eventuell

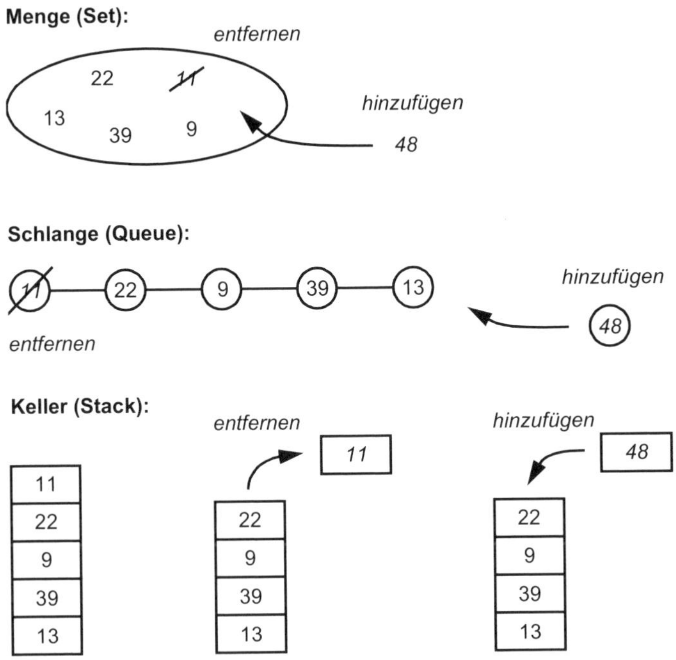

Abbildung (Map):

Schlüssel	Wert
Kundennr. 101	Fritz Meier, 20.5.1968, Hardymarkt 1
Kundennr. 102	Susi Meier, 19.4.1971, Hardymarkt 1
Kundennr. 201	Fritz Müller, 11.1.1959, Hardymarkt 1
Kundennr. 301	Susi Schmitz, 20.5.1968, Laureltor 12
Kundennr. 401	Anna Schulze, 31.8.1946, Allenplatz 7

Abb. 6-7 *Dynamische Datenstrukturen*

auch mehrfach auftreten. Auf den Strukturen sind Ein- und Ausfügeoperationen definiert, die neue Werte hinzufügen bzw. bislang gespeicherte Werte entfernen – möglicherweise an eine bzw. von einer bestimmten Position der Struktur. Je nach Ordnungsprinzip und Vorgehensweise der Ein-/Ausfügeoperationen unterscheidet man die folgenden *Arten dynamischer Datenstrukturen* (siehe auch Abbildung 6-7):

> Eine **Menge** (engl. *set*) ist, entsprechend ihrer Definition in der Mathematik, eine *ungeordnete* Sammlung von Werten. Ein- und Ausfügeoperationen arbeiten demzufolge ohne Positionsangaben. Mengen enthalten *keine Duplikate*: Ein Wert kann höchstens einmal in einer Menge vorhanden sein, und eine Menge ändert sich nicht, wenn man ihr einen bereits enthaltenen Wert nochmals hinzufügt.

> Eine **(Warte-)Schlange** (engl. **queue**) entspricht einer linearen, also *geordneten Liste* (→3.2.2), bei der Werte stets am Listenende angefügt und am Listenanfang wieder entfernt werden. Der Zugriff auf eine Schlange geschieht damit nach dem **FIFO-Prinzip**

Wie werden dynamische Datenstrukturen technisch realisiert?

Dynamische Datenstrukturen müssen in Rechensystemen hardwarenah implementiert werden. Hierzu werden in der Praxis die folgenden Techniken eingesetzt:

Eine **Menge** wird oft durch eine **Bitmap** realisiert. Eine Bitmap ist ein Feld mit einer festen Anzahl von Bits, wobei jede Bitposition einem Element einer *Grundmenge* fest zugeordnet ist. Eine Menge (die stets Teilmenge dieser Grundmenge sein muss) wird dadurch repräsentiert, dass in den Bitpositionen aller ihrer Elemente eine 1 steht und in allen anderen Positionen eine 0. Mengenoperationen wie *Vereinigung* und *Durchschnitt* sind in dieser Darstellungsform leicht möglich, nämlich durch eine bitweise Oder- bzw. Und-Verknüpfung der beiden beteiligten Bitmaps. Mengen, die auf einer sehr großen Grundmenge basieren, werden allerdings wegen des hohen Speicheraufwands nicht durch Bitmaps dargestellt; hier benutzt man eine Listendarstellung (siehe unten).

Bitmap-Darstellung der **Menge** {a,e,i,r,s,t,x}:

a	b	c	d	e	f	g	h	i	j	k	l	m	n	o	p	q	r	s	t	u	v	w	x	y	z
1	0	0	0	1	0	0	0	1	0	0	0	0	0	0	0	0	1	1	1	0	0	0	1	0	0

Schlangen und **Keller** können durch *Felder* realisiert werden. Die Feldkomponenten speichern die einzelnen *Werte* der jeweiligen Datenstruktur; weitere Variablen geben die aktuellen Lese- und Schreibpositionen als *Feldindizes* an. Für eine Schlange benötigt man je einen Lese- und einen Schreibindex, die den jeweiligen Anfang bzw. das Ende der Schlange bezeichnen; bei einem Keller reicht ein Index für die Kellerspitze aus. Bei einer *Lese- oder Schreiboperation* wird der jeweilige Index weitergeschaltet: Bei einer Schlange wandern beide Indizes stets in eine feste Richtung (und wenn die Feldgrenze erreicht wird, wird der Index zur gegenüberliegenden Feldgrenze zurückgesetzt, so dass das Feld *zyklisch* durchlaufen wird); bei einem Keller wird der Index je nach Operation nach links oder nach rechts verschoben. Vorteilhaft bei dieser Technik ist die recht einfache Implementierung. Nachteilig ist die Tatsache, dass die Kapazität des Felds beschränkt ist: Ist das Feld voll, muss die Schreiboperation blockiert werden, oder man muss den Feldinhalt aufwendig in ein neues, größeres Feld umspeichern (denn eine unmittelbare Verlängerung des Felds ist meist nicht möglich, da der reale Speicher hinter dem Feld oft schon anderweitig belegt ist).

Felddarstellung der **Schlange** 11←22←9←39←13:

0	*1*	*2*	*3*	*4*	*5*	*6*	*7*	*Feldindizierung*
	11	22	9	39	13			

1 indexLesen 6 indexSchreiben

Felddarstellung eines entsprechenden **Kellers**:

0	*1*	*2*	*3*	*4*	*5*	*6*	*7*	*Feldindizierung*
			11	22	9	39	13	

3 indexSpitze

Eine alternative Realisierungsmöglichkeit bieten **lineare Listen**, in denen Strukturen oder Objekte über Zeiger bzw. Referenzen miteinander verkettet sind (für eine Illustration siehe →Abbildungen 3-11 und 3-14). Der erste und letzte Eintrag einer Schlange bzw. die Spitze eines Kellers werden durch Verweise in Zeiger- bzw. Objektvariablen angegeben. Hier ist die Datenstruktur im Prinzip beliebig erweiterbar, denn ein neuer Eintrag kann an jeder freien Stelle des Speichers untergebracht und von dort aus eingekettet werden.

Java realisiert Schlangen und Keller durch Felder und/oder Listen. So gibt es beispielsweise die Klasse `ArrayList`, die Schlangen durch Felder implementiert, und `LinkedList`, die Schlangen durch verkettete Listen darstellt (siehe auch →6.2.2).

(= „First in First Out"). Im Unterschied zu Mengen sind bei Schlangen *Duplikate zulässig*, das heißt mehrere Positionen der Schlange können denselben Wert enthalten. In *einer verallgemeinerten Form* kann die Liste auch das Hinzufügen und Entfernen an eine bzw. von einer *beliebigen* Position erlauben, wodurch allerdings das FIFO-Prinzip durchbrochen wird.

> Ein **Keller** (**Stapel**, engl. **stack**) entspricht ebenfalls einer linearen Liste, wobei hier allerdings sowohl das Hinzufügen als auch das Entfernen am Listen*anfang* stattfinden. Ein Keller arbeitet also nach dem **LIFO-Prinzip** (= „Last in First Out", vergleiche hierzu auch das Arbeitsprinzip des Kellerautomaten in →2.1.4). Grafisch wird ein Keller üblicherweise durch eine Folge übereinander liegender Werte dargestellt, so dass man vom Hinzufügen und Entfernen „oben an der Kellerspitze" spricht. Das Hinzufügen wird auch **Push-Operation** und das Entfernen **Pop-Operation** genannt – man „drückt" also einen neuen Wert in den Keller hinein bzw. lässt einen alten Wert aus dem Keller „herausspringen". Wie bei Schlangen sind auch bei Kellern *Wertduplikate zulässig.*

Eine besondere Art dynamischer Datenstrukturen sind **Abbildungen** (engl. **maps**). Sie speichern Paare der Form (**Schlüssel**, **Wert**) [oder englisch (key, value)], wobei der Schlüssel den zugeordneten Wert eindeutig identifiziert (vergleiche auch die Verwendung von Schlüsseln in baumstrukturierten Dateien, →3.3.1, und in Datenbanken, →3.5.1). Ein Schlüssel darf in einer Abbildung also höchstens einmal auftreten. Ein Wert kann selbst eine Datenstruktur sein, die (ähnlich wie der Eintrag einer Datenbank) aus mehreren Komponenten besteht.
Die interessanteste Zugriffsfunktion bei einer Abbildung ist die *Suchfunktion*, die für einen Schlüssel den zugehörigen Werteintrag liefert. Daneben gibt es, wie bei den anderen dynamischen Datenstrukturen, Operationen zum Hinzufügen und Entfernen von Einträgen. Die Reihenfolge der Daten in einer Abbildung ist für ihren Nutzer nicht relevant. Die Einträge einer Map können also im Prinzip ungeordnet abgelegt werden; für eine effiziente Suche empfiehlt es sich jedoch, die Einträge nach ihren Schlüsseln zu sortieren.

6.2.2 Realisierung in Java

Java stellt zur Realisierung dynamischer Datenstrukturen zwei Hierarchien aus Interfaces und Klassen (→6.1.2) bereit. Die Wurzeln dieser beiden Hierarchien sind die Interfaces `Collection` und `Map`.

Das Interface Collection

Collections sind Datenstrukturen, in denen eine beliebige Anzahl von Java-Objekten abgelegt werden können. Die Objekte dürfen dabei beliebigen Klassen angehören. Da es sich bei `Collection` um ein *Interface*, also um keine konkrete Klasse handelt, werden hier nur die *Köpfe* der Methoden festgelegt, die eine entsprechende Datenstruktur haben muss (→6.1.2). Die konkrete Vorgehensweise der Methoden wird in Klassen definiert, die von `Collection` abgeleitet sind (siehe unten). Die folgende Tabelle gibt eine Übersicht über die wichtigsten Methoden, die auf eine Collection `coll` angewandt werden können:

Hinzufügen	`add(Object o)`	coll ← coll ∪ { o }
	`addAll(Collection c)`	coll ← coll ∪ c
Entfernen	`remove(Object o)`	coll ← coll \ { o }
	`removeAll(Collection c)`	coll ← coll \ c
	`retainAll(Collection c)`	coll ← coll ∩ c
	`clear()`	coll ← ∅
Prüfen	`boolean contains(Object o)`	o ∈ coll ?
	`boolean containsAll(Collection c)`	c ⊆ coll ?
	`boolean equals(Object o)`	coll = o ?
	`boolean isEmpty()`	coll = ∅ ?
Sonstiges	`int size()`	Anzahl der Einträge
	`Object[] toArray()`	Umwandlung in Feld (→3.1.3)

Die Rückgabetypen der Methoden sind zur besseren Übersichtlichkeit nur dann angegeben, wenn sie für das Verständnis unbedingt erforderlich sind. `o` steht jeweils für ein beliebiges Objekt, denn `Object` ist die oberste Basisklasse von Java, von der alle anderen Klassen abgeleitet sind. Die Kurzerläuterungen in der rechten Spalte sind in Mengenschreibweise gehalten, sie gelten aber sinngemäß auch für die anderen dynamischen Datenstrukturen. Das Symbol ← steht für eine Wertzuweisung und ∅ für die leere Menge.
Zu einer Collection können zudem *Iteratoren* erzeugt werden, mit denen man ihre sämtlichen Einträge durchlaufen kann (vergleiche auch →5.2.1).
Java kennt im Wesentlichen *zwei Arten von Collections*, die jeweils durch ein von `Collection` abgeleitetes Interface beschrieben werde:

> Das Interface `Set` steht für Mengen von Objekten, die vom Prinzip her ungeordnet sind und keine Duplikate enthalten. Seine Methoden sind im Wesentlichen dieselben wie in `Collection`; dabei werden allerdings einige Zusatzbedingungen formuliert, mit denen ausgeschlossen wird, dass ein Wert mehrfach auftritt.

> Das Interface `List` wird als Grundlage für Objektsammlungen verwendet, die geordnet sind und Duplikate enthalten können. Es ergänzt die Methoden von `Collection` um weitere Methoden, mit denen man Elemente an bestimmte Positionen der Sammlung einfügen und von bestimmten Positionen entfernen kann. Zudem gibt es Methoden, die den Inhalt einer bestimmten Position sowie die Position eines bestimmten Objekts ermitteln.

Von diesen beiden Interfaces wiederum leitet Java konkrete Klassen ab, in denen die Methoden vollständig definiert werden und die somit die in →6.2.1 beschriebenen Datenstrukturen *Menge*, *Liste* und *Keller* realisieren (siehe hierzu auch den →Kasten auf Seite 306). Insbesondere definiert dabei die Klasse `Stack` die kellertypischen Operationen, die sich jeweils auf die Kellerspitze beziehen:

`Object push(Object item)`	legt `item` auf die Kellerspitze
`Object pop()`	liefert Element an der Kellerspitze und entfernt es
`Object peek()`	liefert Element an der Kellerspitze, ohne es zu entfernen
`boolean empty()`	liefert `true` genau dann, wenn der Keller leer ist
`int search(Object o)`	liefert die Position des ersten Vorkommens von `o` oder -1, wenn `o` nicht vorhanden

Ein Java-Programmierer kann bezüglich aller dieser Klassen Objekte erzeugen; er kann von den Klassen auch weitere Klassen ableiten, die dann die entsprechenden Eigenschaften erben (→6.1.2).

Das Interface Map

Das Java-Interface `Map` definiert eine Reihe von Methoden zur Arbeit mit Abbildungen:

`put(Object key, Object value)`	fügt das Paar (`key`,`value`) ein, überschreibt dabei den alten Eintrag für `key`
`putAll(Map t)`	fügt alle Paare aus `t` ein, überschreibt dabei Einträge mit gleichen Schlüsseln
`Object get(Object key)`	liefert den unter `key` eingetragenen Wert oder `null`, falls kein Eintrag für `key` vorhanden
`Object remove(Object key)`	wie `get()`, entfernt außerdem den Eintrag
`boolean containsKey(Object key)`	liefert `true` genau dann, wenn Schlüssel `key` vorhanden
`boolean containsValue(Object value)`	liefert `true` genau dann, wenn Wert `value` vorhanden

Von diesem Interface werden wiederum konkrete Klassen abgeleitet, die ein Programmierer in seinen Java-Programmen nutzen kann.

6.3 Steuerung des Programmablaufs

Ein objektorientiertes Programm modelliert Objekte der realen Welt mit ihren Eigenschaften und zugehörigen Operationen. Wichtig ist jedoch nicht nur die Modellierung der Objekte selbst, sondern auch die Darstellung der *Aktivitäten*, die mit diesen Objekten stattfinden oder die durch die Objekte selbst initiiert werden. Eine objektorientierte Programmiersprache sollte dabei nicht nur die Ausführung vorgegebener Schrittfolgen ermöglichen, wie es von klassischen Algorithmen her bekannt ist (→4.1), sondern sie sollte auch andere Formen der Steuerung des Programmablaufs unterstützen:

> Während der Programmausführung können *Ereignisse* eintreten. Diese Ereignisse werden entweder durch die Benutzung eines bestimmten Objekts verursacht (beispielsweise ein fehlerhafter Speicherzugriff bei einer Methodenausführung), oder sie haben ihren Auslöser außerhalb des laufenden Programms (beispielsweise das Anklicken einer Schaltfläche an der Benutzeroberfläche). Das Programm muss bei einem Ereignis die Ausführung seiner „normalen" Schrittfolge unterbrechen und entsprechend reagieren.

> Ein Objekt ist nicht unbedingt passiv, sondern es kann selbst aktiv werden, indem es ein Teilprogramm ausführt und dabei mit anderen, ebenfalls aktiven Objekten Nachrichten austauscht. Ein objektorientiertes Programm, das solche Objekte enthält, ist *nebenläufig*, besteht also aus mehreren Ausführungseinheiten mit jeweils eigenem Kontrollfluss.

Dieses Unterkapitel beschreibt entsprechende Techniken zu Steuerung der Programmausführung und illustriert sie am Beispiel von Java.

6.3.1 Ereignisse

Ereignisse treten während des Ablaufs eines Programms auf und erfordern eine Reaktion außerhalb seines „normalen" Ausführungsflusses. Je nachdem, was der Auslöser des Ereignisses ist, unterscheidet man die beiden folgenden *Arten von Ereignissen*:

> Ein **Ausnahmeereignis** (engl. **exception**) hat seine Ursache *innerhalb* des aktuell laufenden Programms, nämlich in der Anweisung, die gerade ausgeführt werden soll. Das kann beispielsweise der Versuch sein, durch den Wert 0 zu dividieren, oder der Versuch, auf ein Feld (→3.1.3) außerhalb seiner Indexgrenzen zuzugreifen.

> Ein **Unterbrechungsereignis** (engl. **interrupt**) hat seine Ursache *außerhalb* des laufenden Programms. Das kann beispielsweise eine Eingabe sein, die von der Benutzeroberfläche eintrifft, oder ein Signal einer Systemeinheit, wie der Hardwareuhr oder dem Plattenspeicher.

Bei einem *Ausnahmeereignis* kann das betroffene Programm nicht mehr normal weiterlaufen, sondern es muss auf das Ereignis reagiert werden. Diese Reaktion kann innerhalb des Programms erfolgen, wenn dort eine entsprechende Reaktionsprozedur (ein **exception handler**) definiert ist. Ist kein Exception Handler vorhanden, so wird das Programm abgebrochen (es „**stürzt ab**"), und das Betriebssystem übernimmt die Kontrolle über den Computer. Bei einem *Unterbrechungsereignis* wäre es oft durchaus möglich, das aktuelle Programm weiter auszuführen; das Ereignis ist jedoch in vielen Fällen so wichtig, dass die Programmausführung zunächst unterbrochen und stattdessen eine Reaktionsprozedur (ein **interrupt handler**) gestartet wird.

Ereignisse können auf zwei verschiedenen Ebenen erkannt und behandelt werden, nämlich *maschinennah* durch ein Zusammenspiel zwischen *Betriebssystem* und *Hardware* (→Kasten auf Seite 311) sowie *anwendungsnah* durch ein *höhersprachliches Programm*. Im Folgenden wird dargestellt, wie ein Java-Programm reagiert, wenn ein Ereignis innerhalb des Programms auftritt oder an seiner grafischen Benutzeroberfläche ausgelöst wird.

Ausnahmeereignisse

Ein **Ausnahmeereignis** (eine **Exception**) tritt bei der Ausführung einer Programmanweisung ein und erfordert eine sofortige Reaktion außerhalb des „normalen" Ausführungsflus-

Wie reagieren Hardware und Betriebssystem auf Ereignisse?

Das **Betriebssystem** verwaltet alle Komponenten eines Rechensystems (→2.1.2). So muss es unter anderem Meldungen der Hardwareeinheiten entgegennehmen, wie zum Beispiel „Zeitgeber abgelaufen“ von der Systemuhr, „Eingabe eingetroffen“ von der Tastatur oder „Schreibvorgang abgeschlossen“ vom Plattenspeicher. Eine solche Meldung ist ein *Unterbrechungsereignis*, ein **(Hardware-)Interrupt**, auf das das Betriebssystem geeignet reagieren muss. Darüber hinaus reagiert es auf Ereignisse, die durch das gerade laufende Programm verursacht wurden (siehe Haupttext). Unterbrechungsereignisse spielen in modernen Betriebssystemen eine zentrale Rolle, da die meisten Aktionen des Systems durch sie ausgelöst werden. Man spricht daher auch von *Interrupt-getriebenen Systemen*.

Das Interruptkonzept wird mit Unterstützung der *Prozessorhardware* realisiert: Der Prozessor besitzt einen speziellen *Interrupteingang*, bei dessen Aktivierung er die aktuelle Programmausführung unterbricht. Er liest dann zunächst eine Identifikationsnummer des Ereignisses (den so genannten *Interruptvektor*) vom Bus (→2.1.1) und „rettet“ die aktuellen Inhalte des Befehlszähler- und des Zustandsregisters, speichert sie also zwischen. Er benutzt dann den Interruptvektor als Index in eine *Interrupttabelle*, wo er die Startadresse des zugehörigen Reaktionsprogramms findet – des so genannten **Interrupt Handlers** (auch *Interrupt Service Routine*, *ISR*, genannt). Diese Startadresse wird in das Befehlszählerregister geladen, so dass der Kontrollfluss in den Interrupthandler übergeht.

Der Interrupt Handler rettet zunächst weitere Daten, die für die spätere Wiederaufnahme des unterbrochenen Programms benötigt werden – insbesondere die Inhalte der übrigen Register (→2.1.1). Er beschafft dann nähere Informationen über das Ereignis (beispielsweise das verursachende Gerät und den Zustand dieses Geräts) und führt schließlich Operationen zur Reaktion auf das Ereignis aus. Ist das Ereignis beispielsweise eine Fertigmeldung des Plattenspeichers, so prüft der Handler, ob weitere Aufträge für die Platte zur Bearbeitung anstehen und übergibt sie gegebenenfalls an die Steuerungseinheit (den *Controller*) der Platte.

Zum Abschluss stellt der Handler den Registerzustand, der zum Unterbrechungszeitpunkt vorlag, wieder her und kehrt mit einem speziellen Maschinenbefehl (zum Beispiel RTI = ReTurn from Interrupt) in das unterbrochene Programm zurück. Das setzt natürlich voraus, dass das Ereignis kein nichtbehebbarer Programmfehler war, wie beispielsweise eine Division durch den Wert 0.

Während der Behandlung eines Ereignisses können weitere Ereignisse eintreten. Sind diese neuen Ereignisse wichtiger, so werden sie zuerst behandelt und die Behandlung der weniger wichtigen später fortgesetzt. Es kommt also zu einer *geschachtelten Interruptbehandlung*, wie sie die folgende Abbildung anhand eines alltäglichen Beispiels illustriert:

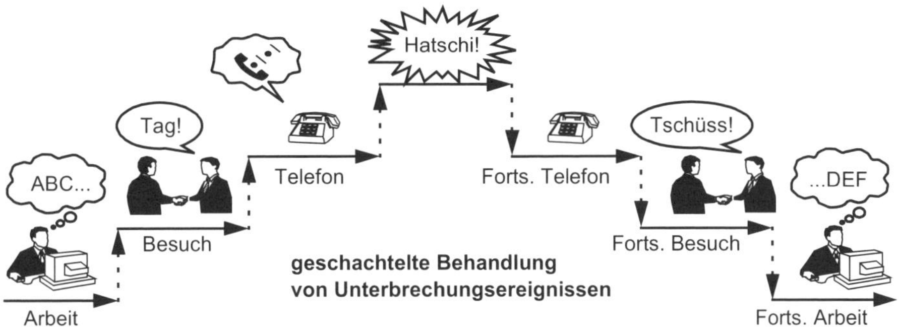

ses des Programms. Das ist beispielsweise dann der Fall, wenn ein Java-Programm einen *Feldindex* verwendet, der *außerhalb des zulässigen Indexbereichs* liegt:

```
int[] feld = {2,4,6,8,10};
int unten = ...;
int oben = ...;
...
for (i=unten;i<=oben;i++)
 System.out.println(feld[i]);
```

In diesem Beispielprogrammstück wird ein Feld mit fünf Komponenten erzeugt und initialisiert. Der Indexbereich dieses Felds ist also das ganzahlige Intervall [0,4]. Die nachfolgende Schleife gibt alle Feldeinträge von `feld[unten]` bis `feld[oben]` auf den Bildschirm aus, wobei `unten` und `oben` zwei zuvor deklarierte und initialisierte Variablen sind. Ist der `unten`-Wert kleiner als 0 oder der `oben`-Wert größer als 4, so wird mindestens ein Feldzugriff versucht, bei dem der Index außerhalb des zulässigen Indexwertebereichs liegt. Es kommt damit zu einem Ausnahmeereignis (nämlich zu einer `ArrayIndexOutOfBoundsException`, wie die exakte bandwurmartige Java-Bezeichnung lautet), und da das Programm nicht angibt, wie mit einem solchen Ereignis umgegangen werden soll, wird seine Ausführung *abgebrochen*.

Ein zwangsweiser Programmabbruch ist nicht das, was ein Benutzer von einer guten Software erwartet. Der Programmierer muss also Sorge dafür tragen, dass solche *Abbrüche vermieden* werden. Dazu könnte er vor Anweisungen, die möglicherweise zu Ausnahmeereignissen führen, *Tests* einfügen, die eine störungsfreie Ausführung garantieren:

```
int[] feld = {2,4,6,8,10};
...
for (i=unten;i<=oben;i++)
 if (i>=0&&i<=4)
   System.out.println(feld[i]);
  else
   System.out.println("Indexfehler");
```

Hier wird nur dann auf das Feld zugegriffen, wenn der Index innerhalb der zulässigen Grenzen liegt; ansonsten wird eine Fehlermeldung ausgegeben. Das Programm läuft aber in jedem Fall weiter, wird also nicht abgebrochen.

Der Einbau solcher Tests hat den *Nachteil*, dass die Programmierung sehr aufwendig wird: Der Programmierer muss alle Stellen finden, an denen ein Ausnahmeereignis eintreten könnte, und er muss dort jeweils eine `if`-Verzweigung einfügen. Bei dem hier gezeigten kleinen Beispielprogramm ist das nicht weiter schwierig, wohl aber bei größeren Anwendungsprogrammen aus der realen Praxis. Zudem machen die Tests den Programmtext sehr unübersichtlich, denn der Programmcode zur Lösung der eigentlichen Aufgabe ist mit dem Programmcode zur Fehlerbehandlung stark durchmischt.

Um diesen Nachteilen zu begegnen, ermöglichen einige Programmiersprachen, wie Java oder C++, die Definition von **Exception Handlern**. Ein solcher Exception Handler ist ein Programmstück, das ausgeführt wird, wenn an irgendeiner Stelle eines (Teil-)Programms ein Ausnahmeereignis auftritt. Für das Java-Beispielprogramm kann das wie folgt aussehen:

```
int[] feld = {2,4,6,8,10};
int unten = ...;
```

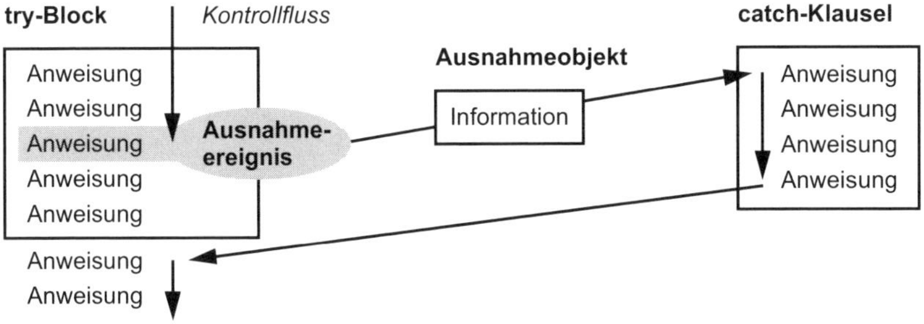

Abb. 6-8 *Schema der Ausnahmebehandlung in Java (in Anlehnung an [Möss03])*

```
int oben = ...;
...
for (i=unten;i<=oben;i++)
 try {
   System.out.println(feld[i]);
  } catch (ArrayIndexOutOfBoundsException e)
     { System.out.println("Indexfehler"); }
```

Die Ausnahmebehandlung wird in Java mit Hilfe der Schlüsselwörter `try` und `catch` programmiert. `try` leitet einen Programmblock ein, in dem ein Ausnahmeereignis eintreten könnte - hier ein Block mit einer einzelnen Anweisung, die auf ein Feld zugreift. Die `catch`-Klausel, die dem Block unmittelbar folgt, definiert einen Exception Handler, der beim Auftreten eines bestimmten Ereignisses ausgeführt werden soll. Die `catch`-Klausel *schützt* also gewissermaßen den `try`-Block vor einem Programmabsturz. Im Kopf des Handlers wird die Art des Ereignisses angegeben, für die der Handler „zuständig" ist - hier ein Feldzugriff mit einem Index, der außerhalb des zulässigen Indexbereichs liegt. Der Körper des Handlers legt die Aktionen fest, die als Reaktion auf das Ereignis ausgeführt werden sollen - hier die Ausgabe einer textuellen Fehlermeldung.

Abbildung 6-8 zeigt allgemein, was geschieht, wenn eine Anweisung des `try`-Blocks ein Ausnahmeereignis auslöst (im Fachjargon: „eine Ausnahme wirft"): Es wird ein *Ausnahmeobjekt* erzeugt, das nähere Angaben über das Ereignis enthält, und die Programmausführung wechselt in die `catch`-Klausel. Dabei wird das Ausnahmeobjekt, ähnlich einem Methodenparameter, an die `catch`-Klausel übergeben, die bei Bedarf darauf zugreifen kann. Nach der Ausführung der Klausel wird das Programm hinter dem `try`-Block fortgesetzt, wobei eventuell noch verbliebene Anweisungen des Blocks *nicht* mehr ausgeführt werden. Das Beispielprogramm läuft also nach einem Ausnahmeereignis in seiner `for`-Schleife mit dem jeweils nächsten Wert der Laufvariablen `i` weiter.

Diese Technik der Ausnahmebehandlung räumt offensichtlich die weiter oben genannten Nachteile aus: Ein Ausnahmeereignis wird jetzt *innerhalb* des Programms behandelt, das anschließend weiterlaufen kann. Der Programmierer muss nicht durch `if`-Abfragen prüfen, ob ein Ereignis eintreten wird, sondern überlässt diese Prüfung dem Java-Laufzeitsystem, das die Ausführung des Programms steuert. Zudem ist der Programmcode, der zur Lösung der eigentlichen Programmaufgabe dient, klar vom Code zur Fehlerbehandlung getrennt.

Der `try`-Block eines Java-Programms kann durchaus *mehrere* `catch`*-Klauseln* besitzen, die zur Behandlung unterschiedlicher Arten von Ereignissen dienen. Bei einem Ereignis wird jeweils die „dazu passende" Ausnahmebehandlung durchgeführt. Zudem können in einem

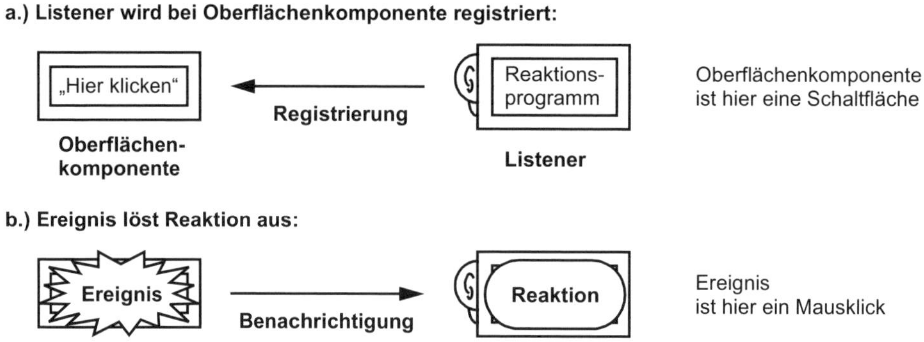

***Abb. 6-9** Schema der ereignisgesteuerten Programmierung in Java*

Java-Programm Ausnahmeereignisse *explizit ausgelöst* werden, nämlich durch Ausführung der Anweisung `throw`.

Eingaben über grafische Benutzeroberflächen

Heutige Software besitzt meist eine **grafische Benutzeroberfläche**: Der Benutzer tätigt seine Eingaben mit Hilfe von Tastatur und Maus und erhält die Antworten des Programms in Form von Texten und Grafiken zurück (wobei *multimediale Oberflächen* noch weitere Medien, →2.3.4, unterstützen). Es ist daher wichtig, dass eine Programmiersprache Konzepte umfasst, mit denen solche grafischen Oberflächen realisiert werden können. In Java gibt es hierzu die vordefinierten Pakete **AWT (Abstract Window Toolkit)** und das neuere **Swing**. Die Pakete stellen Interface- und Klassenhierarchien (→6.1.2) bereit, mit denen *Bildschirmfenster* erzeugt und mit *Dialog- und Steuerelementen* gefüllt werden können. Die Dialog- und Steuerelemente dienen zur Interaktion zwischen dem Programm und seinen Benutzern. Dazu gehören, neben vielem anderen, *Textfelder* zur Ein- und Ausgabe von Texten, *Schaltflächen* (*Buttons*) zum Anklicken mit der Maus sowie *Auswahllisten* und *-menus*.

Neben den eigentlichen Grafikelementen müssen *Techniken zu ihrer Benutzung* unterstützt werden: Ein Programm muss über eine Benutzereingabe informiert werden, es muss eine Reaktion darauf ausführen und ein entsprechendes Ergebnis zurückliefern können. Benötigt werden also Techniken zur **ereignisgesteuerten Programmierung**, bei der sich ein Programm in einem Kreislauf von Benutzereingaben und Reaktionen darauf befindet. Das Verhalten eines solchen Programms entspricht damit weniger dem eines klassischen Algorithmus, der eine vorgegebene Abfolge von Schritten ausführt (→4.1), sondern vielmehr dem eines *endlichen Automaten*: Wie in →2.1.4 besprochen, reagiert ein solcher Automat auf Eingaben durch Ausgaben und Zustandsübergänge, wobei nicht von vornherein festliegt, in welcher Reihenfolge und zu welchen Zeitpunkten die Eingaben geschehen.

Die Programmiersprache **Java** ermöglicht eine ereignisgesteuerte Programmierung wie folgt (siehe auch Abbildung 6-9):

> *Komponenten der grafischen Benutzeroberfläche* werden durch Objekte dargestellt, bezüglich derer Ereignisse eintreten können. Eine Schaltfläche (ein Button) ist beispielsweise ein Objekt der Swing-Klasse `JButton`, für das es zu einem `ActionEvent` kommen kann. `ActionEvent` steht hierbei für das Ereignis, das eintritt, wenn der Benutzer die Schaltfläche mit der Maus anklickt.

> *Listener* (zu Deutsch etwa: Lauscher) sind Objekte, die für Reaktionen auf Ereignisse zuständig sind. Sie definieren dazu entsprechende Methoden. Eine solche Methode ist jeweils einer bestimmten Art von Ereignissen zugeordnet - zum Beispiel einem `ActionEvent`.

> Die Verbindung zwischen einer Oberflächenkomponente und einem Listener wird durch eine *Registrierung* hergestellt, mit der der Listener bei der Komponente „angemeldet" wird. Tritt ein Ereignis bei dieser Komponente ein, so werden alle Listener, die dort registriert sind und auf ein Ereignis dieser Art warten, darüber informiert. Die Listener führen daraufhin ihre entsprechenden Methoden aus.

Für diese Vorgehensweise bietet das Alltagsleben ein eingängiges *Analogbeispiel*, nämlich den *telefonischen Weckdienst*: Das Objekt, bei dem ein Ereignis eintreten kann, ist der Computer des Weckdiensts mit seiner eingebauten Uhr. Dort können Telefonnummern registriert werden, beispielsweise bezüglich des Ereignisses „Uhr springt auf 5:30 Uhr". Die Listener sind hier also die Telefone mit den angemeldeten Nummern. Wird die Weckzeit erreicht, so werden alle registrierten Telefone angerufen, die dann durch ein Läuten reagieren. Telefone, die nicht registriert sind, werden nicht benachrichtigt (was ganz im Sinne der Besitzer dieser Telefone ist).
Das folgende Programmstück skizziert, wie das oben beschriebene Schaltflächenbeispiel in *Java-Programmcode* umgesetzt werden kann:

```
JButton meineSchaltflaeche = new JButton("Hier klicken");
...
class SchaltflaechenLauscher implements ActionListener {
 public void actionPerformed(ActionEvent e) {
  System.out.println("Schaltfläche gedrückt");
 }
}
meineSchaltflaeche
        .addActionListener(new SchaltflaechenLauscher());
```

`meineSchaltflaeche` verweist auf eine Schaltfläche, die mit dem Text „Hier klicken" beschriftet ist. Die Klasse `SchaltflaechenLauscher` implementiert das durch Java vorgegebene Interface `ActionListener` und definiert dazu eine Methode `ActionPerformed`, die eine Reaktion auf ein Oberflächenereignis festlegt (hier: Ausgabe eines Texts). Anschließend wird durch `new SchaltflaechenLauscher()` ein Objekt dieser Klasse erzeugt und unmittelbar per `addActionListener()` bei `meineSchaltflaeche` registriert. Wird später auf die Schaltfläche geklickt, so wird ein Objekt der Klasse `ActionEvent` erzeugt, das dieses Ereignis beschreibt. Die Methode des registrierten `Listener`-Objekts wird mit diesem Ereignisobjekt aufgerufen und ausgeführt. Bei Bedarf könnte sie auf das Objekt zugreifen und dort nähere Angaben bezüglich des Ereignisses abfragen, was aber hier nicht erforderlich ist.

6.3.2 Nebenläufigkeit

Ein objektorientiertes Programm modelliert einen Ausschnitt der realen Welt mit einer Anzahl von Einheiten. Diese Einheiten warten nicht notwendigerweise passiv darauf, dass sie benutzt werden, sondern sie werden möglicherweise selbst aktiv, greifen auf andere Einheiten zu und tauschen untereinander Nachrichten aus. Ein entsprechendes Beispiel ist ein **Client-Server-System** (siehe auch →5.4.3 und →7.3.1), in dem aktive Dienstanbieter Aufträge von ebenso aktiven Kunden entgegennehmen, diese Aufträge bearbeiten und Antworten zurückgeben. Das objektorientierte Programm, das ein solches System modelliert, ist also **nebenläufig** (→4.4, →5.4): Es enthält mehrere Einheiten mit jeweils einem eigenen Kontrollfluss, die gleichzeitig bearbeitet werden.

Zur *Realisierung eines nebenläufigen objektorientierten Programms* bietet es sich an, sowohl die *aktiven* als auch die *passiven* Systemkomponenten einheitlich durch *Objekte* darzustellen. Dabei werden die aktiven Objekte besonders gekennzeichnet, damit dem Laufzeitsystem bekannt ist, welche Einheiten auf dem Computerprozessor auszuführen sind. Die aktiven Objekte können ihre Daten in passiven Objekten speichern und über diese Objekte auch Daten austauschen. Diese Vorgehensweise entspricht offensichtlich dem **Threadmodell** (→4.4.1), bei dem mehrere Kontrollflüsse in einem gemeinsamen (Daten-)Kontext aktiv sind. Eine objektorientierte Sprache sollte also Techniken enthalten, mit denen Threads erzeugt und ihre Ausführung gesteuert werden kann.

Java-Threads

Java stellt eine Klasse `Thread` bereit, die grundlegende Methoden zur Arbeit mit Threads definiert. Ein Programmierer kann von `Thread` eigene Klassen ableiten (→6.1.2) und auf dieser Basis Objekte erzeugen, die im Programm bestimmte Aktivitäten ausführen. Der folgende Programmausschnitt realisiert zwei einfache Java-Threads, die nach festgelegten Wartezeiten Texte auf den Bildschirm ausgeben:

```
class BeispielThread extends Thread {
 private String ausgabeText;
 private int    wartezeit;
 BeispielThread(String a, int w) {
  ausgabeText = a;
  wartezeit = w;
 }
 public void run() {
  try {
     sleep(wartezeit);
     System.out.print(ausgabeText);
     sleep(wartezeit);
     System.out.print(ausgabeText);
    } catch (InterruptedException E)
     { }
 }
}
...
BeispielThread T1 = new BeispielThread("Nr. 1 ",2000);
BeispielThread T2 = new BeispielThread("Nr. 2 ",3000);
T1.start();
T2.start();
```

Die Klasse `BeispielThread` ist von `Thread` abgeleitet und überschreibt die `Thread`-Methode `run()`. Diese Methode legt die Programmschritte fest, die Threads dieser Klasse ausführen sollen. Ein `BeispielThread` wartet („schläft") also zunächst für eine bestimmte Zeit, deren Dauer (in Millisekunden) durch das Attribut `wartezeit` festgelegt ist, und gibt dann den Text aus, der im Attribut `ausgabeText` steht. Anschließend wiederholt er das Ganze. Die Klammerung des Methodenkörpers durch einen `try-catch`-Block hat technische Gründe. Zudem ist ein Konstruktor `BeispielThread()` definiert, der die Attribute mit Anfangswerten besetzt.
Im Anschluss an die Klassendefinition werden zwei entsprechende Threads erzeugt und mit den Objektvariablen `T1` und `T2` verknüpft. Der erste Thread soll zweimal zwei Sekunden warten und dann jeweils den Text „Nr. 1 " ausgeben, der zweite Thread hat eine Wartezeit von drei Sekunden und die Textausgabe „Nr. 2 ". Nach ihrer Erzeugung werden die Threads durch den Aufruf der jeweiligen `start()`-Methoden gestartet. Da die Threads nebenläufig ausgeführt werden, erscheinen ihre Ausgaben auf dem Bildschirm durchmischt:

```
Nr. 1  Nr. 2  Nr. 1  Nr. 2
```

Synchronisation und Kommunikation

In vielen Fällen müssen sich Threads *synchronisieren*, also ihr zeitliches Verhalten aufeinander abstimmen (→4.4.1). Eine Programmiersprache, die Threads unterstützt, muss also auch **Synchronisationsmechanismen** bereitstellen, mit denen zeitliche Bedingungen durchgesetzt werden können. Java bietet mehrere solcher Mechanismen:

> Mit der Methode `join()` kann ein Thread auf die Beendigung eines anderen Threads warten. Ruft beispielsweise ein Thread `TB` die Methode `TA.join()` auf, so wird `TB` blockiert, bis der Thread `TA` vollständig zu Ende ausgeführt ist. Es wird damit also eine **Reihenfolge** zwischen den Threads durchgesetzt.

> Mit den Methoden `wait()` und `notify()`/`notifyall()` kann ebenfalls eine **Reihenfolge** sichergestellt werden. Diese Methoden werden stets im Zusammenhang mit einem Objekt benutzt: Ein Thread, der die `wait()`-Methode eines Objekts aufruft, wird so lange blockiert, bis ein anderer Prozess die `notify()`- oder `notifyall()`-Methode desselben Objekts aufruft. Bei `notify()` wird nur *einer* der auf dem Objekt wartenden Threads entblockiert, bei `notifyall()` *alle*.

> Ein **wechselseitiger Ausschluss** wird mit Hilfe des Schlüsselworts `synchronized` durchgesetzt: Führt ein Thread eine mit `synchronized` gekennzeichnete Methode eines Objekts aus, so ist währenddessen diese Methode und alle anderen `synchronized`-Methoden dieses Objekts für andere Threads gesperrt. Es ist auch möglich, nur *Teile* von Methoden als `synchronized` zu markieren.

Mit Hilfe dieser Mechanismen kann Java das klassische *Monitor-Konzept* realisieren: Ein **Monitor** ist ein Objekt, auf dem höchstens ein Thread gleichzeitig arbeiten darf. Der Zugriff auf einen Monitor ist also *wechselseitig ausgeschlossen*. Ein Java-Objekt wird ganz einfach dadurch zu einem Monitor, dass man alle seine Methoden als `synchronized` kennzeichnet. Für einen Monitor können zudem *Reihenfolgebedingungen* formuliert werden, die bei seiner Benutzung eingehalten werden sollen. Sie lassen sich in Java mit Hilfe von `wait()`- und `notify()`-Aufrufen innerhalb der Monitormethoden durchsetzen (siehe das Pro-

grammbeispiel unten). Monitore haben gegenüber *Semaphoren* (→5.4.2) den Vorteil, dass die Programmierung mit ihnen einfacher und damit weniger fehleranfällig ist.
Monitore ermöglichen die **Kommunikation** zwischen Threads, indem sie die zu übertragenden Daten zwischenspeichern. Ein Monitor, der beispielsweise in einem **Erzeuger-Verbraucher-System** (→4.4.3) eingesetzt werden soll, besitzt ein Objektattribut des Typs „Schlange" (→6.2.1), das als **Pufferspeicher** zur Wertübergabe dient. Zudem bietet der Monitor je eine Methode zum Einfügen und zum Entnehmen von Werten an, die vom Erzeuger- bzw. vom Verbraucherthread aufgerufen wird. Ist der Puffer leer, so blockiert sich der Verbraucher in der Entnahme-Methode; er wird dann vom Erzeuger bei der nächsten Ausführung der Einfüge-Methode wieder entblockiert. Eine Java-Klasse für den Monitor sieht wie folgt aus:

```
class ErzeugerVerbraucherMonitor {
 private LinkedList zwischenpuffer;
 synchronized public void einfuegen(Object o) {
  zwischenpuffer.add(o);
  notify();
 }
 synchronized public Object entnehmen() {
  if (zwischenpuffer.isEmpty())
   wait();
  return zwischenpuffer.removeFirst();
 }
}
```

`LinkedList` ist dabei eine vorgegebene Java-Klasse, die eine **Schlange** realisiert (→Kasten auf Seite 306, →6.2.2): `add()` fügt hinten in die Schlange einen Wert ein, `removeFirst()` liefert den vordersten Wert der Schlange und entfernt ihn dabei. Aus technischen Gründen wäre auch noch ein `try-catch`-Block erforderlich; er wurde hier aber der Übersichtlichkeit halber weggelassen.

6.4 Softwaretechnik

Bisher ging es in diesem Buch hauptsächlich um die **Programmierung im Kleinen** (engl. *programming in the small*), also um die Realisierung relativ kurzer Programme. Die geschilderten Techniken werden in der Praxis vielfältig eingesetzt, aber oft reichen sie allein nicht aus: Heutige Softwareentwicklung ist nämlich meist eine **Programmierung im Großen** (engl. *programming in the large*), bei der Softwaresysteme mit Tausenden von Programmcodezeilen erstellt werden.
Die Programmierung im Großen unterscheidet sich von der Programmierung im Kleinen nicht nur in quantitativer, sondern auch in *qualitativer* Hinsicht: Ein kleines Programm wird meist nur von einem einzelnen Programmierer entwickelt, der zudem oft der einzige Benutzer dieses Programms ist. An der Entwicklung eines großen Systems sind dagegen *mehrere Programmierer* beteiligt, und das System soll anschließend von *vielen Benutzern* eingesetzt werden. Ein großes Softwaresystem hat zudem eine *lange Einsatzdauer*, die sich über mehrere Jahre oder sogar Jahrzehnte erstreckt, und es muss im Laufe der Zeit veränderten An-

forderungen *angepasst* werden. Damit sind bei der Software nicht primär die reine Laufzeit- und Speichereffizienz wichtig, sondern eher Aspekte wie Ergonomie, Zuverlässigkeit, Sicherheit, Erweiterbarkeit, Übertragbarkeit und so weiter.

Die meisten Probleme beim Übergang vom Kleinen zum Großen bereitet jedoch die *logische Komplexität* der zu lösenden Aufgabe und der resultierenden Software: Während bei der Programmierung im Kleinen die Problemstellung und das Programm noch gut überschaubar sind, hat man es bei der Programmierung im Großen mit deutlich komplizierteren Aufgaben und Lösungen zu tun – man vergleiche beispielsweise die Aufgabe, ein Programm zur Berechnung des größten gemeinsamen Teilers zu schreiben (→5.1.2), mit der Aufgabe, ein Office-Paket mit einem Textverarbeitungssystem, einem Tabellenkalkulationsprogramm, einer Datenbank und einer Präsentationssoftware zu erstellen.

Aus diesen Beobachtungen folgt, dass eine Programmierung im Großen kein künstlerisch-schöpferischer Akt mehr sein kann (wie es oft bei der Programmierung im Kleinen der Fall ist), sondern als *systematischer Entwicklungsprozess* gestaltet werden muss. Dabei sind die folgenden Aspekte wichtig:

- Die Entwicklung muss *ingenieurmäßig* vorgehen: Auf der Basis allgemein anerkannter Prinzipien müssen bewährte *Methoden* und *Techniken* sowie entsprechende *Werkzeuge* eingesetzt werden.
- Die Entwicklung muss hinsichtlich der zeitlichen Vorgehensweise und der dabei entstehenden Systemstruktur *gesteuert und kontrolliert* werden. Die *zeitliche Organisation* erfordert ein *zielorientiertes Vorgehensmodell*, bei dem eine Reihe von abgegrenzten Schritten in einer wohldefinierten Reihenfolge ausgeführt wird. Die *strukturelle Organisation* muss den Prozess auf die Realisierung eines *klar strukturierten Systems* ausrichten, das aus einer übersichtlich angeordneten Sammlung von Komponenten besteht.
- Die Entwicklung muss berücksichtigen, dass die zu erstellende Software ein *Anwendungs*system ist, also einem Kreis von Benutzern dabei helfen soll, spezifische Probleme zu lösen. Das entstehende Produkt sollte sich also nicht primär am technisch Machbaren orientieren, sondern an den Bedürfnissen seiner Anwender. Darüber hinaus sind wirtschaftliche Aspekte wie Kosten, Zeitaufwand und Produktqualität zu beachten, ebenso wie der Aufwand zur Installation, Betrieb und Wartung der Software beim „Kunden".

Die Erkenntnis, dass die Entwicklung von Software planmäßig vorgehen sollte, ist nicht neu: Bereits 1968/69 fanden in Garmisch und Rom zwei Tagungen statt, die sich mit dieser Problematik beschäftigten. Auf diesen Tagungen wurde insbesondere der Begriff des **Software Engineerings** geprägt, um die Forderung nach einer ingenieurmäßigen Erstellung von Software zu betonen. Software Engineering wird ins Deutsche zumeist als **Softwaretechnik** übersetzt; in manchen Publikationen bezeichnet Softwaretechnik aber nur die rein technischen Fragestellungen, während Software Engineering zusätzlich die organisatorischen Aspekte der Softwareerstellung umfasst. In diesem Buch werden die beiden Begriffe gleichgesetzt.

Seit Anfang der siebziger Jahre des zwanzigsten Jahrhunderts setzte sich eine Reihe *grundlegender Prinzipien* für die Softwareentwicklung durch. Auf dieser Basis entstanden *Vorgehensmodelle*, die den zeitlichen Ablauf eines Entwicklungsprozesses festlegen, und zugehörige *Beschreibungsformen*, mit denen die entstehenden Entwürfe und Softwarekomponenten dokumentiert werden können. Von besonderem Interesse sind heute *objektorientierte* Vorgehensmodelle, die in allen Phasen des Entwicklungsprozesses das Objekt- und Klassenprinzip einsetzen. Der Erfolg objektorientierter Ansätze manifestiert sich im immer stärkeren Einsatz objektorientierter Programmiersprachen, wie insbesondere *Java*, und entsprechender Modellierungssprachen, wie insbesondere der *Unified Modeling Language (UML)*, sowie der Verwendung objektorientierter Konzepte bei der Programmierung verteilter Systeme (→7.4.2).

Dieses Unterkapitel gibt eine Übersicht über Modelle und Methoden des Software Engineerings:

> Zunächst werden *grundlegende Prinzipien* der Softwareerstellung beschrieben. Dabei wird die allgemeine Bedeutung der Prinzipien herausgearbeitet, die früher jeweils in bestimmten Anwendungszusammenhängen eingeführt wurden, nämlich *Abstraktion, Strukturierung, Modularisierung, Hierarchiebildung* und *Wiederverwendung*.

> Darauf aufbauend werden Ansätze zur *Organisation des Entwicklungsprozesses* vorgestellt. Es werden *Arbeitsschritte* identifiziert, die bei der Erstellung eines Softwareprodukts durchzuführen sind, und in entsprechende *Vorgehensmodelle* eingebracht. Dabei wird unterschieden zwischen klassischen Modellen, die auf Techniken der *strukturierten Programmierung* beruhen, und modernen Modellen, die *objektorientiert* sind.

> Anschließend werden *Beispiele für Vorgehensmodelle* besprochen, wobei, neben dem klassischen *Wasserfallmodell* und dem *Spiralmodell*, insbesondere der objektorientierte *Unified Process* von Interesse ist.

> Zum Abschluss wird die *Unified Modeling Language (UML)* mit ihren verschiedenen Diagrammtypen dargestellt. Sie kann als Beschreibungssmittel in allen Phasen eines objektorientierten Softwareentwicklungsprozesses eingesetzt werden.

6.4.1 Grundlegende Prinzipien

Eine systematische Softwareentwicklung muss sich an **Prinzipien** orientieren, also bestimmten *Handlungsgrundsätzen* folgen. Bewährte Prinzipien der Informatik wurden bereits in verschiedenen Anwendungszusammenhängen besprochen. Sie sollen hier wieder aufgegriffen und nebeneinander gestellt werden, da sie die Grundlagen der Softwaretechnik bilden.

Modellbildung mit Abstraktion

In vielen Bereichen der Informatik werden Strukturen und Vorgehensweisen der realen Welt durch **Modelle** nachgebildet. Entscheidend bei der Modellierung ist, dass man die Realität nicht in allen ihren Einzelheiten erfasst, sondern Details weglässt, die für den jeweiligen Zweck unwichtig sind. Beispielsweise interessieren an einem Bankkonto meist nur „harte Fakten" wie Besitzer, Kontostand und Zinssatz, nicht jedoch Farbe oder Layout des zugehörigen Sparbuchs. Mit einer Modellierung geht also eine **Abstraktion** von den realen Verhältnissen einher, wodurch die *logische Komplexität* des Problems und seiner Lösung *reduziert* wird. Je nach Zweck des Modells sind *unterschiedliche Abstraktionsniveaus* möglich, also eine starke oder nur eine schwache Vereinfachung der Realität. Ein Modell besitzt zudem eine **Notation**, also eine Beschreibungssprache, in der es dargestellt wird.

Ansätze zur *Modellierung von Abläufen und Datenstrukturen* und zugehörige Beschreibungsformen wurden schon an einigen Stellen dieses Buchs besprochen:

> Zur Modellierung von *Abläufen* werden zum Beispiel
  - *Maschinenmodelle (Automaten)* in einer grafischen Darstellung oder in mathematisch-formaler Notation (→2.1),
  - *Petri-Netze*, vornehmlich in einer grafischen Darstellung (→4.4.2), sowie
  - *Struktogramme* und *Programmablaufpläne*, ebenfalls mit grafischen Darstellungen (→4.1.2), eingesetzt.

> Zur Modellierung von *Datenstrukturen* werden beispielsweise
  - *attributierte Graphen* mit einer Darstellung in grafischer Form oder in Mengenschreibweise (→3.2),
  - *Entity-Relationship-Modelle* in einer grafischen Darstellung (→3.5.1) und
  - *formale Sprachen* mit einer Darstellung durch Grammatiken in Backus-Naur-Form, Syntaxdiagramme oder reguläre Ausdrücke (→2.4) benutzt.

> Zur integrierten Modellierung von *Datenstrukturen und Abläufen* dienen *Objekte*, die Dinge der realen Welt mit ihren Eigenschaften repräsentieren (→6.1.1). Dargestellt werden Objekte durch Konstrukte einer Programmiersprache, beispielsweise *Java*, oder in grafischer Form, beispielsweise *UML-Diagramme* (→Abbildungen 6-3 und 6-4, →6.4.4).

Modelle zu bilden ist insbesondere wichtig, wenn man *Software erstellen* möchte: Ein Modell verdeutlicht hier die relevanten Bestandteile einer Problemstellung und dient somit als Grundlage für das zu realisierende Softwaresystem. Bei der Systementwicklung selbst kann dann eine Folge von Modellen erarbeitet werden, aus denen sich schließlich das ausführbare Programm ergibt.
Ein klassischer Ansatz der Softwaretechnik, der auf solchen Modellen beruht, ist die Methode der **Strukturierten Analyse (SA)** nach *Tom DeMarco* (geb. 1940). Bei der Strukturierten Analyse werden die Funktionen und Informationsflüsse eines Systems mit Hilfe von **Datenflussdiagrammen (DFD)** grafisch dargestellt. Ein solches Diagramm repräsentiert ein Netzwerk von *Prozessen*, also von Aktivitätsträgern zur Datenverarbeitung, die über *Datenflüsse* untereinander und mit anderen Einheiten kommunizieren. Im Einzelnen besteht ein Datenflussdiagramm aus den folgenden Komponenten (siehe Abbildung 6-10):

> *Prozesse* führen Operationen auf Daten aus und bestimmen somit die Funktionalität des Systems. Sie werden durch Kreise oder Ellipsen dargestellt, die mit verbalen Beschreibungen der Prozesse und zudem mit eindeutigen Prozessnummern beschriftet sind.

> *Datenflüsse* liefern einem Prozess die Daten, die er benötigt, und geben seine Resultate an andere Komponenten weiter. Sie werden durch gerichtete Pfeile dargestellt, die vom Produzenten zum Empfänger der Daten verlaufen und mit verbalen Erläuterungen versehen sind.

> *Terminatoren* dienen zur Kommunikation des Systems mit seiner Umwelt. Sie sind also die externen Schnittstellen, die Daten an das System liefern (*Datenquellen*) oder seine Ergebnisse entgegennehmen (*Datensenken*). Sie werden dargestellt durch Rechtecke, die ebenfalls mit Erläuterungen beschriftet sind.

> *Speicher* dienen zur Aufbewahrung *persistenter* Daten, also von Daten, die über die einzelnen Funktionsausführungen hinaus Bestand haben sollen. Sie werden jeweils durch zwei parallele waagerechte Striche dargestellt, die eine Beschriftung umschließen.

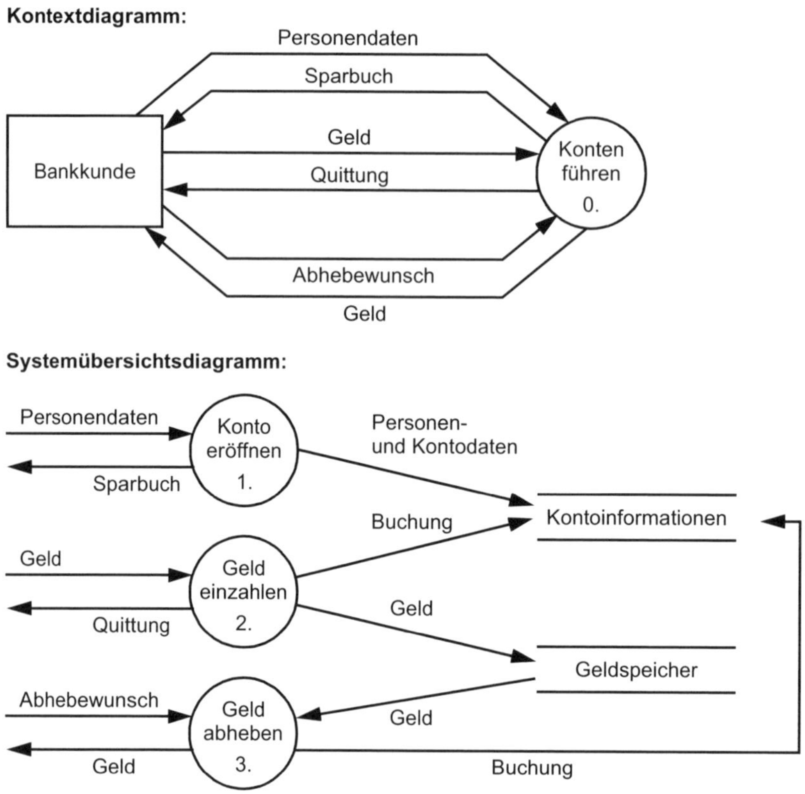

Abb. 6-10 *Systemmodellierung durch Datenflussdiagramme*

Mit Datenflussdiagrammen kann ein System auf unterschiedlichen Abstraktionsniveaus modelliert werden: Ein **Kontextdiagramm** stellt das System in seinen Beziehungen zur Umwelt dar; es abstrahiert aber von allen seinen inneren Eigenschaften, da es nur einen einzigen Prozess (den *Systemprozess*), keine Datenspeicher und keine internen Datenflüsse enthält. Ein **Systemübersichtsdiagramm** zeigt mehr Details des Systeminneren, denn es besteht aus mehreren Prozessen, die den Hauptfunktionen des Systems entsprechen, sowie zugehörigen Datenspeichern. Bei der Strukturierten Analyse werden die Diagramme schrittweise verfeinert und somit immer mehr Einzelheiten herausgearbeitet. Wir werden hierauf weiter unten unter dem Stichwort „Hierarchiebildung" noch kurz zurückkommen.

Strukturierung

Die **Strukturierung** eines Systems betrifft seine **Architektur**, legt also fest, wie das System aufgebaut ist: Ein System sollte *nicht monolithisch* sein, also nicht aus einem „großen Block" bestehen, sondern es sollte sich aus mehreren wohlunterschiedenen *Teilsystemen* zusammensetzen, die jeweils eine Teilaufgabe erfüllen und zur Lösung der Gesamtaufgabe kooperieren. Hieraus ergibt sich eine übersichtliche Systemstruktur, mit der man auch bei großen Softwaresystemen die logische Komplexität gut in den Griff bekommen kann.

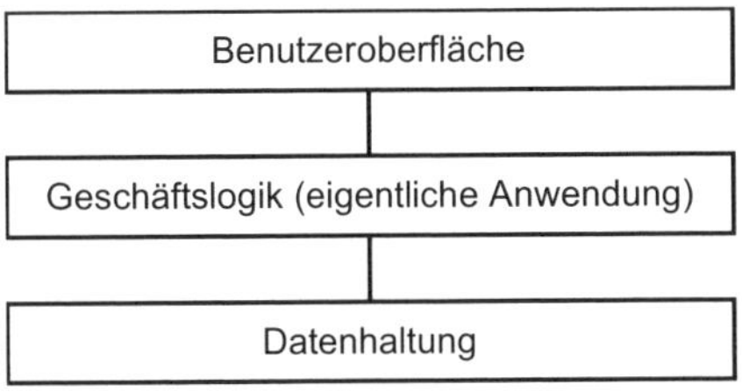

Abb. 6-11 *Drei-Schichten-Architektur*

Eine Strukturierung ist in unterschiedlichen *Verfeinerungsstufen* möglich: Eine Grobstrukturierung zerlegt das System in nur wenige große Teile, eine Feinstrukturierung in viele kleine Teile. Eine *Strukturierung im Groben* wird zum Beispiel als einer der ersten Schritte der *Strukturierten Analyse* vorgenommen (→voriger Teilabschnitt). Man kann hierfür auf standardisierte Strukturierungsmuster zurückgreifen, wie sie am Ende dieses Abschnitts 6.4.1 unter den Stichworten *Entwurfsmuster* und *komponentenbasierte Programmierung* skizziert werden. Eine *Strukturierung im Feinen* ergibt sich beispielsweise bei der *strukturierten Programmierung* (→4.1.3, →5.2.1) sowie bei der Verwendung *zusammengesetzter Datentypen* (→3.1.3).
Abbildung 6-11 zeigt eine typische Grobstrukturierung eines Softwaresystems, nämlich die **Drei-Schichten-Architektur** (engl. **three tier architecture**). Diese Architektur berücksichtigt, dass eine Software nicht nur die eigentlichen Verfahren zur Lösung eines Anwendungsproblems implementieren muss, sondern dass auch die zugehörigen Daten strukturiert zu speichern sind und dass Benutzern eine komfortable Möglichkeit zum Zugriff auf das Programm gegeben werden muss. Entsprechend gliedert man die Software in drei Teile, die sich jeweils mit einer dieser Teilaufgaben befassen – die *Benutzeroberfläche*, das eigentliche *Anwendungsprogramm* (manchmal auch *Geschäftslogik* genannt) und die *Datenhaltung*. Da die Benutzeroberfläche auf die Dienste der Geschäftslogik und die Geschäftslogik wiederum auf die Dienste der Datenhaltung zugreift, spricht man auch von drei *Schichten*, die aufeinander aufbauen (siehe hierzu den →übernächsten Teilabschnitt). Die Funktionalitäten der drei Schichten können auch auf verschiedene Computer in einem Rechnernetz verteilt werden, die dann nach dem *Client-Server-Prinzip* (→7.3.1) zusammenarbeiten.
Das Prinzip der Strukturierung ist eng verbunden mit den Prinzipien der *Modularisierung* und der *Hierarchiebildung*. Sie bestimmen, wie die einzelnen Komponenten eines strukturierten Systems auszusehen haben bzw. wie man bei der Strukturbildung systematisch vorgehen kann.

Modularisierung

Das Prinzip der **Modularisierung** basiert auf dem Modulbegriff: Ein **Modul** ist eine abgeschlossene Einheit mit einer eindeutigen *Schnittstelle* und einem „dahinter liegenden" *Modulinneren* mit Verfahrensvorschriften und/oder Datenstrukturen (vergleiche auch →Abbildung 6-1). Die Schnittstelle definiert die Operationen („Funktionen"), die auf dem Modul ausgeführt werden können, mit ihren Namen, Parametern und Rückgabetypen. Das Modul kann nur über diese Schnittstelle benutzt werden, denn allein sie ist nach außen „sichtbar", nicht jedoch die eigentliche Implementierung der Funktionen und Datenstrukturen. Module sind damit **gekapselt** und realisieren das Prinzip des **Information Hiding**,

also das **Geheimnisprinzip**. Das Geheimnisprinzip bedeutet in vielen Fällen nicht unbedingt, dass der innere Aufbau des Moduls nicht bekannt sein *darf*, sondern vielmehr, dass er nicht bekannt sein *muss*, um das Modul benutzen zu können. Dies erleichtert einem Modulbenutzer die Arbeit erheblich – man mache sich das beispielsweise an einem Automaten klar, an dem ein technischer Laie eine Ware kaufen möchte.
Der Begriff der *Kapselung* wird in der Literatur übrigens *nicht einheitlich* verwendet: In vielen Publikationen (auch in diesem Buch) bedeutet „Kapselung" das Verbergen von Implementationsdetails hinter einer Schnittstelle, also eine Realisierung des Geheimnisprinzips. Andere Veröffentlichungen sind da „liberaler": Sie bezeichnen mit „Kapselung" lediglich das Zusammenfassen von Daten und Funktionen zu einer Einheit, also eine Realisierung des Modulprinzips. Details können dabei verborgen werden, müssen es aber nicht.
Ein **modulares System** besteht aus einer Anzahl von Modulen, die über ihre Schnittstellen Nachrichten und Aufträge austauschen und somit kooperieren. Anschaulich gesprochen ist das System also nach Art einer *Bausteintechnik* zusammengesetzt. Ein Modul kann hier bei Bedarf gegen einen anderen Modul mit gleicher Schnittstelle und Funktionalität (aber möglicherweise einem anderen internen Aufbau) ausgetauscht werden. An Module und modulare Systeme werden die folgenden grundlegender *Forderungen* gestellt:

> Ein Modul sollte *überschaubar* sein, also nur eine relativ kleine Anzahl von Funktionen anbieten.

> Ein Modul sollte einen möglichst starken inneren Zusammenhalt (eine so genannte starke *Kohäsion*) besitzen, das heißt alle seine Funktionen und Datenstrukturen sollten in einem engen logischen Zusammenhang zueinander stehen.

> Der Zusammenhang zwischen den Modulen (die *Modulkopplung*) sollte dagegen relativ schwach sein, das heißt sich auf möglichst wenige Funktionsaufrufe beschränken. Anders formuliert, sollte ein Modul möglichst in sich abgeschlossen sein und weitgehend unabhängig von seiner Umgebung arbeiten.

Das Modulprinzip spielte bereits in zwei großen Bereichen dieses Buchs eine zentrale Rolle, nämlich

> bei Algorithmen mit *Unteralgorithmen* (→4.1.4) und entsprechend bei prozeduralen Programmiersprachen mit *Unterprogrammen* (→5.2.2) sowie

> bei der objektorientierten Programmierung mit ihrem *Objektkonzept* (→6.1.1).

Theoretische Grundlage für das Modulprinzip mit Information Hiding, und damit auch für die objektorientierte Programmierung, sind die **Abstrakten Datentypen (ADTs)**. Ein Abstrakter Datentyp definiert eine Menge von Werten anhand der Operationen, die auf den Werten ausgeführt werden können. Es wird jedoch nicht definiert, wie die Werte konkret realisiert werden. Ein solcher Typ entspricht also einer Klasse von Modulen, von denen zwar die Schnittstelle mit ihren Operationen bekannt ist, nicht jedoch die Implementation ihres Inneren.

Hierarchiebildung

Eine Systemstruktur kann realisiert werden, indem man eine **Hierarchie von Schichten** konstruiert, also eine Folge von Abstraktionsebenen, die aufeinander aufbauen. Man geht dabei bevorzugt von der Grob- zur Feinstruktur (oder kurz: **Top-Down**) vor, indem man die

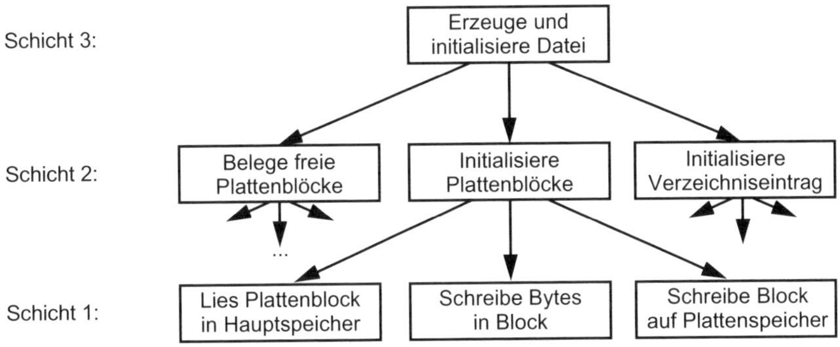

Abb. 6-12 *Hierarchisches System von Funktionen*

Hauptaufgabe schrittweise in immer kleinere Teilaufgaben zerlegt. Abbildung 6-12 zeigt als *Beispiel* die programmtechnische Realisierung einer Betriebssystemfunktion, die eine Datei (→3.3.1) erzeugen und mit Anfangswerten besetzen („initialisieren") soll. Die Funktion wird unterteilt in drei Teilfunktionen zur Belegung freier Bereiche („Blöcke") auf dem Plattenspeicher, zur Initialisierung der Blöcke und zur Initialisierung eines Verzeichniseintrags (→3.3.2). Jede dieser Funktionen wird wiederum zerlegt, bis die resultierenden Funktionen so einfach sind, dass sie leicht unmittelbar ausprogrammiert werden können.

Charakteristisch für eine so entstehende *Funktionshierarchie* ist, dass die Funktionen *Abstraktionsschichten* zugeordnet sind. Jede Schicht bildet dabei eine *Basis* für die nächsthöhere Schicht, indem sie **Schnittstellen** mit **Diensten** bereitstellt, die von ihrem oberen Nachbarn genutzt werden können. Umgekehrt gilt, dass jede Schicht nur die Schnittstellendienste der unmittelbar darunter liegenden Schicht benutzen darf; die interne Realisierung dieser Schicht und alle Schichten weiter unterhalb sind für sie nicht sichtbar. Die Schichten sind also, wie Module, durch ihre Schnittstellen **gekapselt**.

Alternativ zur Top-Down-Methodik ist auch eine **Bottom-Up**-Arbeitsweise möglich: Hier baut man, ausgehend von primitiven Funktionen, immer komplexere, mächtigere Funktionen auf. Bei der praktischen Systementwicklung bedeutet das oft eine **Abstraktion** von den Eigenschaften der realen *Hardwaremaschine* (im Beispiel oben: des realen Plattenspeichers) und die Realisierung einer *Benutzermaschine* mit erweitertem Funktionsumfang. Schrittweise wird so die Kluft zwischen der primitiven realen Basismaschine und der komfortablen Benutzermaschine überbrückt, wobei die Funktionen der Basismaschine „veredelt" werden. Es resultiert eine **virtuelle Maschine** im Sinne von →Abschnitt 2.1.2.

Der Top-Down-Ansatz ermöglicht allerdings meist eine systematischere Vorgehensweise als der Bottom-Up-Ansatz: Der Ausgangspunkt von Top-Down ist ein übersichtliches System aus wenigen Einheiten, die schrittweise nach Bedarf verfeinert werden. Bei Bottom-Up muss man dagegen zunächst eine Vielzahl primitiver Teilmodule erstellen und sie dann sinnvoll zusammensetzen. Dabei ist es oft schwierig, den Überblick zu behalten.

Das Prinzip der Hierarchiebildung wird nicht nur bei der Programmierung eines Systems von Funktionen angewandt, sondern beispielsweise auch

> bei der Definition eines Systems von Klassen in einem objektorientierten Programmpaket unter Bildung einer *Klassenhierarchie* (→6.1.2),

> bei der Realisierung von *Kommunikationsprotokollen* zur Steuerung der Datenkommunikation in einem Rechnernetz (→7.1.2) und insbesondere

- beim Systementwurf, wo beispielsweise bei der *Strukturierten Analyse* die Prozesse eines Datenflussdiagramms schrittweise in immer kleinere Prozesse zerlegt werden.

In vielen Anwendungsbereichen hat die Hierarchiebildung nicht nur einen *strukturellen*, sondern auch einen *zeitlichen* Aspekt: Der zeitliche Aspekt betrifft die Vorgehensweise bei der Konstruktion eines Systems, bei der die Schichten eine nach der anderen definiert werden. Der strukturelle Aspekt betrifft die resultierende Systemarchitektur, die sich aus den gebildeten Schichten zusammensetzt und somit eine übersichtliche hierarchische Struktur besitzt.

Wiederverwendung

Der Begriff der **Wiederverwendung** bezeichnet das Prinzip, einmal entwickelte Systemkomponenten möglichst oft und in möglichst vielen unterschiedlichen Zusammenhängen einzusetzen. Der Vorteil dabei ist, dass weniger Entwicklungsarbeit zu leisten ist und dass das resultierende System ein reduzierten Umfang hat und damit übersichtlicher wird. Die Wiederverwendbarkeit ist bereits bei der *Modularisierung* ein wichtiges Motiv: Ein Modul (beispielsweise ein Unterprogramm oder ein Objekt) stellt Dienste bereit, den ein oder mehrere Dienstnehmer wiederholt nutzen können, ohne ihn jeweils selbst realisieren zu müssen. Weitere Anwendungsbereiche, bei denen die Wiederverwendung eine Rolle spielt, sind die folgenden:

- *Funktions- und Klassenbibliotheken* stellen Programmstücke bereit, die Programmierer in ihre Programme einbinden können (→5.2.2 bzw. →6.1.2).
- In *Klassenhierarchien* greifen abgeleitete Klassen auf Attribute und Methoden zurück, die bereits in Basisklassen definiert wurden (→6.1.2).
- Bei der **komponentenbasierten Programmierung** verteilt man die Funktionalität eines Programms auf eine Reihe von Softwarebausteinen. Man kann dabei auch auf *vordefinierte Bausteine* zurückgreifen, braucht also nicht alles von Grund auf neu zu erstellen. Diese Technik wird beispielsweise bei **JavaBeans**, bei den **Enterprise JavaBeans (EJB)**, beim klassischen **Component Object Model (COM)** der Firma *Microsoft* oder auch bei der Implementierung *verteilter Client-Server-Systeme* mit Hilfe eine *Middleware* benutzt (siehe jeweils →7.4.2). Die komponentenbasierte Programmierung wird heute oft durch Techniken der **visuellen Programmierung unterstützt**, bei der die Komponenten mit Hilfe eines grafischen Werkzeugs kombiniert werden.
- Ein **Entwurfsmuster** (engl. **design pattern**) beschreibt eine bestimmte Vorgehensweise bei der Definition von Klassen und bei der Gestaltung ihrer Zusammenarbeit. Programmierer können sich bei der Ausarbeitung ihrer Programme an solchen Mustern orientieren. Ein typisches Beispiel hierfür ist das **Model-View-Controller-Muster (MVC)** zur Strukturierung interaktiver Systeme. Das Muster legt eine Dreiteilung der Systemstruktur fest, nämlich in ein *Model*, das die interne Darstellung der Daten durch Objekte definiert, einen *View*, der die Darstellung der Daten an der Benutzeroberfläche beschreibt, und einen *Controller*, der Benutzereingaben zur Bearbeitung der Daten behandelt (vergleiche hierzu auch die →Drei-Schichten-Architektur aus Abbildung 6-11).
- Mit Entwurfsmustern hängen **Frameworks** zusammen: Ein Framework ist ein Programmrahmen in einer höheren Programmiersprache, der die allgemeine Form des Zusammenspiels von Programmteilen (zum Beispiel Objekten) vorgibt. Die Programmteile,

die für die jeweilige Anwendung spezifisch sind, sind dabei nicht definiert; sie müssen durch Programmierer ausprogrammiert und in den vorgegebenen Rahmen „eingehängt“ werden.

6.4.2 Organisation der Softwareentwicklung

Softwaresysteme werden im Rahmen von **Projekten** entwickelt. Ein Projekt ist dadurch gekennzeichnet, dass im Allgemeinen mehrere Personen für eine begrenzte Zeit zusammenarbeiten und dabei ein gemeinsames, abgegrenztes *Ziel* verfolgen. Dabei sind *Randbedingungen* zu beachten – insbesondere, dass das Produkt, das aus dem Projekt resultiert, dem Abnehmer eine bestimmte Funktionalität und Qualität bieten soll und dass ein bestimmter Zeit- und Kostenrahmen nicht überschritten werden darf. Neben den rein *technischen Aspekten* der Produktherstellung sind also auch *organisatorische Aspekte* zur Steuerung des Projekts wichtig, damit das Ziel unter den gegebenen Randbedingungen erreicht wird.
Eine *Projektorganisation* bedeutet im Kern, dass die Gesamtaufgabe in Teilaufgaben zerlegt wird und dass diese Teilaufgaben auf eine systematische, planmäßige Weise erledigt werden. Eine systematisches Vorgehen kann dadurch erreicht werden, dass ein festgelegtes, bewährtes **Verfahren zur Softwareentwicklung** durchgeführt wird. Ein solches Verfahren definiert *Richtlinien* für die Vorgehensweise – erstens *zeitlicher Art* (das heißt bezüglich der Abfolge der Verfahrensschritte) und zweitens hinsichtlich der dabei *anzuwendenden Methoden* (das heißt Arbeitsweisen, die geeignet sind, die einzelnen Teilziele zu erreichen). Die Methoden basieren wiederum auf *Prinzipien*, also Grundsätzen, die bei der Arbeit einzuhalten sind (→6.4.1). Dabei ist insbesondere wichtig, mit Hilfe von Modellierungsmitteln und -sprachen *Modelle* zu bilden, um die logische Komplexität der Projektaufgaben bewältigen zu können.

Produktbezogene Tätigkeiten

Bevor spezielle Verfahren zur Softwareentwicklung betrachtet werden, ist es sinnvoll, sich einen Überblick über die Teilaufgaben und Arbeiten zu verschaffen, die bei der Entwicklung zu erledigen sind. Im Zentrum stehen dabei *produktbezogene Tätigkeiten*: Sie müssen ausgeführt werden, um ausgehend von den Wünschen der Auftraggeber und späteren Softwarenutzer ein einsatzfähiges Softwareprodukt zu erstellen. Die Tätigkeiten bauen aufeinander auf, so dass das Ergebnis einer Tätigkeit der Ausgangspunkt für die nächste ist:

> Bei der **Problemanalyse** (oder **Anforderungsermittlung**) legt der „Produzent“ gemeinsam mit seinem „Kunden“ die gewünschte *Funktionalität* des Systems fest, vereinbart also mit ihm, was das System leisten soll. Zudem werden *Randbedingungen* definiert, beispielsweise der Zeit- und Kostenrahmen, die Rechnerplattform, auf der die Software installiert werden soll, und der Anwenderkreis, der später mit der Software arbeiten soll. Zur Entscheidungsfindung kann eine **Vorstudie** mit Lösungsalternativen und eventuell ein lauffähiger **Prototyp** des Systems mit begrenzter Funktionalität erstellt werden. Nach Auswahl einer der Möglichkeiten wird ein **Pflichtenheft** (eine **Anforderungsdefinition**) formuliert, also ein Vertrag über die zu erledigenden Aufgaben und die geltenden Randbedingungen. Ein **Projektplan** gibt einen Überblick über die benötigten Personal- und Sachmittel sowie über den vorgesehenen Zeit- und Kostenaufwand.

- Beim **Systementwurf** wird die *Architektur* des Gesamtsystems erarbeitet, also die Komponenten, aus denen sich das System zusammensetzt, entworfen und ihr Zusammenspiel spezifiziert. Es bietet sich hierbei an, von den Funktionen und Daten auszugehen, die das System ausführen bzw. verarbeiten soll, und das System dann *top-down* (→6.4.1) zu entwickeln, also schrittweise zu modularisieren. Am Anfang steht dabei ein *Grobentwurf* – beispielsweise ein **Fachentwurf**, der ein noch grobes *Funktions- und Datenmodell* des Systems bzw. (bei objektorientierter Vorgehensweise) ein entsprechendes *Objektmodell* enthält. Aus dem Grobentwurf wird schrittweise ein *Feinentwurf* entwickelt – beispielsweise ein **DV-Entwurf** oder **softwaretechnischer Entwurf**, der die vollständigen *Funktionsmodule* und *Datei-/Datenbankstrukturen* bzw. ein vollständiges *Klassenmodell* umfasst. Der Feinentwurf definiert also eine detaillierte Systemstrukur aus Modulen und zugehörigen Schnittstellen (→6.4.1). Der Systementwurf sollte unabhängig von einer bestimmten Rechnerplattform und einer bestimmten Programmiersprache sein, um die **Portabilität** des Systems (also seine *Übertragbarkeit* zwischen unterschiedlichen Plattformen und Sprachen) zu unterstützen.
- Bei der **Implementierung** wird das entworfene System in einer bestimmten Programmiersprache realisiert. Dabei werden die Module des Feinentwurfs einzeln „ausprogrammiert" und zu einem Gesamtsystem integriert.
- Das fertige Softwaresystem muss schließlich auf der *Zielplattform* (also dem Rechnersystem, auf dem es eingesetzt werden soll) **installiert** und bei den Anwendern **eingeführt** werden. Es folgt eine fortlaufende **Wartung**, also eine Anpassung an veränderte Gegebenheiten, das Einspielen neuer Versionen sowie die Beseitigung eventuell noch vorhandener Fehler.

Arbeitsbegleitend sind zusätzlich die folgenden Tätigkeiten durchzuführen:

- Es müssen **Dokumentationen** erstellt werden. Dazu gehören eine *Entwicklungsdokumentation* (also die Beschreibung des Entwicklungsvorgangs mit seinen Zwischenergebnissen), eine *technische Dokumentation* (also die Beschreibung des fertigen Produkts mit seiner Architektur und internen Details) sowie eine *Benutzerdokumentation* (also ein Benutzerhandbuch und ein Hilfesystem).
- Die einzelnen Module und das Gesamtsystem müssen *getestet* und *validiert* werden. Beim **Testen** wird im System nach Fehlern gesucht; bei der **Validierung** wird geprüft, ob das System die anfangs formulierten Anforderungen erfüllt. Im Einzelnen unterscheidet man *Modultests*, die die einzelnen Module anhand ihrer Spezifikation überprüfen, *Integrationstests*, die Teilsysteme aus mehreren Modulen betrachten, *Systemtests*, die das Gesamtsystem anhand der Systemspezifikation untersuchen, und *Abnahmetests*, die nach der Installation auf der Zielplattform durchgeführt werden.

Vorgehensmodelle

Die produktbezogenen Tätigkeiten müssen, wie schon aus ihrer Aufzählung klar wird, in einer bestimmten zeitlichen Reihenfolge ausgeführt werden. Ihre konkrete zeitliche Anordnung ergibt sich anhand eines Leitfadens für die Vorgehensweise – eines so genannten **Vorgehens-** oder **Prozessmodells**. Ein solches Modell legt den geordneten *Ablauf des Softwareentwicklungsprozesses* fest, bestimmt also, welche Schritte in welcher Reihenfolge ablaufen, von wem sie ausgeführt werden und welche Ergebnisse (**Artefakte**) entstehen sollen.

Zur Durchsetzung des Leitfadens müssen die produktbezogenen Arbeiten in *projektbezogene Tätigkeiten* eingebettet werden – also in ein *Projektmanagement*, das den Ablauf steuert und überwacht. Teilaufgaben des Projektmanagements sind

> ein Personal-, Sachmittel- und Zeitmanagement,

> eine Produkt- und Konfigurationsverwaltung (betreffend den Programmcode und seine Dokumentation in Produktvarianten unterschiedlicher Funktionalität sowie in Produktversionen unterschiedlicher zeitlicher Entwicklungsstufen) sowie

> eine Qualitätssicherung (bezüglich der Vorgehensweise bei der Entwicklung und des Produkts selbst).

Wichtig beim Projektmanagement ist, dass nicht nur die Softwareentwickler, sondern auch die Auftraggeber und späteren Anwender mit einbezogen werden.
Vorgehensmodelle legen im Allgemeinen **Phasen** fest, in denen bestimmte Teilaufgaben zu erledigen sind und die bestimmte Zwischenergebnisse liefern sollen. Einzelne Modelle unterscheiden sich in der Form und der zeitlichen Anordnung der Phasen sowie in den jeweils zu erarbeitenden Resultaten. Die Eigenschaften der Vorgehensmodelle ergeben sich aus den zugrunde liegenden *Methoden*, also den Arbeitsweisen, mit denen das Gesamtziel und/oder die einzelnen Teilziele erreicht werden sollen. Man kann hier grob unterscheiden zwischen Modellen, die auf dem klassischen Ansatz der *strukturierten Programmierung* beruhen, und Modellen, die auf dem moderneren *objektorientierten Ansatz* basieren.

Klassische Vorgehensmodelle

Klassische Vorgehensmodelle haben ihren Ausgangspunkt in der *strukturierten Programmierung*, also der Programmierung auf der Basis des Unterprogrammkonzepts (→4.1.4) und eines beschränkten Satzes von Kontrollstrukturen (→4.1.3). Entsprechende Modelle wurden seit Anfang der siebziger Jahre des zwanzigsten Jahrhunderts entwickelt, also im Anschluss an die eingangs erwähnten Software-Engineering-Konferenzen in Garmisch und Rom. Da es bei der strukturierten Programmierung (im Gegensatz zur objektorientierten Programmierung) keine Integration von Daten und zugehörigen Funktionen gibt, werden in den klassischen Vorgehensmodellen *Daten und Abläufe getrennt voneinander* modelliert. So werden beim Systementwurf die Daten beispielsweise durch Entity-Relationship-Modelle (→3.5.1) und die Systemfunktionen und Informationsflüsse durch Datenflussdiagramme (→6.4.1) dargestellt.
Bereits bei den klassischen Modellen spielt die *Top-Down-Vorgehensweise* eine wichtige Rolle, also das schrittweise Vorgehen vom Allgemeinen/Abstrakten zum Detaillierten/Konkreten (→6.4.1): Wie im vorigen Teilabschnitt skizziert, wird zumeist erst ein grobes Systemmodell erstellt, auf dieser Basis dann ein konkreter, detaillierter Entwurf erarbeitet und dieser schließlich in ein lauffähiges Programm umgesetzt. In den einzelnen Stufen werden *verschiedene Beschreibungsformen* benutzt – beispielsweise Entity-Relationship- und Datenflussdiagramme in den abstrakteren Modellen sowie Relationen und Struktogramme oder Programmablaufpläne in den implementationsnäheren Modellen. Problematisch sind hier jeweils die *Brüche* zwischen den Beschreibungsformen der unterschiedlichen Phasen und auch innerhalb der einzelnen Phasen, die ja getrennte Daten- und Funktionsmodelle enthalten. Diese Brüche machen jeweils eine explizite Umformung bzw. Anpassung der Darstellungen erforderlich.

Objektorientierte Vorgehensmodelle

Objektorientierte Vorgehensmodelle kamen mit dem zunehmenden Erfolg *objektorientierter Programmiersprachen* auf. Sie übertragen deren Prinzipien von der eigentlichen Programmierung auf den Entwurf von Systemen. Das Ziel dieser modernen Modelle ist die Entwicklung von Softwaresystemen, die aus einer Menge *kooperierender Objekte* bestehen. Die Objekte werden dabei meist nicht zu vordefinierten Abläufen zusammengesteckt (wie es bei algorithmenorientierten Systemen mit Unterprogrammen der Fall ist), sondern sie werden als Anbieter und Nutzer von Diensten verstanden, die in einer nicht vorherbestimmten zeitlichen Abfolge zusammenarbeiten. Dieses Prinzip findet sich zum Beispiel bei der *ereignisgesteuerten Programmierung* (→6.3.1) sowie beim *Client-Server-Ansatz* (→6.3.2), der auch bei der Realisierung *verteilter Systeme* eine zentrale Rolle spielt (→7.3.1).
Der Vorteil der objektorientierten Modellierung liegt in ihrer *methodischen Geschlossenheit,* da Objekte in allen Phasen des Entwicklungsprozesses als grundlegendes Modellierungsmittel eingesetzt werden. Hierdurch werden die beiden Nachteile der klassischen Ansätze überwunden: Daten und Funktionen werden in Objekten integriert, so dass es für sie keine zwei getrennten Modelle mehr gibt. Auch zwischen den Phasen treten keine Brüche bezüglich der Darstellungsform mehr auf. Als Notationssprache für alle Phasen eines objektorientierten Entwicklungsprozesses wird heute vielfach die *Unified Modeling Language (UML)* verwendet (→6.4.4).
Die Entwicklung eines objektorientierten Systems kann sich an drei (Grob-)Phasen orientieren, die im Anschluss an die Planungsphase durchlaufen werden:

> In der **Definitionsphase** wird eine **Objektorientierte Analyse (OOA)** durchgeführt, bei der ein **Fachkonzept** erarbeitet wird. Das Fachkonzept konzentriert sich auf die Lösung der im *Pflichtenheft* festgelegten problembezogenen Aufgabenstellungen, abstrahiert also beispielsweise von der konkreten Realisierung einer Benutzeroberfläche. Es kann dabei das System erstens durch ein *statisches Modell* beschreiben, das die Fachkonzeptklassen mit ihren Vererbungs- und Benutzungsbeziehungen anzeigt, und zweitens durch ein *dynamisches Modell,* das die Lebenszyklen der Objekte und den zeitlichen Ablauf ihrer Kommunikation darstellt. Je nach Anwendung haben die beiden Modelle ein unterschiedliches Gewicht: Bei einer Datenbankanwendung tritt das statische Modell stärker hervor, bei einer stark interaktiven Anwendung das dynamisches Modell.

> In der **Entwurfsphase** wird ein **Objektorientiertes Design (OOD)** erarbeitet, bei dem das OOA-Modell um *technische Aspekte* erweitert wird. Beispielsweise wird der Fachklassenkern um Klassen zur Ansteuerung der Benutzeroberfläche und der zugrunde liegenden Datenbanken ergänzt. Zudem werden den einzelnen Klassen technisch notwendige Komponenten, wie zum Beispiel Konstruktoren (→6.1.1), hinzugefügt.

> In der **Implementierungsphase** wird schließlich das Objektmodell in ein *Programm* einer objektorientierten Programmiersprache umgesetzt.

Konkrete Modelle verfeinern und untergliedern diese Phasen weiter und ermöglichen eventuell eine mehrfache, zyklische Ausführung der einzelnen Schritte (→6.4.3).
Im Softwareentwicklungsprozess können **CASE-Tools** (= Werkzeuge zum *Computer Aided Software Engineering*) eingesetzt werden, die die Entwickler bei den einzelnen Schritten unterstützen oder sogar einzelne Schritte teilautomatisieren (wie zum Beispiel die Umsetzung des OOD-Modells in eine programmiersprachliche Darstellung). Wir werden hierauf am Ende von →6.4.4 noch etwas näher eingehen.

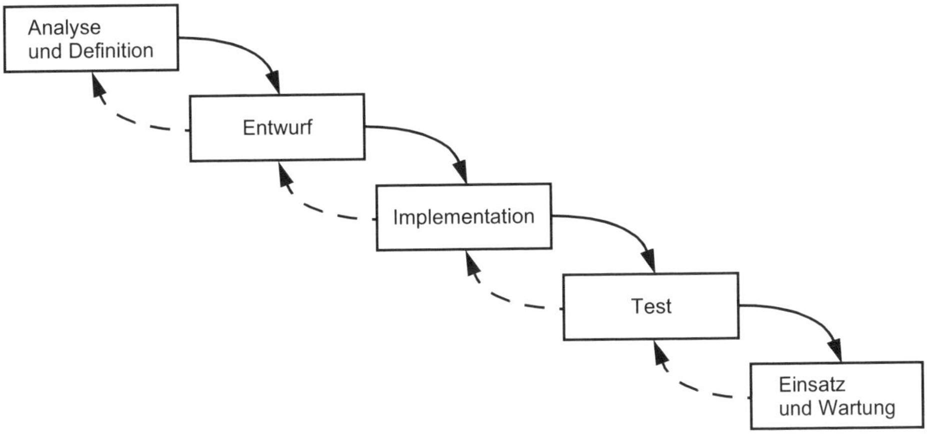

***Abb. 6-13** Phasenstruktur des Wasserfallmodells (nach [RePo02])*

6.4.3 Beispiele für Vorgehensmodelle

Im Laufe der vergangenen zwei Jahrzehnte wurde eine Reihe von Modellen entworfen, die die beschriebenen Arbeitsschritte und die damit verbundenen Vorgehensweisen in unterschiedlicher Weise anordnen.

Klassische Modelle mit sequentiellen Phasen

Im einfachsten Fall werden die Schritte, die zur Erstellung eines Softwareprodukts durchzuführen sind (→6.4.2), jeweils *nur einmal* und dabei *einer nach dem anderen* bearbeitet. Aus diesem Ansatz ergibt sich ein Vorgehensmodell mit einer streng **sequentiellen Phasenstruktur**, bei dem das Ergebnis einer Phase vollständig erarbeitet sein muss, bevor die nächste Phase damit fortfährt. Das Ende einer Phase wird durch einen so genannten **Meilenstein** markiert, bei dem ein dokumentiertes Resultat vorgelegt werden muss - beispielsweise eine Spezifikation der Systemarchitektur oder lauffähiger Programmcode. Das Ziel ist also, ein vollständiges Produkt in *einem* Durchgang durch die Arbeitsschritte zu entwickeln. Die Aufgabe des *Managements* besteht dabei darin, das Einhalten der Zeitvorgaben zu überwachen (das heißt sicherzustellen, dass die einzelnen Meilensteine im gegebenen Zeitrahmen erreicht werden) und die Projektbeteiligten entsprechend zu koordinieren.
Allerdings sind sequentielle Modelle in ihrer reinen Form *kaum praktisch einsetzbar*, da in späteren Phasen oft Erkenntnisse gewonnen werden, die die Überarbeitung früherer Phasen erforderlich machen. In der Praxis sind daher *Rückkopplungen* vorgesehen, durch die man zu einer früheren Phase zurückkehren und somit Entwicklungsschritte überarbeiten kann.
Ein typischer Vertreter dieser Modellklasse ist das **Wasserfallmodell**, bei dem die Phasen der bildlichen Vorstellung nach untereinander angeordnet sind, so dass die Ergebnisse einer Phase in die nächste Phase „hinunterfallen". Abbildung 6-13 zeigt eine Variante der Phasenstruktur des Wasserfallmodells, bei der die Arbeitsschritte und Ergebnisse den produktbezogenen Tätigkeiten und ihren Resultaten entsprechen, die zu Beginn von →Abschnitt 6.4.2 aufgeführt wurden. Typische Techniken und Beschreibungsformen, die hier

einsetzt werden, sind die **Strukturierte Analyse** mit ihren *Datenflussdiagrammen* zur Funktionsmodellierung und **Entity-Relationship-Diagramme** zur Datenmodellierung sowie *Struktogramme, Programmablaufpläne* und *Relationen* zur unmittelbaren Vorbereitung der Implementation.

Eine Weiterentwicklung des Wasserfallmodells ist das **V-Modell**, bei dem die Phasen in Form des Buchstaben „V" angeordnet sind. Der linke V-Zweig enthält *Verfeinerungsphasen* vom Grobentwurf der Systemarchitektur bis zum Feinentwurf auf Modulebene; er wird *top-down* von oben nach unten durchlaufen. Am Fuß und im rechten Zweig des V befinden sich *Implementations- und Integrationsphasen*, in denen die einzelnen Module implementiert und schrittweise zum lauffähigen Gesamtsystem integriert werden. Sie werden *bottom-up* von unten nach oben bearbeitet.

Zwischen den Phasen des Wasserfallmodells und auch beim V-Modell sind *Rückkopplungen* vorgesehen, mit denen man zu früheren Phasen zurückkehren kann. Jedoch gibt es auch mit diesen Rückkopplungen *Probleme beim praktischen Einsatz* der Modelle. Sequentielle Modelle setzen nämlich voraus, dass die Anforderungen an das System möglichst vollständig und exakt bekannt sind, bevor der Systementwurf und die nachfolgenden Schritte in Angriff genommen werden. Das ist aber in der Praxis meist nicht der Fall, denn Anforderungen können oft erst im Laufe des Entwicklungsprozesses hinreichend genau formuliert werden. Solche sich ändernden Anforderungen kann das Modell nur schlecht berücksichtigen, zumal nach der Analysephase eine Beteiligung des Anwenders nicht mehr vorgesehen ist.

Zyklische und iterative Modelle

Um den Problemen der strengen Sequentialität zu begegnen, entwarf man **zyklische Modelle**, die die Möglichkeit betonen, Phasen *mehrfach* zu durchlaufen. Diese Modelle berücksichtigen explizit den *Lernprozess*, zu dem es während der Entwicklung erfahrungsgemäß kommt: Neue Erkenntnisse können leicht in einem weiteren Phasendurchlauf (also einem neuen *Zyklus*) in das System eingebracht werden.

Ein klassisches Beispiel für diesen Ansatz ist das **Spiralmodell**, das wie beim Durchlauf einer Spirale mit mehreren Windungen vorgeht. In jedem *Zyklus*, also in jeder Windung der Spirale, werden vier Schritte ausgeführt und dabei Teilprodukte hergestellt:

> Erstens werden *Ziele, Alternativen* und *Randbedingungen* der Entwicklung in diesem Zyklus formuliert.

> Zweitens werden die Alternativen einer *Risikoanalyse* unterzogen, also anhand der Ziele und Randbedingungen bewertet.

> Drittens wird ein *Teilaspekt des Systems* realisiert. In einem frühen Zyklus wird beispielsweise eine Systemspezifikation formuliert, in einem späteren Zyklus die Architektur entworfen und zum Abschluss das System implementiert und getestet.

> Viertens kommt es zur *Planung* des nächsten Zyklus.

Im zweiten Schritt eines Zyklus wird im Allgemeinen ein **Prototyp** erstellt: Ein Prototyp ist ein Stück ausführbarer Software, das ausgewählte Eigenschaften des zu entwickelnden Systems realisiert und dabei insbesondere einen Eindruck von der angestrebten Benutzeroberfläche gibt. Auf dieser Basis können Entwickler und spätere Anwender sinnvoll miteinander kommunizieren und sich somit über die weitere Vorgehensweise abstimmen.

Andere nichtsequentielle Modelle betonen den Aspekt der **iterativen Softwareentwicklung**. Hier wird während des Entwicklungsprozesses eine Folge von Produktversionen erarbeitet, wobei das Funktionsangebot fortlaufend erweitert und angepasst wird: Zunächst wird nur die Kernfunktionalität des System realisiert; anschließend werden weitere Funktionen sukzessive hinzugefügt. Dabei werden ständig neue Anforderungen und Änderungen der Randbedingungen berücksichtigt.

Objektorientierte Softwareentwicklung im Unified Process

Die bislang betrachteten klassischen Modelle beruhen auf dem Ansatz der strukturierten Programmierung (→6.4.2). In jüngerer Zeit sind dagegen *objektorientierte* Vorgehensweisen in den Vordergrund getreten - zunächst bei der Programmierung selbst (→6.1), später auch in den anderen Teilgebieten der Softwareentwicklung. Mittlerweile zeichnet sich hier, zumindest in einigen Bereichen, eine *Vereinheitlichung* der Vorgehensweisen ab. Diese Vereinheitlichung ist vornehmlich mit drei Namen verbunden, nämlich *Grady Booch* (geb. 1955), *Ivar Jacobson* (geb. 1939) und *James Rumbaugh* (geb. 1947). Die „drei Amigos", wie sie manchmal genannt werden, arbeiteten zunächst jeder für sich an Techniken zur systematischen Softwareentwicklung, sind aber seit nunmehr fast einem Jahrzehnt gemeinsam bei der Firma *Rational* tätig.

Eines der ersten Produkte ihrer Kooperation ist die *Unified Modeling Language (UML)* zur Spezifikation und grafischen Darstellung objektorientierter Systeme. UML wurde 1997 standardisiert und hat sich seitdem als Modellierungssprache in vielen Bereichen durchgesetzt (Details zu UML siehe →6.4.4). Aufbauend auf UML schlugen Booch, Jacobson und Rumbaugh 1998 ein **objektorientiertes Vorgehensmodell** vor - den **Unified Process**, der die folgenden grundlegenden *Eigenschaften* besitzt:

> Der Unified Process ist *UML-basiert* und damit *objektorientiert*: Die entstehende Softwarearchitektur setzt sich aus Objekten zusammen, die jeweils Module mit einer Funktionalität und einem Dateninhalt realisieren. In allen Phasen des Entwicklungsprozesses werden Objekte und Klassen mit ihrer Strukturierung und Zusammenarbeit durch UML beschrieben, und zwar aus verschiedenen Blickwinkeln heraus (→6.4.4).

> Der Unified Process ist *Anwendungsfall-orientiert*, also auf die Analyse und praktische Umsetzung so genannter **Anwendungsfälle** ausgerichtet. Ein Anwendungsfall (engl. *use-case*) bezieht sich auf das Zusammenwirken des Systems mit Personen oder anderen Systemen, um eine bestimmte Aufgabe zu erledigen. Er gibt damit an, was das System *für einen bestimmten Anwender* leisten soll. Der Schwerpunkt liegt also nicht auf dem technisch Machbaren, sondern auf den Bedürfnissen der einzelnen Anwender. Alle Anwendungsfälle zusammen beschreiben die gewünschte Gesamtfunktionalität des Systems, und das System wird entwickelt, um die Gesamtheit der Anwendungsfälle zu realisieren.

> Der Unified Process arbeitet *iterativ* und *inkrementell*: Das Softwaresystem wird nicht „in einem Wurf" erarbeitet, sondern in einer Folge von Iterationen (= Schritten), die dem System jeweils Inkremente (= Erweiterungen) hinzufügen. Das Ergebnis einer Iteration ist jeweils ein Teilprodukt, also ein lauffähiges und geprüftes System, das einen Teil der Anwendungsfälle bis zu einem gewissen Grad realisiert. Aus diesem Prozess ergibt sich schließlich ein System mit der gewünschten vollständigen Funktionalität.

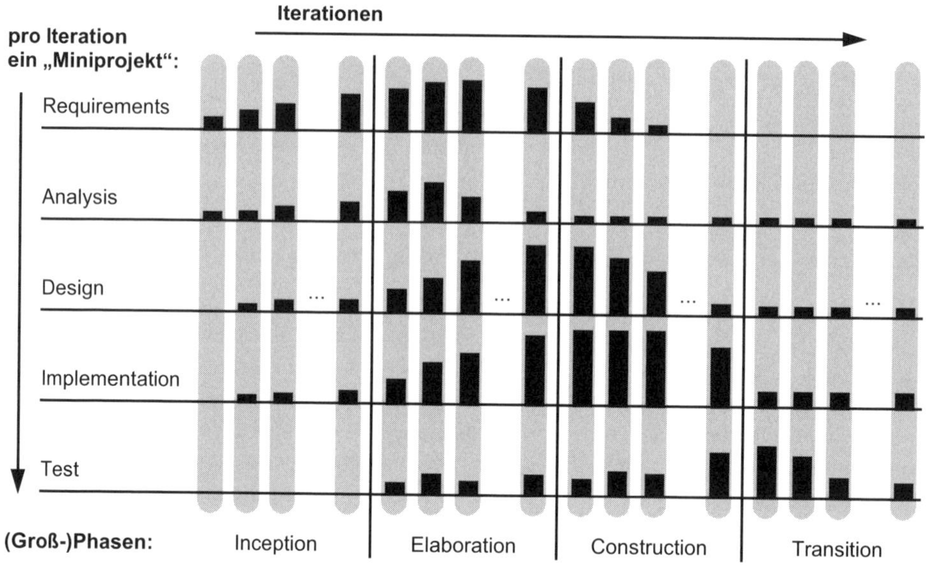

Abb. 6-14 *Vorgehensweise des Unified Process*

Abbildung 6-14 illustriert *Details des Unified Process*: Die Iterationen des Softwareentwicklungsprozesses sind in der Abbildung als graue, abgerundete Rechtecke nebeneinander dargestellt. Sie werden von links nach rechts durchlaufen. Dabei wird in jeder Iteration ein *Miniprojekt* ausgeführt, das sich auf das Arbeitsergebnis der vorherigen Iteration stützt und um ein Inkrement erweitert. Das *Ergebnis* ist jeweils meist ein lauffähiges System, das einen Teil der Gesamtanforderungen abdeckt. Ein Miniprojekt, also eine Iteration, besteht im Allgemeinen aus fünf *Arbeitsschritten*. Sie sind in der Abbildung untereinander angeordnet und durch die entsprechenden englischen Begriffe gekennzeichnet:

> *Requirements* (*Anforderungen*): Es werden Anforderungen gesammelt, also festgestellt, was in dieser Iteration getan werden und was das resultierende System leisten soll. Das Ziel dieses Schritts ist eine Übereinkunft zwischen Entwicklern und Kunden, die die Arbeit „in die richtige Richtung“ lenken soll.

> *Analysis* (*Analyse*): Die aufgestellten Anforderungen werden analysiert und strukturiert. Das Ziel dieses Schritts ist, die Anforderungen besser zu verstehen und sie in eine Form zu bringen, auf deren Grundlage die Systemstruktur erarbeitet werden kann.

> *Design* (*Entwurf*): Auf der Grundlage der Anforderungen wird die Systemstruktur mit ihren Komponenten modelliert, wobei Randbedingungen beachtet werden. Das Ziel dieses Schritts ist die Spezifikation der Systemkomponenten, die realisiert werden sollen.

> *Implementation* (*Implementierung*): Die Spezifikation der Systemkomponenten wird in eine programmiersprachliche Form umgesetzt. Das Ziel dieses Schritts ist lauffähiger Programmcode.

> *Test*: Die Systemkomponenten werden überprüft. Das Ziel dieses Schritts ist die hinreichende Sicherheit, dass der bislang erstellte Programmcode korrekt ist.

Je nach Fortschritt des Entwicklungsprozesses fällt in den einzelnen Schritten einer Iteration unterschiedlich viel Arbeit an, was in der Abbildung durch die Höhe von schwarzen Balken angedeutet wird. In den ersten Iterationen liegt der Schwerpunkt auf der Formulierung der Anforderungen an das System, wobei nur wenig Programmcode entwickelt wird. Später verschieben sich die Gewichte in Richtung Design und Implementation und schließlich auch zum Test. Diesen Gewichten entsprechend werden die einzelnen Iterationen zu vier großen *Phasen* zusammengefasst:

> *Inception* (*Beginn*): Der Schwerpunkt liegt auf dem Sammeln und der Strukturierung der Anforderungen an das System. Der Zweck und Rahmen des Projekts werden festgelegt, ein grober Kosten- und Zeitplan wird erstellt und möglicherweise ein erster Prototyp implementiert.
> *Elaboration* (*Ausarbeitung*): Der Schwerpunkt liegt auf der Definition der Architektur. Eine genauere Analyse der Aufgabenstellung liefert eine Anforderungsbeschreibung, auf deren Basis die architektonischen Grundlagen des Systems entworfen werden und ein lauffähiger Demonstrator für die wichtigsten Anwendungsfälle programmiert wird.
> *Construction* (*Konstruktion*): Der Schwerpunkt liegt auf der Realisierung eines ausführbaren Softwaresystems. Der Systementwurf wird iterativ verfeinert und die Implementation wird entsprechend erweitert und fortlaufend getestet.
> *Transition* (*Umsetzung*): Der Schwerpunkt liegt auf der Einführung des Systems bei der Nutzergemeinschaft. Die Einführung beginnt mit einer **Beta-Version** (also mit einem Softwaresystem in noch nicht endgültiger Form) und endet mit einer stabilen **Produktversion** (engl. *product release*).

Die vier Phasen bilden zusammen einen so genannten *Zyklus*. Über einen längeren Zeitraum hinweg können mehrere Zyklen hintereinander ausgeführt werden, die jeweils eine neue Produktversion liefern.
Der Unified Process kommt also sehr stark der Forderung nach einer iterativen, inkrementellen Vorgehensweise nach, bei der schrittweise neue Systemkomponenten hinzugefügt werden und auch neue Wünsche und Randbedingungen berücksichtigt werden können. Der Preis für diese Flexibilität ist ein recht komplexes Vorgehensmodell, das erhöhte Anforderungen an das Prozessmanagement stellt. Die Zukunft wird zeigen, ob sich dieser Ansatz ähnlich stark wie UML in der Praxis durchsetzen kann.

Extreme Programming

Ein weiteres modernes Vorgehensmodell ist das **Extreme Programming**. Auch hier werden eine Reihe von Iterationen durchgeführt, die eine Folge von Produkt-„Releases“ mit immer umfangreicherer Funktionalität liefern. Diese Produkte können unmittelbar in der realen Anwendungsumgebung eingesetzt werden, wodurch eine starke Beteiligung der Anwender am Entwicklungsprozess möglich wird.
Interessant ist hier insbesondere der Ansatz des **Pair Programmings**: An der Entwicklung eines Softwaremoduls sind stets *zwei* Programmierer beteiligt, die gemeinsam an einem Bildschirm arbeiten. Hiervon verspricht man sich, trotz des höheren Personalaufwands, eine Steigerung der Produktivität und eine Reduktion der Anzahl der Programmierfehler. Ein zweites charakteristisches Merkmal ist die *testgetriebene Programmierung*: Die Tests, die auf einem Modul durchzuführen sind, werden festgelegt, *bevor* die eigentliche Programmierung des Moduls beginnt.

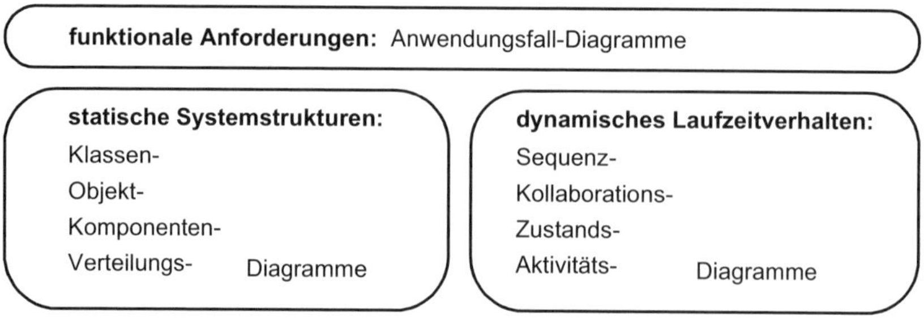

Abb. 6-15 *Arten von UML-Diagrammen*

6.4.4 Grundkonzepte von UML

Die **Unified Modeling Language (UML)** ist eine Sprache zur Spezifikation, Konstruktion, Visualisierung und Dokumentation objektorientierter Systeme. Sie wurde entwickelt durch *G. Booch, I. Jacobson* und *J. Rumbaugh* (→6.4.3) als Vereinigung mehrerer Vorgängersprachen (daher der Namensbestandteil „Unified“). UML wurde 1997 durch die *Object Management Group (OMG)*, ein Industriekonsortium, standardisiert und ist heute *die* Sprache zur objektorientierten Modellierung. Sie ist nicht an ein bestimmtes Vorgehensmodell (→6.4.2) gebunden, sondern soll sich für den Einsatz in allen objektorientierten Softwareentwicklungsprozessen eignen. Die folgende Darstellung orientiert sich am *UML-Standard 1.5*, da die Nachfolgeversion *UML 2.0* zum Zeitpunkt der Drucklegung dieses Buchs noch nicht endgültig verabschiedet war.

UML ist eine *grafische Sprache*: Sie definiert mehrere *Diagrammtypen* und ermöglicht so eine Systemdarstellung unter verschiedenen Gesichtspunkten, wobei sowohl die statische Grob- und Feinstruktur (also der System*aufbau*) als auch dynamische Aspekte (also das System*verhalten*) erfasst werden kann. Abbildung 6-15 zeigt eine Übersicht über die verschiedenen Typen von UML-Diagrammen:

> *Anwendungsfalldiagramme* beschreiben die Funktionalität, die das System seinen Anwendern bietet – also die Operationen, die verschiedene Anwender auf dem System ausführen können.

> *Klassen-*, *Objekt-*, *Komponenten-* und *Verteilungsdiagramme* beschreiben die statische Struktur des Systems, also seinen Aufbau aus Untereinheiten.

> *Sequenz-*, *Kollaborations-*, *Zustands-* und *Aktivitätsdiagramme* beschreiben das dynamische Verhalten des Systems, also den Ablauf von Vorgängen bei seiner Ausführung.

Mit Hilfe dieser Diagramme kann ein System aus den folgenden Blickwinkeln (*Sichten*, engl. *views*) heraus modelliert werden:

> Die *Anwendungsfallsicht* (*use-case view*) befasst sich mit den funktionalen Anforderungen, die von außen an das System gerichtet werden – also mit dem, was das System für seine Anwender leistet oder leisten soll.

> Die *Entwurfssicht* (*design view*) befasst sich mit den Klassen, Schnittstellen und Kollaborationen (also Formen der Zusammenarbeit), aus denen die Problemlösung aufgebaut ist und die somit den funktionalen Anforderungen an das System begegnen.

> Die *Prozesssicht* (*process view*) befasst sich mit den Prozessen und Threads (→4.4.1), die die nebenläufigen Aktivitäten des Systems darstellen.

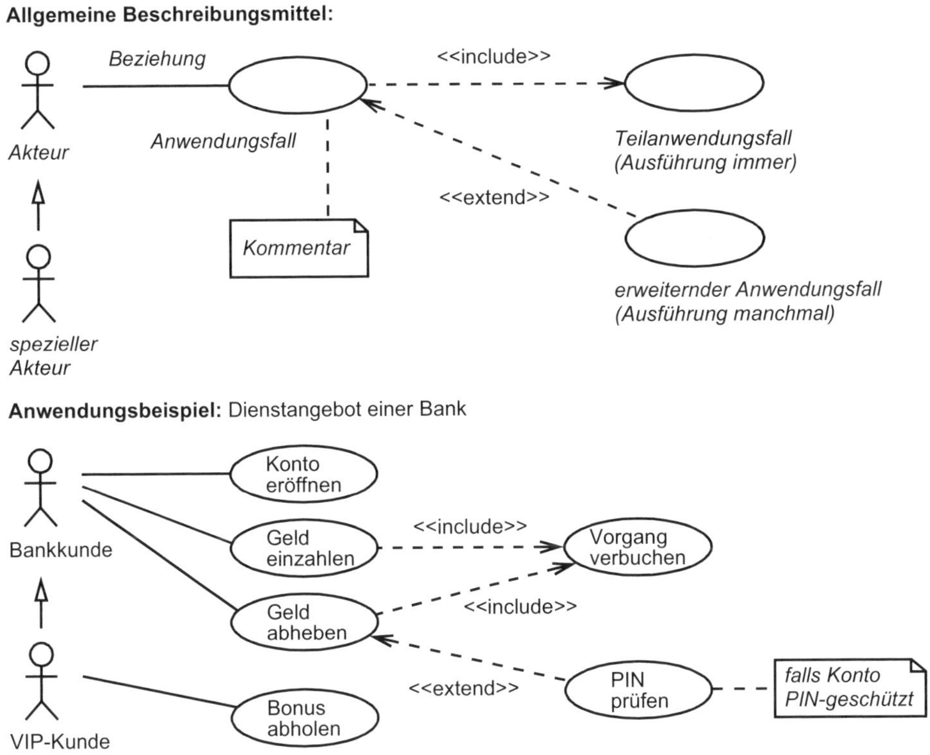

Abb. 6-16 *UML-Anwendungsfalldiagramm*

- Die *Implementierungssicht* (*implementation view*) befasst sich mit den Komponenten des physischen, lauffähigen Softwaresystems, das an die Abnehmer ausgeliefert wird.
- Die *Einsatzsicht* (*deployment view*) befasst sich mit der Installation der Systemkomponenten auf der realen Rechnerplattform und mit ihrer Verteilung auf die Rechnerknoten eines Netzes (→Abbildung 5-18).

Es lassen sich dabei jeweils statische und dynamische Aspekte der einzelnen Sichten darstellen.

Modellierung funktionaler Eigenschaften

Anwendungsfalldiagramme (*use-case diagrams*) legen fest, was das System leistet oder leisten soll. Sie modellieren dazu *Anwendungsfälle* (*Geschäftsprozesse*, engl. *use-cases*), die beschreiben, auf welche verschiedenen Arten mit dem System gearbeitet werden kann. Die Anwendungsfälle definieren damit die Möglichkeiten des Zusammenwirkens des Systems mit seiner Umgebung, das heißt mit Personen oder anderen Systemen. Sie berücksichtigen dabei verschiedene Typen von Benutzern, modellieren also verschiedene *Rollen*, in denen Benutzer auf das System zugreifen können. Abbildung 6-16 zeigt die *Komponenten*, aus denen sich ein Anwendungsfalldiagramm zusammensetzen kann – oben in allgemeiner Form, unten am Beispiel einer Bank mit einigen ausgewählten Anwendungsfällen:

> Ein *Akteur* (*actor*) ist ein Benutzer des Systems, also eine Person oder ein anderes System, die bzw. das bestimmte Teile der Funktionalität des Systems nutzen kann. Ein Benutzer tritt in einer bestimmten *Rolle* auf (zum Beispiel in der Rolle des Bankkunden) und wird durch ein Strichmännchen dargestellt.
Akteure können *spezialisiert* bzw. *generalisiert* werden. Die Beziehung zwischen einem speziellen und einem generalisierten Akteur ähnelt der Beziehung zwischen einer abgeleiteten Klasse und einer Basisklasse (→6.1.2): Ein spezieller Akteur kann all das tun, was der zugehörige generalisierte Akteur kann, und einiges mehr. Beispielsweise hat ein VIP-Kunde alle Möglichkeiten eines normalen Bankkunden und kann zusätzlich besondere Angebote wahrnehmen. Eine Generalisierung wird durch einen Pfeil vom speziellen zum generalisierten Akteur dargestellt.

> Ein *Anwendungsfall* (*use-case*) ist eine Handlung, die ein Akteur mit dem System ausführen kann. Er wird durch eine Ellipse dargestellt. Ein Anwendungsfalldiagramm enthält im Allgemeinen mehrere Anwendungsfälle (wie zum Beispiel „Konto eröffnen" oder „Geld einzahlen") und beschreibt damit die Funktionalität, die das System anbietet.

> Eine *Beziehung* (*relationship*) beschreibt einen Zusammenhang zwischen einzelnen Diagrammkomponenten. Sie wird durch eine Linie oder einen Pfeil dargestellt:
- Eine Beziehung zwischen einem Akteur und einem Anwendungsfall bedeutet, dass der Akteur den Anwendungsfall *benutzen* kann – also beispielsweise ein Konto eröffnen oder Geld einzahlen kann.
- Eine Beziehung zwischen zwei Anwendungsfällen kann eine *enthält-Beziehung* (*include-relationship*) sein: Ein Anwendungsfall *A* enthält einen Anwendungsfall *B*, wenn bei der Ausführung von *A* stets auch *B* ausgeführt wird. Zum Beispiel wird beim Einzahlen und Abheben von Geld der Vorgang jeweils in einer zentralen Datenbank verbucht.
- Eine Beziehung zwischen zwei Anwendungsfällen kann eine *erweitert-Beziehung* (*extend-relationship*) sein: Ein Anwendungsfall *B* erweitert einen Anwendungsfall *A*, wenn *A* entweder allein ausgeführt werden kann oder bei der Ausführung von *A* manchmal *B* mit ausgeführt wird. Zum Beispiel muss beim Geldabheben nur dann die Geheimzahl (die „PIN") geprüft werden, wenn es sich um ein PIN-geschütztes Konto handelt.

Allen Komponenten können *Kommentare* zugeordnet werden. Sie werden durch Rechtecke mit umgeknickter Ecke dargestellt.
Man beachte den Unterschied des UML-Beispielmodells zum Beispielmodell der Strukturierten Analyse (→Abbildung 6-10): Dort wurden Funktionalität und Datenhaltung getrennt voneinander modelliert, indem sämtliche Daten in zentralen Datenspeichern abgelegt wurden. Hier können dagegen Funktionen und Daten gemeinsam geführt werden: Wie weiter unten noch genauer dargestellt wird (→Abbildung 6-17), werden beispielsweise die Methoden zum Einzahlen und Abheben mit dem Kontostand in einem Objekt integriert; eine Buchungsdatenbank dient lediglich zur Speicherung ergänzender Daten.

Modellierung der statischen Struktur

Die *statische Struktur* eines Systems definiert die Anordnung der einzelnen Systemkomponenten zueinander. Sie kann in ihrem Zustand vor der Ausführung beschrieben werden

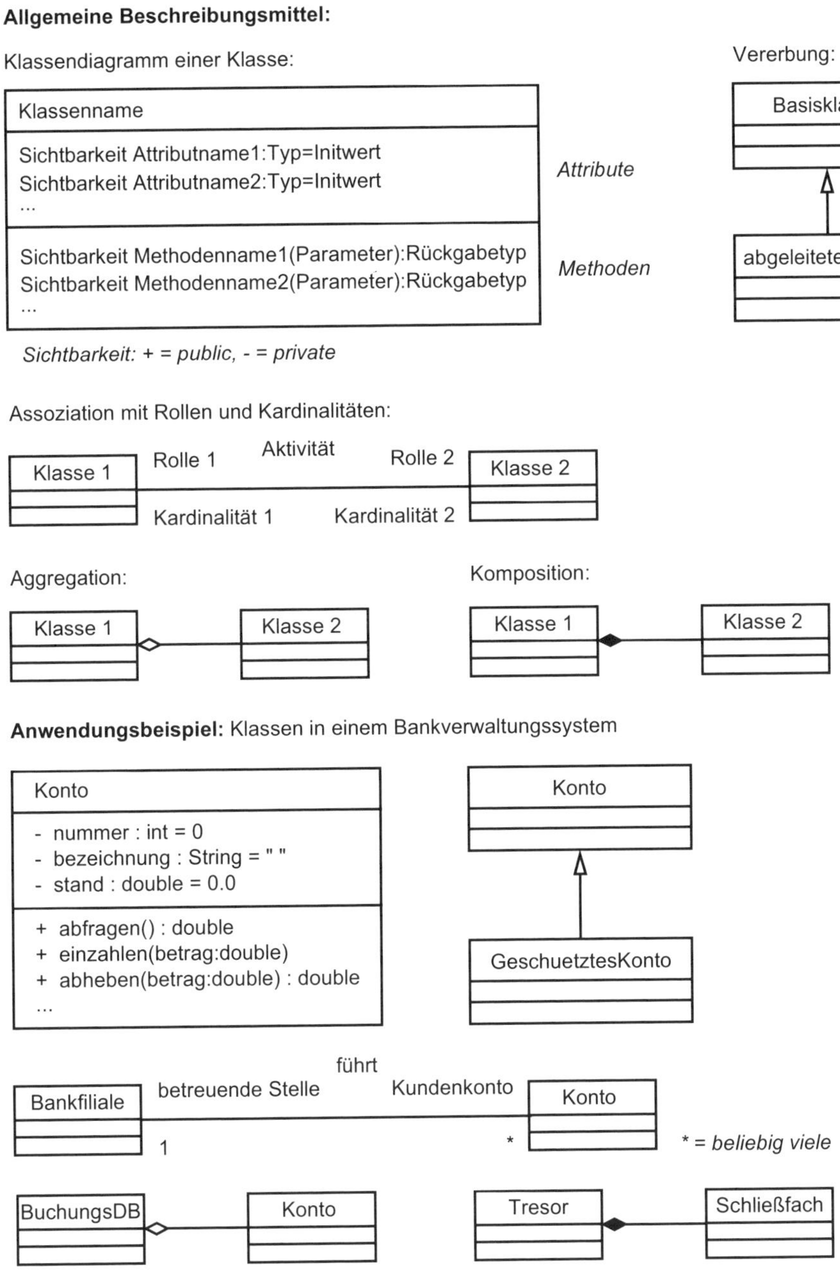

Abb. 6-17 *UML-Klassendiagramme*

oder durch einen *Schnappschuss* (engl. *snapshot*) zu einem Zeitpunkt während der Ausführung. Der UML-Diagrammtyp, der am häufigsten zur Modellierung statischer Systemstrukturen verwendet wird, sind **Klassendigramme** (*class diagrams*). Sie stellen die Klassen (→6.1.1) des Systems mit ihren Schnittstellen und ihren statischen Beziehungen untereinander

ander dar. Abbildung 6-17 zeigt die *Bestandteile eines Klassendiagramms* oben in allgemeiner Form und unten anhand eines Beispiels (siehe auch →Abbildungen 6-3 und 6-4):

> Eine *Klasse* wird durch ein Rechteck repräsentiert, das Felder für den Klassennamen sowie für die Attribute und Methoden der Klasse umfasst. Dabei werden für die Attribute und Methoden ihre Namen, Sichtbarkeiten (vergleiche →6.1.1) sowie Typen bzw. Rückgabetypen und Parameterlisten angegeben. Manche Detailangaben dürfen aber auch weggelassen werden.

> Klassen können untereinander in folgenden *Beziehungen* stehen:
  - Eine Klasse kann die Eigenschaften einer anderen Klasse *erben* (→6.1.2), was durch einen Pfeil von der abgeleiteten Klasse zur Basisklasse dargestellt wird. Beispielsweise erbt ein geheimzahlgeschütztes Konto alle Eigenschaften eines „normalen" Kontos (→6.1.2).
  - Zwischen zwei Klassen kann eine *Assoziation* bestehen – eine allgemeine Beziehung, deren Art durch das Diagramm nicht unbedingt näher festgelegt ist. Sie wird durch eine einfache Linie dargestellt. An der Linie können *Kardinalitäten* angegeben werden, also die Anzahl der Objekte, die an der Beziehung beteiligt sein dürfen, und *Rollen*, also eine Beschreibung der Art der Beteiligung. Beispielsweise führt eine Bankfiliale eine beliebige Anzahl von Konten.
  - Eine *Aggregation* ist eine spezielle Assoziation, die eine allgemeine Enthaltensein-Beziehung modelliert. Ein Objekt darf dabei gleichzeitig in mehreren anderen Objekten enthalten sein. Die Beziehung wird durch eine Linie dargestellt, die auf der Seite der umschließenden Klasse mit einer ungefüllten Raute versehen ist. Beispielsweise ist ein Konto einer oder mehreren Kontogruppen mit jeweils einer Buchungsdatenbank zugeordnet, in der Vorgänge bezüglich dieses Kontos registriert werden.
  - Eine *Komposition* ist eine stärkere Beziehung als eine Aggregation: Hier kann ein Objekt der einen Klasse nur in *einem* Objekt der anderen Klasse enthalten sein. Zudem kann das enthaltene Objekt nicht allein existieren, sondern wird gemeinsam mit seinem „Behälter" gelöscht. Bei einer Komposition ist die Raute an der Linie gefüllt. Beispielsweise ist ein Schließfach untrennbar mit einem Tresor verbunden.

Objektdiagramme (*object diagrams*) ähneln Klassendiagrammen, enthalten aber statt Klassen Objekte, also *Instanzen* von Klassen (→6.1.1). Ein Objektdiagramm ist damit ein Schnappschuss des Systems, also eine Momentaufnahme zu einem bestimmten Zeitpunkt der Systemausführung. Zur Unterscheidung von Klassendiagrammen werden der Objektname sowie der Name der zugehörigen Klasse unterstrichen.

Komponentendiagramme (*component diagrams*) beziehen sich auf die Implementierungssicht des Systems – also die Realisierung der Klassen und Objekte durch reale Codekomponenten, wie beispielsweise Quellcode- und Objektmodule sowie Programmteile in Binärform (→5.3.1). Eine Komponente wird durch ein Rechteck dargestellt, aus dem zwei kleinere Rechtecke sowie Kreise für seine Schnittstellen herausragen (siehe Abbildung 6-18 links). Beziehungen zwischen Komponenten werden durch Pfeile angezeigt.

Verteilungs- oder **Einsatzdiagramme** (*deployment diagrams*) visualisieren die Struktur des Laufzeitsystems auf der realen Plattform aus Rechnerknoten und Kommunikationsnetzen. Hier sind die Komponenten perspektivisch dargestellten Quadern zugeordnet, die die einzelnen Rechnerknoten repräsentieren (siehe Abbildung 6-18 rechts).

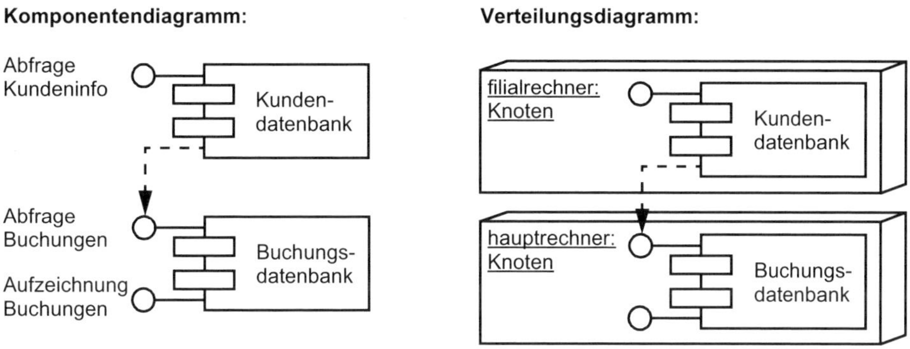

Abb. 6-18 *UML-Komponenten- und Verteilungsdiagramm*

Modellierung des dynamischen Verhaltens

Zur Darstellung des *dynamischen Verhaltens* eines Systems, also seines Verhaltens während der Ausführung, werden insbesondere **Interaktionsdiagramme** (*interaction diagrams*) eingesetzt. Es gibt zwei Arten von Interaktionsdiagrammen, die sich in ihrer Darstellungsform, nicht jedoch in ihren Inhalten unterscheiden: **Sequenzdiagramme** (*sequence diagrams*) richten den Blick auf die zeitliche Abfolge des Nachrichtenaustauschs zwischen Objekten, **Kollaborationsdiagramme** (*collaboration diagrams*) stellen die Anordnung der Objekte zueinander in den Vordergrund. Abbildung 6-19 zeigt die *Beschreibungsmittel* von Sequenzdiagrammen in allgemeiner Form und anhand eines Beispiels:

> *Horizontal*, also nebeneinander, werden die an der Interaktion beteiligten *Objekte* dargestellt. Dabei wird oben jeweils der Name (so vorhanden) und möglicherweise auch die Klasse des Objekts in einem Rechteck angegeben. Zusätzlich können *Akteure* in das Diagramm aufgenommen werden, die mit den Objekten interagieren. Unterhalb des Rechtecks eines Objekts oder Akteurs befindet sich seine vertikale *Lebenslinie* (*lifeline*).

> Die *vertikale* Anordnung des Diagramms entspricht dem *zeitlichen Ablauf* der Interaktionen. Die *Lebenslinie* eines Objekts zeigt damit untereinander den „Lebenslauf" eines Objekts an, der von oben nach unten zu lesen ist. Ist das Objekt während eines Zeitraums aktiv, führt es also gerade eine Operation durch, so hat die Lebenslinie die Form eines schmalen Rechtecks. Anderenfalls ist die Linie gestrichelt. Objekte können dynamisch erzeugt und gelöscht werden, was durch den Beginn bzw. das Ende der zugehörigen Lebenslinie dargestellt wird; das Ende wird zudem mit einem liegenden Kreuz versehen.

> *Pfeile* zwischen den Lebenslinien zeigen *Interaktionen* zwischen den Objekten und Akteuren an. Ein durchgezogener Pfeil zur Lebenslinie eines Objekts startet die Ausführung einer seiner Methoden oder erzeugt das Objekt möglicherweise erst. Mit dem Start einer Methodenausführung geht der Kontrollfluss (→4.1.1) in dieses Objekt über, was durch eine Verbreiterung dessen Lebenslinie dargestellt wird. Die Rückkehr des Kontrollflusses wird durch einen gestrichelten Pfeil zurück zum Aufrufer und die Verschmälerung der Lebenslinie symbolisiert. Der Aufrufpfeil ist mit dem Namen der aufgerufenen Methode und möglicherweise aktuellen Parametern (→4.1.4) beschriftet. Zudem können (in eckigen Klammern) Bedingungen angegeben werden, die vorliegen müssen, damit die Methode überhaupt aufgerufen wird.

Allgemeine Beschreibungsmittel:

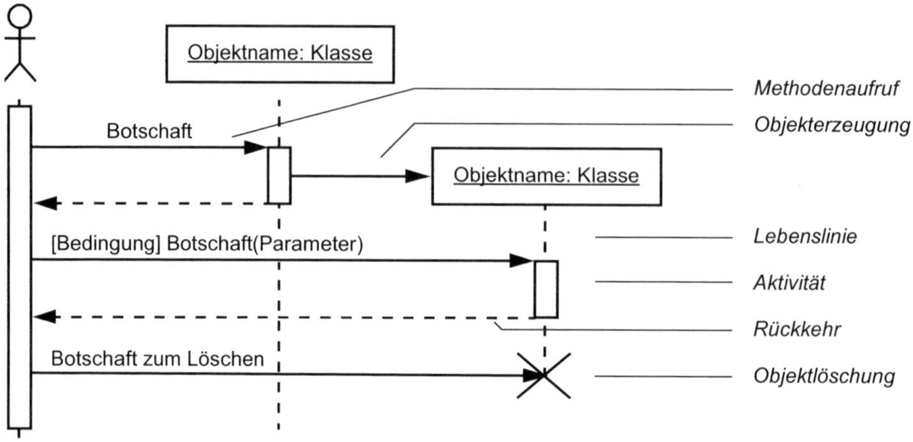

Anwendungsbeispiel: Abläufe bei der Benutzung eines Kontos

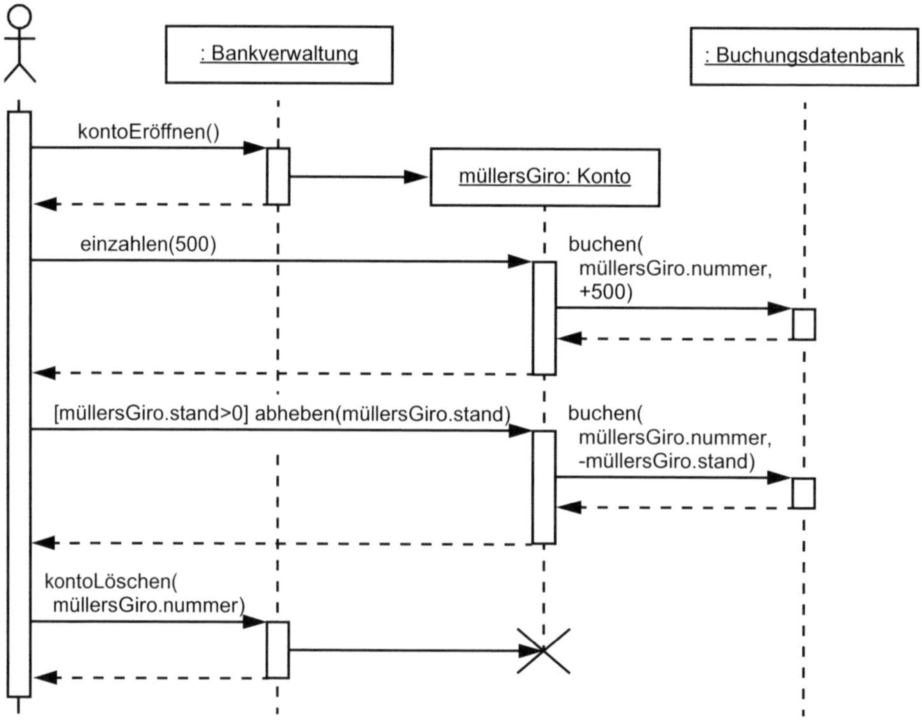

Abb. 6-19 *UML-Sequenzdiagramm*

Abbildung 6-20 zeigt ein Kollaborationsdiagramm, das dem mittleren Teil des Sequenzdiagramms aus Abbildung 6-19 entspricht.

Zustandsdiagramme (*statechart diagrams*) modellieren das System oder einen Teil davon als *endlichen Automaten* mit Zuständen und Zustandsübergängen (→2.1.4). Diese Darstel-

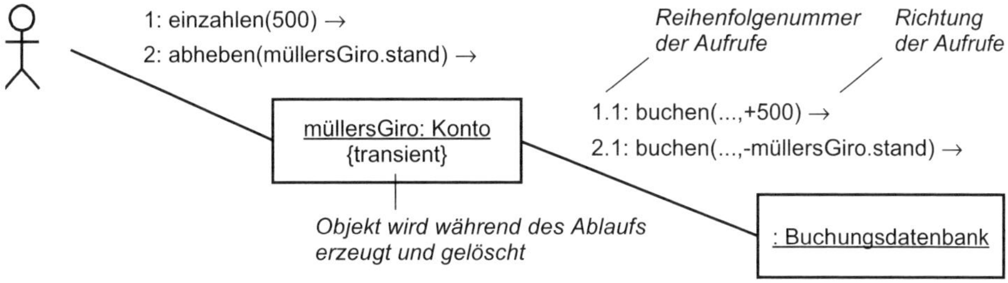

Abb. 6-20 *UML-Kollaborationsdiagramm*

lungsform eignet sich hauptsächlich für Systeme, die ereignisgesteuert arbeiten (→6.3.2). Die Notation von UML-Zustandsdiagrammen ähnelt der Darstellung in →Abbildung 2-10, wobei in UML aber unter anderem die Zustandsübergänge mit den Aktionen beschriftet sind, die während der jeweiligen Übergänge stattfinden.
Aktivitätsdiagramme (*activity diagrams*) sind eine spezielle Form von Zustandsdiagrammen. Ihre „Zustände" repräsentieren Aktivitäten des Systems mit einer gewissen Dauer, wobei ein Zustandsübergang dem Ende einer Aktivität und dem Start der nächsten entspricht.

Praktischer Einsatz von UML

UML wird heute insbesondere in **CASE-Tools** (*CASE = Computer Aided Software Engineering*) eingesetzt – also in Werkzeugen, die Softwarearchitekten und -entwickler bei ihrer Arbeit unterstützen. Diese Werkzeuge stellen meist Grafikeditoren zur Erstellung von Modellgrafiken sowie Datenbanken zur Ablage von Systemkomponenten zur Verfügung. Dazu kommen Dienstprogramme, mit denen eine Darstellungsform automatisch in eine andere umgewandelt werden kann (zum Beispiel ein OOD-Modell, →6.4.2, in Programmcode) und mit denen eine Projektdokumentation (halb-)automatisch generiert werden kann. Ein Beispiel für ein solches Werkzeug ist *Rational Rose*, das auf UML basiert und Unterstützung zur objektorientierten Analyse und Modellierung bietet.
UML ist auch die Grundlage von *Vorgehensmodellen* zur Softwareentwicklung, wie beispielsweise dem *Unified Process* (→6.4.3). Ein weiterer UML-basierter Ansatz ist die **OMG Model Driven Architecture (MDA)**, mit der die Architektur eines verteilten objektorientierten Systems (→7.3) beschrieben werden kann – erstens auf plattformunabhängige Weise, zweitens auf der Grundlage einer konkreten Verteilungsplattform, wie zum Beispiel *CORBA* (→7.4.2).

6.5 Zusammenfassung und weiterführende Literatur

Im sechsten Kapitel ging es um die Erstellung objektorientierter Softwaresysteme. Dabei kam es gegenüber den vorangehenden Kapiteln zu zwei wesentlichen Erweiterungen: Erstens wurde das Objektkonzept eingeführt, das eine enge Kombination von Datenstrukturen und darauf ausführbaren Operationen ermöglicht und sich damit deutlich von der rein prozeduralen Programmierung unterscheidet. Zweitens wurden Ansätze für ein planmäßiges Vorgehen bei der Realisierung komplexer Softwaresysteme besprochen, also die Konzepte zur „Programmierung im Kleinen" um Konzepte zur „Programmierung im Großen" ergänzt.

Objektorientierte Programmierung

Namensgebend für die objektorientierte Programmierung ist der Begriff des Objekts. Ein Objekt ist eine gekapselte, modulare Einheit aus Daten („Attributen") und Operationen („Methoden") darauf, auf die nur über eine Schnittstelle zugegriffen werden darf und die Implementierungsdetails in ihrem Körper verstecken kann. Objekte sind typisiert, also bestimmten Klassen zugeordnet. Eine Klasse legt die Eigenschaften einer Gruppe gleichartiger Objekte fest und definiert damit auch einen Bauplan zur Konstruktion neuer Objekte.
Unterschiedliche Klassen können gemeinsame Eigenschaften besitzen, was durch Klassenhierarchien ausgedrückt wird. Basisklassen, die in der Hierarchie weiter oben angesiedelt sind, vereinbaren allgemeinere Eigenschaften und vererben diese an spezifischere abgeleitete Klassen, die in der Hierarchie weiter unten stehen. Abstrakte Basisklassen definieren nicht alle ihre Methoden vollständig aus, sondern überlassen dies den von ihnen abgeleiteten Klassen.
Bei der objektorientierten Programmierung ist das Konzept der Polymorphie wichtig, bei dem sich hinter demselben Methodennamen unterschiedliche Methoden verbergen können: Methoden können einander überladen (also denselben Namen, aber unterschiedliche Parameterlisten besitzen) oder sogar überschreiben (also in Name *und* Parameterliste übereinstimmen). Welche Methode bei einem Aufruf jeweils gemeint ist, wird erst zur Laufzeit aufgrund des dynamischen Typs des betroffenen Objekts festgestellt (das heißt anhand der Klasse, der das Objekt angehört). Es findet also während der Programmausführung ein „spätes Binden" von Namen an Methoden statt.
In der heutigen Praxis spielt die objektorientierte Programmiersprache Java eine wichtige Rolle, so dass die Java-Literatur mittlerweile sehr vielfältig ist. Zu empfehlen sind hier insbesondere (in der Reihenfolge vom Anfänger- bis zum Fortgeschrittenen-Niveau) die Bücher von *Jobst* [Jobs01], *Mössenböck* [Möss03] sowie *Schader und Schmidt-Thieme* [SaST00]. Sehr ausführlich ist die Buchreihe, die das *Java-Entwicklungsteam* herausgegeben hat [ArGo00]. Auch das World Wide Web bietet Einiges, so das kostenlose Lehrbuch von *Ullenboom* [UlleWeb] sowie die ebenfalls kostenlose *Java-Dokumentation der Firma Sun Microsystems* [JavaWeb]. Die Java-Dokumentation von Sun sollte man bei der Programmierung immer zur Hand haben, denn sie bietet eine gute und genaue Übersicht über die manchmal verwirrende Fülle von Java-Standardpaketen und -klassen. Von [JavaWeb] kann man auch den *Java 2 Software Development Kit* (*JDK*, *J2SDK*) kostenlos herunterladen, der unter anderem Dienstprogramme zur Übersetzung und Ausführung von Java-Programmen enthält.

Dynamische Datenstrukturen

Klassen und Objekte definieren Datenstrukturen, also Datensammlungen, die nach einem bestimmten Ordnungsprinzip aufgebaut sind. Viele theoretische Untersuchungen und praktische Anwendungen der Informatik basieren auf Datenstrukturen, die dynamisch sind, also nach Bedarf wachsen und schrumpfen können. Wichtige dynamische Strukturen sind ungeordnete Mengen, geordnete Listen, Keller und Abbildungen.
Dynamische Datenstrukturen werden in der *Literatur zu Algorithmen* betrachtet (→4.5). In diesen Büchern ist es interessant sich anzuschauen, wie solche Strukturen implementiert werden, wenn die zugrunde liegende Programmiersprache keine entsprechenden vordefinierten Klassen anbietet (wie zum Beispiel C oder C++). Ein vollständige detaillierte Be-

schreibung der Java-Standardklassen für dynamische Datenstrukturen findet man in der offiziellen *Java-Dokumentation* [JavaWeb].

Steuerung des Programmablaufs

Während der Ausführung eines Programms können Ereignisse eintreten, auf die reagiert werden muss. Es kann sich dabei entweder um Ausnahmeereignisse („Exceptions") handeln, die durch das laufende Programm selbst verursacht werden, oder um Unterbrechungsereignisse („Interrupts"), die ihre Auslöser außerhalb des Programms haben. Das Programm unterbricht bei einem Ereignis seinen normalen Ablauf, und es wird ein Reaktionsunterprogramm (ein „Handler") zur Behandlung des Ereignisses ausgeführt.
Ein ereignisgesteuertes Programm läuft nicht „von vorn bis hinten" ab, sondern es wartet auf das Eintreten von Ereignissen und führt als Reaktion darauf bestimmte Aktionen durch. Dabei ist nicht vorherbestimmt, wann und in welcher Reihenfolge die Ereignisse auftreten. Nach dem Prinzip der ereignisgesteuerten Programmierung arbeiten insbesondere Programme mit grafischen Benutzeroberflächen, die sich in einem ständigen Zyklus aus Benutzereingaben und Reaktionen darauf befinden.
Objekte sind nicht unbedingt passiv, sondern sie können von sich aus Aktivitäten ausführen und dabei untereinander kooperieren. In einer objektorientierten Programmiersprache wie Java werden solche Objekte durch Threads dargestellt, die jeweils einen eigenen Kontrollfluss besitzen und in einer gemeinsamen Datenumgebung arbeiten. Ergänzend gibt es Mechanismen zur Synchronisation und Kommunikation, also zur zeitlichen Abstimmung bzw. zum Datenaustausch.
Mit Ereignissen können sich verschiedene Ebenen eines Rechensystems befassen. Ihre Behandlung auf Hardwareebene wird in Rechnerarchitekturbüchern beschrieben (zum Beispiel bei *Stallings* [Stal03a] und *Tanenbaum* [Tane99]), ihre Behandlung auf Betriebssystemebene in der Betriebssystemliteratur (siehe wiederum [Vogt01] und die dort enthaltene Literaturliste) und weitere Details ihrer Behandlung in Java-Programmen in der oben angegebenen Java-Literatur.
Nebenläufigkeit durch Threads wird ausführlich in der *Betriebssystemliteratur* besprochen. Eine detaillierte Diskussion der Nebenläufigkeit in Java findet man bei *Lea* [Lea00] und *Oechsle* [Oech01].

Softwaretechnik

Je größer ein zu realisierendes Softwaresystem ist, desto wichtiger ist eine geordnete Vorgehensweise bei seiner Entwicklung. Mit Fragen zur Organisation der Softwareentwicklung befasst sich die Softwaretechnik. Der englische Begriff „Software Engineering" weist auf die ingenieurmäßige Vorgehensweise hin, bei der auf der Basis allgemein anerkannter Prinzipien die Schritte eines Vorgehensmodells (Prozessmodells) ausgeführt werden. Grundlegende Prinzipien sind hier Modellbildung mit Abstraktion, Strukturierung, Modularisierung, Hierarchiebildung und Wiederverwendung. Zu den Schritten eines Vorgehensmodells gehören im Allgemeinen eine Problemanalyse, bei der die Anforderungen an das System festgestellt werden, ein Systementwurf, bei dem die Systemarchitektur in mehreren Verfeinerungsstufen beschrieben wird, eine Implementation, bei der die Architektur in ein Pro-

grammsystem umgesetzt wird, und schließlich die Installation mit nachfolgender Wartung. Dazu kommen Managementaufgaben zur Steuerung und Überwachung des Prozesses.
Klassische Vorgehensmodelle basieren auf Techniken der strukturierten Programmierung und modellieren daher Daten und Funktionen eines Systems getrennt voneinander. Zu diesen Modellen gehört das Wasserfallmodell, bei dem die Arbeitsschritte streng sequentiell ausgeführt werden. Zyklische Modelle, wie das Spiralmodell, lösen diese strenge Sequentialität auf, indem sie für die Softwareentwicklung mehrere Zyklen vorsehen. Moderne Vorgehensmodelle sind objektorientiert, basieren also auf einem modulbildenden Ansatz, bei dem zusammengehörige Daten und Funktionen zu Einheiten zusammengefasst werden. Ein Beispiel für ein objektorientiertes Vorgehensmodell ist der Unified Process, der eine Folge von Iterationen ausführt, in denen das System schrittweise entworfen und realisiert wird.
Die Unified Modeling Language (UML) ist die Standardsprache zur Spezifikation, Konstruktion, Visualisierung und Dokumentation objektorientierter Systeme. Sie stellt verschiedene Diagrammtypen bereit und ermöglicht so die grafische Modellierung der statischen Systemstruktur und des dynamischen Systemverhaltens aus verschiedenen Blickwinkeln. Besonders wichtig sind Anwendungsfalldiagramme zur Darstellung der Anforderungen an das System, Klassendiagramme zur Darstellung seines Klassensystems und Sequenzdigramme zur Darstellung von Kommunikationsabläufen.
Die Softwaretechnik-Lehrbücher von *Helmut Balzert* [Balz01a] sind *das* deutschsprachige Werk zum Thema: Zwei umfangreiche Bände diskutieren sehr ausführlich die verschiedenen Aspekte der Softwaretechnik; zwei unterstützende CD-ROMs enthalten unter anderem eine Reihe von CASE-Werkzeugen. Ein weiteres ausführliches Buch stammt von *Sommerville* [Somm00]. Speziell mit dem Thema der objektorientierten Modellierung befasst sich das Lehrbuch von *Heide Balzert* [Balz99b]; eine kompakte Darstellung objektorientierter Vorgehensmodelle findet man bei *Bunse und von Knethen* [BuKn02]. Ein Buch der „drei Amigos" *Booch, Jacobson und Rumbaugh* [JaBR99] gibt eine ausführliche Einführung in den Unified Process.
Eine sehr kompakte Übersicht über die Notationsformen von UML findet man in einem Taschenbuch von *Heide Balzert* [Balz01b]. Ausführlicher ist die Darstellung in einem weiteren Buch von *Booch, Jacobson und Rumbaugh* [BoRJ99] sowie bei *Oestereich* [Oest01], der auch auf den Einsatz von UML bei objektorientierter Analyse und Design eingeht. Der offizielle UML-Standard liegt auf dem WWW-Server der *Object Management Group* [OMGWeb].

6.6 Übungsaufgaben

1. Java-Klassen und -Objekte

Temperaturen können entweder in Celsius- oder in Fahrenheit-Graden angegeben werden. Es gelten dabei die folgenden Beziehungen:

> $\text{Temperatur}_{\text{Celsius}} = (\text{Temperatur}_{\text{Fahrenheit}} - 32) \cdot 5 / 9$

> $\text{Temperatur}_{\text{Fahrenheit}} = 9 \cdot \text{Temperatur}_{\text{Celsius}} / 5 + 32$

a.) Definieren Sie eine Java-Klasse für eine Temperaturangabe. Die Klasse soll zwei Attribute spezifizieren: Das erste Attribut enthält den eigentlichen Temperaturwert als Zahl mit Nachkommastellen, das zweite gibt an, ob es ein Celsius- oder Fahrenheit-Wert ist. Die Klasse soll noch keine Methoden enthalten.

b.) Deklarieren Sie eine Objektvariable bezüglich der Klasse, erzeugen Sie ein zugehöriges neues Objekt und weisen Sie ihm Attributwerte zu, die 21 Grad Celsius entsprechen.

c.) Schreiben Sie ein Programmstück, das für ein Java-Temperatur-Objekt den Temperaturwert mit der richtigen zugehörigen Einheit „Grad Celsius" bzw. „Grad Fahrenheit" auf den Bildschirm ausgibt.

d.) Erweitern Sie die Klasse um eine Methode, die die Temperaturangabe in einem Objekt umwandelt: Enthält das Objekt zur Zeit einen Celsius-Wert, so soll daraus ein Fahrenheit-Wert gemacht werden, und umgekehrt.

e.) Geben Sie für das Temperatur-Objekt aus b.) an, wie die Methode aus d.) aufgerufen wird.

2. Klassenhierarchien

a.) Überlegen Sie, wie man die Objekttypen *Schiff, Zeppelin, Düsenflugzeug, Luftfahrzeug, Verkehrsmittel, PKW, Landfahrzeug, LKW* am besten in einer Klassenhierarchie darstellt. Beschreiben Sie die Hierarchie durch ein UML-Klassendiagramm, in dem für jede Klasse ein oder mehrere typische Attribute angegeben sind.

b.) Welche der Klassen aus a.) sollte man als abstrakte Klassen definieren, also als Klassen, die nur als Basis zur Ableitung weiterer Klassen, nicht jedoch zur Erzeugung von Objekten dienen?

c.) Skizzieren Sie, wie die Klassenhierarchie aus a.) und b.) in Java-Schreibweise realisiert würde.

3. Überladen und Überschreiben

Betrachten Sie das folgende Java-Programmstück:

```
class K1 {
 void ma() { System.out.println("ma1: no param"); }
 void ma(int i) { System.out.println("ma1: "+i); }
 void mb() { System.out.println("mb1: no param"); }
}
class K2 extends K1 {
 void ma() { System.out.println("ma2: no param"); }
}
class K3 extends K2 {
 void mb() { System.out.println("mb3: no param"); }
 void mb(int i) { System.out.println("mb3: "+i); }
}
K1 k;
k = new K2(); k.ma(); k.ma(1);
k = new K3(); k.mb(); k.ma(); k.ma(3);
k = new K1(); k.ma(); k.mb();
```

a.) Welche Methoden sind überladen? Welche Methode überschreibt welche?

b.) Welchen statischen Typ hat die Objektvariable `k`, welche dynamischen Typen hat sie im Verlauf des Programms?

c.) Welche Methoden werden jeweils aufgerufen, das heißt welche Ausgabe erzeugt das Programm? (Erläuterungen: Die Anweisungen werden Zeile für Zeile von links nach rechts ausgeführt. `System.out.println("Text"+i)` gibt den Text `Text` aus, gefolgt von dem aktuellen Wert von `i`.)

4. Dynamische Datenstrukturen

Definieren Sie zwei Java-Klassen `Schlange` und `Keller`, ohne auf die Java-Standardpakete zurückzugreifen. Eine Schlange bzw. ein Keller soll in der Lage sein, eine (begrenzte) Anzahl von `int`-Werten zu speichern, wobei das Einfügen und Entnehmen von Werten nach dem FIFO- bzw. LIFO-Prinzip erfolgt. Zur Speicherung der Werte soll ein Feld im Schlangen- bzw. Kellerkörper dienen. Weitere Attribute sind die Indizes, die die nächste Einfüge- bzw. Entnahmeposition des Felds angeben. Zugriffsmethoden sind die Einfüge- und die Entnahmeoperation. Anregungen zur Realisierung gibt der Kasten auf Seite 306.

5. Nebenläufigkeit

a.) Gestalten Sie die Java-Klasse `Konto` aus 6.1.1 so, dass Zugriffe auf ein Kontoobjekt wechselseitig ausgeschlossen ablaufen.

b.) Erweitern Sie die Methoden dieser Klasse so, dass Folgendes sichergestellt wird: Ein Thread, der versucht, mehr Geld abzuheben, als auf dem Konto vorhanden ist, wird blockiert. Er wird von einem Thread, der Geld einzahlt, wieder entblockiert. Beachten Sie dabei, dass ein Thread nach seiner Entblockierung erneut testen muss, ob jetzt genügend Geld vorhanden ist, und sich nochmals blockieren muss, wenn das immer noch nicht der Fall ist. Verwenden Sie dazu eine `while`-Schleife.

c.) Programmieren Sie zwei Threads, die über eine global verfügbare Objektvariable `konto` auf ein Kontoobjekt zugreifen. Der erste Thread soll sofort versuchen, vom Konto 500 € abzuheben. Der zweite Thread wartet zunächst fünf Sekunden, zahlt dann 250 € ein, wartet nochmals fünf Sekunden und zahlt wieder 250 € ein. Wie sieht der zeitliche Ablauf der Ausführung dieser Threads aus, wenn der Kontostand zu Beginn 0 € beträgt?

6. Modellierung mit UML

Betrachten Sie ein System, mit dem ein Benutzer Mails (also elektronische Post) abschicken und empfangen kann. Abgeschickte Mails werden als Kopie in einem Benutzerordner abgelegt, eingegangene Mails liegen ebenfalls im Benutzerordner und werden dort vom Benutzer zum Lesen abgeholt. Der Benutzer kann Mails aus dem Ordner löschen.

a.) Erstellen Sie ein Anwendungsfalldiagramm, wobei Sie die folgenden Gesichtspunkte berücksichtigen:

> Ein Mailnutzer kann eigene Mails verschicken und eingegangene Mails lesen. Beim Abschicken wird, wie oben beschrieben, der Benutzerordner aktualisiert. Abgeschickte Mails sollen verschlüsselt werden können (müssen es aber nicht), und eine eingegangene Mail wird beim Lesen entschlüsselt, sofern sie verschlüsselt ist. Der Nutzer kann Mails aus dem Ordner löschen, wobei der Ordner aktualisiert wird.

> Ein Systemverwalter hat alle Möglichkeiten eines Nutzers und kann zudem einen Benutzerordner einrichten und löschen.

> Ein Rechnernetz kann eingehende Mails in das System eingeben, indem es den Benutzerordner aktualisiert.

b.) Erstellen Sie ein Klassendiagramm mit den folgenden Klassen:
   - Klasse `Mail` mit Attributen für den Absender und den Empfänger sowie den Mailtext und Methoden zum Setzen und zum Lesen des Mailtexts.
   - Klasse `VerschlüsselteMail` mit zusätzlichen Methoden zum Ver- und Entschlüsseln.
   - Klasse `Benutzerordner` mit einem Attribut zur Aufnahme einer Menge von Mails und Methoden zum Eintragen, Abrufen und Löschen von Mails.

   Modellieren Sie dabei eine Vererbungs- und eine Aggregationsbeziehung (Hinweis: Eine Mail kann in einem oder mehreren Ordnern stehen).

c.) Erstellen Sie ein Sequenzdiagramm, das den folgenden Ablauf zeigt: Ein Benutzer erzeugt eine neue Mail, trägt in ihr einen Text ein, schickt sie ab und löscht sie anschließend aus seinem Ordner.

7 | Rechnernetze und verteilte Systeme

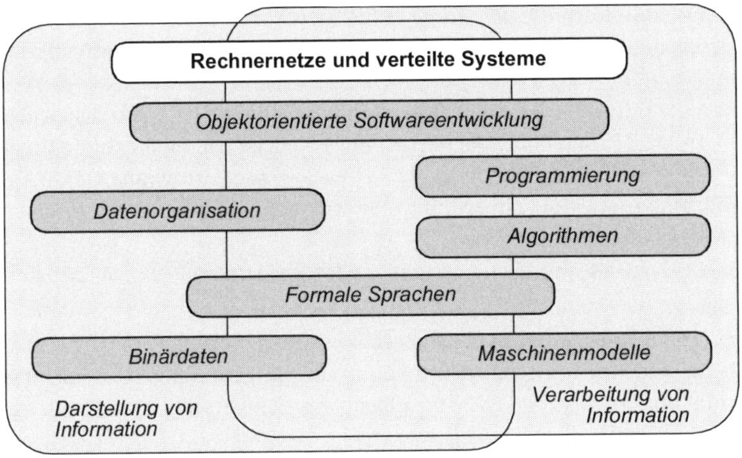

Während Computer früher *stand-alone*, das heißt isoliert arbeiteten, sind sie heute oft *vernetzt*, also über Kommunikationsmedien miteinander verbunden. In einem solchen *Rechnernetz* können Daten auch über größere Entfernungen übertragen werden. Rechnernetze sind die Grundlage von Diensten *verteilter Systeme*, die ortsunabhängig genutzt werden können.

7.1 Kommunikation in Rechnernetzen

In einem **Rechnernetz** (engl. *computer network*) ist eine Anzahl von Computern durch ein *Kommunikationsmedium* miteinander verbunden. Die Computer werden als **(Rechner-)knoten** (engl. *nodes*) des Netzes bezeichnet. Über das Medium (beispielsweise ein elektrisches oder optisches Kabel, eine Infrarot- oder eine Funkverbindung) können Daten zwischen den Knoten übertragen werden. Die Datenübertragung in einem Netz ist *langsamer* als die Übertragung über einen Bus (→2.1.1) und hat einen *geringeren Durchsatz*. Im Sinne von →Abbildung 5-17 ist ein Rechnernetz also kein Multiprozessorsystem, sondern ein *Multicomputersystem* mit einer lose gekoppelten Hardware.

Die Knoten eines Rechnernetzes sind über einen mehr oder weniger großen geografischen Bereich verteilt:

> Ein **lokales Netz (Local Area Network, LAN)** beschränkt sich meist auf ein oder einige wenige Gebäude und hat eine maximale Ausdehnung von einigen wenigen Kilometern. Es dient zur Verbindung von Computern in derselben Firma / Institution oder Abteilung.

> Ein **Weitverkehrsnetz (Wide Area Network, WAN)** überspannt eine wesentlich größere Fläche, beispielsweise ein ganzes Land oder einen oder mehrere Kontinente. In einem WAN können mehrere LANs über einen **Backbone** (= Übertragungsweg mitg roßer Ausdehnung und hoher Datenrate) miteinander verbunden sein, so dass eine Weitverkehrskommunikation zwischen den angeschlossenen Rechnern möglich wird.

Ein Rechnernetz kann zu den folgenden beiden Zwecken eingesetzt werden:

> Benutzer, die sich an verschiedenen Orten aufhalten, können über das Netz miteinander *kommunizieren*. Sie können sich beispielsweise *Mails* und/oder *Dokumente* zuschicken sowie *Audio- und Videokonferenzen* abhalten. Ein Rechnernetz übernimmt damit Aufgaben eines **Kommunikationssystems**, also der *Telekommunikation*.

> Ein Benutzer kann über das Netz *Dienste nutzen*, die zwar nicht von seinem eigenen Computer, aber von einem anderen Rechnerknoten angeboten werden. So kann er beispielsweise eine *entfernte Datenbank* abfragen oder auf *entfernte Dateien* zugreifen, die sich auf dem Plattenspeicher eines anderen Knotens befinden. Dass die Dienste durch einen anderen Rechner als den eigenen realisiert werden, ist dem Benutzer entweder bewusst (zum Beispiel dann, wenn er bei einem Dateizugriff den Ort der Datei angeben muss) oder es bleibt ihm verborgen (zum Beispiel dann, wenn das Netz die gewünschte Datei von selbst findet und sie dem Benutzer präsentiert, als läge sie auf dem lokalen Plattenspeicher seines Rechners).
> Unterstützt ein Netz derartige verteilte Dienste, so muss nicht mehr jeder Knoten alle Dienste selbst realisieren, sondern er kann auf die Angebote anderer Knoten zurückgreifen. Ein Rechnerknoten ist damit allerdings *nicht mehr unbedingt autonom*, also allein arbeitsfähig, sondern er ist möglicherweise auf andere Knoten des Netzes angewiesen.

Dieses Unterkapitel beschäftigt sich mit einer grundlegenden Aufgabenstellung in Rechnernetzen, nämlich mit der *Steuerung von Kommunikationsabläufen*:

> Zunächst werden die fundamentalen Begriffe der *Nachricht* und des *Protokolls* eingeführt: Eine Nachricht ist eine Menge von Daten, die über das Netz übertragen wird. Ein Protokoll ist eine Menge von Regeln, die das Format von Nachrichten und den zeitlichen Ablauf von Kommunikationsvorgängen festlegen.

> Anschließend wird die Struktur von *Protokollhierarchien* besprochen, bei denen Protokolle aufeinander aufbauen: Protokolle einer niedrigeren Schicht realisieren Dienste, die von Protokollen einer höheren Schicht genutzt werden. Ausgehend von den Fähigkeiten der realen Hardware können somit schrittweise immer anspruchsvollere Protokolle definiert werden, bis schließlich eine benutzerfreundliche Sammlung von Diensten realisiert ist. Einen standardisierten Rahmen für solche Hierarchien spezifiziert das *OSI-Modell.*
> Schließlich werden einige *Netzbeispiele* mit ihren hardwarenahen Zugangsprotokollen besprochen, nämlich das *Ethernet, drahtlose lokale Netze* und (mit Bezug auf den Internetzugriff für Privatanwender) das *Telefonnetz.*

Höhere Protokolle und Dienste werden im nächsten Unterkapitel am Beispiel des *Internets* diskutiert. Die danach folgenden Unterkapitel befassen sich mit den Grundlagen *verteilter Systeme,* die – im Gegensatz zu reinen Rechnernetzen – dem Benutzer gegenüber verbergen, dass die Dienste durch einen Verbund geografisch auseinander liegender Computer realisiert werden.

7.1.1 Nachrichten und Protokolle

Der Austausch von Daten über ein Kommunikationsnetz kann nicht ungeordnet ablaufen, sondern er muss *gesteuert* werden. Entsprechende Steuerungsmechanismen sind aus dem Alltagsleben bekannt – beispielsweise von *Telefongesprächen* her (siehe Abbildung 7-1): Bei einem Telefongespräch tauschen zwei *Kommunikationspartner* Nachrichten untereinander aus. Eine *Nachricht* ist hier ein Satz oder Satzfragment in gesprochener natürlicher Sprache, der von dem einen Partner (dem *Sender*) zum anderen Partner (dem *Empfänger*) übertragen wird. Man kann hierbei unterscheiden zwischen Nachrichten, die *Nutzdaten* mit den „eigentlichen" Informationen enthalten, und Nachrichten, die zur *Steuerung* des Kommunikationsflusses dienen. Als *Medium* für die Kommunikation wird die Telefonleitung mit elektrischen oder optischen Signalen bzw. die Luft mit Schallwellen benutzt.
Ein Telefongespräch unterliegt einer Reihe von *Regeln,* die durch allgemeine Konvention festgelegt sind und mehr oder weniger unbewusst befolgt werden. Sie bestimmen insbesondere

> die benutzte Sprache,
> den zeitlichen Ablauf des Gesprächs (beispielsweise seinen Aufbau aus Gesprächsbeginn = „Verbindungsaufbau", Hauptteil = „Nutzdatenübertragung" und Gesprächsende = „Verbindungsabbau"),
> die Form und die Abfolge der Steuernachrichten (Meldung mit Namen, Begrüßung mit Nennung des anderen Namens usw.) und
> die Behandlung von Übertragungsfehlern.

Die *Datenkommunikation in Rechnernetzen* beruht auf denselben Prinzipien. Nachrichten werden zumeist in Form von Datenpaketen übertragen, wobei die Vorgehensweise durch eine Menge von Regeln, ein so genanntes Protokoll, festgelegt wird:

> Eine **Nachricht** (engl. *message*) ist eine Folge von Zeichen (letztlich Bytes), die Informationen darstellen („codieren"). Die Art der Codierung ist per Konvention festgelegt. Die Zeichen werden zu **Paketen** (engl. *packets,* auch *Protocol Data Units, PDUs* genannt) zu-

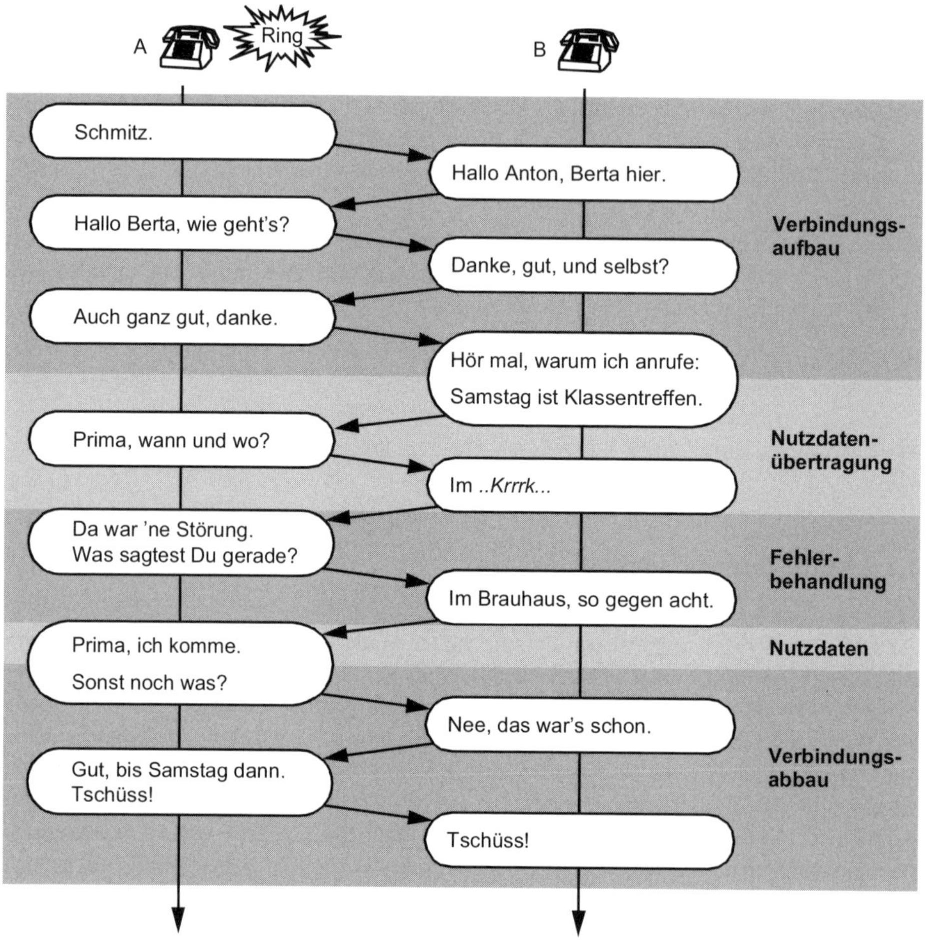

***Abb. 7-1** Beispiel für einen Nachrichtenaustausch*

sammengefasst. Wie Abbildung 7-2 zeigt, enthalten Pakete neben den **Nutzdaten** (engl. *payload*) auch **Steuerinformationen** (engl. *control information*). Die Pakete sind die Einheiten, die vom Kommunikationssystem übertragen werden.

> Ein **Kommunikationsprotokoll** (kurz: **Protokoll**, engl. *communication protocol*) ist eine Vereinbarung über den geordneten Ablauf der Kommunikation. Insbesondere legt es das Aussehen und die Bedeutung der Pakete fest (wobei insbesondere zwischen *Datenpaketen* und *Steuerpaketen* unterschieden wird) und bestimmt zulässige zeitliche Abfolgen beim Austausch der Pakete.

Eigenschaften und Mechanismen von Protokollen

In realen Rechnernetzen wird eine Vielzahl von Protokollen eingesetzt, die sich in ihren Aufgaben und Mechanismen unterscheiden (→7.1.3, →7.2). Man kann diese Protokolle ers-

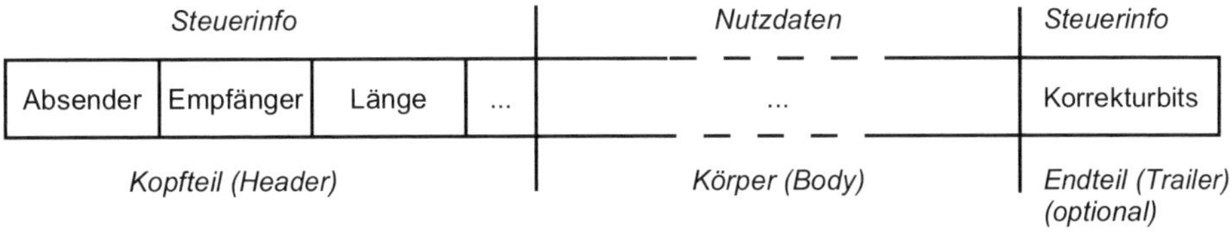

Abb. 7-2 *Typisches Paketformat*

tens anhand der *Dienste* klassifizieren, die sie anbieten (siehe hierzu das *OSI-Modell* in →7.1.2), und zweitens anhand *grundlegender Eigenschaften*, die die Protokolle besitzen:

> Ein **verbindungsorientiertes Protokoll** (engl. *connection-oriented protocol*) baut eine *Verbindung* zwischen den Kommunikationspartnern auf, bevor Nutzdaten übertragen werden; ein **verbindungsloses Protokoll** (engl. *connectionless protocol*) überträgt die Nutzdaten dagegen ohne vorherigen Verbindungsaufbau (siehe hierzu auch →Abbildung 7-15). Im Alltag werden verbindungsorientierte Protokolle beispielsweise im Telefonnetz eingesetzt, verbindungslose Protokolle zum Beispiel bei der Briefpost.

> Ein **zuverlässiges Protokoll** (engl. *reliable protocol*) enthält Mechanismen, die auf Übertragungsfehler wie die Verfälschung binär codierter Daten oder sogar den Verlust ganzer Pakete reagieren können. Sie ergänzen beispielsweise die Nutzdaten und/oder Steuerinformationen eines Pakets durch **Fehlererkennungs-** und **-korrekturcodes** (engl. *error dectection codes, EDC*, bzw. *error correction codes, ECC*), anhand derer der Empfänger die Verfälschung einzelner Bytes im Paket erkennen bzw. sogar korrigieren kann. Zudem kann vorgesehen werden, dass ein Empfänger jeweils den korrekten Empfang eines Pakets bestätigen muss. Trifft eine solche Bestätigung (engl. *acknowledgement*) beim Sender nicht innerhalb einer bestimmten Frist ein, so sieht dieser das Paket als verloren an und überträgt es noch einmal. Bei einem **unzuverlässigen Protokoll** (engl. *unreliable protocol*) fehlen derartige Mechanismen; Fehlererkennung und -korrektur müssen hier von Zusatzdiensten übernommen werden. Die zwischenmenschliche Sprachkommunikation stützt sich auf hochgradig zuverlässige Protokolle; die Briefpost dagegen wird im Normalfall von unzuverlässigen Protokollen gesteuert.

> Bei einem **Unicast-Protokoll** findet lediglich eine Punkt-zu-Punkt-Kommunikation statt, das heißt die Nachricht eines Senders erreicht jeweils nur einen bestimmten Empfänger. Ein **multicastfähiges Protokoll** kann dagegen dieselbe Nachricht an eine Gruppe mit mehreren Empfängern schicken, wobei sich eine **Broadcastnachricht** an *alle* Netzteilnehmer richtet (vergleiche auch →5.4.3, Abbildung 5-24). Ein Telefongespräch läuft im Allgemeinen nach einem Unicast-Protokoll ab; es sind jedoch auch Telefonkonferenzen mit einer Multicast-Kommunikation möglich. Eine Radio- und Fernsehübertragung basiert auf einem Broadcast-Mechanismus.

Protokollspezifikation

Da Protokolle zur Datenkommunikation maschinell ausgeführt werden, müssen sie *formal spezifiziert* werden (vergleiche die Argumentation zur formalen Definition von Sprachen in →2.4). Zur formalen Spezifikation des Aufbaus von Paketen, also der *Paketsyntax*, kann die **Abstract Syntax Notation One (ASN.1)** verwendet werden – eine Sprache, die zur platt-

formunabhängigen Beschreibung von Datenstrukturen dient. Alternativ kann eine Markierungssprache eingesetzt werden, wie *XML* mit ihren *DTDs* und *XML Schemata* (→3.4.3).
Das *zeitliche Verhalten* der an einer Kommunikation beteiligten Partner (der so genannten **Protokollmaschinen** oder auch **Protokollinstanzen**) kann mit Hilfe der folgenden Modelle spezifiziert werden:

> In einem **Ablaufdiagramm** werden, ähnlich wie in Abbildung 7-1, die beteiligten Instanzen mit senkrechten „Lebenslinien" und die Folge der ausgetauschten Nachrichten durch Pfeile zwischen diesen Linien dargestellt (vergleiche dazu auch *UML-Sequenzdiagramme*, →Abbildung 6-19). Ein Ablaufdiagramm eignet sich vor allem zur Illustration einer bestimmten, fest vorgegebenen Ablauffolge; es ist weniger geeignet zur Spezifikation eines Protokolls, das auf unvorhergesehene Ereignisse (beispielsweise auf Fehler, die zu beliebigen Zeitpunkten eintreten können) reagieren muss.

> Ein **endlicher Automat** (→2.1.4) definiert ein Protokoll durch Zustände und Zustandsübergänge. Jede der beteiligten Protokollmaschinen befindet sich jeweils in einem Zustand (zum Beispiel „Wartend auf Eintreffen eines Pakets"). Zustandsübergänge mit zugeordneten Aktionen finden statt, wenn ein Ereignis eintritt (zum Beispiel „Korrektes Paket trifft ein", „Paket mit Übertragungsfehler trifft ein", „Zeitgeber läuft ab").

> Ein **Petri-Netz** (→4.4.2) bietet eine ähnliche Darstellungsmöglichkeit: Eine Marke in einer Stelle symbolisiert den Zustand einer Protokollmaschine, eine Transition entspricht einem Zustandsübergang als Reaktion auf ein Ereignis.

Wird ein Protokoll durch einen endlichen Automaten oder ein Petri-Netz spezifiziert, so kann es *formal analysiert* werden. Auf diese Weise kann die Protokolldefinition **verifiziert**, also auf Korrektheit überprüft werden.

7.1.2 Protokollhierarchien

Ein Softwaresystem zur Datenübertragung setzt auf die reale Hardware auf und bietet seinen Benutzern komfortable, problemorientierte Dienste. Es muss daher, wie ein Betriebssystem (→Abbildungen 2-4 und 2-5), die große *Kluft* überbrücken, die zwischen der primitiven Hardwareschnittstelle und der komplexen Anwendungsschnittstelle mit ihren benutzerfreundlichen Diensten besteht. Obwohl die Protokollsoftware dazu viele verschiedene Aufgaben zu lösen hat und somit recht umfangreich ist, sollte sie möglichst *übersichtlich* gehalten werden. Eine übersichtlichen Aufbau kann man dadurch erreichen, dass man die Software *hierarchisch* strukturiert (→6.4.1), also mehrere *Protokollschichten* realisiert, die jeweils Teilaufgaben übernehmen und aufeinander aufbauen.
Zur Illustration dieses Prinzips soll wieder das Telefonnetz dienen (siehe Abbildung 7-3): Neben dem in →7.1.1 skizzierten Protokoll, mit dem zwei Menschen ihr Telefongespräch führen, kommen beim Telefonieren weitere Protokolle zum Zuge, die das interne Zusammenspiel der Systemkomponenten regeln – wie beispielsweise das Verhalten der Vermittlungsstellen beim Aufbau einer Verbindung. Das Protokoll für die menschlichen Gesprächspartner gehört dabei einer *höheren Schicht* an als die internen Protokolle des Telefonnetzes: Die Protokolle der niedrigeren Schicht stellen an einer *Schnittstelle* (konkret: an den Telefonapparaten) *Dienste* bereit (zum Beispiel die Möglichkeit zum Anwählen des Partners und die Ein- und Ausgabe von Sprache); die *Instanzen* der darüber liegenden Schicht (konkret: die Gesprächspartner) nutzen diese Dienste, um damit ihre eigene Kommunikation anhand ih-

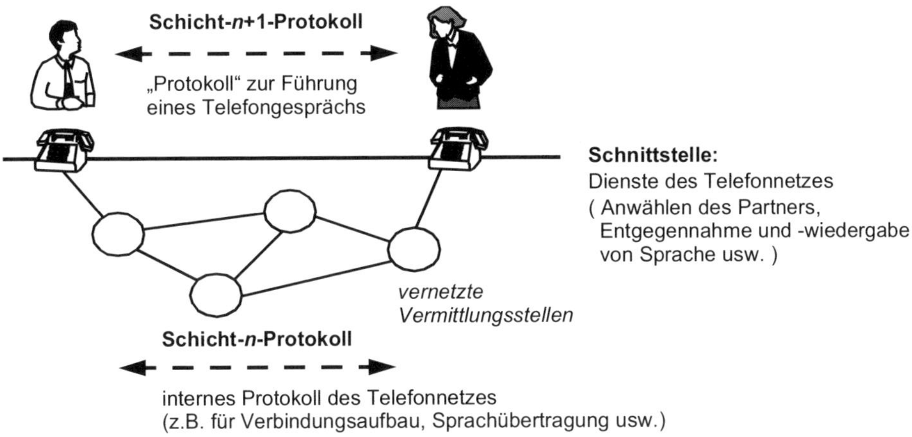

Abb. 7-3 *Beispiel für geschichtete Protokolle*

res Telefongesprächsprotokolls durchzuführen. Sie müssen dazu lediglich die Dienstschnittstelle der niedrigeren Schicht kennen, nicht jedoch deren Protokolle in ihren Einzelheiten.

Protokollstacks

Abbildung 7-4 zeigt, wie Kommunikationssysteme mit **geschichteten Protokollen** (engl. *layered protocols*) allgemein organisiert sind: **Protokollinstanzen** der Schicht n+1 kommunizieren mit Instanzen derselben Schicht auf anderen Knoten (so genannten **Peers**) und halten sich dabei an das Protokoll der Schicht n+1. Zur Durchführung dieser Kommunikation benutzen sie **Dienste** (engl. *services*), die von Instanzen der darunter liegenden Schicht n an **Schnittstellen** (engl. **interfaces**, manchmal auch **Service Access Points**, **SAPs**, genannt) angeboten werden. Die Instanzen der Schicht n+1 „sehen" nur ihre Peers auf den anderen Knoten, ihr Schicht-n+1-Protokoll und die Schnittstellen zur Schicht n, nicht jedoch die Instanzen und Protokolle unterhalb der Schnittstelle.
Meist sind mehr als nur zwei Protokolle übereinander geschichtet, so dass sich ein **Protokollstack** (deutsch *Protokollstapel*) aus mehreren Protokollen ergibt. Die „virtuelle Kommunikation" (also das, was Schicht-n+1-Komponenten „sehen") spielt sich hier jeweils direkt zwischen Schicht-n+1-Instanzen über das Schicht-n+1-Protokoll und die Schicht-n-Schnittstellen ab. Der reale Kommunikationsfluss durchläuft dagegen *alle* darunter liegenden Schichten und schließlich das physisch vorhandene reale Netz (siehe auch →7.2.1, Abbildung 7-11). Im Sinne von →2.1.2 realisieren die Protokollschichten also eine Folge von *virtuellen Kommunikationsnetzen*, die aufeinander aufbauen und nach oben immer komfortablere Dienste realisieren.
Der *Vorteil* eines Protokollstacks ist seine übersichtliche Struktur, da sich die Aufgaben der Protokollsoftware auf die verschiedenen Schichten verteilen. Je mehr Schichten es gibt, desto höher ist allerdings der Aufwand für die Übertragung eines Pakets, da viele Schnittstellen durchlaufen werden müssen. In der Praxis verzichtet man daher bisweilen auf die getrennte Implementierung der Protokollinstanzen der einzelnen Schichten, sondern fasst sie zu größeren Komponenten zusammen.

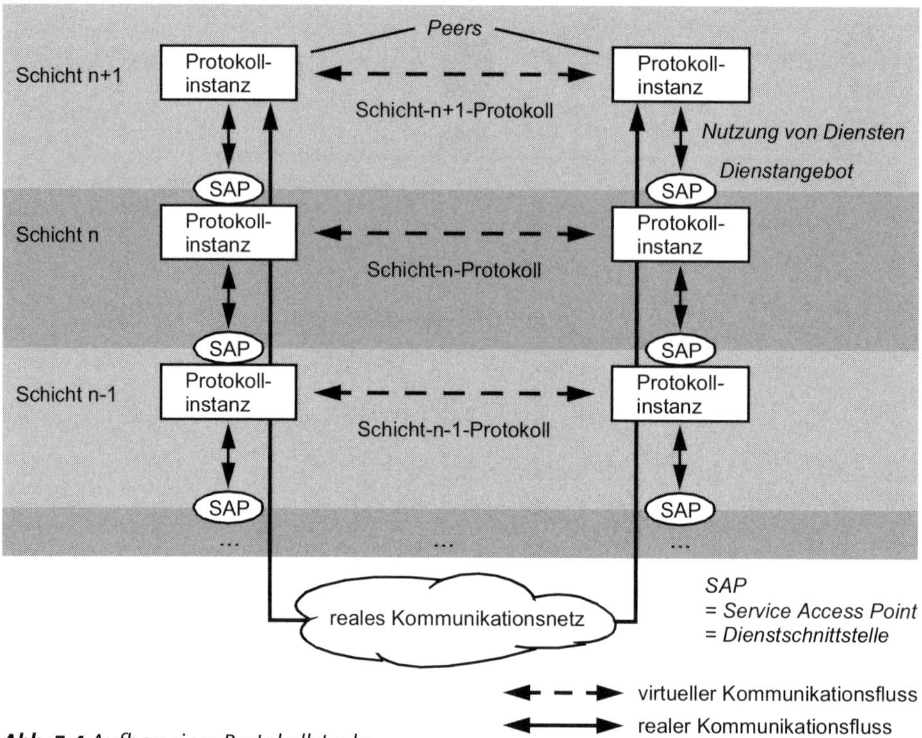

Abb. 7-4 *Aufbau eines Protokollstacks*

OSI-Modell

Für Systeme zur Datenkommunikation, die mit geschichteten Protokollen arbeiten, hat die *International Organization for Standardization (ISO)* das **OSI-Modell** standardisiert. OSI steht für *Open Systems Interconnection* und formuliert damit das Ziel, einen Standard für die Verbindung „offener" Systeme zu bieten – also Computersysteme, die nicht nur mit Systemen desselben Herstellers, sondern auch mit Computern anderer Hersteller kommunizieren können. Das OSI-Modell dient als *Referenzmodell*, also als ein *Klassifikationsschema*, in dessen Schichten man Protokolle anhand ihrer Funktionalität und der realisierten Dienste einordnen kann. Zudem definierte die ISO auf der Grundlage des OSI-Modells eine Reihe konkreter Protokolle, die sich aber gegen die rasch aufkommenenden Nicht-OSI-Protokolle (insbesondere die *Internetprotokolle*, →7.2) nicht durchsetzen konnten.

Das OSI-Modell besteht aus den folgenden *sieben Schichten* (siehe Abbildung 7-5):

> Die unterste Schicht 1 (*Bitübertragungsschicht, Physical Layer*) setzt auf dem realen Übertragungsmedium (beispielsweise Kupferkabel oder Glasfaserleitung) auf und realisiert die Übertragung eines Bitstroms mit Hilfe elektrischer oder optischer Signale.

> Schicht 2 (*Sicherungsschicht, Data Link Layer*) zerfällt in zwei Teilschichten: Die untere, der *Media Access Control (MAC) Sublayer*, regelt den Zugang zum Übertragungsmedium, wenn mehrere konkurrierende Rechnerstationen darauf zugreifen wollen. Die obere, der *Logical Link Control (LLC) Sublayer*, ermöglicht das Verschicken von Paketen (→7.1.1) und kann dabei auftretende Fehler behandeln.

Schicht 7	**Application Layer (Anwendungsschicht)**		problemnahe Dienste (Mail, Zugriff auf entfernte Dateien, ...)
Schicht 6	**Presentation Layer (Darstellungsschicht)**		Anpassung der Datencodierung
Schicht 5	**Session Layer (Kommunikationssteuerungsschicht)**		„Sitzungen“ mit Steuerungsmechanismen für die Kommunikationspartner
Schicht 4	**Transport Layer (Transportschicht)**		Datentransport zwischen Endsystemen, Fehlerbehandlung, Flusskontrolle
Schicht 3	**Network Layer (Vermittlungsschicht)**		Bestimmung eines Kommunikationswegs im Netz („Routing“), Behandlung von Datenstaus
Schicht 2	**Data Link Layer (Sicherungsschicht)**	**Logical Link Control (LLC)**	Datenpakete mit Fehlerbehandlung
		Media Access Control (MAC)	Zugangsregelung zum Medium
Schicht 1	**Physical Layer (Bitübertragungsschicht)**		Bitstrom auf dem physischen Übertragungsmedium

Abb. 7-5 *ISO/OSI-Referenzmodell für Protokolle zur Datenkommunikation*

- Protokolle der Schicht 3 (*Vermittlungsschicht, Network Layer*) dienen zur Wegesuche im Kommunikationsnetz (zum so genannten **Routing**), indem sie Pakete vom Sender über möglicherweise mehrere Zwischenknoten (**Router**) zum Empfänger weiterleiten. Zudem können sie auf Paketstaus innerhalb des Netzes reagieren.
- Schicht 4 (*Transportschicht, Transport Layer*) ermöglicht eine Ende-zu-Ende-Kommunikation, also eine direkte Datenübertragung zwischen den jeweiligen Kommunikationspartnern. Zudem können Schicht-4-Protokolle Techniken zur Fehlerbehandlung realisieren sowie eine Flusskontrolle, die verhindert, dass mehr Daten in das Netz geschickt werden, als es verkraften kann.
- Schicht 5 (*Kommunikationssteuerungsschicht, Session Layer*) enthält Mechanismen zur Steuerung von „Sitzungen“ der Kommunikationspartner. Hier kann die Datenübertragung zwischen den Partnern synchronisiert werden, indem beispielsweise geregelt wird, welcher der Partner zu welcher Zeit senden darf. Zudem können Wiederaufsetzpunkte (engl. *checkpoints*) definiert werden, an denen im Fall eines Übertragungsfehlers die Kommunikation wieder aufgenommen wird.
- Schicht 6 (*Darstellungsschicht, Presentation Layer*) befasst sich im weitesten Sinne mit der Syntax der zu übertragenden Daten. Eine herausragende Aufgabe ist hier die Transformation der Daten von bzw. in eine plattformunabhängige Codierung. Damit soll eine korrekte Interpretation der Bytes beim Empfänger sichergestellt werden. **ASN.1 (Abstract Syntax Notation One)** mit ihren BER (Basic Encoding Rules) ist ein entsprechender Standard für die Datendarstellung.

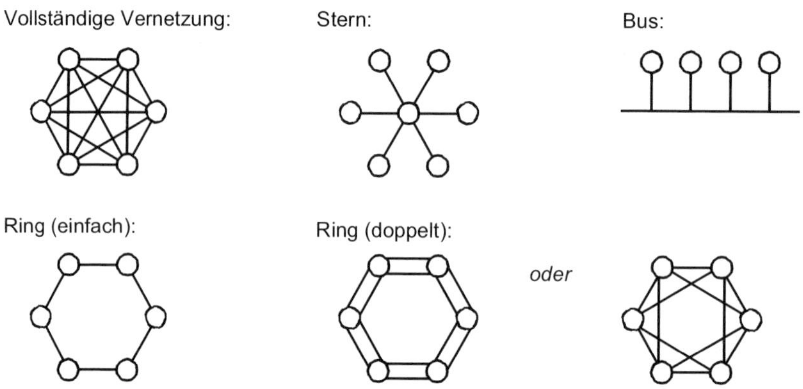

***Abb. 7-6** Netztopologien*

> Schicht 7 (*Anwendungsschicht, Application Layer*) enthält anwendungsnahe Protokolle, beispielsweise zum Dateitransfer oder zum Übertragen von Mails.

Beispiele für Schicht-2-Protokolle, also insbesondere für die Zugangsregelung zum Übertragungsmedium eines Netzes, werden im nächsten Abschnitt besprochen. Mit Protokollen höherer Schichten befasst sich dann →Unterkapitel 7.2 am Beispiel des Internets.

7.1.3 Netzbeispiele

Sind in einem Rechnernetz mehrere Knoten an dasselbe Kommunikationsmedium unmittelbar angeschlossen, so muss der *Zugang* zum Medium *geregelt* werden: Es muss verhindert werden, dass mehrere Knoten gleichzeitig ihre Daten abschicken, da sie sich sonst auf dem Medium gegenseitig stören würden. Diese Zugangsregelung ist Aufgabe des **MAC-Protokolls** (*Media Access Control*, →7.1.2), das jeweils einer der sendewilligen Stationen das Senderecht erteilt. Wie das MAC-Protokoll vorgeht, hängt insbesondere von der *Struktur des Netzes* (der so genannten **Netztopologie**) ab. Für diese Topologie gibt es unter anderem die Möglichkeiten, die in Abbildung 7-6 dargestellt sind:

> Bei der *vollständigen Vernetzung* ist jeder Knoten mit jedem anderen durch eine Direktleitung verbunden. Zur Kosteneinsparung können allerdings einzelne Verbindungen, die weniger stark genutzt werden, weggelassen werden.

> Bei einem *sternförmigen Netz* gibt es eine zentrale Station, die die Sendungen aller anderen Stationen entgegennimmt und direkt an die Empfänger weiterleitet.

> Bei einem Netz mit *Busstruktur* sind alle Knoten unmittelbar an ein gemeinsames Übertragungsmedium angeschlossen. Im Allgemeinen können also alle Knoten sämtliche Sendungen direkt „mithören“.

> In einem *Ring* sind die Rechnerknoten zyklisch angeordnet, wobei jeder Knoten nur mit seinen beiden Nachbarn direkt verbunden ist. Sendungen zwischen Knoten, die weiter voneinander entfernt liegen, müssen also über die dazwischen liegenden Knoten weitergereicht werden. Um gegen Leitungsausfälle gesichert zu sein, kann der Ring doppelt angelegt sein.

Bei der vollständigen Vernetzung ist offensichtlich keine aufwendige Zugangsregelung nötig, da jedes Paar von Kommunikationspartnern seine „private Leitung“ besitzt. Bei Sterntopologien kann die Regelung der Kommunikation in der zentralen Station konzentriert werden. Etwas komplizierter sieht es aus, wenn von der Topologie her alle Stationen gleichberechtigt sind, wie es insbesondere bei ring- und busstrukturierten Netzen, aber auch bei drahtlosen Netzen der Fall ist. Für solche Netze hat das **Institute of Electrical and Electronics Engineers (IEEE)** in seiner **802er-Serie** eine Reihe von Verfahren standardisiert, die später von der *ISO* in die *Serie 8802* übernommen wurden. Von diesen Standards sind **802.3** mit dem *Ethernet*, **802.5** mit dem *Token Ring* und **802.11** mit *drahtlosen lokalen Netzen* am bekanntesten. Im Folgenden werden das Ethernet mit seinen verschiedenen Varianten und drahtlose Netze näher betrachtet; ein weiteres Thema ist die Datenübertragung über Telefonleitungen.

Ethernet

Das **Ethernet** ist der am weitesten verbreitete Typ *lokaler Netze* (*LANs*, →7.1.1). Ethernets basierten ursprünglich ausschließlich auf einer Verkabelung mit *Bustopologie*; heute wird jedoch zunehmend eine *sternförmige Verkabelung* benutzt. Als Verbindungsmedium können *verdrillte Kupferkabel*, *Koaxialkabel* und *Lichtwellenleiter* (also Glasfaserkabel) eingesetzt werden. In seiner klassischen Form ermöglicht das Ethernet *Übertragungsraten* von 10 Megabits/s; später kamen Versionen mit Raten von 100 Megabits/s, 1 Gigabit/s und sogar 10 Gigabits/s hinzu. Allen diesen Versionen ist ein *einheitliches Paketformat* gemeinsam, wobei der Header eines Pakets insbesondere die Adressen des Absender- und des Empfängerrechners in Netz (als so genannte *MAC-Adressen*) enthält und der Trailer eine Prüfsumme zur Erkennung von Übertragungsfehlern (vergleiche →Abbildung 7-2).

Der Netzzugang im Ethernet wird klassischerweise nach dem **CSMA/CD-Verfahren** (*Carrier Sense Multiple Access with Collision Detection*) geregelt (siehe Abbildung 7-7): Wenn eine *Station* (ein angeschlossener Rechnerknoten) senden möchte, so hört sie zunächst das Medium ab, ob es gerade durch eine andere Station belegt ist. Ist das der Fall, so versucht sie es nach einer gewissen Wartezeit noch einmal; stellt sie dagegen fest, dass das Medium frei ist, so beginnt sie zu senden. Es kann vorkommen, dass zwei Stationen zu (fast) demselben Zeitpunkt sendewillig werden, beide das Medium frei vorfinden und beide mit dem Senden beginnen. Das führt zu einer *Kollision* auf dem Netz mit Zerstörung der Pakete. Die Stationen stellen dies jedoch fest, da sie das Medium weiter abhören, und brechen ihre Sendung ab. Jede Station wartet eine gewisse Zeit lang und versucht es dann erneut. Die Wartezeiten der Stationen werden zufällig gewählt, damit es nicht zwangsläufig zu einer neuen Kollision kommt.

Eine busförmige Verkabelung, die ursprünglich dem Ethernet zugrunde lag, ist zwar einfach zu realisieren, hat aber ihre Nachteile. So ist ein Netz, das aus einem einzigen Kabel besteht, recht störanfällig, da eine Beschädigung des Kabels oft sämtliche Kommunikation im Netz zum Erliegen bringt. Zudem ist die Suche nach Fehlern aufwendig, da das Kabel meist recht lang ist und zahlreiche Anschlüsse besitzt, die sich häufig in verschiedenen Räumen befinden. Moderne Ethernets basieren daher stattdessen oft auf einer *sternförmigen Verkabelung*, bei der jede Nutzerstation über eine eigene Leitung mit einer *zentralen Station* verbunden ist.

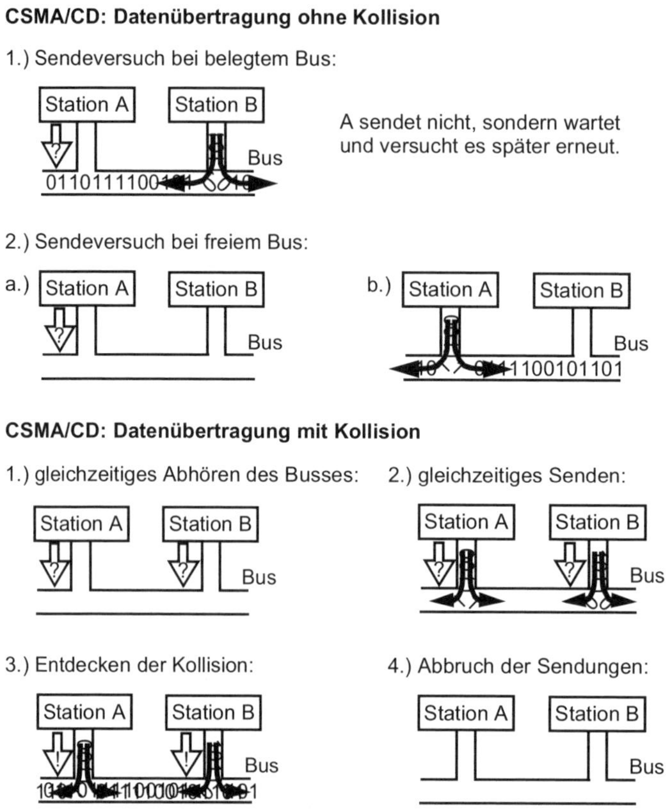

Abb. 7-7 *CSMA/CD-Verfahren im Ethernet*

Die zentrale Station ist im einfachsten Fall ein **Hub** (deutsch wörtlich: „Radnabe", siehe Abbildung 7-8 links). Im Inneren eines solchen Hubs befindet sich ein „Minibus", an den alle Verbindungskabel zu den Stationen direkt angeschlossen sind. Ein eintreffendes Datenpaket wird damit an *sämtliche* Stationen weitergeleitet, wobei allerdings nur der oder die im Paketkopf benannte(n) Empfänger das Paket entgegennimmt bzw. -nehmen und alle anderen Stationen das Paket verwerfen. Ein Ethernet mit Hub verhält sich also logisch wie ein Netz mit der klassischen Bustopologie, wobei sich auch hier alle Stationen die Netzkapazität von beispielsweise 10 Megabits/s teilen.
Anspruchsvoller sind so genannte **Switched Hubs** oder kurz **Switches** (deutsch wörtlich: „Schalter", siehe Abbildung 7-8 rechts). Sie können jeweils zwei beliebige Anschlussleitungen direkt miteinander verbinden, so dass ein eintreffendes Paket nur auf der Leitung weitergereicht wird, die zum Empfänger des Pakets führt. Andere Stationen können währenddessen separat davon kommunizieren, so dass hier jedes Paar von Kommunikationspartnern über die volle Netzkapazität verfügt.

Drahtlose Netze

Da immer mehr **mobile Computer** im Einsatz sind, wächst der Bedarf nach der Vernetzung solcher Systeme. Mobile Systeme sollen in der Lage sein, erstens *untereinander zu kommu-*

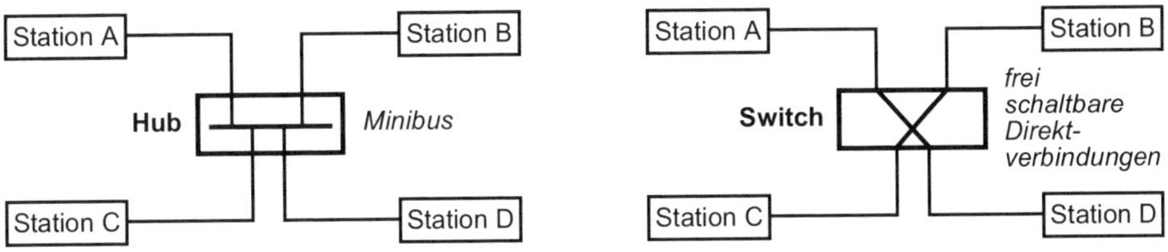

Abb. 7-8 *Hub und Switch*

nizieren und sich zweitens über einen stationären Computer *mit dem Festnetz* (insbesondere dem Internet) zu verbinden. Entsprechende Netze sollen je nach Bedarf dynamisch auf- und wieder abgebaut werden können und ohne eine Verkabelung auskommen. Diesen Anforderungen entsprechend wurden in **IEEE 802.11** Netzzugriffsverfahren für **drahtlose lokale Netze** (engl. **Wireless LANs**, **WLANs**) standardisiert. Der Standard ermöglicht eine Datenübertragung über *Infrarotwellen* mit einer Rate von 1 und 2 Megabits/s sowie über *Funkwellen* mit zusätzlich 11 und 54 Megabits/s. Er sieht dabei *zwei Szenarien* vor, nämlich

> erstens die Kommunikation nur zwischen Mobilstationen in einem temporären *Ad-hoc-Netz* und

> zweitens die Kommunikation der mobilen Stationen mit und über eine *ortsfeste Basisstation* (einen *Access Point*), die an das Festnetz angeschlossen ist.

Bei der Definition des Standards konnte man nicht auf die oben beschriebene CSMA/CD-Technik zurückgreifen, denn in einem Funknetz kann wegen Abschattungen und unterschiedlicher Sendereichweiten nicht vorausgesetzt werden, dass alle Stationen stets über alle Ereignisse im Netz informiert sind. Daher sind, je nach Szenario, die folgenden beiden *Arten der Zugriffssteuerung* vorgesehen:

> Eine *Distributed Coordination Function (DCF)* regelt den Netzzugriff in einem Ad-hoc-Netz ohne Basisstation und arbeitet dabei mit der **CSMA/CA-Technik** (CA = Collision Avoidance = Kollisionsvermeidung): Eine Mobilstation beginnt nur dann zu senden, wenn sie auf dem Übertragungsmedium keine andere Sendung hören kann; ansonsten wartet sie, bis das Medium frei ist. Die Daten werden dann vollständig abgeschickt, ohne dass dabei geprüft wird, ob es zu Kollisionen kommt. Der Empfänger muss ein korrekt empfangenes Paket quittieren; bleibt diese Quittung aus, überträgt es der Sender erneut. Zur Zugriffsregelung kann auch die *RTS/CTS-Technik* (Request To Send / Clear To Send) benutzt werden. Dabei erbittet der Sender beim Empfänger die Erlaubnis zu senden und schickt seine Daten erst ab, wenn ihm der Empfänger die Erlaubnis erteilt hat.

> Eine *Point Coordination Function (PCF)* regelt den Zugriff in einem drahtlosen Netz mit fester Basisstation. Hier koordiniert die Basisstation die Mobilstationen durch **Polling**, also indem sie die Stationen einzeln hintereinander abfragt, ob sie Daten senden möchten. Mobilstationen müssen sich zuvor bei der Basisstation registrieren, indem sie auf einen *Beacon Frame* antworten, den die Basisstation periodisch abstrahlt und der Angaben über das angebotene Netz enthält. Im Gegensatz zu DCF ist PCF optional – ein drahtloses Netz kann die PCF-Technik implementieren, muss es aber nicht.

Ein alternativer Standard für die mobile Datenkommunikation ist **Bluetooth**. Er ermöglicht den Aufbau und Betrieb von Ad-hoc-Netzen zur Verbindung mobiler Computer, aber auch anderer Geräte wie Mobiltelefone oder kabellose Peripheriegeräte. Bluetooth-Netze basieren

Was ist ADSL?

Asymmetric Digital Subscriber Line (ADSL) ist eine recht neue Technik zur Datenübertragung über Telefonleitungen. Sie betrifft, im Unterschied zu PPP und ATM, die *Codierung der Bits* bei der Kommunikation über ein *elektrisches Telefonkabel* und ist daher der OSI-Schicht 1 (→7.1.2) zuzuordnen. ADSL löst das Problem der so genannten **Letzten Meile** (engl. *last mile*) des Telefonnetzes:

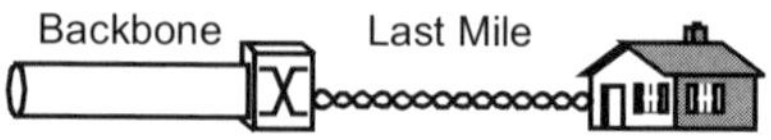

Der Telefon-Backbone, also das „Kernnetz", besteht heute zumeist aus modernen Glasfaserkabeln, die eine digitale Datenübertragung mit hoher Rate ermöglichen (siehe Haupttext, Stichwort „ATM"). Die Mehrzahl der Hausanschlüsse ist jedoch nach wie vor über die klassischen verdrillten Kupferkabel (engl. *twisted pair*) mit dem Backbone verbunden. Verdrillte Kupferkabel waren ursprünglich für die relativ schmalbandige Übertragung analog codierter Sprachsignale gedacht, so dass über herkömmliche Analogmodems nur eine recht geringe Datenrate erreicht werden kann (maximal 56 Kilobits/s).

ADSL setzt an den beiden Endpunkten eines solchen Anschlusskabels moderne *Digitale Signalprozessoren (DSPs)* ein. Diese Prozessoren überprüfen die Qualität der Verbindungsleitung und zwar auf einer Anzahl verschiedener Trägerfrequenzen. Die zu übertragenden Bits werden dann auf die einzelnen Frequenzen verteilt, wobei über wenig gestörte Frequenzen mit einer hohen Datenrate (also mit vielen Bits pro Sekunde) und über stark gestörte Frequenzen nur mit einer niedrigen Datenrate kommuniziert wird. Da also die Verteilung der Bits von der individuellen Leitungsqualität abhängt, ist ADSL *adaptiv*.

Mit diesem Ansatz ermöglicht ADSL eine Übertragungsrate von *mehreren Megabits pro Sekunde* auf Leitungen mit einer Länge von *mehreren Kilometern*. Die Leistung von ADSL für den privaten Kunden ist somit erheblich *besser als die von ISDN*, das die ursprüngliche Technik zur digitalen Datenkommunikation im Telefonnetz ist, aber nur 64 Kilobits pro Sekunde und Kanal übertragen kann. Zudem kann über einen ADSL-Anschluss gleichzeitig zur Datenübertragung ein Telefongespräch geführt werden, was bei ISDN nur bei Einsatz zweier getrennter Kanäle möglich ist.

Das „Asymmetric" in ADSL steht für die Eigenschaft, vom Netz zum Kunden (also „downlink") eine höhere Datenrate zu unterstützen als vom Kunden zum Netz (also „uplink"), da über einen privaten Telefonanschluss erfahrungsgemäß mehr Daten vom Internet heruntergeladen als dorthin versendet werden. Mittlerweile haben sich noch weitere Abkürzungen der Form „xDSL" etabliert, die aber alle auf derselben Basistechnik beruhen.

auf *Picozellen* mit jeweils einer Masterstation, die die Kommunikation durch Polling und Reservierungen steuert. Im Vergleich zu den oben beschriebenen WLANs sind Bluetooth-Netze technisch einfacher zu realisieren und erfordern einen geringeren Energieaufwand, dafür sind aber auch die Reichweiten und Übertragungsraten geringer.

Telefonnetze

Private Computerbesitzer greifen meist über ihren **Telefonanschluss** auf das Internet zu. Sie wählen dazu mit Hilfe eines **Modems**, also mit einer „Telefonanschlusselektronik" in oder an ihrem Rechner, einen Internetanbieter (**Internet Service Provider**, **ISP**) an und können dann über ihn Daten aus dem Internet empfangen sowie dorthin senden. Da die Wählverbindung zum Anbieter eine *Punkt-zu-Punkt-Verbindung* zwischen den beiden Kom-

munikationspartnern ist, muss (im Gegensatz zum Ethernet und drahtlosen Netz) keine Konkurrenzsituation beim Netzzugriff aufgelöst werden. In diesem Szenario hat also die MAC-Teilschicht der Sicherungsschicht (→7.1.2) nur eine nachgeordnete Bedeutung; im Vordergrund steht die *LLC-Teilschicht*.
Das bekannteste Sicherungsschichtprotokoll zur Datenübertragung über eine Punkt-zu-Punkt-Leitung ist das **Point-to-Point Protocol (PPP)**. Es unterstützt insbesondere den Datenaustausch über eine analoge oder digitale Telefonverbindung, also beispielweise eine Verbindung über ein *Analogmodem* mit 56 Kilobits/s oder einen *ISDN-Kanal* mit 64 Kilobits/s (siehe hierzu aber auch die Erläuterungen zu *ADSL* im →Kasten auf Seite 364). PPP standardisiert unter anderem das Format der Datenpakete, deren Steuerungsteil das darüber liegende Vermittlungsschichtprotokoll angibt (zum Beispiel das Internetprotokoll IP, →7.2) und eine Prüfsumme zur Fehlererkennung enthält, sowie die Vorgehensweise beim Einrichten und Beenden einer Verbindung und zur Behandlung von Fehlern.
PPP ist ein Protokoll, das „am Rande" des Telefonnetzes, also zum Anschluss der Endgeräte eingesetzt wird. Im Kern des Netzes (dem so genannten **Backbone**) werden andere Protokolle benutzt, wie beispielsweise der **Asynchronous Transfer Mode (ATM)**. ATM ist ein Protokoll, mit dem Verbindungen zwischen Kommunikationsendpunkten über Vermittlungsstellen (so genannte *Switches*) geschaltet und über die dann viele kleine Datenzellen (Größe: je 53 Bytes) in hoher Geschwindigkeit verschickt werden können. ATM erfüllt damit Aufgaben sowohl der Sicherungsschicht als auch der Vermittlungsschicht (→7.1.2). Mit der ATM-Technik können sehr hohe Übertragungsraten von 155 Megabits/s, 622 Megabits/s oder sogar im Gigabitbereich erreicht werden.

7.2 Internet

Die am Ende des vorangehenden Unterkapitels skizzierten Mechanismen und Protokolle sind recht hardwarenah, denn sie regeln den Zugang von Rechnerstationen zu einem Übertragungsmedium. Auf ihnen setzen *abstraktere Netzmechanismen* auf, mit denen beispielsweise Datenpakete über größere Entfernungen verschickt sowie Verbindungen zwischen weit voneinander entfernt liegenden Computern aufgebaut werden können und die schließlich benutzerfreundliche Kommunikations- und Informationsdienste bereitstellen. Das bekannteste und am weitesten verbreitete Rechnernetz, das solche Mechanismen realisiert, ist das **Internet**. In diesem Unterkapitel werden

> zunächst die *Struktur des Internets* sowie die Aufgaben seiner Kernprotokolle *Internet Protocol (IP)* und *Transmission Control Protocol (TCP)* dargestellt und
> anschließend seine wichtigsten *benutzerorientierten Dienste* besprochen, wobei insbesondere *Multimediadienste* behandelt werden.

7.2.1 Struktur und Kernprotokolle

Aufbau und Adressstruktur

Wie Abbildung 7-9 zeigt, besteht das Internet aus einer Vielzahl von *Teilnetzen* (beispielsweise LANs), die durch *Backbones* auch über große Entfernungen miteinander verbunden sind. Das Internet ermöglicht die Kommunikation zwischen diesen kleineren Netzen, indem

Wo liegen die Ursprünge des Internets?

Die Geschichte des Internets geht zurück bis in die späten fünfziger Jahre des zwanzigsten Jahrhunderts: Unter dem Eindruck des Sputnik-Schocks, also als Reaktion auf den Start des ersten Satelliten durch die Sowjetunion, wurde vom US-amerikanischen Verteidigungsministerium (*Department of Defense, DoD*) die *Advanced Research Projects Agency (ARPA)* gegründet, die später bei der Entwicklung des Internets eine zentrale Rolle spielen sollte. Gleichzeitig beauftragte das DoD die *RAND Corporation*, ein neues Kommunikationssystem zu entwerfen, da das klassische Telefonsystem aufgrund seiner sternförmigen Strukturen (→Abbildung 7-6) zu anfällig gegen Zerstörungen war – der Ausfall einer zentralen Vermittlungsstelle hätte das Netz in mehrere Teile gespalten. *Paul Baran* von RAND schlug daraufhin ein Netz mit einer stärkeren Vermaschung der Vermittlungsstellen vor, in dem die Daten nicht analog auf festen Verbindungen, sondern in digital codierten Paketen mit flexibler Wegewahl übertragen werden sollten. Aufgrund des Widerstands der Telefongesellschaft *AT&T* wurde das Netz jedoch zunächst nicht realisiert.
1967 wurde auf einer Tagung in *Gatlinburg (Tennessee)* Barans Idee wieder aufgegriffen, zumal mittlerweile *Donald Davies* am *British National Physical Laboratory* unabhängig von Baran ein paketbasiertes lokales Netz implementiert hatte. Die ARPA beauftragte daraufhin unter der Projektleitung von *Larry Roberts* die Firma *Bolt Beranek and Newman (BBN)*, ein entsprechendes Weitverkehrsnetz in den USA aufzubauen. 1969 entstand ein erstes Experimentalnetz aus vier Knoten (→Abbildung 3-12), die über Leitungen verbunden waren, deren Übertragungsleistung 56 Kilobits pro Sekunde betrug und die von Telefongesellschaften angemietet wurden. Dieses Netz, das **ARPANET**, wuchs in den folgenden Jahren relativ rasch an und hatte im Jahre 1972 bereits 34 Knoten, die sich fast über die gesamten USA verteilten.
Da an das ARPANET zunehmend auch weitere kleinere Netze angeschlossen wurden, stellte sich bald das Problem des **Internetworkings**, also der Datenübertragung über mehrere Netze hinweg. Die ursprünglichen ARPANET-Protokolle waren hierfür nicht geeignet, so dass neue Protokolle entwickelt werden mussten. Das Resultat entsprechender Arbeiten waren **TCP** und **IP**, die 1974 von *Vint Cerf* und *Bob Kahn* vorgestellt wurden. Die Protokolle wurden in Betriebssysteme integriert (so inbesondere durch Schaffung der *Socket-Programmierschnittstelle* von *UNIX*, →7.4.1), wodurch nunmehr auch aus Benutzerprogrammen heraus leicht auf das Netz zugegriffen werden konnte.
Ende der siebziger Jahre baute die *National Science Foundation (NSF)* einen Nachfolger des ARPANETs auf. Dies war das **NSFNET**, das über einen *Backbone* eine Reihe von *regionalen Netzen* verband und sich dabei auf TCP/IP stützte. In den achtziger Jahren wurden laufend neue Netze innerhalb und außerhalb der USA an das NSFNET angeschlossen, wobei sich allmählich der Begriff des **Internets** bildete – eines Netzes aus Netzen, das auf dem globalen TCP/IP-Standard beruht und die Nutzung einer Reihe von Diensten ermöglicht, wie seinerzeit insbesondere *Electronic Mail, entferntes Login* und *Übertragung von Dateien* (→7.2.2) sowie einen *News Service*.
Anfang der neunziger Jahre wurden die klassischen Internetdienste ergänzt um das **World Wide Web (WWW)**, das seither das Bild des Internets in der breiten Öffentlichkeit prägt (→7.2.2). Die Grundlagen des WWW wurden von *Tim Berners-Lee* am Physikforschungszentrum *CERN* in Genf erarbeitet. Seine ursprüngliche Absicht war dabei, ein verteiltes Informationssystem zum internen Gebrauch zu entwickeln; was jedoch daraus geworden ist, zeigt sich heute eindrucksvoll beim alltäglichen Gebrauch des Internets.

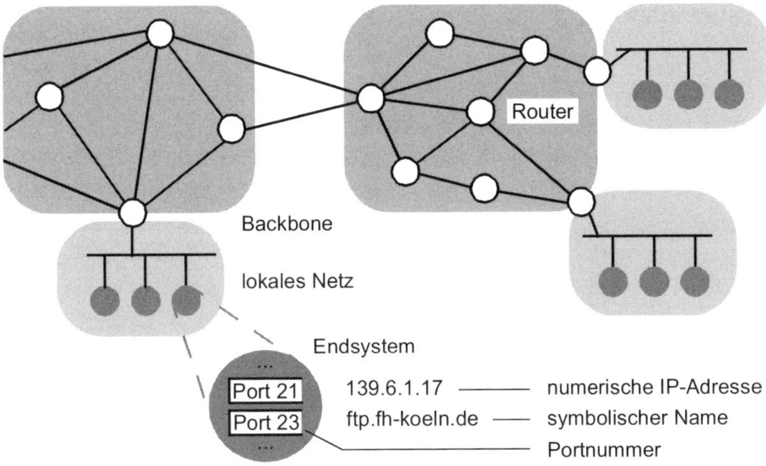

***Abb. 7-9** Aufbauschema und Adressstruktur des Internets*

es ein einheitliches *Adressformat* für die angeschlossenen Computer und *Standardprotokolle* zur Datenübertragung zwischen ihnen definiert. Die Teilnetze selbst sind *autonom*, das heißt sie sind allein arbeitsfähig und werden dezentral verwaltet. Auch innerhalb der Teilnetze können Daten mit Hilfe von Internetprotokollen übertragen werden - beispielsweise in **Intranets**, über die die Datenkommunikation in einer Firma abläuft.

Die Kommunikation im Internet basiert auf global eindeutigen **Internetadressen (IP-Adressen)**: Jeder Rechnerknoten, der an das Internet angeschlossen ist, besitzt (mindestens) eine solche Adresse. In ihrer heute üblichen Form besteht eine Internetadresse aus vier ganzen Zahlen zwischen 0 und 255, lautet also beispielsweise „139.6.1.17". Ein Anfangsstück dieser Adresse identifiziert ein Teilnetz (beispielsweise „139.6"), dem der betreffende Knoten angehört, und der Rest der Adresse den Knoten innerhalb des Teilnetzes (beispielsweise „1.17"). Die Netzadresse wird von einer zentralen Verwaltungsorganisation des Internets vergeben, die Rechneradresse innerhalb des Netzes vom lokalen Netzverwalter.

Da vierteilige Nummern für menschliche Internetbenutzer etwas unhandlich sind, hat jeder Rechner zumeist noch einen oder mehrere **symbolische Namen**. Ein symbolischer Name ist hierarchisch aufgebaut und bezeichnet damit den Rechner selbst sowie seine Einordnung in das weltweite Netz. Der Name „ftp.fh-koeln.de" besagt beispielsweise, dass der Rechner „ftp" in der Fachhochschule Köln in Deutschland angesiedelt ist. Verwendet ein Benutzer einen solchen Namen, so wird dieser netzintern durch das **Domain Name System (DNS)** auf die zugehörige numerische IP-Adresse abgebildet. DNS wird realisiert durch eine Vielzahl von kooperierenden Servern, die jeweils eine Tabelle mit einem Teil des Namensraums und den entsprechenden IP-Adressen enthalten.

Ein Rechnerknoten bietet unter derselben IP-Adresse meist *mehrere Dienste* an. Sie werden durch **Portnummern** unterschieden, die dem Ganzzahlbereich von 0 bis 65535 angehören und zusammen mit der IP-Adresse einen bestimmten Dienst eines bestimmten Computers eindeutig identifizieren. Die Nummern bis 255 bezeichnen *well-known ports*, sind also Standarddiensten des Internets fest zugeordnet: Port 21 dient beispielsweise für die Übertragung von Dateien (*FTP*), Port 23 für das Einloggen in entfernte Rechner (*Telnet*), Port 25 für den Mailverkehr und Port 80 zum Herunterladen von *WWW-Seiten* (siehe jeweils →7.2.2).

Gegenüberstellung Internetstack ↔ OSI-Stack (nach [Tane03]):

OSI: Internet:

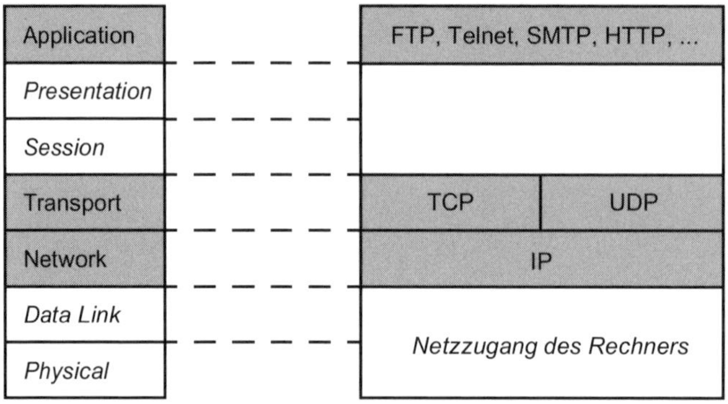

Implementierung des Internetstacks auf Endknoten und Routern:

Endknoten: Router: Endknoten:

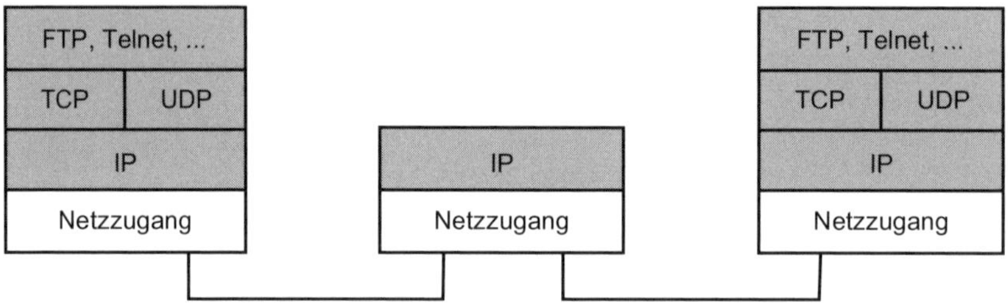

Abb. 7-10 *Internetprotokollstack*

Protokollschichten

Die Protokolle des Internets können grob *drei Schichten des OSI-Modells* zugeordnet werden (siehe Abbildung 7-10 oben): Die *Anwendungsschicht* bietet benutzerorientierte Internetdienste an (→vorangehender Absatz und →7.2.2) und definiert entsprechende Protokolle. Die *Transportschicht* enthält zwei Protokolle, nämlich das verbindungsorientierte **Transmission Control Protocol (TCP)** und das verbindungslose **User Datagram Protocol (UDP)**. In der *Vermittlungsschicht* befindet sich das Herzstück des Internets, nämlich das **Internet Protocol (IP)**. IP setzt seinerseits auf ein beliebiges Protokoll der Sicherungsschicht auf, das den Zugang zum Kommunikationsmedium regelt (→7.1.3). Die Sicherungsschicht und die darunter liegende Bitübertragungsschicht sind also nicht Bestandteil der Internetstandards.

Auf einem Computer, der an das Internet angeschlossen ist, muss nicht unbedingt der vollständige Internetprotokollstack realisiert sein (siehe Abbildung 7-10 unten): In einem **Router**, der sich im Inneren des Netzes befindet und nur für das *Weiterleiten von Paketen* zuständig ist (→nächster Teilabschnitt), muss lediglich IP als Vermittlungsschichtprotokoll (→7.1.2) implementiert sein, nicht jedoch die höheren Protokolle. Die Protokolle der Transport- und Anwendungsschicht müssen nur in Endsystemen vorhanden sein, von denen aus Benutzer auf das Internet mit seinen Diensten zugreifen wollen.

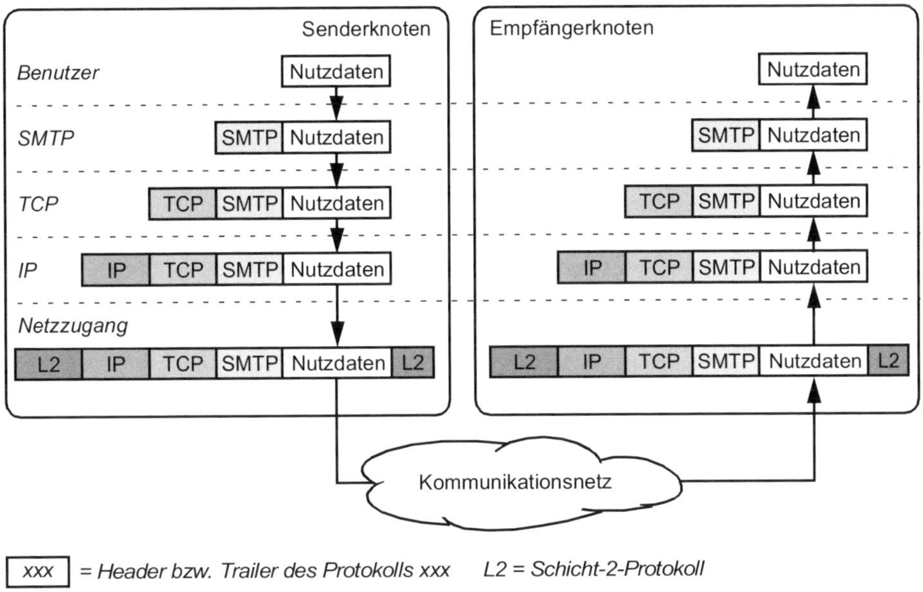

Abb. 7-11 *Datenübertragung über den Internetprotokollstack (Beispiel: Mail)*

Abbildung 7-11 illustriert am Beispiel einer Mail die *Vorgehensweise beim Senden und Empfangen* von Daten (wobei die Router zwischen den Endsystemen der Übersichtlichkeit halber weggelassen wurden): Auf dem Senderknoten durchwandern die Nutzdaten die Schichten von oben nach unten. Dabei fügt jede Schicht einen „Header" und gegebenenfalls einen „Trailer" hinzu, die Informationen für Protokollinstanzen dieser Schicht enthalten (vergleiche →Abbildung 7-2). Wird das Paket zu lang, so kann es in mehrere Teile aufgespalten werden (hier nicht dargestellt). Nach der Übertragung über das Netz durchlaufen das oder die Pakete auf dem Empfängerrechner den Protokollstack in umgekehrter Reihenfolge. Dabei werden Header und Trailer jeweils ausgewertet und entfernt, wobei gegebenenfalls Teilpakete wieder zusammengefasst werden. Ganz „oben" kommen schließlich nur die reinen Nutzdaten an. Diese Technik des Hinzufügens und Entfernens von Paketköpfen beim Durchlauf der Schichten wird natürlich nicht nur in Internet angewandt, sondern generell in allen Systemen mit geschichteten Protokollen (→7.1.2).

IP

Das **Internet Protocol IP** ist der *Vermittlungsschicht* zugeordnet. Seine Hauptaufgabe ist das *Routing*; es leitet also Pakete vom Senderknoten zielgerichtet über eine Reihe von **Routern** (Zwischenknoten innerhalb des Netzes) zum Empfängerknoten weiter. Der Kopf eines **IP-Pakets** enthält dazu unter anderem die IP-Adresse des Knotens, an den das Paket gerichtet ist. Eine IP-Protokollinstanz auf einem Endknoten oder Router liest aus jedem IP-Paket, das bei ihm eintrifft, diese Zieladresse aus. Richtet sich das Paket nicht an den eigenen Knoten, so entscheidet der Router, an welchen benachbarten Knoten er das Paket weitergibt. Er stützt sich dabei auf seine **Routingtabelle**, mit der er für jede Empfängeradresse den „Next Hop", also den zu kontaktierenden Nachbarknoten ermitteln kann.

IP arbeitet, zumindest in seiner heute vornehmlich verwendeten Version 4, vollständig *verbindungslos*: Ein IP-Router kann nicht feststellen, dass mehrere durchlaufende IP-Pakete, die sich an denselben Empfänger richten, zusammengehören, und trifft daher die Routingentscheidung jeweils neu. Zudem werden die *Routingtabellen* durch ständigen Datenaustausch zwischen den Routern *aktualisiert*, um so auf Leitungsfehler oder lokale Überlastungen zu reagieren. Das Internet wird dadurch sehr *robust gegen Ausfälle* in der Netzinfrastruktur, denn es kann sich rasch an veränderte Netzgegebenheiten anpassen. Gleichzeitig kann es aber dazu kommen, dass zwei Pakete, die ein Sender unmittelbar aufeinander folgend an denselben Empfänger schickt, unterschiedliche Wege nehmen, somit unterschiedlich lange Übertragungszeiten benötigen und sogar eventuell in verkehrter Reihenfolge eintreffen (siehe hierzu auch →Abbildung 7-15 unten). Es ist Aufgabe der darüber liegenden Transportschicht (→nächster Teilabschnitt), die Pakete wieder in der richtigen Reihenfolge zusammenzusetzen.
Vor einigen Jahren wurde eine *Nachfolgeversion* von IP Version 4 (IPv4) standardisiert, nämlich **IP Version 6 (IPv6)**. Erstens begegnet IPv6 dem Problem, dass der *Internetadressraum* allmählich knapp wird: IPv6-Adressen sind 16 Byte lang, was gegenüber den 4-Byte-Adressen von IPv4 eine deutliche Steigerung ist. Zweitens erlaubt IPv6 die Vereinbarung so genannter *Flows*, bei denen eine Folge zusammengehöriger Pakete durch eine gemeinsame Nummer (ein „Flow Label") gekennzeichnet wird. Router können dann angewiesen werden, Pakete mit einem bestimmten Flow Label stets über denselben Weg weiterzuleiten. Auf diesem Weg können Netzkapazitäten reserviert werden, wie es von Anwendungen mit Realzeitanforderungen (zum Beispiel Multimediadiensten, →7.2.2) verlangt wird. Weitere Vorteile von IPv6 sind ein *vereinfachtes Format* des IP-Paketkopfs sowie eine *verbesserte Sicherheit*. IPv6-Router sollen IPv4-Router allmählich ablösen, was aber noch recht schleppend geschieht.

TCP und UDP

Während in der Vermittlungsschicht der innere Aufbau des Netzes mit seinen Routern und den Verbindungen zwischen ihnen sichtbar ist, verbirgt die darüber liegende *Transportschicht* diese interne Struktur. Die Transportschicht ermöglicht damit eine „transparente" Ende-zu-Ende-Kommunikation zwischen Endsystemen (siehe →7.1.2 und vergleiche auch das Telefonbeispiel in →Abbildung 7-3, bei dem die Telefonbenutzer den internen Aufbau des Netzes mit seinen Vermittlungsstellen nicht kennen müssen). Das **Transmission Control Protocol TCP**, das auf IP aufsetzt, unterstützt entsprechend die *direkte Kommunikation zwischen zwei Endknoten.*
TCP ist *verbindungsorientiert*: Vor der eigentlichen Datenübertragung wird eine Verbindung zwischen den Endknoten aufgebaut und anschließend wieder abgebaut, wofür TCP Protokollmechanismen bereitstellt. Der Kopf eines TCP-Pakets (das in der Regel bei der Übertragung von einem IP-Paket umschlossen wird, →Abbildung 7-11) enthält unter anderem eine *Portnummer*. Diese Nummer wird auf dem Empfängerknoten nach Entfernen des vorgeschalteten IP-Kopfs benutzt, um die Daten an einen bestimmten Port und damit an einen Dienst weiterzuleiten (→Abbildung 7-9). Zu den *Aufgaben von TCP* gehören insbesondere

> die „Paketierung" eines Bytestroms, den höhere Protokollschichten liefern, in ein oder mehrere TCP-Pakete (maximale Paketlänge: 64 Kilobytes) und das Wiederzusammensetzen des Stroms nach der Übertragung,

- dabei insbesondere die Wiederherstellung der richtigen Datenreihenfolge,
- die **Flusskontrolle**, also die Drosselung des Senders bei Überlastung des Netzes, und
- die erneute Übertragung von Paketen bei Fehlern, insbesondere bei Paketverlusten. TCP ist also, im Gegensatz zu IP, ein *zuverlässiges* Protokoll.

Das **User Datagram Protocol UDP** ist das *verbindungslose, unzuverlässige Transportprotokoll* des Internets. Es ermöglicht das Versenden von Paketen (so genannten *Datagrammen*) an bestimmte Ports ohne vorherigen Verbindungsaufbau und ist auch sonst wesentlich einfacher strukturiert als TCP.

7.2.2 Dienste

Dem „Normalverbraucher" ist das Internet vor allem durch die **Dienste** bekannt, die es anbietet. Oft wird das Internet sogar mit seinem bekanntesten Dienst, dem **World Wide Web (WWW)** gleichgesetzt, was aber - wie aus →7.2.1 deutlich wurde - nicht korrekt ist. Weitere Standarddienste des Internets sind

- **Telnet** zum Arbeit auf einem entfernten Computer (wobei man an die Benutzerschnittstelle dieses Computers Kommandos übergeben kann, als wäre es die eigene lokale Maschine),
- das **File Transfer Protocol (FTP)** zum Übertragen von Dateien zwischen den Dateisystemen (→3.3) verschiedener Computer
- und **Electronic Mail** zur Kommunikation zwischen Benutzern durch Verschicken von ASCII-Texten (→2.3.3) und anderen Dokumenten.

Im Folgenden sollen der Mail- und der WWW-Dienst sowie einige neuere Multimediadienste näher betrachtet werden.

Mail

Der (neben dem WWW) beliebteste Dienst des Internets ist **(Electronic) Mail**, also *elektronische Post*. Per Mail kann ein Benutzer Texte und Dokumente mit weiteren Medien an einen oder mehrere Empfänger verschicken. Im Unterschied zu anderen Internetdiensten (siehe übernächster Teilabschnitt) läuft die Kommunikation *nicht unter Realzeitbedingungen* ab, denn die Zeitdauer zur Übertragung einer Mail vom Sender zum Empfänger ist nicht durch irgendwelche Vorgaben beschränkt.
Der Maildienst des Internets wird realisiert durch das **Simple Mail Transfer Protocol (SMTP)** - ein Protokoll der Anwendungsschicht, das sich auf das Transportschichtprotokoll TCP stützt (→Abbildungen 7-10 und 7-11): Zur Übertragung einer Mail wird stets eine TCP-Verbindung zwischen den Computern des Senders und Empfängers aufgebaut, über die dann SMTP-Steuerungsnachrichten und insbesondere die eigentliche Mail mit ihrem Nutzdateninhalt kommuniziert werden. Der Namensbestandteil „Simple" ist wörtlich zu verstehen: SMTP definiert nur einige wenige mailspezifische Steuerungsnachrichten, die in lesbarer ASCII-Darstellung codiert werden; die eigentliche Datenübertragung wird durch die darunter liegenden Protokolle TCP und IP durchgeführt.
Abbildung 7-12 skizziert oben den *Aufbau einer klassischen SMTP-Mail*: Im strukturierten *Kopf* der Mail stehen SMTP-Steuerinformationen wie das Absendedatum, der Absender und

Kopf und Körper einer einfachen SMTP-Mail:

```
To:         asterix@gallia.fr
From:       obelix@gallia.fr
Subject:    Romans
Date sent:  Thu, 8 May 2003 11:02:13
```
Kopf

```
Hi Asterix,
...
```
Körper

Körper einer Multimediamail aus Benutzersicht:

Dies ist ein unformatierter Text — 1.) Unformatierter ASCII-Text

2.) Video mit zugehörigem Audio

Dies ist ein *formatierter* **Text** — 3.) Formatierter Postscript-Text

im MIME-Format:

`Content-type: multipart/mixed;`	*mehrteilige Mail aus unabhängigen Teilen*
`boundary=unique-boundary-1`	*Definition einer Begrenzung erster Stufe*
`--unique-boundary-1`	*Beginn von Teil 1*
`Content-type: text/plain`	*unformatierter Text*
`Dies ist ein unformatierter Text.`	*Inhalt von Teil 1*
`--unique-boundary-1`	*Beginn von Teil 2*
`Content-type: multipart/parallel;`	*mehrteilig, gleichzeitig anzuzeigen*
`boundary=unique-boundary-2`	*Definition einer Begrenzung zweiter Stufe*
`--unique-boundary-2`	*Beginn von Teil 2a*
`Content-Type: video/mpeg`	*MPEG-Video, ...*
`Content-Transfer-Encoding: base64`	*..., Codierung durch base64*
`... codierte Audiodaten ...`	*usw.*

```
--unique-boundary-2
Content-Type: audio/basic
Content-Transfer-Encoding: base64
... codierte Videodaten ...
--unique-boundary-2--
--unique-boundary-1
Content-Type: application/postscript
... codierte Postscriptdaten ...
--unique-boundary-1--
```

Abb. 7-12 *Mailformate im Internet*

der bzw. die Empfänger der Mail sowie ein „Subject“, also ein Kurzvermerk, der den Inhalt der Mail charakterisiert und dem Empfänger in dessen Mailverzeichnis angezeigt wird. Der *Körper* der Mail enthält den Nutzdateninhalt in Form eines *ASCII-Texts* (→2.3.3); er ist nicht weiter strukturiert.

Im Laufe der Zeit kam der Bedarf auf, Mails verschicken zu können, die nicht nur aus reinen ASCII-Texten bestehen, sondern *Daten unterschiedlicher Medien* (→2.3.4) und in *unter-*

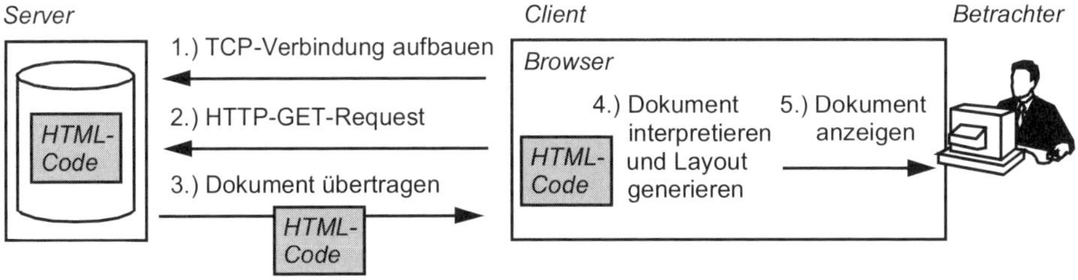

Abb. 7-13 *Übertragung von Dokumenten im World Wide Web*

schiedlichen Darstellungsformaten umfassen (→3.4.1, beispielsweise JPEG-codierte Bilder oder Dokumente im Postscript-Format). Abbildung 7-12 skizziert in ihrer Mitte ein Beispiel für eine solche **Multimediamail** aus Benutzersicht. Diesem Bedarf entsprechend wurde der ursprüngliche Mailstandard des Internets durch die **Multipurpose Internet Mail Extensions (MIME)** erweitert. MIME ermöglicht es, Mails aus *mehreren Teilen* zusammenzusetzen, die Daten unterschiedlicher Medien sowie in unterschiedlichen Darstellungsformaten enthalten können. Entscheidend ist, dass eine MIME-Mail *ausschließlich aus ASCII-Zeichen* besteht: Die Grenzen zwischen den Teilen der Mail werden durch frei vereinbarte ASCII-Zeichenketten angezeigt, jeder Teil beginnt mit Informationen in ASCII-Form über die Art seines Inhalts, und auch die Nutzdaten selbst werden durch ASCII-Zeichenfolgen codiert (siehe Abbildung 7-12 unten und auch den →Kasten auf Seite 131). MIME-Mails können damit auf dieselbe Weise wie klassische ASCII-Mails verschickt werden; die Mailmechanismen des Internets mussten also nicht geändert werden.

WWW

Mit dem Aufkommen des **World Wide Web (WWW)** bekam eine breite Öffentlichkeit Zugang zum Internet. Das WWW ermöglicht mit Hilfe leicht zu bedienender *Browser* den Zugriff auf eine Unmenge von *Dokumenten*, die nach Art eines *Hypermediasystems* (→Abbildung 3-21) vernetzt sind und von einer Vielzahl von Rechnerknoten im Internet bereitgestellt werden. Zwar sollte man mit euphorischen Aussagen über die Möglichkeiten und Auswirkungen des Internets sehr vorsichtig sein; es lässt sich aber doch sagen, dass das World Wide Web den Zugriff auf Informationen revolutioniert und daher (mit der nötigen Vorsicht hinsichtlich der Art und der Zuverlässigkeit mancher Dokumente genossen) die Informationsbeschaffung für Arbeit und Privatleben erheblich erleichtert hat.
Die Informationen im World Wide Web sind in **HTML-Dokumenten** (**WWW-Seiten**) gespeichert, deren Aufbau in →3.4.2 besprochen wurde. Bestimmte Rechnerknoten des Internets, so genannte *WWW-Server*, stellen diese Dokumente bereit, und *WWW-Clients* können die Dokumente mit Hilfe von **Browsern** vom jeweiligen Server herunterladen und dem Benutzer formatiert anzeigen. Abbildung 7-13 illustriert die Vorgehensweise beim Zugriff auf eine WWW-Seite (vergleiche auch →Abbildung 3-22): Zwischen Client und Server wird eine TCP-Verbindung aufgebaut, über die dann die beiden Partner mit Hilfe des **HyperText Transfer Protocols (HTTP)** kommunizieren. HTTP ist ähnlich einfach strukturiert wie SMTP, denn auch hier gibt es nur einige wenige Kommandos, die durch ASCII-Zeichenketten dargestellt werden. Im Normalfall schickt der Client an den Server einen *HTTP-GET-Request*, der neben dem HTTP-Steuerkommando `GET` die URL (→3.4.2) des gewünschten Do-

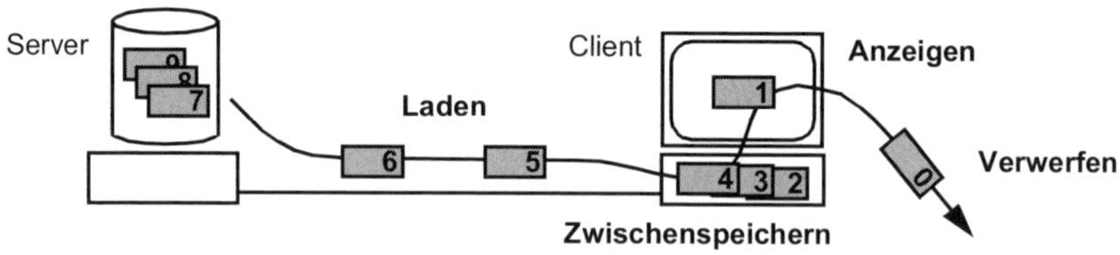

Abb. 7-14 *Prinzip des Streamings*

kuments enthält. Der Server reagiert darauf, indem er das Dokument zum Client überträgt. Das Dokument kann dabei unterschiedliche Medien enthalten, die anhand des MIME-Standards codiert werden (→voriger Teilabschnitt). Der Browser interpretiert das Dokument und zeigt es dem Benutzer an.
Neben der Übertragung und Darstellung statischer WWW-Seiten unterstützt das WWW mittlerweile eine Reihe von Techniken, die eine *dynamischere Kooperation* zwischen WWW-Client und -Server ermöglichen – beispielsweise *Java-Applets* oder *CGI-Skripte*. Wir werden hierauf in →7.4.3 zurückkommen.

Multimediadienste

Neben multimedialer Mail (→vorvoriger Teilabschnitt) gibt es im Internet eine Reihe weiterer **Multimediadienste**:

> **Voice over IP** (**VoIP**, auch **Internettelefonie** genannt) ermöglicht die Übertragung von Sprache wie bei einem Telefongespräch. Ursprünglich waren hauptsächlich Privatanwender an der Internettelefonie interessiert, um Telefonkosten zu sparen; mit sinkenden Telefongebühren und fortschreitender Internettechnik hat sich der Fokus jedoch zu kommerziellen Anwendern verschoben, die sich von der Integration ihrer Daten- und Telefonnetze sinkende Hardware- und Personalkosten versprechen. Eine Internettelefonie ist nicht nur zwischen zwei Computern möglich, sondern auch (über so genannte *Gatewayrechner* an der Grenze von Internet und Telefonnetz) zwischen einem Computer und einem normalen Telefonanschluss sowie zwischen zwei Telefonanschlüssen.

> Die Sprachübertragung kann durch weitere Dienste ergänzt werden – insbesondere um *Konferenzdienste* mit einer Kommunikation zwischen *mehreren Teilnehmern*, um die Übertragung von *Bewegtbildern* sowie um ein **Application Sharing**, bei dem die Konferenzteilnehmer beispielsweise mit Hilfe eines „gesharten", also gemeinsam genutzten Editors am selben Dokument arbeiten. Entsprechende Funktionalitäten werden von kommerziellen **(Video-)Konferenzsystemen**, aber auch vom frei verfügbaren **MBone-System** geboten.

> *Aufgezeichnete Videofilme und Audiostücke* können mit Hilfe der **Streaming-Technik** von einem *Server heruntergeladen* und einem Benutzer an einem Client *(fast) sofort angezeigt* werden. Abbildung 7-14 zeigt das Arbeitsprinzip des Streamings: Die Daten werden als Strom von Paketen vom Server über das Internet an den Clientrechner übertragen, der die Pakete (beispielsweise die Einzelbilder eines Videofilms) dem Benutzer präsentiert und unmittelbar danach verwirft. Der Client speichert vor der Anzeige temporär nur einige wenige Pakete (man sagt, er „puffert" sie), um bei kurzfristigen Übertragungsstörungen eine Reserve zu haben. Er lädt jedoch vor der Anzeige *nicht das gesamte Dokument.* Streaming erfordert also beim Client nur wenig Speicherplatz, und der Be-

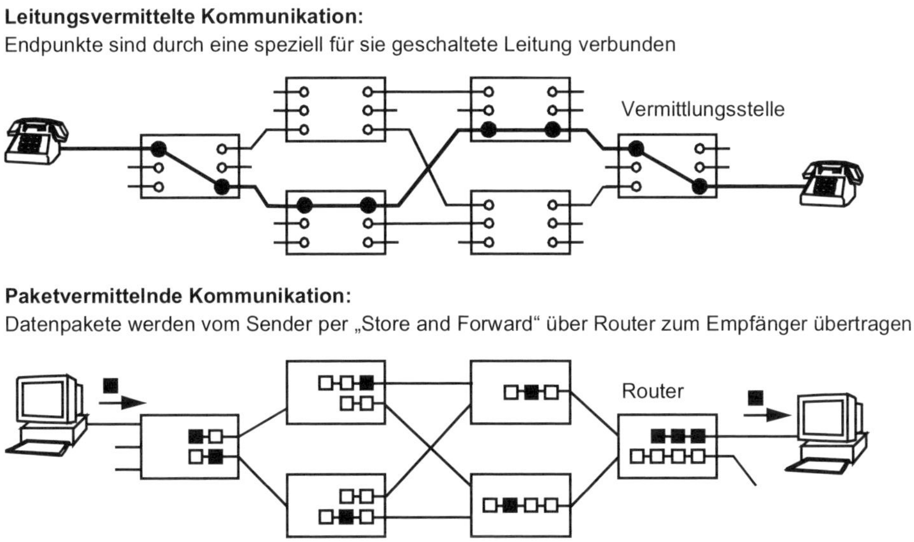

Abb. 7-15 *Leitungsvermittelte versus paketvermittelnde Kommunikation (nach [Tane03])*

nutzer muss nur kurze Zeit auf den Beginn der Anzeige warten. Verbreitete Streamingarchitekturen sind *RealSystem* der Firma *RealNetworks*, *QuickTime* der Firma *Apple* und *Windows Media* der Firma *Microsoft*. Auch **MBone** (siehe oben) unterstützt Streamingdienste.

Die hier genannten Dienste stellen, im Gegensatz zu einer Multimediamail, **Realzeitanforderungen**: Bei einer Mail ist es relativ gleichgültig, ob sie in zwei oder in zehn Sekunden übertragen wird. Bei einem Telefongespräch oder einer Videokonferenz sollte dagegen eine Dateneinheit spätestens nach einer bestimmten *Höchstdauer* beim Empfänger angekommen sein, da sonst Qualitätseinbußen bemerkbar werden (wie zum Beispiel bei interkontinentalen Telefonaten oder Fernsehinterviews, die über einen Satelliten geführt werden). Zudem muss für Telefongespräche, Videokonferenzen und Streaminganwendungen ein *Mindestdurchsatz* (= Mindestzahl der pro Zeiteinheit übertragenen Bits) garantiert werden. Vom Kommunikationssystem wird also eine bestimmte **Dienstgüte** (engl. **Quality of Service, QoS**) erwartet. Konkrete „Daumenwerte" für die Dienstgüte, die eine Realzeitkommunikation fordert, sind eine Übertragungsdauer von maximal 150 ms sowie ein Mindestdurchsatz von 64 Kilobits/s für die Übertragung von Sprache und mehreren hundert Kilobits/s für die Bildübertragung in mittlerer Qualität.
Das *Telefonnetz* kann solche *Dienstgüteanforderungen gut erfüllen* (zumindest bei der Datenübertragung über Kabel oder terrestrische Funkstrecken), das *Internet* ist dagegen leider *weniger gut* dazu geeignet. Der Grund hierfür sind die *unterschiedlichen Übertragungsprinzipien* der beiden Netze (siehe Abbildung 7-15):

> Das *Telefonnetz* basiert auf **leitungsvermittelter Kommunikation** (engl. **circuit switching**), bei der jeweils zwischen zwei Kommunikationspartnern eine *dedizierte Verbindung* geschaltet wird. In klassischen Telefonnetzen war dies eine reale (schmalbandige) Leitung, in modernen Netzen werden hierfür Kapazitäten auf breitbandigen Übertragungsmedien belegt. In beiden Fällen werden also für jede Verbindung genügend Res-

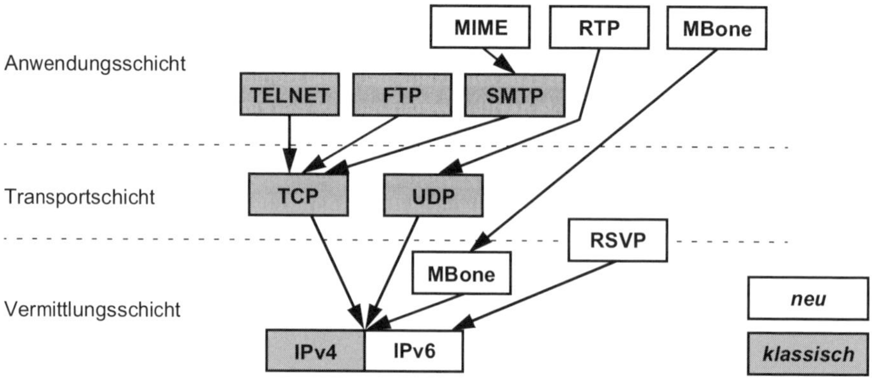

Abb. 7-16 *Erweiterungen der klassischen Internetprotokolle*

sourcen *reserviert*, und diese Reservierung garantiert, dass die Realzeitanforderungen erfüllt werden.

> Das *Internet* basiert auf **paketvermittelnder Kommunikation** (engl. **packet switching**), bei der die zu kommunizierenden Daten in einer Folge von Paketen übertragen werden. Diese Pakete werden nach dem **Store-and-Forward-Prinzip** jeweils in der Warteschlange eines *Routers* gespeichert und nach einer Wartezeit, die je nach Verkehrsaufkommen unterschiedlich lang ausfallen kann, an den nächsten Router weitergeleitet. Dabei kann es in den Routern zu Stauungen oder sogar zu Paketverlusten kommen, und zudem können zusammengehörige Pakete unterschiedliche Wege nehmen. Im klassischen Internet gibt es also *keine festen Verbindungen*, auf denen Kapazitäten reserviert werden könnten, und damit kann nicht garantiert werden, dass die Realzeitanforderungen erfüllt werden. Man sagt, dass das klassische Internet nach dem **Best-Effort-Prinzip** arbeitet – also sich „nach Kräften bemüht", die Daten möglichst rasch zu übermitteln, aber keine Garantien dafür gibt.

Allerdings steigen die Übertragungskapazitäten des Internets kontinuierlich an, so dass heute der Best-Effort-Ansatz oft ausreichend ist. Zudem wurden *zusätzliche Internetprotokolle und -standards* definiert, die Multimediadienste unterstützen sollen. Abbildung 7-16 zeigt eine entsprechende Auswahl (MIME wurde dabei, obwohl kein Realzeitdienst, der Vollständigkeit halber mit aufgenommen):

> Das Internetprotoll IP in seiner Version 6 (**IPv6**) bietet die Möglichkeit, Flows zu definieren (→7.2.1). Alle Pakete eines Flows können über einen festen Weg übertragen werden, auf dem mit Hilfe eines Reservierungsprotokolls (siehe nächster Punkt) Kapazitäten belegt werden können.

> Das **Resource ReSerVation Protocol (RSVP)** ist der Kern der **Integrated Services (IntServ)**, mit denen Dienstgütewerte ausgehandelt und entsprechende Kapazitäten reserviert werden können. Während IntServ die Verbindungen einzeln verwaltet und damit sehr aufwendig ist, reservieren die **Differentiated Services (DiffServ)** Kapazitäten jeweils für größere Gruppen von Verbindungen gemeinsam.

> Das **Real-Time Transport Protocol (RTP)** und das zugehörige **Real-Time Transport Control Protocol (RTCP)** ergänzen UDP (→7.2.1) um Mechanismen, die von Multimediaanwendungen genutzt werden können. Dazu gehört die Bildung von Paketen mit

Zeitstempeln und Sequenznummern sowie die Synchronisation, also zeitliche Abstimmung von Multimediadaten. Zudem wird überwacht, ob das Netz die Realzeitanforderungen einhält, und dem Sender eine entsprechende Rückmeldung gegeben, damit er sein Sendeverhalten anpassen kann. RTP / RTCP wird beispielsweise bei *Voice over IP* und beim *Quicktime Streaming* eingesetzt.

> **MBone**, der „Multicast Backbone", benutzt den IPv4-Multicastmechanismus, um über spezielle Router Multimediaströme von einem Sender zu mehreren Empfängern zu übertragen. Er bietet auf dieser Basis die Dienste an, die weiter oben angesprochen wurden.

7.3 Grundkonzepte verteilter Systeme

Ein Rechnernetz ermöglicht die Datenübertragung zwischen geografisch verteilten Rechnerknoten. Benutzer an diesen Knoten können damit untereinander kommunizieren und auf Daten- und Funktionsangebote auch entfernt (engl. *remote*) liegender Rechner zugreifen. Hierzu bietet das Rechnernetz *Dienste* an, wie beispielsweise einen Dienst zur Arbeit an der Benutzerschnittstelle eines anderen Rechners oder einen Dienst für den Transfer von Dateien. Bei den klassischen Diensten eines Rechnernetzes ist dem Benutzer meist bewusst, dass sie jeweils von einem ganz bestimmten Rechner im Netz angeboten werden. Um auf einen solchen Dienst zugreifen zu können, muss er nämlich die *Adresse* oder den *Namen* des betreffenden Rechnerknotens angeben – beispielsweise des Rechners, an dessen Schnittstelle er per *Telnet* arbeitet oder von dem er per *FTP* eine Datei herunterladen möchte (→7.2.2). Man sagt, dass solche Dienste *nicht ortstransparent* (oder, allgemeiner gesprochen, **nicht verteilungstransparent**) sind, da der Benutzer die Existenz mehrerer Rechner und ihre geografische Verteilheit „zu Gesicht bekommt".

Anders sieht es bei manchen modernen Diensten aus, wie beispielsweise beim *World Wide Web*: Zwar kann der Benutzer auch hier einen bestimmten WWW-Anbieter direkt anwählen, indem er in seinen Browser den Namen oder die Adresse dieses Rechners eingibt. Er kann aber auch auf diese Adresseingabe verzichten, indem er bei einer vordefinierten Startseite beginnt und sich dann durch eine Folge von WWW-Seiten, die über Links miteinander verbunden sind (→3.4.2), „hindurchklickt". Dass die dabei durchlaufenen Seiten auf verschiedenen Rechnern liegen und welche Rechner das jeweils sind, muss ihn dabei nicht kümmern. Damit präsentiert sich das World Wide Web, obwohl es durch einen Verbund vieler Rechnerknoten realisiert wird, seinen Nutzern als ein großes, einheitliches *Hypermediasystem* (→3.4.1) und bietet damit eine recht weit gehende **Verteilungstransparenz**.

Dieses Unterkapitel stellt den Unterschied zwischen nicht verteilungstransparenten und verteilungstransparenten Diensten dar, indem es von *Betriebssystemen* ausgeht. Das bietet sich deswegen an, weil das Betriebssystem (zusammen mit sonstiger Systemsoftware) in einem Rechnerknoten die grundlegende Komponente ist, durch die Dienste angeboten werden (→2.1.2, Abbildung 2-5). Das Unterkapitel ist im Einzelnen wie folgt aufgebaut:

> Zunächst werden, nach einer kurzen Betrachtung von *Multicomputersystemen* und *Betriebssystemen*, grundlegende Softwarearchitekturen für Rechnernetze besprochen. Dabei wird unterschieden zwischen nicht verteilungstransparenten *Netzbetriebssystemen* und verteilungstransparenten *verteilten Betriebs- und Softwaresystemen*. Darauf aufbauend wird der Begriff der *Middleware* eingeführt – einer Systemsoftwareschicht oberhalb

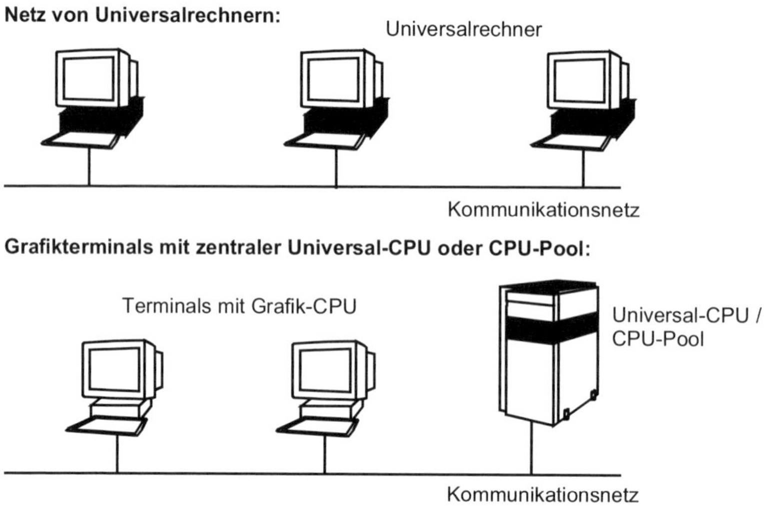

Abb. 7-17 *Hardwarekonfigurationen aus mehreren Rechnerknoten*

des Betriebssystems, die dem Programmierer die Definition und Nutzung verteilungstransparenter Dienste ermöglicht. Diese Dienste sind meist nach dem *Client-Server-Prinzip* organisiert, bei dem ein Client (= Dienstnutzer) einem Server (= Dienstanbieter) einen Auftrag schickt und von diesem nach der Bearbeitung eine Antwort erhält.

> Anschließend werden *typische Dienste eines Betriebssystems* in einem Rechnernetz dargestellt, nämlich *Dateisysteme*, die sich über mehrere Rechnerknoten verteilen, *Namensdienste*, die das Auffinden von Diensten und Komponenten im Netz erleichtern, und *Zeitdienste*, die unter anderem die Uhren der beteiligten Rechnerknoten synchronisieren.

Auf Techniken zur *Programmierung* eines verteilten Systems geht →Unterkapitel 7.4 ein.

7.3.1 Systemarchitekturen

Hardwaregrundlage

Für die verteilten Softwaresysteme, die im Folgenden betrachtet werden, wird als **Hardwaregrundlage** ein *Netz aus Rechnerknoten* vorausgesetzt, wie es in Abbildung 7-17 oben skizziert ist. Dieses Netz ist im Sinne von →5.4.1, Abbildung 5-17, ein *Multicomputersystem* mit einer *lose gekoppelten Hardware*. Bei den Rechnerknoten handelt es sich um *Universalrechner* (→2.1.1), die in der Lage sind, beliebige Software auszuführen (natürlich in dem Rahmen, der durch die Maschinensprache des jeweiligen Prozessors gesetzt wird), und von ihrer Hardware her im Wesentlichen allein arbeitsfähig sind. Die Rechnerknoten können *homogen oder auch heterogen* sein, das heißt sie dürfen durchaus unterschiedlichen Typs sein und von verschiedenen Herstellern stammen. Beispiele für solche Konfigurationen sind **Cluster** von PCs oder Workstations, die über ein lokales Netz miteinander verbunden sind, oder eine Menge von Computern, die über ein Weitverkehrsnetz kooperieren.
Die Verarbeitungs- und Speicherungskapazität des Rechnernetzes in Abbildung 7-17 oben verteilt sich also auf seine einzelnen Knoten. Alternativ ist es möglich, diese *Kapazitäten an*

einer zentralen Stelle zu bündeln, wie es Abbildung 7-17 unten zeigt. Jeder Benutzer verfügt dabei über ein *grafikfähiges Terminal*, das lediglich spezielle Prozessoren für die Entgegennahme von Eingaben und zur Erzeugung grafischer Ausgaben sowie einen Hauptspeicher besitzt, jedoch keinen Universalprozessor und möglicherweise auch keinen eigenen Plattenspeicher. Der oder die Universalprozessoren stehen zentral in einem *Prozessorpool* und können den Benutzern je nach Bedarf zugeteilt werden. Das Netz dient hier also zur Übertragung von Aufträgen und Ergebnissen zwischen den Terminals und den Universalprozessoren. Ein Beispiel für ein solches System ist ein **XWindow**-basiertes Netz, in dem mehrere grafikfähige Terminals an eine Workstation mit einem leistungsfähigen Prozessor und einem großen Plattenspeicher angeschlossen sind.

Betriebssystem

Die Hardware eines Rechensystems wird durch sein **Betriebssystem** verwaltet und gesteuert (→2.1.2). Dabei realisiert das Betriebssystem für Benutzer und Programmierer eine *virtuelle Maschine*, die deutlich komfortabler zu nutzen ist als die reine Hardware (siehe ebenfalls →2.1.2). Grundlegende Bestandteile dieser virtuellen Maschine sind ein *Datei- und Prozesssystem*, wie sie bereits in früheren Kapiteln besprochen wurden:

> Ein **Dateisystem** bietet die Möglichkeit, eine Menge von Daten strukturiert auf Hintergrundspeichern abzulegen (→3.3). Das Betriebssystem muss insbesondere *Speicherbereiche* zur physischen Ablage der Daten bereitstellen und es muss einen *strukturierten Namensraum* (konkret: einen Dateibaum) realisieren, über den geordnet auf die Daten zugegriffen werden kann.

> Ein **Prozesssystem** dient zur Organisation der nebenläufigen Aktivitäten, die auf der Maschine ablaufen (→4.4, →5.4). Ein Benutzer oder auch ein laufendes Programm kann einen **Prozess** (→4.4.1) starten, der dann eine bestimmte Aufgabe bearbeitet. Das Betriebssystem stellt einem solchen Prozess *Betriebsmittel* zur Verfügung, insbesondere *Prozessorzeit* und *Hauptspeicherplatz* (→5.3.2). Zudem sorgt das Betriebssystem bei Bedarf für eine *Synchronisation*, also eine zeitliche Abstimmung der Prozesse (→5.4.2) und stellt Mechanismen zur *Kommunikation* zwischen Prozessen (→5.4.3) zur Verfügung.

Ein *Benutzer* kann auf diese Betriebssystemdienste zugreifen, indem er über die **Benutzerschnittstelle** per Tastatur oder Maus *Kommandos* eingibt (→Abbildung 2-5 und →Kasten auf Seite 236). Aus einem *Programm* heraus werden die Dienste über die **Programmierschnittstelle** aufgerufen (→Abbildung 2-5), was in einer prozeduralen Programmiersprache genauso aussieht und abläuft wie ein *Unterprogrammaufruf* (siehe →5.2.2 für eine allgemeine Erörterung des Aufrufkonzepts und →5.4.3 für Unterprogrammbeispiele zur Interprozesskommunikation).

Netzbetriebssysteme versus verteilte Betriebssysteme

Betriebssysteme boten ihre Dienste früher ausschließlich auf lokalen Rechnern an, also auf einzelnen Computern, die nicht vernetzt waren. Mit dem Aufkommen der Rechnernetze stellte sich dann allerdings die Aufgabe, die Betriebssystemdienste und -konzepte so zu erweitern, dass sie auch in einem Verbund aus mehreren Rechnern genutzt werden können. Es sind also nunmehr *Betriebssysteme* zu realisieren, die sich *über mehrere Knoten* erstre-

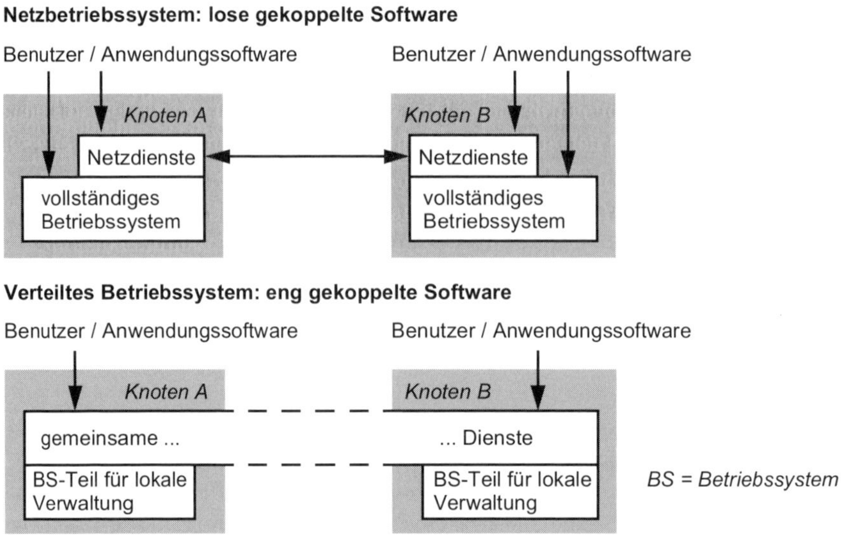

Abb. 7-18 *Kopplung der Betriebssystemsoftware: Netzbetriebssystem versus verteiltes System*

cken. Hierfür sind zwei Ansätze möglich, die sie sich darin unterscheiden, wie stark die Betriebssystemkomponenten der einzelnen Rechnerknoten zusammenhängen. Analog zur Stärke der Hardwarekopplung in einem System aus mehreren Prozessoren (→Abbildung 5-17) unterscheidet man zwischen *lose und eng gekoppelter Betriebssystemsoftware*:

> Bei einer *losen Kopplung* besitzt jeder Rechnerknoten sein eigenes vollständiges Betriebssystem (siehe Abbildung 7-18 oben) und ist damit autonom, also allein arbeitsfähig. Zusätzlich gibt es knotenübergreifende Dienste, die das Arbeiten im Netz erlauben. Zu ihnen gehören typischerweise Dienste, die den klassischen Internetanwendungen (→7.2.2) entsprechen – also das Wechseln an die Benutzeroberfläche eines anderen Rechnerknotens, der Transfer von Dateien über das Netz oder das Versenden von Mails. Ein Betriebssystem mit solchen Diensten heißt **Netzbetriebssystem** (engl. *network operating system*). Charakteristisch für ein Netzbetriebssystem ist, dass sich sein *Benutzer der Verteiltheit bewusst* ist. So unterscheiden sich Kommandos und Dateinamen, die sich auf den lokalen Computer beziehen, von Kommandos und Dateinamen für entfernte Computer (→7.3.2, Abbildung 7-21 oben).

> Bei einer *engen Kopplung* gibt es ein gemeinsames Betriebssystem für alle Computer im Netz, das heißt alle Rechnerknoten führen zusammen die Funktionen eines globalen Betriebssystems aus (siehe Abbildung 7-18 unten). Dieses Betriebssystem verwaltet die Komponenten im gesamten Netz und bietet im Idealfall überall eine einheitliche Schnittstelle. Es kann dafür wie folgt organisiert sein: Auf jedem Knoten ist eine Kopie eines grundlegenden Betriebssystemkerns vorhanden, der lokale Basisdienste (wie zum Beispiel die Prozessor- und Hauptspeicherverwaltung) sowie Mechanismen zur Kommunikation mit anderen Knoten enthält. Zusätzlich gibt es gemeinsame höhere Dienste (zum Beispiel ein Dateisystem oder einen Druckdienst), die nicht auf jedem Knoten, sondern nur auf bestimmten **Servern** (zum Beispiel einem *File Server*, →7.3.2, oder einem *Print Server*) implementiert sind. Diese Dienste stehen aber überall zur Verfügung, da sie über das Netz vom jeweiligen Server angefordert werden können.

Der Anspruch bei diesem Ansatz ist, dem Benutzer und möglichst auch dem Programmierer gegenüber die *Verteiltheit zu verbergen*, sie also *transparent* zu machen. Im Unterschied zu Netzbetriebssystemen unterscheidet eine Betriebssystemschnittstelle damit nicht mehr zwischen lokalen und entfernt liegenden Diensten. So greift ein Benutzer auf eine lokale Datei mit demselben Kommando wie auf eine entfernte Datei zu, und auch die Schreibweise der Dateinamen unterscheidet sich nicht (→7.3.2, Abbildung 7-21 unten). Ein entsprechendes Betriebssystem heißt **verteiltes Betriebssystem** (engl. *distributed operating system*), das damit aus einer lose gekoppelten Hardware ein *eng gekoppeltes Benutzersystem* macht.

Verteilte Systeme

Der Begriff des verteilten Betriebssystems lässt sich unmittelbar zum Begriff des **verteilten Softwaresystems** erweitern. Ein solches System besteht aus *mehreren Prozessen*, die auf *verschiedene Rechnerknoten* verteilt sind, über ein Kommunikationsnetz Daten austauschen und auf dieser Basis gemeinsam an einer Aufgabe arbeiten. Das verteilte Softwaresystem realisiert dabei eine Schnittstelle, die den Benutzern gegenüber die Verteiltheit verbirgt. Beispiele für verteilte Softwaresysteme sind ein *Flugbuchungssystem*, an das mehrere Reisebüros angeschlossen sind, oder ein *Kontoverwaltungssystem*, das Geldautomaten und zentrale Bankrechner miteinander verknüpft.

Die verteilte Software bildet zusammen mit der Rechner- und Netzhardware, auf der sie ausgeführt wird, ein **verteiltes System** (engl. *distributed system*). Zur Programmierung und Ausführung eines verteilten Softwaresystems benötigt man, neben dem zugrunde liegenden Betriebs- und Kommunikationssystem, ein *Programmiersystem* und ein *Laufzeitsystem* (vergleiche →5.3.1). Wir werden hierauf im nächsten Teilabschnitt unter dem Stichwort „Middleware" und in →7.4, wo es um Kooperationsmechanismen für verteilte Systeme geht, zurückkommen.

Ein grundlegendes Prinzip bei verteilten Systemen ist die **Verteilungstransparenz**, die schon mehrfach angesprochen wurde: Benutzer und Programmierer sollten möglichst *nicht merken*, dass die Systemkomponenten *geografisch verteilt* sind. Allerdings ist es recht schwierig, eine Transparenz in allen Aspekten eines Systems durchzusetzen. So sind beispielsweise auch heute noch keine Betriebssysteme im breiten Einsatz, die man im umfassenden Sinne als „verteilt" bezeichnen könnte. Wohl aber gibt es seit Jahrzehnten Netzbetriebssysteme, die verteilte Komponenten enthalten, wie zum Beispiel verteilte Dateisysteme (→7.3.2).

Der Vollständigkeit halber ist anzumerken, dass der Begriff des verteilten Systems in der Literatur nicht ganz einheitlich verwendet wird. Manche Autoren grenzen den Begriff etwas weniger streng ein, da sie nicht unbedingt eine Transparenz voraussetzen. So wird bei ihnen ein System auch dann als „verteilt" bezeichnet, wenn dem Benutzer bewusst wird, dass es auf mehreren vernetzten Rechnern basiert.

Middleware

Ein lokales, also nicht verteiltes Betriebssystem bietet mit seiner Programmierschnittstelle eine *Plattform* zur Programmierung und Ausführung eines lokalen Softwaresystems (→Abbildung 2-5). Eine ähnliche Plattform benötigt man zur Realisierung eines *verteilten Softwaresystems*. Diese Plattform sollte dem Programmierer eine *Schnittstelle mit Diensten* bie-

Ein knotenübergreifendes Dateisystem arbeitet typischerweise nach dem *Client-Server-Prinzip* (→7.2.1, Abbildung 7-20): Im Rechnernetz gibt es einen oder mehrere **File-Server-Knoten**, die auf ihren Plattenspeicher jeweils Teile des Dateisystems speichern und nach außen anbieten. *Clientrechner* können diese Dateien benutzen, indem sie entsprechende Anforderungen an den betreffenden Server senden. Der Server greift dann auf seine Platte zu und schickt eine Antwort zurück – zum Beispiel bei einem Lesezugriff die gewünschten Daten (oder auch die ganze Datei oder einen Teil davon, die der Client temporär in seinem Speicher ablegt und anschließend dort darauf zugreift). Zur *Organisation eines nicht lokalen Dateisystems* gibt es die in Abbildung 7-21 dargestellten Möglichkeiten:

> Beim einfachsten Ansatz wird auf jedem Knoten ein eigener **lokaler Dateibaum** geführt (→3.3.2), der unabhängig von den Bäumen anderer Knoten ist. Lokale Dateien werden, wie bisher, durch ihre Pfade im lokalen Dateibaum identifiziert. Zugriffe auf Dateien anderer Knoten sind möglich, indem man zuerst den Namen des betreffenden Rechnerknotens und dann den Pfad der Datei in dessen Baum angibt. Diese Technik findet man beispielsweise beim klassischen *UNIX*-Kommando `rcp` (= remote copy), das Dateien zwischen Knoten transferiert. Nachteilig ist hier die *fehlende Verteilungstransparenz*: Ein Benutzer muss wissen, auf welchem Knoten eine bestimmte Datei liegt, da er diese Information für die Bildung des Dateinamens benötigt.

> Der zweite Ansatz, das so genannte **Mounting**, beruht darauf, dass File-Server-Knoten ihre *Dateibäume exportieren*, also den anderen Knoten ganz oder teilweise zur Nutzung anbieten. Clients können diese (Teil-)Bäume in ihre lokalen Dateibäume einbinden – zu Neudeutsch *mounten* (wörtliche Übersetzung: „anmontieren“). Hierfür wird ein `mount`-Kommando des Betriebssystems benutzt, etwa der Form `mount <externer Unterbaum> <lokalesVerzeichnis>`. Durch dieses Kommando wird, grob gesprochen, ein *Link* (→3.3.2) vom Client zum Server angelegt, also der entfernt liegende Dateibaum unter einem zusätzlichen Namen im lokalen Dateibaum des Clients zugreifbar gemacht. Der Benutzer des Clients kann somit nach dem Mounten auf entfernte Dateien zugreifen, indem er einen aus seiner Sicht *lokalen* Namen oder Pfad angibt. Da der Mountvorgang üblicherweise automatisch durch das Betriebssystem durchgeführt wird, ist das Dateisystem *für den Benutzer verteilungstransparent*. Nachteilig ist hier, dass das Mounting für jeden Client einzeln vorgenommen wird, wodurch sich auf den Clients unterschiedliche Verzeichnisstrukturen ergeben können und das System damit unübersichtlich wird. *NFS* ist ein Beispiel für ein System, das mit Mounting arbeitet.

> Der dritte und anspruchsvollste Ansatz realisiert einen **globalen Dateibaum**, der von allen Knoten aus gleich aussieht. Wie bisher sind zwar die Dateien auf die Plattenspeicher der Knoten verteilt, die Verwaltung des Dateibaums ist aber nicht mehr Sache der einzelnen lokalen Systeme, sondern eines darüber liegenden *verteilten Systems* (→7.3.1), das alle Knoten umfasst. Dabei werden die File Server durch einen oder mehrere **Directory Server** ergänzt; sie realisieren den Dateibaum, indem sie Verzeichnisse (→3.3.2) mit Angaben über die Dateien führen. Ein Client kann einem Directory Server einen Dateinamen präsentieren, bekommt von diesem die Information, wo die Datei zu finden ist, und greift damit auf den entsprechenden File Server zu (siehe auch Abbildung 7-22). Der Vorteil des Einsatzes globaler Directory Server ist, wie schon gesagt, dass der Dateibaum für alle Clients einheitlich ist. Beispiele für globale Dateibäume findet man bei *AFS* und *CODA*.

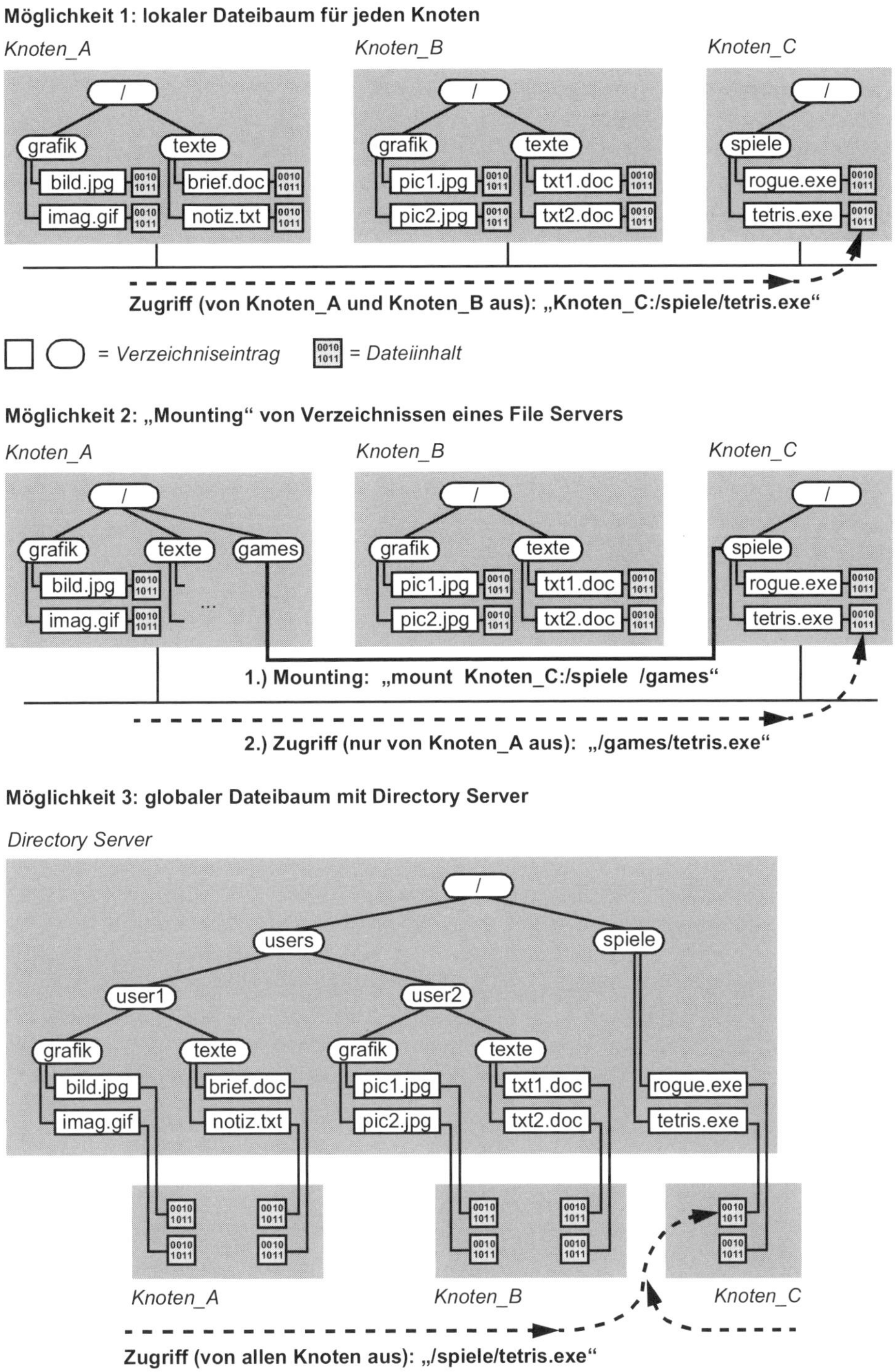

Abb. 7-21 *Dateisysteme im Rechnernetz*

Wie wird die Sicherheit in Rechnernetzen und verteilten Systemen gewährleistet?

An Rechnernetze und verteilte Systeme werden vielfältige Sicherheitsanforderungen gestellt, die man grob in Forderungen nach einer *sicheren Kommunikation* und Forderungen nach einer *Zugriffskontrolle* klassifizieren kann. **Sichere Kommunikation** betrifft die *Vertraulichkeit* (Abhörsicherheit) und *Integrität* (Unverfälschbarkeit) der übertragenen Daten sowie die *Authentisierung* (korrekte Identifikation) der beteiligten Partner. **Zugriffskontrollen** stellen sicher, dass Nutzer nur auf die Daten und Dienste zugreifen können, für die sie *Zugriffsrechte* besitzen. Auch hier spielt die *Authentisierung* der Nutzer eine fundamentale Rolle, denn das System muss sich darauf verlassen können, dass ein Nutzer der ist, als der er sich ausgibt. Gerade in Rechnernetzen mit ihren verteilten Knoten ist die Durchsetzung der Sicherheit ein vielschichtiges Problem, da es sehr viele Angriffspunkte gibt. Ein Sicherheitssystem muss also eine Reihe verschiedener Sicherheitstechniken integrieren, die die genannten Forderungen erfüllen. Im Folgenden werden zwei dieser Techniken kurz skizziert, nämlich *Kryptographie* und *Firewalls*.

Die **Kryptographie** befasst sich mit der **Verschlüsselung** von Daten: Ein Sender berechnet aus einem lesbaren *Klartext* mit Hilfe einer *Verschlüsselungsfunktion* einen *Kryptotext*, den er dann an den Empfänger schickt. Der Empfänger berechnet aus dem Kryptotext anhand einer *Entschlüsselungsfunktion* den Klartext zurück. Ein Spion, der die Übertragung abhört, erhält nur den Kryptotext, den er nicht verstehen kann. Zur Ver- und Entschlüsselung werden *Schlüssel* benutzt – Parameter für die entsprechenden Funktionen.

Es gibt zwei Arten von Verschlüsselungsverfahren: Bei einem **symmetrischen Verfahren** (Verfahren mit *geheimem Schlüssel*) wird zur Ver- und Entschlüsselung derselbe Schlüssel verwendet. Sender und Empfänger müssen sich hier also auf einen gemeinsamen Schlüsselwert einigen und diesen geheim halten, was insbesondere über große Entfernungen hinweg schwierig ist. Bei einem **asymmetrischen Verfahren** (Verfahren mit *öffentlichem Schlüssel*) wird dagegen ein Schlüssel*paar* eingesetzt: Der Empfänger, der ein solches Paar wählt, gibt den Schlüssel zur *Ver*schlüsselung allgemein bekannt, und alle Nachrichten an ihn werden mit diesem Schlüssel codiert. Er hält jedoch den Schlüssel zur *Ent*schlüsselung geheim, so dass nur er selbst Nachrichten, die für ihn bestimmt sind, entschlüsseln kann. Außerdem kann ein Sender eine Nachricht mit seinem geheimem Schlüssel *signieren* (also unterschreiben), und ein Empfänger überprüft die Korrektheit der Nachricht anhand des bekannten öffentlichen Schlüssels des Senders. Beispiele für symmetrische Verfahren sind der veraltete *Data Encryption Standard (DES)* sowie sein Nachfolger *Advanced Encryption Standard (AES)*; ein asymmetrisches Verfahren stammt von *Rivest, Shamir und Adleman (RSA)*. Das in der Praxis beliebte *Pretty Good Privacy (PGP)* kombiniert mehrere solche Verfahren zu einem gut nutzbaren Werkzeug.

Firewalls unterstützen die Durchsetzung von Zugriffsbeschränkungen: Eine Firewall ist ein Rechnerknoten, der sämtlichen Datenverkehr zwischen dem Internet und einem zu schützenden Bereich überwacht und nur unverdächtige Pakete passieren lässt. Man unterscheidet zwei Arten von Firewalls: **Packet-Filtering Gateways** betrachten lediglich die Absender- und Empfängerangaben (meist IP-Adresse und Portnummer, →7.2.1) und verwerfen beispielsweise alle eintreffenden Pakete, die von einem verdächtigen Absender stammen oder sich an einen gesperrten Port richten. **Application-Level Gateways** inspizieren dagegen auch die Inhalte der Pakete und verwerfen so beispielsweise Mails mit unerwünschten Inhalten (so genannte **Spam Mails**). Da aber auch Firewalls keinen hundertprozentigen Schutz bieten können, sollten Computer mit besonders sensiblen Daten und Aufgaben überhaupt nicht an ein extern zugreifbares Netz angeschlossen werden.

> *Prozedurale Ansätze* ergänzen prozedurale Programmiersprachen um die Möglichkeit, mit Hilfe von Unterprogrammaufrufen Daten an entfernte Prozesse zu schicken und deren Dienste zu nutzen. Zu diesen Ansätzen gehören die *Socketprogrammierung* und der *Remote Procedure Call (RPC).*

> *Objektorientierte Ansätze* basieren auf der Vorstellung, dass die Dienste eines verteilten Systems durch Objekte angeboten werden, deren Methoden auch von entfernten Rechnerknoten aus aufgerufen werden können. Mechanismen zur Programmierung und/oder Nutzung solcher Objekte werden durch die *Java Remote Method Invocation (RMI), Enterprise JavaBeans, OMG CORBA, SOAP, Microsoft .NET* und *Sun ONE* bereitgestellt.

> *WWW-basierte Ansätze* werden im Rahmen des World Wide Web eingesetzt und ermöglichen dem Webnutzer, auf Dienste von WWW-Servern zuzugreifen. WWW-Dienste werden durch das *Common Gateway Interface (CGI), Java-Applets* und *-Servlets* sowie weitere Techniken realisiert, die die Erstellung *dynamischer* und *aktiver WWW-Seiten* unterstützen.

Dieses Unterkapitel kann aus Platzgründen nur eine recht grobe Übersicht über die verschiedenen Techniken bieten; Details findet man in der weiterführenden Literatur (→7.5).

7.4.1 Prozedurale Ansätze

Prozedurale Ansätze zur verteilten Programmierung erweitern das Unterprogrammkonzept prozeduraler Programmiersprachen (→5.2.2): Durch Aufruf spezieller Prozeduren und Funktionen können Daten an einen entfernten Prozess geschickt und Dienste, die ein solcher Prozess anbietet, aufgerufen werden.

Sockets

Sockets bieten die Möglichkeit, aus Programmen heraus auf die *Dienste von Kommunikationsprotokollen* (→7.1.1) zuzugreifen und damit Datenpakete über ein Netz zu verschicken. Meist definiert die *Programmierschnittstelle eines Betriebssystems* (→2.1.2) eine entsprechende Sammlung von Funktionen, die ein Programmierer in sein Programm einbinden kann. Sockets wurden erstmals durch das Betriebssystem UNIX angeboten (→Kasten auf Seite 366), um Programmierern einen Zugriff auf die Kommunikationsprotokolle des Internets zu ermöglichen.
Eine **Socket** (wörtliche Übersetzung: „Steckdose“) ist ein *Datenendpunkt* in einem Kommunikationssystem und von ihrer Funktionalität her in etwa vergleichbar mit einem Telefonanschluss. Wie Abbildung 7-23 zeigt, besteht eine Socket aus mehreren Schichten: Der *Socketkopf* bietet *Schnittstellenfunktionen* für die Kommunikation an und bildet sie auf die darunter liegenden internen Kommunikationsmechanismen ab. Oberhalb des Socketkopfs setzen Sender- und Empfängerprozesse auf, greifen also auf die Dienste des Kopfes zu. Die unterhalb des Kopfs liegende *Protokollschicht* implementiert die Protokollmaschine eines Kommunikationsprotokolls (vielfach TCP/IP) und regelt damit die Ende-zu-Ende-Datenübertragung zwischen den Datenendpunkten. Noch tiefer liegen der Gerätetreiber, der die Netzkarte und damit den Zugriff auf das Kommunikationsnetz steuert, sowie das Netz selbst. Dem Programmierer bleiben diese unteren Schichten jedoch verborgen; er nutzt lediglich das Funktionsangebot der Socketkopfs und muss sich um weitere Details der Kommunikation nicht kümmern (vergleiche →Abbildung 7-4).

Um eine Serverprozedur aufrufen zu können, muss sie der Client zuvor bei sich „einbinden". Hierzu fragt er bei einem *Name Server* (→7.3.2) oder einem **Broker / Trader** (→7.4.2) an, wo ein bestimmter Dienst angeboten wird, und erhält von diesem einen *Handle* mit den benötigten Angaben. Die Schnittstelle der Serverprozedur, also ihr Name, ihre Parameterliste und ihr Rückgabetyp, werden dabei in einer plattformunabhängigen Beschreibungssprache dargestellt, einer so genannten **Interface Definition Language (IDL)**. Der Client generiert aus dem erhaltenen Handle einen Stub, den er dann für seine Fernaufrufe nutzen kann.

Das *Ziel einer Implementierung* der RPC-Technik sollte sein, nicht nur die Syntax, sondern auch die *Semantik* eines Fernaufrufs (also seine Möglichkeiten und Auswirkungen) der Semantik eines lokalen Aufrufs anzugleichen. Dem stehen jedoch mehrere Probleme gegenüber, die eine vollständige Angleichung verhindern und die man daher bei der RPC-Programmierung im Auge behalten muss:

> Ein RPC wird im *Adressraum des Servers* ausgeführt. Dieser liegt im Allgemeinen auf einem anderen Rechnerknoten als der Adressraum des Clients, so dass die Adressräume vollständig voneinander getrennt sind. Das erschwert die Übergabe von Referenzparametern, also von Verweisen auf Speicherzellen (→5.2.2).

> Im verteilten Fall können *Fehler* auftreten, die im lokalen Fall keine Rolle spielen – insbesondere Störungen bei der Datenübertragung oder Serverausfälle. Eine *Exactly-Once-Semantik*, die garantiert, dass der Server den Dienst überhaupt ausführt und dass er dies nur einmal tut, ist also nicht von vornherein gegeben. Techniken, die diese Semantik durchsetzen, sind so aufwendig, dass man sich in der Praxis oft entweder mit einer *At-Least-Once-Semantik* (der Dienst wird *mindestens* einmal ausgeführt) oder mit einer *At-Most-Once-Semantik* (der Dienst wird *höchstens* einmal ausgeführt) begnügt.

> Die entfernte Ausführung von Unterprogrammen ist relativ zeitaufwendig, so dass ein Client auf die Auftragserledigung *nicht unbedingt passiv warten* sollte (vergleiche →7.3.1, Abbildung 7-20 unten). Es ist durchaus möglich, den Client nebenläufig zur serverseitigen Auftragsbearbeitung andere Aufgaben erledigen zu lassen; das Zeitverhalten weicht dann aber von dem eines lokalen Unterprogrammaufrufs ab.

7.4.2 Objektbasierte Ansätze

Die Grundidee der **objektorientierten Programmierung** ist, Daten in Objekten zu kapseln und an den Schnittstellen dieser Objekte Dienste bereitzustellen, mit denen auf die Daten zugegriffen werden kann (→6.1). In einem verteilten System bietet es sich an, die *Objekte auf die Rechnerknoten zu verteilen* und ihre Dienste über das Netz, also entfernt aufzurufen. Um einen Kooperationsmechanismus für objektorientierte verteilte Systeme zu definieren, gibt es zwei Möglichkeiten:

> Ein *sprachspezifischer Ansatz* erweitert eine bestimmte objektorientierte Sprache (beispielsweise Java) um Dienste zur Verteilung von Objekten. Vorteilhaft ist dabei, dass man hier alle Techniken dieser Sprache unmittelbar nutzen kann. Der Nachteil ist eine mangelnde Offenheit gegenüber anderen Sprachen, was eine Kooperation zwischen Objekten verschiedener Programmiersprachen verhindert oder zumindest stark erschwert.

> Ein *sprachunabhängiger Ansatz* ermöglicht die Bereitstellung und Nutzung entfernter Objekte, die in unterschiedlichen Sprachen programmiert sein können. Er definiert dazu

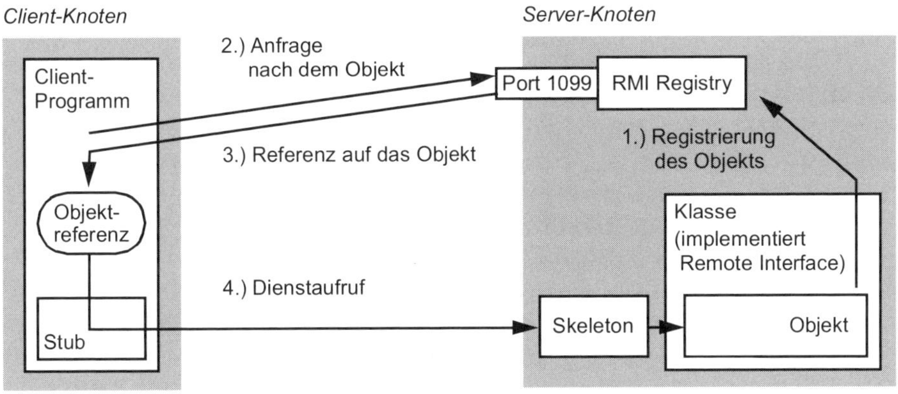

***Abb. 7-25** Java Remote Method Invocation (RMI)*

Standards zur Beschreibung der angebotenen Methodenschnittstellen und zur Durchführung von parametrisierten Aufrufen, jeweils in einer plattformunabhängigen Schreibweise. Der Vorteil ist, dass damit Objekte unterschiedlicher Programmiersprachen kooperieren können. Nachteilig ist der zusätzliche Aufwand für Anpassungsoperationen, so insbesondere für die Umwandlung zwischen plattformabhängigen und plattformunabhängigen Darstellungen.

In diesem Abschnitt werden mehrere Techniken skizziert, die jeweils einem dieser Prinzipien folgen, nämlich zunächst die sprachabhängige *Java Remote Method Invocation (RMI)* sowie *Enterprise JavaBeans (EJB)*, anschließend die klassische plattformunabhängige Middleware *CORBA*, danach das recht neue *Simple Object Access Protocol (SOAP)* und schließlich noch kurz die herstellerspezifischen Angebote *.NET* von *Microsoft* und *ONE* von *Sun Microsystems*.

Java Remote Method Invocation

Die Technik der **Remote Method Invocation (RMI)** ist Bestandteil der Programmiersprache Java. Sie ermöglicht es, Methoden von Javaobjekten aufzurufen, die sich nicht in der Java Virtual Machine (JVM, →Abbildung 5-11) des eigenen Rechnerknotens befinden, sondern in der JVM eines anderen Knotens. Ein entsprechendes Objekt wird als *entferntes Objekt* (engl. *remote object*) bezeichnet. Abbildung 7-25 illustriert die Schritte, die zur Definition eines entfernten Objekts und zum Aufruf einer seiner Methoden erforderlich sind:

> Auf einem Server wird ein *Remote Interface* mit Methodenschnittstellen definiert, die nach außen angeboten werden sollen. Ein solches Interface definiert nur die Methoden*köpfe*, nicht jedoch die Implementation der Methodenkörper (vergleiche →6.1.2).

> Auf dem Server wird außerdem eine *Klasse* definiert, die das *Remote Interface implementiert*, also die Methodenköpfe durch Körper ergänzt. Zudem werden ein oder mehrere Objekte dieser Klasse erzeugt. Sie bieten die Dienste an, die durch das Interface beschrieben werden, und sind damit die oben genannten *entfernten Objekte*.

> Der Server registriert die Objekte bei seinem *Namensdienst* (→7.2.2), der *RMI Registry*, und macht sie somit bekannt. Der Namensdienst ist standardmäßig an den Port Nr. 1099

jekte in einem CORBA-System können auf beliebigen Rechnerknoten liegen und in verschiedenen Sprachen implementiert sein, also beispielsweise in C++ oder Java. Die Schnittstellen der Objekte werden systemweit in der standardisierten Sprache **IDL (Interface Definition Language)** definiert. IDL hat eine C++-artige Syntax, dient im Unterschied zu C++ aber nur zur Definition von Objekt*schnittstellen*, nicht aber von Objekt*körpern* (also Objektimplementationen). Der Aufruf von Diensten verläuft auch hier über *Stubs* und *Skeletons* (siehe frühere Teilabschnitte), die mit Hilfe eines IDL-Compilers automatisch aus der IDL-Beschreibung generiert werden.

Die Vermittlung zwischen Client und Server geschieht durch einen **Object Request Broker** (**ORB**, Broker = Makler), der ein *Implementation Repository* enthält. Server registrieren dort ihre Dienste, indem sie eine Beschreibung der damit verbundenen Namen, Aufrufparameter, Zugriffsrechte und weitere Angaben ablegen. Beim Aufruf eines Diensts leitet der ORB den Clientauftrag an das zugehörige Serverobjekt weiter, wobei gegebenenfalls die Datendarstellung konvertiert wird. Auch die Rückgabe des Ergebnisses läuft über den ORB.

Ein Aufruf der Form wie in Abbildung 7-26 oben wird als *statischer Objektaufruf* bezeichnet: Hier muss schon zur Übersetzungszeit des Clients bekannt sein, wie die Schnittstelle des angesprochenen Serverdiensts aussieht. Daneben gibt es *dynamische Objektaufrufe* (siehe Abbildung 7-26 unten), bei denen sich der Client erst zur Laufzeit Informationen über die Schnittstelle beschafft. Er stützt sich dabei auf das *Interface Repository*, das IDL-Spezifikationen von Objektschnittstellen enthält, und benutzt zum Aufruf das *Dynamic Invocation Interface (DII)*. Dieser Ansatz ermöglicht also eine *Polymorphie mit spätem Binden* (→6.1.3).

Client und Server können Dienste, die der ORB selbst anbietet, über ein *ORB Interface* nutzen. Ein *Object Adapter* auf Serverseite dient unter anderem zur Aktivierung des Servers bei Objektaufrufen und zur Überprüfung von Zugriffsberechtigungen. In einem großen, heterogenen System existieren im Allgemeinen *mehrere ORBs*, die Aufträge und Antworten ihrer Clients und Server untereinander austauschen. Jeder ORB muss für diese Kommunikation ein **General Inter-ORB Protocol (GIOP)** implementieren. Ein Standard ist hier das **Internet Inter-ORB Protocol (IIOP)**, das auf TCP/IP basiert und von jeder ORB-Implementation unterstützt werden muss.

SOAP

Eine Plattform wie CORBA definiert einen recht mächtigen Apparat zur Programmierung verteilter Software. Viele einfachere verteilte Anwendungen nutzen jedoch die Möglichkeiten einer solchen Plattform nicht voll aus, denn sie benötigen im Prinzip nur eine standardisierte Technik, Methodenaufrufe mit ihren Parametern sowie Antworten mit Ergebniswerten über ein Netz zu verschicken. Die dabei übertragenen Datenstrukturen sollen in einer allgemein bekannten Form dargestellt werden, wobei die Strukturen leicht erstellt und analysiert werden können. Da zur Datenübertragung meist das Internet benutzt wird, sollte auf die bekannten Internetprotokolle zurückgegriffen werden.

Diese Forderungen werden durch das **Simple Object Access Protocol (SOAP)** erfüllt. SOAP ermöglicht den Fernaufruf von Methoden, indem es ein Paketformat (→7.1.1) für Aufrufe und Antworten definiert. Da sich SOAP bei der Datenübertragung meist auf das *HyperText Transfer Protocol* (*HTTP*, →7.2.2) des Internets stützt, ist seine grobe Paketstruktur durch HTTP festgelegt: Wie Abbildung 7-27 zeigt, wird ein Aufruf durch ein *HTTP-POST-Paket* beschrieben, das in HTTP dazu dient, Daten an einen Server zu übertragen. Der Kopf des Pa-

HTTP-POST-Paket:

Kopf

```
POST /dienste/kontoserver HTTP/1.1
Host: www.volksbank-entenhausen.de
SOAPMethodName: kontoAbfragen
Content-Type: text/xml
```

Körper

```
<SOAP-ENV:Envelope ...>
  <SOAP-ENV:Body>
    <kontoAbfragen>
      <inhaberName>Duck</inhaberName>
      <inhaberVorname>Dagobert</inhaberVorname>
      <kontonummer>12345678</kontonummer>
      <geheimzahl>4711</geheimzahl>
    <kontoAbfragen>
  <SOAP-ENV:Body>
<SOAP-ENV:Envelope>
```

Abb. 7-27 *Methodenaufruf durch SOAP (Darstellung leicht vereinfacht)*

kets gibt an, um welchen Server es sich handelt und welche seiner Methoden aufgerufen werden soll. Der Körper des Pakets enthält die *Parameterwerte*, die beim Aufruf an den Server übergeben werden. Sie werden in einer *XML-konformen Schreibweise* (→3.4.3) dargestellt, so dass nicht nur die Werte selbst übertragen werden, sondern auch Informationen über ihre Strukturierung. Der Empfänger kann somit die Bedeutung der erhaltenen Werte leicht interpretieren und sie in eine plattformspezifische Form (beispielsweise ein Javaobjekt mit Attributen) umwandeln. Die Ergebnisse des Methodenaufrufs werden in ähnlicher Form an den Aufrufer zurückübertragen.

SOAP spielt insbesondere im Zusammenhang mit **Web Services** eine zentrale Rolle, also für Dienste, die im World Wide Web angeboten werden. Der Aufruf dieser Dienste geschieht auf der Grundlage von SOAP, wie oben geschildert. Ergänzt wird dies durch den **Universal Description, Discovery and Integration Service (UDDI)**, bei dem Dienstanbieter ihre Angebote registrieren und Dienstnutzer Informationen über Dienste erfragen können, sowie durch die **Web Services Definition Language (WSDL)**, die einen Standard für die Beschreibung solcher Dienste definiert. Auch hierbei ist XML die sprachliche Grundlage.

.NET und ONE

Basierend auf Standards wie SOAP, XML und Internetprotokollen bieten verschiedene Hersteller Plattformen an, die zur Programmierung und Ausführung verteilter objektorientierter Software dienen. Zu nennen sind hier insbesondere die Firmen *Microsoft* mit *.NET* sowie *Sun Microsystems* mit dem *Open Net Environment (ONE)*.

.NET (sprich „dot net") steht in der Reihe der Microsoft-Architekturen zur komponentenbasierten Programmierung (→6.4.1). Ausgangspunkt dieser Reihe ist das **Component Object Model (COM)**, das ein *herstellerspezifischer plattformabhängiger Binärstandard* ist: Es definiert die Anordnung der Bytes (das „Speicherlayout") einer maschinensprachlichen Softwarekomponente in einem *Microsoft-Windows*-System auf einer *Intel*-Prozessorhardware. COM wurde später zu *DCOM* (= Distributed COM) und *COM+* erweitert, die die Programmierung verteilter Software unterstützen.

An *.NET*, dem neuesten Vertreter dieser Reihe, ist aus „produktpolitischer" Sicht interessant, dass es im Gegensatz zu seinen Vorgängern offene Standards benutzt und auch selbst solche Standards bieten soll. So wird für die Beschreibung von Dienstaufrufen das im vori-

gen Abschnitt dargestellte SOAP mit XML verwendet, und auch die Schnittstellenbeschreibungen der Dienste selbst sind XML-konform. Serversoftware wird in der **Common Language Runtime (CLR)**, einer speziellen Ausführungsumgebung, in Form von Programmen einer hardwarenahen Zwischensprache, der **Microsoft Intermediate Language (MSIL)**, ausgeführt. Der MSIL-Code wird dabei unmittelbar vor der Ausführung durch einen **Just-in-Time-Compiler** in die Maschinensprache des zugrunde liegenden Prozessors übersetzt – im Unterschied zum Java-Bytecode, der durch die Java Virtual Machine *interpretiert* wird (→5.3.1). MSIL ist, ebenfalls im Gegensatz zum Java-Bytecode, nicht auf eine bestimmte höhere Programmiersprache ausgerichtet, denn prinzipiell können beliebige Sprachen in MSIL übersetzt werden. In der Praxis stehen hier allerdings Sprachen im Vordergrund, die von Microsoft selbst stammen, wie **C#** (→Kasten auf Seite 289) oder **VB.NET**. Es bleibt also abzuwarten, wie weit die Öffnung an dieser Stelle tatsächlich gehen wird.
Ein Konkurrenzangebot zu .NET ist das **Open Net Environment (ONE)** von *Sun Microsystems*, das zwar ebenfalls auf den offenen Standards HTTP, SOAP und XML aufbaut, programmiersprachlich aber stark auf Java ausgerichtet ist (beispielsweise auf *Enterprise JavaBeans* oder *Java Servlets*, →7.4.3). Eine *Service Platform* dient als Abstraktionsschicht (vergleiche →Abbildung 7-19) und verbirgt somit den Anwendungen gegenüber die konkreten Eigenschaften der darunter liegenden Hardware und des Betriebssystems.

7.4.3 WWW-basierte Ansätze

Das **World Wide Web (WWW)** ist ein Hypermediasystem, in dem Server Dokumente bereitstellen und Clients auf diese Dokumente über das Internet zugreifen. WWW-Dokumente („WWW-Seiten") sind in der Beschreibungssprache HTML formuliert (→3.4.2), werden mit Hilfe des Protokolls HTTP übertragen (→7.2.2) und auf Seiten des Clients durch einen Browser angezeigt. Die WWW-Infrastruktur kann als Basis für die Realisierung verteilter Softwaresysteme dienen. Dabei sind weniger die klassischen *statischen* WWW-Seiten, sondern vielmehr *dynamische* und *aktive* Seiten von Interesse:

> Eine **statische WWW-Seite** liegt im Speicher eines WWW-Servers bereit und wird an einen Client bei einer Anfrage *unverändert* übertragen. Der Client erhält also bei mehreren Zugriffen unter derselben URL (→3.4.2) stets dieselbe Seite. Ein Beispiel für eine statische WWW-Seite zeigt →Abbildung 3-23.

> Eine **dynamische WWW-Seite** wird vom WWW-Server *neu erzeugt*, wenn eine Clientanfrage eintrifft, und dann an den Client übertragen. Der Client erhält also unter derselben URL bei mehreren Zugriffen möglicherweise unterschiedliche Seiten. Suchmaschinen, die bei einer Benutzeranfrage eine aktuelle Seite mit entsprechenden Links zurückliefern, arbeiten nach diesem Prinzip (→Kasten auf Seite 144).

> Eine **aktive WWW-Seite** verweist auf *ausführbaren Programmcode* oder bettet den Code in ihre HTML-Struktur unmittelbar ein. Dieser Code wird vom Server auf den Client heruntergeladen und dort ausgeführt. Java-Applets (→Kasten auf Seite 34, →Abbildung 5-12) sind ein Beispiel für diesen Ansatz.

Dynamische WWW-Seiten mit CGI

Eine weit verbreitete Technik zur Anforderung und Erzeugung dynamischer WWW-Seiten ist das **Common Gateway Interface (CGI)** in Verbindung mit **HTML-Formularen** (engl.

HTML-Code:

```
<FORM
  ACTION="http://www.search_xy.de/cgi-bin/search.pl"
  METHOD=POST>
 <P>Eingabe Suchwort:
 <P><INPUT NAME="suchwort">
 <P><INPUT TYPE=SUBMIT VALUE="OK!">
</FORM>
```

Ausgabe des Browsers:

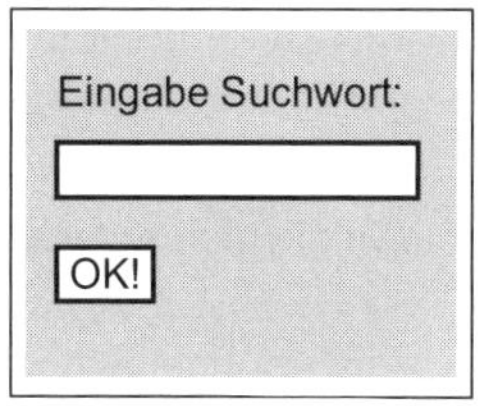

Schritte zur Beantwortung einer Anfrage:

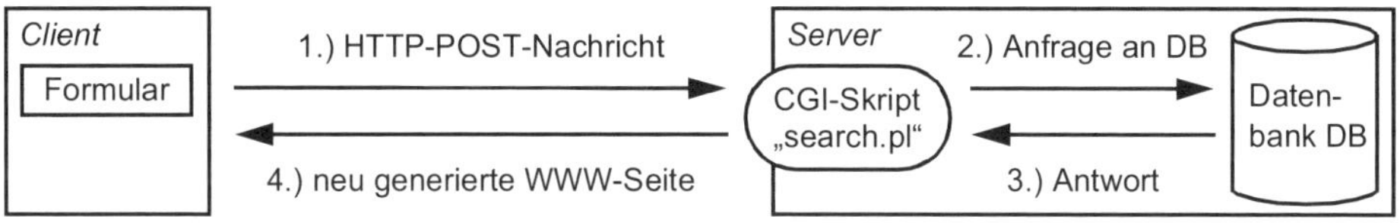

Abb. 7-28 *HTML-Formulare und CGI-Server*

forms). In ein Formular, das in eine WWW-Seite eingebettet ist, kann ein Benutzer auf der Clientseite Daten eingeben und an einen Server schicken. Der Server führt dann bei sich ein *CGI-Programm* oder *CGI-Skript* aus. Dieses Programm wertet die eingegebenen Daten aus, erzeugt aufgrund der Anfrage des Benutzers eine neue WWW-Seite (also eine Datei mit HTML-Inhalt) und überträgt sie an den Client, dessen Browser die Seite dann anzeigt. CGI-Programme und -Skripten können im Prinzip in beliebigen Programmiersprachen geschrieben werden; recht beliebt ist beispielsweise die Skriptsprache *Perl* (→5.1.2).

Abbildung 7-28 zeigt in ihrem oberen Teil ein *Formular*, mit dem eine Anfrage an eine **Suchmaschine** (→Kasten auf Seite 144) gerichtet werden kann – links in HTML-Schreibweise und rechts als Ausgabe des Browsers. Ein HTML-Formular wird durch die `<FORM>`-Marke eingeleitet, die ein `ACTION`- und ein `METHOD`-Attribut besitzt. Das `ACTION`-Attribut gibt an, welches Programm als Reaktion auf eine Anfrage über dieses Formular ausgeführt werden soll (hier das Programm `search.pl`, das auf dem Server `www.search_xy.de` im Verzeichnis `cgi-bin` liegt); das `METHOD`-Attribut legt fest, auf welche Weise die Anfrage übertragen werden soll (hier als HTTP-POST-Request, vergleiche →7.4.2). Innerhalb der Klammerung `<FORM>`...`</FORM>` wird ein Textfeld namens „suchwort“ definiert, in das der Benutzer ein gesuchtes Wort eingeben kann, und eine Schaltfläche mit der Beschriftung „OK!“, bei deren Anklicken die Anfrage an den Server abgeschickt wird.

Der untere Teil der Abbildung skizziert den Ablauf bei der *Bearbeitung der Anfrage*: Das CGI-Skript erhält durch die HTTP-POST-Nachricht den Suchbegriff, fragt ihn in einer Datenbank ab und generiert aus deren Rückmeldung eine WWW-Seite (beispielsweise ein Verzeichnis aller Fundstellen mit entsprechenden Links), die er dann an den Benutzer zurückschickt.

Weitere Techniken für dynamische WWW-Seiten

Neben CGI gibt es eine Reihe weiterer Techniken zur dynamischen Erzeugung von WWW-Seiten:

> Ein WWW-Server kann durch **Java-Servlets** ergänzt werden – Java-Programme, die als Reaktion auf eine Clientanfrage ausgeführt werden. Ähnlich wie Java-Applets können Servlets auch von anderen Anbietern über das Netz geladen werden und so die Funk-

tionalität des Servers dynamisch erweitern. Servlets belasten den Server weniger stark als CGI-Programme, da sie nur bei Bedarf hinzugeladen werden. Zudem werden Servlets nicht als gesonderte Prozesse, sondern im selben Adressraum (also im selben Speicherbereich) wie der Server ausgeführt.

> Die Skriptsprache **PHP** (= „Personal Home Page“ oder auch „PHP Hypertext Preprocessor“, →5.1.2) ermöglicht es, in ein HTML-Rahmendokument programmiersprachliche Anweisungen einzubetten. Dieses Dokument (üblicherweise eine Datei mit der Namenserweiterung `php`) wird bei einer Anfrage auf der Serverseite von einen PHP-Präprozessor durchlaufen, der die Anweisungen bearbeitet und dabei durch reinen HTML-Code ersetzt. Typisch sind hier Anfragen an *SQL-Datenbanken* (→3.5.2), deren Resultate in den gegebenen Rahmen eingesetzt werden. Das entstandene HTML-Dokument wird dann an den Client übertragen.

> Die Firma *Microsoft* hat auch im Bereich der dynamischen WWW-Seiten eine eigene Lösung anzubieten: Das Konzept der **Active Server Pages (ASP)** ermöglicht (technisch ähnlich wie bei Verwendung von PHP) die Einbettung von Skriptanweisungen in HTML-Dokumente. Entsprechende Dateien haben die Namenserweiterung `asp` oder `aspx`.

Aktive WWW-Seiten

Aktive WWW-Seiten sind HTML-Dokumente, die wie PHP- oder ASP-basierte Seiten auf *Programmcode* verweisen oder selbst Programmcode enthalten. Im Unterschied zu den oben besprochenen dynamischen Seiten, bei denen das Programm serverseitig ausgeführt wird, wird der Programmcode aktiver Seiten vom Server heruntergeladen und *durch den Client ausgeführt*. Entsprechende Möglichkeiten bieten die schon früher besprochenen *Java-Applets* (→Kasten auf Seite 34, →Abbildung 5-12), die Programmiersprache *JavaScript*, die im Folgenden kurz charakterisiert werden soll, sowie verschiedene *Microsoft*-Techniken, die unter dem Oberbegriff **ActiveX** zusammengefasst sind.

JavaScript ist eine Programmiersprache, die zwar einen ähnlichen Namen wie Java hat, aber deutlich einfacher strukturiert ist. Zwar haben beide Sprachen eine Anzahl grundlegender syntaktischer Formen gemeinsam, JavaScript fehlt aber insbesondere ein vollständiges Objektkonzept. JavaScript-Anweisungen werden nicht in Maschinen- oder Zwischensprache übersetzt, sondern zur Ausführung *interpretiert* (→5.3.1). Im Rahmen des World Wide Web übernimmt ein *Browser* diese Interpretation und kann dadurch (im einfachsten Fall) ein HTML-Dokument vor seiner Anzeige endgültig fertig stellen. Darüber hinaus kann ein solches Dokument auf Aktionen des Benutzers reagieren – beispielsweise die Farbe eines Texts ändert, wenn die Maus darüber bewegt wird.

Abbildung 7-29 zeigt ein (sehr einfaches) *Beispiel* einer WWW-Seite mit eingebettetem JavaScript-Code. Die `<SCRIPT>`-`</SCRIPT>`-Klammerung markiert eine Folge programmiersprachlicher Anweisungen, die der Browser ausführen soll; das `Language`-Attribut gibt dabei die zugrunde gelegte Programmiersprache an. Die Anweisungen selbst sollen erreichen, dass das HTML-Dokument eine Zahlenfolge präsentiert, wobei die Zeichengrößen der Ausgabe jeweils um 1 wachsen. Hierzu fügen `writeln()`-Anweisungen in einer Schleife jeweils die Zahl selbst (als auszugebenden Text) und eine `<FONT>`-Marke (zur Bestimmung der Zeichengröße) in das Dokument ein. Der Browser interpretiert das entstandene Dokument dann wie eine normale WWW-Seite.

HTML-Code mit JavaScript-Anweisungen:

```
<H2>Zeichengroessen:</H2>
<SCRIPT Language="JavaScript">
for (var i=1;i<10;i++) {
 document.writeln(i);
 document.writeln("<FONT SIZE=+"+i+">")
</SCRIPT>
```

HTML-Code nach Interpretation der JavaScript-Anweisungen:

```
<H2>Zeichengroessen:</H2>
1
<FONT SIZE=+1>
2
<FONT SIZE=+2>
3
...
```

Ausgabe des Browsers:

```
Zeichengroessen:
1 2 3 4 5 6 7 8 9
```

Abb. 7-29 *WWW-Seite mit JavaScript-Code*

Abschließend muss noch explizit auf die *Risiken* hingewiesen werden, die auftreten, wenn man fremde Software aus dem Internet herunterlädt und auf dem eigenen Computer ausführt. Zwar soll durch verschiedene Maßnahmen verhindert werden, dass solcher Programmcode Schäden anrichtet – beispielsweise durch die *Begrenzung der Zugriffsmöglichkeiten* des Codes oder durch die Übertragung und Prüfung von *Sicherheitszertifikaten.* Die Praxis zeigt aber, dass eine hundertprozentige Sicherheit kaum möglich ist. Es ist daher für einen WWW-Nutzer ratsam, die Ausführung aktiven Codes in WWW-Seiten nicht generell zuzulassen, sondern sie nur dann zu erlauben, wenn es unerlässlich erscheint und die zu ladende WWW-Seite von einem (vermutlich) zuverlässigen Anbieter stammt. Entsprechende Einstellungsmöglichkeiten sind im Browser vorhanden.

7.5 Zusammenfassung und weiterführende Literatur

Kommunikation in Rechnernetzen

In einem Rechnernetz ist eine Anzahl von Computern, so genannten Rechnerknoten, durch ein Kommunikationsmedium miteinander verbunden. Über das Medium werden Daten zwischen den Knoten übertragen, was langsamer und mit einem geringeren Durchsatz als eine Datenübertragung über den Bus eines lokalen Computersystems geschieht. Ein Rechnernetz ermöglicht erstens seinen Benutzern, miteinander zu kommunizieren, und zweitens, von einem Rechnerknoten aus Dienste zu nutzen, die von einem anderen Knoten im Netz angeboten werden. Je nach geografischer Ausdehnung unterscheidet man zwischen lokalen Netzen (LANs) und Weitverkehrsnetzen (WANs). Beispiele für lokale Netze sind das Ethernet und drahtlose Netze geringer Reichweite.

Eine grundlegende Aufgabenstellung in einem Rechnernetz ist die Steuerung der Kommunikationsabläufe. Daten werden zumeist in Form von Paketen über das Netz übertragen. Ein Kommunikationsprotokoll legt dabei die Struktur dieser Pakete und den zeitlichen Ablauf bei ihrer Übertragung fest. Man unterscheidet unter anderem zwischen verbindungsorientierten und verbindungslosen sowie zwischen zuverlässigen und unzuverlässigen Protokol-

len. Zudem gibt es, neben Unicast-Protokollen, auch multicastfähige Protokolle, die dieselben Daten an mehrere Empfänger übertragen können.
Moderne Kommunikationssysteme werden nicht durch ein einzelnes Protokoll, sondern durch ein System von Protokollen gesteuert, die verschiedene Aufgaben übernehmen und dabei hierarchisch aufeinander aufbauen. Protokolle einer höheren Schicht können das Dienstangebot der Protokolle der nächstniedrigeren Schicht durch Aufrufe an einer Dienstschnittstelle nutzen. Einen standardisierten Rahmen für Protokollhierarchien spezifiziert das OSI-Modell, dessen sieben Schichten die Bereiche von der physikalisch-technischen Datenübertragung bis hin zu benutzernahen Anwendungen abdecken.
Zu Rechnernetzen gibt es mehrere qualitativ hochwertige und ausführliche englischsprachige Lehrbücher, so insbesondere die Werke von *Comer* [Comer01], *Kurose und Ross* [KuRo03], *Stallings* [Stal03c] und *Tanenbaum* [Tane03]. Jedes dieser Bücher behandelt die verschiedenen Gesichtspunkte von Rechnernetzen unterschiedlich detailliert, so dass man meist in mehreren von ihnen nachschauen sollte, wenn man einen Sachverhalt genau klären möchte. Ein umfangreiches deutsches Nachschlagewerk zum Thema ist das *Taschenbuch Rechnernetze und Internet* von *Stein* [Stei01].
Speziell mit der Sicherheit in Rechnernetzen beschäftigen sich *Stallings* [Stal03b] und *Schäfer* [Schä03]. Einen kompakten, leicht verständlichen Einstieg in Verschlüsselungstechniken gibt *Ertel* [Erte03]; wesentlich breiter angelegt sind die Bücher von *Schneier* [Schn96], das detailliert auf die Algorithmik der Verschlüsselung eingeht, aber leider schon etwas älter ist, und *Bauer* [Baue00], der sich auch mit der Geschichte der Kryptologie befasst, sowie ein aktuelles Werk von *Ferguson und Schneier* [FeSn03]. Mit dem Werkzeug *CrypTool* der *Deutschen Bank AG* [CrypWeb] kann man Verschlüsselungstechniken praktisch ausprobieren. Ein Standardlehrbuch zu Firewalls stammt von *Pohlmann* [Pohl03].
Literatur zur *Programmierung von Netzanwendungen* wird im übernächsten Teilabschnitt genannt.

Internet

Ein weltweit zugreifbares Rechnernetz ist das Internet, in dem eine Vielzahl von Teilnetzen über Backbones miteinander verbunden sind. Daten werden in Form von IP-Paketen vom Sender über eine Reihe von Routern zum Empfänger übertragen. Jeder Rechnerknoten wird dabei durch eine IP-Adresse aus vier Ganzzahlen eindeutig identifiziert. Zusätzlich können symbolische Adressen in textueller Form verwendet werden, die durch das Domain Name System (DNS) automatisch in numerische Adressen umgesetzt werden. Portnummern unterscheiden zwischen den einzelnen Diensten, die von einem Knoten angeboten werden.
Die Kernprotokolle des Internets sind das verbindungslose Internet Protocol IP, das insbesondere für das Routing der Pakete (also die Wegewahl bei ihrer Übertragung) zuständig ist, sowie das verbindungsorientierte Transmission Control Protocol TCP, das die Ende-zu-Ende-Datenübertragung regelt, und das verbindungslose User Datagram Protocol UDP.
Seinen Benutzern bietet das Internet eine Reihe von Diensten an, die es mit Hilfe entsprechender Protokolle realisiert. Zu den klassischen Internetdiensten gehören Electronic Mail auf der Basis des Simple Mail Transfer Protocols (SMTP), das Einloggen in entfernte Rechner durch Telnet und die Übertragung von Dateien mit Hilfe des File Transfer Protocols (FTP). Neuere, multimediale Dienste sind zum Beispiel das World Wide Web zum Zugriff auf Hypermediadokumente, Multimediamail über die Multipurpose Mail Extensions (MIME),

Voice over IP und Konferenzdienste. Zur Implementierung realzeitlicher Multimediadienste sind Dienstgütemechanismen (Quality of Service) wichtig, für die die klassischen Internetprotokolle durch eine Reihe weiterer Protokolle ergänzt wurden.
Internettechniken werden üblicherweise in allen *Büchern zu Rechnernetzen* behandelt - siehe dazu die Empfehlungen im vorangehenden Teilabschnitt. Offizielle Dokumente zum Internet können vom WWW-Server der *Internet Engineering Task Force (IETF)* [IETFWeb] abgerufen werden; sie heißen zwar bescheiden **Request for Comments (RFC)**, sind aber die maßgeblichen Standardisierungstexte. Eine unterhaltsame und interessante Bettlektüre zur Geschichte des Internets ist das Buch von *Hafner und Lyon* [HaLy96]. Literatur zur *Programmierung von Anwendungssoftware* im Internet ist im nächsten Teilabschnitt aufgeführt.

Verteilte Systeme: Grundkonzepte und Kooperationsmechanismen

Verteilte Systeme bestehen aus mehreren Knoten eines Rechnernetzes und zugeordneten Softwarekomponenten, die untereinander Daten und Aufträge austauschen und damit an einer gemeinsamen Aufgabe arbeiten. Das grundlegende Prinzip eines verteilten Systems ist die Verteilungstransparenz: Während sich der Benutzer eines reinen Rechnernetzes der Verteiltheit, also der Existenz unterschiedlicher Rechnerknoten bewusst ist, verbirgt ein verteiltes System diese Verteiltheit und ermöglicht einen einheitlichen Zugriff auf lokale und entfernte Dienste. Dienste sind in einem verteilten System oft nach dem Client-Server-Prinzip organisiert, bei dem ein Client einem Server einen Auftrag schickt und von diesem nach der Bearbeitung eine Antwort erhält.
Bezüglich der Systemsoftware in einem Rechnernetz unterscheidet man zwischen nicht verteilungstransparenten Netzbetriebssystemen und verteilungstransparenten verteilten Betriebssystemen. Typische Dienste eines Betriebssystems in einem Rechnernetz sind Dateisysteme, die sich über mehrere Rechnerknoten erstrecken und je nach Realisierungstechnik einen unterschiedlichen Grad von Verteilungstransparenz bieten, Namensdienste, die das Auffinden von Diensten und Komponenten im Netz erleichtern, und Zeitdienste.
Bei der Programmierung eines verteilten Softwaresystems stützt man sich auf grundlegende Mechanismen, die eine Kommunikation und Kooperation zwischen verteilten Prozessen erlauben. Prozedurale Kooperationsmechanismen ergänzen prozedurale Programmiersprachen um die Möglichkeit, mit Hilfe von Unterprogrammaufrufen Daten an entfernte Prozesse zu schicken und deren Dienste zu nutzen. Zu diesen Ansätzen gehören die vergleichsweise primitiven Sockets, die lediglich die Details der darunter liegenden Kommunikationsprotokolle verbergen, und der Remote Procedure Call (RPC), der das Konzept des lokalen Unterprogrammaufrufs auf ein verteiltes System überträgt.
Objektorientierte Ansätze basieren auf der Vorstellung, dass die Dienste eines verteilten Systems durch Objekte angeboten werden, deren Methoden auch von entfernten Rechnerknoten aus aufgerufen werden können. Mechanismen zur Programmierung und Nutzung solcher Objekte werden im Java-Umfeld durch die Java Remote Method Invocation (RMI) und Enterprise JavaBeans bereitgestellt. OMG CORBA realisiert das Konzept der Middleware, indem es eine Systemsoftwareschicht oberhalb der Betriebssysteme bietet, die dem Programmierer die Definition und Nutzung verteilungstransparenter Dienste ermöglicht und somit als Verteilungsplattform für die Software dient. Eine einfache Möglichkeit zum Aufruf entfernter Objektmethoden bietet SOAP, das Parameter und Ergebnisse durch XML-

Strukturen darstellt und mit Hilfe von HTTP überträgt. Auf SOAP und andere offene Standards stützen sich beispielsweise Microsoft .NET und Sun ONE.

Im World Wide Web kann man nicht nur vordefinierte Dokumente herunterladen, sondern mit Hilfe dynamischer und aktiver WWW-Seiten weitere Dienste nutzen. Eine dynamische Seite wird erst auf Anforderung durch den Server erzeugt, wozu das Common Gateway Interface (CGI) im Zusammenhang mit serverseitigen Programmen, Java-Servlets, Seiten mit PHP-Programmanweisungen oder Active Server Pages verwendet werden können. Eine aktive Seite enthält Programmcode, beispielsweise ein JavaScript-Programmstück oder einen Verweis auf ein Java-Applet, der auf Seiten des Clients ausgeführt wird und damit eine Interaktion des Benutzers mit der WWW-Seite ermöglicht.

Ein ausführliche Diskussion verteilter Systeme findet man in der englischsprachigen Literatur bei *Tanenbaum und van Steen* [TaSt02] sowie bei *Coulouris, Dollimore und Kindberg* [CoDK01]. Diese Bücher befassen sich sowohl ausführlich mit den grundlegenden Prinzipien und Konzepten verteilter Systeme als auch mit Techniken zu deren Realisierung. Deutsche Autoren konzentrieren sich dagegen stärker auf die praktischen Aspekte der Programmierung, so beispielsweise *Abts* [Abts03], *Bengel* [Beng02], *Fischer und Müller* [FiMü99] sowie *Weber* [Webe98], bei denen man viele Hinweise und Beispiele für das konkrete Vorgehen findet. Überaus detailliert ist auch das mehrbändige Werk von *Comer und Stevens* [CoSt00], in dem die Funktionen der UNIX-C-Schnittstelle (insbesondere Sockets und RPC) zur Kommunikation und Kooperation über das Internet umfassend dargestellt werden.

Informationen zu den verschiedenen Java-Techniken findet man in der *Online-Java-Dokumentation der Firma Sun Microsystems* [JavaWeb] mit Hilfe der dortigen Suchfunktion. Informationen zu SOAP bietet *XML.org* [XMLWeb2]. Einen Überblick über verschiedene Skriptsprachen und ihren Einsatz im WWW gibt das Buch von *Dehnhardt* [Dehn00]; mit einzelnen Sprachen befassen sich die Bücher von *Hajji* über Perl [Hajj00], von *Koch* über JavaScript [Koch01] und von *Krause* über PHP [Krau03]. Weitere Informationen zu PHP findet man im World Wide Web ([PHPWeb]).

Eine sehr praxisorientierte und ausführliche Darstellung von COM und CORBA haben *Hofmann, Jobst und Schabenberger* [HoJS01] herausgegeben. Eine kompakte Übersicht über .NET bietet das Buch von *Westphal* [West01], dessen Wertungen bezüglich Microsoft (deutlich positiv) und Java (eher negativ) man sich bei der Lektüre ja nicht unbedingt anschließen muss. Über Sun ONE informieren WWW-Seiten von *Sun Microsystems* [ONEWeb].

Literatur zur Sicherheit in Rechnernetzen und verteilten Systemen wurde im ersten Teilabschnitt genannt.

7.6 Übungsaufgaben

1. Eigenschaften von Protokollen

Charakterisieren Sie die folgenden Kommunikationsvorgänge anhand der in 7.1.1 genannten Protokolleigenschaften (verbindungsorientiert vs. verbindungslos, zuverlässig vs. unzuverlässig, Uni-, Multi- und Broadcast):

> Ein Schiffskapitän gibt seinem Ersten Ingenieur im Maschinenraum eine telefonische Anweisung, wobei der Ingenieur die Anweisung der Sicherheit halber wiederholt.

- Ein Postkunde schickt einem anderen ein Einschreiben, wobei der Empfänger dem Absender den Erhalt des Schreibens durch einen Rückschein bestätigt.
- Ein Supermarkt lässt in alle Briefkästen eines Orts eine Reklamesendung verteilen.
- Eine Mutter schickt ihr vierjähriges Kind zum Bäcker, um zehn verschiedene Backwaren einzukaufen.
- Ein Indianer produziert über seinem Lagerfeuer Rauchzeichen.
- Im australischen Outback kommuniziert ein Lehrer mit seiner Klasse per Telefonkonferenz. Er lässt sich dabei von jedem einzelnen Schüler bestätigen, dass er verstanden hat, welche Hausaufgaben zu erledigen sind.

2. Geschichtete Protokolle

Im Wilden Westen will Häuptling Weisser Adler seinem Amtskollegen Schwarzer Büffel eine Mitteilung machen. Da beide weder lesen noch schreiben können, unterschiedliche Sprachen sprechen und zudem mehr als tausend Kilometer voneinander entfernt wohnen, gestaltet sich die Kommunikation etwas kompliziert: Weisser Adler diktiert seinem Schreiber einen Brief. Der Schreiber lässt den Brief von einem Übersetzer ins Englische übersetzen und zur lokalen Bahnstation bringen, wo ihn ein Telegrafist in Morsezeichen umsetzt und einem anderen Telegrafisten übermittelt, der sich am Ort des Empfängers befindet. Dieser Telegrafist wandelt die Morsezeichen wieder in ein englischsprachiges Telegramm um, das er dann in den Wigwam von Schwarzer Büffel bringt. Dort übersetzt es ein Übersetzer in die lokale Indianersprache und übergibt es dem Vorleser, der es seinem Chef zu Gehör bringt.

- Aus wie vielen Schichten besteht der Protokollstack, der diese Kommunikation realisiert?
- Welche „Protokollmaschinen" sind diesen Schichten jeweils zugeordnet und was sind ihre jeweiligen Peers?
- Welche Dienste bieten die Protokollmaschinen jeweils nach oben?

3. Routing und Adressverwaltung im Internet

a.) Mit Hilfe des `ping`-Kommandos kann man prüfen, wie lange ein Datenpaket vom eigenen Rechnerknoten zu einem anderen Knoten des Internets und wieder zurück unterwegs ist. Zudem kann man sich seine „Route" anzeigen lassen, also die Adressen der Router, die das Paket durchlaufen hat. Nähere Informationen zur Nutzung von `ping` erhält man unter UNIX durch Eingabe von `man ping` und in der DOS-Box eines Windows-Betriebssystem durch Eingabe von `ping` ohne weitere Parameter. „Pingen" Sie einige Rechnerknoten im Internet an, beispielsweise

- `ftp.fh-koeln.de` (FTP-Server der Fachhochschule Köln)
- `ftp.hut.fi` (FTP-Server der Universität Helsinki)
- `www.stanford.edu` (WWW-Server der Stanford University in Kalifornien)
- `ftp.usyd.edu.au` (FTP-Server der Universität Sydney in Australien)

b.) Stellen Sie mit Hilfe des Diensts `www.arin.net/whois/` fest, wem die folgenden Internetadressen zugeteilt sind und über wie viele Internetadressen die betreffenden Institutionen insgesamt verfügen: 134.100.32.72, 128.130.2.9.

4. Verteilte Dateisysteme

Gegeben sind vier Gruppen von Dateien:

> Datenbank:
  `datenbank.exe` (1400 KB), `mensaplan.dat` (100 KB), `prüfung.dat` (200 KB)
> Programmierung:
  `compiler.exe` (500 KB), `prog1.c` (10 KB), `prog2.c` (20 KB), `prog3.c` (60 KB)
> Internetzugriff:
  `browser.exe` (400 KB), `ftp.exe` (250 KB), `telnet.exe` (150 KB)
> Textverarbeitung
  `texttool.exe` (750 KB), `text1.doc` (100 KB), `text2.doc` (120 KB)

Die Größe der Dateien ist jeweils in Klammern angegeben (KB = Kilobyte). Im Computernetz gibt es drei File Server, deren Plattengrößen zum Zweck dieser Übung recht klein gehalten sind: Knoten `A` hat eine Plattengröße von 1 Megabyte, Knoten `B` eine Größe von 1,5 Megabyte und Knoten `C` von 2 Megabyte. Zudem gibt es einen Clientknoten `CL`, von dem aus zwei Benutzer `User1` und `User2` auf diese Dateien zugreifen wollen.

a.) Verteilen Sie die Dateien so auf die einzelnen Server, dass die Dateien einer Gruppe jeweils beisammen bleiben.

b.) Skizzieren Sie für jede der drei Möglichkeiten, die in Abschnitt 7.2.2 (Abbildung 7-21) dargestellt wurden, das Aussehen der Dateibäume. Dabei soll es insbesondere einen Dateibaum bzw. -teilbaum `users` geben, dessen Unterverzeichnisse `user1` und `user2` den einzelnen Benutzern zugeordnet sind.

c.) `User1` greift nun vom Client aus auf die Datei `prakt1.c` zu. Geben Sie für jeden der drei Ansätze den verwendeten Dateinamen/-pfad und gegebenenfalls erforderliche Zusatzoperationen an.

Literatur

Hinweise:

> Die Zahlen in Klammern geben die Kapitel an, in denen die betreffende Literaturstelle erwähnt wird. Nähere Kommentare dazu finden sich jeweils am Schluss dieser Kapitel.

> Die deutschen Übersetzungen der englischsprachigen Bücher beziehen sich manchmal auf ältere Auflagen und entsprechen daher nicht in jedem Fall dem aktuellen Stand.

[AbSS96] H. Abelson, G. Sussman, J. Sussman: Structure and Interpretation of Computer Programs, MIT Press, Cambridge, 2nd ed. 1996 (deutsch: Struktur und Interpretation von Computerprogrammen; Springer, Berlin, 4. Aufl. 2001). (5)

[Abts03] D. Abts: Aufbaukurs Java; vieweg, Braunschweig, 2003. (7)

[ACMWeb] The Association for Computing Machinery: Home Page; http://www.acm.org. (1)

[AhSU86] A. V. Aho, R. Sethi, J. D. Ullman: Compilers; Addison-Wesley, Reading (Mass.), 1986 (deutsch: Compilerbau; Oldenbourg, München, 2. Aufl. 1999). (2, 5)

[ArGo00] K. Arnold, J. Gosling et al.: The Java Programming Language; Addison-Wesley, Boston (Mass.), 3rd ed. 2000 (deutsch: Die Programmiersprache Java; Addison-Wesley, München, 2001) und weitere Bücher zu Java. (6)

[Balz99a] Helmut Balzert: Lehrbuch Grundlagen der Informatik; Spektrum Akad. Verlag, Heidelberg, 1999. (1)

[Balz99b] Heide Balzert: Lehrbuch der Objektmodellierung; Spektrum Akad. Verlag, Heidelberg, 1999. (6)

[Balz01a] Helmut Balzert: Lehrbuch der Software-Technik; Spektrum Akad. Verlag, Heidelberg, 2001 (Band 1, 2. Aufl.), 1997 (Band 2). (6)

[Balz01b] Heide Balzert: UML kompakt; Spektrum Akad. Verlag, Heidelberg, 2001. (6)

[Baue00] F. L. Bauer: Entzifferte Geheimnisse; Springer, Berlin, 3. Aufl. 2000. (7)

[Baum96] B. Baumgarten: Petri-Netze; Spektrum Akad. Verlag, Heidelberg, 2. Aufl. 1996. (4)

[BaWi91] F. L. Bauer, M. Wirsing: Elementare Aussagenlogik; Springer, Berlin, 1991. (2)

[Beng02] G. Bengel: Verteilte Systeme; vieweg, Braunschweig, 2. Aufl. 2002. (7)

[Born97] G. Born: Referenzhandbuch Dateiformate; Addison-Wesley, München, 5. Aufl. 1997. (2, 3)

[Born00] G. Born: Dateiformate – Die Referenz; Galileo Press, Bonn, 2000. (2, 3)

[BoRJ99] G. Booch, J. Rumbaugh, I. Jacobson: The Unified Modeling Language User Guide; Addison-Wesley, Reading (Mass.), 1999 (deutsch: Das UML-Benutzerhandbuch; Addison-Wesley-Longman, Bonn, 1999). (6)

[Bril01] M. Brill: Mathematik für Informatiker; Hanser, München, 2001. (1)

[BuKn02] C. Bunse, A. von Knethen: Vorgehensmodelle kompakt; Spektrum Akad. Verlag, Heidelberg, 2002. (6)

[ClHo91] J. Clark, D. A. Holton: A first look at graph theory; World Scientific Publishers, New Jersey, 1991 (deutsch: Graphentheorie – Grundlagen und Anwendungen; Spektrum Akad. Verlag, Heidelberg, 1994). (3)

[ClMe03] W. F. Clocksin, C. S. Mellish: Programming in Prolog; Springer, New York, 5th ed. 2003 (deutsch: Programmieren in Prolog; Springer, Berlin, 1990). (5)

[Come01] D. E. Comer: Computer Networks and Internets; Prentice Hall, Upper Saddle River, 3rd ed. 2000. (7)

[CoSt00] D. E. Comer, W. R. Stevens: Internetworking with TCP/IP (mehrbändig); Prentice Hall, Upper Saddle River, 1999 / 2000. (7)

[CoDK01] G. F. Coulouris, J. Dollimore, T. Kindberg: Distributed Systems; Pearson Education, Harlow, 3rd ed. 2001 (deutsch: Verteilte Systeme; Pearson Studium, München, 2002). (7)

[CrypWeb] Deutsche Bank AG: CrypTool; http://www.cryptool.de. (7)

[DaDa97] C. J. Date, H. Darwen: A Guide to the SQL Standard; Addison-Wesley, Reading (Mass.), 4th ed. 1997 (deutsch: SQL – Der Standard; Addison-Wesley-Longman, Bonn, 1998). (3, 5)

[Date00] C. J. Date: An Introduction to Database Systems; Addison-Wesley, Reading (Mass.), 7th ed. 2000. (3)

[Dehn00] W. Dehnhardt: Scriptsprachen für dynamische Webauftritte; Hanser, München, 2000 (5, 7)

[EiMS00] H. Eirund, B. Müller, G. Schreiber: Formale Beschreibungsverfahren der Informatik; Teubner, Stuttgart, 2000. (2)

[ElNa00] R. Elmasri, S. B. Navathe: Fundamentals of Database Systems; Addison-Wesley, Reading (Mass.), 3rd ed. 2000 (deutsch: Grundlagen von Datenbanksystemen; Pearson Studium, München, 2002). (3)

[Erns03] H. Ernst: Grundkurs Informatik; vieweg, Braunschweig, 3. Aufl. 2003. (1)

[ErPr02] K. Erk, L. Priese: Theoretische Informatik – Eine umfassende Einführung; Springer, Berlin, 2. Aufl. 2002. (2, 4)

[Erte03] W. Ertel: Angewandte Kryptographie; Fachbuchverlag Leipzig, 2. Aufl. 2003. (7)

[FeSn03] N. Ferguson, B. Schneier: Practical Cryptography; John Wiley & Sons, New York, 2003. (7)

[FiMü99] S. Fischer, W. Müller: Netzwerkprogrammierung unter Linux und UNIX; Hanser, München, 2. Aufl. 1999. (7)

[GaJo79] M. R. Garey, D. S. Johnson: Computers and Intractability – A Guide to the Theory of NP-Completeness, Freeman, San Francisco, 1979. (4)

[GIWeb] Gesellschaft für Informatik e.V.: Home Page; http://www.gi-ev.de. (1)

[GoogWeb] Google: Home Page; http://www.google.de. (1)

[GüEr99] R. H. Güting, M. Erwig: Übersetzerbau; Springer, Berlin, 1999. (5)

[GuOb95] J. Gulbins, K. Obermayr: UNIX System V. Begriffe, Konzepte, Kommandos, Schnittstellen; Springer, Berlin, 4. Aufl. 1995. (5)

[GuSo02] H.-P. Gumm, M. Sommer: Einführung in die Informatik; Oldenbourg, München, 5. Aufl. 2002. (1)

[Hajj00] F. Hajji: Perl – Einführung, Anwendungen, Referenz; Addison-Wesley-Longman, München, 2. Aufl. 2000. (5, 7)

[HaLy96] K. Hafner, M. Lyon: Where Wizards Stay Up Late – The Origins of the Internet; Simon&Schuster, New York, 1996 (deutsch: ARPA Kadabra oder die Geschichte des Internet, dpunkt, Heidelberg, 2. Aufl. 2000). (7)

[HaNe01] H. R. Hansen, G. Neumann: Wirtschaftsinformatik I; Lucius&Lucius, Stuttgart, 8. Aufl. 2001. (1, 3)

[HaMe02] E. R. Harold, W. S. Means: XML in a Nutshell – A Desktop Quick Reference; O'Reilly, Sebastopol (CA), 2nd ed. 2002. (3)

[HäRa01] T. Härder, E. Rahm: Datenbanksysteme – Konzepte und Techniken der Implementierung; Springer, Berlin, 2. Aufl. 2001. (3)

[HelWeb] HELIO: The SMIL Tutorial; http://www.helio.org/products/smil/tutorial/. (3)

[HerdWeb] Homepage des HERDT-Verlags für Bildungsmedien, Nackenheim; http://www.herdt.de. (5)

[Henn03] P. A. Henning: Taschenbuch Multimedia; Fachbuchverlag Leipzig, 3. Aufl. 2003. (2)

[Hero98] H. Herold: Linux-Unix-Grundlagen / Kurzreferenz / Profitools / Shells / Systemprogrammierung / make; Addison-Wesley-Longman, Bonn / München, 1998 ff. (5)

[Herr01] D. Herrmann: Effektiv Programmieren in C und C++; vieweg, Braunschweig, 5. Aufl. 2001. (3, 5)

[HeWe92] B. Heinemann, K. Weihrauch: Logik für Informatiker; Teubner, Stuttgart, 2. Aufl. 1992. (2)

[HodgWeb] A. Hodges: The Alan Turing Home Page; http://www.turing.org.uk/turing. (2)

[HoJS01] J. Hofmann, F. Jobst, R. Schabenberger: Programmieren mit COM und CORBA; Hanser, München, 2001. (7)

[HoMU01] J. E. Hopcroft, R. Motwani, J. D. Ullman: Introduction to Automata Theory, Languages, and Computation; Addison-Wesley, Boston, 2nd ed. 2001 (deutsch: Einführung in die Automatentheorie, Formale Sprachen und Komplexitätstheorie; Pearson Studium, München, 2. Aufl. 2002). (2, 4)

[IEEEWeb] Institute of Electrical and Electronics Engineers: Home Page; http://www.ieee.org. (1)

[IETFWeb] The Internet Engineering Task Force: Home Page; http://www.ietf.org. (7)

[JavaWeb] Sun Microsystems: Java 2 Documentation; http://java.sun.com/docs. (3, 5, 6, 7)

[JaBR99] I. Jacobson, G. Booch, J. Rumbaugh: The Unified Software Development Process; Addison-Wesley, Boston (Mass.), 1999. (6)

[Jobs01] F. Jobst: Einführung in Java; Fachbuchverlag Leipzig, 2. Aufl. 2001. (3, 5, 6)

[JoMS90] R. Jones, C. Maynard, I. Stewart: The Art of LISP Programming; Springer, London, 1990. (5)

[Jung94] D. Jungnickel: Graphen, Netzwerke und Algorithmen; BI Wissenschaftsverlag, Mannheim, 3. Aufl. 1994. (3)

[KeEi01] A. Kemper, A. Eickler: Datenbanksysteme; Oldenbourg, München, 4. Aufl. 2001. (3)

[KeRi88] B. W. Kernighan, D. M. Ritchie: The C Programming Language; Prentice Hall, Englewood Cliffs, 2nd ed. 1988 (deutsch: Programmieren in C; Hanser, München, 2. Aufl. 1990). (3, 5)

[Knut97] D. E. Knuth: The Art of Computer Programming; Addison-Wesley, Reading (Mass.). Vol. 1: Fundamental Algorithms, 3rd ed. 1997; Vol. 2: Seminumerical Algorithms, 3rd ed. 1997; Vol. 3: Sorting and Searching, 2nd ed. 1998. (4)

[KnutWeb] D. E. Knuth: The Art of Computer Programming (TAOCP); http://www-cs-staff.stanford.edu/~knuth/taocp.html. (4)

[Koch01] S. Koch: JavaScript - Einführung, Programmierung und Referenz, dpunkt, Heidelberg, 3. Aufl. 2001. (5, 7)

[Krau03] J. Krause: PHP 4; Hanser, München, 3. Aufl. 2003. (5, 7)

[KuRo03] J. F. Kurose, K. W. Ross: Computer Networking; Addison-Wesley, Boston, 2nd ed. 2003 (deutsch: Computernetze; Pearson Studium, München, 2002). (7)

[Lea00] D. Lea: Concurrent Programming in Java; Addison-Wesley, Reading (Mass.), 2nd ed. 2000 (deutsch unter demselben Titel, Addison-Wesley Longman, Bonn, 1997). (5, 6)

[LiYe99] T. Lindholm, F. Yellin: The Java virtual machine specification; Addison-Wesley, Reading (Mass.), 2nd ed. 1999 (deutsch: Java - Die Spezifikation der virtuellen Maschine; Addison-Wesley Longman, Bonn, 1997). (2)

[Märt01] C. Märtin: Rechnerarchitekturen; Fachbuchverlag Leipzig, 2001. (2, 5)

[Maye95] O. Mayer: Programmieren in COMMON LISP; Spektrum Akademischer Verlag, Heidelberg, 2. Aufl. 1995. (5)

[Misg01] W. D. Misgeld: SQL-Einstieg und Anwendung; Hanser, München, 4. Aufl. 2001. (3, 5)

[Möss03] H. Mössenböck: Sprechen Sie Java?; dpunkt, Heidelberg, 2. Aufl. 2003. (3, 5, 6)

[MünzWeb] S. Münz: SELFHTML - HTML-Dateien selbst erstellen; http://selfhtml.teamone.de/. (3)

[MuRy94] J. D. Murray, W. van Ryper: Encyclopedia of Graphics File Formats; O'Reilly, Sebastopol (CA), 2nd ed. 1996. (3)

[Oech01] R. Oechsle: Parallele Programmierung mit Java Threads; Fachbuchverlag Leipzig, 2001. (5, 6)

[Oest01] B. Oestereich, Objektorientierte Softwareentwicklung - Analyse und Design mit der Unified Modeling Language; Oldenbourg, München, 5. Aufl. 2001. (6)

[OMGWeb] Object Management Group (OMG): OMG Home Page; http://www.omg.org. (6)

[ONEWeb] Sun Microsystems: Sun Open Net Environment (Sun ONE); http://www.sun.com/software/sunone/index.html. (7)

[OtWi02] T. Ottmann, P. Widmayer: Algorithmen und Datenstrukturen; Spektrum Akad. Verlag, Heidelberg, 4. Aufl. 2002. (3, 4)

[Oust94] J. K. Ousterhout: Tcl and the Tk Toolkit; Addison-Wesley, Reading (Mass.), 1994 (deutsch: Tcl und Tk; Addison-Wesley, Bonn, 1995). (5)

[PHPWeb] The PHP Group: PHP - Hypertext Preprocessor; http://www.php.net/. (5, 7)

[Pohl03] N. Pohlmann: Firewall-Systeme; mitp, Bonn, 5. Aufl. 2003. (7)

[PythWeb] Python Software Foundation: Python Language Website; http://www.python.org. (5)

[Rech00] P. Rechenberg: Was ist Informatik?; Hanser, München, 3. Aufl. 2000. (1, 5)

[ReLe03] U. Rembold, P. Levi: Einführung in die Informatik für Naturwissenschafter und Ingenieure; Hanser, München, 4. Aufl. 2003. (1)

[RePo02] P. Rechenberg, G. Pomberger (Hrsg.): Informatik-Handbuch; Hanser, München, 3. Aufl. 2002. (1, 2, 3, 5, 6)

[RoGr02] T. Rottach, S. Groß: XML kompakt; Spektrum Akad. Verlag, Heidelberg, 2002. (3)

[RRZNWeb] Regionales Zentrum für Informationsverarbeitung und Kommunikationstechnik Hannover: Liste der verfügbaren Handbücher; http://www.rrzn.uni-hannover.de/Dokumentation/Handbuecher/index.html. (5)

[SaSa02] G. Saake, K.-U. Sattler: Algorithmen und Datenstrukturen; dpunkt, Heidelberg, 2002. (3, 4)

[SaST00] M. Schader, L. Schmidt-Thieme: Java – Eine Einführung; Springer, Berlin, 3. Aufl. 2000. (3, 5, 6)

[Schä03] G. Schäfer: Netzsicherheit, dpunkt, Heidelberg, 2003. (7)

[Schn96] B. Schneier: Applied Cryptography; John Wiley & Sons, New York, 1996 (deutsch: Angewandte Kryptographie, Addison-Wesley, Bonn, 1996). (7)

[Schö00] U. Schöning: Logik für Informatiker; Spektrum Akad. Verlag, Heidelberg, 5. Aufl. 2000. (2)

[Schö01] U. Schöning: Theoretische Informatik – kurzgefasst; Spektrum Akad. Verlag, Heidelberg, 4. Aufl. 2001. (2, 4)

[Sedg03] R. Sedgewick: Algorithms in Java; Addison-Wesley, Boston, 3. Aufl. 2003 (ähnliches deutsches Buch: Algorithmen; Addison-Wesley, München, 2. Aufl. 2002). (3, 4)

[SnWe01] U. Schneider, D. Werner (Hrsg.): Taschenbuch der Informatik; Fachbuchverlag Leipzig, 4. Aufl. 2001. (1, 2, 3)

[Somm00] I. Sommerville: Software Engineering; Addison-Wesley, Harlow (GB), 6th ed. 2000 (deutsch: Software Engineering; Pearson Studium, München, 2001). (6)

[Stal03a] W. Stallings: Computer Organization and Architecture; Pearson Education, Upper Saddle River, 6th ed. 2003. (2, 3, 5, 6)

[Stal03b] W. Stallings: Cryptography and Network Security; Prentice Hall, Upper Saddle River, 3rd ed. 2003. (7)

[Stal03c] W. Stallings: Data and Computer Communications; Pearson Education, Upper Saddle River, 7th ed. 2003. (7)

[Stei00] R. Steinmetz: Multimedia-Technologie; Springer, Berlin, 3. Aufl. 2000. (2)

[Stei01] E. Stein: Taschenbuch Rechnernetze und Internet; Fachbuchverlag Leipzig, 2001. (7)

[Stro97] B. Stroustrup: The C++ Programming Language; Addison-Wesley, Reading (Mass.), 3rd ed. 1997 (deutsch: Die C++ Programmiersprache, Addison-Wesley, München, 2002). (5)

[Tane99] A. S. Tanenbaum: Structured Computer Organization; Prentice Hall, Upper Saddle River, 4th ed. 1999 (deutsch: A. S. Tanenbaum, J. Goodman, Computerarchitektur; Pearson Studium, München, 2001). (2, 3, 5, 6)

[Tane03] A. S. Tanenbaum: Computer Networks; Prentice Hall, Upper Saddle River, 4th ed. 2003 (deutsch: Computernetzwerke; Pearson Studium, München, 3. Aufl. 2000). (7)

[TaSt02] A. S. Tanenbaum, M. van Steen: Distributed Systems; Prentice Hall, Upper Saddle River, 2002 (deutsch: Verteilte Systeme; Pearson Studium, München, 2003). (7)

[UlleWeb] C. Ullenboom: Java ist auch eine Insel; http://www.java-tutor.com/javabuch (Druckfassung: Galileo Press, Bonn, 2. Auflage 2002). (3, 5, 6)

[UnicWeb] Unicode Inc.: Unicode Home Page; http://www.unicode.org. (2)

[ViviWeb] Vivisimo: Home Page; http://www.vivisimo.com. (1)

[Vogt01] C. Vogt: Betriebssysteme; Spektrum Akad. Verlag, Heidelberg, 2001. (2-6)

[Voss00] G. Vossen: Datenmodelle, Datenbanksprachen und Datenbankmanagementsysteme; Oldenbourg, München, 2000. (3)

[Webe98] M. Weber: Verteilte Systeme; Spektrum Akad. Verlag, Heidelberg, 1998. (7)

[West01] R. Westphal: .NET kompakt; Spektrum Akad. Verlag, Heidelberg, 2001. (7)

[WiMa97] R. Wilhelm, D. Maurer: Übersetzerbau; Springer, Berlin, 2. Aufl. 1997. (5)

[Wirt99] N. Wirth: Algorithmen und Datenstrukturen; Teubner, Stuttgart, 5. Aufl. 1999. (4)

[Wirt96] N. Wirth: Grundlagen und Techniken des Compilerbaus; Addison-Wesley, Bonn, 1996. (5)

[W3CWeb1] World Wide Web Consortium: HyperText Markup Language (HTML) Home Page; http://www.w3.org/MarkUp/. (3)

[W3CWeb2] World Wide Web Consortium: Synchronized Multimedia; http://www.w3.org/AudioVideo/. (3)

[W3CWeb3] World Wide Web Consortium: Extensible Markup Language (XML); http://www.w3.org/XML/. (3)

[XMLWeb1] OASIS Organization for the Advancement of Structured Information Standards: xml.org – Applying XML and Web Services Standards in Industry; http://www.xml.org. (3)

[XMLWeb2] OASIS Organization for the Advancement of Structured Information Standards: xml.org – Simple Object Access Protocol (SOAP); http://www.xml.org/xml/resources_focus_soap.shtml. (7)

Index

Zur besseren Übersichtlichkeit gibt der Index nur die wichtigsten Stellen an, an denen die genannten Begriffe zu finden sind. Im Text sind die Begriffe jeweils **fett** gedruckt.

B

C

M

N

Q

R

X

Y

Z